不读《道德经》一书，不知中国文化，不知人生真谛。

——鲁迅

# 图解

# 道德经

〔春秋〕老子　著

任犀然　主编

北京联合出版公司
Beijing United Publishing Co.,Ltd.

**图书在版编目（CIP）数据**

图解道德经 /（春秋）老子著；任犀然主编 . —北京：北京联合出版公司，2016.8
（2024.7 重印）

ISBN 978-7-5502-8213-1

Ⅰ.①图… Ⅱ.①老… ②任… Ⅲ.①道家②《道德经》—图解 Ⅳ.① B223.1-64

中国版本图书馆 CIP 数据核字（2016）第 167882 号

**图解道德经**

著　　者：（春秋）老子

主　　编：任犀然

责任编辑：孙志文

封面设计：韩立强

内文排版：潘　松

插画绘制：陆铭蓓　孔文鹏

北京联合出版公司出版

（北京市西城区德外大街 83 号楼 9 层　100088）

三河市华成印务有限公司印刷　新华书店经销

字数 500 千字　720 毫米 ×1020 毫米　1/16　29 印张

2016 年 8 月第 1 版　2024 年 7 月第 9 次印刷

ISBN 978-7-5502-8213-1

定价：68.00 元

# 前言

　　《道德经》的作者是老子。老子又称老聃，名李耳，春秋时期楚国人，曾担任东周王室的柱下史。相传，东周末年，老子归隐，在途经函谷关时，遇到了守关的长官尹喜。尹喜向老子问道。老子遂留下这五千余字的《道德经》。该书原分为上下两篇，上篇为《德经》、下篇《道经》，后改为上篇《道经》，下篇《德经》。

　　虽然只有短短五千多字，却不妨碍《道德经》成为中国历史上重要的著作之一。它是中国第一部完整的哲学著作，是道家思想的重要来源，开创了中国古代哲学本体论的学说。在《道德经》中，老子用"道"来解释宇宙万物，将道看作万物的本源。道先天地而生，至虚至无，却是万物之源，"道生一，一生二，二生三，三生万物"。世间所有事物都要遵循于道，天地万物在道的作用下生生不息，运动不止，垂示给人很多迹象，"人法地，地法天，天法道，道法自然"，德就是道发生作用的方式和成果。人们要通过德理解道：道是独立不改的客观规律，无所不包，周行不殆，对任何事物而言，都是绝对的，不可能被超越的。而任何事物对道而言，都是相对的，有限的，都有正反两面，且正、反皆可相互转化。一如"祸兮，福之所倚；福兮，祸之所伏""重为轻根，静为躁君"。老子的思想具有朴素的辩证法色彩，对中国哲学影响匪浅。

　　作品的伟大与否不在于字数的多少，甚至也不在于其是否为读者指出了明确的生活方向，而在于它能让读者挖掘出多少宝藏。《道德经》为读者留下了一个巨大的思考空间，数千年来，人们不断从中得到新的体悟。无论是修身养性，还是写诗作文、为人处世，甚至是治国理政，个中智慧都被包容在这篇幅甚小的《道德经》中。

　　在修身养性方面，老子的"致虚极，守静笃"，要求人尽其所能地放宽心胸，如大道一般包罗万象，注而不满，酌而不竭。同时，老子又提醒人们不要沉溺感官享受，"五色令人目盲，五音令人耳聋，五味令人口爽，驰骋畋猎令人心发狂"，过度的欢娱会极大地危害人的身心。而老子本人就是一个极好的养生例子，传说他活了一百六十多岁，即便有些夸张，在那个战乱迭起、民不聊生的春秋年代，他能安然地度过晚年也极为不易。通过阅读《道德经》人们可以树立起更有利于健康的生活态度：温和不争，虚怀若谷，浑朴纯正。

　　老子的理论不只能养一己之身，还能养一国之民。在政治上，每每朝代初定，统治者便会提倡无为而治，休养生息，或直接或间接地将老子的学说当作安邦定国的重要手段。

1

老子的"天之道，损有余而补不足。人之道，则不然，损不足以奉有余"以及"民不畏死，奈何以死惧之"等民本思想，又不知给了多少治世者以警示，要他们体恤民生，取法天道，宽待百姓，无私无欲。

至于为人处世方面，《道德经》予人的启发就更多了，其每一句都可以看作一个蕴含深意的处世金句，而正可谓一千个读者有一千个《道德经》，人人都可以用《道德经》检视自身。譬如"物极必反"，有人会从中悟出做人做事要留有余地，也有人反映到待人接物其实还可以从反面入手。看到"将欲废之，必固兴之；将欲取之，必固与之"，有人会提醒自己不要为一时的好成绩得意忘形，也有人告诫自己，做事需考虑周详，提防隐藏的风险，还有人会恍然大悟，原来还可以用这种办法削弱自己的敌人。

此外，《道德经》还是一部闪烁着"美"的智慧的古代经典。在文艺美学上，老子的"大音希声；大象无形"，影响了一代又一代的中国人把自然大美当作艺术的极致。他的"有之以为利，无之以为用"则让人意识到，欣赏一部作品除了要看它有形有声的部分，也要看它无形无声的部分，聆听它的"言外之意"。

不管是通读全书，还是随机拣选几个句子细细体味，只要有心，每位读者都能从《道德经》中找到自己需要的东西。与此同时，作为一部哲学经典，《道德经》的语言非但不枯燥艰涩，还凝练简洁，充满诗意。因为采用了大量的韵语、排比和对偶，所以参差错落，极富音乐感和美感，读起来朗朗上口。人们大可以不抱任何功利目的来阅读它，只单纯地享受其文字的美感。由于其中不少内容都是从实践中总结出的经验，其文字虽抽象，意思却并不难懂。

《道德经》对中国文化的影响已深入中国文化的血脉之中，甚至成为东方智慧的代表。德国哲学家尼采将《道德经》形容成一个"永不枯竭且满载宝藏的井泉"，认为只要"放下水桶，便唾手可得"。道看似高深莫测，实际无处不在，认真体悟《道德经》，便会拥有发现道之精妙的眼睛。

本书除了完整地收录了老子的《道德经》，还对其进行了精心注释并翻译成白话，以帮助人们更好地把握文章的深意。另一方面，本书还引用大量历史、现实故事，针对《道德经》中的每一个具体句子进行说明，让人们切身体会道的伟大。道无形无迹，人们虽看不到它，却无时无刻不在受它的影响。知晓道的运行规律，顺乎大道，无疑会让人的心性更加通达，生活更加顺畅，从古至今都是如此。考虑到在商业高度发达的今天，《道德经》已经是很多精明商人的智慧宝典，所以本书特辟了一个栏目"经商之道"，专讲道在商业中的体现。

阅读既是获取知识的过程，也是愉悦身心的过程。本书随文配图600余张，用色彩明丽的工笔彩绘插图形象地展示了故事中的场景，将抽象的道理具象化，帮助人们体悟"道"的精髓。而和一般的图书插图不同，这些配图都经过悉心考据，从人物的服装到器物的形貌，都力求再现当时的真实模样，人们读文观图，不知不觉就会进入到故事当中。

原文和译文相互呼应，故事与插图完美结合，希望在读完本书后，人人都能心有所悟，思有所得，从道中得到收获。

# 目录

## 道经

# 德　经

# 道经

# 第一章 众妙之门

**【原文】**

道可道①，非常道②；名可名，非常名③。无，名天地之始④；有，名万物之母⑤。故常无，欲以观其妙；常有，欲以观其徼⑥。此两者，同出而异名，同谓之玄⑦。玄之又玄，众妙之门。

**【注释】**

①道：构成宇宙的实体与动力。②道：用语言表达出来。③常：恒久不变。④名：这里指道的名称，文化思想。⑤名：用语言表达出来。⑥徼（jiào）：通"窍"，踪迹的意思。⑦玄：幽昧深远。

**【译文】**

可以用语言表达出来的道，就不是永恒不变的"道"；可以用语言表达出来的名，就不是永恒不变的"名"。无，是天地的开端，有，是万物的根源。所以，常从"无"中观察天地的奥妙；常从"有"中寻找万物的踪迹。有和无，只不过是同一来源的不同名称罢了。有和无都是幽昧深远的，它们是一切变化的总门。

**【解析】**

这是《道德经》的第一章。本章开篇名义："道可道，非常道。"初步揭示了"道"的真正内涵。

道是中国古代哲学的重要范畴。老子是第一个把道作为一种哲学范畴提出和加以阐释、论证的思想家。道作为老子哲学的核心，贯穿其思想体系始终。关于对老子道的认识和诠释，历来众说纷纭。有的认为，道是精神性的本体，是脱离物质实体而独自存在的最高原理，主张老子的道论是客观唯心主义。有的则认为，道是宇宙处在原始状态中的混沌未分的统一体，主张老子的道论是唯物主义。一般认为道是宇宙本原及万物运行的规律。陈鼓应在其《老子注译及评介》一书中引用杨兴顺的观点，将道的基本特点归结为：一、道是物的自然法则，它排斥一切神和"天志"。二、道永远存在，它是永存的物质世界的自然性。道在时间与空间上都是无限的。三、道是万物的本质，它通过自己的属性（德）而显现。没有万物，道就不存在。四、作为本质来说，道是世界的物质基础"气"及其变化的自然法则的统一。五、道是物质世界中不可破灭的必然性，

道可道，非常道；名可名，非常名。

万物都从属于道的法则。道摧毁一切妨害自己的事物。六、道的基本法则是：万物与一切现象，处于经常的运动与变化中，在变化的过程中，万物与一切现象都转化为自身的对立物。七、万物与一切现象，都处于相互联系的状态中，这种联系通过统一的道而完成。八、道是我们的感官所不能感知的，但在逻辑思维中，它是可以认识的。由是观之，道在天地未生成以前就存在于浩瀚的宇宙中，当天地生成以后，道就在万事万物中发挥着自身的作用，贯穿万物生成、生长、发展、消亡的始终，作为一种自然规律客观地存在着。

一提起道，我们不免会在头脑中想象它的模样，然而我们的想象往往带有很大的局限性和主观性，真正的道是不以人的主观意志为转移的，它是客观存在，但又是看不见摸不着的，正所谓"大道无形"。我们凭主观想象臆造出的道的样子，不是真正的道，只能称得上名。"名"这个概念也是不能用语言和文字来描述形容的，语言文字的局限性比想象的局限性更大。如果用语言文字来描述道，只能与道背道而驰。既不能用语言又不能用文字来描述道，那如何才能认识道呢？鉴于语言文字的局限性及道的只可意会、不可言传，只有通过抽象的概念，即"无"和"有"这两个名来一窥道的真正面目。所谓无，是指天地还没有生成以前的混沌状态，说明天地是从无中生出来的。所谓有，就是存在的意思，它代表一种正在孕育万物的状态，是万物的生母，即万物是从有中孕育生产出来的。

故常无，欲以观其妙；常有，欲以观其徼。

所以我们可以将道理解为一种无的状态，一种有的能力，它的本原是无，却可以生出天地万物。正因如此，我们可以采取无的态度去体认道的玄妙。道的原始是空无，我们要想体认大道，就必须抛却所有的杂念，将自己回复到毫无思想意识的婴儿时期，达到一种完全虚无的境界，只有这样，我们才能真正体悟到道的奥妙和玄机。无和有是我们必须把握的两个概念，它们是打开"众妙之门"的钥匙，只有通过它们，我们才能领悟道的实质。

所谓"常无"，就是一种永恒的无，或叫"大无"；与此相对应，"常有"就是一种永恒的有，也叫"大有"。我们可以通过这种忘却自我一切的常无，体悟到天地初生时的"妙"；通过这种包容万物的常有，观察到万物未生前的"徼"。妙，按汉字的组字法，可以拆分为"少"和"女"，少女不但处于妙龄，而且是纯真、纯洁的象征，这里用在道中，可以理解为天地的本始。徼的本义为边界，这里引申为开端、端倪的意思。在这里，不论是常无还是常有，都只是对宇宙大道中的某一状态的描述，还停留在概念这一层面上，都是名。常无在前而常有在后，所以概念的"相名"也就不同了，但它们都是由大道生出来的，都是对大道的发展和变化，统称为"玄"。玄意为深奥而不可理解、不可测知。"大道无形"，变化多端，变化来变化去，就构成了天地万物的"众妙"，即老子所谓"玄之又玄，众妙之门"。

回过头来看原文，我们不难发现，文中着重讲了这样几个概念：道的概念、名的概念、无和有的概念、妙和徼的概念、玄的概念。这些概念统称为"名"，借用老子的一句话"名可名，非常名"来说，这些概念并没有真正地揭示出道的真正内涵，这是因为"道可道，非常道"，任何言语和文字都无法揭示出道的真义。我们学习和研究这些概念就是为了更好地理解道，它们可以作为理解道的桥梁。

从政之道

# ◎ 随道而行——孔子向老子问礼 ◎

老子在这一章开宗明义，提出了"道可道，非常道"的观点，认为可观、可见、可言的事物都不能长久，而只有不可观、不可见、不可言的事物才能够永恒，才能够真正称得上是"道"。孔子向老子问礼的故事，可以说明这个问题。

孔子"问礼于老子"，是中国古代的一段佳话，这两位中国历史上最著名、最圣哲的思想家的对话，对古代思想的发展具有重要的意义。据传孔子曾五度向老子问礼，而确凿可信的有两次。

第一次是在鲁昭公二十四年（前518年），地点在周都洛邑（今洛阳）。鲁人南宫敬叔跟随孔子前往周都洛邑，鲁昭公给他们一辆车、两匹马，还有一名童仆同行，一齐前往洛邑学习周礼。孔子在洛邑见到了老子。

此时，老子在周朝担任"守藏室之官"，对周礼非常精通。孔子向老子请教了很多问题，例如出丧的时候遇上日食怎么办，小孩子死了该葬到近处还是远处，国家有丧事的时候不避战争对不对，等等。老子根据事实和情理，给孔子作了明确的解答。老子也十分欣赏孔子，认为他是一个虚心求知的人。

孔子在洛阳住了几天，要离开了。临行前，老子又对孔子说："我听说富贵之人用财物送人，品德高尚之人用言辞送人。我不是富贵的人，只能盗用品德高尚之人的名号，用言辞为你送行。"老子说："聪明深察的人常常受到死亡的威胁，那是因为他喜欢议论别人的缘故；博学善辩、见识广博的人常遭困厄危及自身，那是因为他好揭发别人罪恶的缘故。做子女的要忘掉自己而记挂着父母，做臣子的要忘掉自己而心存君主。"（语出《史记·孔子世家》）在这里，老子告诉孔子刚而易折、忘身而身存的道理。

不久，孔子从洛邑返回鲁国，投到他门下的弟子也逐渐增多了。这是有信史记载的孔子第一次向老子问礼。

孔子第二次向老子问礼的事迹载于《史记·老子韩非列传》：孔子到周天子所在地洛邑去见老子，就有关礼的问题向老子请教。老子说："你所讲的这些都是前人先辈流传下来的，这些人与他们的骨头早都已经腐朽了，只有他们说过的话还在流传。而且君子有机会的时候就要一展宏图，生不逢时就像像蓬草一般

孔子向老子问礼。

随风旋转。我听说，精明的商人将珍宝深藏起来而不露声色，君子有高深的道德，而外貌却看起来好像很愚笨的样子。去掉你的骄傲之气和各种欲念，以及各种不切实际的想法，这些都不利于你的身心发展。我所能告诫你的，只有这些而已。"

孔子对老子有很高的评价。他说："鸟，我知道它们善飞；鱼，我知道它们善游；兽，我知道

它们善于奔走。对于鸟，可以用箭射它；对于鱼，可以用网捕捉；对于兽，可以用陷阱擒获。至于天上的龙，我不知道龙的形状，也不知道它是怎样乘着风飞上天的。我今天看见了老子，就像见到了龙一样啊！"

## 处世之道

# ◎ 有无玄妙——诸子各家的"名实之辩" ◎

　　老子说："名可名，非常名。"认为可以讲得出自己的具体特征的，就不是永恒不变的"名"，这揭示了本体与现象、语言（名）和世界（实）之间的差别。先秦时代的诸子曾对名与实的关系展开了一场著名的"名实之辩"。

　　先秦时代的名实之辩，指的是当时对于语言和世界的关系之争。在这场争论中颇有论述的有：儒家、道家、墨家和名家。

　　儒家的观点认为，所谓的语言符号系统就是"名分"，所谓的"世界"就是上下有别、贵贱有差的社会秩序。所谓"正名"，就是通过语言来调和现实世界的矛盾，为社会提供规范，使之纳入到"唯上智与下愚不移"的等级秩序中。孔子是这方面观点的代表人物，曾明确提出过"正名"的主张。儒家的另一代表人物荀子提出了"制名以指实"的主张，将名区分为大共名、大别名和小别名，分析了"名实乱"的表现，对名实问题进行了较为详尽的论述。

　　儒家关心的是社会，看重的是父子、君臣之间的天经地义的关系。"实"无论发生了多么翻天覆地的变化，"名"的秩序也不能乱了章法，否则就会导致天下大乱。

　　道家的观点是："世界"既不是现实的社会秩序，也不是可以用肉眼看到的客观实际，而是超越经验的"道"和"无限"。世界本是混沌的，而语言使其变得清晰；世界本是黑暗的，而语言使其变得光明。语言让世界变得可以言说，可以把握。可是，在让世界变得清晰和光明的同时，语言还无法表现出世界的无限和丰富。老子在《道德经》开篇就提出了"名可名，非常名"的论述，可以说是道家的代表观点。

荀子像。

庄子进而主张"大道不称"，但又认为"名者，实之宾也"，肯定实对名的决定作用。

　　墨家则主张坚持经验主义，强调"闻之见之"、"取实与名"。用现在的话来说，就是从实际出发，与时俱进。现实的世界是基础，语言符号不过是现实世界的反映。现实的情况发生了变化，语言符号自然要发生变化。墨家的代表人物墨子主张"非以其名也，以其取也"，着眼于对事物本身的把握。后期墨家将概念区分为达名、类名、私名，认为它们所反映的实有不同范围。

墨子像。

　　名家是先秦百家中颇有影响力的一个学派。他们不探究名、实关系，而是把注意力集中在语言的本身上，从而注重语言的概念，不再关注语言所寓含的内容，而是看重语言本身的逻辑技巧。从而形成了中国古代历史上著名的诡辩论。

　　这场对名实关系有着不同理解而展开的长期争论，形成了中国古代哲学的名辩思潮，由此推动了中国哲学的认识论、辩证法和逻辑学的发展。

# 第二章　功成弗居

【原文】

　　天下皆知美之为美，斯恶已①；皆知善之为善，斯不善已。有无相生，难易相成，长短相形，高下相倾，音声相和②，前后相随，恒也。是以圣人处无为之事③，行不言之教；万物作而弗始④，生而弗有，为而弗恃⑤，功成而弗居。夫唯弗居，是以不去。

【注释】

①已：语气词，可译为"了"。②音声：古代音和声是有区别的。单调的、无节奏的叫"声"，复杂的、有节奏的叫"音"。③是以：疑为后人所加。本章的前八句是老子的相对论，后八句是老子的政治论，文意不相连。圣人：老子理想中的"与道同体"的人物，他与儒家圣人有很大不同，是"有道的人"。④始：管理、干涉的意思。⑤恃（shì）：依赖，依靠。

【译文】

　　天下的人都知道美之所以为美，丑的观念也就出来了；都知道善之所以为善，恶的观念也就产生了。"有"和"无"互相对立而产生，困难和容易互相矛盾而促成，长和短互相比较才形成，高和下互相对照才有分别，音和声由于对立才显得和谐动听，前和后彼此排列才有顺序，这是永远如此的。因此，有道的人用"无为"的法则来对待世事，用"不言"的方式施行教化；让万物兴起而不加倡导，生养万物而不据为己有；抚育万物但不自恃己能，立下了功勋而不自我夸耀。正因为他不居功，所以他的功绩就不会失去。

天下皆知美之为美。

【解析】

　　本章主旨讲的是"道"的内涵。

　　天下万物，在表象上都可以分为真善美和假恶丑两个对立的方面。美的可以造成恶的结果，善的可以造成不善的影响，任何美善的事物，本身都包含着不美不善的一面。一切事物也都处于运动变化之中，美转化为不美，善转化为不善，乃是大道运行之必然，亦是事物发展之规律。若把美的事物当成永恒的美，把善的事物视为绝对的善，那必然会事与愿违，终究会导致不善的结果的出现。

　　老子说明事物相互依存及变化发展的规律，并提出了一些基本的行为准则，即"无为"、"不言"、"弗始"、"弗有"、"弗恃"、"弗居"等。这些准则在老子道论中是深得于"玄德"的体现，也是老子道论的基本行为主张。

当然，人类作为宇宙中的一个小分子，和宇宙中的其他事物一样，都是由肉眼看不到的分子、原子、中子、中微子等基本元素转化或组合而来的，所以人和其他事物是同源的，没有本质上的不同，都是由大道衍生出来的，所以也都处于永不停息的运动和变化之中，而且和其他物体同样可以相互依赖，互相转化。

圣人处无为之事。

人类从生命一开始，到最终走向坟墓，从来没有终止过变化。在此过程中生过病，犯过错，当然也享受过成功的乐趣，体验过失败的沮丧，也因而知道了什么叫对错，什么叫荣辱。可在这布满荆棘和矛盾的人生道路上，无论是享受幸福和喜悦，还是体验迷惘和无奈，最终的结局都是一样的，既然这样，那又何必给自己制造那么多的苦恼？所以，面对荣辱、得失、成败、哀乐、爱怨，为何不能泰然处之？其实，矛盾的产生是因为人们的头脑中有了知识的概念。矛盾导致两个方面的结果，一是好的结果，一是坏的结果，可人们总是喜欢接受好的结果而难以接受坏的结果，缺少应有的从容和淡定，因而滋生痛苦

万物作而弗始，生而弗有。

迷惘，或是悲痛欲绝。

　　大道无言，大道无际，它孕育了
天地万物，并使天地万物感受到了它
的存在和巨大威力，但人们始终无法
对其进行准确的描述，任何概念和范
畴都是牵强的，都没有恰当地概括出
大道的真义，正是因为这种不准确、
不完全、不真实的概念直接影响了人
们对大道的领悟，所以也就无法真正
融入大道无忧无虑、自由自在的境界
中去。而圣人明白大道的绝对性和它
的真实内涵，他们能抛弃和超越人类
的自私和贪婪，采取顺其自然的态度
来对待人和事，这种无所作为的处世
哲学看似消极，其实是一种真正的、
积极的人生态度，是对人类自身精神
境界的提升。他们能真正理解大道并
和大道融为一体，顺应自然和各种变
化，也就无所谓"得到"和"失去"，
因而也就没有忧愁和烦恼了，这也是
智者和凡人的区别。

功成弗居。

圣人行不言之教。

8

从政之道

# ◎功成不居——明武宗在荒诞中结束一生◎

在这一章里，老子首次提出了"无为"的思想。老子认为，圣人要"处无为之事，行不言之教"，顺其自然，不居功，不自恃。只有做到无为、淡泊、不居功自傲，才是真正的圣人；如果自恃有功，肆意妄为，绝不会有好下场。

明武宗朱厚照是明孝宗的嫡长子，生母是孝康张皇后。他十五岁即位，生性贪玩好动，坐稳龙椅后便废除了尚寝官和文书房等侍奉皇帝的内官，以减少他们对自己行动的限制。按照明朝的祖制，皇帝每天都要听经筵（帝王为讲论经史而特设的御前讲席），但是明武宗总是以各种借口逃脱，根本就没有听过几次。后来，他干脆连早朝也不上了。诸位大臣见这位少年皇帝如此怠政，便轮番上奏，但是他始终听不进去。

明武宗不但不听朝臣的谏言，反而宠信一批阿谀奉承的奸佞小人，如以刘瑾为首的"八虎"及江彬、钱宁等人。刘瑾是武宗朝的太监，他善于察言观色，随机应变，深受武宗的信任，后来爬上了司礼监掌印太监的宝座。刘瑾阴险狡诈，排除异己，朝中很多正直大臣都遭到他的迫害。此外，他还以各种名义威胁别人向他进贡，没有向他进献钱财礼品的，就会立刻被他逼死。朝廷中没有人不痛恨他，也没有人不惧怕他，所以大家称他为"立皇帝"，而称武宗为"坐皇帝"。

后来，刘瑾失势，明武宗开始专宠钱宁、江彬二人，江彬等人为哄武宗开心，不但为其建造"豹房"，供其淫乐，还迎合武宗好大喜功的特点，多次鼓动武宗到边关带兵打仗。

江彬是武宗后期最得宠的佞臣，他曾向武宗吹嘘边军如何骁勇善战，引诱武宗将边军与京军互调，借以巩固自己的势力。明朝祖制规定，边军、京军不许相互调换。这是因为，如果边军虚弱，蒙古就会趁机入侵；如果京军虚弱，边军就会成为朝廷的祸患，这是为加强皇权而制定的制度。武宗不顾朝臣的反对，打破祖制，宣布征调边军入京，设东、西官厅，由江彬、许泰统率。此外，江

明武宗贪图玩乐。

彬还鼓动武宗到西北地区游幸。这对于一向以雄武自居的武宗来说，的确有很大的吸引力，因为他一直梦想着能够像太祖、成祖那样立下万世不拔之功。

正德十二年（1517年）十月，武宗终于迎来了一显身手的机会。这一天，武宗得知蒙古小王子率领所部袭扰明朝边境，心里暗自高兴，他亲自布置军马，准备与小王子一决雌雄，这就是历史上有名的"应州之战"。应州之战进行得十分激烈，明军一度被蒙古军分割包围。武宗赶到后，亲自率领大军组织援救，这才解了明军之围。武宗与蒙古军在边境地区进行了一百多

明武宗在镇国府处理军政要事。

次战斗，期间武宗与普通士兵同吃同住，甚至还亲手斩杀一名敌人，这极大地鼓舞了明军的士气。最后，小王子认为此战难以取胜，便率领蒙古军西去，明军取得了一场难得的胜利，史称"应州大捷"。应州之役，武宗亲自指挥布置，战术得当，体现了较高的军事才能，这也成为武宗一生中最为光辉的时刻。

武宗在应州取得胜利后，开始大肆炫耀。他此前出征的时候，是以"朱寿"的化名出现在军中的。回到京城后，武宗宣布封朱寿为"总督军务威武大将军总兵官"。不久，他又亲自率领文武官员、内廷侍卫浩浩荡荡地来到宣府，为朱寿营建"镇国府"。后来，他又加封自己为"镇国公"，令兵部存档，户部发饷。自古以来，还没有哪个皇帝自降身份向自己称臣的，武宗真是视国事和朝政为儿戏了。

武宗非常喜欢宣府的镇国府，并称那里才是自己真正的家。在江彬的蛊惑下，武宗又下令大肆修缮镇国府，还将豹房里的珍宝、女子运到府中，大有常驻宣府的意思。武宗之所以喜欢住在镇国府，这与他尚武、想立边功的心理是密不可分的。因为宣府是北边重要的军镇，也是抵御蒙古军队入侵的第一道防线。他十分渴望能够在自己的一生中立下赫赫战功。而且，在宣府还有一个好处，那就是再也不用听大臣们喋喋不休的劝谏。他下令禁止大臣来宣府，只有豹房的亲随可以随便出入。在豹房和镇国府这两个地方，武宗为所欲为，过着骄奢淫逸的生活。

正德十五年（1520年），武宗于南巡途中在清江浦（今江苏淮安市）垂钓，不小心跌入水中。虽然他被身边的侍卫救起，但是身体每况愈下。次年，武宗病死于豹房之中，年仅三十一岁。

## 为人之道

## ◎美丑之别——东施效颦与左思仿潘安◎

老子说："天下皆知美之为美，斯恶矣。"意思是天下的人都知道美之所以为美，丑的观念也就出来了。任何事物，只有通过对比才能看出美丑来。东施效颦与左思效仿潘安的故事可以很好地说明这个道理。

西施本名夷光，春秋末期出生于绍兴诸暨苎萝村。她天生丽质，是美的化身和代名词。俗语

"闭月羞花之貌，沉鱼落雁之容"中的"沉鱼"，指的就是西施。

西施虽然有倾城倾国之容，只可惜她的身体不好，有心痛的毛病。

有一次，她在河边洗完衣服准备回家，就在回家的路上，突然胸口疼痛，所以她就用手捂住胸口，皱着眉头。虽然她感到难受且不舒服，但是见到的村民们却都在称赞，说她这样比平时更美丽。

同村有位名叫东施的女孩，因为她的长相并不好看，她看到村里的人都夸赞西施用手捂胸的样子很美丽，于是也学着西施的样子捂住胸口，皱着眉头，在人们面前慢慢地走动，以为这样就有人称赞她。她长得本来就丑，再加上刻意地模仿西施的动作，其装腔作势的怪样子，更让人觉得厌恶。有人看到之后，赶紧关上大门，他们觉得东施比以前更丑了。

无独有偶，西晋时期左思效仿潘安却自取其辱的故事，同样令人啼笑皆非。

潘安，又名潘岳，西晋时期文学家。潘安容貌俊美，文采也非常出众，因此深受当时女子的青睐。据《世说新语》记载："潘岳妙有姿容，好神情。少时挟弹出洛阳道，妇人遇者，莫不连手共萦之。"意思是说：潘安相貌出众，神采奕奕，仪态优雅，远近闻名。年轻的时候，经常挟着牛皮弹弓，优雅地走在洛阳道上，妇女们见到他，都手挽着手，围在他的身边看，不让他走。由此可以想见潘安的风姿是多么富有魅力呀！现代人称赞男子貌美，就说"貌赛潘安"，可见潘安确实是世间少有的美男子。

潘安同时代有个人叫左思，左思也是鼎鼎大名的文学家，著名的《三都赋》就是出自他的手笔，据说左思的这篇费思十年的扛鼎之甫一出世，便轰动了整个洛阳城，大家竞相传阅《三都赋》，由于传抄的人太多，以致洛阳城内的纸张都不够用

病西施更加动人。

东施效颦。

了，一时造成"洛阳纸贵"的景象，可见左思也是个非常富有文采的人。但文采归文采，在魏晋这个非常重视仪容外貌的时代，光有文采而没有长相的文人还是相对要受冷落的。

左思长相奇丑，女子们见了他都远远避开。左思看到了美女们簇拥潘安的景象，非常羡慕，一时突发奇想，决计效仿潘安，也在洛阳道上挟着牛皮弹弓优雅地走路。《世说新语》记载了他的这个故事："（左）思貌丑悴，不持仪饰。亦复效（潘）岳游遨，于是群妪齐共乱唾之，委顿而返。"意思是说：相貌奇丑的左思，没有作任何妆饰打扮，也学着像潘安一样，挟着牛皮弹弓，装作潇洒深沉的样子走在洛阳道上。结果，一群妇女围着他，朝他啐口水，唾唾沫。左思垂头丧气，只好狼狈地回去了。

# ◎ 第三章　圣人之治 ◎

**【原文】**

不尚贤①，使民不争，不贵难得之货，使民不为盗；不见可欲，使民心不乱。是以圣人之治，虚其心，实其腹，弱其志，强其骨。常使民无知无欲，使夫智者不敢为也。为无为，则无不治。

**【注释】**

① 尚：推崇。

**【译文】**

不推崇贤能之才，使人民不争名夺位；不以奇珍异宝为贵重之物，使人民不做偷盗的坏事；不炫耀可贪的事物，使人民不产生邪恶、动乱的念头。因此，有道的人治理天下的方法，是要净化人民的心灵，满足人民的温饱，减损人民争名夺利的心志，强健人民的体魄。要常使人民没有伪诈的心志，没有争名夺利的欲念，使那些智巧之人也不敢肆意妄为。以无为的态度去处理政事，就没有治理不好的。

**【解析】**

本章是老子对无为之治的具体论述与见解。

圣人之治在于无为。只要心里没有贪念，就不会有不满及争夺之心，从而使自己到达一种纯朴自然的状态。要使社会物质条件丰富，民众就不会为温饱而起纷争，生活安逸自在，达到一种最理想的境界。民众为了能使这种美好生活永远延续，就会自觉地维护这种和谐共处的状态。即便有一些自以为是的人想改变这种生活，民众也不会同意，从而使有智的人也不敢有所作为。

老子还说，不要使民众产生志向，但是要使民众的体格强健起来，有了强健的身体，就不会有痛苦产生；不崇尚

不尚贤，使民不争。

虚其心，实其腹。

不推崇贤能之才，使人民不争名夺位。

贤者，就不会产生志向，志向是人心滋生贪欲的前因，如果内心存有志向，人们就会为了实现自己的志向而不择手段，这是恶行发生的一个前提。不以难得的货物为尊贵，那么民众就不会为了得到这些难以得到的东西而产生偷盗之心。老子还特别提到，作为最高统治者，首先不要存有欲望，而应与民众一样达到无知无欲的境界，因为民众是以圣人为榜样的，圣人如果有欲望表现出来，民众就会觉得不知所措而出现混乱。最后老子说，能做到这些，就是无为之治，就没有不能治理好的地方了。

## 从政之道

### ◎清静无为——宋仁宗开创治世◎

"为无为，则无不治。"在这一章里，老子阐述的是"无为而治"的思想。无为治国，即国君不妄加干涉百姓的生活，使百姓安居乐业。政治清明，政策宽松，没有苛捐杂税，没有战争兵役。只有采取这样的措施，国家才能长治久安。在中国历史上，有很多统治者都认识到了无为而治的真正含义，因此出现了国家政治昌盛、人民安居乐业的治世局面。北宋中期的皇帝宋仁宗，正是实行了无为而治的政策，从而解决了内忧外患，巩固了自己的统治。

宋仁宗（1023 年至 1063 年在位），初名受益，后改名为赵祯，宋真宗的第六子。仁宗即位之前，宋朝官僚体制膨胀，冗官冗兵的问题突出，而对外战争又屡战屡败，尽管西北面的党项（即后来的西夏）已向宋称臣，但边患危机始终没有消除。

宋仁宗即位后，他一面鼓励百官上书言事，一面实行与民休息的政策，力图实现政治清明，使百姓安居乐业。

终仁宗一朝，宋仁宗赵祯在对待文武百官的态度上，一直持谦和、宽容的态度。仁宗在位的四十多年时间里，朝臣可以自由发表言论，即便在言论上忤逆皇帝，最大的处分也不过是降职，或是贬谪到其他的地方做个小点儿的官罢了；而过了一段时间，风头过去了，皇帝说不定还会把被贬谪的官员再召回来。仁宗一朝，贬了升，升了再贬，贬了再升的官员不在少数。那时的大臣，上书的内容敏感，什么话都敢说。有一次，仁宗皇帝的宠妃张贵妃想求仁宗封自己叔叔张尧佐为三司使，仁宗答应了她的请求。但是，御使包拯坚决不赞成，他认为三司使是主管朝廷财政工作的重要官员，而张尧佐才能平庸，不堪此任，仁宗难以给张贵妃交差，只好让步说道："实在不行的话，就封他个粗官做吧，你看让他当节度使如何呢？"北宋时的节

宋仁宗颁布诏令与民休息。

度使不同于唐代的节度使，是个虚职，仅仅是个表示地位的名号而已。包拯见皇帝让了步，便答应下来，但对仁宗"粗官"的说法不能认同，于是对仁宗说道："节度使怎么是粗官呢？太祖、太宗不都做过节度使吗？"在争论过程中，包拯情绪激动，唾沫星子都溅到了仁宗的脸上，仁宗也没有怪罪他。回宫后，张妃不甘心，撒娇使性，想让仁宗收回成命。仁宗只好训斥她道："你就知道给你叔叔要高的官位，难道你不知道包拯是御使吗？"正是由于仁宗对百官的态度很宽容，所以他那一朝出了不少名臣，宋朝在历史上声名显赫的大臣，大多出在仁宗朝，如晏殊、包拯、欧阳修、范仲淹、韩琦、富弼、苏轼、黄庭坚、沈括、司马光、王安石等，可谓名臣辈出。

仁宗朝的言论比较自由，群臣什么话都敢说，这使得仁宗能够比较全面地了解各方面的情况，

仁宗对朝臣态度宽容，允许他们自由发表言论。

不至于被谗言蒙蔽了头脑。皇帝的宽容仁厚，也确实感动了一批正人君子，这些人"先天下之忧而忧"，以报答皇帝的知遇之恩。所以，仁宗一朝奸佞小人很少，朝中多数是些品德高尚的官员。正是因为这样，才使得仁宗维持住了四十年的承平气象。

宋仁宗对待老百姓也相当仁慈。《宋史·仁宗本纪》中，几乎每隔两行，就有一处对仁宗善待百姓的记录：或是下令减少某一地方的赋税，或是下诏赈济某地灾民，或是因为某地的自然灾害、边境战争失利而下诏自责，停止宴饮歌舞。每当遇上水旱灾害的时候，仁宗都要在宫廷内诚心祈祷上天赐福，希望能够早日结束灾害；或者会光着脚站在庭院里，让自己罚站，向上天谢罪。此外，仁宗几乎每隔几年，就释放数百名宫女出宫，让她们回到民间，过正常人的生活。仁宗一生所做的善事很多，在中国的历代皇帝中，也是比较少见的。

宋仁宗还很珍惜每个人的生命，对于判处死刑的案子，仁宗都要亲自复审，以避免冤假错案的出现。据史料记载，仁宗在位期间，罪犯中每年由死刑改为其他刑罚的人数，大概都在千人以上。仁宗曾对大臣说过："你们知道，我平时生气骂人的时候，从来都没有说过刻毒的言语，因此就更不敢在断狱的时候滥用死刑了。"对于滥用死刑的官员，仁宗也十分憎恨，他给吏部的规定是：如果一个官员在断案的时候冤杀了好人，那么这人一辈子便不能再获提拔了。

宋仁宗对臣民态度宽容仁慈，但是在对待自己的问题上，却要求很严格。仁宗生活俭朴，他在位的四十多年时间里，没有像以前的帝王那样大修宫室。史书中记录了很多关于仁宗严于律己的故事。比如，有一次，仁宗在宫苑内散步的时候，屡屡回头张望，随从的侍卫都不明白仁宗是什么意思。等回到宫里后，仁宗对妃嫔说道："今天我渴坏了，快快给我倒些热水来。"妃嫔觉得很奇怪，于是问道："皇上在外面为何不喝水，而让自己受渴这么久呢？"仁宗回答说："朕屡屡回头，却没有看见随从们准备水壶，如果问的话，就有人要被处罚了，所以我就忍着口渴回来了。"

在对外关系上，宋仁宗也营造了一个相对宽松的环境。在北宋一百六十多年的时间里，其所处的外部环境不能让人乐观。北面是幅员广阔，强悍跋扈的辽国。宋朝建立后，曾多次与辽国交战，但结果是胜少败多，辽国一直都是宋朝北部边境的巨大威胁。西北面是保持着半独立状态的党项人

朝臣常聚在一起议论时政。

的部落，仁宗即位时，党项已经接受了宋朝的册封，被封为西平王、定难军节度使。但是，党项人一直骚扰宋境，每次入侵，总能掠夺大批牛羊牲畜。与此同时，西南方向是吐蕃诸部的活动区域，与宋接壤的边境自青海西宁直到今天的四川雅安一线。吐蕃部落较多，这些部落经常袭扰宋朝边境。面对严重的边患问题，宋仁宗一面任用贤将守边，一面对异族采取安抚政策。宋仁宗在对外政策方面的"仁"也有很多具体事例。比如，辽国发生了旱灾，饥民大批涌入了宋朝境内，仁宗命令地方官员对他们进行救济。当时，向宋称臣的高句丽国因受辽国的挑拨，朝贡的物品越来越少，有大臣建议出兵惩戒，宋仁宗却回答说："那只是国君的罪过，现在出兵的话，也不一定能杀得了高句丽的国王，还会殃及两国的黎民百姓，我看还是算了吧，贡物少就少点吧！"后来，南宋的皇帝高宗赵构在评价宋仁宗的外交政策时，说道："先帝兼爱南北，不轻启战端。"这是很有道理的。

## 为人之道

# ◎少私寡欲——崇尚节俭的汉文帝◎

老子说："不贵难得之货，使民心不为盗；不见可欲，使民心不乱。"统治者只有勤俭节约，与民休息，才能赢得民心，治理好天下。汉文帝清心寡欲，厉行节约，后继者汉景帝效法他的政策，终于开创了"文景之治"的盛世局面。

汉高祖时期，天下刚刚经历完战乱，到处都是一片衰败残破的景象。据《史记·平准书》记载："天下既定，民亡盖藏，自天子不能具钧驷，而将相或乘牛车。"说的是高祖统一天下建立汉王朝以后，民穷财尽，毫无积

汉文帝与民休养生息。

蓄。当时天子竟不能用同一种毛色的驷马（马车），而将相有的只能乘牛车。

汉文帝即位后，实行无为之治，以"慈"、"俭"为治政原则。首先确立宽厚的法治精神，废除"连坐"等严刑；接着"诏定振穷、养老之令"，保障百姓生活无忧。当然最重要的是多次下诏减轻赋税，轻徭薄役，施行节俭治国的政策。

汉文帝的节俭是出了名的。他继承帝位的第二年，有人献上一匹千里马。他下诏连同送马的路费一并退还，同时又下了一道诏书宣布说：朕不接受任何名贵稀奇的奉献，要地方官们通知四方，以后不要打主意奉献什么东西上来。

古代皇帝住的宫殿，大都要修建又大又漂亮的露台，以供欣赏山水风光。汉文帝本来也想造一个露台，他找到了工匠，让他们算算该花多少钱。工匠们说："不算多，一百斤金子就够了。"汉文帝听了，吃了一惊，忙问："这一百斤金子合多少户中等人家的财产？"工匠们粗粗地算了一下，说："十户。"汉文帝听了，说道："不要造露台了，现在朝廷的钱很少，还是把这些钱省下吧。"

司马迁在《史记》中记载，文帝"即位二十三年，宫室苑囿狗马服御无所增益"。"宫室"就是宫殿建筑，"苑囿"就是皇家园林以及供皇室打猎游玩的场所，"狗马"即供皇帝娱乐使用的动物、

汉文帝拒受别人献上的千里马。

设施等，"服御"即为皇帝服务的服饰车辆仪仗等。这些都是皇帝们讲排场、显威严、享乐游玩必不可少的，皇帝们大都十分重视。然而文帝当皇帝二十三年，居然没有盖宫殿，没有修园林，甚至连车辆仪仗也没有增添。

此外，汉文帝还能关心百姓的疾苦，刚当皇帝不久，就下令：由国家供养八十岁以上的老人，每月都要发给他们米、肉和酒；对九十岁以上的老人，还要再发一些麻布、绸缎和丝棉，给他们做衣服。

春耕时，汉文帝亲自带着大臣们下地耕种，皇后也率宫女采桑、养蚕。汉文帝去世前，曾颁下遗诏，痛斥了厚葬的陋俗，要求自己的丧事要一切从简。对待自己的归宿"霸陵"，他明确要求："皆以瓦器，不得以金银铜锡为饰，不治坟，欲为省，毋烦民。霸陵山川因其故，勿有所改。"即按照山川原来的样子因地制宜，建一座简陋的坟地，不要因为给自己建墓而大兴土木，改变了山川原来的模样。据说后来赤眉军攻进长安，所有皇帝的陵墓都被挖了，唯独没动汉文帝的陵墓，因为他们知道，汉文帝的陵墓里面没什么贵重的东西。

北宋文学家吴坰在《五总志》里有这样的记载：汉文帝刘恒"履不藉以视朝"。草鞋最早的名字叫"履"。由于草鞋材料以草和麻为主，非常经济，且取之不尽，用之不竭，平民百姓都能自备，汉代称之为"不藉"。在汉文帝时，已经有了布鞋，草鞋主要是贫民穿，而汉文帝刘恒"履不藉以视朝"，就是说他穿着草鞋上殿办公，做出了节俭的表率。不仅是草鞋，就连他的龙袍，也只能称为"绨衣"。"绨"在当时就是一种很粗糙的色彩暗淡的丝绸。就是这样的龙袍，也穿了很多年。龙袍破了，就让皇后给他补一补，接着再穿。汉文帝自己穿粗布衣服不说，后宫也是只穿朴素的服饰。当时，贵族女子长衣拖地是一种时尚，而汉文帝为了节约布料，即使对自己最宠幸的妃子，也不准她们衣服的下摆拖到地上。宫里的帐幕、帷子全没刺绣，也不带花边。

正是由于汉文帝勤俭节约和爱民如子，他才与其后继者景帝共同创造出了"文景之治"的盛世。史家评论汉文帝时说"世功莫大于高皇帝，德莫盛于孝文皇帝"，这是丝毫不过分的。

# ◎ 第四章　和光同尘 ◎

【原文】

　　道冲，而用之或不盈①。渊兮，似万物之宗②。（挫其锐，解其纷，和其光，同其尘。）③ 湛兮，似或存④。吾不知谁之子，象帝之先⑤。

【注释】

① 冲：虚而不满的意思。盈：满的意思，引申为尽。② 兮：语气词，可译为"啊"。③ 此四句疑为第五十六章错简重出，当删。④ 湛（zhàn）：没有、虚无的意思。⑤ 帝之先：天帝的祖先，形容其出现之早。

【译文】

　　大道是空虚无形的，但它发生作用时却永无止境。它如深渊一样广大，像是世间万物的宗主。它不显露锋芒，解除世间的纷乱，收敛它的光耀，混同它于尘世。它看起来幽隐虚无却又实际存在。我不知道它是从哪里产生出来的，好像在天帝之前就已经有了。

【解析】

　　在本章里，老子仍然在论述"道"的内涵。他认为，道是抽象的，无形无象，人们视而不见，触而不着，只能依赖于意识去感知它。虽然道是抽象的，但它并非一

道冲，而用之或不盈。

无所有，而是蕴含着物质世界的创造性因素。这种因素极为丰富，存在于天帝产生之先。因此，创造宇宙、天地、万物及自然界的是道，而不是天帝。这样，老子从物质方面再次解释了道的属性。

　　"道冲，而用之或不盈。渊兮，似万物之宗。"冲，通"盅"，虚的意思。把道喻为一只肚内空虚的容器，是对其神秘性、不可触摸性和无限作用的最直观和最形象的譬喻。道的境界是心灵的世界，它的空虚，是相对于自我世界而言，是不为人的外观所感觉到的。渊，形容道境深远，找不到边际。道的境界是虚幻的，但它虚而有物，它的无穷妙用对于得道之士来说，是永远不会感到满足的。因为心灵在道的世界里自由翱翔是最快乐的，也最能满足人的天性。在浩瀚无际的道境之中，蕴藏着天地万物的本原。

　　"挫其锐，解其纷，和其光，同其尘。"锐，锐气、锋芒，指各种自以为是的行为和轻薄浮躁的情绪。纷，纷繁杂乱、支离破碎的事物及意识。尘，指现象世界，相对于本质世界而言。畅游于道的美妙境界里，彻悟了人生真谛，获取了大智大慧，原先那种不可一世的锐气及浮躁情绪被挫销了，一切与我无益的纷乱都得以解除；摒弃那种张扬外显、积极进取的心态，代之以不露锋芒、与世无争的人生态度。以合乎道的观点来看待世间的美丑、善恶、荣辱、贵贱，这时的人才是清醒

和其光，同其尘。

的、有觉悟的。"不言之教"的功用即体现于此。

"湛兮，似或存。吾不知谁之子，象帝之先。"湛，深沉、幽隐，指道隐而不显。"似或存"指似幻而实真，似无而实存。老子认为，道幽隐深沉，不可捉摸，看上去虚无却又是真实存在的。在这里，老子自问：道是从哪里产生出来的呢？他没有从正面做出回答，而是说它存在于天帝现相之前。既然在天帝产生以前，那么天帝也就无疑是由道产生出来的。

本章旨在说明不言之教的巨大功用。只有亲历道境，不为现象世界所羁绊，才能获得正确的世界观和人生观。道是虚幻的，又是客观存在的；正是它的虚幻，才可充实人们的内心。有了充实的内心，就可以挫锐解纷，和光同尘。把握了世界的本质规律，就能把握自己的命运。

在前四章里，老子集中提出了以下观点：道是宇宙的本原，而且先于天帝而存在；事物都是互相矛盾而存在的，并且处于变化发展之中；等等。此外，老子还提出了自己对社会政治和人生处世的某些基本观点，这些学说无不充满智慧。

## 从政之道

### ◎不露锋芒——曾国藩的处世哲学◎

在这一章里，老子主要描述了"道"的具体形象，道是不可名状的，是渊深的、精湛的；它不露锋芒，神光内敛，纯朴如尘。老子通过对道的描述，体现了他为人处世的基本观点，即不露锋芒，纯朴如尘。这也就是我们通常所说的"藏锋"。

藏锋是一种自我保护的方式，也是道的精髓的一种体现。谁掌握了它的精髓，谁就获得了安身立命的法宝。藏锋的关键不是藏身而是藏心。曾国藩就是如此，尽管他一直站在第一线，但是始终能把一颗饱经风霜的心置于"安全袋"中，做到藏心即藏身。

曾国藩是清朝后期著名政治家，他一生在官场中沉浮，时时能够感受到来自各个方面的威胁。尤其是当宫廷内有什么变动的时候，他便会产生"草木皆兵"的感觉。不过，曾国藩凭着自己的精明和敏锐，总能渡过险滩，这在很大程度上与他善于藏锋的特点有着很大关系。

曾国藩在镇压太平天国的斗争中开始崭露头角，从此一发不可收拾，逐渐成为清朝统治者的股肱之臣。同治三年（1864年），曾国藩率领湘军攻破天京，红旗报捷，他让官文列于捷疏之首，

曾国藩与李鸿章商议裁军之事。

其中就暗含着谦让之意，尤其是在裁撤湘军的问题上，曾国藩的藏锋表现得更为明显。倘若不裁湘军，恐怕功高震主，最终引火上身。如果裁撤湘军，自己手里没有军队，那么就会任人宰割。就在这时，曾国藩想到了李鸿章的淮军，他认为李鸿章与自己有师徒的情谊，假如能保存淮军，那么自己也就有了靠山。于是，曾国藩叫李鸿章的淮军按兵不动，然后奏请朝廷裁撤湘军。

曾国藩攻克天京以后，七月初四日"定议裁撤湘勇"。七月初七，他又上了一本奏折，里面说道："臣统军太多，即拨裁撤三四万人，以节靡费。"从当时的材料来看，曾国藩裁撤湘军的理由是湘军已成"强弩之末，锐气全消"，而这完全是个借口，实则为了明哲保身。时人王定安听说这件

曾国藩率领湘军攻破天京。

事后，说道："曾国藩向来谦和恭谨，他说湘军战斗力衰弱，只不过是为了保全自己。后来左宗棠、刘锦棠平定关外回寇，威震西域，席宝田平定黔中，王德榜与法朗西（法兰西）转战越南，皆用湘军。他说湘军'战斗力衰弱'，这怎么可能呢？依我看来，曾国藩的话，不过是自谦罢了。"

占领天京后，曾国藩统领的湘军大概有十二万人。不过，左宗棠的湘军进入浙江以后，已呈独立状态，早在攻陷天京之前，江忠义、席宝田所属一万人已调至江西，归沈葆桢指挥；鲍超、周宽世所属两万余人到达江西以后，随即也被编入沈葆桢的麾下；余下的只有曾国荃统率的五万湘军，而这些人也正是朝廷最为担心的。于是，曾国藩从自己身边的这五万湘军开始进行裁撤。

曾国藩先是留湘军将领张诗日麾下的一万余人驻守江宁，让刘连捷、朱洪章、朱南桂率领一万五千余人抵达皖南地区，裁撤了助攻天京的萧庆衍部（李续宾旧部）近万人和韦俊的两千余人。但从实际情况来看，曾国荃的嫡系部队基本被保留了下来。同治四年（1865年）正月，曾国藩又裁撤了八营。五月，曾国藩奉命北上山东围剿捻军，当时江宁还没撤走的湘军还有十六营八千余人，但只有张诗日一营愿随曾国藩北上，其余都不愿跟随前往，于是曾国藩又裁撤了其余的七千五百人。之后，又陆续裁撤了刘连捷、朱洪章、朱南桂三军。此时，曾国藩能够调动的军队，只剩下张诗日一营和刘松山老湘营六千人了。

曾国荃在攻陷天京的时候立下大功，因此在湘军中有极大威望。清政府对他也十分忌惮，害怕他趁机扩充自己的势力，所以既想让他早离军营而又不想让他到浙江担任巡抚。曾国藩无奈之下，在裁撤湘军的同时，奏请曾国荃因病开缺，回籍调养。清政府很快便批准了曾国藩所奏，并赏赐曾国荃人参六两，以示慰藉。而曾国荃却大惑不解，愤愤不平之情，溢于言表，他甚至还在众人面前大放厥词，这导致曾国藩十分难堪，曾国藩只得对他好言相劝。

早在裁撤湘军之前，曾国藩就曾写信给李鸿章说："惟湘勇强弩之末，锐气全消，力不足以制捻，将来戡定两淮，必须贵部淮勇任之。国藩早持此议，幸阁下为证成此言。兵端未息，自须培养朝气，涤除暮气。淮勇方强盛，必不宜裁，而湘勇则宜多裁速裁。"

曾国藩书中的意思很隐晦，只有李鸿章才能明白他的苦衷：朝廷对手握兵权的湘、淮将领怀有猜忌之心，舆论又推波助澜，朝廷欲杀之而后快，如果湘、淮二军一并裁撤，那么日后曾国藩一定任人宰割，如果保留淮军而裁撤湘军，则对清廷可起到极大的牵制作用。李鸿章既窥见了清廷的真正意图，又明白了曾国藩的良苦用心，于是决定投双方之所好，坐收渔人之利。李鸿章深知此时军队关乎天下之大计，而淮军的兴衰更是关乎个人的宦海浮沉。因此，李鸿章致函给曾国藩，表示支持其裁撤湘军而保留淮军的决策。

曾国藩在官场中不露锋芒还表现在他的急流勇退上。

曾国藩晚年的时候，心情十分矛盾，他不想做官，但是又不能不做；他想上疏请辞，但是语气又不能过硬，可是倘若语气不硬，又怎么能够获得恩准呢？即使获得恩准，一旦遇有战事的时候，自己岂不是还要被征召吗？进退不能，一时令曾国藩陷入两难境地，不知道该如何是好。

曾国藩之所以不愿做官，用他的话来说，就是"凡做大官，处安荣之境，即时时有可危可辱之道，古人所谓富贵常蹈危机也。……平世辞荣避位，即为安身良策。乱世辞荣避位，尚非良策也。"不久，他上疏告病请求退休，李鸿章听说曾国藩打算辞官，立即写信说："奏章的语气不可太坚决，这样除了让人觉得痕迹太重之外，没别的用处，而且未必马上就能退休，即使退休一两年，其他地方如果发生战争，仍然免不了被朝廷征召，到那时就更加进退两难了。"曾国藩觉得李鸿章的这些话都切中事理，这使他陷入思考之中。他想到了一个办法，那就是今后不再做官，也不打算回老家享清福，只求在军营中照料杂事，维系军心。不居高位，不享大名，这样一来，他就可以避免大祸大谤了。

曾国藩只求能把自己闲置起来，不进不退，这样既可以消除心腹们的后顾之忧，也可以避免其他同僚说自己的闲言碎语；既不至于让皇帝为难，也不至于让自己处于被动的处境之中；既可以保持自己晚节和清誉，又可给自己带来体恤皇上的名声，可谓一箭三雕了。

为人之道

# ❀❀ ○神光内敛——刘备巧借闻雷避祸○ ❀❀

　　"大道"不显露锋芒，它解除世间的纷乱，收敛自己的光耀。而掌握大道的人，则懂得藏锋匿芒、和光同尘以明哲保身的道理。"刘备巧借闻雷避祸"的故事，就是一个很好的证明。

　　东汉末年，刘备接到汉献帝的密诏，与国舅董承等密谋除掉曹操。刘备为防曹操生疑，就在居处后院种菜，一面韬光养晦，一面迷惑曹操。

　　一天，关羽、张飞不在，刘备正在后园浇菜，曹操部将许褚和张辽带了数十人到菜园里对刘备说："丞相有命，请先生现在去见他。"刘备以为事泄，惊问道："有什么要紧事？"许褚说："不知道。丞相只是让我来请先生。"刘备只得随二人入府见曹操。

　　曹操见到刘备，笑着说道："你在家做大事啊！"刘备听罢，以为事已泄密，吓得大惊失色。曹操拉着刘备的手，走到后园，说道："你学习园艺不容易啊！"刘备回答说："没事消遣罢了。"曹操说："刚才看见树枝上梅子青青，忽然想起去年去征讨张绣时，道上缺水，将士们都口渴；我心生一计，用马鞭指着前方说：'前面有梅林。'军士们听了这句话，就都不口渴了。现在看见梅子成熟了，觉得应当赏赐给大家，所以特意邀请先生来小亭一聚。"

　　听到这里，刘备这才安下心来，跟随曹操来到小亭，只见那里已经备好了杯盘：盘里盛满青梅，一尊红泥小火炉上煮着酒，酒壶里吐出诱人的香气。众人以青梅下酒，酒正酣时，天边黑云压城，忽卷忽舒，有若龙隐龙现，曹操与刘备凭栏观看。曹操突然说道："先生知道龙的变化吗？"刘备说："愿闻其详。"曹操说："龙能大能小，能升能隐；大则兴云吐雾，小则隐介藏形；升则飞腾于宇宙之间，隐则潜伏于波涛之内。现在正是深春时节，龙乘时变化，正如人得志而纵横四海一般。龙这种祥瑞之物，可比当世之英雄。先生经常在外游历，一定知道当世的英雄，请说说看都是有谁？"

曹操邀请刘备到府中赴宴。

刘备放下酒杯，说道："我见识浅薄，怎么认得出谁是英雄呢？"曹操说："不要太谦虚。"刘备说："我刘备得到陛下的恩宠和庇护，所以才能在朝为官。天下的英雄，实在是没有见到过啊。"曹操："既然没有见到过，那也听过他们的名声吧。"刘备说："淮南的袁术，兵粮足备，能称为英雄么？"

曹操笑着说："袁术不过是坟墓里的枯骨，我早晚会抓住他的！"刘备说："河北的袁绍，四代中有三代是公卿，家门中有很多故吏；现在盘踞于冀州之地，手下有很多贤臣良将，他能称为英雄么？"曹操笑着说："袁绍这个人色厉内荏，手下有才能之士，却不懂得重用；干大事却爱惜性命，看见小利却忘而不顾性命，他也不是英雄。"刘备说："有一人人称'八俊'，威镇九州——刘景升（即刘表）能称为英雄吗？"曹操说："刘表空有虚名，也不是英雄。"

刘备接着说道："有一人血气方刚，现在又是江东领袖——孙伯符（孙策）是个英雄么？"曹操说："孙策借着父亲的威名，不能称为英雄。"刘备说："益州刘季玉（刘璋），能称为英雄吗？"曹操说："刘璋虽然是皇室宗亲，只能算是一只守护家产的狗，怎么能称英雄呢！"刘备说："那张绣、张鲁、韩遂等人又怎么样？"曹操拊掌大笑说："这些碌碌无为的人，何足挂齿！"刘备说："除此之外，我实在是不知道了呀！"

曹操说："能称为英雄的人，应该是胸怀大志，腹有良谋，有包藏宇宙之机，吞吐天地之志的人。"刘备问："那谁能被称为英雄？"曹操用手指着刘备，然后又指着自己，说："现今天下的英雄，只有先生和我而已！"

刘备听到这句话，大吃一惊，手里的筷子不小心掉在地上。他知道曹操这是在试探自己，如果此时他顺着曹操的意思，承认自己和曹操是"英雄"，就会让曹操看出自己的志向，必然会招致杀身之祸。这时，正好大雨倾盆而下，雷声大作。刘备从容地低头拿起筷子，说道："因为打雷被吓到了，才会这样。"曹操笑着说："大丈夫也怕打雷吗？"刘备说："圣人听到刮风打雷也会变脸色，何况我呢？"很自然地将内心的惊惶掩饰了过去。

曹操这才不怀疑刘备，而刘备也由此逃过一劫。后来刘备借口带兵讨伐袁术，从容离开许都，摆脱了曹操的威胁。后人有诗称赞刘备说："勉从虎穴暂趋身，说破英雄惊煞人。巧借闻雷来掩饰，随机应变信如神。"

为人处世，要能屈能伸，特别是处于险境的时候，更要和光同尘，韬光养晦。此次曹、刘二人"青梅煮酒论英雄"，从曹操的"说破英雄惊煞人"，到刘备"随机应变信如神"，可谓步步惊心。曹操的睥睨群雄之态、雄霸天下之志表露无遗。而刘备随机应变，进退自如，也表现出了一世豪杰所应有的机智和城府。这一场"鸿门宴"，双方都是赢家。

曹操与刘备煮酒论英雄。

# 儒、释、道三教

## 西方学者评出的"东方三大圣人"

老子

孔子

六祖慧能

三人正好代表了中国三教：以孔子为代表的儒教，以老子为代表的道教，以禅宗六祖慧能为代表的中国佛教。

**儒家** 伶

儒家最主要的是一个字：伦，即伦常。封建社会由于人们所处社会地位和阶级的不同，每个人都应各安其位。儒家认为天下一盘棋，上天把你摆放在哪里，赋予你什么权力、职责、义务，那么你就遵守履行你的责、权、义，你就要乐天知命。

**佛家** 性

佛家讲"见性"。性，即心性，也就是修养。佛家有七个字："见性、救世、通万有。"见到你的心性，叫内观内照，就是你要想到有一盏探照灯，来照亮你，你自己先要能看明白你是一个什么样的人。

**道家** 命

道家的核心是"命"，既是生命的命，也是修炼的命——是意义完整的作为一个活生生的人而不是机器，有这样的命或人生，你这个人才算活得有价值，你要修一个好的人生、快乐的人生、健康的人生，那才过得有价值。

## 三教一体

经过长期的演变，儒、释、道三教互相渗透、互相同化，某种程度上已"三教一体"了。少林寺有一个供奉释迦牟尼、孔子、老子的地方，对联是："百家争理，万法一统；三教一体，九流同源。"

# ◎第五章 多言数穷◎

【原文】

　　天地不仁①，以万物为刍狗②；圣人不仁，以百姓为刍狗。天地之间，其犹橐籥乎③？虚而不屈，动而愈出。多言数穷④，不如守中⑤。

【注解】

①仁：仁爱、仁慈。②刍（chú）狗：用野草扎成的狗，古人祭祀时用，用后即扔。刍，野草。③橐（tuó）籥（yuè）：古代的风箱。④数：通"速"。⑤中：适中的意思。

【译文】

　　天地无所谓仁爱，对待万物像对待祭祀时草扎的小狗一样，任凭万物自然生长；有道的人无所谓仁爱，对待百姓也如同对待刍狗一样，任凭百姓自己发展。天和地之间，不就像一个风箱吗？虽然中空但永无穷尽，越鼓动风量便愈多，生生不息。政令名目繁多反而会加速国家的败亡，不如保持虚静。

【解析】

　　这一章里，老子由天地的"不仁"，讲到圣人的"不仁"，进而提出了"守中"的思想。和前文不执于一端、"不尚贤"、"无为而治"的思想是一贯的。其内容主要包括两方面：一是老子再次表述了自己无神论的思想倾向，否定当时思想界存在的把天地人格化的观点。他认为天地是自然的存在，没有理性和感情，它的存在对自然界万事万物不会产生任何作用，因为万物在天地之间依照自身的自然规律变化发展，不受天、神、人的左右。二是老子又谈到"无为"的社会政治思想，是对前四章内容的进一步发挥。他认为，作为圣人——理想的统治者，应当是遵循自然规律，采取无为之治，任凭老百姓自作自息、繁衍生存，而不会采取干预的态度和措施。

　　"天地不仁，以万物为刍狗；"王弼说："天地任自然，无为无造，万物自相治理，故不仁也。"天地无所偏爱，表明天地是一个物理的、自然的存在，并不具有人类的理性和感情；万物在天地之间依照自然法则运行，并不像有神论者所想象的那样，以为天地自然法则

天地不仁，以万物为刍狗。

对某物有所偏爱，或对某物有所嫌弃，其实这只是人类感情的投射作用。这一见解，表现了老子反对鬼神术数的无神论思想。从无为推论下去，无神论是符合逻辑的必然结果。他认为天地是无为的，自然界的一切事物，只需依照自然界的发展规律生长变化，不需任何主宰者驾临于自然之上来加以命令和安排。

圣人不仁，以百姓为刍狗。

"圣人不仁，以百姓为刍狗。"同样，圣人无所偏爱，取法于天地的纯任自然。即圣明的统治者对百姓也不应有厚有薄，而要平等相待，让他们根据自己的需要安排作息。对此，老子做了个形象的比喻：圣人无所谓仁，对待老百姓也要像对待刍狗一样。

"天地之间，其犹橐籥乎？虚而不屈，动而愈出。"橐籥，是指用手操作的鼓风工具，即风箱。老子将天地比作一个可以来回鼓动的风箱，只要拉动就可以鼓出风来，而且生生不息，不会竭尽。天地之间，风霜雨雪，电闪雷鸣，皆为天地二气激发涤荡所致，万物生生不息，无不依赖此气。天地之间好像一个风箱，空虚而不会枯竭，越鼓动风越多。而人体就像一个小风箱，风箱的作

天地之间，其犹橐籥。

用在于使炉火更旺。如果用风箱的原理来修身，则生命会更富有激情，生命力会更强。

"多言数穷，不如守中。"老子通过上述比喻想要说明的问题是："政令繁苛，只会加速其败亡，不如保持虚静状态。"即用很多言辞法令来强制人民执行，很快就会遭到失败，不如按照自然规律办事，虚静无为，这样万物反而能生生不息，永不枯竭。这里所说的"中"，不是"中正"之道，而是虚静。

本章用具体比喻说明如何认识自然和对待自然，论述天地本属自然，社会要顺乎自然，保持虚静，比喻鲜明生动。本章也是承上章对"道冲"作进一步论述。此处由"天道"推论"人道"，由"自然"推论"社会"，核心思想是阐述清静无为的好处。

## 从政之道

## ◎ 保持虚静——周厉王禁言与国人暴动 ◎

老子说："多言数穷，不如守中。"意思是说政令繁苛反而会加速国家的灭亡，不如保持虚静的状态。西周末年，周厉王为政苛暴，最终导致"国人暴动"，不但自己遭到驱逐，也使得西周的统治出现了分崩离析的局面。这一故事可以很好地说明这个道理。

西周中期以来，周王朝逐渐趋于衰落。到周厉王时期，由于各种社会矛盾进一步激化，加上周厉王的横征暴敛，倒行逆施，爆发了历史上著名的"国人暴动"。

周夷王死后，周厉王姬胡继位，其时周王室国势衰微，诸侯不来朝见天子，

周厉王在位时，经常以严酷的手段来震慑臣下。

戎夷环伺，贡赋减少，国库空虚，周王朝面临着内忧外患。面对严峻的形势，周厉王认为其父周夷王在位时，对诸侯大夫过于宽和，决定以严酷的手段来震慑臣下。不久，就借故烹杀了齐哀公。周厉王又贪财好利，千方百计地搜刮民脂民膏。有一个臣子叫荣夷公，教唆厉王对山林川泽的物产实行"专利"，由天子直接控制，不论是王公大臣还是平民百姓，只要他们采药、砍柴、捕鱼虾、射鸟兽，都必须纳税；甚至喝水、走路也得缴纳钱物。这个办法，遭到老百姓的强烈反对，一些比较开明的官吏也觉得很不妥当，很多大臣纷纷向厉王进忠言。其中有个叫芮良夫的大夫劝告厉王不要实行专利，他说："专利会触犯大多数人的利益，是很伤人心的做法。"可是厉王根本听不进去，他一味宠信荣夷公，还让他来负责实行专利。

平民被断了生路，怨声四起，纷纷咒骂。而周厉王不但不收敛，反而又派了一个佞臣卫巫监视百姓，将许多不满专利的平民捕杀处死。厉王的高压政策，使得亲友熟人在路上遇到了都不敢互相打招呼，只能互相使个眼色，整个都城气氛变得死气沉沉。这就是成语"道路以目"的由来。

面对这种情况，大臣召公劝诫说："这样堵住人民的嘴，就像堵住了一条河。河一旦决口，就要造成灭顶之灾；人民的嘴被堵住了，带来的危害远甚于河水。治水要采用疏导的办法，治民要让天下人畅所欲言，然后采纳其中好的建议。"周厉王听了不以为然地说："我是堂堂天子，那些无知的愚民只能遵从我的命令，怎么能让他们随便议论！"仍然一意孤行，实行暴政。

周厉王的倒行逆施使得百姓忍无可忍，公元前841年的一天，都城四郊的百姓自发地集结起来，他们手持木棍、农具作为武器，从四面八方扑向都城的王宫，向周厉王讨还公道。周厉王听到由远而近的愤怒的呼喊声，忙命令调兵镇压，可是竟然没有士兵肯听从他的命令。臣下回答说："我们周朝寓兵于农，农民就是兵，兵就是农民。现在农民暴动了，还能调集谁呢？"周厉王这才知道大祸临头，但为时已晚，便匆匆带着宫眷步行逃出都城，沿渭水朝东北方向日夜不停地逃到远离都城的彘（今山西省霍州市），筑室居住了下来。百姓打进王宫，没有搜到厉王。有人探知厉王的太子靖逃到召公虎家躲了起来，因此又围住召公虎家，要召公虎交出太子。召公虎没有办法，只好把自己的儿子冒充太子送了出去，才算把太子保了下来。

在大臣周公、召公的极力劝解下，集结到王宫中的百姓才渐渐散去，暴动暂时得以平息。根

据贵族们的推举，周公、召公暂时代理政事，重要政务由公卿大臣共同商议，这种政体被称为共和（一说由共国国君共伯和代行天子职务），史称"周召共和"或"共和行政"。

这一次以都城四郊的平民为主体的暴动，历史上称为"国人暴动"。这一年，历史上称为"共和元年"。由于《史记》一书由共和元年（前841年）开始纪年记事，因此国人暴动、厉王被逐、共和行政的这一年，就被视为中国历史有确切年份记载的开始。

国人暴动有力地打击了西周王朝，动摇了其统治，西周很快地衰落了下去，逐步出现了分崩离析的局面。尽管后来又出现了短暂的"宣王中兴"，但宣王之后，周幽王"烽火戏诸侯"，玩火自焚，西周最终为犬戎所灭。

周厉王承前朝积弊，不思革故鼎新，轻徭薄赋，与民休息，反而变本加厉，加紧盘剥，使得臣民怨声载道，民心思变。最终民众忍无可忍，只好联合起来，以暴动的方式对周厉王的暴政做出回答。国人暴动不仅推翻了周厉王的残暴统治，也加速了西周的灭亡。以史为鉴，可以知兴替。为政者只有以民为本，与民谋利，而不与民争利，减轻人民的负担，才能获得民心，国家才会长治久安。

周厉王下诏对山林川泽物产实行专利。

经商之道

# ◎归一大道——寓言故事两则◎

老子本章所阐述的道理是无为，告诫人们遵循自然规律行事。在人生的道路上，在追求财富的过程中，我们也应贯彻这一思想，遵循客观规律，信守大道，保持虚静，不做有违大道的事情。

春秋时期，有两户人家，一家住在齐国，姓国，十分富有，远近闻名；一家住在宋国，姓向，非常贫穷，无人知晓。一天，姓向的穷人听说齐国有这么一家姓国的人家很有钱，便专程从宋国跑到齐国，向姓国的请教致富的方法。

姓国的富人告诉他说："我之所以能够积累起这么多财富，其实是因为我很善于'偷盗'。我只花了一年的工夫就不愁吃穿；两年下来就已经相当富足；而三年之后，我就土地成片、粮食满仓，成了方圆百里之内的大户。而在我富有之后，便向周围的穷人施舍财物，大家也都得到了我的好处。"

姓向的人听了便觉得自己已经知道致富方法了，还没来得及听姓国的进一步解释，便匆匆离开了。他以为姓国的致富靠的就是偷盗，他将姓国的所说的"偷"理解为翻越人家的院墙，撬开人家的房间，然后将自己能看到的，并且手又能拿到的东西，统统拿到自己家里，归自己所有。如此，便会快速致富了。他回家以后，到处偷窃。如此，过了段时间，他便被官府逮住了，人赃并获，他也因此被判了罪。这个可怜的人不但清退了全部赃物，而且还被判罚没收他以前积累的所有家产。这下，本来就穷的他这下彻底成了一个穷鬼。

姓向的想来想去，觉得是姓国的人欺骗了自己，最终导致了自己这个结局。于是他又千里迢迢地到齐国去，找到姓国的并责备他说："你骗我，说偷可以致富，我按照你说的办法去做了，却犯了法，害得我连以前的家产也没有了！"

姓国的一听便哈哈大笑，问他道："那你是怎么去偷的呀？"姓向的于是便将自己翻墙撬门偷盗人家财产的经过讲给姓国的听了，姓国的一听，又好气又好笑地对他说："哎呀，你怎么这么糊涂啊！你那天根本没弄懂我所说的'善于偷盗'是什么意思，便急着走了。现在你仔细听着，我给你解释清楚。我们知道，天有四季变化，地也随着四季而产生丰富的物产，我所偷的就是这天时和地利呀。雨水霜露，有助于我庄稼的生长，山林提供我建造房屋的材料，湖泽的养殖供给我特产。我能够在陆地上'偷'飞禽走兽，在有水的地方则'偷'鱼虾龟鳖。而无论是庄稼和林木还是禽兽和鱼虾龟鳖，这些东西都是大自然的产物，原本并不属于我。我正是依靠自己的辛勤劳动，在自然界里获取财富，自然不会触犯法律，也不会有灾祸了。而那些金银宝石、珍珠宝贝、粮食布匹，却是别人积累起来的财富，你用不劳而获的手段去占有别人的劳动成果，这当然便是犯罪啦。所以，你因偷盗罪而受到了处罚，只能怪你自己呀？"姓向的听了这番话，非常惭愧地离开了。

再看另一则故事。

从前，在南美洲地区有一个年轻人，一心想要发财。在他的脑海中，最快的发财手段莫过于学会炼金术了，于是他便投入自己仅有的金钱到炼金实验中。这样折腾了几年，也没有什么成果，而他则变得一贫如洗，连饭都吃不起，靠邻居们的施舍度日。一次，他听一个过路的人说住在某山里的一个智者会炼金术，于是他又燃起希望，生磨硬泡地跟人借来一些盘缠便出发去向那个智者学习炼金术了。

几个月后，他来到了智者面前，诚恳地向其请教炼金术。智者听他讲述完自己的经历之后，便认真地说："的确如人们所传言的那样，我已经学会了炼金术，但是，我一直并未能炼出金子。"年轻人迷惑地问道："那是为何？"

"因为炼金的材料还不齐。"智者答道。

"那么还差什么呢？"

"现在唯一缺的就是三公斤香蕉叶下的白色茸毛。而这些茸毛必须得是你自己种的香蕉上的。如果你能够收集到这个东西，到时我们便一块来炼金。"

这个年轻人一听，便高兴地回家了。他一回家，便立刻在自家已经荒废多年的田地上种上了香蕉。另外，为了尽快收集齐香蕉茸毛，他还开垦了许多来种植。每当香蕉成熟后，他便小心地将白色茸毛刮下来保存好。同时，为了能生活，他也顺便将这些香蕉都弄到市场上卖掉。结果，几年之后，由于卖香蕉，他的日子也逐渐阔绰起来了。一次，当他又一次从市场上带着卖香蕉得来的金币回家的时候，突然间领悟了智者的意思正是点化他通过劳动来获得金子。明白这个道理后，他更加勤奋地劳动，最终成为当地有名的富翁。

这两则寓言故事，一个是中国的，一个国外的，其所要告诫人们的道理却是相同的，那便是要想获得财富，便只能凭借自己的劳动，这才是老子所说的大道。而偷盗、炼金术则是代表了邪径，不仅不能达到目的，反而会使人遭遇到危险。进一步讲，无论做任何事情，都有一个大道可走，舍弃大道，而走邪径，都是表面聪明其实愚蠢的行为。

# ◎第六章　谷神不死◎

**【原文】**

谷神不死①，是谓玄牝②。玄牝之门，是谓天地根③。绵绵若存④，用之不勤⑤。

**【注释】**

①谷：形容虚空。神：形容不测的变化。②玄牝（pìn）：象征深远而看不见的生育万物的总根源，这里用以形容"道"的不可思议的生殖力。牝，生殖。③是谓：这叫作。④绵绵：冥冥无形象，连续不断的样子。⑤不勤：不劳倦，不穷竭。勤，尽。

**【译文】**

虚空不定的变化是永不停歇的，这就是生育万物的神秘莫测的总根源。微妙的生母之门，就是天地生成的根源。它绵绵不绝地存在着，作用无穷无尽。

**【解析】**

老子在这一章里继续阐明"道"的特征。他所运用的方法仍是比喻、借代：用"谷"象征道，说明道既是空虚的又是实在的；用"神"比喻道，说明道变幻莫测；用"玄牝之门"比喻道是产生万事万物根源；等等。老子想说明道的作用是无穷无尽的，从时间上而言，道历久不衰，天长地久。从空间上而言，道无处不在，无穷无尽。道孕育着宇宙万物，生生不息。

"谷神不死，是谓玄牝。"这里的"谷神不死"是就道而言的，说明道是博大无边、变幻莫测、永恒不灭的。"玄"作为一个概念，在《道德经》中经常出现。它原义是深黑色，有深远、神秘、微妙难测的意思。牝，本义是雌性的兽类动物，这里借喻具有无限造物

谷神不死，是谓玄牝。

能力的道。"玄牝"指玄妙的母性，这里指孕育和生养出天地万物的母体。把神秘莫名的"道"喻为雌性动物的生殖器官，形象地表现了无所不能、孕育着万物的道的特性。这种粗拙而简明的表述方法，在《道德经》中多次出现。

"玄牝之门，是谓天地根。"玄牝的门户，是孕育天地、化生万物的根源。它的作用非常大。"玄牝之门"、"天地根"，都用来说明道为产生天地万物的始源。古代也有人把本章的要旨解释为胎息养生之术，认为"天地之门，以吐纳阴阳生死之所气。每至旦，面向午，展两手于膝之上，徐徐按捺百节，口吐浊气，鼻引清气，所以吐故纳新。是蹩气良久，徐徐吐之，仍以左右手上下前

后拓。承气之时，意想太平元气，下入毛际，流于五脏，四肢绵受其润，如山纳云，如地受泽，面色光焕，耳目聪明，饮食有味，气力倍加，诸疾去矣"。(《御览方术部》引《修养杂诀》)这是把老子的思想与传统养生术联系起来的解释。这种思考的角度，也不失为对老子学说的一种发挥。

"绵绵若存，用之不勤。"它（指道）好像绵绵不绝地存在着，它的功能也永远使用不尽。道无迹可寻，可又无所不在地发挥作用。它先天地而生，亘古长存，像一只看不见的手，化育着自然万物；又像是天地万物的仲裁者，决定着物事、人世的沉浮兴衰。

绵绵若存，用之不勤。

道博大无边、无所不能，又永恒不灭、无迹可寻。它是万物之母、一切之源，取之不尽、用之不竭。万物皆循道而自为自作，生生不息。

## 为人之道

# ◎玄妙母体——女娲造人◎

传说盘古开天辟地后，天上便有了太阳、月亮和星星；而地上则有了山川草木，甚至有了鸟兽虫鱼了。

后来，天地间出现了一个神通广大的女神，名叫女娲。据说，女娲一天能够变化七十次。有一次，女娲行走在莽莽榛榛的原野上，看看周围壮美的山川湖泊和可爱的飞鸟鱼虫，总觉得这天地之间还缺少点什么。

究竟该增添什么东西进去才好呢？这个问题一直困扰着女娲。女娲不停地往前走，一直走了很远，最后她走得实在有些疲倦，就在一个池子旁边蹲下来。澄清的池水照见了她的面容和身影：她笑，池子里的影子也朝着她笑；她假装生气，池子里的影子也跟着生气。眼前的景象，让女娲突发奇想：世间各种各样的生物都有了，却唯独没有像自己一样的生物，那么为什么不创造一种像自己一样的生物，使其加入到世间之中呢？

女娲造人。

　　想着想着，她就顺手从池边掘起一团黄泥，掺和了水，在手里揉着，捏着，捏成了一个娃娃模样的小东西。

　　女娲把这个小东西放到地面上。说也奇怪，这个泥捏的小家伙，刚一接触地面，就活了起来。女娲见了，相当兴奋，给这个小家伙取了一个名字，叫作"人"。

　　人的身体虽然小，但因为是女神女娲创造的，相貌和举动也有些像神，和飞的鸟、爬的兽都明显不同。而且，看起来还似乎有一种管理宇宙的非凡气概。

　　女娲对她的作品感到非常满意。于是，她就非常努力地继续工作，用黄泥做了许多能说会走的可爱的小人儿。从此，女娲再也不感到孤独、寂寞了。

　　就这样，女娲不停地工作，一直工作到晚霞布满天空，星星和月亮射出幽光。夜深了，她只把头枕在山崖上，稍微睡一睡，第二天，天刚微明，她又赶紧起来继续工作。

　　女娲一心要让这些灵敏的小生物布满大地。但是，大地毕竟太广阔了，要想实现这一愿望，的确很难。苦思冥想后，她终于得到了灵感：从崖壁上拉下一条枯藤，伸到一个泥潭里，搅成了浑黄的泥浆，然后提起枯藤，向四处挥洒。只见泥点溅落的地方，出现了许多小人儿，和先前用黄泥捏成的小人儿一模一样。不久，大地上布满了人类。

　　尽管大地上布满了人类，可女娲的工作并没有因此而终止。她又想：人是要死的，难道死了一批再创造一批吗？这未免太麻烦了。怎样才能使他们绵延不绝呢？后来，她终于想出了一个办法，就是把那些小人儿分为男女，叫他们自己去创造后代。并让他们参照其他动物那样，让人类也男女婚配，这样，人类就世世代代延续下来了，并且人数一天比一天增多。

　　女娲造人的传说，充分印证了老子对于"绵绵若存，用之不勤"的宇宙之源的认识。

## 处世之道

# ◎天地之始——盘古开天辟地◎

　　老子说："谷神不死，是谓玄牝。"生养天地万物的道是永恒存在的，这叫作玄妙的母性。在老子看来，一切具体存在的本源都是混沌，万物是由混沌中产生的。"盘古开天辟地"的故事家喻户晓，而天地万物就是从混沌中孕育而生的。

　　盘古是中国历史传说中开天辟地的祖先，他殚精竭虑，以自己的生命演化出生机勃勃的大千世界，为千秋万代的后人所景仰。

　　传说在天地还没有开辟以前，有一个不知道为何物的东西，没有七窍，叫作帝江（也有人叫它混沌），它的样子如同一个鸡蛋。"鸡蛋"里是一片混沌，漆黑一团，没有天地，没有日月星辰，更没有人类。它有两个好友，一个叫倏，一个叫忽。有一天，倏和忽商量为帝江凿开七窍，帝江同意了。倏和忽用了七天的时间为帝江凿开了七窍，但是帝江却因为七窍被凿而死了。

　　帝江死后，它的肚子里出现了一个人，名字叫盘古。盘古在这个"鸡蛋"中一直酣睡了约

盘古开天辟地。

一万八千年，醒来后发现周围一团黑暗。他想伸展一下筋骨，但鸡蛋紧紧包裹着身子，使他感到浑身燥热不堪，呼吸非常困难，又看不见一丝光明，于是，他决心捅破这个"大鸡蛋"。

盘古胳膊一伸，腿脚一蹬，"大鸡蛋"就被撑碎了。可是，他睁大眼睛一看，上下左右，四面八方，依然是漆黑一团，混沌难分。盘古勃然大怒，于是他拔下自己的一颗牙齿，把它变成威力巨大的神斧，抡起来用力向周围劈砍。"哗啦啦啦……"一阵巨响过后，"鸡蛋"中有一股清新的气体散发开来，飘飘扬扬升到高处，变成天空；另外有一些浑浊的东西缓缓下沉，变成大地。从此，混沌不分的宇宙一变而为天和地，不再是漆黑一片。

天地一分开，盘古觉得舒坦多了。他长长地舒了口气，想站立起来，然而天却沉重地压在他的头上。他意识到如果天不高高地升到高空，那么地上的生灵也就永远难以生存。他坐下来思考怎样才能解决这一问题。最后，他断定，只有把天托住，芸芸众生才能繁衍和生存。于是，他就用手撑着青天，

盘古以身体支撑于天地之间。

双脚踏着大地，让自己的身体每天长高一丈，随着他的身体增长，天每天增高一丈，地每天加厚一丈。这样又过了十万八千年，天越来越高，地越来越厚，盘古的身体长得有九万里那么长了。

天终于高高悬于大地的上方，而盘古也感到疲惫不堪。他仰视双手上方的天空，又俯视脚下厚重的大地，断定天地之间已经有了相当的距离，他终于可以躺下来休息，而不必担心天会塌下来压碎大地了。

盘古慢慢地躺在地上，闭上沉重的眼皮。盘古开天辟地，耗尽了心血，流尽了汗水。在睡梦中他还想着：光有蓝天、大地不行，还得在天地间造些日月山川、万物生灵。可是他已经累倒了，再不能亲手造这些了。最后，他想：把我的身体留给世间吧。

于是，盘古的头变成了东山，他的脚变成了西山，他的身躯变成了中山，他的左臂变成了南山，他的右臂变成了北山。这五座圣山确定了四方形大地的四个角和中心。它们像巨大的石柱一样耸立在大地上，各自支撑着天的一角。

盘古的左眼，变成了又大又圆的太阳，高悬于天上，给大地以温暖；右眼变成了明净的月亮，给大地以光明。他睁眼时，月儿是圆的；眨眼时，就又成了月牙儿。

他的头发和眉毛，变成了天上的星星，布满天空，随月隐现。

他嘴里呼出来的气，变成了春风、云雾，使得万物生长。他的声音变成了雷霆、闪电。他的肌肉变成了大地的土壤，筋脉变成了道路。他的手足四肢，变成了高山峻岭，骨头牙齿变成了埋藏在地下的金银铜铁、玉石宝藏。他的血液变成了滚滚的江河，汗水变成了雨和露。他的汗毛，变成了花草树木。他的精灵，变成了鸟兽鱼虫。

从此，天上有了日月星辰，地上有了山川树木、鸟兽虫鱼，天地间从此有了世界。

# 第七章　天长地久

【注释】

①以：因为。②私：在这里指个人利益。

【译文】

　　天地永远都存在。天地所以能长久，是因为它不是为了自己而生存，所以才永远都存在。因此，有道的人凡事都让别人占先，反而能赢得爱戴；凡事把自身的安危置之度外，生命反而能得以保全。这不正是因为他不自私，反而能够成就自身吗？

【解析】

　　在本章里，老子认为，天地是永恒存在的。而天地之所以能永恒存在，是因为它们的一切运作、变化都不是为了自己的生存而作为，正因为"不自生"，"故能长生"。天地生养万物而独不生自己，反而得到了长生。因此，老子希望圣人能从中悟出这个道理。如果圣人也效法天地的这种德行，不计个人得失，一心为公，也会像天地一样"长生"。

　　所谓"圣人后其身而身先，外其身而身存"，意即有道之人凡事都让别人占先，反而能赢得爱戴；凡事都把自身置之度外，生命反而能得以保全。结合《道德经》其他章节来看，老子对人之生命的见解是很透彻的，并不仅限于肉体的生命，而是把生命推广到灵魂的范畴。如果一个圣人，能谦居人后，以天下为先，那么他就会得到百姓的爱戴，也会永远留在百姓心中，从而得到与道一样不灭的长生。

圣人后其身而身先，外其身而身存。

　　"以其无私，故能成其私。"老子认为，圣人这样做，并不是因为没有私心，而是为了成就他最大的私心，那就是得以长生。故此老子说"以其无私，故能成其私"。人最大的私心莫过于实现长生，所谓长生，就是能让自己的灵魂永远活在百姓的心中，百姓感觉到圣人的好，就希望他能够永远存在，他的生命与灵魂在百姓心中就永远都不会消失。

　　老子根据宇宙法则揭示了人生法则，而人生法则里又贯穿着社会法则。他的"后其身而身先"、"外其身而身存"的思想，正是"先天下之忧而忧，后天下之乐而乐"的原形。治理国家，只要时时把人民的利益放在前面，自然能够得到人民的拥护和爱戴，从而体现人生价值，获得人生幸福；为了肉体而活着的人，生命不会长久；为了人民的利益而活着的人，只要社会存在，他的英灵就会存在，因为他永远活在人民心中。

这一章里老子以天人合一的境界，把宇宙、人生和社会看成是一个统一的整体，从而要求人与人之间爱而忘私，和谐相处。无私是合乎道的美德，只有坚持这一美德，人类才能实现"长生"。

## 从政之道

# ◎无为修身——孙叔敖廉洁爱民◎

老子的思想，均由对自然的认识而推及人事。本章所论，最为典型。天地之所以能够长久，在于它不自生。圣人以自然为师，无我乃能有我，无私乃能成其私。在老子看来，圣人应当做到谦恭、无私，鞠躬尽瘁，死而后已。这和"先天下之忧而忧，后天下之乐而乐"有着异曲同工之妙。历史验证了老子的处事原则的合理性，历朝历代的仁人志士，先人后己，舍己忘私，最终赢得了人民的尊敬与爱戴。春秋时期楚相孙叔敖的事迹，就充分体现了老子的这一处事原则。

孙叔敖（约前630—前593年），蒍氏，名敖，字孙叔，春秋时期楚国名臣。孙叔敖少年时因义杀两头蛇为民除害而享誉乡里。楚国令尹（楚相）虞丘喜欢有才能的贤士，他年老的时候，看到孙叔敖品德高尚、学问渊博，因此请求楚王让孙叔敖替代自己的令尹之职。楚庄王采纳了虞丘的建议，并用国王乘坐的专车去迎接孙叔敖。后来，孙叔敖出任楚国令尹，他辅佐楚庄王施教导民，宽刑缓政，发展经济，做出了很大的政绩。另外，孙叔敖还主持兴修了芍陂（今安丰塘），不但改善了农业生产条件，也增强了楚国的国力。

据史书记载，孙叔敖刚当上令尹的时候，许多人都来向他道贺。这时，来了一位名叫狐丘丈人的老者，他不但不向孙叔敖祝贺，还做出慰问的样子。孙叔敖觉得很奇怪，便把他引入内屋，并向他询问为什么这么做，狐丘丈人说道："身处尊贵而对人骄傲，百姓就不再与你亲近；位高责重而滥用职权，君主就会讨厌你；俸禄优厚而不知足，祸患就会降临到你的头上了。"临别时，狐丘丈人反复告诫，孙叔敖连连称是。

孙叔敖立公废私，廉洁爱民。

孙叔敖出身贫苦，对民众的疾苦和愿望有着切身体会。他依照狐丘丈人的叮嘱，制定了"施教导民"的治国策略，即不依靠政令强行施政，而是根据农时，顺应民意，由官府带头倡导，让百姓仿效。

孙叔敖在任令尹期间，曾做过很多施教导民的好事，并传为佳话。孙叔敖根据秋冬农闲的规律，积极引导百姓进山砍伐竹木，猎取禽兽；根据春夏河水上涨的规律，引导百姓用河水运出山里的竹木和捕捞鱼虾。还有一次，楚庄王曾下诏将钱币造大，楚国的百姓感到携带大的钱币行走不便，而铸造钱币的手工业者也嫌成本高而纷纷转行，这就导致市场秩序的混乱。孙叔敖了解到这一情况，便建议楚庄王恢复原有的币制，以顺应民意。楚国当时有一个习俗，那就是喜欢坐矮车，这种矮车马高车矮，车子行驶的时候速度

孙叔敖根据春夏河水上涨的规律，引导百姓运送竹木和捕捞鱼虾。

很慢，楚庄王想下诏改造这种车子。孙叔敖表示赞同，但是他不赞成以政令的形式通告全国，而建议将乡间的门槛提高，让矮车不能通行，并将官府的车辆变成高大的车子，自由通行。不到半年，楚国原先的矮小的马车不见了，都变成了高大的车子。通过实施这些措施，楚国的经济获得了迅猛发展，百姓安居乐业。孙叔敖的施教导民的策略，是富国强邦之举，被司马迁赞为"不教而民从其化"。后来，孙叔敖的这个方略也在其他六国推广开来。

孙叔敖在楚国任令尹的时候，还在淮河流域修建了一个著名的水利工程——芍陂。芍陂又称安丰塘，实际是一座大型水库。楚国处在江淮流域，常年多水患。孙叔敖修建这座水库之后，不但有效地治理了淮河水患，而且灌溉了大片良田，促进了楚国经济的发展，也为楚国后来称霸奠定了经济基础。

孙叔敖辅佐楚庄王治国安邦，做出了很大的政绩，楚庄王几次要赐其封地。但是孙叔敖时时记着"俸优禄厚而不知足，祸患就会降临"这句话，因此坚持不受。孙叔敖临死的时候，告诫儿子说："我活着时，没有接受楚王的封地，死后楚王必定封你城邑，到时，你一定不要接受别人都争着要的城邑，在楚越边界有个叫寝丘的地方，那里低洼脊薄，城名也不吉利，历来没有人争夺，你可以请求楚王把那个地方赏赐给你，这样，你的衣食饱暖就无忧了。

孙叔敖为相清正廉洁，没有留下一点积蓄。死后几年，孙叔敖的儿子穷愁潦倒，只好跑到山里，以砍柴为生。孙叔敖的好友优孟听说后，上朝时打扮成孙叔敖的模样，以便引起楚王的注意。楚王一看，吃了一惊，还以为是孙叔敖显灵了，细看之下，才知道是优孟，便想任命优孟担任令尹。优孟说："孙叔敖为楚国立下了很大功劳，死后儿子以砍柴为生，我的才能远远比不上孙叔敖。要我去当令尹，将来儿子恐怕连衣食都不能保障了。"优孟的一席话点醒了楚王，楚王立即下令给孙叔敖儿子重赏和封地。孙叔敖的儿子根据父亲的遗嘱，没有申请大的城邑，只向楚王要了寝丘。庄王没有强求，于是封寝丘四百户给孙叔敖之子，还夸奖贤者之后有贤风。依照楚国法令规定，功臣的封地经过两代之后，要封别人的时候就得收回。由于寝丘是个人人嫌弃的地方，所以孙叔敖的封地一直传了十几代。孙叔敖不争肥缺而得长利，后人称之为"短智佐君王，长智利子孙"。

历朝历代的很多官吏，他们的两只眼睛总是盯着名和利。如果是为官正派、清正廉洁的，他就会位堪重任，严于律己，一切以国家和百姓为先，后来被称为贤臣、清官、廉吏，从而留名青史；如果是为了追求私利，他必然利用职权为非作歹，一切以自己为先，给国家和人民带来祸害，后来

被称为奸臣、贪官、污吏，被钉在历史的耻辱柱上。正派之人不求私利，所以人民得福，个人也得福；奸恶小人追求利益，人民得祸，个人也得祸。

## 为人之道

# ◎公而忘私——大禹治水三过家门而不入◎

相传在四千余年前，正是尧当政的时候。那时，生产力低下，生活条件艰苦，有些大河每隔一年半载就要发一次水灾。有一次，黄河流域发生了特大水灾，洪水横流，到处是一片汪洋泽国，房屋倒塌，田地被淹，五谷不收，人民淹死、饿死者不可胜数。活着的人只得逃到山上去躲避。

为了解除水患，帝尧召开了部落联盟会议，请各部落首领共商治水大事。尧对大家说："水灾无情，请大家商议一下，派谁去治水？"大家公推鲧去办理。尧不赞成，说："鲧很任性，可能办不成大事。"但是，首领们坚持让鲧去试一试。按照当时部落议事的习惯，当部落联盟首领的意见与大家意见不一致时，首领要听从大家的意见。尧只好采纳大家的建议，勉强同意让鲧去治水。

鲧到治水的地方以后，沿用了过去传统的水来土挡的办法治水，也就是用土筑堤，堵塞漏洞的办法。他用了个像围墙似的小土城把人们活动的地区围了起来，洪水来时，就不断加高加厚土层。但是由于洪水凶猛，不断冲击土墙，结果弄得堤毁墙塌，洪水反而更加肆虐了。鲧治水九年，劳民伤财，却一事无成，并没有把洪水制服。

尧死后，大家推举舜当了部落联盟的首领。舜巡视治水情况，看到鲧对洪水束手无策，耽误了大事，就将鲧治罪，处死在羽山。部落联盟又推举鲧的儿子禹去完成其父未竟的事业，还派商族的始祖契、周族的始祖弃、东克族的首领伯益和皋陶等人前去协助。

禹是个精明能干、大公无私的人。他接受治水任务时，刚刚和涂山氏的一个姑娘结婚。但大禹看到群众受到水害的情景，想到自己肩负的重大任务，便毅然告别妻子，来到治水前线。

大禹首先请来了过去治水的长者和曾同他父亲鲧一道治过水害的人，大家一起总结过去失败的原因，寻找根治洪水的办法。有人认为："洪水泛滥是因为来势凶猛，流不出去。"有人建议："看样子，水是往低处流的。只要我们弄清楚地势的高低，顺着水流的方向，开挖河道，把水引出去，就好办了。"这些使大禹受到很大启发。于是带领契、弃等人和徒众助手一起跋山涉水，把水流的源头、上游、下游大略考察了一遍，并在重要的地方堆积一些石头或砍伐树木作为记号，便于治水时做参考。这次考察是很辛苦的。据说有一次他们走到山东的一条河边，突然狂风大作，乌云翻滚，电

大禹请来长者，一起商量根治洪水的方法。

闪雷鸣，大雨倾盆。顷刻间山洪暴发了，一下子卷走了不少人。有些人在咆哮的洪水中被淹没了，有些人在翻滚的水流中失踪了。大禹的徒众受了惊吓，因此后来有人就把这条河叫徒骇河（在今山东禹城和聊城一带）。

经过实地考察，大禹制定了切实可行的方案：一方面要加固和继续修筑堤坝；另一方面，改变了其父治水的方法，用开渠排水、疏通河道的办法，把洪水引到大海中去。即用"疏导"的办法来根治水患。

为了便于治水，大禹还把天下划分为九个大州，即冀、兖、青、徐、扬、荆、豫、梁、雍等州。从此，一场规模浩大的治水工程便展开了。

大禹亲自率领二十多万治水群众，带着简陋的石斧、石刀、石铲、木耒等工具，开始治水。大禹除了指挥外，还亲自参加劳动，以身作则，为民垂范。他手握木锸（形状近似于

大禹带领群众一起疏导河流。

今天的铁锹），栉风沐雨，废寝忘餐，夜以继日，不辞劳苦。一次，他们来到了河南洛阳南郊。这里有座高山，峰峦奇特，巍峨雄姿。高山中段有一个天然的缺口，涓涓细流就由隙缝轻轻流过。但是，特大洪水暴发时，河水被大山挡住了去路，在缺口处形成了旋涡，奔腾的河水危害着周围百姓的安全。大禹决定集中人力，在群山中开道。艰苦的劳动，损坏了一件件石器、木器、骨器工具。人的损失就更大：有的被山石砍伤了，有的上山时摔死了，有的被洪水卷走了。可是，他们仍然毫不动摇，坚持劈山不止。在这些艰辛的日日夜夜里，大禹手上长满了老茧，小腿上的汗毛被磨光了，脸晒黑了，人也累瘦了。由于长期泡在水中，他的脚指甲也脱落了。但他还在劳作着、指挥着。在他的带动下，治水进展神速，大山终于豁然屏开，形成两壁对峙之势，洪水由此一泻千里，向下游流去，江河从此畅通。

由于任务艰巨，时间紧张，在治水过程中，大禹曾三过家门而不入。第一次路过家门时，他的妻子刚刚生下儿子没几天，恰好从家里传来婴儿"哇哇"的啼哭声，他怕耽误治水，没有进去；第二次路过家门时，躺在妻子怀里的儿子已经会叫"爸爸"了，但工程正在紧张的时候，他还是没有进去；第三次过家门时，儿子已经十多岁了，孩子看见了父亲，非常高兴，要大禹到家里看一看，他还是没有进去。大禹把整个身心都用在开山挖河的事业中了。大禹"三过家门而不入"的故事成为美谈，至今仍为人们所传颂。

在大禹领导下，广大群众经过十多年的艰苦劳动，终于疏通了九条大河，使洪水沿着新开的河道，"服服帖帖"地流入大海。同时，他们把原来的高处培修使其更高，把原来的低地疏浚使其更深，便自然形成了陆地和湖泽。然后再把这些大小湖泽与大小支流联结起来，洪水就畅通无阻地流向大海了。这样，大禹制服了水患，完成了造福后世的伟大业绩。

老子说："圣人之能成大也，以其不为大也，故能成其大。"大禹不负众望，率领百姓奋斗十余年，终成"补天沐日"之功，拯救万民于水深火热之中，可谓其功至伟。而其率先垂范，亲力亲为，为治水三过家门而不入的高尚风范，尤为后人所称道钦敬。

# ◎ 第八章　不争无尤 ◎

　　上善若水①。水善利万物而不争，处众人之所恶②，故几于道③。居善地④，心善渊⑤，与善仁，言善信，政善治⑥，事善能，动善时。夫唯不争，故无尤⑦。

【注释】

①上善：最高等的善。若：像。②处：停留、居住之意。③几（jī）：作"接近"解。④地：低下、卑下的意思。⑤渊：深的意思。⑥政：行政的意思。⑦尤：怨咎。

【译文】

　　最高的善就像水一样，水善于滋润万物却不与其争短长。它总是停留在众人不愿去的低洼之地，这种品德，最接近于"道"。上善的人总是甘居卑下的环境，心胸善于保持沉静而深远博大，待人善于相助、真诚可亲，说话善于信守诺言，为政善于治理，办事善于发挥所长，行动善于把握时机。正因为有不争的美德，所以才不会出现过失，招来怨咎。

【解析】

　　在上一章里，老子以天地之道推及人道之后，这一章又以自然界的水来喻人、教人。

　　老子首先用水性来比喻有德之人的人格，认为他们的品格像水一样：一是柔，二是居于卑下的地方，三是滋润万物而不与之争。具备理想人格的人也应该具有这种心态，不但做有利于众人的事情而不与之争，而且还愿意去众人不愿去

上善若水。

水利万物。

的地方，愿意做别人不愿做的事情。他可以忍辱负重，任劳任怨，能尽其所能贡献自己的力量去帮助他人，而不会与他人争功、争名、争利，这就是老子"善利万物而不争"的著名思想。

居善地。

"上善若水"，上为至高，只有至高的东西才叫上；水的德行最高，虽然它的构成简单，但它是自然界里的生命之源。上善若水，从字面上解释就是：具有善性的人就像水一样，老子这是要人们学习水"柔弱处下"的德行。

那么，水的德行究竟是什么呢？它是最柔弱最具善性的东西，它具有宽广包容的胸怀和毫无所求、甘居人下的德操，无论到什么地方都是无声无息的。

众所周知，水有形却无状，谁也不能说清水的形状，把它放在什么样的容器里，它就呈现什么样的形状。它生性温柔，就像一个柔弱的少女，羞涩柔韧而又随遇而安。用坝拦它，它就静止不动；抽刀断水，于水毫发无损。在天则为雨雪云雾，在地则成江河湖海。遇热成汽，逢冷结冰，见风起浪，居高成湍，千变万化。最重要的是，无论它身处多么显贵的高位，都会谦卑地向下流淌。这一点，和人类恰恰相反，人是钟情于高处的，仿佛只有不停地高攀才能实现自身的价值，人人都往高处走，所以难免会有竞争，有竞争就有博弈，有博弈就会有得失、成败。水比人明智，它甘居下位，滋润万物而不居功自傲，清静无为而又无所不为。

水和"大道"十分相像。水性善柔，大道无形；水善利万物而不争，大道化育一切而不言功劳。而这正应该是圣人必备的德行。老子认为，拥有最高德行的人就如水一样，具有宽广的胸怀、

心善渊。

谦逊的品格、与世无争的情操、宽厚诚实的作风，这些最接近于大道的本质，是人类最应效仿的德行。因此，人的心胸就应该像水一样宽广无边、清湛悠然；像水的流势一样，谦虚卑下。不可处处与人争高低，要择地而居。对人要亲切自然，以诚相待，老实厚道，宁愿居下位也绝不欺他人。为人处世重诺守信，就如同潮汐一般，起落守时。

在自然界万事万物中，老子最钟爱的是水，认为水德是近于道的。而理想中的"圣

与善仁交友就像流水一样绵长。

人"是道的体现者，因为他的言行与水的德行相似。为什么说水德近于道呢？王夫之解释说："五行之体，水为最微。善居道者，为其微，不为其著；处众之后，而常德众之先。"以不争为争，以无私为私，这就是水的最显著特性。水滋润万物而无取于万物，而且甘心停留在最低洼、最潮湿的地方。老子并列举出七个"善"字，都是受到水的启发。最后的结论是：为人处世的要旨，即"不争"。也就是说，宁处别人之所恶也不去与人争利，所以别人也没有什么怨尤。人类一旦拥有了像水一样的品格，就能助人而自乐，与世无争，日子过得恬淡自然，就能避免与他人发生矛盾和冲突，就能免去患得患失的精神折磨。如果能够使自己的品格如水一般，就能与大道协调，就会免去纷争、痛苦和烦恼，就能过得逍遥自在、轻松愉悦。

夫唯不争，故无尤。

## 为人之道

# ◎示人以卑——只拣五美分硬币的孩子◎

威廉是一个特别害羞的孩子，在众人面前说话很少，反应似乎也比较慢，这令人们觉得他有些傻气。一次，有人为了验证一下威廉是不是真的很傻，就拿出了两枚硬币给他看，说要送给他，但是他只能选择其中的一枚，那两枚硬币中，一枚是五美分的，另一枚是十美分的，很显然，十美分硬币的面值是更大的。小威廉抬头看了看这个人，然后很胆怯地伸出小手，选择了那枚五分的硬币。这个人没有食言，真的将那枚硬币送给了威廉，然而，他却四处对人宣扬这个有趣的发现，说那个威廉真的就是个小傻瓜，连哪种硬币更值钱都分不出来。于是，很多人带着好奇的心理，见到小威廉的时候都会亲自试验一下，看看是否真的就如那个人所说的，在五美分和十美分的硬币之间，威廉只拣五美分的拿。试验的结果是，小威廉真的就是每一次都会挑那面额最小的硬币。每当这样的情景出现的时候，围观的人们就会一阵哄笑，而小威廉在这时似乎变得更害羞了，戏弄他的人们看到他这个样子更加开心了。

这天，小威廉又被人们戏弄了一回。也许大家会觉得，这些家伙真的是一点儿同情心都没有，竟拿别人的缺点寻开心，就像鲁迅小说中的酒客们拿孔乙己脸上的伤疤取笑一样，但是，也并非所有的人都是这样的，总还是有着一些心肠较好的人。这一次，就恰好有一位善良的老妇人撞见了大家取笑小威廉的场景，她感到很不忍，就在事后带着充分的怜悯之情悄悄地对小威廉说道："可怜的孩子，难道你真的不知道十美分的硬币要比五美分的更值钱吗？"威廉见这个老妇人是个好心人，就诚恳地回答道："老奶奶，我当然知道十比五大，十美分的硬币更值钱。"老妇人听了，感到不解，带着一副怀疑的神情问道："既然你知道，为什么还拣不值钱的硬币拿呢？"小威廉解释道："是这样的，他们经常会给我硬币，就是因为他们觉得我很傻，以为我分不出硬币的大小，如果我表现得很傻，他们就会觉得很开心，以后也就还会再来取乐，再拿硬币给我；可是如果我挑了大的硬币，他们就会发觉，其实我并不傻，如果那样的话，他们就会觉得很没趣，也就不会再打主意送硬币给我了，这样一来，我就连五美分的硬币都得不到了。我拣五美分的硬币，看起来很傻，是被人耍弄了，但是实际上我却能因此而经常得到零花钱，这对我来说是一件好事啊，而人们笑了也就笑了，反正我又不是真的傻，让大家笑一笑又有什么关系呢？"

小威廉的解说，不禁会让我们生出这样的疑问，在小威廉和那群自以为聪明的人之间，究竟谁才是真正被耍弄的对象，谁才是真正的傻瓜呢？

这不是一个虚构的故事，历史上确有其人，这个名叫威廉的孩子就是日后的美国第九任总统——威廉·亨利·哈里逊。

哈里逊总统童年的故事很容易让人联想起这样一则寓言——在动物园的一座笼子里有一大一小的两只猴子，它们是一对母子。每当有游客向笼子里投掷食物的时候，成年的母猴都会表演出一些滑稽的动作，惹得游客们哈哈大笑。因为感到很开心，游客们也就更加乐意往笼子里给猴子抛物。这只母猴为了吃到可口的食物，往往会走到游客面前，用前爪指点着想吃的食物，然后就又蹦又跳的，俨然就是一个出色的喜剧演员。游客们看到母猴的这副样子，都开心得不得了，从而也就会按照母猴的意思，将它所喜欢的食物扔到笼子里去。有时候，扔进来的食物很多，猴子吃不了，就会挑选一番，将自己最喜欢的留下，而将不喜欢的食物再扔出笼子，这样，母猴就可以将最好吃的东西与小猴子一起分享了。游客们见到这只猴子既滑稽、又聪明，就相互转告，于是，来观看猴子的人们络绎不绝，而猴子也就一直都能得到喜欢的食物。

大猴子乐此不疲，可是这只小猴子心中却感到很懊恼，为什么呢？原来，这只小猴子很有自尊心，它看着自己的妈妈为了一些食物就一直给人们充当笑料，就觉得自尊心受到了打击，有一天，它终于忍无可忍了，于是，这只小猴子向母猴恳求道："妈妈，你以后再别这样了，瞧你被人要弄的样子，不知道我有多伤心呢！"

母猴听了，很和气地对小猴子说："孩子啊，你是没有看清其中的奥妙啊。如果我不这样表演，人们怎么会给那么多好吃的给我们呢？我这样让他们乐一下，咱们就会得到宝贵的食物，而人们在开心的时候却不知道是他们给咱们支付了食品费呢。算起来，损失的是他们，而收获的是咱们啊。其实，表面上看是他们要弄了我们，而实际上则是我们要弄了他们啊。孩子，你说是不是这个道理呢？"

由此可知，自作聪明的人其实恰恰是很愚蠢的。老子在称赞水的至善之时说到这样一句话，即"处众人之所恶"，而在具体描述水的智慧时首先提到的一点就是"居善地"，也就是说居处善于卑下，而童年哈里逊的聪明以及猴子的算计就是与此相若的。示人以卑下，表面上是吃了亏，可实际上却得到了大实惠。这就是老子的智慧。

## 处世之道

### ◎ 善利万物——李时珍尝百草钻研医术 ◎

有一种人接济天下不为名利，关爱他人不求显达，他们兢兢业业，不辞劳苦，用自己所长造福一方，虽无扬名立世之心，却仍流芳百世；虽姿态卑微，却仍备受尊敬。明朝的李时珍就是这样一个人。

李时珍字东璧，号濒湖，1518年出生于湖北蕲州县的一个医学世家。他的祖父是位走乡药郎，常年摇着铃铛往来于村里乡间，为人治病化疾。他的父亲也是一名医生，医术高明，为人正直，颇得百姓爱戴。

李时珍在23岁那年向父亲学习医术，为继承家业作准备。受父亲影响，他收集了大量和地方特产药物有关的资料，并经常向经验丰富的老医生和药农问询。一段时间后，他开始随着父亲一起出诊。1545年，蕲州发生了洪灾，紧接着又暴发瘟疫。明朝政府虽然设立了"惠民局"为百姓诊治疾病，无奈染疫者甚多，惠民局根本忙不过来。在这种情况下，李时珍和父亲主动投身到当地疫病的防治工作中。他们扬仁义之德，怀济世之志，不管找他们治病的是穷是富，他们都一视同仁，

李时珍研读医书。

悉心诊治。有时，他们还会免去患者的医药费，将配好的药物无偿地送给病人。史书中就有这样的记载，说李时珍"千里就药于门，立活，不取值"。

对一些人来说，行医治病只是安身立命的职业，但对李时珍而言，这却是救人的事业。他从未想过靠行医敛财发家，而是将"治身以治天下"、"寿国以寿万民"当作目标。李时珍38岁那年因医治楚王之子得到楚王的赏识，

李时珍行走乡间，为平民百姓治病。

被楚王推荐到太医院就职。然而，尽管在太医院中任事，论收入、论名望，都比行走乡间为村妇村夫治病强得多，但李时珍只待了一年就托病回家了。他将全部身心都投入在一件在外人看来颇费力不讨好的事中——编修《本草纲目》。

原来，在行医的日子里，李时珍对本草产生了兴趣，但他发现前人的本草经典中有不少语焉不详的地方，这让李时珍萌生了修改古代医书中谬误的想法。毕竟，医书之于医者相当于救人之法典，其中谬误必对患者为害甚大。

李时珍的编修并非只是坐在家里查阅古代典籍，为了彻底弄清各类药物的特性，他穿上草鞋，背起药篓，领着徒弟和儿子长途跋涉，先后去了安徽、江西、湖南、江苏、河南、河北等多个地方。一路上，他们跋山涉水采集药物，虚心向农叟渔樵请教。有时，为了搞清楚某种草药的性质，李时珍还冒着生命危险亲身试药。由于年轻时曾听人说曼陀罗十分神奇，可以让人又唱又跳，在经过武当山时，李时珍便采下曼陀罗，亲口喝下用其花籽浸泡过的酒，证实了曼陀罗确有令人麻醉的功效。

李时珍花了十多年的时间进行野外考察，历尽千辛万苦，作了数万字的访问记录和笔记，不仅积累了丰富的药物资料，还发现了不少古人未曾提过的新药。回到家后，他又花了大量时间对这些资料进行整理。《明史》中曾这样记述李时珍写作《本草纲目》的过程："乃穷搜博采、芟烦补阙，历三十年，阅书八百余家，稿三易而成书。"

整部《本草纲目》共52卷，记载药方11096个，药物1892种（其中包括新药374种），约一百九十万字，还配有一千多幅插图，堪称李时珍毕生心血的结晶。其中的每个字、每幅图都是李时珍治病救人的强大信念的体现。

作为旧本医书的归纳整理，《本草纲目》不可避免地要将旧本医书中一些荒诞不经的"药物"搜罗进来，譬如人骨、人肉、人血。但李时珍并没有像对待寻常的药物那样对待这些"特殊药物"。比如针对唐代《本草拾遗》里人血有润燥及治狂犬之咬的说法，他写道："始作方者，不仁甚矣，其无后乎？虐兵残贼亦有以酒饮人血者，此乃戮天之民，必有其报。"针对以人骨为药的说法，他毫不客气地进行了痛斥："古人以掩暴骨为仁德，每获阴报，而方伎之流，心乎利欲乃收人骨为药饵，仁术故如此乎？且犬不食犬骨，而人食人骨可乎？"至于人肉，李时珍干脆没有附上任何和其有关的药方，对《孝经》中提到的割股疗亲一事，也予以了严厉的批评："父母虽病笃，岂有欲子孙残伤其肢体而自食其骨肉乎？此愚民之想也。"这些情感强烈、倾向明显的文字，无不体现了李时珍对人及生命的敬重。

《本草纲目》出版时，李时珍已经去世数年。但这并不妨碍他被后世尊为"医圣"，他就如老子笔下的"上善之水"，以善利人，深沉无争，谦虚勤奋，重仁博施。他的医术令人称道，医德更为人敬仰。

# 第九章　持而盈之

【原文】

　　持而盈之①，不如其已②；揣而锐之③，不可长保。金玉满堂，莫之能守④；富贵而骄⑤，自遗其咎⑥。功遂身退，天之道也。

【注释】

①盈：满的意思。②已：动词，停止的意思。③揣：捶打，敲打的意思。④莫：代词，"没有谁"的意思。⑤而：这一章三个"而"，均为连词"而且"、"并且"的意思。⑥咎（jiù）：灾祸的意思。

【译文】

　　保持着盈满的状态，不如适可而止。捶打得既尖又利的铁器，就不能长久保持锋利。纵然金玉堆满房屋，谁也不能长久守住。富贵而又骄纵，定会给自己带来祸害。功成名就之时，要含藏收敛，急流勇退，这才符合自然运行的规律。

【解析】

　　本章主要是讲功成身退之道。

　　大千世界，芸芸众生，谁不追逐名利、倾慕荣华？而能做到心如止水、超然物外者恐怕是寥若晨星。既然我们都无一例外地

持而盈之，不如其已。

生活在现实的世界里，就不可能不食人间烟火，因为吃、穿、住、用、行是人类最基本的生存需求。可是，当这些需求在得到满足之后，人们还会积极地思考如何实现自身的价值，去幻想更多不同层次的需求，当低级的需求得到满足之后，就会更加迫切追求那些更高层级的事物，这是个既简单又复杂的道理：说它简单是因为提到需求，每个人都深有体会，不难理解；说它复杂是因为每个人的需求是千差万别的，这是针对个体而言的。但从整体上来说，人类的贪欲永远都无法得到满足。人类的这一弱点就决定了其会一直追名逐利。

　　可一旦名利双收，又该如何留住它们，而不致使它们如云烟一般随风飘零？其实，老子在本章中，就给出了答案：手持杯子，往里加水，当水满的时候，还不停地往里加，当然会溢出来。换一个说法：当弓被拉满后仍继续用力猛拉，结果毫无疑问，弦会最终被拉断。这两个小问题系出同源，都是"满招损"的个案。虽个中道理妇孺皆知，但真要我们与现实生活的欲望挂起钩来，恐怕就很少有人能够真正明白了，因为"人心不足蛇吞象"最直接的后果就是"当局者迷，旁观者清"。所以说，人的欲望是无止境的，这是人的本性使然。因此，人类如何克服自身的弱点，是个非常重

要而又相当棘手的问题。

还是让我们来看一看锋利的剑吧，它又尖又锐，锋芒毕露，然而锋刃易卷，再磨再损，不久就会被人放弃，因而老子说，越尖锐的东西，越不会长久保存。

"人生一世，草木一秋。"若用此来比喻人生，乍听起来不免有些消极，却不违背常理。其实，人生的短暂和草木的转眼枯亡没有本质上的区别，所以人们在提到年龄时心里往往就会发怵，不禁哀怨日子过得太匆忙。因此，有人在短暂的一生里拼命地捞取金钱，其目的就是试图通过对财富的占有来证明自身存在的价值；而有的人则一心想出名，想通过名声来证明自己没有虚度光阴。于是，人们开始争名夺利，为了实现自己的愿望，有的人不择手段，不惜出卖灵魂，结果事与愿违，得到的却没有付出的代价昂贵，这又何苦呢？当然，我们并不反对采用正当的手段和途径来获取金钱和名利，但必须明白一个很简单的道理：人是赤条条地来，又必将赤条条地去，富贵和名利都是过眼云烟，是一丝一毫也无法带走的。

因此，老子认为"持而盈之"、"揣而锐之"、"富贵而骄"是"生而不有，为而不恃，长而不宰"的"玄德"的反例。在老子看来，一切具体的存在都是"刍狗"，这也就意味着，要把拥有一定名位、名职的自身也要看成是刍狗。刍狗的结局就是在祭祀过后很自然地变成了杂草，这

功遂身退，天之道也。

揣而锐之，不可长保。

是刍狗之命运使然。如果一朝为"狗"就自认为永远是狗而跳梁跋扈，那绝对是不知天高地厚的狂妄之举。所以，老子认为"功成身退"是无为的最高境界，是应当奉行的基本行为准则。

事实上，古往今来，没有人能永久地保持自己的名位或财富，不要说富可敌国、权倾朝野的王公贵族，就是一手遮天的帝王也无法长久地保留自己的地位和财富，尽管他们让后人将珠宝和自己的尸体葬在一起，并安装上各种防盗机关，以求保全自己生前拥有的财富。可在事实上，自从安葬

富贵而骄，自遗其咎。

之时起，危险就已悄悄逼近，盗贼不但会潜入他们的坟墓，将陪葬的金银财宝洗劫一空，甚至还会把他们的尸首抛弃到荒野，这是多么悲惨的结局！当然，更有甚者，有的帝王连自己的尸体也被偷走，因为他们身上穿的是金缕玉衣，他们不但失去了珠宝，也失去了尸身，其结果惨不忍睹。

因此，老子在本章郑重告诉人们：物极必反。太满会溢，太尖利会断，这就启发人们不管办什么事，都要适可而止，进退有度。太露锋芒就会遭人嫉妒和陷害，不如到一定的时候退而隐之，即"功遂身退"，不可最大限度地满足自己的欲望。退而隐之不是形式上的退居深山，而是要有功不倨傲，有名不恃名，有财不扬财。这就是老子倡导的"大道"理念。

大道就是如此，它滋养万物而不居功，没有恩义，也就无所谓报答；万物接受大道的恩典，不去报答，大道和万物仿佛毫无关联，所以也就没有怨恨和嫉妒，一切都是自然而然的。人类只有和大道同步，才能达到收放自如、进退有度的美妙境界。

## 经商之道

### ◎为而不恃——福特汽车的教训◎

"持而盈之，不如其已"，它告诉我们，成就到达极致时，不如适可而止。这一原则在商业领域非常适用。

20世纪初，汽车刚刚发明，当时只有少数富人买得起。1903年，美国人亨利·福特建立福特汽车公司。当时的汽车市场被通用为首的几个汽车品牌所把持，作为一个初入汽车市场的小企业，福特公司显得微不足道。在这种强弱对比明显的情况下，福特经过精心考察后，认为大幅度降低汽车成本，推出工薪阶层也买得起的低价汽车才是汽车行业的主流趋势。于是他组织研发人员花几年时间研制了一种售价大大低于当时其他品牌的T型汽车，于1908年推向市场。果然市场反响强烈，当年便卖出一万多辆。后来福特又采用流水线生产法等手段降低生产成本，将汽车售价首次降到人们一年平均收入以下。结果，1914 年，福特一下子由原来的汽车行业的小弟跃居行业老大的位置。到 1921 年，其市场份额占到了整个市场的 55%，而当年的行业老大——通用汽车则被挤到了只有 11% 的份额。

但是，在短时间内取得一连串巨大的成功之后，福特便开始产生了一种骄傲情绪，固执地抱着原来的成功不放，他坚信自己以后唯一需要做的便是不停地生产这一款给它带来成功的 T 型车，便可永远居于行业老大的位置上。但是，福特没有想到的是，随着经济的发展和人们观念的变化，人们对于汽车的要求已经不仅仅是满足于汽车的实用性，而是对于汽车的多样化、个性化有了更多的要求。接下来，通用汽车抓住了人们的这一心理，到 1940 年，其市场份额又上升到了 45%，重新夺回了自己行业老大的宝座，而福特则下跌到 16%，回到自己的起点。

当然，福特汽车的故事至此并未结束，后来又实现了重新崛起。但福特汽车的这段故事可以说是生动地演绎了"柏林定律"，其在取得成功之后，便放不下原来的成功，想要永远地依靠在原来的成功上，这便是不懂得"为而不恃"的智慧。事实上，许多辉煌一时的企业最终衰败都是因为缺乏"为而不恃"的智慧，最终没能逃脱"柏林定律"的"魔咒"。人们凭借一种理念或方法取得成功后，尤其是连续取得成功后，便容易产生惯性的依赖心理，殊不知事易时移，昨天的成功很容易便成为继续前进的包袱。对于此，欧洲管理学大师莱恩哈德·斯普伦格也明确指出：不要落入成功的陷阱。他指出，即使是一些刚开始做事非常灵活、以顾客为导向的知名企业，都很难批评或挑战自己过去的成功经验。于是它们逐渐丧失了灵敏度和适应能力，然后就有可能成为成功的牺牲品。

## 为人之道

## ○功成身退——深知进退的范蠡○

功成之后，要懂得谦退，不可锋芒太露，这样才能保全自己。

范蠡，字少伯，楚国宛人。他出身贫寒，但是勤奋好学，又富有文韬武略，是个很有抱负的人。由于他在楚国不得志，所以转而投奔了越国。范蠡在辅佐越王勾践期间，身经劳苦，勤奋努力，帮助勾践治理越国二十二年，终于灭掉了吴国，雪洗了勾践当年在会稽所受的耻辱。以后，范蠡又向北进兵，渡过淮河，紧逼齐国和晋国，进而向中原各国发号施令，尊奉周王室。勾践实现霸

范蠡久居官场，深知进退之道。

48

业以后，范蠡号称上将军。由此可知，范蠡在辅佐勾践灭吴，进而称霸的漫长过程中立下了汗马功劳。不过，正是由于他与勾践相处的时间很长，所以才十分了解勾践的为人，知道其可以共患难，但难以共处安乐。而范蠡知道自己名气大了，难以久留，如果不急流勇退，后果不堪设想。所以，在越国处于最强盛的时候，范蠡向勾践递交了一份辞职信，信上说："我听说主上心忧，臣子就该劳累分忧；主上受侮辱，臣子就该死难。从前君王在会稽受侮辱，我所以没有死，是为了报仇雪耻。现在已经报仇雪耻，我请求追究使君王受会稽之辱的罪过。"勾践看到范蠡的信，非常生气，立即把他找来，沉着脸说道："我要把越国的江山分给你一半，让我们共同享有。不然的话，就要惩罚你。"范蠡知道，勾践所说的话前一句并非真心，但后一句倒是实意，对此他早有准备，便从容地向勾践说道："君主执行自己的命令，臣子实践自己的意愿。"回到家后，范蠡就打点包装了细软，与私属随从乘船从海道走了，以后再也没有回来。范蠡走后，勾践让工匠铸了一尊铜像，放在自己的座位旁边；另外，他还把会稽山作为范蠡的奉邑，以表示对他的怀念之情。两百多年后，司马迁在谈到有些人"知进而不知退，久乘富贵，祸积为祟"时，还以范蠡的事迹与之作比较，认为范蠡功成身退，名传后世，这是很难达到的境界。

离开越国之后，范蠡浮海来到齐国，改名换姓，自称"鸱夷子皮"。后来范蠡一家在齐国的海滨定居下来，他们吃苦耐劳，勤奋努力，治理的产业颇为丰厚。住了没多久，范蠡就累计了数十万的财产。齐国人听说他有才能，就让他做了相国。范蠡叹息说："住在家里能弄到千金财产，做官做到卿相，一个普通人能这样，也就达到极致了。长期享受尊贵的名号，是不吉利的。"于是归还了相国的印信，全部发散他的家财，分给相知的好友和乡亲们，带着贵重的财宝，悄悄地离开，到陶地住了下来，他认为这里是天下的中心，交易买卖，和各地相通，做生意可以致富。于是他自称为"陶朱公"，又规定父子耕田畜牧，囤积储存，等候时机，转卖货物，追求十分之一的利润。待了不久，范蠡就积累了万贯的家产。

由上可知，范蠡是一个真正有智慧的人，他不仅有政治才能，而且在经商方面也有自己的独到见解，更难能可贵的，是他懂得如何保护自己。

范蠡退居江湖，累积起万贯家产。

# 道家的传承、演变

司马谈

## "道家"一词的出现

"道家"一词西汉时才出现,初现于司马谈《论六家要旨》,后司马谈等人将老子、庄子、列御寇、杨朱、彭蒙、慎到等人归为道家。

### 道家的传承

| 起源 | 道家思想的起源很早,传说中轩辕黄帝就有天人合一的思想。 |

### 道家的演变

**先秦道家**

| 成型 | 春秋末年,以老子《道德经》问世为标志,道家思想成型。 |

| 兴盛 | 战国时期,道家内部分化为不同派别,著名的有六大派:老庄学派、杨朱学派、黄老学派、彭蒙田骈慎到派、老子学派和宋尹学派。 |

庄子

老子

先秦时期,道家有三位显世的代表人物:老子、庄子、杨朱。他们所共同构造的道家文化,成为中华文明的一个重要的分支。

| 挫折 | 秦统一中国,秦始皇选择法家思想,并在统一中国后不久焚书坑儒,使包括道家在内的诸子百家全部受挫。 |

秦汉黄老之学

| 辉煌 | 汉朝建立后,由于长期战乱的破坏,在反思秦统治思想的基础上,选择道家作为治国思想,造就了"文景之治"。 |

| 压制 | 汉武帝执政后,采纳董仲舒的建议"崇尚儒术",道家的发展暂时受到压制。 |

黄老之学始于战国而盛行于西汉时期。它是借黄帝之名,宗老子之学,兼取儒、法、阴阳各家而建立起来的。从广义上讲,凡秦汉时期的道家思潮,皆可称为黄老之学;从狭义上讲,只有正式托名于黄帝、老子的学说,才是黄老之学。

汉文帝刘恒

| 魏晋玄学 | 复活 | 魏晋南北朝时期,谈玄之风兴起,道家思想重新复活。这次的重点是对老庄的重新阐释,并形成了影响深远的魏晋玄学。此后老庄成为道家正统,一直延续至今。 |

王弼

玄学是魏晋时期出现的一种崇尚老庄的思潮。也可以说是道家之学一种新的表现方式,故又有新道家之称。其思潮持续时间自汉末起至宋朝中叶结束。

隋唐重玄学和宋元内丹生命学

| 潜藏 | 隋唐五代至宋元时期,虽然道家思想屡次成为大乱之后治国的急救包,也是部分士大夫失意之后的精神寄托,但它绝大多数时候处于边缘化状态。 |

| 复兴 | 晚清,随着西方的冲击,儒家统治秩序受到强烈冲击,加上道家与西方自由民主等观念多有相合之处,道家思想再次复兴。 |

# 第十章　明白四达

**【原文】**

载营魄抱一①，能无离乎？专气致柔②，能如婴儿乎？涤除玄鉴③，能无疵乎？爱民治国，能无为乎？天门开阖④，能为雌乎？明白四达，能无知乎⑤？生之畜之⑥。（生而不有，为而不恃，长而不宰，是谓"玄德"⑦。）

**【注释】**

① 营魄：即魂魄。魂属灵，魄属血，在此连用，指灵肉相连。抱一：合抱为一。② 专气：志气专一。致柔：调和到柔和的境地。③ 涤除：清除。玄览：形容心地如宽广的明镜。玄，形容人心的深邃灵妙。鉴，镜子。④ 天门：这里指耳目口鼻等感官。阖（hé）：关闭。⑤ 无知：即不用智谋。知，作"智"讲。⑥ 生之畜之：使它生，使它繁殖。⑦ 玄德：极大极深远的"德"。

**【译文】**

灵魂与肉体融为一体，能永不分离吗？聚集精气达到柔和，能像初生的婴儿一样吗？洗尽思想上的尘垢，能让心地宽广得如一尘不染的明镜吗？热爱百姓，按照道的法则来治国，能保持"无为"的境地吗？口鼻自然地开闭，呼吸吐纳，能绵绵细静地雌守吗？通达四方，能不玩弄权术和心智吗？（生养抚育了万物却并不据为己有，为世间立下了卓越功勋但并不自恃有功，滋养了万物但并不居于主宰地位，这就是最高深的"德"。）

载营魄抱一，能无离乎？

**【解析】**

本章是讲修道育朴的方法和过程，从"载营魄抱一"到"明白四达"，境界是逐步提高的。"道"的境界和自我之德是同步的，"玄德"表明自我之德与道合一，是德的最高境界，并透过六个问句，把道在修身治国方面的作用作了几条总结，对一般人和统治者提出了要求。从字面上看，每句的后半句，似乎都是疑问，其实疑问本身就是最好的答案。老子认为，人们无论是形体还是精神，无论是主观努力还是客观实际，都不可能是完全一致的。但是人们在现实生活中，应该将精神和形体合一而不偏离，即使肉体生活与精神生活保持和谐，这样就必须做到心境淡定，洗清杂念，摒除妄见，懂得自然规律，提高自身修养，也只有这样，才能够真正做到"爱民治国"。

人类之所以被称为"大自然的精品"、"造物主的杰作"、"万物之灵长"，主要就是因为人类拥有精神和意志，能够进行独立思考和判断。这样一来，人类对周围的事物便有了自己的评判标准，爱民治国，能无为乎？

人的主观意识便会在潜移默化中发挥能动作用，并通过这种主观对客观的思索，以自己的喜好标注，来改造周围的世界。然而，人的灵魂和意识所能发挥的作用，毕竟有很大的局限性，所以难免会犯错，甚至会造成无法挽回的损失，人们也常常因此而懊悔和痛苦。

应当说，拥有情感体验是人类区别于其他生物的最显著标志之一。人和其他生物为什么会有这种区别呢？原因在哪里？其他生物为什么没有痛苦和烦恼呢？这主要是因为我们人类的灵魂和肉体经常处于分离的状态，无法从根本上达到合二为一的境界。灵魂是长翅膀的，它总能飞跃到梦想中的高度，与之相比，人们的肉体则显得比较笨重，它无法和灵魂一起飞翔，于是出现了灵魂在一处、肉体在一处的情况；人们也可以把灵魂比喻成理想，将肉体比喻成现实，事实上，理想和现实之间总是有很远的距离，而且美丽的理想在残酷的现实面前往往会变得不堪一击。理想和现实常常处于相互分离的状态，因而会令人们痛苦、无奈和彷徨。

其实，人之所以有痛苦、懊悔的情感体验，是因为人类有七情六欲，当我们的情感需求和自身欲望得不到满足时，就会感到迷茫和失落、困惑和伤怀，这种情感获得的根源还在于人的肉体和灵魂的不统一。而其他生物则不同，它们的身体和心理是合一的，它们不具备完整的心理精神体系，也不会独立思考，也无法进行意识判断，他们对任何事物都不会敏感，因而也不会感到失落或痛苦。

可我们人类，经常用"庸人自扰"来形容无端的痛苦和烦恼。因为平庸，所以会无端地感到痛苦，无端其实是有端，只是这个端微乎其微、不值得去计较罢了。在现实生活中，又有多少人能不被琐事所困扰呢？说白了，能不被平凡琐事所困扰者，世上只有两种人，一是圣人，一是婴孩。婴孩不谙世事，万事皆清，头脑混沌，不知何物为何物，也不知何事为何事，只知饿了吃，困就睡，不去思考，一切顺应人的自然本性，当然不会有烦恼和痛苦，因为他的灵魂和肉体是合二为一的。而圣人也不是天生的，他也必然经过了庸人的阶段，也感受过痛苦和烦恼的滋味，但他不想让自己再受煎熬，就明智地选择了和"大道"同步：做到了灵魂和肉体的高度和谐统一，做到了"专气致柔"如婴孩，做到了心境明净无瑕疵，做到了不受知识的局限而透悟真理的品性。

"专气致柔"就是把自己的精神和元气凝聚起来。如果我们能够聚集自己体内精气而长久保持婴儿般的柔软体态，就能长盛不衰。我们必须经过心灵的活动才能达到精神和元气相合，心灵就像一面镜子，宇宙万象通过镜面尽览无余，镜面必须经常擦洗，去其污垢才能明察世间百态。作为统治者，治理国家也是如此，要像婴儿一样无欲无为，顺应自然本性，而不加任何人为的因素，只有无为而治，才是真治。采取强硬措施不但不利于安定民心，反而会导致天下大乱。所以，要顺应百姓自身的自然规律，

专气致柔，能如婴儿乎？

才能收到较好的效果。当一个人心性豁达，彻底觉悟的时候，一切顺应自然，顺应规律，这就是"玄德"。就像宇宙一样有深邃的内涵，包容一切，而且自己不去主宰别人，这才是老子专气致柔的精髓所在。

### 从政之道

## ◎深沉宁静——从谏如流的唐太宗◎

在这一章里，老子主张作为统治者要做到勤政爱民，施行仁政。统治者要关心百姓的疾苦，倾听百姓的心声。老子用人的生理现象的"天门开阖"、"明白四达"来喻指统治者要广开言路，倾听民间的呼声，体察人民的疾苦。广开言路，善于听取谏言是统治者应当采取的治国原则。如果统治者不能做到通达，就会引起人民的不满，最终招致灾祸。因此，历史上的有道明君，无不善于听取臣民的呼声，唐太宗李世民就是最著名的一个。

唐太宗李世民在中国历史上以善于纳谏著称于世。唐太宗在位时期，与文武百官励精图治，开创了我国封建社会历史上的一代盛世"贞观之治"。唐太宗的治政要略一直为后人所赏鉴。贞观之治的出现，与唐太宗的虚怀纳谏之风有很大的关系。

总起来说，唐太宗的纳谏之风主要有四个特点。

倡导直谏。唐太宗即位后，十分重视总结隋朝灭亡的教训，鼓励并倡导大臣直谏。不过，在"尊君为首"的古代社会里，直谏又该何容易呢！唐太宗知道臣子们心有顾虑，所以在即位之初即显示自己闻言听谏的诚心诚意。他对大臣们说："人要照见自己，一定要有明镜；一国之主要想知道自己的过失，一定要借助于忠臣。"此外，他还提到隋朝的教训："隋炀帝暴虐无道，臣下进言的门路被堵塞了，他听不到批评自己的话，所以才招致了灭亡。……因此，作为臣子，你们必须极言规谏。"唐太宗不但鼓励百官直谏，还大力奖赏敢于直谏的人，鼓励谏净。贞观元年（627年），一个名叫元律师的人犯了罪，被判死刑。司法官孙伏伽对于这种判法有所不满，所以进谏说："按照现行的法律，元律师不该被处死刑，法官不能因为憎恨而滥加刑罚。"唐太宗听了之后，不但没有生气，反而把价值百万钱的兰陵公主园赏赐给了孙伏伽。一些大臣对此不理解，便向太宗询问为什么这样做。唐太宗回答说："我刚刚即位，需要在朝堂上下形成敢于直谏的风气。孙伏伽是我登基以来，第一个敢于批评朝政的，所以我要好好奖赏他。"群臣看到唐太宗有虚怀纳谏的诚意，于是竞相直谏，涌现出一批敢于批评朝政的净臣。以直谏闻名的魏徵曾对唐太宗说："陛下导臣使言，

臣所以敢言。若陛下不受臣言，臣亦何敢犯龙鳞、触忌讳也！"这句话意思是说，正是由于唐太宗允许大臣直言，所以大臣们才敢公开批评朝政。这实在是一句真心话。在封建社会中，即便是像魏徵这样的大臣，也不是不怕"犯龙鳞"，而是因为他辅佐的是一位倡导直谏的贤明君主，所以这才心中没有顾忌。从倡导直谏上来说，其他帝王的确不及唐太宗。

唐太宗鼓励大臣们公开议论朝政。

兼听则明。贞观二年（628年）正月的一天，唐太宗突然问魏徵道："人主怎样叫明，怎样叫暗？"魏徵回答说："兼听则明，偏信则暗。从前帝尧向下面民众了解情况，所以三苗作恶之事能够及时掌握。帝舜耳听四面，眼观八方，所以共、鲧、驩兜不能蒙蔽他。秦二世偏信赵高，在望夷宫为赵高所杀；梁武帝偏信朱异，在台城被软禁饿死；隋炀帝偏信虞世基，死于扬州的彭城阁兵变，所以人君应当广泛地听取意见，那样贵族大臣就不敢蒙蔽，下情也得以上达。"唐太宗听了

兼听则明，偏信则暗。

非常赞同。唐太宗目睹了隋朝的灭亡，深知"明主思短而益善，暗主护短而永愚"的道理。他常向大臣们提起骄奢淫逸、拒不纳谏的隋炀帝。这位偏信虞世基的亡国之君，在农民起义已经风起云涌的时候却还被蒙在鼓里，竟然什么都不知道。这给后人留下了"身不闻过，恶积祸盈，灭亡斯及"的笑柄。隋炀帝的前车之鉴，也让唐太宗清醒地认识到兼听的重要性以及偏信的危害性。唐太宗重视"兼听"的故事有很多。例如，他从贞观初年开始，就下令五品以上的官员，必须每夜都在禁中的中书省轮流值班，以备随时召见。每次召见他们的时候，唐太宗都与他们面对面坐着，一起交谈，详细讨论天下的大事小事，力求了解百姓对朝廷政策的态度，了解政令的得失与教化的成败。唐太宗认为，天下广大，为了避免个人主观局限性，必要与百司一起商量，再由宰相筹划，这样才能使政策得到执行。为了消除"独断一人"对政事带来的危害，唐太宗极力主张群臣献策献计，集思广益，务求政策对百姓有益而无害。

择善而从。对于臣下的谏议，唐太宗每在独自静坐的时候，便暗暗反省自己，唯恐对上不合天意，对下为百姓所怨恨。作为一个君王，有如此反省自己错误的心胸和气魄，的确是很难得的。贞观元年，太宗下令官员凡假造官阶和阅历的，不主动交代就要处以死刑。后来，果然查出有造假的人，唐太宗判了他们死刑。大理少卿戴胄认为依照唐律，这些造假之人不应判处死刑，极力反对皇帝一生气就杀人的做法，唐太宗听从了他的劝谏，赦免了这些人的死罪。贞观三年（629年），唐太宗下诏关中免两年租税，关东免一年的租税，但是没过多久，他就改变了主意。魏徵知道后，批

评他言而无信，唐太宗虚心接受了魏徵的批评。贞观五年（631年），唐太宗轻信谗言，杀害了大理丞张蕴古，事后，房玄龄澄清了事实，唐太宗十分后悔，随后颁下诏令说道："从今天开始，凡是判处死罪，即使是斩立决，也要审核三次后再执行。"后来，唐太宗想去封禅泰山，魏徵屡次劝说太宗："现在百姓生活还不十分殷实，仓廪还没有充实，国力还比较弱，您在这个时候祭告天地，以为帝王功业已经实现了，这是十分不妥的。"唐太宗随即打消了封禅的念头。

畅达言路。为了保证谏议工作的顺利开展，唐太宗从制度上又实施了一系列措施。首先，强化三省职能。唐初中书省、尚书省的部分官员，常常办事拖沓慵懒，并没有就决策正确与否提出过意见，仅仅充当了诏令的收发员的角色。为此，唐太宗颁下诏书，要求大臣们敢于讲真话，可以驳回不适当的政令。其次，重视谏官作用。贞观元年，唐太宗诏令：今后凡是宰相进内廷商议国事的时候，必须安排谏官跟着一起来，让他们了解政事。谏官发表的意见，一定要虚心听取采纳。唐太宗让谏官听政，就是为了能够听取朝中不同的声音，为自己的朝政决策提供参考依据。此外，唐太宗还将杰出的谏官提拔到重要的岗位上来。比如贞观时期的魏徵、王珪、褚遂良、马周等都是因为敢于直谏而后被委以重任的。

## 为人之道

# ○致虚守静——"大树将军"冯异○

老子说："生而不有，为而不恃，长而不宰，是谓玄德。"生养抚育了万物却并不据为己有，为世间立下了卓越功勋但并不自恃有功，滋养了万物但并不居于主宰地位，这就是最高深的"德"。"大树将军"冯异的故事就很好地说明了这个道理。

冯异是东汉初年"云台二十八将"之一。他为人谦虚退让，遇事隐忍，虽然功勋卓著却从不居功自傲。他每在路中遇到诸将，不论官职高低、战功大小，皆驱车让路。刘秀

冯异受封为"云台二十八将"之一。

带领众将军行军打仗时，每次战斗结束后，将领们总是坐在一起，高谈阔论，论功谈赏。而冯异则常常独自避坐于大树之下，静静地思考着战斗的经验得失，久而久之，将士们知道他淡泊名利的特点，便戏称他为"大树将军"了。

据史料记载，冯异素好读书，精通《左氏春秋》、《孙子兵法》。王莽新朝末年，天下大乱，群雄并起。反莽武装共同拥载西汉皇族刘玄为帝，建元更始，即更始帝。冯异此时正以郡掾的身份替王莽监管五县，与父城县的长官苗萌共守县城。

刘秀奉更始帝之命率兵攻打父城，遭遇冯异与苗萌的顽强抵抗，只得退守巾车。冯异乘着间隙到所管辖的属县巡察，被刘秀军队抓获。当时冯异的堂兄冯孝以及同乡人丁綝、吕晏都跟随着刘秀，于是一起举荐冯异，刘秀就召见了冯异。

冯异见到刘秀，说道："以我冯异一人的微薄之力，不足以影响您的强弱。我的老母尚在父城之中，请允许我回去据守五个城邑，立功来报答您的恩德。"刘秀同意了。冯异回去后，对苗萌说："当今众将领都是行伍出身，大多暴虐专横，只有刘将军所到之处不抢掠。我看他的言谈举止，并非庸俗之人，可以归附他。"苗萌说："我与您生死与共，一切都听从您的安排。"

冯异向刘秀表示愿意归附，并请求用立功来报答恩德。

当时，更始帝麾下众将中，刘秀并不特别突出，但冯异一见刘秀，便认定刘秀"非庸人也，可以归身"，目光独具，看人极准。冯异归顺刘秀后，刘秀任命冯异为主簿，于是拉开了君臣际会共创大业的帷幕。

冯异和刘秀之间还有过共患难的故事。更始元年（23 年）十二月，王郎聚众起事，在邯郸称帝。蓟中各地，纷纷响应。刘秀率部向南疾进。当时形势危急，刘秀昼夜不敢入城邑，吃住都在道旁。到达河北饶阳无蒌亭时，天气寒冷，北风凛冽，大家舟车劳顿，非

冯异辅佐刘秀创大业。

常疲倦。冯异从附近村子里讨来了豆粥，送给刘秀。第二天一早，刘秀对将领们说："昨天得到冯异送来的豆粥，饥饿寒冷就都解除了。"

刘秀对冯异深信不疑。冯异在关中三年，威望日著，于是有人上书刘秀，说冯异在关中权势过重，号称"咸阳王"，将不利于朝廷。而冯异本人也颇为不安，提出要留妻子于洛阳，但刘秀对这些流言毫不在意，还特意派人将奏疏送给冯异看，并下诏安慰冯异说："将军之于国家，义为君臣，恩犹父子。何嫌何疑，而有惧意？"表示出对冯异的极大信任。建武六年（30 年）正月，冯异入京朝见刘秀。刘秀数次宴请冯异，并指着他向满朝公卿大臣说："这便是我起兵时的主簿，曾为我在创业的道路上披荆斩棘，扫除重重障碍，又为我平定了关中之地！"

冯异治军严明，谋定后动，赏罚有度，政治眼光与战术素养均高出"云台二十八将"中的其余诸将一筹。他为人谦逊，从不居功自傲。军中很多下级军官都愿意为"大树将军"效劳。

建武十年（34 年）夏，冯异病逝在军营中，谥节侯。冯异英年早逝，使刘秀失去了一位独当一面、智勇双全的大将，令人惋惜。五百年后，著名文学家庾信还叹息道："将军一去，大树飘零。"

冯异出身儒生，而通晓《孙子兵法》，既有文才，也长于武略，不仅战功卓著，治理郡政也很有成绩。他作战勇敢，常为先驱，善用谋略，料敌决胜。同时，他为人谦退，不居功自傲，实在难能可贵，诚为一代良将。

# 第十一章　无之为用

**【原文】**

三十辐共一毂①，当其无，有车之用。埏埴以为器②，当其无，有器之用。凿户牖以为室③，当其无④，有室之用。故有之以为利，无之以为用。

**【注释】**

①辐：车轮上的直棍，有如自行车的钢丝。三十辐，是一个车轮直棍的数目。毂（gǔ）：即车轮中心穿车轴的圆木，北方叫它"车头"。②埏（yán）埴（zhí）：即和陶土做成饮食的器皿。埏，借为"抟"，即抟土；埴，陶土。③牖（yǒu）：窗户。④无：这一章三个"无"，均作"空虚"解。

**【译文】**

三十根辐穿在车头，中间必须留出空处，才能装上车轴，使车轮有转动的作用。踩打泥土做陶器，器皿中间必须留出空处，器皿才能发挥盛放物品的作用。建造房屋，有了门窗四壁中空的地方，房屋才能有居住的作用。所以，"有"给人便利，"无"发挥了它的作用。

**【解析】**

本章的核心问题是"有之以为利，无之以为用"，即"无"和"有"的辩证关系。无和有既相互矛盾，又相互依存。没有无也就无所谓有，本章旨在阐明有和无的对立统一关系。我们是处在有的层面，所以，解决矛盾时要以无为本。但需要指出的是，这里的无和有与第一章讲的无和有是两种完全不同的概念和范畴。

老子通过车子、陶器、房子这三个例子来说明问题，指出这几样事物都是有形的，也就是"有"，而体现它们自身价值的却是无形的空间，也就是"无"。有和无的关系，就是"利"和"用"的关系。利是使用价值的前提条件，用是使用价值的决定性因素。所谓"有无相生"，是就利和用关系而言，利和用的关系是相辅相成、不可分割的，有有就有无，有"实"就有"虚"，在时间上没有先后，在主次上也没有本末。老子把无作为主要对立面来考察，这具有很大的片面性，如果没有车轮、瓷器、房子这些有形物体的存在，中空的无在哪存在呢？又如何发挥作用呢？所以片面强调"无"的作用也是不合理的。但是，我们看待问题的时候，必须以无为本，以有为末，崇本而举末。这是因为，我们是

三十辐共一毂。

处在有的层面的，只有守住其对立面的无，才能利于有。倘若以有为本，以有治有，就会加速有向"没有"的方面转化，这是不符合辩证法的。

老子对无和有的辩证关系的论述，具有很大的借鉴意义。就治身而言，要想健康长寿，就不能只是强调用有形的佳肴来厚待有形的身体，而根本在于关注无形之法身，只要守住法身，健康长寿就会成为必然。人体就像房子，法身是房子的主人，只要主人不去，房子就不会倒塌。

器皿中间留有空处，方能发挥盛放物品的作用。

就治国而言，其根本在于神圣的法律，而不是有为的统治者；只要具有了高度发达的政治文明和精神文明，国家自然就会保持持久的繁荣和稳定。

可是，在现实生活中人们往往把虚无缥缈的无当成有，为根本不存在的东西徒生烦恼、忧愁，比如有人幻想天上掉下了金元宝，原本一贫如洗的人，却在为如何利用这笔巨额意外之财而躺在床上苦思冥想。当别人都去辛苦打拼的时候，他却躺在床上，沉浸在自己美丽的幻想里，但日子一天天溜走之后，他依然躺在床上做着美梦，直到最后他饿成皮包骨，在临死之前还在幻想山珍海味正在桌上。

在现实生活中，究竟该怎样正确对待有和无呢？只有始终保持虚无的态度，做到"有功"而不自居，"有才"而不自傲，"有力"而不乱用，这样才能达到"以无为有"的境界。因为有和无是互相转化的，我们拥有的东西也会瞬间化为乌有，只有保持虚无的心态和境界对待自己拥有的东西，才能真正地拥有它们。所以，我们是处在有的层面的，解决矛盾时要以无为本。

## 从政之道

## ◎甘居下位——态度谦卑的刘邦◎

"无之为用"实际是种以退为进的智慧。鸿门宴上，刘邦便是凭借这一智慧从杀气腾腾的项羽手上逃脱。

刘邦曾和项羽在楚怀王面前约定：先入关中者为王。公元前206年，刘邦率领义军进入关中，秦王子婴向刘邦投降。刘邦与秦民约法三章，并派人驻守函谷关。当时，项羽刚刚取得巨鹿之战的胜利，歼灭了秦军的主力，向关中进攻。项羽到达函谷关后，得知刘邦已经攻陷关中，十分生气，于是命令英布攻占函谷关，与刘邦驻扎于霸上的大军相对峙。

刘邦得知项羽的意图后，非常担忧，忙向谋士张良请教。张良问刘邦："大王您估计一下，您的军队能够抵挡项王吗？"刘邦沉默了一会儿，说："当然不能啊。"张良便建议刘邦向项羽说明自己并不敢背叛项羽，刘邦答应了。

刘邦通过项伯将自己的意思转达给项羽。项伯是项羽的叔父，和张良交情甚笃。刘邦不但亲自接见了项伯，还和项伯约定结成儿女亲家，他对项伯说："我进入关中，一点东西都不敢据为己有，登记了官吏、百姓的名字，封闭了仓库，等待将军（项羽）的到来。我之所以派遣将领把守函谷关，是为了防备盗贼进来以及发生意外的变故。我日夜盼望将军到来，怎么敢反叛呢？希望您告诉项王我刘邦不敢背叛他。"项伯连夜回到项羽军营，把刘邦的话告诉给项羽，并劝项羽不要攻打刘邦。

刘邦当然想据关中为王，但以当时的情况看，相于和项羽展开对决，向项羽示弱更加明智，至少可以确保自己的安全，保存实力，待坐大之后再与项羽一争雌雄。毕竟，刘邦的目标是统一天下，而非仅仅取得一个关中。

第二天，刘邦一大早就带着一百多骑来见项羽，在鸿门亲自向项羽请罪。项羽留刘邦喝酒，刘邦不敢推辞。席上，项羽东向而坐，刘邦则北向而坐。东为尊，北卑于东，刘邦特意坐在卑微的位置上，以示对项羽的服从。而项羽也对此心领神会，因此当他的谋士范增暗示他杀掉刘邦时，他假装没看见。范增只好召来项庄，让他借舞剑刺杀刘邦。项伯看在眼里，心下焦急，便也拔剑起舞，护住刘邦，致使项庄无法找到行刺的机会。张良忙到军门处找来刘邦的侍卫樊哙，命他保护刘邦。片刻之后，刘邦借上厕所之机，与樊哙一起商量对策。

项羽见刘邦久久不回，便要都尉陈平来催。刘邦深知席上杀气腾腾，不想返回，但一想到出来时没有告辞，不大妥当，就犹豫是不是要走。这时，樊哙说话了："干大事不拘小节，行大礼不避小的责备。现在人家是屠刀和砧板，我们是鱼肉，干吗告辞！"刘邦听了，不再犹豫，忙离开这是非之地，留下张良向项羽致谢。

张良回到席上，告诉项羽，由于担心遭到项羽的责备，刘邦已经先行离开。说罢，还献上一份玉斗作为谢礼。项羽听后，并未发怒，还收下了玉斗放在了位子上。

一场杀身大祸就这样被刘邦躲过了。很多时候，"无之为用"都体现在"放弃"上——放弃已经拥有的东西，以便能拥有更好更多的东西。以刘邦为例，他据关中，流露出称王的意图，结果险遭不测。而他放弃关中，向项羽示弱，不仅化解了项羽的戾气，保全了自己，还为聚集实力后发制人奠定了基础。放弃了关中的刘邦最终得到了整个天下。

刘邦到了鸿门，态度谦和地向项羽请罪。

## 处世之道

# ◎示之以无——陈平赤身脱险◎

陈平（？—前178年），阳武（今河南原阳东南）人，是西汉的开国重臣之一，曾在汉惠帝和汉文帝时受封丞相，在建立汉朝和保卫汉朝的过程中立下了汗马功劳。

秦朝末年，农民起义进行得如火如荼，陈平也投身到改朝换代的潮流之中。他最早投奔的是魏王咎，后来因为遭受谗害而转投于项羽的帐下。陈平是一个颇富才华的人，少年时代也是饱读经籍，但在项羽的手下却长期没有受到重视，很不得志。

公元前206年，刘邦率军攻入秦朝的都城咸阳，但是当时权势最大的仍是项羽，刘邦虽然攻破了咸阳，却不敢自居为王，为了表示卑下而掩藏自己的野心，他亲自到项羽的营中谢罪。刘邦与项羽的这次会见在历史上被称作"鸿门宴"，就是在这场宴会上，陈平第一次见到了刘邦，他敏感地发觉到刘邦是一个可成就大事的人物，而项羽之徒则不足与谋，于是心中暗暗生起了叛楚归汉之意。

不久之后，刘邦被项羽困在咸阳，难以脱身，当此一筹莫展之际，张良决定铤而走险，去找陈平进行秘密会晤，以寻求帮助。令张良未曾想到的是，陈平与他一见如故，大有惺惺相惜之感，十分爽快地答应帮助刘邦脱难。于是，陈平去求见项羽，向项羽进言道："现在天下刚刚安定下来，社会生产还没有恢复，必须节约用度才是，而现在各路诸侯齐聚咸阳，每日军饷耗费巨大，莫如遣散各路诸侯赶紧回国，各守一方，如此，就不必再为此担忧了。"项羽觉得陈平言之有理，于是立即下令：天下诸侯，路远者给十天的期限，路近者给五天的期限，在限期内速速作好回国的准备。但是在命令中项羽又附加了一条，唯独刘邦要留在咸阳，以陪王伴驾。

项羽不放刘邦归汉中，这在陈平的意料之中，于是陈平授意张良，采取了一个声东击西的策略，令刘邦上书项羽，请求回老家沛县省亲。项羽对此犹疑不决之时，张良献言，说刘邦若回沛县，恐怕就在那里落足生根了，莫不如放他回汉中，然后再去沛县取他的家眷做人质，这样，刘邦就不敢乱来了。陈平又说："刘邦既已受封汉王，如果不放他回汉中，恐怕不能服天下人之心，以为大王言而无信，不如就依张良所说，放刘邦归汉中，再扣留他的家眷作为人质。这样既可以保全信用，又可以约束刘邦，岂非两全其美？"项羽遂同意放刘邦归汉中，刘邦乃得脱身。

再说陈平，虽然已生起了归汉之心，但毕竟还欠缺一个得宜的时机，并且那时楚汉之争还没有正式展开，项羽和刘邦还并非彼此敌对。然而不久之后，刘邦和项羽之间的对立就公开化了，此时，又发生了一个意外事件，就是项羽手下的司马卯归降了刘邦。项羽因此迁怒于陈平，陈平也心生惶恐，如若继续留在项羽帐下，不仅难以见用，反而容易招惹杀身之祸。更为重要的是，他已完全看清了项羽乃一介莽夫的真面目，遂决心去找在刘邦营中谋事的好友魏无知。

傍晚时分，陈平偷偷来到了黄河岸边，请船夫送他过河。船行驶到河当中的时候，从船舱里又出来一个船夫，两个船夫对陈平打量了一番，然后又彼此交换了一下眼色。看见这一情形，陈平觉察到这两个船夫并非善类，而且有意加害于他。陈平知道，他们之所以生出歹心，乃是怀疑自己身上带了贵重的财物，从而欲谋财害命，可是自己身上恰恰没有带什么钱财。想到这里，陈平就将衣服脱了下来，并且动作很明显地将衣服摔到船上，将腰间也清理得很干净，以表示衣服里并没有藏着什么值钱的东西。那两个船夫亲眼见到陈平身上并没有带什么财物，也就收起了谋害他的念头，只管将陈平送过河便了。在一般的情况下，钱财总是对人有益处的，可以给人带来很多方便，然而在某些特殊时候，过多的钱财反而会给自己带来害处，陈平在遭遇歹徒之时，正是机智地示之以"无"，才化解了一场凶险。这就是"无"的利处。

渡过黄河之后，陈平顺利地抵达了汉营，经魏无知的引介，拜见了刘邦，两人相谈甚为投机，陈平很快成为刘邦集团中的一个重要谋臣，英雄终于寻得了用武之地。

# 第十二章　去彼取此

【原文】

　　五色令人目盲，五音令人耳聋，五味令人口爽①，驰骋畋猎令人心发狂②，难得之货令人行妨③。是以圣人为腹不为目④，故去彼取此⑤。

【注释】

① 爽：指口腔味觉发生毛病。② 畋：打猎。③ 妨：本指妨碍、损害的意思，这里特指盗窃、掠夺之类行为。④ 腹：是指内在自我。目：指外在自我或感觉世界。⑤ 彼：指外。此：指内。

【译文】

　　五光十色绚丽多彩的颜色，容易使人眼花缭乱；纷繁嘈杂的音调，容易使人耳朵受到伤害；香馥芬芳、浓郁可口的食物，容易败坏人的口味；放马飞驰醉心狩猎，容易使人心情放荡发狂；稀奇珍贵的货物，容易使人失去操守，犯下偷窃的行为。因此，圣人只求三餐温饱，不追逐声色犬马的外在诱惑。所以应该抛去外物的引诱来确保安足纯朴的生活。

【解析】

　　本章揭示了"为腹"与"为目"的辩证关系，指出了物欲文明对人的伤害，并通过色彩、声音、味道、狩猎、稀有之物对于人身心的种种伤害，进而导出自己的观点：沉迷于感官上的享乐会导致人们感触功能减退，会使人的品行偏离正道。老子坚决排斥这种生活方式，而是提倡"为腹不为目"的生活态度，实际上就是把前一章的"利"和"用"关系归结到人体科学上来。表明了老子以"道"为本的微观认识论。只不过是老子在本章继续列举妨碍心法达到"无"的事例。

　　在佛教中，人类的感觉器官被具体分成了六类：眼、耳、鼻、舌、身、意。这六个器官分别感知着色、声、香、味、触、法六种尘世境界，正因为感知了这六种境界，所以人类产生了喜、怒、哀、乐、忧、思六种意识，也正是这六种意

五色令人目盲。

识的存在，才使我们原本平静的内心充满了无限的欲望，当欲望得到满足时我们就会欣喜若狂，当欲望得不到满足时我们的情绪就会消沉低落，内心就会备受煎熬，使得我们的灵魂有一种想要出窍的痛苦，甚至仿佛跳入了火海般难以解脱，而不能自拔。因此，我们原本明净的心境就被蒙上了一层厚厚的尘垢，连我们一向敏锐的感觉也因此而变得麻木而迟钝了。

"五色令人目盲"，这里的"五"并不是一个确切的数字，"五色"并不是就指黑白黄绿青五种颜色，它是一个不确定的概念，泛指五颜六色、五彩缤纷。"目盲"也不是指瞎眼，而是指令人眼花缭乱的事物，使我们的眼睛丧失了辨别事物本原的能力。眼睛的功用就是观察事物，一旦我们所观察到的事物真假难辨，就常常会陷入迷惘的境地。

眼睛失去辨别事物的能力，就会迷惘。

在懂得了"五色令人目盲"的道理后，"五音令人耳聋"也就不难理解了。单一的声乐会令人心旷神怡，会让人精神放松，从而得到一种无法描述的美的享受，然而再动听的声音，一旦和别的声音混杂起来，旋律就会走调，其美的享受就会立刻变成痛苦的煎熬，这是生活在喧嚣的闹市区的人们渴望回归田园生活的最好注脚。

我们在理解"五味令人口爽"时可以参照以上两句话的解释。人的口舌是具有感知各种食物味道能力的，它能敏锐地品尝出酸甜苦辣等各种滋味，然而过多地品尝各种风味的佳肴，也会使人的口舌麻木、嗅觉失灵，无法辨别各种美味了。人的口舌是专门用来享受美味的，可一旦丧失了鉴赏美味的能力，就会给我们自身造成损失。

"驰骋畋猎令人心发狂"，畋猎即狩猎，狩猎曾是人类早期谋生的重要手段，也是人类最早开展起来的生产活动，人类的动物本性最早在狩猎中得到了最鲜明的印证。综观人类狩猎活动的发展历程，就不难看出，狩猎始终是带着血腥和暴力性质的杀戮和掠夺行为，它是充

五音令人耳聋。

满野性的不文明行为，这种行为使人们的精神变得疯狂和残忍，而疯狂和残忍的心理状态则是滋生社会动乱的根源。

那么，何谓"难得之货"呢？为什么说"难得之货"会使人的行动受到损害呢？我们按老子所说的稀有珍贵之物，比如金银珠宝、华衣美食、玉璧、铜器、羽饰、武器等物品，正是由于"难得之货"珍贵稀有，才强烈地撩拨起了人们占有它的贪婪欲望，在这种欲望的驱使下，人们的行为就会突然变得怪异反常，如盗贼爬房越脊、穿窬走户，甚至不惜草菅人命；权臣互相倾轧、钩心斗角、尔虞我诈，等等。

从上面的阐释中，我们可以清楚地看出"五色"、"五味"、"五音"之所以会伤害我们，就是因为其可以刺激我们的欲望，使我们的欲望无限膨胀。

最后，老子提出"是以圣人为腹不为目"一句极其通晓明白的话，点明了圣人的生活方式：只满足吃饱肚子这一低级需求，而不满足眼睛欣赏外物的欲求。老子的这一观点并不是反对人们去享受生活，而是警醒人们追求享受要适可而止，不可无限制地满足自己的贪欲。他希望人们能够丰衣足食，实现内在恬淡宁静，而不是追求外在私欲的满足。一个贪婪满足自己外在私欲的人，就会产生自我疏离感，心灵难免会愈发变得空虚。因此，老子提醒我们，要彻底摒弃各种外在欲望的诱惑，始终保持内心清净满足，才能生活得自在快乐。可是在生活中，面对物欲横流的外在世界，很多人无法抵挡物欲的诱惑，从而不惜代价地来满足自己的声色欲望，眼睁睁地看着自己堕落消沉，甚至走上灭亡的道路，显然，这些人的价值观和道德观已经严重扭曲变形。所以，在文明高度发达的时代，更要静心聆听老子的教诲。

五味令人口爽。

人们不要过分追求安逸，要适可而止。

难得之货，令人行妨。

# ◎宁静恬淡——廉正无私的于成龙◎

本章里，老子指出了贪图享乐的害处，并要求人们返璞归真，追求宁静恬淡的生活，强调个人的心性修养。于成龙廉洁无私的事迹，就充分体现了老子的这一思想。

于成龙，字北溟，号于山，山西永宁（今离石）人，官职从知县一路攀升，在二十余年的宦海生涯中，三次被举"卓异"，以卓著的政绩和廉洁奉公的品质，深得百姓爱戴和康熙帝赞誉，被称为"天下廉吏第一"。

清顺治十八年（1661年），于成龙到广西罗城担任知县。他为官清廉，不久升任合州知州、直隶巡抚、江南总督等职。

于成龙宁静恬淡，廉洁无私，是天下官吏之典范。

清代前期官员的俸禄极低，于成龙虽贵为封疆大吏，但每年的俸银不到十两，这对于那些挥金如土的大官僚来说，还不够一衣一餐之用，即使节俭使用，不搞排场，也只能勉强维持中下等的生活。但于成龙只靠俸禄生活，此外一钱不贪，因此，他的生活非常清苦。康熙二十年（1681年），康熙帝特地下诏，表彰于成龙的"廉明著闻"、"一介不取"，并念其家计清贫，赏银一千两、马一匹，以示鼓励。

其实，于成龙除早年任罗城知县外，其余都是在富庶地区担任要职，要说想发财，真的很容易，但他十分清廉，为官多年从不带家属赴任，随身财物也仅是一个竹箱、两只锅、书籍文卷数十束，此外便身无长物了。

于成龙初任直隶巡抚，便立刻下令严禁各级官吏分贪火耗，并罢免了几个违反规定的州县官吏，震动了官场。直隶离北京较近，历来为朝廷所重视，八旗子弟势力较大。他们仗着特殊身份，常做一些为害地方、欺压百姓的事，于成龙对此做了很多工作。他编保甲，严连坐，锄豪强，还经常亲自或派人深入民间访察，凡有犯法者一律严惩不贷。他还注意民间疾苦，每有灾荒他都请求赈济，妥善安排。康熙帝称他为"天下第一清官"，并希望他能始终如一。

于成龙虽为官多年，却没能奉养母亲，这一直是个憾事。他在就任江南、江西总督之前，母亲去世，他回乡葬母，然后赴任。按照清代制度，沿途地方对他有接待之责，但他自雇一辆骡车，从不打扰地方，悄无声息地到达任所。他任江南、江西总督期间，革除积弊，安定地方，为了了解民风，他经常微服出访。为了提倡清廉，他告诫部下："若一味爱钱，只恐子孙纵然会作文字，也决不会出人头地。更恐神鬼怒恨，生出瞎眼子孙，上长街唱莲花落，要看字也不能够了。莫笑老夫迂谈。"江南风俗多尚侈丽，于成龙却常身穿布衣。见长官如此，一些官吏也不得不有所收敛。

于成龙年事已高，但俭朴如初，他每餐均是粗茶淡饭，常年以青菜佐餐，很少吃鱼肉，所以江南人民善意地给他起了个绰号——"于青菜"。

康熙二十三年（1684年），于成龙卒于任上，终年六十八岁。于成龙死后，属下将军、都统和僚属收拾其遗物，只在一个竹箱里发现几件衣服，案头摆着一些饮食器皿，几罐盐豉。于成龙去世的消息传出，百姓罢市聚哭，家家绘像祭祀。康熙帝赐谥"清端"，高度概括了于成龙俭朴廉洁的一生。

作为封疆大吏的于成龙，按理说，完全可以过上一种悠闲富足的生活，而且不必通过贪污方式，就能名正言顺地达到自己的目的。但于成龙固守清贫，他追求的是精神层面的感觉，也就是老子所说的"为腹不为目"的不俗境界。

## 为人之道

# ◎摒除物欲——齐庄公因贪色而被杀◎

被物欲控制的人不只得不到心灵的自由，还很容易深陷祸患。春秋时期，齐庄公及其大臣崔杼因贪恋美色误入歧途，最后一个死于非命，一个背上了弑君骂名。

崔杼本为齐庄公的重臣，颇得庄公信任。他有一个美丽的妻子，名叫棠姜，原是齐国棠邑（今山东平度市东南）大夫棠公的妻子。棠公病死后，崔杼在吊唁棠公时，见到了棠姜，为她的美貌所折服，打算将她娶回家。崔杼的家臣东郭偃很反对这样做，理由是崔杼和棠姜都是桓公的后代，都姓姜，自古男女同姓不宜通婚。但崔杼并没有听东郭偃的话，还是将棠姜娶回了家。

齐庄公贪恋棠姜美色，终于与她私通。

崔杼不知道贪恋棠姜美貌的并非只有他一人。一次，崔杼请齐庄公到家里饮酒，不想庄公竟为棠姜深深着迷，还出重金贿赂东郭偃让其帮自己和棠姜通奸。

齐庄公就这样和棠姜私通了，但是事情很快被崔杼发现了。崔杼非常愤怒。当初是他帮庄公登上了王位，而现在庄公却占有了他的妻子。崔杼顿时萌生了杀死齐庄公的念头。

一天，崔杼听说齐庄公的侍者贾举因一点小错遭到齐庄公的毒打，遂对齐庄公怀恨在心，便想方设法接近贾举，并通过贾举掌握了齐庄公在宫中的情况。公元前550年五月，莒国国君朝见齐庄公，齐庄公在都城临淄设宴款待他，并让齐国的大夫在旁坐陪。崔杼推说有病，没有出席。宴会结束后，齐庄公又想到崔杼家里和棠姜幽会，便派人打探崔杼的病情。崔杼料到齐庄公会这样，就假装病得很重。齐庄公果然中计，只带了少量随从前往崔杼家。

棠姜如往常一样将齐庄公引入内室，然后借口出门，将齐庄公反锁到了房间里。庄公在内室中等待棠姜，等了很久都不见她回来，这才反应过来自己中了圈套，懊悔不已。就在这时，崔杼的家丁冲了进来，将齐庄公围住。齐庄公赶忙求饶，家丁们却说："你的臣子崔杼得了重病，不能出面亲自听你的命令。我们只知道奉命捉拿淫贼，不知道还有其他的命令！"

齐庄公见大事不好，跳窗逃跑，他登上花台，打算翻墙而出。崔杼的家丁拿起弓箭，瞄准他就射，齐庄公的大腿上中了一箭，从墙上跌落下来。家丁们一拥而上，将齐庄公活活砍死。而崔杼虽然杀死了齐庄公，泄掉了心头之愤，却也不免被说成是乱臣贼子。尽管他一再向史官施压，禁止他们将自己弑君的事情写到史书里，史官就是不听。崔杼最终只能无奈地长叹一声，说道："我是为了保全国家社稷，没办法才担起了这份罪名，后人是会理解我的啊。"

若齐庄公和崔杼能够做到"去彼取此"，抵住美色的诱惑，也不会落得如此结局。

# ❖◎ 第十三章 宠辱不惊 ◎❖

## 【原文】

宠辱若惊[1]，贵大患若身。何谓宠辱若惊？宠为上，辱为下；得之若惊，失之若惊，是谓宠辱若惊。何谓贵大患若身？吾所以有大患者[2]，为吾有身；及吾无身，吾有何患？故贵以身为天下，若可寄天下；爱以身为天下，若可托天下。

## 【注释】

① 若：作"乃"字或"则"字讲。② 所以：可译为"……的原因"。

## 【译文】

得到宠爱或遭受耻辱，都像是受到惊吓一样。重视大患，就好像重视自己的身体一样。什么叫作"宠辱若惊"？宠是上等，辱是下等；得到它会感到心惊不安，失去也会惊恐万分。这就叫宠辱若惊。什么叫作"贵大患若身"？我之所以会有祸患，是因为我有这个身体；倘若没有了我的躯体，我还有什么祸患呢？所以，把天下看得和自己的生命一样宝贵的人，才可以把天下的重担交付于他；爱天下和爱自己的生命一样的人，才可以把天下的责任托付于他。

## 【解析】

本章主要讨论两个问题：一是"宠辱若惊"，一是"贵大患若身"。这两句是《道德经》里经典的语录，老子对宠辱、进退均有独到的见解。

"宠"指非常道，"辱"指常道。"宠"字的构成是宇宙中有"龙"的样子。在古代的易道八卦学说中，龙是一个极重要的概念，因为宇宙八方是靠六个龙头的不断延伸才得以形成的。因而中国人便有"龙的传人"之说。而"辱"字的构成则是用手掌握拿捏好时辰分寸的样子。"惊"字为"敬马"之合。庄子说："万物一马也。"所谓"一马"也就是"道"。如此说来，"惊"字也就可以看作是"敬道"。所以，宠辱若惊是指宠和辱都要以道为其归依。

人作为情感动物，对荣辱的情感体验十分敏感，因为芸芸众生奔走于各种名利场，不可能完全摆脱荣辱的

宠辱若惊，贵大患若身。

贵以身为天下，若可寄天下。

影响。面对荣辱，人们总会有所反应。比如，受到别人恭维和赞许时，心里会感到喜悦；但这种喜悦是短暂的，因为人有患得患失的特点，得到宠爱并不会令我们永远快乐；同样，当我们受到别人的冷眼、辱骂、轻视的时候，我们也会表现出不安、惊恐；其实，这一切都是由人类自身的弱点决定的，因而人无论得到宠爱还是得到屈辱都会忧心忡忡，惶惶不可终日。所谓"贵大患若身"，贵，以之为荣，看重；大患，极强的忧虑；若，如。得宠就惊喜，受辱就惊惧；把心中的忧虑看得与自身的生死存亡同等重要，"宠辱若惊，贵大患若身"是世间一般人的普遍心态。

在老子看来，人在荣辱面前的这种表现，虽是常态，但都是不正常的。因为荣辱都是一时虚名，事过境迁之后便成过眼云烟。人不能远离荣辱，但也不能成为荣辱的奴隶。只有看淡荣辱，超然自守的人，才能把握自己的人生方向，成为自己的主人。

为了便于人们理解，老子还对上述观点作了解释："何谓宠辱若惊？宠为上，辱为下，得之若惊，失之若惊，是谓宠辱若惊。何谓贵大患若身？吾所以有大患者，为吾有身；及吾无身，吾有何患？"也就是说得宠和受辱同样惊恐，重视大的祸患如同重视生命。什么叫得宠和受辱同样惊恐？得宠是上等的，失宠是卑下的，获宠时好像受到惊吓，失去它时也好像受到惊吓，令人不安。这就叫作得宠和受辱同样惊恐。有身，就是心里还存有自身的利益；为，因为；及，如果；无身，无自身利益之念。为什么世间常人会存在这些普遍的弱点呢？老子又对产生这种心态的原因作了分析，他认为，世间常人之所以总是念念不忘其自身利益，并且为自身利益而患得患失；就是因为常人身上缺少精神追求，老子没有直接告诉人们他所提倡的人生精神追求是什么，而是用可当大任者和不能当大任者来进行对比，以此来说明人们应该有什么样的人生精神追求："贵以身为天下，若可寄天下。爱以身为天下，若可托天下。"如果以自身的患得患失去治理天下，那么你只配寄身于天下而做个普通之人，绝不配去治理天下；如果你像爱惜自身那样去爱惜天下，那么就可以把天下事托付给你，让你去治理天下。老子所提倡的人生精神追求观，就是把自身融于天下之中，没有自己的利益，只有天下的利益。自第九章至此，老子讲的都是修德而非修道，其实，修道要比修德更高一个层次。修德讲求"生而畜之，生而不有，为而不恃，长而不宰"，讲求"无之以为用"及"爱以身为天下"，而修道讲求的是纯粹的自然和无为。

在现实生活中，一般人对于身外的荣辱得失十分看重，甚至许多人重视身外的宠辱远远超过自身的生命。人生在世，难免要与功名利禄、荣辱得失打交道，许多人是以荣宠和功名利禄为人生最高理想，目的就是为享荣华富贵，福佑子孙。总之，人活着就是为了寿、名位、货等身外之物，对于功名利禄，可说是人人都需要。但是，把它摆在什么位置上才好呢？如果你把它摆在比生命还要宝贵的位置上，那就大错特错了。老子从贵身的角度出发，认为生命远远贵于名利荣宠，要清静寡欲，一切声色货利之事，皆无动于衷，然后可以受天下之重寄。因此，老子认为，没有必要视荣宠为宝贝，也没有必要视耻辱为洪水猛兽，两者没有必然的界限，并非势同水火，关键在于如何看待。如果善于正确对待，耻辱就会变成荣宠的垫脚石；如果不善于对待，荣宠就会变成耻辱的前奏。正确对待荣辱，就能豁达处世，不至于为荣辱所羁绊。

## 从政之道

# ◎不争之德——不贪恋权位的华盛顿◎

乔治·华盛顿是美国的开国总统，也是公认的美国最伟大的总统，迄今为止，在美国历史上的四十几任总统中，只有在南北战争中维护了美国统一的第十六任总统亚伯拉罕·林肯所获得的尊誉堪与华盛顿相比拟。

1732年2月22日，华盛顿出生于北美弗吉尼亚地区一个种植园主的家庭，家境并不窘困，但是华盛顿的童年也并不幸福，因为在他还很小的时候，父亲就去世了。华盛顿17岁时开始独自谋生，并没有上过大学，但是通过刻苦的自学，培养了自己出众的才干。

华盛顿最早的职业是土地测量员，在20岁的时候成了维农山庄园的主人。1756年，也就是华盛顿24岁那一年，英法之间为争夺殖民地而在北美地区爆发了战争，华盛顿在这场战争中参加了军队。尽管这次参军的时间并不很久，但这为华盛顿积累了最初的军事指挥经验。

27岁的时候，华盛顿与带有两个孩子的寡妇——玛莎·丹德利居·卡斯蒂斯结了婚。卡斯蒂斯很富有，华盛顿由此获得了大量的奴隶和一块幅员达60.75平方公里的土地，成了弗吉尼亚最大的种植园主之一，不久，华盛顿又当选为弗吉尼亚下议院的议员。

当时的弗吉尼亚，属于大英帝国的海外领地，然而英国当局对待这块海外领地的态度可以说是极为偏颇的，殖民地的居民享受着二等公民的待遇，这招致了普遍的反感。到18世纪中叶，英国已经在北美东海岸建立了13块殖民地，经过一百多年的开发，当地的工农业生产初具规模，呈现出一派繁荣景象。然而，英国政府为了增加财政收入，不断提升北美殖民地的税收，进行着蛮横的压榨和残酷的剥削，并且对反对者施行严酷的高压政策。英国当局变本加厉的恶劣作为，激起了殖民地人民的极大愤怒，各地反英事件此起彼伏。

1775年4月18日的夜晚，莱克星顿上空的枪声揭开了北美独立战争的序幕。同年7月，华盛顿当选为领导独立战争的大陆军总司令，这成为华盛顿在自己的人生中标志性的转折点。

1776年7月4日，北美13个英属殖民地的代表联合签署了《独立宣言》，这份宣言中声称："这些联合一致的殖民地从此是自由和独立的国家，并且按其权利也必须是自由和独立的国家，它们取消一切对英国王室效忠的义务，它们和大不列颠国家之间的一切政治关系从此全部断绝，而且必须断绝；作为自由独立的国家，它们完全有权宣战、媾和、结盟、通商和采取独立国家有权采取的一切行动。"这就宣告了一个全新国家的诞生，这个国家就是日后的美利坚合众国。《独立宣言》虽然已经发表，但是与原宗主国英国之间的战争却刚刚开始，美国走向独立的道路还很崎岖和漫长。华盛顿以极大的勇气和坚忍不拔的精神，率领装备落后、缺乏训练的北美民兵与强大的英军展开了长期的武装斗争。在华盛顿的带领下，北美独立武装克服了难以计数的各种各样的困难，使得战争局面朝着越来越有利于美国的方向发展。

1783年春季，历时八年的北美独立战争宣告结束，英美两国签署了和平协议。此时，华盛顿的荣耀可谓是无以复加，他的威望之崇高无人能比。而对于这个威名赫赫的伟大的英雄，人们产生了不同的期待。一部分军人担心和平时期到来之后，自己的利益会得不到保障，因而希望华盛顿能够建立一个强有力的独裁式的军政府，甚至有人提出让华盛顿来做皇帝；而更多的人则希望华盛顿能够在新的时期继续领导大家来建设这个初生的国家。可在于华盛顿本人，则明确表示，一旦战争结束，自己将立即解甲归田，决不会因为谋求个人的权力和地位而影响到国家的安定和团结。

华盛顿是这样说的，也的确是这样做的。在交出权力的退职仪式上，国会议长作为代表，向华盛顿致予了这样真诚的赞美和祝愿："您在这块土地上捍卫了自由的理念，为受伤害和被压迫的人树立了典范。您将带着全体同胞的祝福退出这个伟大的舞台，但是您的道德力量并不会随着您的军职一起消失，它将永远激励着我们的子孙后代。"

辞职后的华盛顿回到自己的农场过起了平静的田园生活，这样的选择，看似轻易，而实则极为难得。只要随便翻一翻世界历史我们就会很平常地发现，有多少人为了取得至高无上的权力，为了获得那尊光芒四射的耀眼皇冠，而争得头破血流，得到的人为了维护它而不惜采取一切办法，还没有得到的人则在觊觎之中可以不择手段地去谋取它。然而华盛顿却在自己的威望无可比及、取得最高权位易如反掌的情形之下，面对着绝大多数的人都难以抵御的巨大诱惑，轻易地说了"不"。

四年之后，美国制宪会议在费城召开，这其中，华盛顿是不可或缺的人物，他不仅受邀参加会议，而且被公推为会议的主席。在华盛顿崇高的人格魅力的感召下和杰出的政治才能的领导下，这次制宪会议取得了圆满的成功，而其中尤为重要的一项成果就是，选出了美利坚合众国的第一届总统，而担任这一职位的不二人选正是华盛顿。华盛顿不仅当选，而且是无异议地全票当选，这在美国历史上是唯一的，此后，再也没有任何一个总统会获此殊荣。由华盛顿来担任美国的第一任总统，是对这个国家顺利走过初生期而迅速地成长和茁壮起来的最好的保证。华盛顿当然没有令美国人民失望，一个未来的超级大国正是在华盛顿的手中蹒跚着站立起来，并且在不久的将来很快地显现出那巨人般的身影。

1792年，华盛顿再次无异议地当选为美国第二届总统，而在第三届任期即将到来的时候，华盛顿坚定地谢绝了人们善意的挽留，毅然归隐田园。由此，华盛顿为美国定下了一个不成文的惯例，就是总统连任不得超过两届，唯一的特例是第32任总统富兰克林·罗斯福，连任了四届，但是在罗斯福病逝于第四个任期上之后，美国宪法修正案就做了这样正式的规定，即总统连任不得超过两届，华盛顿对第三届总统任期的辞让可以说是这一规则的最早由来。

华盛顿身居高位，却对权力和地位无一丝的贪恋，两次从国家的最高权力宝座上平静而淡然地主动退下来，在这一方面，他是毫无私心的，然而他的光辉形象在美国人民的眼里却无人能及。华盛顿去世后，他曾经的伙伴、国会议员哈瑞·李曾这样异常凝重而又满怀深情地述说道："他是一个公民，他是战争中的第一人，也是和平时代的第一人，也是他的同胞们心目中的第一人。"如果反观一下世界上其他具有类似情形的国家的建立情况我们会发现，由于领导者对于权力的野心，一个民主的政权很容易就演变为一个独裁专制的政府，而这会给日后的国家政局带来极为恶劣的影响，使得国家政治长期地处于动荡不安之中，可是在美国，没有发生这样的情况，因为他们的开国领袖是华盛顿，拥有这样一位伟大而无私的人物来做他们的开国领袖，是美国人民莫大的幸运。不无夸张地说，如果没有华盛顿，也就没有今日的美国。华盛顿为美国做出了无与伦比的巨大贡献，可他自己又是那样的恬淡谦退，他可以选择从历史舞台的中心悄悄地隐去，但是他不能够将自己那崇高的声名和那无比的感召力也一同隐去，华盛顿的英名将永远地镌刻在美国人民的心中，而他所具备的那种伟岸的精神也将在历史的星空中永远闪耀着璀璨的光辉。

老子说："故贵以身为天下，若可寄天下。爱以身为天下，若可托天下。"华盛顿身居高位而毫无私心，把国家利益放到自己利益之前，这正是做到了宠若不惊。

## 为人之道

# ◎超然荣辱——咸丰帝纵欲而亡◎

老子强调贵身，即只求生活的安适恬静，而不追求声色娱乐，这样的人才不可能因为荣辱毁誉而使自身受到损害，因而才可以担当天下的大任。清代的咸丰皇帝，纵情酒色，与老子"宠辱不惊"的思想背道而驰，最终也落得个暴毙的下场。

清代帝王大多勤于政事，即便是没有很大作为的，也能够自律，而咸丰皇帝则属清帝中

咸丰初登帝位时，踌躇满志，渴望有番作为。

的另类。咸丰一朝内忧外患严重，清朝早已是残垣破壁，咸丰帝却没有选择力挽狂澜，而是置国家臣民于不顾，一味逃避现实，终日沉湎于声色犬马之中，浑浑噩噩地结束了自己三十一岁的生命。

咸丰即位时，爆发了规模浩大的太平天国起义。接踵而来的又有英法联军入侵中国的战争。1861年，咸丰逃往热河承德避难，并死在承德。咸丰在位十一年，"大局糜烂，不可收拾"，他往往在夜里彷徨，一筹莫展，于是纵情声色，临死前两天还传谕"如意洲花唱照旧"。

志高才疏的咸丰帝奕詝，不顾江山社稷，视黎民百姓为草芥，那么其父道光为什么敢把天下托付给他呢？其实另有缘由。道光生有九子，到了晚年，前三个儿子都已先他而去，而后面的儿子还小，五阿哥又过继给了别人，所以能够成为储君的只有四阿哥奕詝和六阿哥奕訢。六阿哥奕訢的才能远在四阿哥奕詝之上，事实上道光亦最钟爱奕訢这个儿子。但大位终归于奕詝，这其实都是奕詝的老师杜受田一手导演的结果。《清史稿·杜受田传》载："文宗自六岁入学，受田朝夕纳诲，必以正道，历十余年。至宣宗晚年，以文宗长且贤，欲传大业，犹未决；会校猎南苑，诸皇子皆从，恭亲王获禽最多，文宗未发一矢，问之，对曰：'时方春，鸟兽孳育，不忍伤生以干天和。'宣宗大悦曰：'此真帝者之言！'立储遂密定。"其实，奕詝对道光所说的这段话，就是其师傅杜受田传授的，道光见四阿哥仁慈，认为其可以治理好江山，遂把天下交托给他。

应当说，初登帝位的咸丰也曾壮怀激烈、踌躇满志，也想励精图治、重整河山，但因当时腐朽不堪的清政府早已摇摇欲坠，志高才疏的奕詝面对艰难的时局，确实有回天乏力之感，在心灰意冷之下，开始纵情声色，以麻痹神经，结果加速了大清帝国的崩溃，也让自己很快走完了短暂的一生。

其实，清代帝王的平均寿命为五十二岁，在历代帝王平均寿命排行榜上独占鳌头，除了社会发展、人类进步等因素之外，最为重要的原因是，清代帝王大多数重视养生之道，勤于锻炼身体，保持了骑射民族的光荣传统。清帝中寿命较短的几位，如顺治帝活到二十四岁，但是他最终是死还是出家一直存在争议；而光绪帝活到三十八岁，他与慈禧太后死亡时间相差仅一天，这里面也存在不可告人的秘密；另外一位年仅十九岁就死亡的清帝是咸丰帝唯一的儿子同治帝，同治帝继承了父亲

好色的基因，在花街柳巷染恶疾暴亡。

咸丰帝素有咯血顽疾，但根据御医的建议，此病可以鹿血调治。当时京城为此饲养了一百多头鹿，供咸丰帝咯血发作时急用，咯血虽然得到了一定的缓解，但是由于他嗜酒如命，又纵情声色，哪里还有时间去过问朝政？

咸丰帝十分宠爱一个妃子，这个妃子名叫叶赫那拉·玉兰，她就是日后搅得爱新觉罗家族不得安宁的慈禧太后。除了"兰妹妹"之外，其他有名有姓的后妃多达十五位，咸丰帝仍不满足，在位期间数次在满蒙贵族中选秀女入宫。除此之外，他还打破祖制，扩大范围选汉族人家秀女进京。其中比较得宠的是"牡丹春"、"杏花春"、"武林春"、"海棠春"四人，时人谓之"四春娘娘"。

史书记载，清初的几代皇帝都严禁贩卖烟草及鸦片，到了咸丰父亲道光帝时期更为严格，可是咸丰帝不但不禁止鸦片，还带头吸食。吸食鸦片后的咸丰帝常常处于亢奋状态，开始无节制地纵欲淫乐。

《清代名人轶事》中记载：有一次，咸丰帝在圆明园召见大臣丁宝桢。丁宝桢由于来得太早，就被太监引入了一个小房间等待。丁宝桢等了很久也不见太监来叫，就起身四处转转，当他发现一个小茶几上摆放了一碟儿貌似"蒲桃"的"新鲜水果"，忍不住抓起几颗放进嘴里。时间不长，丁宝桢就发生了生理反应，当时正值夏五月，单薄的纱衣让丁宝桢越发难堪。丁宝桢此时吓得要死，只好装急性腹痛发作，佝偻着身体仓皇逃出。

这样的轶事不见得属于真实的历史，但换一个角度来看，咸丰帝吃春药也未必是空穴来风。咸丰帝不仅好酒色，还喜欢自己配药治病。根据一位宫廷御医的后代回忆：咸丰帝在热河逃难时，惊惧交加，本就糟糕的身体一下子垮下来。本来有一些随行御医不乏医术高超者，但是咸丰帝历来有病都喜欢自己配药，他命令御医配什么药，御医只能遵从。使用自己配制的方子，咸丰帝的身体只能是每况愈下。由于紧张，咸丰帝经常失眠，稍稍睡着马上因为噩梦而惊醒，于是他只能靠纵酒来摆脱。

咸丰帝每饮必醉，醉了就耍酒疯，打骂太监，体罚宫女；醒酒后不免自责，自责过后又喝醉，醉了再度大闹。此时的咸丰帝已经酒精中毒很严重了，他预感到自己将不久于人世，于是急令御医煎制了三碗药汤，一口气喝光后便气绝身亡了。

咸丰帝贪恋女色，生活放荡。

# 老子其人

## 老子小档案

**姓名：**姓李，名耳，字聃。
**生卒：**约前571-前471年。
**职业：**做过周朝守藏室之官（管理藏书的官）。
**籍贯：**楚国苦县厉乡曲仁里（今河南省鹿邑）人。
**成就：**创立道家学说。
**著作：**《道德经》。

## 人生简表

约前571年

**少年求学** —— 相传老子自幼聪慧，静思好学，其母请精通殷商礼乐的商容教授其知识。

胡适在《中国哲学史大纲》中说："老子比孔子至多不过大20岁。"孔子生年为前551-前479年，所以老子生年约前571-前471之间。

**入周任职** —— 后商容推荐老子入周求学。不久老子入守藏室为吏。其后，迁任守藏室史。

**孔子问礼** —— 孔子曾向老子问礼，老子与孔子彻夜长谈，又引孔子访大夫苌弘。

老子居周日久，学问日深，声名日响。春秋时称学识渊博者为"子"，以示尊敬，因此，人们称呼老聃为老子。

**函谷著书** —— 周王朝日渐衰微，老子决定归隐，出函谷关时，守关令关尹请他著书，以惠后世。随后老子写下《道德经》。

约前471年

老子入周，天文、地理、人伦，无所不学；文物、典章、史书无所不习，这为他作《道德经》打下了坚实的基础。

# ◎第十四章　执古之道◎

**【原文】**

视之不见，名曰"夷"①；听之不闻，名曰"希"②；搏之不得，名曰"微"③。此三者不可致诘④，故混而为一⑤。其上不皦⑥，其下不昧⑦，绳绳兮不可名⑧，复归于无物。是谓无状之状，无物之象，是谓"惚恍"⑨。迎之不见其首，随之不见其后。执古之道⑩，以御今之有⑪。能知古始⑫，是谓道纪⑬。

**【注释】**

①夷：看不见。②希：听不到。③微：摸不着。"夷"、"希"、"微"三字均形容感官所不能捕捉的"道"。④诘（jié）：追。⑤一：即"道"。⑥皦（jiǎo）：光亮，光明。⑦昧（mèi）：昏暗，阴暗。⑧绳绳（mǐn mǐn）：渺茫、不清楚。⑨惚恍：闪烁不定的样子。⑩古之道：就是太初的大道。⑪有：指世上万事万物。⑫古始：就是宇宙的原始或"道"的端始。⑬道纪："道"的纲纪。纪，准则，法度。

**【译文】**

怎么看也看不见，我们把它叫作"夷"；怎么听也听不到，我们把它叫作"希"；怎么摸也摸不着，我们把它叫作"微"。这三者的形象难以区分开来，它原本就是混沌一体的。它的上面并不显得明亮，它的下面也不显得昏暗，它绵延不绝而又不可名状，又总要回到看不见物体的虚无状态。这是没有形状的形状，没有具体物象的形象，这就叫作"惚恍"。从前方去接近它，看不见它的头；从后面去追赶它，看不见它的尾。根据早已存在的"道"的运行规律，来考察现在的具体事物，我们就能了解宇宙的原始，这就叫作道的规律。

**【解析】**

本章着重描述"道"体。在前面的第六章和第八章里，老子分别以具体的形象——山谷和水，来比喻道的虚空和柔弱。本章则抽象地描述道的性质，并讲了运用道的规律。在这里，老子所谓的道超越任何事物，是无形无状，因此是看不见、听不见、摸不着的。对于这种没有形体的抽象之物，我们根本无法进行感官上的体验，所以就无法用语言描述它的属性。可在前面几章中，老子所说过的道有两种内涵，一是指物质世界的实体，即宇宙本体；一是指物质世界或现实事物运动变化的普遍规律。

视之不见，名曰夷。

这两者之间实际是相互联系的。本章所讲的"一"（即道）包含有以上所讲道的两方面内涵。老子描述了道的虚无缥缈，然而它又是确实存在的，是所谓"无状之状，无物不象"。道有其自身的变化运动规律，掌握这种规律，便是了解具体事物的根本。

因此，在本章中，为了让人们对超脱于具体事物之上的道有一个更加清楚的认识，老子就用具象世界的一些概念，来对它加以解释，然后再一一否定，反衬出道的深微奥秘。但是道的普遍规律自古以来就支配着现实世界的具体事物，要认识和把握现实存在的个别事物，就必须把握道的运动规律，认识道的普遍原理。理想中的"圣人"能够掌握自古以固存的支配物质世界运动变化的规律，可以驾驭现实存在，这就是因为他悟出了道性。

听之不闻，名曰"希"。

什么是夷？肉眼无法看到的东西，我们称之为"夷"，看不见并不代表它不存在，只是它无法被我们用眼睛所认知罢了。比如，我们站在平地上极目远眺，目击到的东西极其有限，而地平线那一端我们是根本看不到的；而一些微生物，我们必须借助仪器才能看到，肉眼根本达不到这样的境界。但我们却不能因此就下没有看到就不存在的断言，而是必须以充分肯定的态度，承认在地平线的那一边是存在的，微生物也是存在的，它们都是不以人的意志为转移的客观存在，这正像"大道"不以人的意志为转移一样，它是客观存在的，并时时刻刻对人发生着影响，我们也只有认识到了这一点，才能更好地遵循大道的规律，而不是与大道相背离。

什么是希呢？"希"就是我们用耳朵无法听到的声音，它的特点是细小、缥缈、轻微，这些特点就决定了它不可能被我们听得真切，除此之外，还有距离因素，我们所能听到的声音，都是有一定范围的，所以距离也会令我们无法听到一些声音，大道即使有声，也不会被我们听见，因此我们

无物之象，是谓"惚恍"。

常说"大道无声"。

那么，什么是微呢？微就是小的意思，小是相对而言的，当一个东西小到无法被我们摸着时，我们就称它为"微"。

大道就是那个看不见、听不见、摸不着的东西，它无法用我们常规的视觉、听觉、触觉来感知。希、夷、微这三个概念，也无法穷究道的本源和真正内涵，它们是不可分割的一个整体，我们称之为"一"。

什么是惚恍？我们说大道是一个东西，东西应该是有形象的，但它看不到摸不着，它是一个超乎物质世界的东西，它若有若无、若隐若现，无法用概念来解释，只能用心灵去通达；无法用感官去体验，只能用身心去感知。对于这种模糊而又深奥、亦真亦幻的状态，我们称之为"惚恍"。

为了便于表述，我们就必须给道加以定名，所以就称道为没有形状的形状、没有具体物象的物象。惚恍虽然有些牵强，但它已是所有词语中最能表现这一特点的词汇了。为什么这么说？因为大道是支配万物的，但它又存在于冥冥世界之中，无迹可循；同时它又是多变的，是不易被人所把握的。它没有前进和后退，没有运动和静止，没有光明和黑暗，所以它是永恒的，是生生不息、绵延不绝的。当我们感觉到它的存在时，它又回复到无迹可寻的状态中了，它恍恍缥缈，若有若无，若明若暗，捉摸不定。

何谓"道纪"？简单地说，就是大道的纲纪和规律。认识和理解道纪比认识大道本身更有意义，大道的规律和纲纪能有效地指导我们的日常生活：一旦我们的行为顺道而行，就能一帆风顺，事事遂心；相反，如果逆道而行，我们的行为就会处处受阻，甚至遭受祸患。

综上所述，道虽然是玄妙精深、恍惚不定的，但它的虚无不是绝对的"无"，它是由万物混成之物，无中含万有，无中出妙有，它是宇宙万物的本源，因此，道的纲纪与宇宙同寿，运用极广，看不到"首"，也看不到"后"，自古以来就支配着世间的具体事物，统率着一切"有"。因此，要认识和把握世间的万物，就必须把握道。掌握万物运动变化的规律，就能知阴阳之消长，明五行之变化，知过去，探未来，识破天机，明察秋毫。

## 为人之道

## ◎体道悟道——万有引力的发现◎

"自然界和自然界的规律隐藏在黑暗中，上帝说，'让牛顿去吧！'于是一切成为光明。"这是英国诗人亚历山大·蒲柏对于牛顿所作出的盛赞。

1643年1月4日，伊萨克·牛顿出生于英格兰林肯郡格兰瑟姆附近的沃尔索普村的一个自耕农家庭。这个孩子是一个早产儿，生下来时只有三磅重，也就是体重还不足三斤，周围的人们都很担心他是否能顺利地活下来。谁也没有想到的是，这个出生时如此羸弱的婴儿日后竟然活到了84岁的高龄，更出乎大家意料的是，他后来成了一位举世闻名的、人类历史上屈指可数的伟大科学家。

牛顿的童年并不幸福，他是一个遗腹子，出生之前就没了父亲，自小在外祖母身边长大。也许是因为受到这种成长环境的影响，少年的牛顿养成了沉默寡言的性格。

也许有人认为，牛顿后来在多个科学领域都取得了如此巨大的成就，他在小时候也一定非常聪明，甚至可以说是一个神童。然而，实际的情形是，牛顿在童年时期并没有表现出过人的天赋，他的学习成绩很一般。不过，他有着良好的阅读习惯，嗜好读书，尤其喜欢看一些介绍各种简单机械模型制作方法的读物，然后还会亲自动手去制作一些新奇有趣的小玩意，如风车、木钟、折叠式提灯等等。牛顿就是以这种方式最早地展露出自己非凡的才华。

读中学期间，因为家境贫困，牛顿被迫辍学。但他没有放弃学习，仍然抓紧一切可以利用的时间去读书。那一时候，母亲经常让他和佣人一同上街去卖东西，而牛顿则每次都悄悄地让佣人一个人去，自己却躲在大树后面专心致志地看书。一次，他的这个秘密被舅舅发现了，舅舅没有责怪他，相反，还因为外甥的好学而深受感动。他劝说牛顿的母亲让外甥复学，并且鼓励牛顿继续读大学。

19 岁那年，牛顿进入了著名的剑桥大学三一学院，但是他的家里没有能力支付学费，他只好一边为学校做杂务，一边学习。剑桥大学四年的学习，为牛顿接下来的科学研究奠定了坚实的知识基础。

1665 年，伦敦为严重的鼠疫所席卷，而剑桥就在伦敦的附近，为了躲避肆虐的瘟疫，牛顿返回了家乡。在家乡避居的两年之间，牛顿着手描绘出他一生之中大多数科学创造的蓝图，诸如微积分、万有引力、光学分析等重大科学发现，都孕育于这一时期。

1667 年，牛顿回到剑桥大学，继而取得了硕士学位，不久之后，牛顿就晋升为数学教授，那时他刚刚 26 岁。

牛顿在自己辉煌的一生中取得了多项重大的科学发现，其中尤为突出的一项就是万有引力定律的提出。

那么，是什么给予了牛顿发现万有引力定律的最初灵感呢？关于这一点，有一个流传很广的故事。牛顿离开剑桥大学避居家乡的时候，将全部的精力都投入于对许多重大科学问题的思考。一天，牛顿正坐在姐姐的果树园里思考问题，忽然"咚"的一声，一颗成熟了的苹果坠到了地上。继之，又有其他的苹果同样因为熟透而掉落在地面。这是再平常不过的现象了，然而，从这种大家都习以为常的事情中，具有敏锐洞察力的牛顿却捕捉到这样一个特别耐人思索的问题：苹果为什么会落到地面上，而不是掉到天上去呢？人们对这种现象太熟悉了，从没有思考过。其实，这种大家习以为常的事情有着另外的解释。

牛顿将自己的思考扩展开来，苹果会落到地面上，可是月亮却一直都悬在空中，难道苹果和月亮有着什么实质上的不同吗？牛顿又见到外甥玩的小球，只见拴在橡皮筋上的小球随着牵引不断地摇摆着，速度越来越快，最后被抛出去，又落到地面上。牛顿觉得，月球的运动与小球的运动是非常相像的，小球在推动它运行的力之外还有一种力，这种力就是地球的引力，月球也同样如此，正是因为受到地球的引力，月球才会围绕地球运行。扩而广之，牛顿认为不仅这种力存在于巨大的天体之间，而且宇宙中所有的物体之间都存在着这种相互吸引的力，只是在很小的物体之间，这种力过于微小，因而是难以察觉的。牛顿由此得出了科学史上意义非凡的万有引力定律。当然，一项伟大的科学发现，决非如此简单就可以得出的，关于苹果坠地的思考只是给牛顿提供了最初的灵感，而由这一想法的酝酿到万有引力定律的正式提出，牛顿又经过了长达二十多年的充满艰辛的科学探索。

## 处世之道

## ◎顺其自然——郭橐驼的种树之道◎

道是虚无缥缈的，"无形不状，无物不象"。但是，道都有其自身变化的规律，掌握了其规律，便掌握了事物的根本。我们从老子的阐述中可以扩展为：任何事只要掌握其规律，认识其本质，问题就会迎刃而解。

唐朝时，有一个人名叫郭橐驼。为什么会叫"橐驼"这么奇怪的名字呢？原来，这个人患有伛偻病，整天驼着背，脸朝着地行走，就像骆驼一样，而人们也不知道他原本叫什么名字，所以乡里人便直呼他作"橐驼"。郭橐驼听到人们这样喊他，并没有觉得人们在嘲笑他，而且心里还很坦然，他说道："这个名字很不错啊，就用他称呼我吧，我觉得很恰当。"因此，他竟然放弃了原来的名字，也自称起"橐驼"来。

郭橐驼的家乡叫丰乐乡，在长安城的西边。郭橐驼没有其他的技能，只以种树为生，而且还很出名。凡是长安城里那些栽种树木以供玩赏的豪富人家，以及那些种植果树靠卖水果为生的人，都争着把他接到家里去供养。平日里看那橐驼所种的树，即使是移植的，也没有不成活的，而且长得高大茂盛，果实往往结得又早又多。长安城里还有其他的种树人，这些种树人虽然暗中观察模仿，也没有谁能比得上郭橐驼的。

有人见郭橐驼的树种得很好，便去问他其中的奥秘。

郭橐驼只淡淡地笑了一下，然后回答说："橐驼并不能使树木活得长久和旺盛繁殖，只是能顺应树木的天性，让它按照自己的本性生长罢了。"

来人听后，颇觉奇怪，便问道："树木的本性是什么呢？"

郭橐驼说道："树木的本性，需要根得以舒展，它需要培土均匀，它喜欢已经习惯了的土壤，四周的土要捣结实。这样做了之后，就不要再去动它，也不必去为它操心，种好后可以连头也不回地离开。栽种时要像抚育子女一样细心，种完后要像把它丢弃了一样不再照看。这样它的天性才能得以保全，它也会按照自己的本性健康成长。所以我只不过是不妨害它生长罢了，并不是能使它长得高大茂盛；只不过是不抑制延缓它果实的生长罢了，并不是能使它的果实结得又早又多。"

听到这里，来人频频点头，

种树之道，在于顺其自然。

不偏离本性，树木才能茁壮成长。

认为郭橐驼的话很有道理。

郭橐驼又接着说道："别的种树人就不是这样，他们种树时没有让树根得以伸展，又让它离开了已经习惯了的土壤。他们培土，不是土多了就是土不够。如果有能不同于这样种植的，则又爱护得过分，总是想着它，早晨去看看，晚上去摸摸，离开之后又跑来看一下。更有甚者竟然抓破树皮来验查它是死是活，摇动根株来观察栽得是松是紧；这样的话，树木就会一天天地偏离它生长的本性了。这些人虽说是爱它，其实是害它；虽说是担心它，其实是与它为敌。所以他们种树都比不上我，其实我又有什么特殊能耐呢？"

治国犹如植树，不可过多颁布法令，要无为而治。

来的人又说道："如果把你种树的道理，转用到做官治理百姓上，可以吗？"

橐驼听后，谦虚地说道："我只知道种树而已，做官治理百姓不是我的职业。"

来的人知道他有意不说，便也不答话。郭橐驼见他没有走的意思，便继续说道："但是我住在乡里的时候，看见那些当官的喜好颁布繁多琐碎的命令，好像很怜惜老百姓，结果却给百姓们带来灾祸。早晚都有差役跑来大喊：'长官命令，催促你们耕地，鼓励你们种植，督促你们收割，早些缫你们的丝，早些织你们的布，抚养好你们的小孩，喂大你们的鸡和猪。'时不时地敲起鼓将大家聚到一起，打着梆子将大家招来。我们这些小老百姓，就算晚饭和早饭都不吃而去招待那些差役都忙不过来，又怎能使我们人丁兴旺，生活安定呢？所以我们是如此贫困而且疲惫。这些与我所从事的职业有一些相似之处吧？"

来的人听完大喜，于是说道："这不是很好吗！我问种树，却得到了治理百姓的方法。"于是，他把这件事记载下来，作为官吏们的鉴戒。

这位与郭橐驼对话的人，正是唐朝著名的诗人和政治家柳宗元。柳宗元听郭橐驼讲树木的天性，很自然地联系到治国之道，便故意引导郭橐驼说出了治国的道理。从郭橐驼的话里，我们可以知道，无为而治，不对百姓实行严苛的政令，这才能使百姓生活安定，社会长治久安。

# 第十五章　微妙玄通

【原文】

　　古之善为道者①，微妙玄通，深不可识。夫唯不可识，故强为之容②；豫兮，若冬涉川③；犹兮，若畏四邻④；俨兮，其若客；涣兮，其若凌释；敦兮，其若朴；旷兮，其若谷；混兮，其若浊；（澹兮，其若海；飂兮，若无止。）⑤孰能浊以静之徐清？孰能安以动之徐生？保此道者，不欲盈。夫唯不盈，故能蔽而新成⑥。

【注释】

①道者：懂得"道"，行为符合道之法则的人。②容：形容，描述之意。③豫：兽名，性多疑，每有行动，踟蹰不敢行，这里用以形容行为之瞻前顾后。④犹：兽名，其特点与"豫"相似。⑤此两句原在第二十章内，以为本章错简，移于此处。⑥蔽：通"敝"。

【译文】

　　古时那些善于行"道"的人，见解微妙而且深刻玄远，不是一般人所能了解的。正因为他深藏不露无法了解，所以只好勉强用下面一些比喻来将他描述：他的小心谨慎啊，就像冬天赤脚涉水过河时那样逡巡不前；他的警觉戒备啊，就好像居于强邻的包围之中，不得不时时警惕万分；他的拘谨严肃啊，就像在做客一样；他的融合可亲啊，就好像正在消融的冰；他的醇厚质朴啊，就像没有雕琢过的原木；他的旷远豁达啊，就像空旷的山谷一样；他的浑厚宽容啊，就像浑浑浊浊的江河大流一样。谁能在动荡中静止下来，在安静中慢慢变得澄清？谁能在安定中变动起来，使其慢慢显出生机？保持上述道的要义的人，不肯自满。正因为他从不自满，所以能够去故更新。

【解析】

　　本章紧接前章，对体道之士作了具体描写。老子称赞得道之人的"微妙玄通，深不可识"，是因为他们掌握了事物发展的普遍规律，懂得运用普遍规律来处理现实存在的具体事物。因得道之人具有良好的人格修养和心理素质，有很强的静定功夫。他们表面上清静无为，而实质上蕴藏着极大的潜能，他们极富创造性，只是不愿显山露水。他们静谧幽深，难以测识。因而得道之士的精神境界，要远远超出一般人所能理解的水平。

古之善为道者，微妙玄通，深不可识。

　　在中国古代，为官者通常被称为士。如果说在中国古代社会，世袭的贵族阶层以及作为社会基石的贫民阶层构成了固定的整体框架，那么，士人就构成了这个固定框架中最为复杂、活跃，并产生了深远文化影响的阶层。老子所描述"善为士者"，能够浊以澄而"不盈"，因"不盈"而"能蔽而新成"，因此其也成了老子实现政治理想的主要依托者。

为了使人们能深刻领悟"道纪"之人的情貌特征，老子就得道之人的特征作了概括，我们归结为以下九点，并逐一进行解析。

一是"豫兮，若冬涉川"。豫，原是野兽的名称，性好疑虑。豫兮，引申为迟疑慎重的意思。涉川，战战兢兢，如临深渊。全句的意思是：得道之人的每一步行动都是无比警惕、小心的，就如同冬天赤脚过河一样小心谨慎。众所周知，在冬天沿着冰面过河是十分危险的行为，稍有不慎就会滑倒，甚至掉进冰窟里丢掉性命。得道之人，无论遇到什么样的情况都会表现出谨慎的态度，就如同冬天涉河一般。

二是"犹兮，若畏四邻"。犹，小心、犹豫的样子。全句的意思是：得道之人好像畏惧自己的邻居一样，在日常生活中处处严格要求自己，约束自己的言行使之不逾越常规；制止自己的行动使之不嚣张放肆，以免干扰邻居的生活。人是群居动物，得道之人也是人，他们不可能脱离社会生活而存在，他们要生存就必须与周围的人建立密切的联系，离群索居不是真正的得道之人，当他们

澹兮其若海。

和周围的人进行交流的时候，就不可避免地产生矛盾，处理矛盾的过程最能反映一个人的道德观和处世哲学，因而周围的邻居对其评价的高低是至关重要的，它最能反映一个人的道德水平。

豫兮若冬涉川。

三是"俨兮，其若客"。俨，庄严肃穆的样子。全句的意思是：得道之人无论在什么场合、什么情形之下，都会把自己摆在客人的位置上，小心谨慎、严肃认真地对待人和事，而不会随随便便地对待日常生活问题。从生命的本质意义上来讲，每个人都是人生路途上的匆匆过客，都是大自然的普通客人，和其他的生物一样，不能超越生和死，这是"大道"的必然规律，得道之人和大道同步，他们以谦逊的心态做客人，严肃认真地对待日常生活琐事，这和世间的庸人有着本质区别：庸人总是以大自然的主人自居，势必以尊贵的态度来对待自己，而以骄纵的态度对待自然。庸俗之人以损害自然为代价来满足自己的私欲，最后也必将以毁灭自己而结束。老子主张以客人般的身份，来度过自己的一生，而不是以主宰者的身份肆意妄为。

四是"涣兮，其若凌释"。涣，涣散；释，消解，形容冰解冻的情形，比喻得道之人从自己的欲望、梦想、抱负、追求、知识等重负中解脱出来，回复为本我，就会有难以言表的轻松愉悦、悠然自得。这种感觉就像是冰封了一个冬季的河水，在春风的吹拂下慢慢消融，是一种轻松惬意的感觉。得道者之所以会有这种感觉，就是因为他们懂得如何释放自己，老子把得道者的觉悟恰当地比喻为冰消雪融，从而焕发出自然的勃勃生机；从得道者自身而言，他们能冲破束缚完成自我解脱，不执着于一事一物，了无牵挂，自然也就逍遥自在。

五是"敦兮，其若朴"。敦，内在端庄、厚重；外在朴素、自然。整句话的意思是：得道之人能以其端庄厚实的本质，轻易地抵御外界的干扰和诱惑，因而表现出返璞归真的外在形象。敦厚实在的品格是人类社会一直所提倡和赞颂的，简单朴素的生活方式也是人类社会所提倡的。人们常常用浑金璞玉来形容那些不炫耀、敦厚朴实的人，因而得道之人就如同浑金璞玉，既具有真材实料，又不矫饰。

六是"旷兮，其若谷"。旷，开阔、宽广；谷，比喻像山谷一样虚空。全句的意思是：得道之人心胸辽阔，就如同山谷一般空虚高深。他们能够海纳百川、包容万物，无所谓仇恨，也无所谓感恩，因为没有亲戚和仇敌的概念，心中就自然充满了友善，这一点和没能体悟"大道"的人有着本质的不同，没领悟大道的人喜欢洁净而厌恶污秽，有分别就有烦恼和祸患。得道之人处污秽无所谓污秽，处清洁无所谓清洁，与外在世界浑然一体，也就无所谓痛苦、烦恼、祸患和灾难了。没有了这些分别，他因而也就显得自在无为、随心所欲了。

旷兮其若谷。

七是"混兮，其若浊"。混，混同；浊，混浊。得道之人是清醒的——清醒的最高境界，是使内心明净，与污浊的世界同为一体。

八是"澹兮，其若海"。澹，淡泊，宁静。得道之人心境淡泊，如江海一样浑厚。

九是"飂兮，若无止"。飂，高风，形容形迹飘逸。老子在这里希望人能在动荡中静止下来，这就是清静无为的思想。

## 从政之道

## ◎藏锋不露——"一鸣惊人"的齐威王◎

公元前 357 年，齐桓公田午去世。嫡长子田因齐承袭君位，他就是历史上有名的齐威王。

齐威王即位后，整日饮酒作乐、醉生梦死，三年之间，竟然完全不理朝政，只知道沉溺于莺歌燕舞之中，国中许多大臣见到这种情况，便纷纷放弃职责而争权夺利，大肆贪污索贿。

可是，三年后的冬天，威王突然召集大臣聚会，以前所未有的威严和雷霆万钧之势，当场下令处死一些大臣，朝廷为之哗然。从此，所有大臣都严于约束自己，秉公办事，齐国逐渐成为东方的强国。

齐威王为何龙颜大怒，且前后判若两人呢？原来战国时代，群雄争霸，各个国家之间无时无刻不在想方设法打击其他国家，战火也是此起彼伏，每个国家都想寻找时机争霸称雄。

战国时代，一个国家要想争霸，就得依赖人才，所谓"千军易得，一将难求"，国家拥有一批精干、敬业的文臣武将，就能迅速增强国力，提高军事战斗力。譬如，魏国通过重用吴起，成为战国中期的强国；李悝在楚国改革，使楚国国力大增；秦国也依靠商鞅变法，实现了国富兵强。

从齐国国内形势看，齐桓公田午在世时，手下也聚集了一批能臣猛将，他们在政治、军事上均有不凡的表现，不过朝中也有一批野心家，只是他们没有显露出来，年轻的齐威王又难以辨识忠

齐威王继位之初，终日饮酒，不理朝政。

齐威王蛰伏观察群臣动向，以分辨忠奸。

奸，所以制定了一个蛰伏观察、蓄势待发的方略，以分辨忠奸。

于是，齐威王故意放弃处理朝政，静观群臣的反应。并用拒绝群臣劝谏的过激手段，来考验是否有忠心不怕死的大臣。此外，齐威王又建立情报系统，秘密调查群臣的各类活动情况。

这时，聪明过人的稷下先生淳于髡，看到国内秩序混乱，再也等不下去了，设法去见威王，说要给威王解闷逗乐。他对威王说："我们国家有一只大鸟，三年来不飞也不鸣，这是只什么鸟？它为何不飞不鸣？"

聪明的威王一听就明白了，于是他也隐晦地回答说："此鸟我知，就在眼前，不飞则已，一飞冲天；不鸣则已，一鸣惊人。"以此来告诉淳于髡，自己目前只是蛰伏，迟早会一飞冲天的，一定会干一番轰轰烈烈的大事，让天下的人都像仰望天上飞翔的大鸟一样，惊叹自己的宏伟功业。

淳于髡心中甚喜，就告退出

齐威王假装沉溺于声色犬马之中，是为了隐蔽志向，蓄势待发。

朝，并以焦急的心情天天等待着威王的实际行动。但是，淳于髡等了一段时间，仍不见威王有动静，所以决定再次试探威王。有一天，齐威王又召淳于髡进宫喝酒。淳于髡趁机说："酒喝得太多了，就没了礼法，闹出乱子，兴奋到了极点，就会乐极生悲。不仅喝酒是这样，世间万事万物无不如此，月盈则虚，日中则移，过了限度盛会变衰，好会变坏，而没了秩序则会产生混乱。"

齐威王自然听出了淳于髡的"弦外之音"，知道他这是在指责自己长夜之饮，乱了朝廷法度，扰乱了治国的秩序。其时，齐威王已经把朝臣的情况了解得差不多了，正打算采取行动。他听到淳于髡的进言，立即下令斩杀了一批弄虚作假的臣子，树立了自己的深沉、稳重、雷厉风行的形象，慑服了群臣。

与此同时，齐威王还任命邹忌、淳于髡等担任要职，使齐国国力迅速增强，并最终成为威震四方的霸主，齐威王也因此给后世留下了"不鸣则已，一鸣惊人"典故。

如果齐威王在即位之初，就大刀阔斧整顿朝纲，不仅会遭遇巨大阻力，难以达到预期目的，而且还有可能功亏一篑，甚至折戟沉沙。可聪明的齐威王并没有急于求成，而是以忍耐的心态蛰伏起来，终于在各方条件具备的时候，以前所未有的姿态雷厉风行，从而使齐国迅速强盛起来。

在老子的描述下，我们可以清楚地看到那些得"道"的先贤们，在举手投足之间，无不体现道的特质。他们深知道之严谨，所以凡事三思而行、诚惶诚恐、谨小慎微；他们深晓道的深远，所以心怀敬畏，从不妄自菲薄，而是藏锋不露、蓄势待发。

为人之道

## ◎ 善为道者——我的朋友胡适之 ◎

在近代中国，有一个很有名的学者，名叫胡适（字适之）。在 20 世纪三四十年代的中国社会，有一句极为出名的流行语，就是"我的朋友胡适之"。当时，"上至总统、主席，下至企台、司厨、贩夫、走卒、担菜、卖浆……行列之中都有胡适之的朋友"。作为一个学者，他身处"文人相轻"的环境，但他却能以自己巨大的人格魅力凝聚起了一大批知识分子，做出了许多开创性的工作，建立了巨大的历史功绩。

胡适的胸襟阔大，具有伟大的包容精神。他以自己无上的智慧洞悉了人间的光明和黑暗，悟透了人生道路的平坦和困顿，修炼出用自己的胸襟去包容世人，包容宇宙的宗教般的度人济世情怀，获得了社会各方面的高度赞誉。

正是靠着这种博大心胸和乐观豁达的精神，胡适得以从容地周转于当时严酷的政治与社会环境，并以自己的地位和努力为众多文化界人士的生存创造了有利的条件。也就是说，在那个动荡的年代，胡适曾向很多朋友或学子提供过无私的帮助。胡适自己也说："我一半属父母，一半属朋友。"

1919 年，林语堂到美国留学，生活相当拮据。当他在哈佛大学专心求学时，政府突然停发了他的半公费奖学金，使他几乎陷于走投无路的境地。万般无奈之中，他想起了一位并不太熟悉的朋友胡适。于是他向胡适拍了通电报，请他代向北大校方申请预支 1000 美元。没多久，钱果然寄来了，林语堂才得以完成哈佛大学学业。后来，他又转入德国莱比锡大学攻读博士学位，又请胡适代借 1000 美元。学成回国后，林语堂回到北大任教，去向校长蒋梦麟归还 2000 美元的借款。蒋校长查询财务，才知道两笔钱都是胡适个人所汇。林语堂闻知，深为感动。

胡适帮助过的人不计其数，现代中国许多伟大的人物都曾受惠于他，如国学大师王国维、刘文典、季羡林，历史学家邓广铭、周一良、钱穆、何炳棣，文学家徐志摩、张爱玲，红学家周汝昌等等。胡适是益友，更是良师，他教过的顾颉刚、傅斯年名满天下自不必说，其他如吴晗、罗尔纲、罗家伦、吴健雄、千家驹、饶毓泰、唐德刚等优秀者也是数不胜数。

台湾著名的作家李敖，恨不得骂尽天下所有有名望的人，独对胡适心存崇敬。李敖曾陷入穷困潦倒之中，向不少朋友和名人写信求助。大学者胡适向这个当时无名之辈欣然寄去 1000 元。因此，每每提起胡适，李敖总是感佩不已。

他的朋友不仅仅是有地位有名望的大人物，而且是三教九流无所不包。在北平时，拉黄包车的人也会说"我的朋友胡适之"，而且他不是在说瞎话，他真的与胡适交情不错。

1962 年，胡适去世，人们敬致挽联："新文化中旧道德的楷模，旧伦理中新思想的师表。"广大民众更是有数十万人为其送葬，葬礼规模之大极为罕见。在胡适墓的墓碑上，刻着这样的话：这个为学术和文化的进步，为思想和言论自由，为民族的尊荣，为人类的幸福而苦心焦思、敝精劳神以致身死的人，现在在这里安息了！我们相信，形骸终于要化灭，陵谷也会变易，但现在墓中的这位哲人所给予世界的光明，将永远存在！

胡适的为人，暗合老子的大道，真正做到"混兮其若浊"。如果你站在某一特定的立场，观察胡适结交的人物，你都会发现，里面有你喜欢的人，也有你不喜欢的人。由此，许多人得出结论，与胡适交往的人太杂了。殊不知，浑浊的河水一样鱼龙混杂的人际圈子，正是他善为"道"的高明之处。

# ◎第十六章　致虚守静◎

**【注释】**

①笃（dǔ）：极度、顶点。②芸芸：纷杂茂盛，常用来形容草木的繁盛。③根：即事物的根本。④常：万物运动与变化中的不变的律则。⑤容：包容、宽容。⑥天：自然界的天。⑦没身：终身。

**【译文】**

使心灵空明虚寂到极点，使生活的清静达到极致。在万物都蓬勃生长的时候，我从中仔细观察它们生死循环的道理。天下万物虽然纷纷芸芸，但最终都将回

致虚极，守静笃。

复到它们的本根。返回本根就叫"静"，静叫作复归本性。复归本性是万物运动与变化中不变的律则，认识和了解万物运动与变化都依循着循环往复的律则，叫作"明"。不了解这个不变的律则，轻举妄动就会有凶险。了解了这个不变的律则的人，就能做到宽容，做到了宽容就能坦然大公，坦然大公才能无不周遍，无不周遍才符合自然，符合自然才能符合于"道"，体道而行才能长久，终身可免于危殆。

**【解析】**

本章阐述的是"道"的本质，揭示了修行的最高境界。"大道"虚是其常，有是其变；静是其常，动是其变。有、动最终必归于不有、不动。所以，守定常道，万物虽纷纷扰扰，只需以虚含有，以静待动，并且不见其有，不见其动，就不会随着事物的变化而变化，使自己处于永远安乐的境地。

老子认为，道的本质和修行的最高境界，就是达到"虚"的极致和虔诚地守住一个"静"字，因此他提出了"虚极"、"静笃"、"静"、"常"、"明"、"容"等概念。

"致虚极，守静笃。"致，春秋古义有"委身"之义，即将身置于静寂无极的虚空中。这是修行中的一种自我醒觉状态，非修行者是很难理解这句话的真谛的。修道者在修行中，身心融于太虚之中，达到了物我两忘的状态。

"复命曰'常'，知常曰'明'。不知'常'，妄作凶。"因静是根本，是生命的本质，回归了这个根本就是常。常是虚、静。知道这个道理就是明。明，就是智慧、通达、得道。而不知道虚、

静，就会大胆妄为，逗凶害己。老子告诫说："万物生生灭灭是大道法则，知而不干涉是睿智，如果凭借自己的神通妄加干涉，那样必遭凶险。"

"知'常'容，容乃公，公乃全，全乃天，天乃道，道乃久，没身不殆。"行道时要知道正常合理是什么样子，它的样子就是公正合理，公正合理才能够保全，保全是至上的信条。知道了天道的规律法则，才可以涵容一切，不倚仗神通妄加干涉。做到涵容一切才会无私无欲；做到了无私无欲才可能神机博大；神机博大才可能神融太虚；神融太虚才可能回归生命的本源，只有回归那生命本源，才会永存不息。

体道而行才能长久。

## 从政之道

### ◎戒骄戒躁——急功近利的崇祯帝◎

在老子看来，万物的本原是"虚静"，无论它们怎样变化发展，都脱离不了各自的本原。所以，治国不妨以"守静"为贵，给人和事以宽松的发展空间，尊重它们，包容它们，不要对它们做过多的干涉。否则，即使出发点是好的，也不会有好的结果。明朝的末世之君崇祯就因不知守静之贵，犯了一连串的不可饶恕的错误。

崇祯于 1627 年登临皇位，当时的明朝内忧外患，岌岌可危。怀着振兴国家的雄心，崇祯一即位便着手革弊除患。他花了两个多月的时间剪除了魏忠贤的阉党集团，又为前朝遭到迫害的忠臣翻案，提拔能干有谋的良将袁崇焕为兵部尚书，并让他总督辽蓟抗拒后金。他的这些措施让人们看到了复兴大明的希望，崇祯本人也被誉为"英容中兴之君"。然而，好景不长，这种局势并没有持续多久。

明朝积患已深，再英明的举措一时半会儿都难以见到明显成效，而崇祯又十分急躁。一段时间过去，见事情没有想象中那样顺利，他沉不住气了，动辄便将责任推到大臣的身上。不止走马观灯一样频繁更换官员——在位十七年，内阁大学士就换了五十人，刑部尚书换了十七人——还常因一点小事就以重罪治人。比如，哪个城市沦陷，就杀掉哪个城市的守城将领；哪个地方沦陷，就杀掉哪个地方的长官，如官员徐兆麟到陕西华亭任知县不过七天就因华亭失守被治了死罪。而在被崇祯杀死的官员中，光总督就有七人——其中就包括袁崇焕。

崇祯强调唯才是举，而由于急功近利，心性浮躁，不能以虚静观物，他又经常被奸佞之徒的花言巧语蒙蔽，看不穿人、事的本质，一次次地误害忠臣。大将郑崇俭的死就是一个例子。郑崇俭在另一大将左良玉的配合下于玛瑙山大败张献忠的叛军，"获首功千三百三十有三，降贼将二十有五人，获骡马、甲杖无算"，但崇祯并未予其厚赏。张献忠的残部逃入四川后引发混乱，负责四川战事的杨嗣昌平叛不利，随口将罪责推到郑崇俭身上，怪郑崇俭撤兵太早。而崇祯竟信以为真。第二年，张献忠攻破襄阳，杨嗣昌惧罪绝食而死，崇祯竟将没有丧失过一座城池也没有损失过一支部队的郑崇俭逮捕下狱，于同年五月将其杀害。

朝中很多大臣都为郑崇俭不平，却又敢怒不敢言。郑崇俭被杀的前一年，即1640年，就有大臣因保举同僚遭到崇祯的处罚。这年，才学兼备的江西巡抚解学龙向崇祯举荐曾因事被贬的黄道周。大学士魏炤乘因和黄道周有私怨，便上疏攻击解学龙胡乱荐人。崇祯不明就里，一时恼怒，将解学龙和黄道周押解京城，各打了八十大板，关入刑部大狱。有大臣看不惯，上疏解救二人，不料也被打了板子治了罪。到了后来，通政的官员看到有为解、黄说话的折子就压下来，以免更多大臣因此事受牵连。

崇祯性急，动辄杀大臣。

人君不知"守静"，便不能明察是非，势必造成冤案。而人君不知"致虚"，则难免徒有用贤之心而没有容贤之量，尤其面对国家大事，若不能保持心境的空明，就很容易为杂念所扰，做出错误的判断。譬如，崇祯即位之时，农民起义频繁爆发。为崇祯所重用的杨嗣昌屡次建议崇祯改"因粮"为"均输"之策，得到了崇祯的应允。而崇祯只看到该政策可以增加大明王朝的财政收入，

崇祯朝的宦官数量超过前代。

却看不到它势必进一步激化官民矛盾。因粮与均输均为财政政策，二者的不同在于，因粮是富户多纳税，均输则加重了贫民的税赋负担。百姓起义本来就是因为不堪重负，生计艰难。

勤政而忧国忧民的崇祯最终没能挽救大明的江山，在1644年李自成的起义军攻破北京城之际，于景山自杀，年仅35岁。临死之前，他满怀悲愤地写下了这样一句话："朕凉德藐躬，上干天咎，然皆诸臣误朕。"而站在道家的视角，让人"上干天咎"的未必是"凉德藐躬"，而是不懂万物生长变化的规律，违背了道的法则，才招致了灾祸。

## 处世之道

## ◎以静制动——张辽智除叛军◎

"夫物芸芸，各归其根。"天地万物都是由道产生的，经过运动变化，最终又回归到它的本原。事物有着循环往复的变化，但是这种运动变化也必须遵循一定的规律，它的变化永远脱离不了自己的本原，也就是万变不离其宗。无论事物如何变化，只要我们掌握其本质，所有的问题都能顺利解决。

　　张辽，字文远，三国时期魏国大将。当初，曹操爱惜关羽的才能，曾经强留关羽在其帐下效命，在此期间，张辽与关羽结交下生死之交。在曹操进行兼并战争的时期，张辽一直为曹操镇守东南方，率领魏军对抗东吴，并上演过"八百破十万"的传奇故事。

　　有一次，曹操命令张辽在长社屯兵。张辽立刻准备率领军队前往长社驻扎。这时，魏军中有人谋反，半夜里在军营中放火作乱，全军的将士无不惶恐失措，一时军心大乱，眼看士兵就要四处溃散了。

　　这时，身为主帅的张辽并没有慌乱，他在细心听取了军士的汇报后，对身旁的文臣武将分析道："大家不要惊惶，也不要轻举妄动，以免中了敌人的阴谋诡计。现在军营里的混乱，并不是全军的叛乱，就目前的情况来看，一定是有个别人肆意制造混乱，想趁机扰乱我军的军心。如果我们沉不住气，兵士们也一定会跟着慌乱。那样的话，整个军营就会陷入混乱不堪的局面，敌人必定乘虚而入，到时我们就没有葬身之地了！如果我们能够查明到底是谁在故意散布谣言或者指挥军士作乱，那么我们便可以找到真正主谋，敌人的阴谋诡计也会被我们识破了。到那个时候，纵然他想逃走，难道还有机会吗？"

　　大家听了，纷纷点头称赞，并把自己手下的士兵召集到张辽的中军帐下。等全体将士都到齐之后，张辽才不慌不忙地走到众人的面前，然后十分镇定地说道："我知道大家是受到了敌人的蒙蔽，没有人想要作乱，临行之前，曹丞相为我们提供了足够的粮食和酒肉，我们的粮草充足，兵器也十分完好，一定可以完成使命，不负丞相所托。现在有人想趁机制造混乱，他的阴谋是不会得逞的！不想造反的人，就安安静静地坐在军营中，千万不要乱动，否则就以叛乱罪论处！谁要是敢违抗我的命令，谁就是叛乱者或是与叛乱者有关系，被抓住后一律杀无赦！大家都回到自己的营帐中去吧！"随后，张辽率领手下的心腹将领和几十名亲兵卫士站在军阵中。士兵们一看局面稳定下来了，就都回到自己的营帐中，安心地坐下来待命。

　　这时，制造混乱的首领则显得心慌意乱，他手下的兵士也吓得乱了神，有几个甚至还主动走出来承认错误，并揭发了谁是叛乱的首领。此时，张辽命令士兵将叛乱者带上来，然后重新召集全体将士，当着众人的面，把叛乱的首领杀掉了，这样一来，再也没有人敢煽动魏军的士卒叛乱了。这场叛乱，不但没有造成严重后果，反而军心越来越稳定，极大地提升了军队的战斗力。

　　尽管张辽是一介武将，但是深谙"以静制动"的道理，有人想借着混乱的时机进行叛乱，结果反而被张辽利用，不但没能叛乱成功，还丢掉了自己的性命。我们在处理问题的时候，也应该以静制动，冷眼旁观，等时机成熟了，再果断地采取行动，最后必然能取得成功。

张辽以静制动，终于稳定了军心。

# 老子与孔子

老子和孔子都生活于春秋时代,其时周王室衰微,统治秩序日益败坏,诸侯之间战争不休,各诸侯国内乱不止,弑君杀父之事屡有发生,统治者荒淫奢靡,对百姓横征暴敛。这样的时代是老子和孔子思想产生的共同社会基础。消除社会动乱是他们著书立说的根本因由,实现天下安治是他们共同的政治理想和追求。

孔子看到的是"礼崩乐坏"、"人而不仁"、"苛政猛于虎"。

老子看到的是"朝甚除,田甚芜,服文采,带利剑,厌饮食,财货有馀,是谓盗夸。非道也哉!"糜烂之荒淫与饥寒交迫之无奈的鲜明对比,是对天道自然的极大违背。

老子

孔子

在老子看来,"治大国,若烹小鲜",要"为无为",即不要经常扰动它,要效法天道,顺应自然,最终实现民化、民正、民富、民朴。

在孔子看来,社会动乱无序,是因为乱了名分,没了秩序。所以孔子认为消除动乱、实现安治最重要的是正名。正名,简单说,就是讲贵贱之序、名分之分和孝友忠贞等。换句话说,就是各人干好分内事,不要坏了规矩。

孔子晚年,思想受老子影响,专心著书育人不再寻求功名,思想转向中庸。但他的著作多为其弟子整理其言其行所著,其倡导"仁"与"礼"的核心思想依然没有改变。孔子与老子思想的融合之处,体现在他对《易经》的解读中。

# ◎ 第十七章 功成事遂 ◎

**【原文】**

太上①，下知有之；其次，亲而誉之；其次，畏之；其次，侮之。信不足焉，有不信焉。悠兮其贵言②。功成事遂③，百姓皆谓："我自然。"

**【注释】**

① 太上：最上等的。② 贵言：珍惜言辞，即很少发号施令。③ 事遂：把事情做好了。

**【译文】**

最好的统治者，人民根本感觉不到他的存在；较次一等的，百姓亲近而称誉他；再次一等的，百姓畏惧疏远他；更差一等的，百姓辱骂进而打倒他。统治者的信用不足，人民自然不会相信他。最好的统治者悠闲自在而不随意发号施令。等到事情办成功了，百姓都会感到"我们本来就是这样的"。

**【解析】**

在本章里，老子主要论述统治者治理国家的问题，他主张无为而治，无为的真正内涵是无不为，只有达到了这一境界，才能实现国泰民安。那么统治者怎样才能达到无为而治的最高境界呢？

太上，下知有之。

老子说大道无言而长存，大道无为而长能，真正的治国之道是无为而无不为。人们也常说"强扭的瓜不甜"，这是有道理的，因为人之所以"强扭"，是因为还没等到瓜熟蒂落，而没长熟的瓜又怎会甜呢？这是因为人们没有顺应自然规律，而是凭着自己的感觉主观臆断，这样必然会自食苦果。这里的自然规律也可称为"道"。在现实生活中，一旦人们违背"大道"就必然会受到惩罚，为了不受大道的惩罚，毫无疑问，人们就必须合乎大道的规律，一旦人们的行为与大道吻合，就会自由自在，事半功倍。退一步讲，统治者要想不受大道的惩罚，就必须顺应大道，做到无为而治。

老子在本章里将统治者分为四个等级，他们分别是：太上、其次、其次、其次。为了便于理解，我们不妨将以上四个等级看作：太上、其次、再其次、最次。即最高级的是无为而治的合道之王；其次是立圣言、重诺诺以召引天下之士的王道之王；再次是以强力征服天下并以威严震慑人民的霸道之王；最次的则是群起而侮之的末路之王。

"太上"有两个意思：一是最高明的统治者；二是遥远的上古时代。这里指的是最高明的统治者。老子对"太上"的肯定，说明老子对像道那样的"看不见的手"的统治非常推崇，标示着老子对有为政治的反对。在老子看来，最高明的统治者应当实行无为之治，治理国家和人民时采取一种自然而然、不横加干预的政策，这种政策的特点是尽量减少自己对国家和人民施加强有力的影响，不增加人民的经济负担，不对外进行大规模的战争，因而民众感觉不到他的存在。最高明的统治者采用的是顺应自然规律的方法，不对人民生活进行干涉，所以人民生活得自在安乐，没有怨尤的对象，也就感觉不到统治者的存在了。

"其次，亲而誉之；"这是稍逊一等的统治者，这种统治者的特点是给人民施以恩惠，人民亲近他赞誉他，他施惠于民，但不高高在上，不让人民感觉到他的特殊性，他可亲可敬，和人民相处融洽。

"其次，畏之；"这种统治者声色俱厉，经常摆出盛气凌人、不可一世的神态，并用强制手段来确保国家机器的运转，统治者和百姓的关系势同水火。统治者制定出苛刻的规章制度，这些规章制度的制定则直接威胁到了人民的生命安全，老百姓对其心怀畏惧，常常处在暗无天日的悲惨境地，在忍气吞声中不断积累仇恨。

"其次，侮之。"这是最下等的统治者，这种统治者专横跋扈，不把老百姓的生死放在眼里，甚至不把他们当作自己的子民，而是把他们当作奴隶来对待，对他们进行奴役、辱骂。老百姓对这种非人的待遇忍气吞声，等到忍无可忍的时候，他们也会被逼上梁山，揭竿而起，反抗暴政。

因此，老子推崇的是实行无为之治的统治者，因为他们不会轻易向人民发号施令，他们慎言谨行，决不破坏老百姓的生活规律，老百姓遵循大道，统治者不必劳神苦思，国家就得到了治理，百姓也过上

其次，亲而誉之。

信不足焉，有不信乎。

悠兮其贵言。

安宁的生活。生活富足安定，百姓就感觉不到统治者的存在，觉得这一切都是自然而然的。百姓有了这种感觉，自然心中没有感激之情，没有感激之情也就无所谓仇恨，没有仇恨，国家自然太平。这样的场景，正是老子对"百姓皆谓我自然"的最好描绘，这也就达到了老子所谓的道的境界。所以，统治者要想成为"太上"，就要取信于天下，顺应自然，这就实现了"王道"。

## 从政之道

## ◎恣意妄为——烽火戏诸侯◎

老子说："如果君主信用不足，老百姓就不会相信他。"周幽王失信于诸侯而致西周灭亡的故事，就充分证明了这个道理的合理性。

周宣王死后，其子姬宫湦继位，就是后来的周幽王。当时周室王畿之地关中一带发生大地震，加之连年旱灾，百姓饥寒交迫、流离失所，社会动荡不安。而周幽王是个荒淫无道的昏君，他不思进取，重用佞臣虢石父，对内盘剥百姓，加剧了民生疾苦；对外攻伐西戎，严重虚耗了国力。大臣褒珦劝谏幽王，幽王非但不听，反而把他关押起来。

褒珦在监狱里被关了三年。褒国族人千方百计想把他救出来。他们听说周幽王好色，就借机四处寻访美女。终于找着了一个名叫褒姒的女子，教她唱歌跳舞，将其献给幽王，替褒珦赎罪。

幽王见了褒姒，非常喜爱，马上立她为妃，同时也把褒珦释放了。幽王自得褒姒以后，十分宠幸她，生活更加荒淫奢侈。褒姒虽然生得闭月羞花，却冷若冰霜，自进宫以来从没有笑过一次，幽王为了博得美人一笑，想尽了一切办法，可是褒姒还是终日不笑。为此，幽王竟然悬赏求计，下令谁能博得褒姒一笑，赏金千两。这时佞臣虢石父替周幽王想了一个主意，提议点燃烽火台试一试。

烽火本是古代敌寇侵犯时的紧急军事报警信号，西周为了防备犬戎的侵扰，在镐京附近的骊山一带修筑了二十多座烽火台。周幽王一听正中下怀，立刻采纳了虢石父的建议，马上带着褒姒，由虢石父陪同登上了骊山烽火台，命令守兵点燃烽火。一时间，狼烟四起，烽火冲天，各地诸侯一见警报，以为是犬戎打过来了，果然都带领本部兵马急速赶来救驾。到了

烽火戏诸侯。

骊山脚下，却发现连一个犬戎兵的影子也没有，只听到山上一阵阵奏乐和唱歌的声音，一看原来是周幽王和褒姒高坐台上饮酒作乐。

周幽王派人告诉各诸侯说："各位辛苦了，这里没有敌人，你们回去吧！"诸侯们方知被戏弄，遂心怀怨愤地离去了。褒姒见到这一情形，觉得十分好玩，于是大笑起来。周幽王大喜，立刻赏虢石父千金。

周幽王为进一步讨褒姒欢心，遂废黜王后申氏和太子宜臼，并册封褒姒为后，封褒姒生的儿子伯服为太子，还下令废去王后的父亲申侯的爵位，并准备出兵攻伐申侯。申侯得到这个消息，决定先发制人，于是联合缯侯及西北夷族犬戎之兵，于公元前 771 年进攻镐京。

周幽王听到犬戎进攻的消息，惊慌失措，急忙命令兵士在烽火台点燃烽火。可是诸侯以为这次还是戏弄他们，都不赶来救驾，周幽王叫苦不迭。镐京守兵本就怨恨周幽王昏庸，不满将领经常克扣粮饷，这时也都不愿效命，犬戎兵一到，他们就撤走了，犬戎兵马蜂拥入城，周幽王带着褒姒、伯服，仓皇从后门逃出，奔往骊山，后来为犬戎兵所杀。至此，西周宣告灭亡。

这时，诸侯们才知道犬戎真打进了镐京，于是立即联合起来，带着大队人马赶来救援。犬戎兵看到诸侯的大军到了，就把周朝宫室内的财物装起来，然后撤走了。

犬戎攻破镐京，杀死幽王之后，申侯、鲁侯、许文公等共立原来的太子姬宜臼为天子，宜臼于公元前 770 年在申（今河南省南阳市北）即位，是为周平王。因镐京已遭战争破坏，而周朝西边大多土地都被犬戎所占，周平王恐镐京难保，遂于当年在秦护送下迁都洛邑（今河南洛阳），在郑、晋辅助下立国。东迁后的周朝，史称东周。

## 经商之道

# ❖ ◎诚信为本——经商贵在坚守信誉◎ ❖

老子在本章阐明为政者要讲诚信的道理，这一原则同样适用于经商。

郑炳基是云南普洱茶集团的董事长，诚实是他做人的准则，也是经商的原则。在收购云南普洱茶厂之初，生意并不景气。当时市场上都在炒作老茶饼，而他的茶都是新茶。专家告诉他一级普洱

茶的产量每年只有 8 万到 11 万吨，然而有些茶叶销售点一年能卖出 20 多万吨，那是因为很多茶商在造假。普通的茶饼一块只能卖到 15 到 20 元，如果换上破旧的包装变成几十年、甚至上百年的老茶饼，就能卖到几百、几千、几万不等。在暴利的驱使下，很多茶商铤而走险，以次充好，欺骗消费者。更有甚者，有些茶商把加工好的新茶用高温蒸过，然后放在破砖窑里让蚂蚁咬，把茶叶咬烂再晒干，然后骗消费者说是老茶，价格卖得非常高。经过几个月的学习，郑炳基摸清了造假的门道，但是他不想趟这浑水。他觉得做生意要对得起消费者，更要对得起自己，宁愿亏损也不卖假茶。

然而正当他为茶叶卖不出去而发愁的时候，来了一位西装革履的香港客人。他要买 15 吨的茶叶，价格按出厂价，不用包装，马上开车拉走。天上真的掉馅饼了吗？郑炳基一边指挥员工搬货，一边请大主顾到茶艺室，泡上最好的茶叶。郑炳基问客户，您这是准备做什么啊？要不要我们帮着加工啊？客户连说不要，只要买散茶。郑炳基渐渐明白过来，他要拿去做假。这笔大买卖对郑炳基来说是雪中送炭，但是他知道这样做的后果是蒙骗消费者，他对客户说："对不起，茶叶不卖了！如果假茶叶是从我这里出去的，我问心有愧！蒙骗消费者去赚昧心钱，我绝对不干！"他坚持自己的原则，把送上门的生意赶出去了。

郑炳基的茶叶生意依旧冷清，仓库里积压的茶叶越来越多。直到 2006 年，店里的生意变得出奇的好，一直卖不出去的茶叶变得火爆热销。原来两年的销售不畅，使他的仓库里积压了大量货真价实的老茶。这些老茶让郑炳基时来运转，很多人慕名而来，一时间宾客盈门。郑炳基举行了一个春茶的订货会，8 天内订出了价值 3000 多万的茶叶。如今，郑炳基不但实现了扭亏为盈，资产评估上了 3 个亿，还把皇家普洱产地——版山开发成了普洱观光园。

不仅中国人重诚信，外国人也是一样，我们来看这样一个故事。美国的多米诺皮公司是一家经营粮食加工的企业，该公司有一项规定：必须保证在 30 分钟之内，将客户的订货送到任何预定的地点。为了严格地执行这一规定，多米诺皮公司采取了各种有力的措施予以支持和保证。虽然公司对这一方面做得极为小心，但是，意外的事情总会出现。有一次，一辆长途送货车半路发生故障，这将导致一家商店不能够及时得到生面团的供应。公司总裁唐·弗尔塞克先生得知这一消息后，立时决定包下一架飞机，然后将生面团按时送到那家商店。

然而，即便如此尽力，多米诺皮公司也未能完全地避免破例事件的发生，还是有一家商店因为供货的中断而导致暂停营业一天。事故发生后，弗尔塞克立即派助手杰夫·史密斯跑到街上买回了 1000 多个悼念死者时才佩戴的黑袖纱，命令全体员工佩戴了好长一段时间。这次"戴孝"事件令多米诺皮公司的每一个成员都对此留下了永久难忘的印象，他们更加深切地感知到，坚守诚信的原则对公司的生存与发展具有多么重大的意义。

和多米诺皮公司的做法相仿，德国的联邦快递公司自成立以来，一直将恪守诚信作为公司服务中的最高原则。有一次，服务人员发现还有一个小包裹没有装上飞机，可是这时飞机已经起飞了。对于这一疏忽，执行经理想编造某种理由把顾客搪塞过去，再进行一定的赔偿，然而公司的创始人之一史密斯先生则认为，那样做是对顾客的欺骗，显然违背了联邦公司所极力倡导的诚信原则。他断然决定，即使为此而花上几千美元也在所不惜，遂立即雇用私人飞机将这个小包裹专程送到了顾客的手中，并且向那位顾客真诚地表达了歉意。联邦公司虽然在这一事件中付出了一定的代价，但是它坚持了公司一直都遵守的诚信原则，没有因为一时之利而造成永久之弊，而且，这一诚恳的举动为联邦公司赢得了极佳的社会声誉，对其迅速地发展成为全球最大的包裹运输公司起到了极大的推进作用。

# ◎ 第十八章　大仁大义 ◎

**【原文】**

大道废，有仁义；慧智出，有大伪；六亲不和，有孝慈；国家昏乱，有忠臣。

**【译文】**

大道被抛弃了，才彰显出仁义。智巧出现了，才会产生虚伪狡诈。父子、兄弟、夫妻不和的时候，才会显出孝慈；国家昏乱的时候，才会出现忠臣。

**【解析】**

在本章中，老子再次阐述了自己的辩证思想，"大道"盛行之时，像"仁义"这些东西自然地存在于人们的行为当中，人们不缺乏仁义，所以感觉不到它的存在，也就没有了倡导的必要。只有当社会秩序大乱、大道缺失、仁义泯灭的时候，人们才会由于缺乏这些东西而大加倡导。

从古至今，仁义、智慧、孝慈等都是为人们所推崇的。而孔子的最高理想是"仁义"，"仁"已经成为儒家文化的核心思想和价值取向。然而，老子却创造性地指出，人世间的大道被人为地废弃了，人们才会制定礼仪，并以此来规范人们的行为，区别贵贱，结果原本没有的虚伪和奸诈也随之而来。

老子是一个善于洞察世事的高人，他总能从事物的表象看出问题的实质，从结果看出原因，这个本质和原因往往就隐藏在表象和结果的反面。

老子为什么总能从事物的表象和结果的反面找到答案呢？原因就在于我们人类是最复杂的情感动物，拥有自己的思想和意志，能够进行思考，在处理问题时，更有自己独特的想法

大道废，有仁义。

和行为准则。人类虽然由大道生成，而且在大道中发展壮大，但随着智慧的开启，愈发变得狂妄自大、唯我独尊起来。人类忘记了自己的由来，不再遵循自然大道，这种对大道的漠视态度，使得人类离大道越来越远。

偏离大道越来越远，带来的直接后果就是人类自取灭亡，为了避免这种惨剧的发生，人类就人为地制定了一些行为规范来加以约束，于是一些政令条文、奖惩制度、政策法规也随之出现。这些政策法规虽然在一定程度上缓解了社会的压力，但它并不能从本质上解决问题。

废止大道的结果必然是有所作为，一旦有了作为也就有了好和坏的区分，对于好的、正确的我们要加以褒扬、赞颂；而对于坏的、错误的我们则要大加鞭挞、惩治，只有这样才能保证社会的正常运转。

针对这种情况，老子提出了仁义的概念。何谓仁义？仁，从古人的组字结构上来考察，"二人"为"仁"。为什么需要两个人呢？因为没有比较就没有鉴别的标准，有参照物才能进行区别对待。假如人与人之间不用交往，那么我们人类也就不能称为"人"了。孔子曾这样定义"仁"，他说："仁者爱人。"如果连自己的同

智慧出，有大伪。

类都不爱，还配称人吗？这种行为还配叫仁吗？义，正义、道义、义气。"仁"和"义"合起来就是"仁义"，仁义在本章中是指那些合情合理、合乎道义并热爱同类的行为。仁义能带来和睦安定，不仁义必将招致祸患。人们在明白了这个道理之后，就纷纷行仁义，这是人们有智慧的表现。

那么为什么要提倡仁义？就是因为存在不仁不义，大道作为社会自然的公平准则被抛弃了。为什么会出现这一情况呢？这是因为人是有欲望的动物，由于欲望的驱动，人们难免会利用各种手段来满足自己的私欲，有些人为了职位的攀升，对上级溜须拍马、阿谀奉承；有些人为了给自己开脱罪责，不惜蒙骗别人，颠倒黑白；也有些人成天摆出一副忠实的面孔，其实心里早已打好了坑害别人的小算盘，他们使用种种伎俩，只为一己私利。他们心中没有半点仁义，却要装出十分仁义的样子，其虚伪本质掩藏在华丽的外表和花言巧语里，他们越是装得仁义，就越能得到大的好处。

这种处处蒙骗别人的行为就叫大虚伪，为什么会有假冒伪劣、坑蒙拐骗的行为？就是因为人们运用机巧智慧的缘故。"伪"字该如何解释呢？"人为"即伪。人为就是人有意去做而不是顺应自然的行为，是违背了大道的行为，所以我们称人为的东西都是虚伪的，都不是朴素自然的；人在有作为的时候往往会自觉不自觉地掺杂进自己的智慧，所以就有了尔虞我诈、钩心斗角等行为，虽然这些行为是在暗中进行的，掩盖在虚伪的外衣之下，但还是能被人感知，甚至

国家昏乱，有忠臣。

被人揭露和批判。

为什么要提倡子孝父慈、夫妻和睦？就是因为六亲（父子、兄弟、夫妻）不和睦了。为什么会有忠臣出现？就是因为奸臣当道，国家太昏乱了。

只有六亲不和睦了，才会提倡孝和慈，为什么这么说呢？六亲不和睦是人有智慧的结果，有智慧就会有私欲，私欲得不到满足时必然会发生矛盾和争斗，这种争斗由小及大会危及国家的安宁，于是不得不制定一些行为准则：做儿女的应该孝顺自己的父母；做父母的应该疼爱自己的孩子，也就是孝和慈。可当人们的心中没有这些概念的时候，就无所谓孝和慈，大家其乐融融，无老无少，无长无幼，一派祥和的景象。而一旦头脑中有了这样的标准，人们就要时时考虑自己的行为是否合乎孝和慈的标准，别人以他们的标准来看我们的行为，只要我们稍有不慎，就会被别人横加指责，其乐融融的祥和景象就会遭到破坏。"国家昏乱，有忠臣。"这句话不能单纯地理解为国家混乱了，才有忠臣，而应当理解为：在国家安定的情况下，人民富足、自由，有忠臣又有何用武之地呢？这就如同高明的统治者不被人所知道一样，仲裁者和平安定的时期是不会显山露水的，只有在国家出现混乱的危急关头他才会挺身而出，拯救国家于危难之中。

从表面上看，老子批判仁义、孝慈，是对儒家仁义忠孝的抗争，但实际上老子和孔子的思想并不矛盾，他们的目的都是实现社会的公平、公正，只是孔子强调要建立社会的道德体系，要人们遵循公平、公正的行为准则，是从正面说的；而老子则主张直接回到人类的本始状态，是从反面说的。

## 为人之道

# ◎心存大道——岳飞一生坚持抗金◎

老子说，当国家陷于混乱的时候，需要忠臣良将的辅佐。即便忠臣良将受到多大的不公，这一信念也不会消失。岳飞抗金的事迹，即充分说明了这一点。

岳飞，字鹏举，相州人，南宋"中兴四将"之一。岳飞是中国历史上著名的抗金将领，他一生致力于抗金大业，曾多次率兵北伐，他麾下的军队因战斗力强悍而被称为"岳家军"，而金人也感叹"撼山易，撼岳家军难"，这是对岳家军的最高褒扬。然而，就是这样一位忠臣良将，最终却因"莫须有"的罪名而惨遭杀害。

岳飞一生坚持抗金，深为后人所钦佩。

1127年，金国南下灭亡北宋，宋徽宗、钦宗及宗室、大臣、妃嫔等数千人被掳走，史称"靖康之难"。北宋灭亡后，宋室南迁，康王赵构在应天即帝位，不久以临安为都，恢复宋国号，史称南宋，赵构就是宋高宗。

南宋建立之初，北面的金兵虎视眈眈，随时有南下颠覆新政权的可能。同时，宋朝的溃兵败将及义军各据一方，极大威胁着南宋的统治。为了稳定新政权，宋高宗开始提拔并重用一些作战勇猛的将领，其中最有名的就是"中兴四将"。在"中兴四将"之中，岳飞的资历最浅，但是他战功卓越，尤其是在绍兴四年（1134年）收复了伪齐（金人扶植宋降臣刘豫建立的政权）控制下的襄汉六郡，这使得他威名大振，后来，宋高宗授他清远军节度使一职，地位与刘光世、张俊、韩世忠不相上下。

其后几年，岳飞驻守鄂州，经营襄汉六郡，他外御金兵，内平逆乱，不但得到同僚的信任，也令敌人畏服。绍兴六年（1136年），刘豫派儿子刘麟率军进犯淮西，刘光世抵挡不住，主动弃守庐州，这时，岳飞刚平定了曹成、杨幺的叛乱，他见淮西形势危急，立即率领大军东下，大破刘麟的军队。这件事以后，高宗对岳飞更加倚重。

岳飞深受高宗的器重，便想力谏高宗恢复中原。回朝期间，他多次拜见高宗，向高宗陈述恢复中原的策略。岳飞又给高宗写信，信中写道："金人之所以将刘豫安放在河南，就是想控制住中原，让汉人打汉人。这样一来，金国大将兀术就有时间休整部队，坐收渔利。臣期望陛下给臣些时间，一旦准备妥当了，就提兵袭取京、洛，拿下河阳、陕府、潼关，使这五路的叛将归顺朝廷。叛将归我大宋以后，我军就可以北上前进，金人必然丢下汴梁撤往河北，到时京畿、陕右就可光复了。然后我军分兵进攻浚、滑，占据两河地带，如此就能擒获刘豫，歼灭金人。社稷长久的大计，就在此一举。"

赵构看到岳飞的信，便回信说道："有卿这样的大臣肯为社稷谋划，朕还有什么可忧虑的呢？何时进兵何时休整，朕绝不干涉。"又将岳飞召唤到寝阁，说道："兴复中原的大事，就全权委托给卿处理了。"于是任命岳飞节制光州。

岳飞正想筹划北伐，这时，高宗的权臣秦桧却主张宋金议和。秦桧早年曾跟随赵构在金营做人质。后来，赵构离开了金营，而秦桧却继续留了下来。等赵构做了皇帝，又念起了曾经与自己共患难的秦桧，便请求金人释放秦桧，让他回到南宋。秦桧为人奸诈，来到南宋后，他仗着高宗对己的宠信，大施淫威，先是进谗言罢了宰相赵鼎的官，继而使自己爬上了宰相的宝座。

秦桧当上宰相后，极力主张宋金议和，却遭到了岳飞等主战派的反对。秦桧怀恨在心，无时无刻不想着除掉岳飞这个眼中钉。

收复中原无望，岳飞万分失落。

　　绍兴十年（1140年）五月，金兵再次南侵，宋高宗下令岳飞增援前线。到达前线后，岳飞在川陕及两淮等地接连击败金军，很快进驻开封附近的郾城，兵势锐不可当。兀术听到消息，遂与众将商议，想集结军队合力围歼岳家军。

　　岳飞知道了兀术的意图，便派儿子岳云带领骑兵营直捣敌阵，岳云率军与交战数十次，杀得金人横尸遍野。这时，兀术派出了一支劲旅，这支军队人马皆披重铠，以绳索相结，三人为一联，名为"拐子马"。岳飞知道拐子马的厉害，就命令步兵携麻札刀闯入敌阵，让他们俯身砍击马腿。拐子马三马相连，一马倒下，其余两匹马便不能行动了，结果，金军被宋军杀得大败。兀术见自己苦心创建的"拐子马"全军覆没，痛惜地说道："自从我在海上起兵，每次战斗都凭拐子马取胜，今日算是到头了。"

　　就在抗金形势一片大好的时候，秦桧却力劝高宗放弃淮河以北地域，高宗听了秦桧的建议，发檄文让岳飞回师。岳飞收到檄文，心情激愤，于是上奏高宗说："金人锐气尽丧，都抛下辎重仓皇而逃。如果我军趁势渡河北进，则北方豪杰会纷纷响应，恢复大计定可实现。机会来之不易，不能轻易舍弃呀！"

　　秦桧知道岳飞志向坚定，不肯听从回师的命令，所以就先下令调回张俊、杨沂中。岳飞孤军深入，不能久留，而且秦桧又在一日之内传来了十二道金牌，岳飞愤恨之极，眼泪不住地往下流，他向东而拜道："十年之力，废于一旦。"

　　回到朝中后，高宗升岳飞为枢密副使，官位在参知政事以上，但是失去了领兵打仗的权力。

　　尽管岳飞丢了兵权，但秦桧认为，只要岳飞不死，议和必然不能成功，而且还会使自己惹祸上身。所以他就想尽一切办法陷害岳飞。这时，他突然想起谏议大夫万俟卨与岳飞矛盾很深，于是想出了一个陷害岳飞的计谋。绍兴十一年（1141年）七月，万俟卨上章弹劾岳飞，列出了岳飞的几大"罪状"，请求高宗制裁岳飞。不久，秦桧又逮捕岳飞的部将王贵、王俊，威逼他们诬陷岳飞与部将张宪谋划造反。很快，张宪被押送至大理寺，面对严刑，张宪宁死不屈，秦桧对此也毫无办法。

　　三个月后，秦桧下令将岳飞、岳云父子押送到大理寺狱中，御史中丞何铸奉诏审讯。尽管何铸反复讯问，但是始终得不到岳飞谋反的证据。在审讯的时候，何铸又看到岳飞背部刺着"精忠

面对严刑逼供，岳飞威武不屈，毫不畏惧。

报国"四字，深知岳飞是清白的，不忍继续审问，便在秦桧面前为岳飞申辩。秦桧告诉何铸说："此上意也。"说治岳飞的罪是高宗的意思。何铸愤然道："强敌未灭无故戮一大将，失士卒心，非社稷之长计！"秦桧无言以答，遂奏请高宗改命万俟卨为御史中丞，让他审理岳飞一案。

这时，已经赋闲在家的韩世忠听到岳飞被抓的消息，他急忙找到秦桧，问秦桧证据何在，秦桧答道："其事体莫须有。"意思是说：岳飞谋反的

岳飞受秦桧诬陷，被害死于风波亭。

事情大概有吧。韩世忠气愤地说："'莫须有'三字，何以服天下！"但是，秦桧最终还是对岳飞下了毒手，绍兴十一年(1141)十二月，在高宗的默许下，秦桧以毒酒杀死岳飞，并处斩了张宪和岳云。

岳飞自二十岁从军，到三十岁被害，一生戎马倥偬，时刻不忘恢复中原。他创建的岳家军，纪律严明，骁勇善战，给金兵以沉重打击。有人曾问岳飞，天下何时才能太平，他回答说："文臣不爱钱，武臣不惜死，天下太平矣。"的确，像岳飞这种既不惜死又不贪财的官员，在中国历史中确实是罕见的。一代抗金名将，最终没能战死沙场，而是死于昏君奸臣之手，不禁让后人产生无限的痛惜和由衷的崇敬之情。

## 处世之道

# ◎坚守仁义——季札让国追求大道◎

老子说："大道废，有仁义。"天道被废弃了，才显示出仁义。春秋时期吴公子季札的故事可以很好地说明这个道理。

季札是春秋时吴国王室成员，因受封于延陵一代，又称"延陵季子"。他的祖先泰伯，曾经被孔子赞美为"至德"之人。泰伯本是周朝王位继承人，但父亲太王，有意传位给幼子季历以及孙子昌。于是泰伯就主动把王位让了出来，自己则以采药为名，逃到荒芜的荆蛮之地，建立了吴国。

数代之后，寿梦继承了吴国王位。他的四个儿子当中，以四子季札最有德行，所以寿

吴王寿梦临终前传位于季札，但季札坚持不肯答应。

梦一直有意要传位给他。季札的兄长也都特别疼爱他，认为季札的德行才干，最适合继承王位，所以都争相拥戴他继承王位。但是季札持守本心，坚辞不受。

哥哥诸樊觉得自己的德行远在季札之下，一心想把王位让给他，但被季札婉言谢绝了。后来，诸樊当了吴王，但是他一直念念不忘弟弟季札。他留下遗言，让后人将王位依次传给几位弟弟，这样最

季札奉命出使各国，与各国大臣高谈时势。

终就能传到幼弟季札的手里，以实现先王寿梦生前的遗愿。就这样，诸樊死后，余祭即位；余祭死后，夷昧即位。夷昧临终前，要把王位传给季札，季札却在这时离开了吴国，退隐于山水之间，每日躬耕劳作，以表明自己坚定的志节，这才彻底打消了吴人的念头，最后由夷昧之子僚即位。

季札对吴王僚就像对待原来的吴王一样尊敬。诸樊的儿子光说："根据我父亲的意见，王位应当传给季札；如果按照嫡长子的继承法，我是嫡长子，也应当由我来继承，僚凭什么自立呢！"于是指使勇士专诸刺杀了僚，然后把王位让给季札。季札说："你杀了我的君主，我如果接受你的让位，就是我和你共同篡位了。你杀死我兄长的儿子，如果我又杀死你，就是兄弟父子相杀，没完没了。"

所以季札不但不接受王位，而且离开吴国到延陵去隐居，终生不再回吴国。有道德学问的君子们都因为他不好杀而称他仁，因为他不愿为王而称他义。

季札不仅是一位盛德之人，还是一位出色的外交家。公元前485年冬，楚国名将子期进攻陈国，吴王派季札救援陈国。季札传言给子期，明确表达自己的反战态度。经季札调停，平息了一场战乱。公元前544年，季札奉命出使鲁、齐、郑、卫、晋五国，在这次外交活动中，他同齐国的晏婴、郑国的子产及鲁、卫、晋等国的重要政治家会晤，高谈政事，评论时势，使中原与吴国通好。

季札还是一位才华出众的文艺评论家。公元前544年，他来到鲁国，欣赏了周代的经典音乐、诗歌、舞蹈，他当场结合当时社会的政治背景，对所见所闻一一作了精辟的分析和评价。如在欣赏《秦风》后就说："这是华夏的声音呀，能够吸收华夏文化必能强大，强大到一定程度就能到达周王朝鼎盛时那样了吧！"他能从乐声中预言秦国的未来，的确难能可贵。

季札重信义。一次途经徐国时，徐国的国君非常羡慕季札佩带的宝剑，但难于启齿相求，季札因自己还要遍访列国，当时未便相赠。待他出使归来，再经徐国时，徐君已死，季札慨然解下佩剑，挂在徐君墓旁的松树上。侍从不解，他说："我内心早已答应把宝剑送给徐君，难道能因徐君死了就可以违背我的心愿吗？"此事传为千古美谈。

季札之仁义，是其天性使然，本不需要借助"大道废"而彰显，但在春秋"礼崩乐坏"、"大道既废"的背景下，其仁心义行才更彰明显著，更反衬出其所处时代的人心不古。

# 第十九章  少私寡欲

**【原文】**

绝圣弃智①，民利百倍；绝仁弃义，民复孝慈；绝巧弃利，盗贼无有。此三者，以为文，不足②。故令有所属：见素抱朴，少私寡欲，绝学无忧。

**【注释】**

① 圣：此处是指一种智能而言，不同于"圣人"的圣。② 文：文饰，浮文。

**【译文】**

抛却聪明和智巧，人民可以得到百倍的好处；杜绝仁慈，抛弃道义，人民才会回复到孝慈的本性；抛弃伎巧和获利，就不会有盗贼产生。"圣智、仁义、巧利"这三者全是巧饰，不足以治理天下。所以要让人民的思想认识有所归属。保持纯洁质朴的本性，减少私欲杂念，抛弃"圣智礼法"的学问，就没有忧患了。

**【解析】**

在本章中，老子对前一章提到的社会弊病又作了进一步阐述，并针对社会病态，提出具体的治理方案。

在前一章中，老子说"智慧出，有大伪"，因此他在本章的开篇就点明"绝圣弃智"，这使人不免产生疑惑："聪明睿智和巧言善辩乃人心所向，为何要杜绝和抛弃呢？"智慧是好东西，这一点谁也不能否认，但好东西不一定有好的用途。也就是说，如果将聪明才智用于为百姓服务，用于积善养德，那无疑是好的，是应该大力提倡的；可一旦用到损人利己的事情上去，那将是十分可怕的，还不如没有智慧，因而老子主张抛弃这种聪明智巧。

老子认为"圣"、"智"容易滋生巧诈，用法制巧诈治国，便成为扰民的"有为"之政。抛弃这种扰民的做法，人民就可以得到切实的利益。由此可见，老子并非真正倡导愚民政策。"下德"的圣人借助法制，提出各种虚伪的道德概念，只有"朝甚除"的人才能享用这种文化造出的物质财富。而且这种文化还腐蚀了淳朴的人民，诱使他们对"奇物"产生欲望。这种文化乃是"乱之首"。由上可以明显地看出，老子斥责统治者的文化，在他看来，这种文化和大道是相矛盾的，必须抛弃这种文化，因为它对人民毫无益处。所以，老子提出一种乌托邦思想——使人民同这种文化隔绝。老子的这一政治主张虽有些理想化成分，但他提出的"见素抱朴，

绝圣弃智，民利百倍。

少私寡欲"，对恢复人的自然本性，具有一定的意义。

许多本子以"少私寡欲"句结束本篇，而把"绝学无忧"作为下一章的开端，"绝学无忧"也正可以与前句"见素抱朴，少私寡欲"并列。对于"绝学无忧"一句，学术界也颇有争议。一种看法说"绝学无忧"指弃绝学习就没有忧虑了。也就是认为老子要毁灭一切文化，当然也就不要学习了，因而导出结论：老子是愚民政策的创始人，是倡导愚民思想和政策的鼓吹者。而另一种观点则认为，"绝学"指抛

见素抱朴。

弃那些讲圣智、仁义、巧利的学问，将其置于身外，免去权欲的诱惑，做到无忧无患。还有一种观点认为，老子所说的"绝"，其实就是绝招的"绝"，也就是独门绝技，是指至深、独到的学问，老子认为只有取得不同于世俗的独到学问，才能无欲无求，真正做到无为。

在远古时期，人类和自然是和谐相处的，人类吃的、用的无不直接取于自然。当时人类的认识有限，并不比别的动物高明多少。可随着认知的增多，人们渐渐具备了改造自然的能力，认为自己是万物的主宰，并且不断打乱自然的平衡，因而遭到了大自然的惩罚。其实，这是人类为拥有智慧而付出的代价。后来，人类还出现了欺诈、猜疑和互相残杀的行为，这也是巧智滋生出的不良后果。有一故事，颇受启发：客机在沙漠失事，留下了十一名幸存者，在幸存者中，有教授、官员、经理、军官、主妇……，还有一个傻子。沙漠白天的气温高达五六十度，要想生存就必须及时找到水源，求生的本能支撑着每个人都去寻找水源，然而，大沙漠总给人开玩笑，当他们看到一片绿洲，狂奔而去时，绿洲却瞬间消失了，一连几次都是这样。他们开始意识到，自己发现的绿洲，只不过是海市蜃楼。他们为此黯然神伤，心灰意冷。而唯有傻子不知道什么是海市蜃楼，他只知道口渴需要喝水，在其他人彻底放弃之后，他还在拼命地寻找水源，最后他爬上一个沙丘，看到了水，就呼喊着让其他人过去，可没有人理会傻子的话。三天后，当救援人员赶到时，发现除了傻子还活着，其他十个人都死了。

傻子不懂什么叫海市蜃楼，也不懂什么叫欺骗，当然也就不会猜疑，不会等死；而那些人恰恰相反，是他们的聪明才智将他

绝仁弃义，民复孝慈。

们推向绝路，傻子因"傻"得福，是"傻"救了他的命。当然，本章并不是倡导我们都去做傻子，而是启发我们不要用自己的智慧去猜疑人、伤害人，要做到质朴淳厚，少私寡欲，这样才能与大道相通。

## 从政之道

# ◎绝圣弃智——汉文帝行宽厚之政◎

抛却聪明与智巧，以无为的思想来治国，才能治理好天下。汉文帝减轻刑罚宽厚待人的事迹，就充分体现了这一点。

秦朝因暴政而亡国，其暴政的一个重要内容就是严刑峻法。汉朝建立后，吸取秦亡教训，逐渐减轻刑罚。汉文帝更是对"秦律"中的弊端进行了改革。秦律规定，被判为隶臣妾的人，都没有刑期，必须终生服劳役。文帝下令重新制定法律，根据犯罪情节轻重，规定服刑期限；罪人服刑期满，免为庶人。秦律中还规定，罪人的父母、兄弟、姊妹、妻子和子女都要连坐，重的处死，轻的收入官府做奴婢。文帝则完全废除了这条刑律。此外，秦代有黥、劓、刖、宫四种肉刑，汉文帝下诏废除黥、劓、刖三刑，改用笞刑代替。关于文帝废除肉刑，需要讲一个故事——缇萦救父。

齐国太仓令淳于公犯了罪，朝廷下令把他抓了起来，关押在长安的监狱中。淳于公没有儿子，只有五个女儿。他被逮捕的时候，心中不满地说道："生孩子不生儿子，遇到紧急情况，没有一点用处！"这时，小女儿缇萦听到了刚才的话，感到非常伤心，就随着父亲来到长安。为了能救父亲，她向朝廷上书说："我的父亲在齐国做官，那里的人都称赞他廉洁奉公，现在触犯了法律，理应接受惩罚。我所哀伤的是，受了死刑的人，就再也不能活过来了；受了肉刑的人，肢体断了就再也不能接起来了，他即使想改过自新，也没有办法了。我情愿做官府的奴婢，来抵父亲应该接受的刑罚，使他改过自新。"文帝看到缇萦所上之书，十分怜悯她的孝心，就下诏说："听说以前有虞氏只给罪犯穿上有特定标志的衣服，以此来羞辱他们。这样，就能起到警戒百姓的作用了。为什么能这样呢？因为当时政治清明到了极点。现在法令中有刺面、割鼻、断足三种肉刑，可是犯法之事仍不能断绝，这是什么缘故呢？不就是因为我的道德教化不明吗？我自己感到很惭愧。现在有人犯了过错，我不给他接受教育的机会，而是轻率地予以惩罚，这样一来，就算有人想改过自新也没有机会了。"结果，文帝不但答应了缇萦的请求，释放了她的父亲，而且还下令废除了肉刑。

文帝宽厚仁慈，许多官吏在断狱的时候也从轻处理，这样一来，狱事就简省了许多，人民所受的压迫比秦朝的时候显著减轻。

汉文帝不但减轻刑罚，而且对于反对过自己的人也表现出极大的宽容。

有一次，济北王刘兴居听说文帝到了代地，于是趁机起兵造反，打算袭击荥阳。文帝得知后，立即从太原返回到长安，下令军队平叛，同时，他还下诏说："济北王

文帝令朝臣减轻刑罚。

谋逆作乱，连累了济北的臣民，这真是大逆不道。济北的臣民，凡是在朝廷大军到来之前就自己停止反叛活动的，以及率部投降或献出城邑投降的，一律赦免，官爵与原来相同。"诏令一出，叛军内部开始不团结了，汉朝的军队很快就打败了济北叛军，俘虏了济北王。事后，文帝又宣布赦免参与造反的济北臣民。

公元前174年，有人告发淮南王刘长擅自制定法令，把宫室建造得跟天子的规格相同，并与棘蒲侯之子陈奇蓄意造反。文帝得知后，与群臣议论此事，大臣们都主张处死刘长。刘恒不忍心，免了刘长的死罪，只是废了他的王位。

南越王尉佗曾自立为武帝，刘恒并没有派兵前去镇压，而是把尉佗的兄弟召来，给予丰厚的赏赐。尉佗听说后，十分感动，于是取消了帝号，向汉朝称臣。

大臣中有人直言敢谏，而且丝毫不留情面，但是文帝总能宽容采纳。还有一次，有大臣收受了别人的贿赂，文帝知道后，没有将他交给执法官吏处理，而是从皇宫仓库中取出金钱赐给他们，用这种办法让他内心羞愧，反省自己。刘恒一心致力于用恩德感化臣民，因此天下富足，礼义兴盛。

缇萦救父。

文帝为人宽容，即使大臣犯了错，他也常用恩德来感化。

## 为人之道

## ◎绵里藏针——晏子痛斥楚王◎

春秋时期，齐国有一位颇有才能的相国名叫晏婴，被世人尊称为晏子。

一日，晏子奉国君之命，出使楚国。自恃国力强盛的楚王得知这个消息后，十分高兴，便对左右的人说："晏婴是齐国很善于言辞的人，现在正动身前来我国，趁此机会，我想侮辱侮辱他，扬扬我们的国威，杀杀他的威风，看看诸位有什么锦囊妙计？"

其中有一个人，自恃智慧过人，走上一步，对楚王如此这般耳语一番，楚王听到属下献出的连环计，不由得开怀大笑，连称妙绝。

晏子一行如期来到楚国城门之外，交换了公文正准备入内，却被城门卫士拦住，卫士一脸坏笑地对晏婴说："你别从正门进，那边特意给你开了一个小门，你从那里进去！"说着用手指了城门一旁的小洞。

晏子顺着卫士手指的方向，看到那里果然有一小门，晏子知道，这明显是在羞辱他，就义正言辞地说："只有出使狗国的人，才从狗洞中进去。可我今天，出使的是楚国，应该不是从此门中入城吧。"楚国城门卫士满脸尴尬，只好请晏子从大门进去。

晏子拜见楚王。楚王看了一眼其貌不扬、身材矮小的晏子后，傲慢地说："齐国恐怕是没有人了吧？"

晏子显然知道楚王这是给他下马威，故意拿自己的形象说事，就不紧不慢地回答："齐国首都临淄有七千多户人家，展开衣袖可以遮天蔽日，挥洒汗水就像天下雨一样，肩挨着肩，脚跟着脚，怎么能说齐国没有人呢？"

楚王口气强硬地说："既然齐国人才济济，那又为什么派你这样一个人来做使臣呢？"

对于这样的羞辱，晏子绵里藏针，回答说："楚王有所不知，齐国派遣使臣，各有各的出使对象，贤明的人就派遣他出使贤明的国家，无能的人就派遣他出使无能的国家，我是最无能的人，所以只好出使楚国了。"

直到此时，楚王方知，自己绝对不是晏子的对手，再这样下去，受到侮辱的反而是他自己，于是特意安排晏子入席喝酒。可是，正在喝酒喝得高兴的时候，两名公差绑着一个人来到楚王面前。

楚王问道："被绑着的人来自哪里？是干什么的？"

公差回答说："他是齐国人，犯了偷窃罪。"

楚王看了看晏子，问道："齐国人天生就善于偷东西吗？"

晏子十分愤怒，站起来回答道："我听说这

面对楚王的刁难，晏子据理力争，坚决回击。

样一件事：橘生长在淮南就是橘，生长在淮河以北就叫枳，只有叶子相似，它们的果实的味道却不同。这样的原因是什么呢？是因为水土条件不相同啊！现在这个人在齐国不偷东西，可一到了楚国就会偷了，莫非楚国的水土使百姓善于偷盗吗？"

楚王无话可答，笑了笑说："看来是真的不能和德才兼备的圣人开玩笑，否则，我就是真的自讨没趣了。"

从晏子与楚王的舌战中，我们可以看到，一件事情是会产生反作用的。楚王屡次羞辱晏子，但每次都是让自己颜面尽失。同样道理，统治者所施行的政策，也会起到反作用，只有排除一切私欲杂念来治理天下，才能让天下的人以同样的诚挚对待统治者。

# ◎第二十章　独异于人◎

【原文】

　　唯之与阿①，相去几何②？美之与恶，相去若何？人之所畏，不可不畏。荒兮③，其未央哉④！众人熙熙⑤，如享太牢⑥，如春登台；我独泊兮⑦，其未兆⑧。沌沌兮⑨，如婴儿之未孩⑩；儽儽兮⑪，若无所归。众人皆有余，而我独若遗，我愚人之心也哉！俗人昭昭，我独昏昏；俗人察察⑫，我独闷闷⑬。（澹兮，其若海⑭，飂兮，若无止⑮。）众人皆有以⑯，而我独顽且鄙。我独异于人，而贵食母。

【注释】

①唯：诚恳的应诺声。阿：逢迎的应对声音。②几何：多少。③荒兮：无边无际，形容其大。④央：完结的意思。⑤熙熙：快乐的样子。⑥太牢：古代帝王祭祀时丰盛的筵席（有牛、羊、猪）。⑦泊兮：浑朴、淡泊的意思。⑧兆：征兆，迹象的意思。⑨沌沌（dùn）：不清楚。⑩孩：婴儿的笑声。⑪儽儽：疲倦的样子。儽，通"累"。⑫察察：苛刻之意。⑬闷闷：昏浊，不清楚的意思。⑭澹（dàn）：辽阔、辽远的意思。⑮飂（liáo）：狂暴的风。此句与前一句疑为错简，已移至第十五章，此处当删。⑯以：在这里作"用"字解。也有"能耐"意。

【译文】

　　应诺和呵斥，相差有多远？美好和丑恶，相差有多远？别人所畏惧的，自己也不可不畏惧。精神领域开阔啊，好像没有尽头的样子。众人欣喜若狂，就像参加盛大的宴会享受丰盛的筵席，又像春和日丽之时登上高台观赏仲春的美景。而我却独自淡泊宁静，无动于衷。混混沌沌啊，有如初生的婴儿连笑也不会笑。疲倦闲散啊，或像长途跋涉的游子还没有归宿。众人的东西多得用不完，我却什么也没有。我真是愚人心肠啊，混沌无知。当别人都光耀自炫的时候，只有我昏昏昧昧；当别人都精明灵巧的时候，只有我无所识别。像辽阔的大海没有止境；如肆虐的狂风横扫万里。众人好像都很有作为，只有我显得愚昧笨拙。我和众人如此与众不同，因为我以守"道"为贵。

唯之与阿，相去几何？

【解析】

　　本章是老子的思想独白，也是老子思想的精华所在，堪称本书的灵魂。同时，本章在文字风格上也与其他章节有所不同，老子以诗一般的语言对甘守无为的道理进行了深刻剖析。

　　老子在开篇就提出疑问："唯之与阿，相去几何？""唯"是唯诺顺从的意思；"阿"是呵斥，引申为反对的意思。整句话的意思是：顺从和反对有多大的距离呢？"善之与恶，相去若何？"意思是：善良和邪恶能有多大的距离呢？仅在一念之间罢了。

在常人看来，美和丑是对立的概念，人们普遍偏爱美好的事物，而讨厌丑恶的事物。受这种想法的驱使，人们往往会不惜一切代价去追求美好的事物，当追求得到满足时就欣喜若狂，而一旦无法实现自己的愿望就沮丧郁闷。得道之人则不同，他们心目中无美和丑的区别，一切顺应自然，决不刻意追求什么，也就无

荒兮，其未央哉。

所谓得和失，也就不会有痛苦和烦恼了。如果一个人整日闷闷不乐，这不但是一种最残酷的自我折磨，而且会影响别人的心情。带着忧愁和烦恼生活的人，其人生的幸福感也必将大打折扣。试想一下，这样的人，还有什么乐趣可言呢？

在老子看来，贵与贱、善与恶、是与非、美与丑之间的种种差别都是人们按照世俗的眼光来制定的，其实并不符合"大道"。而人们以自己的主观态度为标准来看待世间的万物，必然会导致整个社会价值的混乱。老子不但揭露了社会上层追逐物欲的贪婪之态，还以相反的形象描绘出了自己的形象。文中的"我"显然是指老子本人，但又不仅仅局限于他个人，而是推及至有抱负、有理想的人。"众人"、"俗人"是指社会上层。这些人对是非、善恶、美丑的判断，并无严格标准。他说"我"是"愚人之心"，这当然是正话反说。世俗之人纵情于声色，"我"却淡泊无为，以求精神的升华，而不愿随波逐流。老子将"众人"、"俗人"和自己作了鲜明对比，当众人都沉浸在春天般的

众人熙熙，如享太牢，如春登台。

109

美景、享用着丰盛的美餐时，他却独自甘守寂寞，保持淡泊宁静的心境，就如同刚出生的婴孩一般无欲无求。众人借助外在的事物而享乐，一旦外在的事物消失了，他们的快乐也就不存在了。而得道之人明白外在境界转瞬即逝，所以他们要保持淡泊恬静的心境，这也正是他与"众人"的最大不同。

"众人"都有强烈的占有欲望，所以他们利用自己的聪明才智你争我夺，在混乱的世道里大有收获。而"我"却好像丢失了什么东西一般。"我"在"众人"的眼里是多么愚笨的人啊！"众人"在收获到财富、地位、名利后必然会不甘寂寞，大肆炫耀。而"我"却抱着昏昏沉沉、迷迷糊糊的态度去享受生活。正因为"我"愚笨，所以心灵空虚，了无牵挂，无为而自在，烦恼和忧愁自然会远离"我"而去。聪明人凡事都要争出个所以然来，以不知强为知，不聪明强装聪明。他们凡事都要斤斤计较；而"我"却哑口无言，闷闷不语。"众人"都要有所作为，而"我"却清净寡为，这在"众人"看来，"我"是多么冥顽不化、卑鄙下贱啊！老子对众人的思想没有做出任何批判，他只是通过众人的贪婪来反衬自己的淡泊名利。老子追求"沌沌"、"昏昏"、"闷闷"的思想境界，他认为自己之所以和众人思想不同，就是因为自己注重以洞察万物的根源来充实自己。万物之根源就是"大道"。老子整日处于大道之中，无言无为、无欲无求，自然也就无忧无虑、无伤无痛、逍遥自在，这就是真正的至乐境界。

## 从政之道

# ◎淳厚质朴——"糊涂"宰相吕端◎

老子说："俗人昭昭，我独昏昏。俗人察察，我独闷闷……我独异于人，而贵食母。"这段话，实际是一种大智若愚的处世哲学。北宋名相吕端"糊涂"的人生态度，就很好地体现了老子这一思想。

吕端是北宋名相，却被认为非常"糊涂"，这是怎么回事呢？

公元995年，吕端被宋太宗提升为宰相。对于这个一人之下、万人之上的位置，吕端并不觉得如何了不起，他考虑的是如何调动全体臣僚的积极性，为此自己不惜放权和让位。当时和他有同样声望的还有名臣寇准。寇准办事干练，很有

吕端尽职尽责，对于政事一丝不苟。

才能，但是性子有些刚烈。吕端担心自己当了宰相后寇准心中会不平衡，如果寇准耍起脾气来，朝政会受到影响，于是请太宗另下了一道命令，让担任参知政事（副宰相）的寇准和他轮流掌管宰相印，领班奏事，并一同到政事堂中议事，得到了太宗的批准，也平息了寇准的不满情绪。后来，太宗又下诏说：朝中大事要先交给吕端处理，然后再上报给皇帝。但吕端遇事总是与寇准一起商量，从不专断。过了一段时间，吕端又主动把相位让给了寇准，自己去当参知政事。这种主动让权的行为，在世人眼中自然是"糊涂"的举动。

吕端的"糊涂"，还体现在他不置产业上。吕端为官清廉，贪污受贿之事从来没有做过，即便

在处理国家大事上，吕端明于决断，敢于负责。

是自己应得的那份俸禄，他也常常分出一些来周济别人。以至于后来吕端去世后，他的两个儿子竟因生活困难，没钱结婚，只好把房产抵押给别人。真宗皇帝知道这个事情后，很受感动，从宫廷开支中支出了五百万钱把房产赎了回来，另外又赏了不少金银和丝绸，替吕家还清了旧账。

吕端经历了北宋太祖、太宗、真宗三朝。他具有很好的政治才能，在内政、外交等方面都有独到的见解。北宋的开国宰相赵普曾这样评价他："得到褒奖不曾高兴，遇到挫折不曾害怕，具有宰相的气度。"但真正使他名传千古的，还是他的"大事不糊涂"。

吕端遇大事不糊涂，指的是他在关乎国家安危、社稷稳定的大事上，明于决断，敢于负责。当宋太宗已经和寇准商量，要斩党项族羌人首领李继迁之母时，吕端认为，这并非边疆之常事，而是军国之大事，自己作为宰相，不能不过问。于是，他亲见太宗，力陈利弊，予以制止，并建议将李继迁之母安置在延州，好好供养起来，以此来牵制并感动李继迁。太宗采用了吕端的建议。后来继迁之母病死在延州，此时李继迁已死，这件事感动了李继迁的后代，其子归顺宋朝，北宋的西北边患渐渐好转起来。

宋太宗身体不适，立三子为皇太子。在他病危时，宫廷里酝酿着争夺皇位继承权的斗争。宠宦王继恩担心太子继位对自己不利，就先串通好了皇后，再暗中勾结了参知政事李昌龄、殿前都指挥使李继勋、知制诰胡旦等人，图谋拥立楚王赵元佐（太宗的长子）继位。太宗去世后，皇后马上就派王继恩召见吕端，计划逼着吕端同意立楚王为君。其实在他们刚开始谋划的时候，吕端已经有所耳闻了，现在听到皇后召他入宫，知道局势可能有变，就果断地把王继恩锁在了自己家的书房中，派人严加看守，然后入宫晋见。果然，皇后对他提出了立楚王的问题，吕端毫不客气地顶了回去，说："先帝在的时候已经明确了太子人选，我们怎能不听他的话呢？"由于谋变的关键人物王继恩已经被控制了起来，皇后一时也没了主意。吕端趁热打铁，率领大臣共同保太子继位。真宗登基后，坐在大殿上垂帘接受群臣的朝拜，吕端站在下面不肯下跪，要求卷起帘子来，然后登上台阶察看坐在上面的是不是真宗本人，等确认之后，才走下台阶，率领群臣磕头跪拜。接着，又把那几个犯上作乱者发配到外地，彻底平息了这场争端，确保了北宋朝廷的稳固。这是吕端"大事不糊涂"的一个证明。

吕端一生经历了三代帝王，在四十年的宦海生涯中几乎没有受到什么冲击，成为政坛的"不倒

"翁"，这种经历在历史上实在是不多见的。这与他在大局、大节问题上毫不糊涂，但在事关个人利益的问题上却"难得糊涂"的品质是有很大关系的。对于我们今天的人来说，不管是当官还是为人处事，都应该学学这种"糊涂"的精神。

## 为人之道

# ◎淡泊名利——不贪慕富贵的庄子◎

在本章里，老子将世俗之人的心态与自己的心态，作了对比的描述，老子说自己是"愚人"，有"昏昏"、"闷闷"等特点，这实际上是说自己不与世俗之人同流合污。在中国历史上，有很多淡泊名利、不合于世俗的高士，庄子便是典型的一个。

庄子，姓庄，名周，字子休（一作子沐）。宋国蒙（今安徽蒙城县）人。做过蒙地的漆园吏。庄子原系楚国公族，楚庄王后裔，后因战乱迁至宋国的蒙地，与道家始祖老子并称为"老庄"。代表作为《庄子》，其主要观点是"天人合一"和"清静无为"。

作为老子学说的继承人，庄子很彻底地实践了老子的处世思想和政治理念，不慕名利，甘愿过淡泊清贫的生活。

庄子一生保持着旷达的心境，而且一直视富贵荣华如敝屣。在庄子眼里，整个天下都是沉浊的，没有人能与自己交谈。既然如此，也只好自己独与天地进行精神往来了。尽管庄子是个绝顶聪明的人，但是要想找到一两个知己，那也不是容易的事情。平常能够与他谈得来的，除了惠子之外，只怕他也找不到第二个人了。庄子与惠子很相似，他们都喜欢辩论，而且辩论时都犀利无比；他们也都很博学，对于探讨知识有着浓厚的兴趣。

惠子有一个习惯，那就是倚在树底下高谈阔论，等辩论得疲倦的时候，便据琴而卧（"倚树而吟，据槁梧而瞑"）。对于这种态度，庄子很看不惯，但他也常被惠子拉到树下一起谈论学问，或是往田野上散步。历史上那个有名的"鱼乐之辩"，便是在庄子和惠子散步时引起的。

对于外界，庄子常常抱着观赏的态度。惠子则不同，他只站在分析的立场，来分析事理意义。两人之所以有不同的认知态度，是由于他们性格上的不同，进而导致有两种对立的思路：庄子超然物外，但又返回事物本身来观赏其美；惠子则走向独我论，也就是每个人无论如何不会知道第三者的心灵状态。

据《庄子·秋水》篇记载：惠子曾经在梁国做过相国。有一次，庄子去看他，但是，惠子听到一个谣言，说是庄子这次来是为了代替他的相位。惠子心里很担心，于是派人在梁国境内寻找庄子三天三夜。后来，庄子去见惠子，对他讲了一个寓言，把他对相位的贪恋比作猫头鹰得到了臭老鼠而自以为美。从这个故事可以知道，惠子处于统治阶层，免不了会染上官僚的习气，这对

庄子不慕名利，甘愿过淡泊清贫的生活。

于"不为轩冕肆志，不为穷约趋俗"的庄子来说，当然是很鄙视的。还有一次，惠子路过孟诸的时候，身后跟随着一百辆车子，排场十足，庄子见了，对惠子十分鄙视，就连自己所钓到的鱼，他也因为嫌多而抛回水里去了。

关于庄子的淡泊名利，还流传着一个故事，即"庄子钓于濮水"。

有一次，庄子在河南濮水边十分悠闲地垂钓。这时，他的身后来了两位楚威王的使者，他们奉了楚王之命，特意到濮水之畔邀请庄子出任楚国宰相。

庄子知道他们的来意后，慢悠悠地说道："楚国水田里的乌龟，是愿意到楚王那里，让楚王用精致的竹箱装起来，用丝绸的巾饰覆盖它，珍藏在宗庙里，用死来换取'留骨而贵'呢，还是愿意拖着尾巴在泥水里自由自在地活着呢？"

楚使稍微迟疑了一下，说道："自然是宁愿拖着尾巴在泥水中活着。"

庄子狡黠地笑了笑，说道："那就是了，我也只想拖着尾巴在泥水里自由自在地活着呢。"

庄子宁愿在乡野间自由自在地活着，也不愿到楚国做大官，这种淡泊名利的品质，值得后人敬佩。

庄子心境旷达，对探讨知识十分执着。

庄子超然物外，常常以观赏的态度对待外界。

# 老子与庄子

道家以老庄并称,根本原因是他们以"道"为哲学的根据和基础,在学说的许多方面有一致性。但老子与庄子的哲学也具有差异性,所以不能将老庄等同起来。

| 老子与庄子思想相同点 | | |
| --- | --- | --- |
| "有生于无"的思想核心。 老庄思想集中体现在对"有生于无"这一命题的诠释上。 | | |
| 朴素的自然人性论。道即是自然,生命对道的追求就是对自然的崇尚。 | | |

| 老子与庄子思想不同点 | | |
| --- | --- | --- |
| 老子 | VS | 庄子 |
| 人具有万物无可比拟的优越性。 | 道人关系 | 人与天地万物有相同的起源和地位。 |
| 道法自然,推崇不争、谦和。 | 处世哲学 | 无名、无功为修养的内容。 |
| 具有极强的现实性。 | 精神渴望 | 追求个体精神的自由和超脱。 |

## 老子"柔弱"

商容病重时老子去看他,问:"老师有没有遗言教导学生的?"商容张开自己的嘴巴问:"你看我的舌头还在吗?"老子说:"在。"商容又问:"你看我的牙齿还在吗?"老子说:"不在了。"商容再问:"你明白了吗?"老子说:"是不是刚硬的就灭亡,柔弱的就存活。"商容笑着说:"所有的道理都在这里了!"这个故事能代表老子的思想:弱者生存,柔弱胜刚强。

你看我的牙齿还在吗?

不在了。

## 庄子"逍遥"

我这是贫穷,不是潦倒。

先生你是怎么混的,竟然这样潦倒?

庄子一生清贫,妻子织草鞋卖,自己讲学、著书的同时到溪边去钓鱼,改善生活。但他并不在意苦日子,而在意真实不真实,自由不自由。一次,庄子穿着缝补过破洞的粗布衣裳、快露出脚丫子的鞋见魏王。魏王看到庄子这副模样,语带揶揄地说:"先生你是怎么混的,竟然这样潦倒?"庄子反驳道:"我这是贫穷,并不是潦倒。读书人放弃了自己的理想,不能坚持自己的信念,那才叫潦倒;衣服破烂,只能算贫穷。"

114

# ◎第二十一章 孔德之容◎

【原文】

孔德之容，惟道是从①。道之为物，惟恍惟惚②。惚兮恍兮，其中有象；恍兮惚兮，其中有物。窈兮冥兮③，其中有精；其精甚真④，其中有信。自今及古，其名不去，以阅众甫⑤。吾何以知众甫之状哉？以此。

【注释】

①孔：是"大"的意思。②恍：不清楚。惚：不清楚。③窈：深远。冥（míng）：暗昧不清楚。④精：是极细微的物质性实体。⑤阅：认识。甫：同"父"。

【译文】

大德的形态，是随着"道"转移的。道这个东西，是恍恍惚惚的。那样的惚惚恍恍，其中却有形象。那样的惚惚恍恍，其中却有实物。它是那样的深远暗昧，其中却有精质。这精质是非常实在的，其中有信验可凭。从现在上溯到远古，它的名字永远不会消失，依据它才能观察认识万物的起始。我怎么知道万物起始的情形呢？是从道开始认识的。

【解析】

这一章里，老子阐述了"道"和"德"的关系，认为德是博大和无所不包的，也是由道衍生而成的，受道的支配，即"惟道是从"。老子所说的道，既有虚无的一面，也有现实的一面。道虚无缥缈，却可以隐隐约约地感觉到，这是因为"其中有象"、"其中有物"、"其中有精"、"其中有信"。因此，道无所不在。

老子以"孔德之容，惟道是从"统领全篇。"孔"字的常意，归纳起来就是广大、非常、通达、博大的意思。"容"指的是包容，这个字的上面是个宝盖头，象征一个房屋，下面是个谷字，代表是空虚的山坳，所以有盛、受的意思。心胸包容天地，就连坏人也能容得下，那么这个人就是有德性的人。另外这个容还有一层意思，就是形容人的容貌。当我们的内心充满德性时，就会表现出神采奕奕的表情，而不是愤怒或消极的神色。

在本章里，老子再次对"大道"作了形容：它是恍恍惚惚、似有若无的。然而在恍惚之中还存在着一种形象，那就是宇宙；在恍惚之中还有一种物质在流转，那就是大气。宇宙和大气在恍惚之中存在着，尽管是幽暗深远的，我们无法用肉眼看到，但是其中至微至妙的

孔德之容，惟道是从。

东西真实地存在着，可那正是事物的本质所在，这一本质已超出了我们人类所能认识的范围。不过，虽然玄妙深不可测，但有具体情状，这一情状是非常真切的，即"其情甚真"。不仅如此，其情状是信实且可以信验的。老子对此进行不断地修饰和描述，无非是为了增加德的具体性，并在讨论道的时候引进"精"。精是为了说明"大道"是一种真实的存在，而且可以信验。虽然我们还不能真正地认识大道，但能真切地感知到它们的存在，这是

大道恍恍惚惚，似有若无。

因为它们有信期，这就如同潮水，到时候会如期而至。一旦在生活中摸索到了这一规律，我们就会从中感知到了大道的存在以及它所带给我们的影响。

大道是恍惚的，"大德"唯大道之命是从。大德与大道是相融相通的，它像大道一样恍恍惚惚、幽暗深远。道是德的根本，德是道的显现；"无道"就"无德"，"有道"就"有德"，合于道者有德，不合于道者无德。根据上述观点，老子所建构的道德体系也就基本完善了。道体现在宇宙万物上，所以它代表的是宇宙观和世界观。德对于人类而言，是品格，是德行，是成功者所具备的内在素质的标准。只有真正领悟大道的人才能拥有大德，才能将德行发挥到极致。这就是大道和大德的关系，我们只有对大道和大德的关系有了深刻的认识，并将它们在实践中加以验证，才能领悟大德的真正内涵和意境，从而建立正确的价值观和人生观。而正确的价值观和人生观的确立，对于人类本身来讲，具有十分重要的意义。

## 从政之道

## ◎惟道是从——吴起向魏武侯论以德治国◎

本章里，老子论述的是道与德之间的关系，尽管道是无形无状的，但是体现在社会上就是德，德是随着道来变化的，具有大德的人才是合乎道的人。老子主张以道治国，以道治人，体现在社会上，那便是以德治国；体现在个人身上，那便是以德治人。这是实现道的前提，也是实行道的具体体现。

吴起是战国时期著名的政治家和军事家，吴起一向重视以德治国，他在治国治兵的时候，不

吴起向魏文侯论以德治国。

以自然条件和已有的社会条件为决定性的因素，他认为：“山河之固，在德不在险。用兵之道，以治为胜利。”

战国时期，魏文侯因吴起廉洁公正，且擅长用兵，深得将士的爱戴，于是任命吴起为西河（魏郡名，辖境在今陕西东部黄河西岸地区）郡守，以守卫魏国的西北部边境，抵御秦国和韩国的进犯。

魏文侯死后，其子魏武侯即位。武侯对吴起很赏识，因此继续重用吴起。

公元前395年，魏武侯视察西河地区，乘船顺河而下，察看地形。在沿途之中，武侯看到这里有高山大河，险要奇伟，不禁感慨不已，于是回过头来对吴起说道：“西河地区，山河环绕，地势险峻，有‘一夫当关，万夫莫开’的气势，阻挡着敌人的入侵，这真是魏国之幸啊！”

吴起听了后，连连摇头。魏武侯见吴起不认同，便疑惑地问道：“吴将军这是不赞同我的观点吗？”

吴起回答说：“国家的兴盛衰败，在德而不在山河之险。”

武侯又问道：“这是什么原因呢？”

于是，吴起援引历史上许多国家拥有险要山川地势，却不注意以德治国，不施恩德于百姓，终遭失败的例子，来警告魏武侯注重以德治国。

吴起又劝谏武侯说：“国家的兴盛衰败，在于是否对百姓施以恩德，不能只依靠山川的险峻。当初，三苗氏（相传古部落名）所居住的地区，左边有洞庭湖，右边有鄱阳湖，地势险要。但是由于他们不讲德信，终于被夏禹（相传古部落联盟首领）灭掉了。夏朝末代的君主桀的驻地，左边有黄河、华山，右边有泰山、济水，北边有太行山，南面有龙门山，地势更加险要，但是由于他不施仁政，结果被商汤打败了。商朝末代君主纣王的国都，左面有孟门山，右面有太行山，北面有恒山，南面紧靠着黄河，同样也因为不施行德政，为周所灭。从这些历史事实来看，治国在于有好的政策法令，给人民以恩德，而不在于地形的险要！如果大王不施德政，恐怕船上的人都有可能成为您的敌人了。”武侯听后，敬佩地说道：“你说得太对了。”

由于魏武侯听取了吴起的建议，内修德政，外练强兵，并支持吴起变法，改革兵制，从而建立起一支精锐骁勇的“魏武卒”，魏国逐渐成为战国初期的霸主。

## 处世之道

## ◎ 得道至深——坚守信念的孔子 ◎

老子说：“孔德之容，惟道是从。”但凡有大德之人，其一言一行都是以“道”为依归的。孔子困厄于陈蔡之间，断粮多日，弟子怀怨，还被役徒攻击，处境非常艰难。但他不为所动，终日抚琴唱歌而不停止，从容而不失君子风度，可谓得道至深。君子只要坚守本心，固持信念，就不会为困厄的处境所累，相反，真正的君子会因为处境艰厄而更加坚持理想，固守信念，这就叫“君子固穷”。

孔子迁居到蔡国的第三年，吴国军队攻伐陈国。楚国出兵援救陈国，驻扎在城父。听说孔子在陈国、蔡国之间，楚昭王就派人去聘请孔子。

孔子准备前往拜见作为回礼，陈国、蔡国的大夫相互谋划说：“孔子是个贤人，他所讥刺抨击的都切中诸侯的弊病。如今他长久滞留在陈、蔡之间，众大夫所作所为都违反他的心意。如今楚国是大国，派人前来聘请孔子，倘若孔子在楚国做了官，我们这些在陈国、蔡国主事的大夫就危险了。”于是共同调发服役之徒将孔子围困在野外。

孔子没法行路，又断绝了粮食，随从的弟子疲惫不堪，都饿得站不起来了。但孔子仍讲习诵读，抚琴而歌，传授学问毫不间断。子路见状很生气，来见孔子说：“君子也有困窘的时候吗？”孔子说：“君子能固守困窘而不动摇，小人困窘时就胡作非为了。”

子贡正饿得头脑发晕，一听孔子这么说，顿时怒气发作。孔子说："赐啊，你以为我是个博学强识的人吗？"子贡说："难道不是吗？"孔子说："不是啊。我是用一个思想贯穿于全部学说的人啊。"

孔子知道弟子们有怨恨之心，就召见子路，向他询问道："《诗》中说：'不是犀牛也不是老虎，却疲于奔命在空旷的原野。'我们的学说难道有不对的地方吗？为什么会沦落到这个地步？"

子路说："我想是我们还没有达到仁吧！所以别人不信任我们；我们还没有达到通达的境界吧！所以别人不实行我们的学说。"

孔子说："是这些缘故吗？仲由，让我给你打个比方吧，假如是仁者就必定会受到信任，那怎么还会有伯夷、叔齐？假如是通达者就必定能行得通，那怎么还会有王子比干？"

子路出去，子贡入见。孔子向他问了相同的问题，子贡回答说："老师的学说极其宏大，所以天下没有国家能容得下您。老师是否可以稍微降低一点标准呢？"

孔子说道："赐，优秀的农夫善于播种耕耘却不能保证获得好收成，优秀的工匠擅长工艺技巧却不能迎合所有人的要求。君子能够修明自己的学说，用法度来规范国家，用道统来治理臣民，但不能保证被世道所容，如今你不修明你奉行的学说，却去追求被世人收容。赐，你的志向太不远大了！"

子贡出去，颜回入门拜见老师。孔子又以同样的问题询问颜回。颜回说："老师的学说极其宏大，所以天下没有国家能够容纳。即便如此，老师推广而实行它，不被容纳怕什么？正是因为不被容纳，然后才现出君子本色！老师的学说不修明，这是我们的耻辱。老师的学说已经努力修明而不被采用，这是当权者的耻辱。不被容纳怕什么？不被容纳然后才现出君子本色。"

孔子高兴地说道："有道理啊，颜家的孩子！假使你拥有许多财产，我给你当管家。"后来孔子派子贡出使楚国。楚昭王兴师动众迎接孔子，孔子才得以脱身。

在陈蔡路上流亡时，颜回安慰孔子。

# ◎ 第二十二章　圣人抱一 ◎

**【原文】**

曲则全①，枉则直，洼则盈，敝则新，少则得，多则惑。是以圣人抱一为天下式。不自见，故明；不自是，故彰；不自伐②，故有功；不自矜③，故长。夫唯不争，故天下莫能与之争④。古之所谓"曲则全"者，岂虚言哉？诚全而归之。

**【注释】**

①式：这里可以理解为法则。②伐：夸耀。③矜（jīn）：自高自大的意思。④莫：没有谁。

**【译文】**

委曲反而能得到保全，屈就反而能得到伸展，低洼反而能得到充盈，破旧反而能生新，少取反而能多得，贪多反而会产生迷惑。因此有道的人坚守这一原则作为治理天下的范式。不自我表扬，反而能显明；不自以为是，反而能是非彰明；不自吹自擂，反而能功勋卓著；不自高自大，反而能长久。正因为善于谦让不与世人相争，所以天下反而没有谁能与之争高低。古人所说的"曲则全"等话，怎么会是空话呢？它是实实在在能够达到的。

**【解析】**

在本章中，老子论述的重点在于"不争"。在老子看来，不争符合"道"的本质，炫耀、贪婪、争强好胜之人违反了道，所以注定会落得不幸的下场。

老子在开篇说道："曲则全，枉则直，洼则盈，敝则新，少则得，多则惑。"尽管这六个短语分别指代六种完全不同的事物，但它们反映了一个共同道理，那就是"委曲求全"。这对于人类而言，是一种谦逊的生活态度。对于除人以外的诸多生物而言，委曲求全实能保全性命，以免受外来的伤害，这在一定程度上可以将其界定为一种寻求自保的大智慧。

"木秀于林，风必摧之"和"塞翁失马，焉知非福"，反映了任何事物都存在对立统一的两个方面，本章则再次反映了老子的辩证思想，老子用"曲与全，枉与直，洼与盈，敝与新，少与得，多与惑"来阐述道顺其自然的理论。如"洼与盈"，"洼"就如同一只空杯，"盈"就如盛满水的杯子，也只有空杯子才能容纳更多的水。

少则得。

可普通人看问题，却很片面，要么看不到深层内容，要么看不到相反的一面。可是圣人却能遵循和运用道，全面而深刻地认识事物的本质。

即便是在人类之外的生物圈中，仍存在着环环相扣的食物链，各种生物为了生存，不得不施展自己的生存技巧。比如变色龙，它是一种"善变"的树栖爬行类动物，它的皮肤会随着背景、温度的变化而改变，这主要是为了保护自己免遭袭击，使自己生存下来。为了逃避天敌的侵犯和接近自己的猎物，有些爬行动物常

曲则全。

在人们不经意间改变身体颜色，然后使自己与周围的环境融为一体。这种生理变化，既有利于隐藏自己，又有利于捕捉猎物。因此，在自然界中，其是当之无愧的"伪装高手"。又如蛇，蛇是一种最柔软的动物，正因为它柔软，所以它才可以任意改变自己的形状，可以躲避敌人的进攻，并自由前行而不受外界环境的阻挠。假如蛇像木棒一样坚硬，它还能自由前行吗？这听起来觉得可笑，但问题的根源在于它违背常理，即我们所说的"大道"。大道虽然看不见摸不着，但能为人类所感知，"德"是"道"的体现，它体现了道的无行无为。

我们经常用蜡梅的孤傲和柳树的温顺来形容完全不同的处世风格，蜡梅不畏惧严寒，傲然挺立，任凭外界冰霜的狂虐而悄然争艳。而柳树不同，它随风舞动，姿态妩媚。迥异的"个性"就必然造就了两种完全不同的命运：正因为蜡梅坚挺，所以稍微碰到它，它的花瓣就会脱落；而柳树左右摇摆，即使碰到它，也不会受损，反而得到了"杨柳依依"的美名。

老子的委曲求全之道，在为人处世上能释放出巨大能量。他告诉我们：做人过于清高，必然招人嫉妒打击；为人过于强势霸道，必然树敌过多而不能长久；待人过于严苛必然被人孤立。而保持

敝则新。

低调，委曲求全，不但能够避害，还能趋利。这才是高明者的选择。而得道之人最明白这个道理，他们永远都会处在曲和枉的境界里。没有了概念和分别，也就没有了矛盾，没有了矛盾也就没有了痛苦，没有了痛苦也就自在无为，和大道同步了。得道之人的眼里没有自己，自然也就没有别人或他物，所以没有任何东西遮蔽，自然会清澈明亮，也就什么都能看得见了；圣人没有等级观念，自然也没有善恶是非的标准，自己没有对错，别人也无所谓善恶

不自伐，故有功。

了，他们不自夸，也不损人，自然会得到别人的赞扬、拥护和爱戴。他们对于自己的成绩从不夸耀，心中没有功过的概念，自然也就不会骄傲。可是常人则不同，有点成绩就沾沾自喜，恨不得让天下人都知道；也许刚开始别人还能容忍，可是炫耀的次数多了，就会导致别人的厌倦，不但无法得到别人的认同和称赞，反而会招来讽刺和挖苦，这就得不偿失了。

圣人没有分别心，对待所有的事物都持一样的态度，不会另眼相看，也无所谓名利，一切都是顺应自然，淡然而宁静。他们不会与人争夺，而是始终和大道一体、万物皆源于大道，和大道同体的人岂不是拥有了宇宙万物，还有什么可争夺呢？得道之人不与人争，也就没有得；没有得，也就没有失。没有得失也就无所谓患得患失，没有患得患失也就没有痛苦的折磨。没有痛苦是美好的人生境界，这是不与人争的美好体验。因此，委曲求全是聪明的处事方略，这是解悟大道之人的不俗行为，也可以说是真正的"大德"，也只有这样的人，心境不但平静，而且人生还会释放出更大的光华，因为他把所有的付出都看作是一种自然现象，因而不会有"亏"的概念，一旦达到这样的境界，就真的是和大道融为了一体。

## 为人之道

## ◎ 不争为大——谦卑处下的大将曹彬 ◎

"夫唯不争，故天下莫能与之争。"在这里，老子说明了曲乃能全，柔乃克刚的道理。老子一向主张外柔守静，以退为进的处世原则。在某种意义上说，失去反而能够永久拥有；牺牲局部，往往能够赢得全局的胜利。"退一步，为了前进两步"的行为并不是懦弱，而是一种曲线式的生存方式。这种外柔守静、以退为进的策略，就像弹簧一样，压缩在一起却蕴藏着巨大的力量。北宋初期的大将曹彬，无论是治军打仗，还是处世为人，都一直遵行外柔守静的原则，这便是一个典型的例子。

北宋的开国皇帝宋太祖赵匡胤，依靠军事力量而黄袍加身，后来他在统一全国的战争中，提出了一种"和平兼并"的战略，也就是尽量不采用武力而统一天下。即使不得已而动用了武力，也尽量留有余地，只要敌人放弃抵抗，那么宋太祖不但保障对方的人身安全，并且常给对方相当程度的优遇。对于这种"和平兼并"的策略，尽管有不少将领持反对态度，宋太祖却一直坚持这个原则。

宋太祖为什么如此坚持这一策略呢？这是因为，他所考虑的是日后的治国问题。既然要统一，

便不能制造仇恨，所以纵然是自己吃亏，也得忍让，这一原则也是治国者最富智慧的谋略。

不过，一旦处于战争状态，宋太祖的这种谋略往往很难顺利得到贯彻执行。面对顽强的敌人，行军打仗的人常会因为报复心理而产生将之毁灭的冲动。如果控制不住这股冲动，必然会导致不必要的屠杀及掠夺，然后又引发更多激烈的反抗。这种征服、反抗的恶性循环，正是宋太祖最为担忧的事情。攻打后蜀的时候，大将王全斌便因"屠城杀降，以逞威暴"，使太祖非常恼怒，宋太祖曾想对他严加惩处，但是由于大将曹彬巧妙的劝谏，才平息了这场风波。

曹彬，北宋初年大将。字国华，真定灵寿（今属河北）人，以败契丹、北汉功，任枢密承旨，灭后蜀任都监。曹彬是个有谋略的将军，他颇能体会太祖"不求胜利"的道理，所以在征蜀之后，曹彬不逞兵威的做法，深得宋太祖的称赞，而曹彬也逐渐成为太祖在统一天下的征战中最受信任的大将。

曹彬原本与赵匡胤在周世宗的朝廷上同殿为臣，当时的曹彬只是个管理酒肆的小官吏而已。有一天，当时身为殿前都点检的赵匡胤，由于家里举办宴席，便向曹彬要些酒，但是曹彬却说道："此官酒，不敢相与。"不过，曹彬并没有就此拒绝赵匡胤，而是自己出钱去买酒，然后送到了赵匡胤的家中。这只是一件很小的事情，但曹彬公私分明的态度，却让赵匡胤极为感动。当上皇帝后不久，宋太祖便在一个公开场合对群臣说道："世宗旧吏，不欺其主者，独曹彬耳。"赵匡胤本人个性豪迈，做事积极，但在治国的问题上，他却非常欣赏这位谨慎小心、个性和自己几乎完全相反的曹彬。

征蜀的时候，曹彬原为监军，但是由于征蜀的各路兵马从不同方向攻入，所以会师成都之前，曹彬根本无法真正监督大将王全斌的行为，因此也就不能执行监军的职责了。况且，按照宋太祖的旨令，曹彬的监军之权仅限于事后报告，并没有反对的权力。曾经有好几次，曹彬感到宋军的行为过于残暴，而在开军事会议的时候，他也主张即刻回师，却因诸将的反对而作罢，最后，终于引起了蜀人大举抗暴的风波。

虽然无法劝动其他的将领，曹彬仍严格约束自己的军队不可胡作非为。刚刚攻克成都的时候，军士掠夺了一些民间的妇女，曹彬则下令把这些妇女置于一个安全的地方，对她们供应食物，并向手下的将士说道："这些女子是准备献给朝廷的，不可侵犯，你们应当好好地保护她们。"等局势较为稳定后，曹彬立即把这些女子送还给她们的父母；没有亲属的，则由曹彬安排她们的婚事，许配给适当的对象。当抗暴事端扩大之时，曹彬又出面斡旋，这样一来，叛乱事件很快就平息下来了。这次事件之所以很快平息，主要就是因为蜀国军民对曹彬心怀感激之情。

征蜀战役的总指挥王仁赡，把这场风波的责任全部归罪于王全斌。但是，等宋太祖调查完毕后，却得知连王仁赡的直属军队也做出了很多暴行，只有曹彬的军队不但没有扰民，甚至还尽到了守土安民之责。特别是"王全斌杀降兵三千人"的事件，宋太祖极力主张严惩王全斌，有不少朝廷大员反对，认为天下还没有平定，正当用人之际，怎可为此处罚自己的大将。但宋太祖却认为，河东江南都还没有归顺宋朝，如果不对此严惩，随意杀人的事件还将会出现，这将严重影响统一天下的进程。

因此，在调查工作完成后，太祖召集所有征蜀的将领，责问他们随意杀人的罪行，并让曹彬先行退下，说这里没有你的事。但是，曹

为安定民心，宋太祖坚决主张严惩王全斌等人。

宋太祖追究官军滥杀的责任时，曹彬主动请求治罪。

彬不但没有退下，反而叩首谢罪，说道："臣同商议，罪合诛戮。"在宋太祖的心目之中，将来可以委以大任的，只有曹彬一人，因此决定卖个人情给曹彬，只在口头上严厉地警告一番，便暂时不再追究这件事了。

不久，宋太祖派曹彬和潘美率领宋军征伐江南。在出征之前，太祖特意召见曹彬，要求这次出征绝不可以再有征蜀时的残杀事件的发生。这时，曹彬在衣袖之中取出了当时曾激烈反对杀戮行为的文件，太祖感到很惊讶。于是问道："既然你没有做杀戮的事情，那么当时为什么坚持服罪呢？"曹彬说道："臣最初的时候与全斌等同被委任，如果全斌等获罪，而唯独臣没有罪，那是不合适的，所以一同服罪。"曹彬说这段话，不但表示自己重视团体责任，另一方面也劝谏太祖在委派任务时应当权责分明，只有这样才可以阻止屠杀事件的再次出现。

太祖又接着追问说："卿既欲自当罪，又安用留此文字？"曹彬表示："臣初请陛下必行诛戮，故留此文书，令老母进呈，乞全老母之命。"从这里也可以看出，曹彬到最后关头仍不愿为个人脱罪，只是担心母亲受到株连，所以才不得不把文件拿了出来。曹彬的孝心及义气，使宋太祖更加敬佩了。

第二天，宋太祖在朝廷上正式任命曹彬及潘美为征伐江南的正副统帅。曹彬表示自己能力不足，难以承当主帅的大任。而身为副帅的潘美，觉得这是个千载难逢的好机会，便极力表示自己对征江南的信心。宋太祖看在眼里，便正色地对

曹彬深得太祖欣赏，不久被任命为征伐江南的统帅。

曹彬说道："所谓大将者，在于能斩出位犯分（越级擅作主张）之副将而已。"只这一句话，把旁边的潘美吓得直冒冷汗，不敢抬头观望太祖了。在这个简单的任命仪式上，宋太祖已对统帅的职责作了明确的授权。

在曹彬出征的前一天，太祖邀请曹彬喝酒，君臣二人喝到微醉的时候，太祖诚恳地向曹彬说道："南唐国主李煜，实在没有什么罪过。我之所以征讨他，只是因为我没有能力使他归服罢了。"

曹彬率军南下之后，他为了避免敌我双方做出无谓牺牲，于是采用了长期包围的策略。宋军很快兵临金陵城下，曹彬的包围战从春天开始，一直延续到冬季。时间一长，宋军的军纪松懈，城破之日，屠杀和掠夺的行为可能无法避免，这令身为主帅的曹彬心里非常忧虑。因此，在攻城前夕，曹彬突然称病不主持召开军事会议。宋军所属的各支部队率领立即前往曹彬的军营问候，曹彬说道："我的病不是药石所能医治的。只要大家能共同立誓，表示城破之日不妄杀一人，我便可以立刻痊愈了。"于是诸将焚香为誓，约束自己的军队，金陵城破当日，宋军之中并没有出现掠夺及屠戮的暴行。

在回师的时候，曹彬的行李特别多，有人诬告说曹彬的行李当中都是珍宝奇货，太祖便派人秘密调查，结果发现行李之中全都是书籍。回到京城后，曹彬在奏折上也谨称"奉江南干当公事回"，一点都没有刚打了胜仗的狂傲之气。

曹彬在完成征南战役的任务之后，宋太祖封其为枢密使，但他仍旧保持原有的谦虚作风。回到家里，曹彬也不宴请宾客，生活非常俭朴，每天五更鼓一响，便已到达禁门，等候上早朝了。曹彬对己要求严格，性格却宽厚仁慈，他曾经多次向部属表示自己为将的原则和风格："自吾为将，杀人多矣，然未尝以私喜怒辄戮一人。"

曹彬不只在行军打仗时外柔守静，即使在治理国家的时候，也是如此。《涑水记闻》中记载了曹彬的一则故事，说的是曹彬做侍中的时候，待人谦恭，从不因自己身居高位而盛气凌人，对于到自己家里的客人，不论官职大小，都以恭敬的态度对待之。

而对犯了错误的人，曹彬也会给予人格上的尊重。曹彬在徐州当知府的时候，有个小官犯了罪，案子已经作了判决，但是过了一年才对那名官吏执行杖刑。大家都不明白曹彬为什么这么做，他解释说："我听说这个小吏当时刚刚娶了媳妇，如果在新婚不久就对他执行杖刑，根据当地的说法，新娘子一定是'上门丧'、'扫帚星'，公婆一定会认为这个媳妇不吉利而厌恶她，一天到晚打骂折磨她，使她无法生存下去。而依照法律，我不能免除他的罪刑，因此只好延缓处罚的时间。"大家听后，无不对曹彬产生敬意，均感到心悦诚服。

## 处世之道

# ◎曲能求全——刘盈谦下而保全太子之位◎

求全求盈难免急功近利，求直求新难免欲速不达。相反，曲中有全，枉中有直，洼中有盈，敝中藏新。有时，汲汲于名利的人辛苦一场却徒劳无功，不争不求的人反倒成为最后的赢家。汉惠帝刘盈登临君位的过程就很能说明这个道理。

刘盈是刘邦和吕后所生之子，九岁时被立为太子，但他并没有得到刘邦的宠爱。很长一段时间里，刘邦都更喜欢和戚夫人所生的赵王如意，并一度萌生废掉刘盈，改立如意的念头，甚至曾在朝堂上公开表示要换掉太子。若不是遭到大臣们的极力反对，刘盈的太子之位恐怕就要失去了。

吕后在察觉到刘邦打算换太子的想法后，非常焦急。尽管大臣们大多支持刘盈，但只要刘邦一天不认可刘盈，吕后就一天不能放心。情急之下，吕后找到自己的兄弟建成侯吕释之，让他帮忙去找留侯张良。而张良在了解了事情的脉络后，给了吕后这样的建议："天下有四个人不肯归顺皇上，这四个人就是'商山四皓',皇上很尊重这四个人。如果能把这四个人请来辅佐太子,皇上便能知难而退了。"

吕后听取了张良的建议,派人去请商山四皓出山。由于刘盈在书信中态度谦和,一直不肯归顺刘邦的商山四皓同意帮助刘盈,做了刘盈的宾客。

公元前196年,淮南王英布造反,刘邦偏巧患了重病,便要刘盈带兵平乱。很多人都把这当成一个积累声望的机会,但商山四皓却不这么看,他们警告吕释之:"太子从来都没有带兵打过仗,而英布却是久经沙场的老将,太子很难战胜他。何况他身为太子,即使打胜了,对自己也无益;一旦打败了,那么太子的位子就保不住了。"

吕释之听了,惊出一身冷汗,马上将商山四皓的话转告给吕后。吕后当即做出反应,她对刘邦说,刘盈年纪太轻,威望也有限,恐不能让众将服从。对付英布这样的敌人,还需要刘邦亲自出马,刘邦可以卧在车里指挥军队。

刘邦采纳了吕后的意见。

第二年,刘邦平叛归来,病得愈发厉害,眼看身体一天不如一天,他又起了换太子的念头。张良和叔孙通都表示反对,但刘邦就是不听。这时,商山四皓又出现了。

当时,刘邦正在宴请群臣,太子刘盈在一旁侍奉。刘邦注意到刘盈身后跟着四个相貌奇特的老人,衣着服饰异于常人。刘邦好奇心大起,忙询问这四名老者的身份,一问才知道,他们正是自己访求多年不得的商山四皓。刘邦觉得十分奇怪,不明白为什么隐居多年的商山四皓会追随刘盈。四皓便答:"陛下轻视士人,喜欢谩骂,我们几个不想受侮辱,所以躲藏起来。我们私下里听说太子为人仁孝,恭敬待人,喜爱士人,所以就想来辅佐太子。"

听了商山四皓的话,刘邦意识到刘盈羽翼已丰,便打消了换太子的念头。

刘盈性格温厚,没有一般皇家子弟咄咄逼人的气势,既不夸耀才能,也不激进争功,因此隐居多年的商山四皓愿意为他出山,并帮助他保住太子之位。

刘邦宴请群臣,商山四皓随太子前来拜见。

# ◎第二十三章　希言自然◎

**【注释】**

① 此两句已见于第十七章，错简重出，当删。

**【译文】**

　　不言政令少扰民是合乎自然的，所以再大的狂风也刮不过一个早上，再大的暴雨也下不了一整天。谁制造的狂风暴雨呢？是天地。兴风起雨尚且不能持久，何况人呢？所以从事于道的，就同于道；从事于德的，就同于德；失道失德的，行为就是暴戾恣肆。凡是同于道的人，道也会乐于得到他；凡是同于德的人，德也乐于得到他；凡是同于失道失德的，就会得到失道失德的后果。统治者的诚信不足，人民自然不会相信他。

**【解析】**

　　本章从"少说话合乎自然"这一论点出发，提出了一个重要思想，即一个人的内心修养、行为方式与他的外在境遇是相应的，他对自然之道领悟到什么程度，自然之道就会给他什么程度的回报。这是因为，只有道是唯一的自然者，整个世界都是道的自然。所以，合于道的人，就会得到道的回报，不合于道的人，则不会得到道的回报。

　　"希言自然。""希言"即平常较少用的名言。再进一步说，便是不施加政令。什么是"自然"呢？"自

飘风不终朝，骤雨不终日。

然"一词，不是指自然科学的"自然"，而是哲学的名辞，可以解释为"原来如此"。因此，"希言自然"的意思也不是"很少说到自然科学的理论"，它所说的是治理事物，制定法律法规，要顺其自然。对于治国者而言，少发号施令是合乎自然之道的。在这一章里，老子论述治国者少发号施令的重大意义，并通过自然界的变化来说明问题。

　　"故飘风不终朝，骤雨不终日。""飘风"即飓风，又称台风。飘风虽然可怕，但它不会整日不停地吹。不管飘风强大到什么程度，到了中午，都会减弱缓慢一点。所以说，任何飘风都不是终朝不变的。骤雨，指的是夏热季节的大雷雨，大概一两个小时就过去了。所以说，夏天的大雷雨，只会下一阵，不会下一整天的。在这里，老子把自然现象的因果律，用比喻来反复说明，告诉我们世

间一切事物都处在无常变化之中，我们不能把握住它，也无须去把握它。只有一样东西是超越现实的，那就是自然。

"孰为此者？天地。天地尚不能久，而况人乎？""天地"指的是整个世界。"不能久"与前面的"不终朝"、"不终日"相联系，意指不能漫无边际、持续不断。在我们眼里，天地是神秘莫测的，而且还蕴含着巨大的力量。即便如此，天地也还要遵循自然的道德规律。天地的巨大都无力对抗自然，更何况在天地面前显得更加渺小的人类呢？在中国传统文化中，不管是道家还是儒家，他们都认为，整个世界是有始有终的，既有开天辟地的时候，也有天翻地覆，终归结束的时候。天地尚且不能长久，人生更不能希求长久的永存了。

同于德者，德亦乐得之。

"故从事于道者，同于道；德者，同于德；失者，同于失。""同"意为契合一致，融为一体。这几句话从字面上来看，好像是自说自话，实则不然，这里老子阐明了人事物理的同类相从的道理。一个喜欢讲道的人，自然喜欢与讲道的人结合在一起，这就是"道者同于道"。换句话说，如果为了道德而努力修养自

同于失者，失亦乐得之。

己，那么，我们就会发现自己在道德上日日都有进步了。

"同于道者，道亦乐得之；同于德者，德亦乐得之；同于失者，失亦乐得之。"得，获得，接纳，这里可以理解为"同在"。不管是修道还是行道，人的思想意识必须要与大道相一致，你得到了应该得到的东西，也一定会失去应该失去的东西。合于道的成果要乐于得到，不合于道的成果要乐于抛弃。乐于得必乐于失，有失才能有得。得与失的关系是对立统一的关系。所以，人类一定要正视自己的力量，一定要使自己的实践活动符合自然规律，不要做出过激行为，否则绝对不会取得预期的效果。求道绝不是一朝一夕就能够实现的，一切形式的激进行为都是背道而驰的。人们要想求证大道，不但要有诚心，还要有坚持不懈的恒心。行道亦是如此。自然现象容易发生改变，人的活动更容易发生改变。在这个世界上，任何现象都很难长时间持续不变，只有事物的本质才是永恒不变的。然而，人要想透过现象去抓住事物的本质，也绝非易事。如果一个人透过现象看到了事物的本质，那么这个人就是得到了道。如果一个人观察现象时不能抓住本质，但他的认识水平已接近于事物本质的道了，那么这个人就是得到了德。如果一个人既无法看到道，又无法看到德，那么这种情况就称作"失"，而这个人就不得不与失处在同一个层次了。要想达到道或是德的境界，人们就得坚持不懈地去追求道。也就是说，求道是实现道和德的先决条件。如果人们不去追求道，不去追求事物的本质，那么就只能一直处在事物本质以外的范畴——"失"之中了。

因此，我们只有不违背自然规律，使自己的行为合乎道和德，才能从中获得无限的益处；否则，我们不但得不到任何益处，而且还会为大道大德所抛弃，不遵循大道和大德，必然会遭受惩罚。人不同于动物，具有主观能动性。当主观能动性支配下的人的行为合乎自然规律时，人们就会

从自然中得到益处；当主观能动性支配下的人的行为不合乎自然规律时，人们就会遭受自然的惩罚。很多事例都证明了这一点，比如人们贪图小惠小利，对森林乱砍滥伐，最后导致泥石流滑坡，轻则毁坏庄稼，重则造成人员的死伤。这样的例子还有很多，这里不再一一列举。总之，违背大道大德就等于自我毁灭。

## 为人之道

# ◎同于道者——华罗庚的成长经历◎

华罗庚，1910 年 11 月出生于江苏金坛的一个小商人家庭，12 岁小学毕业后，进入金坛县立初级中学，这时华罗庚就对数学产生了浓厚的兴趣，但是在初中毕业后，由于家境贫寒，华罗庚未能进入高级中学继续学习，而来到了黄炎培在上海创办的中华职业学校学习会计，因为这可以令他较快地获得一份能够养家糊口的职业。在这里学习了不到一年的时间，由于支付不起上海昂贵的生活费用，华罗庚只得辍学归家，帮助父亲料理杂货铺。尽管如此，华罗庚并没有放弃学习，而是悄悄地自学数学，他投入了大量的精力，对数学显示出了无比的执着。

1929 年，华罗庚受聘为金坛中学的庶务员，也就是办理各种杂物的工作人员。不幸的是，这年冬天，华罗庚染上了严重的伤寒症，经过近半年的治疗，虽然病愈，但是左腿关节受到了强烈的伤害，留下了终身的残疾，走路需要借助手杖。然而可喜的是，在华罗庚染病之时，他的数学论文《苏家驹之代数的五次方程式解法不能成立的理由》在上海的《科学》杂志上发表，累积数年的勤苦耕耘终于收获到了最初的甜美果实。

就是这篇论文，引起了当时担任清华大学数学系主任的熊庆来教授的注意，但是他并不知道论文的作者华罗庚是何许人也，向周围的人询问，大家也都没有听说过华罗庚这个人。后来，一位名叫唐培经的清华教员向熊庆来介绍了华罗庚的身世，他之所以了解华罗庚，因为他也是金坛人，是华罗庚的同乡。熊庆来教授闻听华罗庚仅仅只有初中的学历，一时非常感慨，他立即说道："这个年轻人真不简单啊，应该请他到清华大学来才是。"这样，华罗庚受邀来到了清华大学，一边工作，一边学习，他用两年的时间走过了一般人需要八年才能走完的道路，以自己原本初中的学历，很快被提拔为大学的助教，不久之后又转为讲师。尔后，他又接受清华大学的推荐，远赴英国剑桥大学进行深造。这一年，华罗庚 27 岁。

在剑桥大学的两年之间中，华罗庚并不像其他留学生那样汲汲于获取一个洋学位，而是集中全部精力去研究和攻克一系列的数学难题。很快地，华罗庚的研究成果引起了国际数学界的注意，成长为一名颇受瞩目的青年数学家。

1938 年，华罗庚回到自己的祖国，此时的北平已经陷落于日军的铁蹄之下，清华大学联合北京大学与南开大学辗转南下，在长沙短暂寓留之后，又来到位于中国大西南的昆明，组成了国立西南联合大学，华罗庚即受聘于西南联大，担任数学系教授。当时的昆明，不时地遭受着日军的狂轰滥炸，而作为中国最高学府之所在的西南联合大学更是日本打击的重点目标。同时，经济状况也十分令人担忧，国民政府大规模削减了教授的薪资，这迫使很多教职人员在授课之外还不得不另谋生路，例如，闻一多以给人刻字来获取一些微薄的收入，而华罗庚则要到中学去做代课老师。因此，在西南联大任教时期，不仅生活条件极其恶劣，还时时有生命之忧。为了躲避空袭，华罗庚一家六口人与闻一多一家八口合住在一间仅有 16 平方米的偏厢房里。后来实在拥挤不堪，然而华罗庚那点工资根本租不起住房，只好在西郊找了个牛圈，用最便宜的价钱，把牛圈上头用来堆草的木楼棚租了下来，牛住在下头，华罗庚一家住在上头。这一住就是整整六年。

然而，就在这样极端艰苦的环境之中，华罗庚以超强的毅力专研不辍，两年之间写出了二十多篇论文，并且完成了自己的第一部数学专著《堆垒素数论》。这部著作后来成为数学界的经典名著，很快被译成了多种外文出版，而它也最初奠定了华罗庚国际知名数学家的重要地位。

抗日战争结束后，华罗庚先后赴苏联和美国访问，在美国，他担任鼎鼎有名的普林斯顿高等研究所的访问教授，后来又被伊利诺伊大学聘为终身教授。

1949 年 10 月 1 日，中华人民共和国宣告成立，中国以一种全新的风貌展现于世界的东方，这唤起了华罗庚极大的爱国热情，他断然放弃了国外优厚的生活条件和有利的科研环境，克服了美国政府设下的重重阻挠，于 1950 年 3 月抵达首都北京。

此后，华罗庚出任清华大学数学系主任，后来又受中国科学院院长郭沫若的邀请筹建数学研究所，并且成为第一任所长。与此同时，正当壮龄的华罗庚，在学术上可谓是硕果累累，先后完成了多部专著，在解析数论、矩阵几何学、典型群、自安函数论、多复变函数论、偏微分方程、高维数值积分等多个领域都取得了突破性的创建。而他也为新中国培养了众多知名的数学人才，其中就包括王元、陆启铿、龚升、陈景润、万哲先这样的数学大家。可以说，华罗庚先生就是新中国数学事业的奠基人。

老子说："同于道者，道亦乐得之。"华罗庚以最为贫苦的条件，凭借自己艰苦超凡的努力和长期的巨大付出，终于将自己塑造成为傲立于世界数学之林的一位卓越的科学家，为数学科学的进步和祖国科学事业的发展都做出了不可磨灭的伟大贡献。

## 处世之道

# ◎失道寡助——韩侂胄恋位而不得善终◎

在这章中，老子以狂风暴雨不能持久说明事物太过都不能长久的道理。如果过于追求财富，最终会一无所有；如果过于贪图享乐，最终或许会惨淡终了一生；如果过于迷恋权力，最终会为权力所害，不得善终。

过于迷恋权力的人，往往集大权于一身，不肯轻易松手，这实际上是非常愚蠢的。这类人看不到迷恋权力的害处，或是明明知道害处，却仍旧疯狂地占有权势，惹祸上身也在所不惜。南宋时的韩侂胄就是这样的人。

韩侂胄把书生请入府中，希望其能为己献计献策。

韩侂胄，相州安阳人，北宋名臣韩琦的曾孙。父亲名诚，娶了宋高宗皇后的妹妹，韩侂胄以恩荫入仕。光宗绍熙五年（1194 年），他与宗室赵汝愚等人拥立赵扩即皇帝位，赵扩就是宋宁宗。宁宗即位不久，韩侂胄就逐赵汝愚出朝廷。从此，掌握军政大权长达十三年。韩侂胄执政期间，制造了"庆元党禁"，凡与党人有牵连的，不得任官职，也不得参加科举考试。开禧元年（1205 年），升为平章军国事，权倾朝野。

刚步入仕途的时候，韩侂胄曾在南海县担任过县尉。在这期间，他曾聘用过一个书生。这名书生十分有才，韩侂胄很信任他。后来，韩侂胄升迁，两人从此就断了联系。宁宗时，韩侂胄以外戚身份主持朝政，每当他遇到棘手的事情时，就会常常想起那位书生。

一天，那位书生突然来到韩府，请求拜见韩侂胄。原来，书生早已中了进士，做过一任官后，便赋闲在家了。韩侂胄见到书生，自然十分高兴，要他留下做自己的幕僚，还答应给他丰厚的待遇。这位书生本来无心出仕，但是韩侂胄执意不肯放他离去，所以只好答应留下来待上一段时间。

韩侂胄本就器重这位书生，此时更视他为心腹，与他几乎无话不谈。然而，书生很快就厌倦了相府的生活，于是请求韩侂胄允许他离开，韩侂胄见他去意已决，只好答应了，并设宴为他饯行。在饯别宴上，两人一边饮酒，一边畅谈在南海共事的情景。直至半夜，韩侂胄屏退左右，把座位移到这位书生的面前，向他问道："我现在执掌朝政，谋求国家中兴，外面的舆论如何？"

听到韩侂胄的问题，这位书生紧皱眉头，端起酒来一饮而尽，叹息着说："平章的家族，面临着覆亡的危险，还有什么好说的呢？"

韩侂胄知道他从不说假话，于是心里开始担心起来。他忧虑地问道："果真有这么严重吗？这是什么缘故呢？"

这位书生疑惑地看了一下韩侂胄，不禁连连摇头，似乎为韩侂胄至今仍执迷不悟而感到诧异，说道："危险就在眼前，平章为何视而不见呢？册立皇后，您没有出力，皇后肯定在怨恨您；确立皇太子，您也没有出力，皇太子也必定怨恨您；朱熹、彭龟年、赵汝愚等人被称为'贤人君子'，而您想把他们撤职流放，士大夫们肯定会怨恨您；您积极主张北伐，这并无不妥，但在对金战争中，我军伤亡惨重，三军将士的白骨遗弃在前线战场上，全国各地都能听到阵亡将士亲人的哀哭声，军中将士也一定对您心存怨恨；在筹划北伐的过程中，您向百姓征收军费，贫苦人几乎无法生存，所以普天下的老百姓也都怨恨您。平章，您以一己之身怎能担当起这么多的怨气仇恨呢？"

韩侂胄听了书生的一番话，不禁大惊失色，汗流浃背。他沉默了一会儿，又猛灌了几杯酒，这才说道："你我虽是上下级的关系，实际上我待你亲如手足，难道你能见死不救吗？你一定要为我想一个万全之策啊！"

这位书生再三推辞，韩侂胄仗着几分酒意，坚持要他献出良策。书生推脱不过，只好对他说道："有一个办法，但我恐怕说了也没有什么用处。"

韩侂胄一听有办法，心中不觉一阵狂喜，忙向书生说："愿听您的一席高论。"

书生诚恳地说："我也衷心地希望平章您这次能采纳我的建议！当今的皇上不贪恋君位，倒还洒脱，如果您马上为太子设立东宫建制，然后再以尧、舜、禹禅让的事迹劝说皇上传位给太子，那么太子就会感激您而不再怨恨您了。太子一旦即位，皇后就被尊为皇太后，到那个时候，纵然太后还在怨恨您，也无力再报复您了。然后，您趁着辅佐新君的机会，革新朝政。您要追封在流放中死去的贤人君子，抚恤他们的亲族，并把活着的人召回来，让他们在朝中为官，并加以重用，那么您和士大夫们就能和睦相处了。您要安靖边疆，不要轻易发动战争，并重重犒赏全军将士，厚恤死者，这样一来，您与军队间的隔阂就能消除了。此外，您还要削减政府开支，减轻赋税，尤其要取消加在百姓头上的各种苛捐杂税，让百姓能够安居乐业，时常感受到生活的欢乐，那么老百姓就会称颂您了。最后，您再挑选出一位当代的大儒，把平章的职位托付给他，自己告老还乡，功成身退。如果您能做到这些，或许可以转危为安，变祸为福了。"

然而，韩侂胄向来贪恋权位，不肯退位让贤；况且他恢复中原的雄心尚未消除，所以，他明知自己处境险恶，仍不肯急流勇退，他只是想把这个书生强行留在自己身边，以便在遇到困难的时候及时做出应变。不过，这位书生有先见之明，他看到韩侂胄对权位迷恋到不可救药的地步，岂肯受池鱼之殃，所以没过多久就离去了。

后来，韩侂胄对金用兵，史称"开禧北伐"，但很快就全线崩溃，遭到惨败。战事尚未结束，南宋朝廷就向金国求和，金国则把追究首谋北伐的"罪责"作为议和的条件之一。开禧三年（1207年），众叛亲离的韩侂胄被杀，他的首级被装在匣子里，送给了金国。那位书生的话果然应验了。

# 第二十四章　物或恶之

**【原文】**

企者不立①，跨者不行②。自见者，不明；自是者，不彰③；自伐者，无功；自矜者，不长④。其在道也，曰："余食赘行⑤，物或恶之。"故有道者不处。

**【注释】**

① 企：就是翘起足，用脚尖站立。② 跨：加大步伐，想要快速行走。③ 彰：明显，显著。④ 长：长久。⑤ 赘（zhuì）：多余的。

**【译文】**

踮起脚跟用脚尖站立，是站不牢的；脚步跨得太大，是走不了太远的；自逞己见的，反而得不到彰明；自以为是的，反而得不到显昭；自我夸耀的，反而建立不了功勋；自高自大的，反而不可能长久。从"道"的角度衡量，以上这些急躁炫耀的行为，可以说都是剩饭赘瘤，惹人厌恶。所以懂得道的规律的人是不会这样做的。

**【解析】**

这一章主要讲"自然"的道理。自然是顺道而行，不自己妄为。自己妄为不仅多余，而且会起反效果。这里所具体阐述的问题，仍然是有关社会政治及其得失的内容，同时还包含着辩证法的观点，即"企者不立"、"跨者不行"、"自见者，不明"、"自是者，不彰"、"自伐者，无功"、"自矜者，不长"等。篇中所揭示的表现及其结果往往是对立的，这正是老子思想的精华所在。

企者不立。

在本章中，老子列举出了几种不懂道的突出表现。实际上，这种列举还可以无限延伸，因为不站在道的立场来看待和处理事物都是不懂道的表现。这里，老子用了拟人的手法，他说，对于不懂道的行为，"物"是不会喜欢的。这是因为物一直都是遵循着道的规律运行，因此根本不会出现不依循道的规律运行的物。如果要让物违反道的规律运行，这是无论如何也做不到的，这就是篇中"物或恶之"的意思。凡是明白、理解道的，绝对不会去做违反道的事情。

老子还以极其精练的语言向我们阐释了人的主观意志和客观规律之间存在的矛盾，进而举出自己的看法：人们只有遵循自然大道，依照客观规律行事，才能取得好的收益，才能避免自己的行为和结果过于对立。

"企者不立；跨者不行；"用脚尖是难以站立起来的，这是由人的身体结构决定的。人类直立时，身体的全部重力都落到了两只脚上，所以脚长得厚实、宽阔，以支撑沉重的身躯。这种平衡一旦被打破了，那么全身的重力都会落到脚尖上，而脚尖窄小、瘦弱，无力承担全身的重力。如果人们用脚尖直立身躯，必然会违背自然规律，这就属于不合"道德"的行为。在"企"的行为中，包含着一种凭着个人努力以抗拒自身本来限制的意图。这里的"企"和"跨"，都是指那些违背自然、自高自大、拼命炫耀显示自己的人的举止行为，其结果却适得其反。

自伐者无功。

同理，"跨"是三步并作两步走的意思，也就是一条腿抬起来还没等落下就要走第二步，这种走法也是违背自然规律的，怎么可能实现呢？跨是为了加快速度，但是，跨的结果往往适得其反，因为这么一跨就走不了路了。

人为什么要跨着行走呢？这是情绪焦躁的表现。从这里可以知道，急于求成、焦急烦躁办不成事情。跨这一动作本身并没有错，关键在于人们的动作和行为是否能达到目的，如果不能达到目的就是违背自然规律，就属于不合道德的行为，所以也就不能达到预期的目标了。

"自见者，不明；自是者，不彰；自伐者，无功；自矜者，不长。"这几句在前面的章节曾经出现过，老子为什么重复出现这几句话呢？正是为了强调不合道德的害处。这里面也隐含着老子以退为进、委曲求全的处世哲学。"曲则全"，也就是不故意去表现、张扬自己是比较明智的行为，自以为是的人是无法彰显自己的能力和优势的，自我炫耀是没有什么功劳可言的，自高自大是不能长久的。

"自伐"一般包含四层含义：一种是只把自我看作是生活的主宰，而不把整个世界看作是生活的主宰；一个是只按自己的意志行事，而不按整个世界的意志行事；一个是只看到自己所成就的一切，而看不到整个世界为自己所成就的一切；一个是在以上错误认识的基础上，人们只看到自我活动之于自己生活的意义与价值，而看不到整个世界的活动之于自己生活的意义与价值，这样一来，自我生存的意义与价值也就变得非常渺小和微不足道了。

"自见"、"自是"、"自伐"、"自矜"，这些都是人类的通病。老子在这里再三说明，一个人有了"自见"、"自是"、"自伐"、"自矜"的心病，一定要及时反省，反省后要自我改正。但是，从道理法则上讲，这些心理支配下的行为，却是"余食赘行"。"余食"指的是多余的。"赘"就是瘤子。我们的身体在任何部位长出一个瘤子，那都是多余的。"物或恶之"，任何一样东西，都有自然的定形，变体都是不正常的，即使是植物，长出来一个多余的附件，不但给自己增加负担，而且还令人讨厌。植物尚且如此，何况我们人类呢？所以，有道之士自处的时候绝不会"自见"、"自是"、"自伐"、"自矜"，这样才算合乎道行。

由上可知，做人不可过于虚荣、张扬和妄自尊大。在现实社会中，人们怎样才能做到身处闹市而抛却浮华，做一个合于道德的人呢？这就要求我们不仅看到自我存在和自我活动的意义和价值，还要看到整个世界的意义和价值，只有做到这点，人们才可以避免产生自高自大和自我炫耀的心理。一个能够认清整个世界的意义和价值的人，一定能够在自己的心中激发起一种对整个世界的感激和敬畏之情。

## 为人之道

# ◎自夸无功——祢衡炫耀自己终被杀◎

在本章中，老子阐述了自己的处世思想——谦虚退让、柔弱无为。篇中提到了几类主观而自满的人，如"自见者"、"自是者"、"自伐者"、"自矜者"。这几类人不仅得不到人们的赏识和尊敬，反而还会落得悲惨的下场。所以，无论在什么情况下，我们都应该谦虚谨慎，放低姿态，勤勉做事，低调做人。骄傲自满的人，一般都难得善终，甚至还会给自己带来杀身之祸。三国时候的祢衡，才学甚高，但是他恃才傲物，导致被杀，这个事例就很好说明了人要谦虚退让，柔弱无为的道理。

汉献帝建安初年，曹操想派使者去荆州劝说荆州牧刘表归顺自己。这时，谋士贾诩向他建议道："刘表喜欢与当代的名士交往，希望您能派一位名士前往荆州，这样就能达到目的了。"曹操认为贾诩的建议很有道理，就向另一个谋士荀彧询问说："先生觉得可以派谁去呢？"荀彧回答说："如果能让孔融前往，那是再好不过了！"

孔融是孔子的第二十代孙，担任过北海侯国的相，不但长于文章，而且还慷慨好客，是当时著名的"建安七子"之一。孔融闻名于当世，当然是理想的人选。曹操对荀彧的建议表示赞同，并嘱咐他去请孔融前往荆州做说客。

荀彧到了孔融家中，将事情说明白，孔融听了之后，立刻接口说："我有一位好友，名叫祢衡，他字正平，才学比我高十倍，足以辅佐天子，更不用说做使者了。"后来，孔融并没有把祢衡直接推荐给曹操，而是向汉献帝上了一个表，把祢衡的才能大大夸耀了一番。献帝把表章交给曹操，曹操看到表章，心里很不高兴，就随便派人把祢衡征召过来。祢衡来到曹操府中，按例向曹操行礼，然而曹操不但没有还礼，还故意不给祢衡安排座位。祢衡向来自负，他一看到这个场面，不觉仰头朝天，长叹一声，说道："天地虽然这样宽阔，为什么眼前连一个像样的人都找不到呢？"

曹操一听，非但没有生气，反而自傲地说道："我身旁有几十位能人，都是当代英雄，你为什么说眼前没有像样的人呢？"

祢衡听罢，笑了一声，说道："那就请您说给我听听吧！"

曹操捋着胡须，十分得意地说道："荀彧、郭嘉、程昱见识高远，前朝的萧何、陈平，都比不上他们。张辽、许褚、李典、乐进英勇强壮，以前的岑彭、马武，比起

荀彧去请孔融，孔融却向他推荐了祢衡。

他们来也略有不及。吕虔和满宠替我主管文书，于禁和徐晃担任我的先锋官，夏侯惇是天下的奇才，曹子奇是当世的福将。你怎么能说我手底下没有人才呢？"

听完曹操的一番话，祢衡不禁哈哈大笑起来："阁下的话一点都不对，您刚才说的这些人，我都认识。荀攸只能看管坟墓；程昱至多能看守大门；郭嘉倒还能读几句辞赋；张辽只配在战场上打打鼓、敲敲锣；许褚大概只能放牛牧马；乐进和李典适合做传令兵；吕虔不过能给人家磨磨刀，铸几把剑；满宠仅能在饮酒方面称得上是个好手；于禁是打砖的泥水匠；徐晃只能杀猪、扒狗；夏侯惇是一个仅能保全性命的将军；曹子奇被人称为'只知道要钱的太守'。其余都是饭袋、酒桶而已！"

祢衡上面这番话，极力讽刺和挖苦曹操，曹操不禁勃然大怒，他对祢衡呵斥道："你又有什么能耐呢？"

祢衡袒胸击鼓，怒斥曹操不爱贤。

祢衡毫不客气地回答说："我，天文地理门门精通；三教九流样样都知道；辅助天子，可以使他们成为尧、舜一样的圣人；个人道德，可以与孔子、颜渊相比，怎能与这些凡夫俗子相提并论呢？"

这时，张辽就坐在曹操身旁，他听到祢衡的狂妄之语，气得要抽出宝剑来杀掉祢衡，曹操制止住他，讥讽地说道："我现下正缺少一个敲鼓的人，早晚朝贺和宴会，都要有人敲鼓，就让祢衡去做这件事情吧！"

曹操说这席话，本来是想狠狠地把祢衡羞辱一番，没承想祢衡一点也不生气，满口答应了曹操，告辞去了。祢衡退出之后，张辽满腔的愤怒尚未平息，他向曹操问道："祢衡这个人说话如此放肆，为什么不让我杀他？"

曹操笑笑说："这个人在外面有点虚名，我今天杀了他，人家就会议论我容不得人。他不是觉得自己很了不起吗，我就让他敲鼓，好好羞辱他一番吧！"

第二天中午，曹操在丞相府设宴，大厅上坐满了客人。这时，曹操下令让祢衡打鼓为众人助兴。事先，打鼓的人叮嘱祢衡务必要换上新衣，但祢衡却穿着旧衣服走进大厅。祢衡精于音乐，打了一通"渔阳三挝"，格调深沉，音节响亮，发出金石般的声音。听了祢衡的演奏，在座的客人都情绪高涨，感动得流下泪来。这时，曹操的侍从们突然喊道："打鼓的为何不换新衣服？"谁知祢衡竟当着众人的面脱下身上的破旧衣服，赤裸上身站在大厅之上，客人们很吃惊，连忙一齐拂袖遮面。祢衡又慢慢地脱下裤子，一直不动声色。曹操看到这种情形，怒斥祢衡说："在朝廷的厅堂上，为何这样不懂礼仪？"

祢衡回答说："眼里没有君主，那才是不懂礼仪。我不过是暴露一下父母恩赐给我的身体，以显示我的清白罢了！"

曹操接过祢衡的话，向他逼问道："你说你清白，那么谁又是污浊的呢？"

祢衡直指曹操，说道："你不识人才，是眼浊；不读诗书，是口浊；不听忠言，是耳浊；不通晓古今的知识，是头脑污浊；不能容纳诸侯，是胸襟污浊；挟天子以令诸侯，是心地污浊。我是当世的名士，你下令让我打鼓，这就像当年奸臣阳虎蔑视孔子、小人臧仓诋毁孟子一样。你想成就王霸之业，却这般侮辱人才，难道这样也可以吗？"

祢衡这样犀利地当面辱骂曹操，众人听罢都非常吃惊。曹操此时已经被气得火冒三丈，他本想斩了祢衡，但是又怕背上杀害名士的恶名，所以思量着借他人之手除掉祢衡。只见他装出大度的样子，用手指着祢衡说："我现在派你出使荆州。如果你能劝降刘表，我就委任你做大官。"祢衡心里明白，刘表是不会归降曹操的，出使荆州多半会凶多吉少，这分明是曹操借刀杀人的伎俩，所以坚决不肯答应。曹操立即传令侍从，要他们备下三匹马，另派两个人挟持祢衡前往荆州。

刘表见曹操派祢衡前来，已经猜到了曹操的用意，他担心曹操把杀害贤人的罪责推到自己头上，就使出一个与曹操同样的计谋，把祢衡送到生性残暴的江夏太守黄祖那里。果然，祢衡在宴席上讥讽黄祖，说黄祖就像是庙里的菩萨，只受香火，可惜并不灵验。黄祖听了之后，立刻把祢衡杀掉了。

## 处世之道

## ◎自矜不长——陈胜自傲而招致失败◎

本章告诫人们不要妄为，妄为是违背自然之道的行为，其必然会导致可怕的后果。陈胜之所以失败，就与妄为有着很大关系。

秦朝的陈胜是穷苦出身，给人家当长工。他曾对穷苦的伙伴们说："苟富贵，毋相忘。"身旁的人都笑话他：生来就是这个穷命，还想着有富贵的一天，真是做梦！陈胜于是慨叹道："燕雀安知鸿鹄之志哉！"令那些穷朋友没有想到的是，后来陈胜真取得了富贵，他领导了中国历史上第一次大规模的农民起义，强有力地撼动了秦王朝的统治，并且建立了张楚政权，自立为王。不幸的是，这场轰轰烈烈的大起义最后失败了。

陈胜的失败当然有着多方面的原因，但是其中很重要的一点就是他这个人太自我，容不得别人。陈胜起义之后，就派遣起义军将领向秦国发动全面进攻。他的手下葛婴攻占了东城，拥立襄强为楚王。后来葛婴听说陈胜自立为楚王后，赶忙杀死了襄强，并亲自向陈胜报告。陈胜怨恨他拥立别人为王，立即杀死了他。

当时，吴广已经包围了荥阳。秦国名将李由驻守荥阳，吴广连续攻打，还是打不下来，非常着急。陈胜得报，召集众多豪杰商量对策。武臣听说陈县的贤士周文曾经在项燕和春申君的手下任职，善于用兵，便任命他为将军，率领军队援助吴广。秦二世得知起义军攻势凶猛，便赦免在骊山服役的罪犯，派遣大将章邯率领，去迎击陈胜的大军。结果起义军大败，大将周文自杀身亡。

与此同时，进攻赵地的武臣却获得胜利。武臣占领了邯郸后，自立为赵王，任命陈馀担任大将军，张耳、召骚分别担任左、右丞相。陈胜知道武臣自立为王的消息之后非常生气，马上囚禁了武臣等人的家属，准备杀死他们。蔡赐劝诫他说："现在我们还没有灭亡秦国，如果杀了武臣的家属的话，等于又多出一个相当于秦国的仇敌，我们不如顺水推舟，做个人情，就封武臣为赵王吧。"陈胜听从了他的建议，派遣使者到赵国祝贺，同时把武臣等人的家属软禁在宫中，并催促武臣率军西出函谷关支援吴广。但是，武臣并没有服从他的命令。

吴广一直没能攻克荥阳，他手下的将军对他不以为然。将军田臧与其他几个将军谋划，假冒陈胜的命令，杀死了吴广。他们掌握前线军权后，又把吴广的首级进献给陈胜。陈胜无奈，只得任命田臧为上将军。于是田臧派遣部将李归等人驻守荥阳，自己率领精锐部队到敖仓迎战秦军。双方展陈胜称王后，逐渐变得骄傲自大起来，很多大臣暗地里表示不满。

开了激烈的战斗，结果楚国的军队大败，田臧战死。秦国大将章邯乘胜追击，攻占了荥阳，李归等人也都战死了。章邯又率军攻打郏城，驻守郏城的邓说抵挡不住，逃回了陈县。陈胜一怒之下，处死了邓说。章邯率领大军一路杀来，围攻了陈县，和楚国军队交战，楚军战败，上柱国蔡赐战死。章邯接着率军进攻驻守在陈县城西的张贺部队。陈胜亲自出城督战，但楚军还是被杀得大败，张贺战死。陈胜见战事不利，只好从陈县撤退。当他走到下城父的时候，他的车夫庄贾杀死了他，然后投降了秦国。

陈胜称王之后，从前一位与他一起给人家耕田的伙伴听说了，便来到了陈县。他敲着陈胜的宫门说："我要见陈涉。"宫门守卫要把他抓起来。他反复对守卫解释，守卫放了他，但不肯为他通报。陈胜出门时，他拦住陈胜，直呼其名。陈胜听到后，与他相见，并与他同乘一辆车子回宫。这名伙伴走进陈胜的宫殿，环顾四周，但见殿宇巍峨，摆设华丽，不由惊呼："夥颐！陈涉大王的宫殿高大宽敞啊！""夥"为楚语，意思是"多"，他的这句话传出后，"夥涉为王"的俗语便流传天下。这人住在宫中，时间长了，就随便放肆起来，还常跟人讲陈涉贫贱时的一些往事。有人劝陈胜说："您的客人到处胡说八道，有损您的威严，杀了算了。"陈胜当真就把那人杀死了。陈胜的故旧知交知道后，纷纷离去，没有人再亲近他。陈胜任命朱房、胡武二人做监督官。这两个人苛刻地寻求群臣的过失作为对陈胜的忠心，外出征战的将领们回到陈县，稍不服从命令，就被他们抓起来治罪。他俩不喜欢的人，如果犯了错，二人不经有关部门审理，就擅自加以惩治。陈胜不仅不阻拦，反而对他们信任有加。早先追随陈胜的将领们也相继背离，陈胜因此而失败。

# 孔孟之道与老庄哲学

孔孟之道（儒家）与老庄之学（道家），不仅对古代，而且对我们今天的社会文化、日常生活，乃至每个人的心理性情，都产生了深刻影响。

## 儒道之异

儒、道两家的主张不同，可以用三个简单的概念来区分。

| 儒家 | 道家 |
| --- | --- |
| 以人为中心，强调人的社会性。 | 不以人为中心，重视人的自然性。 |
| 以天为至高存在，凸显历史背景。 | 以道为至高存在，展现宇宙视野。 |
| 期盼天人和德。 | 希望与道合一。 |

## 儒道之同

《周易》为儒道两家共同崇尚之典籍。

儒道两家思想都表现出对社会的关注，体现了要有所为的处世态度。

## 儒道互补

儒道互补一直是中国思想文化演进的主要内容，构成了中国文化积极入世与顺应自然的矛盾统一。中国古代的思想家往往兼有这两种思想。儒道互补在现代社会仍有现实意义，在新时期，我们既要以儒家的积极进取为人生态度，锐意进取，建功立业，又要用道家思想调节紧张心态，顺其自然，超然通达，顺势而为。

孔子

老子

"儒道互补"是中国传统文化内涵之一，中国传统文化可以用三个最精炼的词语来概括：一个是天人合一，一个是内圣外王，还有一个是儒道互补。这三个词语各自从不同的角度表述了中国传统文化的内涵和特质。

# 第二十五章　道法自然

有物混成，先天地生。寂兮寥兮①，独立而不改，周行而不殆②，可以为天地母③。吾不知其名，强字之曰道，强为之名曰大。大曰逝，逝曰远，远曰反。故道大，天大，地大，人亦大。域中有四大，而人居其一焉。人法地，地法天，天法道，道法自然。

【注释】

①寂：没有声音。寥：没有形体。②殆：通"怠"。③母：根本。

【译文】

有一种浑然而成的东西，在有天地之前就已经产生了。它寂寂无声而又广阔无形，它独立长存而永不衰竭，周而复始地循环运行而永不停息，可以作为天地万物的根本。我不知道究竟叫它什么名字才好，只好叫它为"道"，我再勉强给它取个名字叫"大"。它广大无边而运行不息，运行不息而伸展遥远，伸展遥远而回归本原。所以道是伟大的，天是伟大的，地是伟大的，人也是伟大的。天地间有这四大，而人只不过是其中的一个。在这四大之中，人是效法于地的，地是效法于天的，天是效法于道的，而道则纯任自然。

【解析】

这一章讲道是天下万物的根本。世界上有四种东西最大，即王、地、天、道。王是人的代表。人、地、天三者都受到上一级法则的制约，而道本身就是自然的。"道法自然"并不是说道之外还有个"自然"，而是说道的活动以自我满足、独立自在为法则。

"有物混成，先天地生。"这里的"物"，是"道"的同义字，这个道的内涵，包括了物质与非物质，是"心物一元"混合而成的。这种"心物一元"的思想观念，源自《易经》。《易经》中讲了"阴"、

有物混成，先天地生。

"阳"两个符号，这两个符号相互变化、相生相克。如果我们以阳为精神的代号，那么阴则为物质的代号，阴阳配合，心物互融，便衍生了应有尽有、无穷无尽的世界。

那么，"有物混成，先天地生"，究竟是怎样一种情况呢？老子形容说："寂兮寥兮，独立而不改，周行而不殆，可以为天地母。""寂"是绝对的清虚，清静到极点，毫无一点声色形象。"寥"是形容广大。"独立而不改"意为超脱于一切万有之外，悄然自立，不动声色，不因现象界的物理变化而变化，不因物理世界的生灭而生灭。"周行而不殆"指的是它无所不在，处处都有道。不论

物也好，心也好，都有它的存在，永远无穷无尽。"可以为天地母"，这个东西是一切宇宙万有的根本，所以才说道是"天地母"。

在上面这段话中，老子又一次论述了道的性质和规律：道是物质性的，是最先存在的实体，但这个实体看不见摸不着，既寂静又空虚，

道可以为天地母。

不以人的意志为转移，无所不在地运行而又永不止息。大道无形，没有可供我们辨认的具体形状。但是，道又确实是存在的，只不过它不与我们所认识的事物相同，它是一个混沌的整体，早在天地生成之前就已经存在了，所以它是超越时空概念的事物。对于大道，人们既不能通过肉眼看到它的样子，也无法通过耳朵听到它的声音。尽管我们看不到、听不到，但这并不代表大道不存在。大道就在我们的身边，它不但影响着我们的行动，还制约着我们的行动。当人们的行为不顺应大道时，它就会给我们降下严厉的惩罚。道时时刻刻都存在着，它没有等级，没有分别，是完全独立的。正是由于道没有等级，没有矛盾的方面，所以它永远不会走向自己的反面，不会发生改变，时时刻刻保持恒久不变。道是一个整体，它遍及整个宇宙，从这个意义上说，道是天地万物的本源。

"不知其名，强字之曰道，强为之名曰大。""强"有笼统的、大概的意思。世界的本原是极其微小的，应当用"小"来为它命名。但是，老子在本篇不用"小"而用"道"字命名，这是赋予"道"字深刻的哲理内涵。又因为它实在无量无边，所以也可叫作"大"。道的本义为"道路"，后引申指行为、规则、方法等。在这里，老子以"道"字为世界的本原命名，旨在为人们指明认识世界的正确道路，即先认识世界的本体，让人们了解道的运动、发展、变化所体现出来的对立统一规律，这也是人们应当遵循的人生法则和社会法则。认识的最终目的在于识道，也就是"见小"，见小才能"明"。何为明呢？明指的是明白道所体现出来的对立统一规律。道为宇宙的本原，其本质为"小"，本质是永恒的；其表象为"大"，表象是变幻的。小与大是相对的，可以相互转化、相互统一而存在。

"大曰逝，逝曰远，远曰反。""大"也就是"逝"，逝是永远向内外四面八方延伸发展，等于说宇宙是无限的扩张。这句话说明世间的一切事物都是由小到大，由大到小，循环往复，变化发展的，这就是对立统一规律。这里的"反"的意思，既是道的创造活动，又是道的创造活动的成果——现实世界。现实世界就是道所创造并捧在它手中的一件伟大作品，而天、地、人就是这件伟大作品中的最重要、最基本的结构和组成部分。至此，道也就不再是无声与之相应、无形与之相伴的孤寂的存在物了，它转化为一个丰富多彩、千姿百态的现实世界。

"故道大，天大，地大，人亦大。域中有四大，而人居其一焉。"道的本质是小，然而，世间所有的事物皆由道生成，因此道就是宇宙。道与天地相比，道为大；天与地相比，天为大；地生万物，地与万物相比，地为大；王与百姓相比，王为大。道大，天大，地大，都是相对的，王大也是相对的。在这里，老子把四大之一的"王"作为突出的重点，这是为了阐释百姓与王的关系。尽管人贵为万物之灵，但是还要接受王的治理，倘若不能理顺人与王的关系，那么人和人之间就不能平等了。篇中老子用了一个"亦"字，目的是为了告诫身为一国之君的王，应当心存大道，明白百姓

与君王之间的辩证关系。如果君王狂妄自大，就会远离民众，与民众为敌，这样的话，新的王也就在民众的反抗中诞生了。

大道要运行，其运行速度十分迅速，等大道运行到一定极限的时候，它就会自动返回，所以大道永远不会枯竭。大道与水不同，如果我们洒到地上一杯水，水会顺势而流，当它流到一定极限时便不会再流了，而是停止下来，然后蒸发得无影无踪。而大道则永远也不会枯竭，这主要是因为大道可以回到原始状态，并能够周而复始地运行。

域中有四大，而人居其一焉。

　　"人法地，地法天，天法道，道法自然。"法，即以……为法则。对于人、地、天、道、自然之间的关系，老子得出一个结论：人取法于地，地取法于天，天取法于道，道取法于自然。道，大而玄奥，生成了天地万物。然而，道又是从何处而来的呢？通过"道法自然"一词，我们知道：道是自然而然生成的。道向自然学习，效法并顺应自然。道是至高无上的，就连它都要顺应并效法自然，更何况人类呢？所以，人类不应该自恃头脑聪明，有独立的思想，就可以主宰世间的万事万物，而是应该顺应自然，敬畏自然。如果破坏自然的和谐，大肆屠杀牲畜，任意砍伐森林，那么大道和天地就会随时惩罚人类。因此，人类要与天地合二为一，要学习大道包容万物的胸襟，和大自然和谐相处。只有这样，人类才会生活得快活逍遥，无所为而又无所不为。

　　总起来说，本章突出强调了由道所体现出来的道性。道是奥妙的，它蕴含着真理。人类只有认识道，才能把握真理。因此，道既是认识的对象，又是认识的方法和实践的方法。道的概念，是直觉思维和理性思维相结合的产物，而不是肆意虚构的。道作为世界的本原，是宇宙万物之母；道作为最一般规律，贯穿于宇宙、社会和人生之中。老子道的哲学理念的伟大之处，就在于其为人类治身和治国提供了可循的规律。

## 从政之道

## ◎得道多助——"内圣外王"的周文王◎

　　老子说："人法地，地法天，天法道，道法自然。""道法自然"才能成就大事，周文王顺天随化、道法自然而使西周民风淳朴的故事，尤能说明这个道理。

　　周文王，姓姬名昌，西伯侯季历之子，在位五十年。商纣时为西伯侯，积善行仁，广施恩义，因崇侯虎向纣王进谗言，被囚于羑里，后得释归。

　　姬昌在治岐期间，对内奉行德治，提倡"怀保小民"。对外招贤纳士，许多从其他部落以及从商朝逃来的贤士，他都以礼相待，予以任用。如伯夷、叔齐、太颠、闳夭、散宜生、鬻熊、辛甲等人，都先后归附姬昌，为后来的伐纣大业积累了重要的人才资源。

　　姬昌自己生活勤俭，穿平民衣服，还亲自到田间劳动，兢兢业业治理自己的国家。岐周在他的治理下，国力日渐强大。

后来，姬昌在渭水河边出猎，巧遇年已花甲、怀才不遇的姜尚。文王与他谈话，彼此聊得很投机，因而了解到姜尚确有治国之才，便让姜尚与他同车而归，并任命其为军师，共同筹划灭商策略。

姬昌得到姜尚的辅佐，先是调解虞、芮两国的纠纷。第二年出兵伐犬戎，打败西戎诸夷，灭了几个小国。第三年攻打密须（在今甘肃灵台县），解除了北边和西边的威胁。第四年"西伯戡黎（在今山西黎城县）"。第五年伐邘（在今河南沁阳市）。戡黎、伐邘实际上是构成了对商都朝歌的直接威胁。第六年灭崇国（在今陕西户县）。将周的都城由岐山周原东迁至渭水平原，建立沣京（在今陕西长安区沣河西岸）。接着又向南扩展势力至长江、

姬昌在位期间，西岐实现大治。

汉江、汝水流域，完成了对商都的钳形包围，周人对商朝已经形成围攻之势。

就在大功即将告成之际，姬昌因操劳过度，不幸死去。死后葬于毕（在今陕西长安与咸阳之间渭水北岸，境域较广）。但文王已为伐纣作了充分的准备，其子姬发因其前功而出兵伐纣，牧野一战终于打败纣王，灭了商朝，建立了中国历史上著名的西周王朝，文王可谓西周的实际开创者。

中国古人普遍有崇古心理，尊崇上古圣贤之君、效法"三代"之法，是古人津津乐道的话题。周文王姬昌就是人们心目中的完美形象。孔子称姬昌为"三代之英"，还感慨道："郁郁乎文哉，吾

姬昌拜访姜尚，请他助己灭商。

141

从周！"孟子称姬昌这样的圣人，五百年才出一个。

姬昌继承后稷、公刘开创的事业，仿效祖父古公和父亲季历制定的法度，实行仁政，敬老爱幼，礼贤下士，勤于政事。在其治下，国泰民安，物阜年丰，道不拾遗，夜不闭户，父子相亲，人皆礼让。其顺天随化、道法自然而使治下民风淳朴，可谓至德之人，至善之治。

## 处世之道

# ◎顺道而行——刘备取徐州◎

在本章中，老子提出了人、地、天、道，自然合一的观点。在现实之中，人们制定策略的时候，必须从全局出发，不仅要考虑到人的因素，还要兼顾地理、环境、文化等因素，即考虑到事情的天时、地利、人和等因素。刘备占据徐州，就是从人、地、天、道等方面综合进行考虑，认清当时的形势，三辞徐州，避免成为众矢之的。

汉献帝初平四年（183年），时为兖州牧的曹操派遣泰山太守应劭前往琅琊，去迎接其父曹嵩及家人百余口到兖州。当他们途经徐州的时候，徐州牧陶谦为了讨好曹操，特意委派都尉张闿护送曹嵩一行。不料张闿发动叛乱，杀死曹嵩及其家人，席卷财物而去。曹操听说这件事后，便把账记在陶谦身上。他以为父报仇为名，派兵进攻徐州。

面对曹操大军，陶谦自知难以抵挡，于是接受别驾从事糜竺的建议，请北海相孔融、青州刺史田楷前来解围。孔融得到消息后，又派人去请刘备同去驰援陶谦。刘备欣然答应，于是带领数千人马奔赴徐州。

刘备率军来到徐州城下，正好遇上了曹军于禁部，刘备在城下小试锋芒，初战告捷，暂时缓解了徐州的危机。于是，陶谦将刘备请入城内，对其热情款待。在宴席上，陶谦主动提出将徐州让给刘备，说道："现在天下大乱，您是汉室宗亲，正好应当为汉室出力。在下年迈无能，情愿把徐州让给您。您不要推辞，我马上就上一道表文，申奏朝廷。"刘备听了以后，十分惊愕，急忙推辞说："我虽是汉室苗裔，但不曾立下功劳，任平原相犹恐不称职。我原本是为了义气前来驰援徐州。您这样说，莫非怀疑我有吞并之心？"陶谦说："这是在下推心置腹之言，决非虚情假意。"但是刘备只是推辞，始终不肯接受。糜竺看到这一情形，便对二人说道："现在敌人兵临城下，应当先商议退敌之策。等击退强敌之后，再来商议这件事吧。"于是刘备写信给曹操，晓以大义，希望曹操撤走围困徐州之兵。恰在此时，吕布攻破兖州，进占濮阳，威胁曹操后方。曹操为了应付吕布，便顺水推舟，卖个人情，撤走了徐州的围兵。

徐州之围解除后，陶谦差人请刘备、孔融、田

谋士糜竺向陶谦献策退曹军。

陶谦临终前坚持要刘备接受徐州牧一职。

楷等入城聚会。饮宴既毕，陶谦再次以徐州相让。刘备说："我应孔融之约援救徐州，这是为义而来。现在倘若无端占据徐州，天下将会认为我是不义之人。"糜竺、孔融及关羽、张飞等人都劝刘备答应陶谦的请求。刘备苦苦推辞说："诸位难道想让我陷于不义吗？"陶谦推让再三，见刘备始终不肯接受，便说："如您不肯答应，那就请暂时在近邑小沛驻军，以保徐州，您看怎么样呢？"众人也都劝刘备于小沛留驻，刘备这才同意。

不久，陶谦染病，日渐沉重，于是派人以商议军务为名，请刘备从小沛赶到徐州。刘备到达之后，陶谦正躺在病榻之上，陶谦对刘备说："今番请您前来，不为别事，只因我病已垂危，朝不保夕，希望您能以汉室为重，接受徐州牌印，那么我死了也能瞑目了！"刘备说："可让您的两位公子接替。"陶谦说："我的两个儿子皆不能胜任。我死了之后，还望您多加教诲，千万不要让他们掌握州中大权。"刘备还是辞让，陶谦便以手指心而死。丧事结束之后，徐州军民极力拥戴刘备治理徐州，关羽、张飞也再三相劝。至此，刘备这才答应接受徐州大权，担任徐州牧。

刘备"三辞徐州"的事迹，一方面体现了刘备博取仁义忠厚之名、收买民心的良苦用心；一方面当是出于刘备对当时情势的清醒认识。当时的徐州战略地位十分重要，不但曹操正虎视眈眈、兵锋相向，就连邻近的军阀袁术、吕布、袁绍等人，也都在觊觎着这个战略要地。这些都是潜在的危险。由此可见，当时形势可谓错综复杂，占据徐州，搞不好就会有引火烧身的危险。纵然徐州牧陶谦真心相让，他的部下是否能够心悦诚服呢？这些都是既现实又迫切的问题，刘备不能不充分考虑。事实上，刘备在占据徐州后不久，即先后遭到了曹操、吕布及袁术的进攻，陶谦部下曹豹也反叛刘备。最终，刘备在徐州难以立足，不得不退出徐州，先后依附于袁绍和刘表。当然，具有重要战略地位的徐州，对于刘备来说，毕竟具有很大的诱惑力。所以陶谦一死，在北海相孔融、糜竺及徐州军民的支持下，刘备便不失时机地答应接替陶谦任徐州牧，诱惑终于战胜了顾虑。

# ◎第二十六章　宜戒轻躁◎

**【原文】**

重为轻根，静为躁君①。是以君子终日行不离辎重②。虽有荣观③，燕处超然④。奈何万乘之主而以身轻天下⑤？轻则失根⑥，躁则失君。

**【注释】**

①躁（zào）：这里有动的意思。②辎重：军用器械、粮草、营帐、服装等的统称。③荣观：贵族游玩享乐的地方。④燕处：安居的意思。超然：超脱外物，不陷在里面。⑤奈何：用反问的方式表示"如何"。万乘之主：一部车子叫一乘，万乘之主即指大国的君主。⑥根：本。

**【译文】**

稳重是轻率的根本，静定是躁动的主宰。所以有道的人终日行事保持慎重，就像军队行军离不开辎重一样。即使有奢华的享受，他也漠然处之，从不沉溺其中。为什么有万乘之车的大国君主，还轻率躁动以治天下呢？轻率就会失去根本，躁动就会丧失主宰。

**【解析】**

本章讲了道家的一个重要观点，即修身是一切的根本，它比优越的物质条件乃至天下国家都重要。帝王以身轻天下，恣情纵欲，不爱惜自己的生命，这就是失去了根本。老子从治身之道过渡到治国之道，谨慎地分析了重与轻、静与躁的关系，阐明了治国者应该以民为国家之根，以德为治国之本的道理。这一思想与第十三章"爱以身为天下，若可托天下"的观点十分相似。

"重为轻根，静为躁君。""君"与"根"相对，意为主宰者。本篇的开头部分，老子举出了两对矛盾的现象，即轻与重、动与静。在

重为轻根。

《道德经》的第二章和第十三章里，老子曾经提出过美与丑、善与恶、有与无、难与易、长与短、宠与辱等对立统一的概念。这些概念的提出，对于阐述朴素的辩证法思想，起到了关键的作用。于是，老子得出了一个重要结论：矛盾是普遍存在的，任何事物都不是孤立存在的，而是相互依存、相互制约的。

在分析重与轻的关系时，老子认为：重是轻的根本，轻是由重决定的，如果只注重轻而忽视重，就会失去根本。正是因为有了重，轻才得以存在和维系。我们可以设想一下：假如地球上没有重力，将会是怎样的一种场景呢？我们将不能站稳脚跟，不能饮食，生命也无法延续下去，那是十

分可怕的事情。在分析动和静这一对矛盾时，老子认为，静是根本，动是由静决定的。老子所说的轻可以解释为轻浮，而动可以解释为躁动不安。心理的浮躁，这里指心灵中的全部感情、理性和意志处于一种变动不安的、激烈动荡的矛盾与冲突的状态。同样，这里的"躁"是相对于"天下"（即世界整体）而言的。轻浮和躁动不安均是人格缺陷所映射出来的不良行为举止，这种举止是人们成功的大敌，是上天因人们不顺应自然大道而降下的祸患，必然会受到上天的惩罚。

对此，君子（得道之人）是如何合道而行的呢？老子说："是以君子终日行不离辎重。虽有荣观，燕处超然。""辎"指的是长途旅行时必须携带的衣物，或是军士出征时必须携带的军用器械、粮草和营帐等。老子在这里显然用了隐喻的手法，"辎"在这里指的是那些与人的生活和活动紧密相关的事物。老子的这句话说的是

静为躁君。

什么意思呢？君子虽然天天都在行事，却从来不轻举妄动，而是谨慎考虑后再行动，绝不会表现出轻率、焦躁的样子。为什么君子能够做到不轻率、不浮躁呢？这是因为他们顺应了天道，并没有随心所欲，胡作非为。尽管他们也有可供享受的亭台楼阁，但是他们身居其中，却怡然自得。也就是说，他们能够超然地面对安逸的环境，而不是沉溺于其中。

如何才能像君子那样合于道呢？其实，道的精神体现在日常生活之中，贯穿于人生的每一个环节里。人们只有始终以道为标准，摒弃外在的贪欲，努力修养自己的身心，才能使自己的思想和言行不偏离大道。具体来说，就是要以静制动，保持内心平静，无私无欲，心中不可留有一丝一毫的私心杂念，这样才能进入道境。俗话说："心里无闲事，不怕鬼叫门。"只要平时行得正、坐得直，自然能够泰然处之，各种杂念也就随之消失。如果平日心术不正，一旦遇上惊险场面，必定会胆战心惊，魂不守舍；或者见景生情，经不住诱惑，这些都不利于人们修道。历来修道之人强调行善积德，道理就在这里。修德是为了得道，得道是为了行道。因此，精神世界虽有不尽的荣华美景，却也不能一直沉溺其中，不能自拔，就好比振翼而飞的大雁，不可能永远在蓝天中翱翔，终究还是要飞回巢穴内栖息的。所以，人既要有美妙的精神世界，又不能脱离现实生活。只有把精神世界和现实生活结合起来，才有完美的人生。

"奈何万乘之主而以身轻天下？轻则失根，躁则失君。"最后，老子将矛头指向了"万乘之主"，也就是大国的君主。老子所处的时代，诸侯君主大都奢侈轻浮、狂妄自大、焦躁轻率。老子认为，身为一国之君，只有做到持重守静，才能克制轻浮焦躁的弱点。如果治国者耽于享乐，或是轻率地处理国家大事，这都是有违"重为轻根，静为躁君"的天道的，那么就会落得"轻则失根，躁则失君"的下场。历史上行为不合于大道的昏庸无道之君，如夏桀、商纣、周幽王、周厉王等，没有一个不遭到后人唾骂和鄙弃的。

在当今社会，人们的物质生活比较丰富，我们应当怎样看待物质财富呢？是坦然地享受，还是依旧过节俭的生活？其实，老子的观点，就清清楚楚地告诉了我们答案。老子主张顺应自然，由于物质是人创造的，它生不带来死不带去，如果人们过分节俭，一味拒绝富足充裕的生活，日子未免

虽有荣观，燕处超然。

过得单调乏味，所以，适当地追求物质是理所应当的；但是，有一点需要特别注意，那就是人活在世界上，就要锻炼自己创造价值的能力，如果只追求享受而不去劳动，就不合乎大道，这些行为一定要摒弃，否则就会埋下祸根。

## 从政之道

## ◎躁则失君——高洋因昏庸无道而暴卒◎

为人君者要以天下苍生为重，要体爱百姓，千万不可轻率躁动，否则就会遭到百姓的唾弃。暴君高洋的故事就深刻说明了这个道理。

高洋是北齐开国皇帝，即位之初颇有作为，他留心政务，整顿吏治，训练军队，加强兵防，使北齐在很短的时间内强盛起来。

然而，到了后期，高洋性情大变，一改即位初期的励精图治，变得骄奢淫逸起来。高洋在朝堂之上设有一口锅和一把锯，每逢醉酒，必杀人取乐。高洋嗜杀成性，每日不杀人就觉得不舒服，最后竟命司法部门把判决死刑的囚犯送到皇宫，以逞高洋杀人之快。后来杀得太多，死囚不够供应，就把正在审讯中的触法者充数，称为"供御囚"。

高洋非常宠爱歌妓出身的薛贵嫔，还跟她的姐姐私通。有一天，高洋到薛贵嫔的姐姐家去喝酒，薛贵嫔的姐姐仗着高洋的宠爱，求高洋让她的父亲当司徒，高洋大怒，说道："司徒是朝中的重要官职，哪是你想求便能求到的？"说完便亲自动手用锯子将她锯死。之后，高洋又怀疑薛氏跟大臣高岳有染，便用毒酒毒死了高岳，接着又砍下薛氏的头，把血淋淋的人头藏到怀里参加宴会。在宴会举行正酣时，突然掏出薛氏的人头，将其抛到桌子上，在座的人无不大惊失色。高洋又把薛氏的尸体肢解，用腿骨做一个琵琶，一面弹一面唱"佳人难再得"。出葬时，高洋还跟随在后面，蓬头垢面，大声哭号。

高洋好大喜功，穷奢极欲，亦为历代所罕见。天保六年（555年），高洋征发180万人修筑长城，建起长城九百里；又在次年（556年）九月"发山东寡妇二千六百人以配军士，有夫而滥夺者五分之一"。天保八年（557年）四月，高洋到城东骑马射箭，命令所有在京妇女一律到城东观看，"不赴者罪以军法"；同年又征劳力修筑东起乌纥戍西至库洛拔的长城，共长四百余里。天保九年（558年）夏，天下大旱，高洋"以祈雨不应，毁西门豹祠，掘其冢"，真是荒唐之极！后来又在这一年征发工匠民工共计三十余万人，大筑高台，广起宫室及游乐园。

高洋的倒行逆施、嗜杀成性使北齐成了一个黑暗无比的"人间地狱"。朝政的腐败，国势的衰落，使军队的战斗力也日益衰弱。而腐化的生活，也缩短了高洋的寿命。到了三十岁时，高洋已经不能吃饭了，每天只靠喝几碗酒度日。北齐天保十年（559年），高洋暴毙，时年仅三十一岁。

高洋在朝堂之上醉酒取乐。

高洋在残酷的政治斗争中胜出，建立北齐，割据一方，本该励精图治，小心谨慎。谁料他倒行逆施，不但残害百姓，还放纵自己沉溺于酒色，最后暴毙而亡。为君而轻薄不自爱者，上天便会弃之若草芥，这也是高洋给后人留下的深刻教训。

## 经商之道

# ◎轻则失根——秦池酒厂的兴衰◎

老子强调"宜戒轻躁"，要求人们行事要谨慎稳重，否则就会失去"根本"。秦池酒厂由盛而衰的例子，就让我们看清了清静稳重的重要性。

秦池酒厂地处沂蒙山区，其前身是成立于1940年的山东临朐县酒厂，长期以来，秦池酒厂一直是一个年产量在万吨左右的县一级的小型国有企业。而到了20世纪90年代初，秦池酒厂发生亏损，一度面临着倒闭的危险。1992年年底，王卓胜临危受命，成为秦池酒厂的掌舵人。王卓胜敏锐地意识到在东北地区，白酒品牌的竞争尚存有一定的空隙，于是，他运用成功的广告战略顺利地打开了沈阳市场，从而为秦池酒厂赢得了新的生存空间。1994年，秦池酒打入了整个东北市场。1995年，秦池酒又走向西安、兰州、长沙等重点市场，接连三年保持了销售额翻番的辉煌业绩。这一年年底，酒厂扩张改制，成立了以秦池酒厂为核心的秦池集团，注册资金为1.4亿元，拥有员工5600多人。经过短短三年的快速发展，秦池酒厂的面貌可谓焕然一新。

尽管秦池酒厂已经走出了困境，但当时中国白酒市场的竞争是异常激烈的，酿酒企业共有三万七千多家，白酒年产量大约为700万吨，这形成了典型的买方市场。在这场白热化的市场争夺战中，名牌大厂无疑占有特别明显的优势，很容易将众多的小品牌和小厂家远远地甩开，成为市场竞赛中的领军者。此时，相对于一些知名的白酒品牌来讲，秦池还仅仅是一个无名小辈；而相对于那些早就将产品推至全国市场的大厂家来说，秦池也不过还是一个小型的地方酒厂。因此，欲在风起云涌的市场浪潮中站稳脚跟，乃至更进一步，令企业向着更大更强的方向继续大踏步地前进，就必须迅速扩大品牌的知名度和壮大企业的生产规模。当然，想要实现这一目标并不容易，在这样一个关键的时刻，王卓胜做出了一个大胆的决定，那就是争夺中央电视台的广告标王。

之所以说这一决定是很大胆的，是因为选择走这条道路要承受很大的凶险。据估算，1996年度中央电视台广告标王的价码会在6500万元左右，而在1995年，秦池酒产量9600吨，实际销售9140吨，当年销售收入1.8亿元，利税为3000万元，这也就意味着，如果要争夺广告标王，秦池酒厂所付出的代价就相当于其当时年利税总额的两倍还多。

1995年11月8日，秦池酒厂终于以6666万元的天价击败了众多的竞争对手，夺得了1996年中央电视台的广告标王。这意味着秦池酒厂从此走上了一条不归之途。

如果要获得盈利，秦池酒厂必须做到在1996年，销售额和利税再翻一番，尽管有着前三年显赫的业绩做基础，但这仍然是一个巨大的挑战，如此艰巨的任务，秦池酒厂能够如期顺利地完成吗？人们拭目以待。

事实证明，如此高昂的代价，秦池酒厂终究没有徒然地付出，它获得了超额的回报。夺得中央电视台的广告标王之后，秦池酒厂利用成功的广告运作，由一个鲜为人知的无名小辈一夜之间脱颖而出，转变成一个万众瞩目的大明星，使得自己在这一次华丽的转身之后赫然跻身于中国名酒之列。这样一来，来自全国各地的大小商家纷纷找上门来，秦池酒厂在非常短的时间里就建立起布满全国的营销网络。1996年，秦池酒厂的销售额达到9.5亿元，利税达到2.2亿元，远远超出了预期目标，分别比前一年增长了500%和600%。秦池人形象地描述自家广告投入与销售收入的对比："每天开出一辆桑塔纳，赚回一辆奥迪。"

在取得喜人的业绩之后，秦池酒厂马上就要面临新的抉择：是继续争夺广告标王，还是放弃争夺标王，而将精力更多地投入于产品结构的优化和产品质量的提升？虽然第二种选择更为稳妥，但是正所谓骑虎难下，秦池酒厂作为白酒行业的一匹黑马猛然杀出，笑傲疆场，无疑是以强大的广告投入做后盾的，如果在广告经营方面撒手，秦池酒刚刚建立起来的、在消费者心中尚未得到稳固的品牌形象无疑会因此而大打折扣，这对秦池酒厂接下来的发展当然是非常不利的。面对这种尴尬，王卓胜决定再一次铤而走险，争夺1997年中央电视台的广告标王。

之所以要用"铤而走险"这个词来形容，是因为这一年的标王价格已经远非前一年可比，其测算价码为3亿元左右。面对这样一个天文数字，秦池酒厂扔下了一个字："上。"1996年11月8日，秦池酒厂以3.2亿元的天价卫冕1997年中央电视台的广告标王。这一次，就不是桑塔纳与奥迪的对比了，而是秦池酒厂每天要给中央电视台送去一辆奔驰，按照期望，给自己开回的应是一辆加长林肯。

然而这一次的市场反响却大不相同了，人们普遍对秦池酒厂的生产能力持有怀疑的态度。不久之后，又有了这样的传闻：秦池酒厂收购川酒进行勾兑，再装瓶出售。一时之间，舆论大哗，秦池酒厂迅速跌入窘境，他们眼睁睁地看着每天开出一辆奔驰，可期待着开回来的加长林肯却迟迟不见踪影，甚至赚回来的钱连每天开回一辆奥迪都不够了。

其实，这并非全都是秦池酒厂的错，在当时，白酒勾兑是被行业普遍接受和认同的做法，决非造假，秦池酒的质量实际上并没有因为产量的急剧扩大而有所下滑。但是，造假的现象并不是完全不存在，恰恰相反，是非常猖獗，但是假酒不是出自秦池酒厂本身，而是来自其他很多对秦池酒进行仿造和冒名的不法商贩。这样一来，很多人就以假当真，误以为秦池酒的质量真的就大不如前了，而秦池酒厂还没有来得及澄清这一切，就已经被种种的误传和谬言所淹没，迅速地沉沦了。1997年，秦池酒厂的销售额和利税较前一年大幅度下滑，分别为6.5亿元和1.6亿元，全年利税仅相当于夺取标王之付出数额的一半。而1998年的经营状况更是惨不忍睹。一颗遽然升起的新星，又如此出人意外地迅然坠落了。

当然，造成秦池酒失败的原因包括来自内部和外部的多个方面，但是在这其中，轻率地把企业发展的重点放在广告投资上，而不注重产品本身的质量与研发，这是导致其失败的关键所在。

# 第二十七章　常善救人

【原文】

　　善行，无辙迹①；善言，无瑕谪②；善数，不用筹策③；善闭，无关楗而不可开④；善结，无绳约而不可解⑤。是以圣人常善救人，故无弃人；常善救物，故无弃物。是谓袭明⑥。故善人者不善人之师，不善人者善人之资⑦。不贵其师，不爱其资，虽智大迷，是谓"要妙"⑧。

【注释】

①辙迹：车子在泥土的路上走过，车轮碾过留下的痕迹。②瑕谪（xiá zhé）：缺点，毛病。③筹策：古代用竹制的计数的器具。④关楗：关锁门户的器具。⑤绳约：用绳子捆起来。⑥袭明：聪明不外露。袭：掩藏。⑦资：借鉴。⑧要妙：精深微妙。

【译文】

　　善于行走的人，不会留下痕迹；善于说话的人，不会在言语上留下任何破绽；善于计数的人，不用筹码也能计算；善于闭守的人，没有门闩别人也无法把它打开；善于捆缚的人，不用绳结别人也无法解开。所以有道的人经常善于做到人尽其才，因而他眼里绝不会有无用的人；经常善于做到物尽其用，在他眼里绝不会有无用之物。这叫作内藏着的聪明智慧。所以，善人可以作为不善人的老师，不善人可以作为善人的借鉴。如果不尊重善人的指导，不珍惜不善人的借鉴作用，即使自以为绝顶聪明，其实也是大糊涂。这实在是精深微妙的道理。

【解析】

　　这一章旨在讲一个"善"字，即完美。真正的善就是顺道而行。因此对有道之人来说，天下没有可弃之物，也没有无用之人。在本章中，老子提出了"五善"，即善行、善言、善数、善闭、善结，这五善都是合乎大道的，人们只有达到上面所说的五善的境界，才能像庖丁解牛那样行动自如。此篇处处闪耀着老子的智慧火花。

善行无辙迹。

　　老子所说的"五善"，具体包括哪些内容呢？下面我们来看一下。

　　第一种是善行。善于行动的人，绝不会留下任何对自己不利的迹象，这类人擅长把自己的行迹掩盖起来，以达到自己行动的目的。

第二种是善言。人们往往会因为说错一句话而被别人抓住不放，成为别人非议自己的把柄。所以，善言者不是每逢说话都能滔滔不绝的人，而是说话时都能说到点子上且不被人抓住把柄的人。

第三种是善数。在这个世界上有一种人，他们善于心算，不需要借助任何计算工具就能准确无误地把结果计算出来。人类可以默记无形的事物的发展运作和各种变化，并且能从各种变化中找出适合自己生存的理想方式和状态。这种用心默识、默算的处世态度，正是在某种程度上体现了老子无为的处世哲学。

第四种是善闭。对于善于封闭的人来说，是不需要利用锁和闩的。我们这里所说的"封闭"，并不是平常所说的封闭自己不求更新的意思，而是为了避免同类残害而采取的一种手段。

第五种是善结。什么是善结之人呢？就是不用绳索就能把人牢固地捆绑起来的人。老子在这里并不是单纯地阐发"善结"，而是用了比喻的手法，以善结借指对事物的掌控能力。怎样才能获得这种掌控能力呢？途径只有一个，那就是依大道行事。

以上所举的"五善"正是老子高深智慧的具体反映，也是老子对自然无为思想的引申。

"是以圣人常善救人，故无弃人；常善救物，故无弃物。是谓袭明。""弃人"指的是因毫无用处而被抛弃的人。"弃物"指的是因毫无价值而被摒弃的事物。人无弃人，物无弃物，天下的善人与不善之人，善物与不善之物，都是有用处的。这就要求在圣人的智慧和理性的照耀与揭示之下，使人和物的善的本性展露出来。

善言无瑕谪。

善数不用筹策。

"故善人者不善人之师，不善人者善人之资。"这里的"善人"与"不善人"，指的不是善良的人和不善良的人："善人"即能够认识大道并能遵循大道行事的人。"不善人"即不能顺从大道行事的人。善者为师，恶者为资，一律加以善待，特别是对于不善的人，并不因其不善而鄙弃他，一方面要劝勉他，诱导他，即老子所说的"救"；另一方面，也为他成为善人提供借鉴。救是一种理性的活动，从根本上说，指的就是探索追求事物的本性并使之展露出来。而本性就是道性，就是道德。对于那些丧失了人的本性的人来说，探索追求自己的本性就是拯救自己的本性。

"不贵其师，不爱其资，虽智大迷，是谓要妙。""贵"意为珍视，尊重。"大迷"意为绝对的迷误与蒙昧状态。不尊重善人的教导，不注重不善之人的借鉴作用，看起来明智其实很愚昧，这实在是高深奥妙的道理。

自然事物的价值与人类的价值相似，完全取决于人类的发现和运用。现代科学技术正不断地把自然事物的价值揭示出来。人们如何才能发现自己存在的真正意义与价值呢？这里需要一个前提，即人类都能用科学家的眼光看清自身存在的意义。当人类一旦发现自己存在的真正意义与价值时，就可以从一切耻辱的动机与行为中解放出来，并将自己投身到世界的活动中去，尽情地观赏这个无限奇妙的宇宙。

是以圣人常善救人，故无弃人。

## 从政之道

## ◎寡恩少义——众叛亲离的楚灵王◎

在这一章里，老子仍然是阐述"清静无为"的主张。在老子看来，天地是无为的，天地间的一切事物，都是按照自然界的发展规律变化的，任何凌驾于自然之上的行为都会导致其灭亡。同样，统治者也应当顺应自然，不可任意妄为，否则会招致毁灭。

楚灵王是春秋时期楚国的君主，他原本是楚国公子，因一直不服自己的侄子当楚王，所以与大臣伍举里应外合，杀了当时的楚王自立。楚灵王刚即位的时候，确实干了些惊天动地的大事，先是与诸侯和好，再就是杀了鲁国的奸臣庆封。

但时间不长，楚灵王就变得忘乎所以，过起了骄奢淫逸的生活。楚灵王有个独特的癖好，那就是喜欢细腰。楚灵王不管男女，凡是看见腰长得粗的，他就感到讨厌。正因为如此，在选美女进入后宫时，楚灵王的第一个标准就是看谁的腰细，很多宫嫔为了争宠不惜瘦身，甚至因此而饿死。

为了炫耀自己的功绩，楚灵王修建了一座章华台，用以向臣民及诸侯展示自己的威严。章华台刚建成的时候，楚王邀请各国诸侯前来观赏，结果，除了鲁昭公之外，其他各国诸侯都没有来到楚国。楚灵王为表示谢意，特意把一把宝弓赠给了鲁昭公，但是很快就后悔了，于是派一名大臣到昭公居住的馆驿，要回了这把宝弓。伍举听到这件事之后摇头叹道："看来楚王快要灭亡了。"

楚灵王不但喜欢向诸侯炫耀，还恃强凌弱，导致积怨甚多。楚灵王七年（前534年），率领楚军灭陈；楚灵王十年（前531年），引诱蔡灵侯到申城（楚地，今河南南阳市北），趁其喝醉以伏兵将其杀死，随后让自己的弟弟公子弃疾去围攻蔡国，不久便攻下蔡国。事后，弃疾被册立为蔡公。失去祖国的蔡人痛恨楚灵王，常怀报仇复国之志，蔡国的大夫观从便无时无刻不想着复仇。

楚灵王十一年（前530年）冬，楚国攻打徐国。灵王率领大军屯于乾谿游猎。这时，大夫观从与流亡国外的楚国公子比（子干）、公子黑肱（子皙）串联起来。观从让公子比去胁迫已被灵王封为"蔡公"的公子弃疾一起举事。由于楚灵王不在国内，所以郢都空虚，观从等人便在郢都举事，没费多大力气便占领了都城。观从等人杀死了楚灵王的两个儿子——太子禄和公子罢敌，拥立公子比为楚王，史称"初王"。初王以公子子皙为令尹，弃疾为司马。

初王即位后，先清除了王宫里的敌对势力，然后命观从率军队前往乾谿，瓦解那里的楚军，宣布说："楚国已有新君主了，先回都城的，可以归还禄位居室、田地资财，后归者将处以割鼻之刑。"观从的这一番鼓动宣传很快产生作用，楚军将士四处溃逃，都背离了楚灵王，回到都城。

灵王听说太子禄被杀，自己坠到车的下面，说道："一般的人家疼爱自己的儿子也是这样的吗？"两旁侍奉的人回答道："不止这样。"灵王又说："我杀别人家的儿子已经够多的了，能不落得这个下场吗？"右尹说：

楚王好美腰。

"请大王您回到都城的郊外，听听国人的看法是怎样的。"灵王说："众人的愤怒是不可冒犯的啊。"右尹说："暂且先躲避到大县去，然后请求诸侯派兵援救吧。"灵王说："所有人都背叛我了。"右尹又说："暂且投靠别的诸侯，然后听从大国的安排吧。"灵王答道："大的福祉不会再来了，只能自取其辱了。"楚灵王乘着船想进入鄢城，右尹料想灵王不会采纳自己的建议，害怕跟着会死，就离开他逃亡去了。

楚灵王在山中独自彷徨，乡野的老百姓都不敢收留他。灵王在途中遇上了原来的涓人（宫中亲近的内侍），向他说道："请给我一点食物吧，我已经三天没有进食了。"涓人说："新的君王下达了命令，有谁胆敢给您食物或是跟随您的，都会被诛灭三族，况且这里也没有食物了。"灵王便枕着涓人的大腿躺下睡觉。涓人趁他睡着的时候用土块代替自己的大腿，然后抽出腿来逃跑了。灵王醒了看不到人，饥饿地爬不起来。从前，楚灵王曾对芋邑长官申无宇有恩，申无宇的儿子申亥此时听说灵王有难，便四处寻找灵王，终于在釐泽遇上了饥饿难当的灵王，把他迎回家中。这年的夏季五月癸丑，灵王死在申亥的家中，申亥让两个女子陪葬，把他们一起埋了。

楚灵王在位期间，不但修建章华宫炫耀自己的功劳，还穷兵黩武，任意发动战争，结果使自己众叛亲离，不得善终。

## 处世之道

# ○常善救人——"铁屋"中的呐喊○

老子说："圣人常善救人，故无弃人；常善弃物，故无弃物。"鲁迅先生在旧时代的"铁屋"中高声呐喊，惊醒沉睡的世人，这正体现了老子本章所阐述的道理。

鲁迅先生是中国现代伟大的文学家、思想家与革命家，对于鲁迅先生光辉的一生，毛泽东同志曾给予过十分中肯的评价，他在《新民主主义论》中说："鲁迅是中国文化革命的主将，他不但是伟大的文学家，而且是伟大的思想家和伟大的革命家。鲁迅的骨头是最硬的，他没有丝毫的奴颜和媚骨，这是殖民地半殖民地人民最可宝贵的性格。鲁迅是在文化战线上，代表全民族的大多数，向着敌人冲锋陷阵的最正确、最勇敢、最坚决、最忠实、最热忱的空前的民族英雄。鲁迅的方向，就是中华民族新文化的方向。"

毛泽东为何如此推崇鲁迅？因为在他看来，鲁迅的身上体现了这样几种最可宝贵的品质：政治远见、斗争精神和牺牲精神。

1922年，鲁迅在为自己的第一部小说集《呐喊》所写的序言中说道："假如一间铁屋子，是绝无窗户而且万难破毁的，里面有许多熟睡的人们，不久都要闷死了，然而是从昏睡入死灭，并不感到就死的悲哀。现在你大嚷起来，惊起了较为清醒的几个人，使这不幸的少数者来受无可挽救的临终的苦楚，你倒以为对得起他们么？"这就是 20 世纪中国文学和思想领域最为著名的"铁屋子"的譬喻。

在中国近代史上，令国人思想产生了最为广泛、最为深刻之剧变的，新文化运动是在北洋军阀统治时期爆发的一场崇尚科学、反对封建迷信、猛烈抨击几千年封建思想的文化启蒙运动。

鲁迅成为新文化运动的主将是有原因的，他曾是满怀救国热忱的青年。21 岁时自题："灵台无计逃神矢，风雨如磐暗故园。寄意寒星荃不察，我以我血荐轩辕。"然而，国人实在是令他过于失望了。在日本求学期间，发生了令鲁迅的灵魂不得不感到剧烈震颤的"幻灯片事件"："有一回，我竟在画片上忽然会见我久违的许多中国人了，一个绑在中间，许多站在左右，一样是强壮的体格，而显出麻木的神情。据解说，绑着的是替俄国做了军事上的侦探，正要被日军砍下头颅来示众，而围着的便是来赏鉴这示众的盛举的人们。"

他说："从那一回以后，我便觉得医学并非一件紧要事，凡是愚弱的国民，即使体格如何健全，如何茁壮，也只能做毫无意义的示众的材料和看客，病死多少是不必以为不幸的。所以我们的第一要著，是在改变他们的精神，而善于改变精神的事，我那时以为当然要推文艺，于是想提倡文艺运动了。"这就是鲁迅先生弃医从文的经过。

1909 年，鲁迅回国，开始了自己的讲师生涯，同时兼任教育部职员。这一时期，中国历史舞台上的大事一桩接着一桩，可谓高潮迭起，精彩纷呈：辛亥革命爆发，中华民国成立，清朝覆亡，袁世凯篡权，继而复辟称帝，而反对袁世凯倒行逆施的二次革命、护国运动接连兴起，袁世凯在一片唾骂声中死去之后，局势变得更加混乱，1917 年，张勋率领自己的辫子军再次导演了一出复辟丑剧，而北洋军阀分裂成三大派系，为了争夺权力和地盘，直皖战争、直奉战争相继爆发，而南方的军阀也是各据一方，为了一己私利而毫无道义可言，诚如孙中山所指出的那样："南北如一丘之貉"。当此之际，中国虽然新事不断，但底子却是万分陈旧的，其乱可谓极矣。在这样的背景之下，鲁迅对于国势的运转是深感悲观失望的。

他说："我感到未尝经验的无聊"，"叫喊于生人中，而生人并无反应，既非赞同，也无反对，如置身毫无边际的荒原，无可措手的了，这是怎样的悲哀呵，我于是以我所感到者为寂寞。这寂寞又一天一天地长大起来，如大毒蛇，缠住了我的灵魂了。"

这就是先觉者的苦痛与悲哀！然而，终于，一份刊物的出现打破了鲁迅长期的沉寂。那时，钱玄同等人正在办一个刊物，名叫《新青年》，但是社会上响应者寥寥，不单是赞成者无几，就是反对者也寻不到几个，而对于一份新出的刊物来说，这恰恰是最为糟糕的处境，因此，钱玄同想请鲁迅出山来助阵。

于是，鲁迅说了前面引述的那段话，讲了自己对于国情与时局的认识，当时的中国，就仿佛是一间铁屋子，而里面的国人都在沉睡着，他们不久就都要闷死了，然而他们并不知觉，因而也就并不感到痛苦，可是倘若有那么一个人，大吼一声，惊醒了几个虽然睡着但是较为清醒的人，让他们来面对这就死的悲哀，难道就是对得起他们吗？因为，他们是没有力量将这铁屋子打破的。鲁迅的这一认识，诚然是悲观的，但不能不说是极为深刻的。

被惊醒的人是痛苦的，而鲁迅岂不是这间"铁屋子"中最早醒来而最感苦痛的人吗？

然而，钱玄同也有自己的看法，他说："然而几个人既然起来，你不能说绝没有毁坏这铁屋的希望。"这令鲁迅产生了另一角度的思考，他应允了钱玄同的请求。

"是的，我虽然自有我的确信，然而说到希望，却是不能抹杀的，因为希望是在于将来，决不能以我之必无的证明，来折服了他之所谓可有，于是我终于答应他也做文章了，这便是最初的一篇《狂人日记》。"

那个时代的中国，大多数中国人昧于外情，都昏昏沉沉地活着，但是，正是这种生活，使中国沦为半殖民地，成为列强掠夺的对象。正是有了严复、康有为、梁启超、胡适、鲁迅之类的"善于救人的人"，唤醒民众，中国才有了新的气象。

# ◎第二十八章　常德乃足◎

知其雄，守其雌，为天下谿①。为天下谿，常德不离，复归于婴儿。知其白，（守其黑，为天下式②。为天下式，常德不忒③，复归于无极。知其荣，）④守其辱，为天下谷。为天下谷，常德乃足，复归于朴⑤。朴散则为器，圣人用之，则为官长⑥，故大制不割。

【注释】

①谿（xī）：沟溪，山里的小河沟。②式：这里可作"模式"、"楷式"讲。③忒（tè）：差错。④以上六句为后人妄加，当删。《庄子·天下篇》引老聃文可证。⑤朴：素材。老子有时用"朴"来表示"道"。⑥官：管理的意思。长：首长、领导的意思。

【译文】

知道什么是雄强，却安于雌弱，甘愿做天下的溪涧。甘愿做天下的溪涧，永恒的德就不会流失，而回复到婴孩般的纯真柔和的境地。深知什么是明亮，却安守暗昧，甘愿成为天下的范式。甘愿做天下的范式，永恒的德就不会出差错，而回复到真朴的状态。深知什么是荣耀，却安守卑辱，甘愿做天下的川谷。甘愿做天下的川谷，永恒的德才能充足，而回复到自然本初的纯真状态。真朴的道分散成为宇宙万物，有道的人沿用真朴，就会成为百官之长。所以完善的政治制度是一个体系，不可分割。

【解析】

道的自然法则是两极相生，物极必反。有道者深明此理，所以自愿处在世俗认为不好的一面。这样，就消除掉了因处在好的一面产生的负面作用，使自己始终保持合于道的完整状态，即"婴儿"、"无极"、"朴"的状态，懂得了这个道理，即使做了官，也会进退自如。这就是"大制不割"的道理。

"知其雄，守其雌，为天下谿。为天下谿，常德不离，复归于婴儿。""雄"即刚强。"雌"即柔弱。"复归于婴儿"，即回复到婴儿般的纯真无邪的状态。老子认为，刚强是有为的表现形式，是不合于道的；而柔弱是无为的表现形式，是合于道的。所以，他要求人们坚守柔弱，只有这样才能合于道。"温柔似水"一词常用来形容女子美好的性格特征，这是因为水性本柔，可以承载天下万物，如果人们能够如溪水般柔顺，那么也就回归到婴儿般的自然人状态，这才是合于道的。

"知其白，守其黑，为天下式。""式"意为范式。世界的范式指的是世界的本体，也就是"道"。在

知其白，守其黑。

老子看来，只有深知什么是明亮，又能安于暗昧，才能成为天下的范式。

"为天下式，常德不忒，复归于无极。""无极"意为无边无际、无始无终。这句话的意思是说：成为天下的范式，永恒的德就不会出差错，永恒的德不出差错，就会回复到宇宙的初始状态。老子想通过这句话告诉我们：得道之人要实施无言之教，而不是将自己的观点强加于人。他强调不把人的思想引入歧途，这正体现了老子无为而治的处世哲学。

知其荣，守其辱。

"知其荣，守其辱，为天下谷。为天下谷，常德乃足，复归于朴。""朴"指的是自然事物的本质，这种本质指的就是"道德"。这句话的意思是说：深知尊荣，却安守卑辱，甘愿做天下的低谷。做了天下的低谷，永恒的德就充足了，永恒的德充足，就会返璞归真，回到自然淳朴的状态中去。它告诉我们，人生来就有欲望，贪慕荣华富贵是人的本性。如何才能使人们不过分贪图富贵呢？老子认为，荣华富贵终归要回复为无，人们只有懂得这个道理，才能泰然处之，面对外界的事物，做到无所容无所不能容，这才是到达了道的境界。然而，大道修得圆满，并不意味着大功告成了，人们还要继续坚守道的理念。否则，道又会进入到从无到有的循环往复之中去了。

"朴散则为器，圣人用之，则为官长，故大制不割。""大制"指的是完美无缺的政治思想和政治制度。"无割"指的是不可割裂，即人与人、人与世界的契合一致与和谐统一。在这里，老子强调了道的整体性和不可分割性。道的法则就是从无到有，再从有到无的循环往复、永不止息的过程。所以，人在修道的时候，不要只修炼一次，而是要永不停息地修炼。待到修炼完满后，还要使道德不流散，确保它的完整性。如果道德流散了，道就会再一次进入到从无到有、从有到无的循环往复之中。

## 从政之道

### ◎知荣守辱——勾践忍辱负重而灭吴国◎

本章中，老子提出了知雄守雌、退让谦卑的思想，这也是老子思想的核心内容。在此基础上，老子提出了一系列化解矛盾、消除冲突的方法，即甘守下流，自居柔弱，从而实现自己的目的。老子知雄守雌、退让谦卑的人生态度，对于后世有着很大的影响，越王勾践卧薪尝胆、自甘屈辱的故事，就是对老子这一思想的成功实践。

公元前496年，吴王阖闾趁越国君主新立、政局不稳之机，便发兵攻打越国。越王勾践率军抵抗，吴军遭受挫败，吴王阖闾也受了重伤，回到都城姑苏后，不久就去世了。临死前，阖闾对儿子夫差说："你一定不要忘了报仇呀！"从此，吴国和越国便结下了死仇。

夫差果然时刻不忘父仇，他日夜练兵，准备消灭越国。公元前494年，越王勾践趁着吴国尚未准备妥当的机会，决定先发制人，攻打吴国。这时，大臣范蠡劝阻道："我听说战争是十分残酷的事情，圣人总是在不得已的时候才进行战争。残酷的战争是离心离德的，而争强好胜不过是事情的末节，现在您违背道德，这是上天所忌讳的，对于出战者不但没有好处，而且还非常不利，应该慎之又慎，千万不要轻举妄动呀。"

这时的勾践年轻气盛，还不知道隐忍之道，所以他回绝了范蠡的建议，态度强硬地说道："这件事我已经决定了，您就不要再说了。"

于是，勾践调动精兵三万人，北上攻吴，与吴国的军队大战于夫椒。果然不出范蠡所料，这场战事以越军大败而告终，勾践只率领五千残兵，退守到会稽山，又被吴军团团包围。勾践身陷绝境，眼看就要成为亡国之君了，到了这时，他才知道范蠡有先见之明，于是凄然地对范蠡说道："我不听先生之言，所以才沦落到了这个地步，现在该怎么办呢？"

范蠡冷静地回答说："持满而不溢，就能与天同道，这样的话，上天是会保佑我们的；地能衍生万物，人应该节用，这样才会受到地的恩赐；扶持危难，谦卑行事，那么就能与他人同道。为今之计，只有谦卑地献上厚礼，贿赂吴国君臣；倘若吴国不答应，可以屈身侍奉吴王，这是在危难之时不得不做的事情啊。"

勾践无奈，只好派大夫文种前往吴国请求议和。文种到了吴国，"膝行顿首"而对吴王说："亡国之臣勾践自知罪不可赦，甘愿做吴王的贱臣，而他的妻子甘愿做您的贱妾。"

吴王夫差听了以后，对勾践有所怜悯，便想答应下来。这时，吴国的大夫伍子胥却劝谏夫差道："上天把越国赐给了您，不要答应他们的请求。"伍子胥是两朝元老，不但拥立夫差有功，而且还帮助吴国南征北战，称霸一方，所以夫差对他的话一向是言听计从。伍子胥对勾

吴王接受了越国送来的美女。

践求和之事极力反对，所以夫差便没有答应。文种无奈，只好回到会稽山。

勾践闻报，心中绝望，又忘了隐忍之道，便想杀掉自己的妻子儿女，毁掉越国的宝器，然后率领五千残兵与吴王一决雌雄。这时，范蠡、文种劝阻了他。文种劝慰道："吴国的权臣太宰伯嚭贪财，可以以利引诱他。"于是，勾践便下令文种带着美女和宝器去见伯嚭，伯嚭答应了文种的条件，然后带着文种去见吴王。

文种深知如何才能让吴王看不出勾践的志向，所以在见到吴王之后，他说道："我们越国的军队，不值得屈辱大王再来讨伐了，越王愿意把金玉及子女奉献给大王，以酬谢大王的辱临。并请允许把越王的女儿作为大王的婢妾，大夫的女儿作为吴国大夫的婢妾，士的女儿作为吴国士的婢妾，越国的珍宝也全部都带来了；越王将率领整个越国的人，编入大王的军队，一切听从大王的号令。如果大王觉得越王的过错不能宽恕，那么勾践就会把自己的妻子儿女捆绑起来，连同金玉一起投到江里，然后再率领五千残兵与吴国决一死战，真厮杀起来，难免使大王蒙受损失。杀掉一个勾践，怎能比得上获得整个越国呢？请大王好好衡量一下，哪种有利呢？"

这时，太宰伯嚭也在一旁帮腔说道："越国已经愿意臣服于大王了，如果能够赦免越王，吴国的利处将会很大。"

吴王夫差知道有利可图，就想答应文种。不过，吴国并不是没有清醒的人，大夫伍子胥很清楚，越王勾践不过是想委曲求全，以保存自己的实力罢了，于是他向吴王谏阻道："不能答应啊。

臣听说：'树立美德越多越好，去除病害越彻底越好。'越王勾践能够亲近他的臣民，注意施行恩惠，施行恩惠就不失民心，亲近民众就不会忘掉有功的人。越国同我们国土相连，又世世代代结为仇敌。我们打败了越国不把它根除，却要保留它，这就违背了天意而助长了仇敌，日后即使后悔，也无法将其消灭。"尽管伍子胥晓以利害，但是，吴王夫差已经被利欲蒙蔽了心智，再加上伯嚭在一旁进谗言，所以他根本就听不进伍子胥的忠言，终于和越国讲和，罢兵而还。

吴国退兵以后，勾践率领群臣回到越国，他把越国的政事交托给文种，然后带着夫人、孩子和范蠡以及三百官吏到了吴国，当即向吴王进献了大批的宝物和美女，并低声下气地极力奉承献媚。再经太宰伯嚭从一旁帮腔，吴王不但把杀父之仇忘得干净，还原谅了勾践发动战事的过错。

吴王夫差让勾践夫妇留在吴都姑苏，让他们住在阖闾墓前的一间石室里，并让勾践给他养马，这当然是对勾践的一种羞辱和惩罚。夫差之所以把勾践留在都城，主要是为了观察他是不是真心臣服于自己。夫差每次出行的时候，便让勾践在前面为他牵马，街道上的人看到勾践牵马，都在一旁指指点点，不住地嘲笑勾践。勾践把这一切屈辱都埋在心底，夫妇二人每天都蓬头垢面，出入石室，尽心尽力地给夫差喂养马匹，见到夫差时，更是奴颜婢膝，似乎甘愿做夫差的奴仆。

勾践夫妇在吴国住了三年，在这三年之中，勾践把自己的复仇之心始终埋藏在心底。夫差见勾践十分依顺自己，不但对他毫无怨气了，反而觉得这对夫妇十分可怜，便有心放勾践夫妇回国，却因遭到伍子胥的反对而作罢。在这期间，文种又多次派人给伯嚭送礼，让他不断替勾践说情。

有一次，勾践听说夫差生病了，就托伯嚭带话，说他听说大王病了，想去伺候一下。夫差听说勾践想探望自己，就答应了。伯嚭带着勾践进了夫差的内房，正赶上夫差要大便，勾践就急忙赶过去搀扶着他。夫差叫勾践出去，勾践却回答说："父亲有病，做儿子的理当服侍；君王有病，做臣子的也理当服侍。再说，我还有个小经验，只要尝尝大王的粪便，就能知道大王的病是轻是重了。"夫差心里很高兴，就不再拒绝了。夫差大便完，勾践扶着夫差上床躺好，然后背过身去，掀开马桶盖取粪尝味，然后向夫差磕头道："恭喜大王！您的病已经没什么危险了。再过几天，就会完全好的。"夫差疑惑地问道："你是怎么知道的？"勾践回答说："刚才我尝了大王的粪便，知道您肚子里的毒气已经发散出来了，这样的话，病不就快好了吗？"夫差看到勾践如此细心地服侍自己，反倒觉得有些过意不去了，他就对勾践说："你待我很好。等我的病好了，一定放你回到越国。"

正是由于勾践如此周到地侍奉夫差，再加上伯嚭不停地报告夫差说越国十分平静，没有一点反叛吴国的迹象，所以夫差就完全放下了戒心，以为越国对吴国没有任何威胁了。公元前491年，夫差亲自送勾践夫妇上了车，范蠡拉着缰绳，主仆三人回到了越国。

结束了三年的拘役生活，勾践终于回到了自己的故国。这时，越国百废待兴，于是勾践就向大夫范蠡询问振兴越国的道理，范蠡说道："天时、人事都是不断变化的，所以制定方针、政策要因时而定。"范蠡接着说到了自己关于复兴越国内政方面的建议。他强调首先要调动老百姓的生产积极性，积蓄力量，以实现富国强兵。他还规劝越王及夫人身体力行，也应从事具体劳动，给全国的百姓做好榜样，让他们勤于耕作，这样一来，国家的财政和粮食才能充实起来。此外，范蠡还主张要礼待弱小国家，对于强国，应当采取柔顺的态度，但这并不意味着屈服。范蠡最后说："但愿大王时刻都不要忘记石室

勾践以身作则，带领百姓从事农耕。

之苦，这样的话越国才能得到振兴，而吴国的仇也就可以报了！"

勾践听罢，十分赞同范蠡的话，于是立即下令：由文种主持国政，范蠡整治军队。而勾践自己也苦身劳心，发愤图强，睡觉不用床褥，积薪而卧。另外，他又在坐卧之处悬挂苦胆，饮食起居，一定要先品尝苦胆的滋味。他夜里常常暗自流泪，恨恨地自言自语道："勾践，你忘了会稽之耻了吗？"同时，他礼贤下士，敬老恤贫，得到了越国百姓的拥护。他还奖励生育，积聚财物，训练士卒，修缮甲兵，一直不敢懈怠。在对待吴国的态度上，他表面仍极尽奉承之事，又令范蠡到民间选了美女西施、郑旦，遣香车送给吴王。他还引诱吴王大兴土木，建造亭台楼阁，使吴王沉湎于酒色犬马之中。同时，勾践又暗中勾结楚国，联合齐国，依附晋国，最大限度地孤立吴国。

勾践十二年（前485年），越国民殷国富，勾践觉得自己力量强大了，便要找吴国报仇，一雪会稽之耻。这时，范蠡认为时机还没成熟，就谏阻说："越国虽然尽心人事，但是还没到灭吴的时候，勉强去求成功，这对越国来说是极为不利的。"大夫逢同也不赞成伐吴之举，勾践接受了他们的意见，只得仍旧隐忍不发。

又过了几年，吴国府库空虚，军队的战斗力也大不如前，可是还有一道障碍，那就是夫差的股肱之臣伍子胥。伍子胥经常在夫差面前陈说越国的威胁，但是夫差此时宠信太宰伯嚭，已经渐渐疏远伍子胥。这时，正赶上吴国与齐国的战事，越王勾践希望吴国能在这场战事中虚耗国力，就亲率官员到吴国来朝贺，赠送大批礼物，还答应派出三千甲兵随吴王出征。伍子胥再次劝谏夫差，说越国才是吴国的腹心之疾，建议夫差不应该伐齐，而是应当灭越。夫差根本不听伍子胥的忠告。伍子胥只得叹道："大王不听臣的忠言，再过三年，吴国就变成废墟了。"夫差听了伍子胥的怨言，十分恼怒，伯嚭趁机在夫差面前中伤伍子胥，夫差便派人赐给伍子胥一把宝剑，命他自尽。伍子胥当着使者的面，慨叹地说道："我辅佐先王成为霸主，我又辅佐大王做了吴王，大王当年答应要把吴国分一半给我，我当然不敢奢望，可大王怎能让我自杀啊？"说完便横剑自尽了。

伍子胥死后，吴国朝政更加腐败。这时，勾践再次召见范蠡，问道："现在伍子胥已死，吴王身边尽是阿谀之徒，我是不是可以讨伐吴国了？"范蠡说："反常的迹象虽已露出萌芽，但从天地的整体来看，吴国灭亡的征兆还不明显。"

勾践蒸粟还粮。

公元前482年，吴王夫差率领吴国的全部精兵北上，到卫国黄池大会诸侯，试图谋夺中原霸主的位子，而国中仅留下太子友及老弱病残留守。勾践和范蠡认为时机已经成熟了，于是率领军队攻打吴国。越国十年生聚，十年教训，一朝出手，势不可挡，范蠡很快攻下了吴国都城姑苏。夫差在黄池听到消息后，仓皇班师回国。后来，吴、越之间又进行了几次战争，吴国再也无法对抗越国了，公元前473年，吴王夫差日暮穷途，在姑苏城破之时，横剑自刎。勾践经过近二十年的励精图治，终于灭掉了吴国。

## 为人之道

### ◎知雄守雌——贾诩的明哲保身之道◎

老子说："知其雄，守其雌，为天下溪。"知雄守雌才是明哲保身之道，我们从贾诩的事迹中可以看出这个道理。

贾诩是三国时期的名士，其为人深谋远虑，胸怀韬略，奇计百出，算无遗策。

曹操击败袁术后，商议征讨张绣。当时贾诩是张绣的谋士，他设计让曹操中伏，使其损失五万兵马，曹军将领于禁、吕虔亦受了重伤。

贾诩小心谨慎地服侍曹操、曹丕父子。

后来贾诩随张绣一同归顺了曹操，从此成为曹操最重要的谋士之一。曹操对贾诩很是信赖，然而贾诩并没有因为得到曹操的赏识而得意忘形。他认为自己并非曹操旧臣，担心受曹操猜忌，所以万事小心谨慎，尽量做到明哲保身。

每次上朝结束，贾诩马上回家，并关上门户，从来不与别人私下交往。除了拿自己应得的俸禄，外财分毫不取。不仅如此，他还不准自己的子女与权贵结亲。在魏文帝曹丕当政之时，贾诩因功被委以太尉重任，但是贾诩并没有居功自傲，依旧过着恬淡的生活。

纵观贾诩一生，其为人和为官都以谦和婉转为主。如建安十三年谏曹操征孙权、刘备，尽管他不同意曹操的方略，但所用语言并不激烈，让人听了也不觉得刺耳，而且所说皆切中要害。又如关于曹操询问立太子一事，他在曹操屏退左右、深处密室无人知道的情况下，却也不明言该立曹丕还是曹植，只用'思袁本初、刘景升父子也'作答，启发曹操自己定夺，可谓微妙入化。

贾诩身处乱世，又处在权力斗争的中心位置，故而步步为营，小心谨慎，深谙明哲保身的道理，所以才能寿终正寝，死时年七十七岁，谥曰肃侯。

反观同时代的杨修，其为人锋芒毕露，不知收敛，以才智自恃，以傲物为达，处处张扬，事事显能，结果引起曹操的猜忌和愤恨，最终为曹操所杀，为后人所深切叹惋。

# 《道德经》写作的时代背景

前770年,周平王为躲避犬戎的侵袭,将都城东迁到洛邑(今河南洛阳)。东迁之后的周朝,史称东周。周平王东迁后,周王室势力衰微,周王名为天子,实际上要看大诸侯的脸色行事。

周平王姬宜臼,东周第一位君主。

## 周朝是中国远古社会的鼎盛时期

历史上将东迁之前那一时期的周朝称为西周。西周国野之制最为典型。

西周

- 前1046 —— 武王立国。
- 前1042
- 前995 —— 成、康盛世。周朝黄金时期。
- 前922 —— 昭、穆之后;国势渐衰。
- 前887
- 前841 —— 厉王被逐。
- 前781
- 前770 —— 幽王被杀。

平王东迁 —— 前770

老子生活时期
- 前571
- 前471

赧王崩,秦国迁走九鼎,宣告东周覆亡。

- 前475
- 前256
- 前221

东周

春秋时期 —— 王室衰微,诸侯争相称霸和兼并,社会动荡,持续二百多年。

平王东迁以后,管辖范围大减,形同一个小国。

战国时期 —— 各诸侯相互征伐、兼并,前221年秦始皇灭六国,建立秦朝。持续了二百多年。

# ❧◎第二十九章　去奢去泰◎❧

将欲取天下而为之①，吾见其不得已②。天下神器，不可为也，不可执也。为者败之，执者失之。［是以圣人无为，故无败；无执，故无失。］③夫物，或行或随，或歔或吹④，或强或羸⑤，或挫或隳⑥。是以圣人去甚⑦，去奢，去泰。

【注释】

① 取天下：治天下。② 不得已：得不到罢了。已，罢。③ 以上四句为第六十四章错简，当移于此处。④ 或：代词，可译为"有的"或"有的人"。⑤ 羸（léi）：瘦弱。⑥ 隳（huī）：毁坏。⑦ 甚：非常的、极端的。

【译文】

想要治理天下却用强制的办法去做，我看他不能达到目的。"天下"是神圣的东西，不能凭自己的主观意愿采用强制的办法，不能加以把持。用强力施为的，一定会失败；用强力加以把持的，一定会失去。由于圣人不妄为，所以不会失败；不把持，所以不会失去。世人秉性不一，有的前行，有的后随，有的性情和缓，有的性情急躁，有的刚强，有的羸弱，有的安定，有的危险。因此，有道的人要去除那种极端的、奢侈的、过度的措施。

将欲取天下而为之，吾见其不得已。

【解析】

这一章重点说的是无为的道理。无为即按照道的法则去行事，不能做到无为，就会招致失败。圣人懂得这个道理，所以凡事不过分，一切随顺自然。在这里，老子以治身之道印证治国之道，以不道统治烘托圣人之治。统治者无道，所以会做出甚、奢、泰的不道行为；圣人明道，所以会去甚、去奢、去泰。

"将欲取天下而为之，吾见其不得已。""不得已"指的是无法达到目的。这句话是说：要想治理天下，而又不采用无为而治的治国方略，我看他根本达不到目的。在这里，老子再次谈到"有为"和"无为"。对于自然界里的一切事物，它们都有各自的存在方式。我们不能人为地对它们的存在方式强加干涉，否则就会违背大道，必然会受到大道的惩罚。所以，老子在《道德经》中多次提到，治国者应该无为而治，实施不言之教，只有这样才能合乎大道，使国家长治久安，百姓安居乐业，其统治地位才能长久。

"天下神器，不可为也，不可执也。为者败之，执者失之。""神器"即神奇造化之物。"执"即支配、把握的意思。这句话意思是说：天下是大自然神奇造化之物，所以我们不要凭着主观意志去强行改变它。凭着主观意志去强行改变，必定会招致失败；掌握天下，把天下据为己有，迟早有一天会失去它。这句话强调的还是无为的思想，它告诉我们一个道理：君主不但可以解决国家内部的一切矛盾，还能够全权处理国家外部的纠纷。所以，治国者固然可能因为勤政爱民而引导出一个治世，也可能因为独断专行而引起国家的覆灭。在老子看来，不管怎样，治国者都不能拿整个国家来作为施展个人理想的工具。老子告诫一些野心勃勃的治国者：如果谁想以国家作为事业的赌注，那么谁就会招致失败；谁想长久把持国家作为个人私产，谁就会失去整个国家。所以，圣人治理国家，都是为了努力消除个人的偏执、奢华和过分的行为方式。圣人懂得这个道理，以无为之道来治理国家，所以不会招致失败；因为圣人从不想去支配百姓，所以也不会有什么失去的东西。这样一来，天下就实现大治了。

天下神器，不可为也，不可执也。

为者败之，执者失之。

　　"夫物，或行或随，或歔或吹，或强或羸，或挫或隳。"歔，气缓，喻指性格柔和。吹，气急，喻指性格刚烈。世间的事物，有的前行，有的后随；有的气缓，有的气急；有的强壮，有的羸弱；有的受益，有的失落。事物尚且如此，更何况人呢？俗话说"千人千面"，意思是说一千个人有一千张面孔，当然性格特征也迥然各异：有的人喜欢特立独行，有的人喜欢随声附和；有的人乐于助人，有的人刻薄寡恩；有的人好勇斗狠，有的人懦弱胆怯；有的人喜欢安安静静，有的人喜欢熙熙攘攘……芸芸众生，性格各有差异，圣人该如何治理天下百姓，保证使他们归顺自己呢？下面的一段，老子给出了答案。

　　"是以圣人去甚，去奢，去泰。"甚，极端，这里指的是过分严厉的措施。老子反复强调统治者应顺其自然，确保每个人按照自己的特性去生存和发展，而不要人为地去干涉个人的行为，以安定人心，只有人心安定了，才能得到万民之心，然后才能得到天下。所以，圣人治理国家，就是要摒弃那些极端的东西，不做出过分的行为。这样一来，天下人也就可以自由自在地生活了。

　　在《道德经》里，多处谈到统治者应行无为之治。老子极力宣传无为之治，主张一切都要顺应自然，因应物性，希望统治者治国安民，做任何事情都不要走极端。事实上，老子所讲的"无为"，并不是不作为的意思，也不是说人们在客观现实面前无能为力，而是说如果强制性地有所作为或是以暴力统治人民，都将招致灭亡。"有为"就是以自己的主观意志去做违背客观规律的事，或者把天下据为己有。在老子看来，"有为"必然招致失败，在这个世界上，无论人或物，都有自己的秉性，其间的差异性和特殊性都是客观存在的，不要把

或强或羸。

自己的意志强加到别人身上。得道之人往往都能顺应自然，做到不强制，不苛求，因势利导，使自己的行为合于自然规律。

## 从政之道

# ◎逆道者亡——不得善终的暴君侯景◎

"天下"是神圣的东西，不能凭自己的主观意愿采用强制的办法。用强力施为的，一定会失败。南北朝时期的"侯景之乱"就很好地说明这个道理。

南北朝时期，南方与北方长期对峙，而南朝和北朝各国的内部，统治阶级也是相互倾轧，不断杀伐，致使国无宁日，民不聊生。就在山河破碎、生灵涂炭的时期，在南朝梁武帝萧衍末年（548年），爆发了一场长达四年之久的叛乱，因这场叛乱的发动者是投降梁国的东魏将领侯景，故史称"侯景之乱"。

暴君侯景。

侯景是北方怀朔镇人，羯族，是个反复无常的人。侯景生性野蛮，少时顽劣不羁，长大后骁勇善战，精骑善射。他曾参加过葛荣领导的六镇起义，先后投靠北魏权臣尔朱荣与高欢，成为北魏手握重兵的大将。

公元547年，侯景与东魏权臣高澄发生矛盾，于是献上河南十三州投降了西魏。西魏丞相宇文泰接受了他的投降，但宇文泰深知侯景狡诈多变，便采取陆续接管的稳进策略，渐次接收侯景献给的十三州。同时，又召侯景入长安，企图解除其兵权。这时，东魏高澄派慕容绍宗率兵向侯景进逼，侯景在东、西魏的夹攻下，转而向南方的梁朝投降。

梁武帝萧衍想借助侯景之力恢复中原，就接

纳了侯景，封他为大将军、河南王，没想到这竟是引狼入室之举。

梁武帝派他的侄子萧渊明率军北上，以接应侯景。但由于萧渊明根本不懂军事，结果被东魏打得大败，萧渊明也被活捉。侯景被慕容绍宗打败后，驻在寿阳（今安徽省寿县）。后来梁朝与东魏议和，打算用侯景换回萧渊明。

侯景本有作乱之心，遂暗中勾结一心想篡位的梁武帝之侄萧正德做内应。先前梁武帝无子，便以其弟萧宏之子萧正德为子，后来生下儿子萧统，便将萧正德送还萧宏，但萧正德认为自己应该承继大统，所以对梁武帝非常不满。侯景便以帝位相诱，勾结萧正德共同叛乱。

梁武帝不知内情，还派萧正德为平北将军。由于侯景得到萧正德准备好的船只，因此顺利渡过长江。萧正德权欲熏心，迎侯景进入建康（今江苏南京），集中兵力围攻建康中心台城。侯景纵兵抢掠，又命北人被没为奴者，皆令放免，并加以任用。侯景过江时兵不过八千，马不过数百，而当时台城中尚有十余万人，甲士两万多，四方援军相继奔赴建康者三十余万。但援军无统一指挥，多持观望态度，宗室诸王停驻不前，只想保存实力以夺取皇位。台城被围一百三十多天，粮食断绝，疫病流行。结果在太清三年（549年）三月，侯景攻陷台城。城破之时，城中只剩下二三千人，尸骸堆积，血流漂杵，惨不忍睹。

侯景攻破台城后，把梁武帝萧衍囚禁起来。待控制朝廷后，马上杀掉萧正德，不久，八十六岁的老皇帝也被活活饿死。侯景先立萧纲为帝，不久废杀，又改立萧栋，很快也把其废掉了。

551年，侯景自立为汉帝，大杀萧衍后代，萧梁政权瓦解。这时侯景也日益暴露出其本来的凶狠面目，其用兵施政十分残酷，派人到处焚掠，视人命如草芥。为了镇压江南人民的反抗，侯景专以屠杀和酷刑树威。侯景嗜杀成性，在吃饭的时候杀人，本人仍谈笑风生。其酷刑有断手断足、割舌劓鼻等。

侯景的残暴统治激起了江南人民的强烈反抗，一些梁朝将领和地主土豪纷纷起兵反抗侯景。同一年，侯景进攻占据江陵的萧绎受挫。552年，梁将陈霸先、王僧辩等乘胜顺江东下，再败侯景于建康。侯景乘船出逃，被部下杀死在船中。至此，危害江南四年之久的"侯景之乱"终于结

侯景之乱。

束了。

经过侯景之乱，建康这个南北各四十里，拥有二十八万人口的繁华都市，变成了一片废墟。侯景还分兵攻掠吴郡、会稽、广陵等地，一路烧杀抢掠，使富庶的长江下游地区"千里绝烟，人迹罕见，白骨成聚，如丘陇焉"（《南史·侯景传》）。江南人民和萧衍朝野，对侯景的暴行无不恨之入骨，因此，侯景的尸体被运到江陵时，士民纷纷割其肉争食，又焚尸取灰，和酒而饮，以解心头之恨。

侯景狼戾不仁，嗜杀成性，滥杀无辜，胡作非为，其统治之残暴，手段之残忍，令人发指。古语有言："多行不义必自毙！"侯景作为杀人屠夫，最后落得身死人手的下场，可谓死有余辜，最终亦遗臭万年。

## 为人之道

# ◎戒奢守俭——廉洁奉公的吴隐之◎

在本篇中，老子阐述了"去奢"的思想。唐代诗人李商隐曾写下一句诗："历览前贤国与家，成由勤俭败由奢。"这句诗揭示的就是去奢的道理。在中国历史上，曾经涌现出诸如晏子、杨震、于成龙等尚俭去奢的廉吏，为后人所称道。奢侈是十分危险的东西，它腐蚀人的灵魂，能使人引火上身。所以，去奢的思想至今仍具有很大意义。

吴隐之酌贪泉不易心。

吴隐之，字处默，濮阳郡鄄城县人。家境贫寒，但品性孤高，且操守清廉。他入仕几十年，中间皇帝换了好几个，将相公卿也更换了许多。但是，吴隐之却能在仕宦生涯里一直身居要职。很多人都认为他运气好，其实主要原因是他能做到戒除贪欲，恪守操行，所以才能仕途顺畅，且深受百姓爱戴。

东晋隆安三年（399年），朝廷任命吴隐之为龙骧将军、广州刺史。魏晋时代的广州，北有五岭，南临大海，治所在今天的番禺，管辖现在两广的绝大部分地区。这里山明水秀，所产南珠等各种珍宝更是驰名中外，史称"一箧之宝，可资数世"。

吴隐之接到任命后，立即携带家眷赶赴广州。他们一路跋山涉水，风餐露宿，这一日终于抵达了离广州二十里远的石门。石门下激石远处有一泓泉水，据说凡是饮过此泉水的人，没有不陡起贪念的，所以人们称其为"贪泉"。贪泉臭名远扬，几乎没有人不知道它，当地居民又添油加醋，宣称只要喝上一滴贪泉水，心里就会燃起贪欲之火，连超脱尘世、仙风道骨的人也不能避免。对于这一传言，当时的人均深信不疑。自命清高的过客路过石门，远远避开贪泉，生怕玷污了自己的清名；利欲熏心的奸邪小人，也假装成正人君子，一听到贪泉之名，就掩耳捂鼻。在一般人看来，岭南之所以贪污成风，就是因为这里有贪泉的缘故。吴隐之听到这个传说，一点也不相信，他对亲人说："不见可欲，使心不乱。岭南官吏贪污成风的缘由，我已经明白了。"于是，他从容地走到贪泉旁边，俯下身来舀起一杯泉水，"咕嘟咕嘟"喝下肚去，就像痛饮美酒一样。喝完之后，他感觉除了甘甜可口之外，也没有什么特殊的感觉。吴隐之微微一笑，当即赋诗曰：

古人云此水，一歃怀千金。

试使夷齐饮，终当不易心。

"歃"指的是用嘴吸饮。"夷齐"指的是伯夷、叔齐，此二人为殷商王族，商朝末年他们互相让国，商朝灭亡后，二人坚守节操，不食周粟，最终饿死于首阳山。全诗大意是：古人说这泉水，只要一口沾唇就会陡起贪念，就会想得到千金。假如伯夷、叔齐来到这里，不管怎么饮用，他们那忠贞之心，也绝不会改变分毫！吴隐之一语道破了他喝贪泉水而不改变节操的真谛。因此，人贪与不贪，不在于喝没喝"贪泉"水，而在于自己的节操。

果然，吴隐之在广州任职期间不但没有变得贪婪，反而更加清廉了。尽管广州佳果终年不绝，但是他尽吃些蔬菜和干鱼，平时的生活十分节俭。最初的时候，当地百姓和官员还以为他故意装装样子，以显示自己的俭朴。时间一长，众人才知道他的的确确是个大清官，并没有演戏装样子。

由于吴隐之廉洁奉公，广州的贪腐之风很快就扭转过来了。朝廷为了嘉奖吴隐之，就提升他为前将军。

吴隐之不仅自己克俭去奢，而且还要求妻儿保持勤俭的节操，其感人事迹数不胜数，这里只举出其中一例。

孝武帝时期，卫将军谢石闻得吴隐之的大名，特意奏请皇上让吴隐之做将军府的主簿。有一天，谢石听说吴隐之的女儿即将结婚，他知道吴隐之向来清廉俭朴，嫁女一定不会大肆铺张，更不会置办多少嫁妆，所以特地派人将自家厨具、纬帐等搬到吴隐之的家中。当使者到达吴隐之家门口的时候，刚好碰见一个小丫

为置办喜事，吴隐之派丫鬟到集市卖狗筹钱。

头牵着一条狗往外跑，院子里寂静无声，什么动静也没有。他心里直纳闷，还以为走错了门，于是拦住小丫头问道："请问这是吴主簿的家吗？"小丫头回答："是呀！"使者又问："贵府小姐今天要出嫁吗？"回答说："是呀！"使者又用眼睛向院子里扫了一圈，大惑不解，便向小丫头说道："怎么府中如此冷清，什么都没有置办啊？"小丫头没等使者说完，便向他摆摆手说："对不起，我要出门卖狗去了！"使者急忙喊道："你去卖狗干什么？"小丫头冲他笑笑说："先前不是告诉您了吗？我家小姐今日要成亲，家里急等着钱用呢！"说完就跑了，使者大吃一惊，愣了一会儿，转身就跑回到将军府，向谢石和府中的官吏报告这桩"特大新闻"。

吴隐之告老退休，直至逝世，屡屡受到朝廷的褒奖和赏赐，并赐予显要的官职，廉洁的士大夫无不以此为荣。吴隐之凭着自己的清正廉洁，换来了世人的尊敬。

# ◎第三十章　不以兵强◎

## 【原文】

以道佐人主者，不以兵强天下。其事好还。师之所处，荆棘生焉①。大军之后，必有凶年。善有果而已②，不敢以取强。果而勿矜，果而勿伐③，果而勿骄，果而不得已④，果而勿强。物壮则老，是谓不道。不道早已。

## 【注释】

①焉：兼词。②果：达到目的，取得成功。而已：罢了。③伐：夸耀功绩。④已：停止，这里可译为"死了"、"死亡"。

## 【译文】

按照"道"的原则辅佐君王的人，不依靠兵力来称霸天下。穷兵黩武这种事不仅不会带来好处，反而会很快遭到报应。军队到过的地方，荆棘横生。大战过后，必定会有荒年。善于用兵的人，只要达到救济危难的目的就算了，不会以兵力强大来耀武扬威。即使达到了目的，也不因此而自尊自大；即使达到了目的，也不因此而夸耀；即使达到了目的，也不因此而骄傲；即使达到了目的，也认为是不得已而为之；即使达到了目的，也不逞强。事物壮大了，就会走向衰亡，这就说明它不符合于道，不符合于道的，就会很快走向败亡。

## 【解析】

这一章的核心思想是"勿强"二字，前半部分讲有道之人辅佐君主，不凭借强大的武力来征服天下，因为战争不论胜负，都会带来灾难性的后果。后半部分讲真正完美的方式是像树上结出果实一样，是自然生长出来的，而不是强求出来的。不能骄傲自满，要认识到是不得已才走到这一步的，结出了果实，已经是强壮了，就不要再增强它了，如果过于强壮，就会走向反面，背离了道。这里需要注意一点：在这一章和下一章中，尽管老子都重点论述了战事的问题，但这并不能说老子兼治兵家，因为老子之所以论兵，只是想阐释哲学问题，而不是为了阐述兵家之道。

"以道佐人主者，不以兵强天下。"君王在治理天下时，周围一定会有很多人来辅佐他，这些人不但辅助君主治理天下万民，也操纵着军队，如果这些人过分夸大军事的作用，势必会影响君王的治国策略，甚至会导致君主穷兵黩武，滋生独霸天下的野心，最终酿成战争，给人民带来灾难、痛苦和死亡。当然，如果一个国家没有自己的军队，必然会遭到其他国家的侵略，也就无法保证自己国家的安定祥和了。

大军之后，必有凶年。

"其事好还。师之所处，荆棘生焉。大军之后，必有凶年。"这几句话揭示了逞强带来的恶果：征战之地，荆棘丛生，战争之后，必然会出现大灾荒年。

"善有果而已，不敢以取强。果而勿矜，果而勿伐，果而勿骄，果而不得已，果而勿强。"老子认为，用兵之道不是为了发起战争，而是为保家护国，只要能够确保人民的安全和国家的稳定就可以了，不可以逞强于天下。一旦遇有战争，到了必须用兵的时候，也要遵循大道的原则，不宜过分用兵逞强，只要能

善有果而已，不敢以取强。

够保全自身就足够了；而且在使自己保全之后，也不要自满，不要骄纵，这样才合乎自然规律。如果不这样做，势必会引起别人的妒恨，也会使自己放松警惕，致使自己堕落和腐化，这样已经取得的胜利就会瞬间化为乌有，同时导致最终的失败。因此，用兵之道要讲求一个合理的度，这就要求统治者在用兵时应当采用自然而然的做法，而不采取过激的行为，只有这样才能确保国治民安。

"物壮则老，是谓不道。不道早已。"在本章中，老子借战事的问题向我们阐明了一个人生道理，即做任何事情都不要过头，太过头就会走向反面；当我们获得成功或是取得成绩时，不可沾沾自喜，更不可狂妄自大，而要掌握适度原则，否则就会朝着相反的方向转化。人们经常所说的"乐极生悲"一词，就是用来形容那些得意忘形之人的，它也给我们敲响了警钟。在现实生活中，快乐得忘了形的人随处可见，而悲伤过度的人也不在少数，人们为何难以控制自己的情绪呢？老子给出了我们答案，即我们远离了大道，不能和大道合二为一。

在情绪的掌控方面，老年人要比年轻人做得好些。一般而言，老年人在现实生活中经历的大风大浪要比年轻人多得多，所以不易冲动，不会感情用事。而年轻人则不同，年轻人在情感方面经历的事情太少，一旦遭遇挫折，便会失落不已。对于多数年轻人来说，他们都或多或少遇到过烦恼和痛苦，但每个人的处理方法不同，如果只是一味地忍着伤痛，而不是把挫折作为一次经验和教训，就不会向积极的方面转化。如果能够克服挫折，就会慢慢走出阴影，成为生活中的强者。

失败和痛苦在很大程度上能促使人取得成功。生命是多姿多彩的，我们要以欣赏的眼光和乐观的心情对待挫折，决不能让坏情绪毁了自己的一生。

## 从政之道

## ○物壮则老——隋炀帝三征高句丽○

善于用兵的人只把武力当作实现目的的手段，而不会仗着武力强大为所欲为，否则必然遭到报应。战争，无论性质如何，都会带来杀戮和灾害。穷兵黩武一定会造成社会动荡，导致民怨沸腾。隋炀帝仗着国力强大，兵力雄厚，三次挥师高句丽，极大地消耗了隋的国力，引起民众的极度不满，并引发了隋的灭亡。

统一中国后，隋要求周边国家做自己的臣属，高句丽不肯，逐渐和隋进入战争状态。隋文帝在

位时曾派 30 万大兵攻打高句丽，结果隋军大败而归。隋文帝去世后，隋炀帝即位。607 年，隋炀帝征高句丽王入朝，后者不但拒绝了隋炀帝的命令，还断绝了和隋朝的往来。隋炀帝大怒。于是，第二年元月，隋炀帝便开始为征讨高句丽作准备，用了数年的时间动员了百万大兵。根据《资治通鉴》的记载，整个隋朝都因此苦不堪言："……幽州总管元弘嗣往东莱海口造船三百艘，官吏督役，昼夜立水中，略不敢息，自腰以下皆生蛆，死者什三四……往还在道常数十万人，填咽于道，昼夜不绝，死者相枕，臭秽盈路，天下骚动。"为了召集足够多的兵力，隋炀帝甚至打起了寺院的主意，下令拆毁寺院，将僧人充用工役。

隋炀帝对赢取战争充满信心，为了炫耀大隋国威，他还招各国使者和藩属君王随军出征。

612 年，隋炀帝御驾亲征，踏上了首次前往高句丽的征途。有大臣劝说隋炀帝停止如此兴师动众的举动，遭到了隋炀帝的拒绝。

由于自信可以凭借绝对优势的兵力"不战而屈人兵"，隋炀帝完全没有考虑战略战术，面对高句丽的奋起抵抗，隋军阵脚大乱。两方人马第一次交锋，隋军就吃了败仗。在随后的日子里，隋军也只是偶有胜利。

随着败象越来越明显，隋炀帝只能接受现实。高句丽派使者来求降，说只要隋军撤退，高句丽王就到隋炀帝处朝见。考虑到接受对方的提议，可以保全脸面班师回朝，隋炀帝同意了。然而，就在隋军撤退的时候，高句丽突然发起袭击，将隋军打得落花流水，溃不成军，若干隋朝大将在混乱中战死，隋炀帝亲自出马指挥的百万大军最终狼狈地逃回了家。

也许是这个结果太出乎意料了，隋炀帝咽不下这口恶气，他一面将战败的责任往大臣身上推，一面准备对高句丽的第二次进攻，企图夺回在各国使者眼前丢掉的面子。尽管此时隋的很多地区都爆发了反对隋炀帝的起义，威胁到隋政权的稳定，但隋炀帝还是不肯放下远征高句丽的计划。就这样，在 613 年，隋军再次出征高句丽。由于在之前的战争中兵力耗损过于严重，隋炀帝还改变了隋的征兵制度，招收了更多的平民。

相比第一次出征，第二次征讨高句丽多少要顺利些。只是就在高句丽即将支撑不住之时，隋军后院起火。负责督运粮草的礼部尚书杨玄感在黎阳（今河南浚县东北）举兵造反，直逼隋朝首都。隋炀帝无奈，只得放下这几乎调集了全国一切力量的战争，回国解决叛乱问题。

二征高句丽又没能实现目的，隋炀帝懊恼不已。杨玄感的起事虽很快便被平定，但此时的隋朝已然动荡不堪："举天下之人，十分九为盗贼，皆盗武马，始作长枪，攻陷城邑。"遗憾的是，在这种情况下，隋炀帝仍然要劳民伤财地征讨高句丽。当隋炀帝在朝堂上将这个想法告诉给大臣们时，大臣们都沉默以对。

614 年，隋炀帝下诏第三次御驾亲征高句丽："黄帝五十二战，成汤二十七征，方乃德施诸侯，令行天下。"他将自己和古代著名的圣德之君作比，暗示人们，自己不过打了两次，没有收获预期结果十分正常。

第三次讨伐高句丽，隋

隋炀帝仗着国富兵强，下令征伐高句丽。

169

炀帝又带上了百万大军，但将士们早已没有打仗的心思。在前往高句丽的路上，不断有士兵逃跑，即便被抓后会遭到斩首之刑，逃亡者仍数量甚多。行军的速度因此变得十分缓慢。不过，另一方面，此时的高句丽也已经十分虚弱，没有力气再和隋军抗衡。因此，派出使者向隋朝乞降。

经过前两次的失败，隋炀帝对第三次征讨高句丽能否胜利并无十足把握，见高句丽主动请降，也见好就收，停止了进攻，接受了降款。

隋炀帝在这年八月返回了京城，对高句丽的战争终于结束了，除了赢得了一个"胜利者"的头衔，他一无所得。在回京的路上，隋炀帝还遭到了农民军的打劫，一下子损失了数十匹马。回到京城后，他催促高句丽王入朝，谁料，对方竟然没理他。这让隋炀帝再度萌生攻打高句丽的念头，只是这次他已然心有余而力不足。国内的起义此起彼伏，让隋炀帝难以招架。

615年，隋炀帝大设宴席款待来朝的使者，他没有在使者中看到高句丽人的影子。宴毕回宫，隋炀帝终于忍不住潸然泪下。之后，仅仅过了三年，隋炀帝就被身边的侍卫杀害，偌大的隋朝也随之灭亡。"以兵强"不只不会让人强大，还有可能耗尽人的气力，让人在不知不觉中失去已有的东西。

## 处世之道

# ◎无道必亡——唐朝平定安史之乱◎

"师之所处，荆棘生焉。大军之后，必有凶年。"这两句话说的是战争过后给百姓和社会所带来的灾难。春秋战国时期，战争连绵不断，百姓苦不堪言。老子身逢乱世，深刻认识到战争的残酷，所以对战争充满了厌恶之感。老子还认为，如果战争无法避免，那么只要达到目的就可以，不必滥用武力，否则就会引火上身，落得悲惨的下场。

唐代开元后期，唐玄宗逐渐丧失了以前那种向上求治的精神，他任用"口蜜腹剑"的李林甫为相，朝政日益腐败。李林甫善于逢迎，事事迎合玄宗的心意，私下却利用职权，大施淫威，独断专横。玄宗改元天宝之后，更加纵情享乐，他宠爱杨贵妃，信任宦官高力士，后来还把朝政全交给杨贵妃的堂兄杨国忠处理。杨国忠在李林甫死后继任为宰相，他排斥异己，贪污受贿，使朝政更加败坏。再加上当时土地兼并严重，农民生活艰难，政治、经济、社会渐呈衰败之象，这让安禄山有了可乘之机。

安禄山本是混血胡人，他生性奸诈，却在外人面前表现得很忠诚。安禄山善于逢迎，入朝不久即赢得唐玄宗和杨贵妃的欢心，身兼范阳（今北京西南）、河东（今山西太原）、平卢（今辽宁锦州西）三镇节度使，成为雄霸一方的大军阀。天宝后期，安禄山看到唐玄宗荒废政事，内地兵力空虚，于是产生了"取而代之"的野心。为了颠覆李氏江山，

唐玄宗宠幸杨贵妃，不理政事。

他一方面经常到长安朝见玄宗，装出极其恭顺的样子，以骗得唐玄宗的宠信；另一方面却暗地里在河北老巢积蓄力量，在范阳城北建筑雄武城，广招兵马。经过十年准备，安禄山于天宝十四载（755年）串通部将史思明，以讨伐杨国忠为名，从范阳起兵，率众反唐。

"安史之乱"爆发后，安禄山率领十五万叛兵一路南下，很快攻陷藁城、陈留、荥阳，直逼洛阳。唐玄宗大为震惊，急忙下令荣王李琬、右金

安史之乱中，唐将哥舒翰拒守潼关。

吾大将军高仙芝讨伐叛军。叛将田承嗣、安守忠进攻洛阳，守军抵挡不住叛军骑兵的冲杀，大败溃逃，叛军占领洛阳。紧接着，叛军乘胜追击高仙芝军队，唐军大乱，很多兵士被人马践踏而死。后来，唐军退守潼关，这才阻挡住了叛军西进的脚步。在河北，平原太守颜真卿、常山太守颜杲卿率众阻击叛军。史思明亲自率兵攻打常山，颜杲卿昼夜拒战，终因寡不敌众、粮尽无援而失败。城陷之后，颜杲卿全家三十余人被害。常山之战虽然失败，却牵制了叛军的兵力，致使安禄山攻打潼关受挫，从而减轻了关中的压力。

天宝十五载（756年）正月，安禄山在洛阳称帝，国号大燕，并下令西进夺取长安。唐玄宗随即任命河西陇右节度使哥舒翰为兵马副元帅，令其固守潼关。哥舒翰根据敌强我弱的情势，决定采用以逸待劳战术，阻击叛军，待时机成熟再与叛军决战。但是玄宗屡次催促他出战，无奈之下，哥舒翰只得出关迎击叛军，结果唐军大败，哥舒翰力战被俘，投降了安禄山。潼关失陷以后，长安已无险可守，玄宗仓皇逃往蜀地。安禄山兵进长安，纵兵劫掠，掳走百官、宫女、宦官，一起押赴洛阳。

当叛兵攻下长安时，太子李亨逃到灵武，即位称帝，李亨就是唐肃宗。肃宗整军经武，准备收复长安、洛阳，中兴唐朝。唐将郭子仪率领五万大军赶赴灵武，李光弼也率众前往太原抗击叛军，肃宗政权这才稳定下来。然而，李亨任用志大才疏的房琯谋划军国大事，命他率兵收复二京，房琯于是分兵三路，进攻长安。房琯攻打长安时，采用古代车战之法，排出两千辆牛车，两翼由步兵和骑兵掩护，与叛军安守忠部在咸阳附近作战。安守忠见到唐军的阵势，就乘风纵火，拉车的老牛见到火，吓得四处逃窜，唐军在这一战中死伤四万余众，部将杨希文、刘贵哲投降叛军，房琯只带数千人逃归灵武。

在抗击安史叛军的过程中，影响最大的是太原之战和睢阳之战。

至德二年（757年）正月，叛军发生内乱，安禄山为其子安庆绪所杀。这年，史思明、蔡希德率领十万大军分两路围攻太原，试图在攻下太原后，长驱朔方，消灭肃宗政权。唐将李光弼率领军民在城外挖掘壕沟，在城内修筑堡垒，凭险固守太原。

史思明率骁骑兵攻击太原，命令军队东西夹击，南北接应，又造云梯、土山攻城，双方对峙一个多月，难分胜负。这时，李光弼募人挖地道通到城外，叛军攻城的人马云梯全都陷入地道之中。他又制造威力巨大的大炮，与叛军交战，歼敌两万余人。史思明损失惨重，这才率军稍稍后退。李光弼又命偏将诈降，亲自率军挖掘地洞，严阵以待，史思明正准备受降，突然传来一声巨响，叛兵千余人陷入地洞，顿时大乱，李光弼趁势率军杀出，又杀敌万余。史思明再遭挫败，只留下蔡希德攻城，自己却逃回范阳。李光弼选出敢死士攻击蔡希德，杀敌七万人，叛军溃败而逃，唐军取得了

太原保卫战的胜利。

与此同时，安庆绪命令尹子奇率兵十三万攻打睢阳（今河南商丘市南），睢阳守将许远势单力薄，于是急忙向守卫雍丘（今河南杞县）、宁陵的张巡求援。张巡收到消息后，自宁陵率兵进入睢阳城，与许远共同御敌。二人齐心协力，张巡在前线指挥作战，许远调集军粮，修造战具，尽管唐军只有六千余人，但士气高涨，他们昼夜苦战，有时一天作战二十次，最终敌两万余人。尹子奇见唐军防守坚固，就下令率军回撤。三、四月间，尹子奇再度围攻睢阳。面对强敌，张巡杀牛犒军，士卒感奋，全部出战。张巡率军出城，叛军见唐军人少，有些麻痹大意，张巡趁机冲入敌阵，斩杀叛将三十余人，兵士三千人，追杀数十里，大获全胜。此后，双方相持于睢阳，张巡命令士兵夜间在城上列队击鼓，假装要与叛军决战。叛军果然上当，一夜不敢休息，唐军则在白天息鼓休整。这样连续好几天，尹子奇不复防备，张巡率领部将南齐云、雷万春等十余名将领突袭叛军军营，一直冲入尹子奇的大帐之中，南齐云见到尹子奇，搭起弓箭朝他射了一箭，射中尹子奇的左眼，差点将其活捉。尹子奇侥幸逃脱，慌忙率兵撤离。在这次战斗中，唐军斩杀敌将五十余人，兵士五千余人。七月，尹子奇第三次围攻睢阳，唐军因伤亡无法补充，外面又没有援兵，张巡只好固守拒敌。叛军用云梯、木驴、土囊攻城，张巡随机应变，想方设法消灭敌人，迫使尹子奇做长期围困的计划。经过数月苦战，唐军仅剩六百余人，孤立无援。无奈之下，张巡命南齐云突围出城，赶赴临淮（今安徽泗县东南）向贺兰进明求援，但贺兰进明拒绝张巡的请求，拒不发兵。此时，睢阳城中粮食已经吃光了，唐军将士力竭不能出战，叛军趁机拼命攻城，睢阳终于失陷了。叛军进城后，杀害了张巡、南齐云、雷万春等三十六名守将，许远则被押赴洛阳。

太原和睢阳保卫战，牵制了叛军大量兵力，起到了扭转战局的作用。与此同时，唐将郭子仪率众攻下凤翔，平定河东，肃宗由灵武来到凤翔，会集陇右、安西和西域之兵，又向回纥借兵，准备收复长安和洛阳。至德二年（757年）九月，唐将李嗣业、郭子仪、王恩礼分兵三路，进攻长安，

唐将张巡固守城池拒叛军。

安史之乱持续八年之久，最终被平定。

李归仁率领叛军前去迎战。唐军初战不利，遭到叛军的顽强抵抗。为扭转局面，李嗣业祖胸持刀，身先士卒，奋勇杀敌。唐将王难得额头中箭，肉皮下翻遮住了眼，血流满面，但他依旧奋不顾身，直入敌阵。与此同时，唐将仆固怀恩和回纥兵又联合击败叛军的伏兵，歼敌六万余众。叛军不能抵挡，纷纷溃逃，唐军乘胜收复长安。不久，广平王李俶与回纥王叶护、唐将郭子仪等率军进攻洛阳，安庆绪杀死已被俘获的哥舒翰、许远等人，然后仓皇逃回河北，唐军收复洛阳。

乾元二年（759年），叛军再次发生内乱。史思明杀死安庆绪，自称大圣燕王，继而从范阳率河北诸郡兵南下攻打汴州，汴州守将许叔冀出降。史思明进攻郑州。唐将李光弼在河阳抵御抗击。史思明攻打河阳，命勇将刘龙仙出战，结果为唐将白素德所杀，叛军惊恐。这时，唐军又烧毁了叛军分布在黄河中的船只，在水面上搭建浮桥，在上面布置火炮，炮击叛军，叛军死伤惨重。叛将高庭晖、李日越、董秦率众投降唐军。史思明亲自率兵进攻河阳，命令周挚主攻北城。唐将李抱玉、荔非元礼、仆固怀恩等坚决抵抗，斩杀叛军千余人，俘敌五百余人，周挚遁逃。史思明见大势已去，便率领残军撤走了。

上元二年（761年）三月，史思明之子史朝义弑父，并自立为帝。

史朝义率兵攻打宋州（今河南商丘市），宋州守将田神功誓死抵抗，终于打退叛军。宝应元年（762年），唐代宗即位，任命雍王李适为天下兵马元帅，仆固怀恩为副元帅，协同李光弼进攻洛阳，讨伐史朝义。唐军在洛阳北郊大败叛军，史朝义退守河北，在贝州（今河北清河县）又为唐将仆固炀所败。宝应二年（763年），史朝义逃回老巢范阳，穷困自杀，持续八年的安史之乱终于被平定了。

安史之乱是中唐社会矛盾的产物。唐朝经历"开元之治"，社会长期承平，官军防备空虚，所以长安、洛阳等地很快就陷入叛军之手。然而，叛军每破一城，都大肆奸淫掳掠，唐军的平叛战争得到百姓的拥护。安禄山攻陷长安后，日夜纵酒为乐，这给唐军重整旗鼓留下了充足的时间。后来，唐将颜杲卿、张巡、郭子仪、李光弼等力阻叛军，不但消灭了敌军有生力量，而且稳住了战局，为唐军实施战略反攻，并最终平定叛乱准备了条件。

# ◎第三十一章 恬淡为上◎

【原文】

夫兵者，不祥之器①，物或恶之，故有道者不处。君子居则贵左，用兵则贵右。兵者不祥之器，非君子之器，不得已而用之，恬淡为上②。胜而不美，而美之者，是乐杀人。夫乐杀人者，则不可得志于天下矣。吉事尚左，凶事尚右。偏将军居左，上将军居右。言以丧礼处之。杀人之众，以悲哀泣之③；战胜，以丧礼处之。

【注释】

①之：代词，译为"它"。②恬（tián）淡为上：淡然处之为上策。恬，心神安适。③泣："莅"字的误写，指对待、参加。

【译文】

精兵利器，实在是个不吉祥的东西，人们都厌恶它，所以有道的人绝不用它来解决问题。有道的君子平时居处就以左边为尊贵；而在打仗时便以右边为尊贵。兵器是不祥的东西，它不是有道的君子所用的东西，不到迫不得已而使用它，最好淡然处之。即使打了胜仗也不要得意扬扬，如果自以为了不起，那就是把打仗杀人当成乐事的人。而把杀人当成乐事的人，他也绝不可能得志于天下。吉庆的事情以左方为上，凶丧的事情以右方为上。打仗时，兵权小的偏将军在左边，兵权大的上将军在右边。这是说明用兵打仗要以丧礼仪式来处理。杀人太多，应该以悲哀的态度对待；打了胜仗，应该以丧礼的仪式来对待死去的人。

【解析】

这一章讲的仍是战争之道，它是上一章的继续和发挥，共由三部分组成：第一部分说明兵器是凶器，有道者不该使用它们。第二部分说明修道之君子，用兵若无仁德，便不能得志于天下。第三部分则强调了用兵的策略和心态，体现了仁慈之德，这是得志于天下的前提条件。

在老子看来，兵器是不祥之器，因此要尽量避免战争。老子把对兵器的看法融入自己的哲理之中，他认为战争是有悖于大道的，为得道之人所深恶痛绝。战争是不得已才运用的手段，和平的解决方式才是最好的。所以，在中国的古礼中，常常以丧礼的方式来对待胜利。

兵者，不祥之器。

"兵者不祥之器，非君子之器"，与上一章着重从结果的角度来讲战争不同，这一章着重从礼仪的角度来讲战争。按照中国古代的礼仪，主居右，客居左，所以居左有谦让的意思，老子说"君子战胜以丧礼处之。

居则贵左，用兵则贵右"，可见老子主张君子在迫不得已的时候，也可以用战争的方式来达到自己的目的，只是在获胜时不要以兵力逞强，而是要对战争中战死的人表示哀伤悲痛，并且以丧礼妥善安置死者。

"不得已而用之，恬淡为上。胜而不美，而美之者，是乐杀人。夫乐杀人者，则不可得志于天下矣。"老子认为，任何形式的战争都是迫不得已的行为。所以，当人们参与战争时，应当以一种恬淡的心境对待，即使胜利了也不要妄自尊大，如果妄自尊大，就表明自己是乐于杀人的人。对于所有乐于杀人的人而言，他们只能逞一时之强，绝对不能长久地得志于天下。

在春秋战国时代，国与国之间的相互攻伐是十分普遍的。老子所处的时代，战争规模越来越大，每次战争少则投入数万兵力，多则投入数十万的兵力，伤亡极其惨重。不管战争孰胜孰败，在战争期间受危害最大的，永远是普通百姓。每次发生战争，人们都要背井离乡，四处逃亡。即便如此，君子在用兵时也要"恬淡为上"，即使打了胜仗，也不要得意忘形。这句话是对那些喜欢穷兵黩武之人的警告。所以，老子在这里谈论战争问题，并不是为用兵者出谋划策，而是为了反对战争。

## 从政之道

## ◎恬淡无为——祭公谏征犬戎◎

老子认为战争行为是有悖大道的，为得道之人所深恶痛绝。祭公劝周穆王不征伐犬戎的事迹，就是对老子"恬淡为上"观点的集中体现。

犬戎是古戎族的一支。殷周时期，犬戎在泾水、渭水流域游牧，经常骚扰中原地区。周文王的时候，曾对犬戎用兵，并将其打败。周穆王时，犬戎的势力日益强大，不但阻碍了中原地区与其他方国部落的往来，也极大威胁着周朝统治。

周穆王十二年（前988年），犬戎倚仗自己兵强马壮，拒绝向周朝纳贡。

周穆王听说这件事后，十分生气，决定亲自率兵征伐犬戎。大臣祭公谋父听说之后，赶紧向周穆王进谏。

祭公谋父说道："现在国泰民安，大王为什么要征伐犬戎？"

周穆王理直气壮地说道："犬戎时常骚扰边境，还拒绝向周朝纳贡。我身为周朝的天子，怎能祭公谋父劝周穆王不要征讨犬戎。

容忍这样的事呢？"

祭公谋父劝阻说："不可以征伐犬戎。先王历来发扬德治，不炫耀武力。军队在平时应该保存实力，在适当的时候动用，一旦动用就要显出威势。炫耀等于滥用，滥用便没有了威慑力。所以周文公作《颂》说：'收起干戈，藏起弓箭。我追求美好的德行，施行于华夏。相信我王定能保有天命！'先王对于百姓，勉励他们端正品德，使他们性情纯厚，丰富他们的财物，便利他们的器用，使他们了解利害之所在，再用礼法道德教导，使他们从事有利的事情而避免有害的事情，使他们感怀德治而又惧怕君王的威严，所以能够使先王的事业世代相传并且变得强大。

"过去我们的祖先后稷做了主管农业的官员，服侍虞、夏两朝。到夏朝衰败的时候，废除了农官，我祖不窋因此失掉官职，逃到西北少数民族中。但他对农业仍然不敢怠慢，时常宣扬祖先的美德，继续奉行他的事业，修明教化制度，早晚恭敬勤劳，保持敦厚诚恳，奉行忠实守信的原则，不窋的后世子孙一直保持着这些良好的品德，并不曾辱没前人。到武王的时候，他发扬前人光明磊落的德行，再加上慈爱和善，侍奉神明，保养百姓，没有人不为之喜悦的。商纣王对百姓极为暴虐，百姓不能忍受，都乐于拥护武王，就有了商郊的牧野之战。这不是武王崇尚武力，他是怜恤百姓之苦而为他们除掉祸害啊。"

周穆王听了祭公谋父的话，感到很不高兴，但还是耐着性子说："话虽然这么说，但犬戎生性野蛮，一日不除，后患无穷。我意已决，出兵犬戎，你不必再劝了。"

谋父又劝阻道："先王的制度是：王都近郊叫甸服，城郊以外叫侯服，侯服以外叫宾服，蛮夷地区叫要服，戎、狄所居之地叫荒服。甸服的诸侯要参加天子对父亲、祖父的祭祀，侯服的诸侯要参加天子对高祖、曾祖的祭祀，宾服的君长要贡献周王始祖的祭物，要服的君长则要贡献周王对远祖以及天地之神的祭物，荒服的首领则要来朝见天子。祭祀祖父、父亲，是每天一次；祭祀曾祖、高祖，是每月一次；祭祀始祖，是每季一次；祭祀远祖、神灵，是每年一次；入朝见天子，是终身一次。这是先王的遗训。有不来日祭的，天子就应该检查自己的思想；有不来月祭的，天子就应该检查自己的言语；有不来季祭的，天子就应该搞好政令教化；有不来岁贡的，天子就应该修正尊卑名号；有不来朝见的，天子就应该检查自己的德行。依次检查完了，如果还有不来朝见的，就检查刑法。因此用刑法惩治不祭的，用军队讨伐不祀的，命令诸侯征剿不享的，派遣使者责备不贡的，写好文辞向天下通告那些不来朝见的。这样，就有了处罚的条例、攻伐的军队、征讨的准备、斥责的命令和告谕的文辞。如果命令文辞发出了还不来，就重新检查并修明自己的道德，不要劳动百姓在辽远地域作战。所以，近处的诸侯没有不听从的，远处诸侯没有不归服的。

"现今自从大毕、伯仕两位犬戎君主死后，犬戎君长已经按照'荒服者王'的职分来朝见天子。您却说：'我要用不享的罪名来征讨他，而且要让他看看我们的武备军队。'这不是违反祖先的遗训而招致衰败吗？我听说犬戎的君长树立了纯厚的德行，能够遵循他先代的德行，一直坚守不移，他凭着这些就有理由、有能力抗拒我们。"

穆王不听，于是御驾亲征，率领数万精兵讨伐犬戎。周朝大军浩浩荡荡进军到骊山，然而最终却只得了四只白狼、四只白鹿回来。从战果来看，这次战争的军事胜利并不大，而且由于穆王对异族采取高压的政策，其所导致的后果是对周极为不利的。从此周朝在周边外族中失去了威信，荒服诸侯不再来朝见天子。

## 处世之道

# ◎不逞兵强——墨子劝楚王停止伐宋◎

老子反对战争，认为战争是"不祥之器"，得道者是不会随便发动战争的。春秋末期，墨子和他的弟子们，为了制止战争，不惜赴汤蹈火，死不旋踵，充分体现出墨家弟子崇高的人格。

墨子是战国时期著名的思想家，墨家学派的创始人，著有《墨子》一书。墨子学说的主要内容有兼爱、非攻、尚贤、尚同、节用、节葬、非乐、天志、明鬼、非命等，而以"兼爱"为核心，以"节用"、"尚贤"为支点。"非攻"则是墨子思想的一个重要内容。

墨子主张的非攻思想与其主张的另外一个思想兼爱关系密切。兼爱，其实质是"爱利百姓"，以"兴天下大利，除天下之害"为己任。

春秋战国时期，战争频仍，土地荒芜，死者遍野，民不聊生。百姓渴望统治者弭兵息战，休养生息。墨子体察到下层民情，提出了"非攻"的主张。他认为，自古及今，不论什么形式的战争，受害最深的是平民百姓。战争是杀人机器，百姓因战争而居无定所，食不果腹，甚至丢掉了性命。

而在实践上，墨子设坛讲学，让弟子们周游诸国，用兼爱、非攻的理论，去说服诸侯们放弃侵略战争。有时候，为了制止一场战争，墨子不惜冒着生命危险去亲自说服攻战的诸侯。"止楚攻宋"就是一个生动的例子。

春秋末期，楚国准备讨伐

墨子求见楚王，并以阻止楚国攻宋。

宋国。公输班（即鲁班）为楚国制造了一种叫云梯的攻城器械，将用它来攻打宋国。墨子听说后，带领弟子们来到宋国，他一面吩咐弟子制造守御器械，守城备战；一面亲自前往楚国军营，说服楚国放弃攻宋。

到达楚国军营后，墨子见到了公输班。墨子对公输班说："北方有人侮辱了我，我想借你的手杀掉他。"公输班听了，很不高兴。

墨子接着说道："我愿送你十镒金子。"

公输班说："我是义不杀人的。"

墨子与公输班在楚王面前演示攻城与守城的策略。

墨子站起身来，似乎很感动地对公输班拜了两次，说："请让我讲讲义。我在北方听说你造了云梯，将用它来攻打宋国，宋国有什么罪过？楚国土地有余而人口不足，牺牲自己所不足的人民，而去争夺自己所过剩的土地，这不能算明智；宋国无罪而去攻打它，不能算仁义；明白这些道理却不去谏诤，不能算忠；谏诤达不到目的，不能算强。你奉行仁义不杀一个人，却去杀宋国众多的人，这能说是明白仁义吗？"

公输班被问得哑口无言。墨子趁势说道："既然这样，为什么不停止攻打宋国呢？"

公输班说："不行，我已经答应楚王了。"

墨子说："为什么不引我去见楚王呢？"于是公输班引着墨子去见楚王。墨子见到楚王，说道："现在这里有一个人，丢下自己华贵的彩车，却想去偷邻居家的破车；丢下自己的锦绣衣服，却想去偷邻居家的粗布衣服；丢弃自己的肉食，却想去偷邻居家的糟糠。这是个怎样的人呢？"

楚王说："他一定是得了偷窃病。"

墨子说："楚国的土地，方圆五千里；宋国的土地，方圆五百里，这就好比彩车和破车。楚国有云梦泽，犀牛、麋鹿遍地都是，长江、汉水里出产鱼鳖鼋鼍，算得上天下最富饶的了；宋国却是连野鸡、野兔、鲫鱼都不出的地方，这就好比饭肉食与糟糠。楚国有高大的松树、纹理细的梓树、楠木和樟树；宋国却连大树都没有，这就好比锦绣衣裳与粗布衣服。就这三件事来说，大王要去攻打宋国，与那个有偷窃病的人有什么分别？臣认为大王必会损伤'仁义'而得不到宋国。"

楚王说："说得好！即便如此，可公输班已为我造好了云梯，攻宋势在必行。不过成败也还是说不定的。"墨子道："只要有木片，现在就可以试一试。"

于是召见公输班。墨子解下腰带围起一座"城池"，用筷子当守城器械，公输班九次设置巧妙的器械攻城，墨子九次都抵挡住了。后来，公输班攻城的器械用尽了，墨子守城的方法还有富余。

公输班屈服了，但说："我知道对付你的办法了，但我不说出来。"

墨子也说："我知道你对付我的法子，我也不说。"

楚王问这是什么原因，墨子说："公输班的意思，不过是想杀掉我，以为杀了我，宋国就没有人能守城，就可以攻下了。但是我的学生禽滑厘等三百人，已经拿着我的守御器械，在宋国城墙上等待着楚兵呢！虽然可以杀了我，但守御的人是杀不尽的。"

楚王最终放弃了攻宋的计划。

# ◎ 第三十二章　知止不殆 ◎

**【原文】**

　　道常无名、朴。虽小，天下莫能臣①。侯王若能守之，万物将自宾②。天地相合，以降甘露，民莫之令而自均。始制有名，名亦既有，夫亦将知止，知止可以不殆。譬道之在天下，犹川谷之于江海。

**【注释】**

① 莫：没有谁。臣：使之服从。② 宾：服从。

**【译文】**

　　"道"始终都是无名而质朴的状态。它虽然小得无法分辨，可是天下却没有谁能使它臣服的。诸侯君王若能遵守道的原则来治理天下，万物将会自然归从于他。天地间阴阳之气相合，就会降下润泽万物的甘露，人们不须指使命令它，它就能自然分布均匀。万物兴作，于是产生了各种名称，各种名称已经制定了，就要有所制约，明白了各自的制约，守好本位，就没有什么危险了。道存在于天下，就像江海，一切河川溪水都归流于它，使万物自然臣服。

**【解析】**

　　这一章有两个要点，一是讲统治者如能以道的法则治理天下，自然会得到天下人的拥戴。二是讲"知止"。道是"无名"的，而文化思想、制度是"有名"的。对于文化思想的提倡、制度的运用不要过分，要适可而止，这样才不至于出现危险。

　　道德存在于万物之中，而万物也都受着道德的支配和调节。如果合乎了大道和大德，那么一切事情都会顺其自然，人民安定，天下大治。然而大道和大德到底是什么呢？

道常无名、朴。

　　"道常无名、朴。虽小，天下莫能臣。"至于大道，我们始终没有办法用一个固定的概念去描述它，但道又确实是存在的，它大到无穷大，小到无穷小。如果非要用一个概念去为它命名，那就是"朴"字。尽管"朴"字微小精致，但谁都无法让它臣服，谁也不能支配它。相反，它却主宰着人类万物。

　　只要得道之人能够守得住这个纯真的朴，那么天下间所有的事物都会自然而然地为他效劳，为他服务。不仅如此，就连上天和大地也会阴阳相合，润泽万物。而百姓也不需要帝王侯公去下什么命令，就可以自然和睦，无私无欲了。

不过，人类的认识有一定的局限性，这个局限性表现在什么方面呢？就是必须设立概念和名相。如果没有概念和名相，人们也就不能运用思维，也就不能认识事物了。所以，对于世间的每一个事物，我们都要先确定出一个概念和名相来，然后才能把这些事物以概念和名相的方式，植入我们的脑中，在我们的思维系统里运作。尽管人们确定的概念本身就存在着很多问题，但是一直努力地接近最终的真理。所以，我们不能否定名相的作用和意义，老子也是如此。尽管名相存在着极大的局限性，但是老子一直运用名相来认识事物。这是因为一旦离开了名相，老子就无法说话了，而我们也就无法领悟他的哲理了。

天地相合，以降甘露。

因此，当人类开始认识事物的时候，就制定出了名相和概念。不过老子认为，既然制定了名相和概念，就不要过于分别和执着于人们自己的认识。因为人们的认识是有限的，一切都要掌握个度，要适可而止。如果在自己的认识的支配下

侯王若能守之，万物将自宾。

走得太远，就会违背真正的"朴"，从而破坏自然的平衡，自然也将给我们降下灾难。

大道生出万物，同时也存在于万物之中。换句话说，就是天下万物生于大道，但又回归于大道之中，时时刻刻不偏离大道，这就好比那天下的千万条河流，尽管流向多有变化，但最终都会归于大海之中。

君王在治理天下的时候，也应该像那大道一样，善于接受天下万物。然而，人们都习惯于分别，都喜欢美丽的事物，而厌恶丑陋的事物。对于那些王侯公卿，如何才能让他们处于下方而容纳天下万物呢？如果君王爱憎分明，习惯于分别事物，百姓如何能够得到他们的庇护，又如何能够顺从依附他们呢？

因此，君王治理天下，就要像大道之朴那样善于处下，善于容纳天下万物，庇护天下万民，只有这样才能治理好天下，才能保持国家的长治久安。

总起来说，老子在本章中由治身之道扩展到治国之道，辩证地说明了道与法的关系。治身之朴，指的就是治国之法。朴是自然的、纯真的，治国之法也必须是正义而神圣的，任何人都不能居于这个法则之上。治国者如果能够实现法治，天下万民将自然宾服。治国的法则在制定之初，具有详细而具体的内容条款。通过宣传学习，人们就具备了守法观念。那些不能遵纪守法的人，就要受到制裁。不过，得道之人制定治国法则，不是为了惩罚人们，而是为了规范、约束人们的思想行为，从而减少犯罪的行为，维护社会的安定。所以说，立法是手段，止法是目的，只有使治国的法则和道德结合在一起，并最终以道德取代法则，社会才会安定，天下才会太平。

# ◎遵道处世——顺道无为的明孝宗◎

老子说，君工若能遵守"道"的原则去治理国家，天下万物将自然宾服。明孝宗针对前朝之弊，锐意改革，与民休息，终于使明朝实现了中兴。明孝宗的事迹尤能说明老子的这一道理。

明成化二十三年（1487年）八月，明宪宗去世，太子朱祐樘继位，是为孝宗，改元弘治。明孝宗励精图治，锐意进取，进行了一系列改革，使成化朝以来奸佞当道的局面得以改观。其在位十八年间，国家政治清明、经济繁荣、百姓富裕，史称"弘治中兴"。

明宪宗成化末年，宠幸万贵妃，重用宦官汪直、梁芳等人，以致奸佞当权，朝纲败坏。对于这些情况，其继任者孝宗十分清楚，因此在即位之初，孝宗就着手改革弊政。

孝宗幼年经历坎坷，身弱多病。但他即位后，勤于政事，使得大臣有更多的机会协助皇帝办理政务。同时，他又重开了经筵侍讲，向群臣咨询治国之道。弘治元年（1488年），孝宗采纳大臣的建议，开设大小经筵。这一制度是在正统初年制定的。大经筵，每月逢二、十二、廿二日举行，主要是一种礼仪；小经筵又称日讲，君臣之间不拘礼节，从容问答，是重要的辅政方式。大小经筵制度，在宪宗朝时一度废置。

明孝宗锐意改革，与民休息。

孝宗向群臣征询治国之道。

孝宗开始坚持日讲，同时，又在早朝之外，另设午朝，每天两次视朝，接受百官面陈国事。孝宗勤政图治的做法，与其父怠于朝政形成鲜明对照。孝宗还开创了文华殿议政制度，其作用是在早朝与午朝之余的时间，与内阁共同切磋治国之道，商议政事。

由于孝宗锐意求治，朝廷上下，文武百官纷纷上言，或痛陈时弊，或广进方略。马文升上时政十五事，包括选贤能、禁贪污、正刑狱、广储积、恤士人、节费用、抚四裔、整武备等诸多方面，孝宗对此十分赞赏，一一付诸实施，这对弘治朝兴利除弊起了积极的作用。

在吏治方面，孝宗将成化朝通过贿赂、溜须拍马而发迹的官员一律撤换。改革首先从内阁开始，罢免了以外戚万安为首的"纸糊三阁老"。同时，孝宗大量起用正直贤能之士，如王恕、马文升、怀恩等在成化朝由于直言而被贬的官吏，以及徐溥、刘健、谢迁、李东阳等贤臣，还为抗击瓦剌建立大功的于谦建旌功祠。孝宗的以上措施，使得朝中和宫中的气象为之一新，时称"朝序清宁"。

孝宗在内政上最主要的措施是大力兴修水利，发展农业。弘治二年（1489年）五月，开封黄河决口，孝宗命户部左侍郎白昂领五万人修治。弘治五年（1492年），苏松河道淤塞，泛滥成灾。孝宗命工部侍郎徐贯主持治理，历时近三年方告完成。从此，苏松消除了水患，再度成为鱼米之乡。

孝宗力行节俭，诏令削减宫廷开支与供奉，主张节约费用，减轻人民负担。他屡次下诏，禁止宗室、权贵侵占民田，鱼肉百姓；并减免一些地方的夏税、秋税。这些措施都十分有利于缓和社会矛盾和危机。正统、成化年间，农民起义不断，有几次声势还相当大，而弘治一朝却几乎没有发生过农民暴动。

孝宗的努力终于得到了回报，弘治朝吏治清明，孝宗任贤使能，勤于务政，倡导节约，与民休息，创造出明代历史上少有的经济繁荣、人民安居乐业的局面。

## 为人之道

# ◎自胜乃强——张学良戒毒◎

在现实中，人经常会受到外界的制约、牵制，只有守好本位，摆脱外物的控制，才能脱离危险，回归自然质朴的状态。张学良戒毒的故事，就是一个很好的例子。

张学良作为奉系军阀首领张作霖的长子，被认定为奉系的接班人。张作霖极为注意培养张学良的军事和政治才能，让他及早在真刀实枪的战场上进行严格的历练，这虽然对于张学良的事业发展很有好处，但是也给他带来了相当大的心理压力。1924年9月，第二次直奉战争爆发。战争打得异常残酷，张学良身为第三军军长，责任极其重大，为了缓解过度紧张的精神，张学良开始吸食鸦片。不过，在这一时期，他对于鸦片仅仅是作为权宜之用，并没有形成烟瘾。

1925年11月，曾在东北陆军讲武堂担任张学良老师、后来又经张学良的引荐在奉军中步步高升的郭松龄因为与张作霖政见不合而倒戈反奉。张学良对郭松龄十分信任，也极为依赖。张作霖也将郭松龄视为张学良的重要佐助，奉系的主要精锐部队都为郭松龄所掌握，所以，郭松龄的起义，对于张学良来讲是一个极大的打击。张学良不堪其苦，再次求助于鸦片。在上一次，他之所以后来能够脱离鸦片，没有成瘾，很大程度上是因为郭松龄的帮助。而现在，没有了长者的监督与劝导，张学良就此养成烟瘾。

郭松龄事件虽然在日本的参与下得以迅速平息，但是张学良也不会再得到这位良师益友的继续帮助了，而他也吸取教训，一切军政大事皆由自己来料理，不再交与他人。这样一来，工作劳苦使张学良疲惫不堪，他便通过吸食鸦片来缓解疲累。时间一长，也就变得离不开鸦片了。

张学良发现自己染上毒瘾，很想戒掉吸毒的恶习。他愤然说道："一个活人不能叫一个死东西管着。"于是下决心戒毒。然而，众所周知，戒毒绝非易事，张学良虽然决定戒毒，但是长期养成的毒瘾岂是一朝一夕就戒得掉！这时，杨宇霆介绍了一种由日本进口的叫作巴文耐鲁的注射药物，据说对戒除鸦片有特效，张学良便叫私人医生马扬武为其注射。谁知道，这种药物虽然能够缓解人对鸦片的依赖，可是它本身却含有吗啡。结果，张学良离开了吸食鸦片的烟瘾，却又染上了注射吗啡的针瘾，而且针瘾更强烈，一天之中要注射数次，甚至在接见客人的时候也要中途告辞一会儿，去注射吗啡。

由于毒瘾缠身，张学良的身体变得十分孱弱，被迫住进了医院，出院之后，张学良又捡起了鸦片。不久后，发生了震惊世界的"九一八事变"，而张学良作为掌控东北局势的负责人，对于东北的沦丧首当其冲地受到国人的声谴。其实，张学良有着自己的苦衷，他知道，以自己东北军的实力，不足以与日本对抗。早在1928年12月，张学良就已经进行了"东北易帜"，归附中央，东三省确已成为南京国民政府治下的中华民国的一部分，若本地驻军不能够御敌，中央政府理当增援。可问题是，当时以蒋介石为首的南京国民政府忙于围剿中共领导的工农红军，根本不可能给张学良提供任何援助。如此，位居东北前线的张学良却要背负起"不抵抗"的骂名，这让他的心中极为愤懑，于是变本加厉地用毒品来麻醉自己。

由于受到毒品的残酷折磨，风神俊秀的张学良变得面黄肌瘦，弱不禁风。来自澳大利亚的担任蒋介石政治顾问的端纳见到张学良之后，对别人说："这个人已病入膏肓，对他自己和国家来说，都毫无价值了。"后来，张学良被迫出国，宋子文对他讲道："汉卿，出国之前，我劝你一定要戒除毒瘾，这不仅是为了你本人的健康，而且也关系到国家的体面观瞻！你不要忘了，日本人叫我们是东亚病夫啊！"张学良听到这话，深感事态严重，自己身居全国陆海空军副总司令的要职，如果让外国人见到自己这样一副情形，对中国又会产生什么样的看法呢？于是，张学良下定决心，不顾一切地立即戒掉毒瘾。他把自己的家人和随同人员都召集过来，当着他们的面将一把手枪放在枕头底下，严肃地宣布道："你们记住，从我戒治之日起，无论任何人，看见我怎样的难过，也不许理我。如果有人拿毒品给我的话，我马上拿这支枪打死他！"大家听到张学良如此坚决的表示，都感到很震惊。夫人于凤至温婉地劝说他先征求一下医生的意见，但张学良立即变了脸色，生气地说道："医生？哼！我算是领教过了，我不相信他们！我的命运，我自己主宰！"端纳见此情形，便劝说他接受医生的检查。张学良这才同意，为此，宋子文从德国请来了著名的医生米勒博士。米勒博士经过详细的检查，说道："要戒除毒瘾，对阁下是极其痛苦的。我可以给你开戒毒的药物，但最初几天五脏六腑可能会如翻江倒海一般，这就不是药物所能对付得了，全看你的意志了。"张学良听了这话，苦笑着说道："我已经把东三省都丢了，现在只剩下意志了。"为此，张学良还亲自写下了"陋习好改志为鉴，顽症难治心作医"这样的条幅来警鉴自己。

对于戒毒，米勒博士采取的是以毒攻毒的办法，他先让病人服药使全身发泡，再从泡中取出液体注射到病人体内，一面抽出腐血，一面注入新血。戒毒之初的几天，是最难熬的。第一天晚上，张学良在屋内毒瘾难忍，用头"咚咚咚"地猛烈地撞击墙壁，门外的人无不感到心痛。渐渐地，里面撞墙的声音越来越小，频率越来越低，最后，屋里沉寂下来，一点儿声音也没有了。稍后，米勒博士进入房间，只见张学良双目紧闭，浑身抽搐着，米勒博士知道他正在忍受着人们难以承受的强烈痛苦，因此从心底里佩服他的坚强的意志。米勒为张学良作了一番检查后，决定给他打针。从昏迷中醒来的张学良见到针头，条件反射式地一跃而起，大吼道："我不打针，你们出去，我不打针……"话音未落，又昏了过去。米勒博士不懂汉语，对他的反应感到莫名其妙，不知道发生了什么。端纳急忙上前解释了张学良的意思，米勒听罢，笑着摇了摇头，催助手赶快给张学良注射安眠剂。

端纳不忍心见到张学良如此痛苦，就问道："米勒博士，还有什么戒毒的特效药吗？"米勒博士望了一眼暂时因睡眠安静下来的张学良，对端纳说道："先生，我也很不忍心让张将军遭受这样的痛苦，但我可以坦率地说，戒毒从来就没有什么特效药，完全要靠戒毒人的意志和体力。凭我观察，张将军是意志坚强的人，完全可以挺得住戒毒的痛苦。要注意，这种情况在戒毒过程中还会发生。"

为了防止毒瘾再次发作时，病人会疯狂暴躁到无法控制行为而误伤自己，米勒博士命人把张学良的四肢用绳索捆绑在床柱上。张学良经受着揪肠裂肺的痛苦，发出阵阵令人不忍卒闻的求救声。守在门外的随从无论如何也听不下去了，只好用手堵住耳孔。

米勒博士深知张学良正在承受着的是何等难挨的痛苦，那就如同亿万毒虫咬噬般的烧灼与痛痒，但是为了彻底根除毒瘾，他更加残酷地停用了镇静剂和麻醉药。两周之后，奇迹出现了，张学良凭着自己顽强的毅力和坚定的信念，在米勒博士的帮助下，终于脱离了苦海，戒除了毒瘾。尔后，张学良出现了脱胎换骨般的变化，精神面貌焕然一新，身体状态也迅速恢复，重现了往日潇洒倜傥的俊采英姿。

# 《道德经》其书

· 春秋时期老子所撰。
· 分上下两篇，上篇《道经》，下篇《德经》。
· 共81章，全书约5000字。
· 道家哲学思想的重要来源。
· 中国历史上首部完整的哲学著作。

《道德经》的思想体系

**自然**
事情本来的那个样子，天生的。按照事物本来的样子生长，就达到了生命的最佳状态。

**无为**
不折腾，顺应事物的自然本性。"无为"不是什么都不做，而是顺应事物的自然之性。

**道**
道是规律，顺应自然本性就是根本的规律。

## 名字变化

| 春秋末期 | 先秦 | 汉初 | 汉景帝 | 唐高宗 | 唐玄宗 |
|---|---|---|---|---|---|
| 《义经》 | 《上至经》 | 《老子》 | 《道德经》 | 《上经》 | 《道德真经》 |

张道陵

## 道教奉为主要经典之一

《道德经》本为先秦道家的代表作，汉末张道陵创五斗米教，奉老子为教祖，尊称为太上老君，以《老子五千文》为教典教诲道徒，创立了道教。并作《老子想尔注》以宗教的观点解释《老子五千文》，自此《道德经》成为道教的基本经典。

# ◎ 第三十三章　自知者明 ◎

　　知人者智，自知者明。胜人者有力，自胜者强。知足者富，强行者有志。不失其所者久。死而不亡者寿。

【译文】

　　能够了解、认识别人的是智慧的，能够了解、认识自己的人才是高明的。能够战胜别人的人是有力的，能够克服自身弱点的人才是刚强的。知道满足的人是富有的，努力不懈的人是有志气的。始终不离失根基的人就能够长久，肉体死了但精神永存的人才是长寿的。

【解析】

　　本章讲个人修养与自我设计的问题。老子从道的立场上阐释了智、明、有力、强、富、有志、久、寿的概念，主张人们要丰富自己的精神生活。

知人者智，自知者明。

在老子看来，最能体现道家观点的是"自胜者强"和"知足者富"两句。"知人"、"胜人"十分重要，但是"自知"、"自胜"更加重要。他认为，如果一个人能够时时反省自己，坚定自己的生活信念，并且切实推行这一信念，就能够保持旺盛的斗志和饱满的精神面貌。

　　本章只寥寥数语，看上去浅显易懂，实则蕴含着极其深奥的道理。

　　"知人者智，自知者明。胜人者有力，自胜者强。"老子认为，能够分别外人和外物的人，只能算得上是拥有了世间的庸俗智慧。那么，什么样的人才算是拥有世间的大智慧呢？通过外事外物反省自己，从而体察到生命的本来面目的人，才算得上是有大智慧，也就是"明"。老子还认为，依靠武力战胜别人的人，只能算得上是有力量，因为这个力量是大道赐予给人们的，它是大道的生命活动本身的体现。那么，什么样的人才算是真正的强者呢？能够战胜自己私欲和成见的人，这才是真正的强者。人的私欲是没有止境的，而且危害很大，如果一个人能够克制自己的私欲，达到物我两忘的境界，才能无所不容，他自然是强大的。

　　老子在本章中所提出的"知足者富"与我们通常所说的"知足常乐"有很大的不同，我们所理解的知足常乐，意为知道满足总是快乐的，它最大的特点就是安于现状，这与老子所阐释的思想大相径庭。什么才是真正的富有呢？真正的富有不是家财万贯，也不是拥有宝马香车，真正的富有不是你实际拥有了什么，而是你能在多大的程度上摒除私心杂念，抛弃自己的妄想。只有做到这一点，才能称为真正的富有。

　　什么是妄想呢？人们在观察具体事物时，了解到大道的生命运行的轨迹，那么这个轨迹以内的事物便是道赐予我们的，也是我们理应获得的；而在这个轨迹以外的事物，便都不是我们应该获得的，如果我们产生了获得它们的想法，这就叫作妄想。妄想是难以实现的；即便实现了，也不会给我们带来益处；即使我们获得了微小的益处，这种益处也不会长久地保持下去。大道既然生了我们，就一定会赐予我们所需要的一切，我们还要奢望其他的什么益处呢？一个人担忧自身的处境，这就是对大道的不理解和不信任，从而违背了大道，必然会受到大道的惩罚。如果我们不妄想得到什么，也就无所谓得到和失去什么，自然无所有无所不有了。做到了不妄想，才算是真正的富有。

胜人者有力，自胜者强。

有句俗语叫作"人贵有自知之明"，而最早表述这句话的，就是老子。什么是"自知者明"呢？就是能够清醒地认识自己、对待自己。一个人能做到有自知之明，这才是最聪明的，最难能可贵的。联系前面几章的内容，我们可以得出结论："强行者有志"中的"强"，指的不是自恃武力高强而妄自逞强的意思，而是指"自知者强"。什么是"自知者"呢？就是能以外界事物来反省自身，从而确认生命本来面目的人。自知者十分明确生命本身的意义，也十分了解自我和他人的关系。

强行者有志。

他们深刻懂得，只有真正地把握自己，才能彻底摒除自己的私心杂念，实现"存天理，灭人欲"（在这里所讲的不是要束缚自己的观念，而是要彻底解放人性），而天理和人欲是对立统一的关系。天理，指的是事物本来的合乎生命自然之道的东西；人欲，指的是自己主观滋生的不合乎生命自然之道的东西。天理是客观的，人欲是主观的，二者之间往往会发生冲突，只有克制住自己的欲望，才算是真正的强者。

"不失其所者久。死而不亡者寿"，这句话与上文有隔离之感："不失其所"意为落叶归根，它所指的有两个意思：一个是叶子会回归到生它养它的根系中去；一个是人类也会回归到孕育他们的天地中去。人从出生到死亡，不过短短的几十个春秋。生老病死是合于道的自然规律，我们没有超越生命大道的能力，生死不是我们能够掌控得了的。在老子看来，"所"是我们最终要去的地方，是自然之所，是我们合于大道的切合点。我们从最初的不愿接受死亡，到现在的读懂人生，直面生死，正体现了天道不可违背的道理。我们只有顺应天道，与大道合为一体，才是真正做到了"久"和"死而不亡"。一滴水归入到它的生命之所——大海中去，它们就永远也不会消亡，说的就是这个道理。

在本章里，老子极力宣传"死而不亡"，这体现他的思想主旨。"死而不亡"的观点，并不是宣传"有鬼论"，也不是宣扬"灵魂不灭"，而是说人的身体虽然消失了，但人的精神是不朽的，所以可算做长寿。清末民初的著名思想家梁启超曾说：人的肉体寿命不过区区数十载，人不可能长生不老，但人的精神则可以永垂不朽，因为他的肉体虽然消失了，但他的学说、思想及精神却能够长期影响当代及后代的人们。从这个意义上说，人完全可以做到"死而不亡"。梁启超的这种观点，主要就是受了老子思想的影响。

## 为人之道

# ◎自胜者强——忍辱负重的苏秦◎

老子说："胜人者有力，自胜者强。"能够战胜别人的人是有力的，能够克服自身弱点的人才是刚强的。苏秦忍辱负重，终成一代名相的故事，就是对老子这一思想的最好说明。

苏秦，字季子，东周洛阳乘轩里（洛阳李楼乡太平庄）人，是战国时期与张仪齐名的纵横家。他出身农家，素有大志，曾长年追随鬼谷子学习纵横捭阖之术。

未得志之前，苏秦曾求见周天子，却没能成功，一气之下，变卖了家产到别的国家找出路去了。他又去了秦国，见到了秦王，但秦王不赏识他，也没做成官。后来钱用光了，衣服也穿破了，只好回家。他的父母看到他趿拉着草鞋，挑副破担子，一副狼狈相，便狠狠地骂了他一顿，说："咱们周国人的习俗，大家都治理产业，努力从事工商，追求那十分之二的利润。如今你丢掉本行而去干耍嘴皮子的事，弄得穷困潦倒，真是活该。"他的妻子坐在织机旁织帛，看都不看他一眼。他求嫂子给他做饭吃，嫂子理都不理，扭身就走开了。苏秦受了很大刺激，感叹说："我的妻子不把我当成丈夫，嫂子不把我当成小叔，父母不把我当成儿子，这都是秦国的罪错！"

于是决心发愤图强，做出一番事业。从此以后，他努力读书，钻研"周书阴符"，天天读到深夜。有时候读书读到半夜，又累又困，他就用锥子扎自己的大腿，虽然很疼，但能够提神，他就接着读下去。就这样日夜苦读，用了一年多的时间，他的知识比以前丰富多了。

在有所收获后，苏秦决定重新出游。他首先向东到了赵国，赵肃侯让自己的弟弟赵成出任国相，而赵成不喜欢苏秦，因此苏秦的赵国之行并不顺利。

正在苦闷之际，正好遇见燕昭王广招天下贤士，苏秦便去了燕国，打算游说燕王，等了一年多才有机会拜见燕昭王。苏秦的主张非常符合燕昭王的心意，因此他深受燕昭王的信任。苏秦认为，燕国欲报强齐之仇，必须先向齐国表示屈服顺从，而将复仇的愿望掩饰起来，为振兴燕国创造有利的外部环境。其

苏秦周游于列国之间，却没人肯用他。

次，要鼓动齐国不断进攻其他国家，以防止齐国攻燕，并消耗其国力。为此，他劝说齐王伐宋，合纵攻秦。

公元前285年，苏秦到齐国，挑拨齐、赵关系，取得齐愍王的信任，被任为齐相，但暗地却仍为燕国谋划。齐愍王被蒙在鼓里，依然任命苏秦率兵抗御燕军。齐、燕之军交战时，苏秦有意使齐军失败，使齐军士卒五万人丧生。他使齐国群臣不和，百姓离心，为乐毅率领五国联军攻破齐国创造了条件。

苏秦获燕王赏识，被委以重任。

之后，苏秦又说服赵国联合韩、魏、齐、楚、燕等国攻打秦国，赵国国君很高兴，赏给苏秦很多宝物。苏秦得到赵国的帮助，又到韩国，游说韩宣王；到魏国，游说魏襄王；至齐国，游说齐宣王；又往楚国，游说楚威王。诸侯都赞成苏秦的计划，于是六国结成联盟，以苏秦为合纵长，身挂六国相印，成了六国的国相。至此，苏秦的政治生涯达到最高峰。

于是苏秦北上向赵王复命，途中经过洛阳，随行的车

苏秦衣锦还乡，家人俯伏在地上迎接他。

辆马匹满载着行装，各诸侯派来送行的使者很多，气派比得上帝王。周显王听到这个消息感到害怕，赶快找人为他清除道路，并派遣臣到郊外迎接慰劳。到了家里，苏秦的兄弟、妻子、嫂子不敢抬头看他，都俯伏在地上，非常恭敬地服侍他用饭。苏秦笑着对嫂子说："你以前为什么对我那么傲慢，现在却对我这么恭顺呢？"他的嫂子弯曲着身子，匍匐到他面前，脸贴着地面请罪说："因为我看到小叔您地位显贵，钱财多啊。"苏秦感慨地说："同样是我这个人，富贵了亲戚就敬畏我，贫贱了就轻视我，何况一般人呢！假使我当初在洛阳近郊有二顷良田，如今，我难道还能佩带六国的相印吗？"于是他散发了千金，赏赐给亲戚朋友。当初，苏秦到燕国去，向人家借过一百钱做路费，现在富贵了，就拿出一百金（一百万钱）偿还给那个人，并且报答了以前所有对他有恩德的人。

苏秦约定六国联盟之后，回到赵国，赵肃侯封他为武安君，于是，苏秦把合纵盟约送交秦国。从此秦国不敢窥伺函谷关以外的国家，长达十五年之久。

苏秦微不得志，深受侮辱，却能够含垢忍辱，奋发图强，好学不倦，自强不息，终于通过不懈的努力，成为一代名相，名垂千古。

# ◎知己者难——毫无自知之明的马谡◎

常言道："知人者易，知己者难。"一个人最重要的品格，就是要有自知之明，还要能够不断地反省自己。在老子看来，人们有了自知之明，才能克服自己的弱点，这样人们行事的时候才能取得成效。在本章中，老子精辟地论述自我反省的重要意义，告诉人们既要知人、胜人，又要做到自知、自胜的道理。三国时，蜀将马谡就因为没有自知之明，不但失了街亭，还丢了性命。

三国时期，诸葛亮平定南中之后，经过了两年准备，于227年率领大军进入汉中。汉中处在魏国和蜀国的交界处，进可以攻打魏国、北伐中原，退可以守住蜀汉，保存汉室。诸葛亮在离开成都的时候，给后主刘禅上了一道奏章，希望后主能振作精神，兴复汉室，这就是历史上有名的《出师表》。其后，诸葛亮向外散出消息，说是要攻打郿城（今陕西眉县），并且派大将赵云带领一支军队，进驻箕谷（今陕西褒城北），装出一副要攻打郿城的架势。魏军得到消息，立刻派出重兵驻守郿城。诸葛亮则趁着魏军不防备，亲自率领蜀军主力，突然由西路扑向祁山（今甘肃礼县东）。

这时，驻守在祁山的魏军并没有做好战斗准备，蜀军很快攻下祁山。蜀军乘胜进军，又攻占了祁山北面的天水、南安、安定三郡，这三个郡的守将都向蜀国投降了。这一消息传到洛阳，魏国的大小官员都惊慌失措。魏明帝曹睿立刻下令让大将司马懿率领二十万大军赶赴祁山，还亲自到长安去督战。

蜀军占领祁山后，诸葛亮仔细观察附近地形，他知道魏军一定派兵来争夺，所以决定派出一支精锐人马去占领街亭，以此作为北伐的据点。

诸葛亮为什么如此重视街亭呢？原来，街亭的地理位置十分重要，它是通往汉中的咽喉，也是蜀汉大军后勤补给的必经之处。此外，街亭还是蜀汉陇西地区的天然屏障。正因为如此，街亭才成为这次蜀魏战争中双方极力争夺的战略要地。

这时，司马懿率领的二十万大军马上就要抵达祁山地区了。诸葛亮立即召集众将官商议对策。

诸葛亮问道："谁愿意率兵驻守街亭？"只见参军马谡从众将官中站了出来，表示愿意担此重任。诸葛亮沉默了一会儿，他知道，马谡读了不少兵书，平时又很喜欢谈论军事，诸葛亮对他也非常信任。但是，刘备在世的时候，经常嘱咐诸葛亮说："马谡这个人言过其实，不能派他干大事，还得好好考察一下。"想到这里，诸葛亮不放

马谡在诸葛亮面前立下军令状，以示能守街亭。

心把街亭交给他防守，于是对他说道："街亭虽小，但是战略意义重大，它关系着蜀军的安危利害。况且街亭既没有城郭，又无险可守，一旦丢失，我军将会面临极大的困境。"

马谡见诸葛亮对自己有所轻视，有些不以为然，说道："末将自小熟读兵书，区区一个街亭，难道还守不住吗？如果丞相觉得我不堪大任，那么我就当众在此立下军令状，如果街亭在我手里丢掉，我情愿接受军法处置！"

马谡弃守要道，引军队驻扎在山上。

诸葛亮思量再三，决定让马谡驻守街亭，让他立下军令状，并拨给他两万五千名精兵，又派王平、高翔等人辅助马谡。临行之前，诸葛亮再三嘱咐他们一定要守住街亭要道，不可放魏军一兵一卒过去。

到街亭后，马谡和王平先查看地形，大路总口处在街亭要道之上，把守着街亭大门。王平认为应该在此处驻守，而马谡在看了地形以后，对王平说："这一带地形十分险要，街亭旁边有座山，正好可以在山上扎营，布置埋伏。"王平提醒他说："丞相临走的时候嘱咐过，要我们坚守城池，稳扎营垒。在山上扎营太过冒险了。"然而，马谡自以为饱读兵书，根本不听王平的劝告，执意要在山上扎营。王平无奈，只好请求马谡拨给他一千军队，在山的西边另择一处驻扎。

司马懿率领魏军来到街亭，看到驻扎在这里的大将是马谡，而且马谡不去防守要道，却把大军驻扎在山上，便大笑说："孔明聪明一世，糊涂一时，他怎么能用马谡这样的庸才来守卫街亭呢，真是上天都在助我啊！"他一面命令大将张郃挡住王平，一面又下令手下将士在山下筑好营垒，把马谡扎营的那座山围困起来，断绝山上的饮水，然后严阵以待，准备进攻。

蜀军将士见山下布满了魏军，不禁惊慌失措起来。马谡几次命令兵士冲下山去，但是由于张郃防守坚固，蜀军始终无法攻破魏军的营垒。蜀军在山上断了水粮，时间一长，自己先乱了起来。张郃见蜀军大乱，立刻发起总攻，率领大军冲上山去。蜀军碰到魏军，很快就溃败了，马谡见大势已去，只好自己杀出重围，往西逃跑。

王平听说马谡战败，就命令手下的一千兵士拼命敲鼓，装出进攻的样子。张郃听到鼓声，以为蜀军设有埋伏，就没有贸然追击。王平乘机整饬军队，向后撤退，不但自己脱离了危险，还收容了不少马谡手下的溃兵。

蜀军失去了街亭，又丧失了不少人马。魏军乘势长驱直入，诸葛亮为了避免遭受更大损失，遂决定把军队全部撤退到汉中。

回到汉中，诸葛亮把马谡抓了起来。马谡自知免不了一死，就在监狱里写了一封信，托人转交给诸葛亮，信中说道："丞相平日待我像待自己的儿子一样，我也把丞相当作自己父亲。这次我犯了死罪，希望我死以后，丞相能够像舜杀了鲧还用禹一样，善待我的儿子，我死了也没牵挂了。"

诸葛亮看到信后，想起平时与马谡的情谊，心里十分难过，流下了眼泪。不过，他最后还是忍痛斩了马谡。

马谡自以为是，没有自知之明，他为自己的愚蠢和自大，最终付出了生命的代价。

# ◎第三十四章　不自为大◎

**【原文】**

大道氾兮[1]，其可左右。万物恃之以生而不辞[2]，功成而不有。衣被万物而不为主，可名于"小"；万物归焉而不为主[3]，可名为"大"。以其终不自为大，故能成其大。

**【注释】**

①氾（fàn）：同"泛"，水向四处漫流。②恃之：依靠它。恃，依靠。之，代词，译为"它"。③焉：兼词，译为"于是"、"于此"。

**【译文】**

大道广博无际，左右上下无所不到。万物靠它生长发展而不推辞，成就了功业而不占有名誉。它养育万物而并不认为自己是万物的主人，一直无欲无求，可以称它为"小"；万物向它归附而并不自认为是主宰，可以称它为"大"。正因为它始终不认为自己伟大，所以才能成就它的伟大。

**【解析】**

这一章旨在讲大道发生作用的方式，即德。核心内容是老子对小和大的阐述。道生养万物，却不自恃有功，也不自以为大，正因为道不在大，所以才成为最大。

"大道氾兮，其可左右。"老子在本章的开头解释说，道广阔无际，是宇宙的主宰。在老子看来，大道正如江河一般广泛流行、周延四方。事实上，老子在这里形象而具体地描述出了大道的存在形态。

道具有什么样的特质呢？老子认为，永远没有自己的欲望就是大道的特质。大道无欲无求，没有欲望便不需要追求名声，因此它在人们的眼里，时常显得微不足道。老子最后指出，正是因为道不自认为伟大，所以才能够成就自己的伟大。

大道氾兮，其可左右。

"万物恃之以生而不辞，功成而不有。衣被万物而不为主。"关于老子的"道"的属性，有人认为其是一个绝对静止的精神本体。然而，道无欲无名、可小可大，绝对不是超时空的无差别的本体。还有人认为，道作为一个抽象概念，既不表现物质现实事物的本身，也不能离开形式推论或理论假设的思想，它只是由思维形式表述的一些东西，并不直接适用于对待客观现实的事物和现象。其实，道是一个物质性的概念，它虽然是耳、目、触、嗅诸感觉器官都不能感受到的，但万物归焉而不为主，可名为"大"。

它却实实在在地存在于自然界之中，而不是仅凭人们的主观臆想存在的精神性概念。这一点是我们准确理解《道德经》中有关"道"的问题的关键所在。此外，老子在本章里发挥的"不辞"、"不有"、"不为主"的精神，还可以使人摒弃占有欲及支配欲。

"可名于'小'；万物归焉而不为主，可名为'大'。"大道是如何发挥作用的呢？老子认为，道可以名为小，也可名为大，虽然他没有明确指出"圣人"、"侯王"应遵循大道，但是统治者治理国家与个人修为关系确实是十分紧密的，个人修为是小道，而以小道去治理国家便成就出了大道。"常无欲"是个人修为的核心，只要治国者摒除个人私欲，就不会视天下万物为私产，从而也就会出现"万物归焉而不为主"的理想社会环境。

与大道相比，人类的行为往往是截然相反的。在人类看来，人是万物之灵，有着思想和意识，既可以创造事物，也可以改变事物。所以人类常常自认为是万物的主人，可以主宰万物的命运，也可以任意命令和指使万物。这种想法是错误的。须知人类之所以能够生存和发展，所依靠的正是自然界的万事万物，我们非但不能主宰自然，还常常受到自然的制约。此外，人类同样是从大道中衍生出来的。换句话说，大道主宰了人类的命运，而自然界的万事万物为我们提供了生机和能量。如果人类真可以主宰万物，那么我们为什么会时常遭受大自然的报复呢？比如，我们过度开采森林资源，肆意砍伐树木，毁坏植被，造成了水土流失，重则还会引起泥石流、沙尘暴等灾害的发生。

## 从政之道

### ◎自恃者弱——居功自傲的高拱◎

道有护养万物之功却不自以为伟大，人也应效仿大道，不居功自大。明朝权臣高拱就因为不知道这个道理，恃功自傲，威福自专，最终遭到他人的报复，被迫离开京城，凄苦而终。

高拱出身官宦世家，相貌魁伟，精明强干，一度担任内阁大学士、内阁首辅，深受朝廷倚重。但同时他也专横跋扈，不能容人，很多大臣都因受不了他的排挤，主动辞职，告老还乡。

1572年，明穆宗病重，太监冯保要张居正而不是高拱草拟遗诏，引起高拱不悦。他一面斥责张居正，一面使计驱赶冯保。但未等将冯保整垮，穆宗就去世了。临终之前，穆宗要高拱、张居正和高仪为顾命大臣，而冯保则通过矫拟遗诏也成为顾命大臣，和高拱等共同辅佐年仅十岁的明神宗。神宗登基那天，冯保还故意站在皇帝的旁边，远远看去，百官就好像在向冯保跪拜。

有人提醒高拱小心冯保，高拱没有放在心上。他入仕多年，经历斗争无数，斗倒了一堆大臣，根本不把冯保放在眼里。他要御史刘良弼联合一些大臣搜罗冯保的罪状，然后又遣给事中陆树德等以皇帝年幼、谨防宦官专权为由弹劾冯保。高拱以为，只要等这封弹劾奏折递到皇上那里，冯保的好日子就结束了。

但事情偏偏没有如他的愿。高拱将弹劾冯保的计划告诉给张居正，而张居正却将此事悉数透露给冯保。原来，张居正也很想在仕途上有一番作为，但他清楚，高拱为人专横，稍不合其意之人无不遭到报复，只要高拱把持朝政一天，自己就只能匍匐在高拱脚下。因此对他来说，最好的情况就是冯保斗倒高拱。待高拱退出权力中心，自己主导了内阁事务，再来收拾冯保。

冯保得知高拱已经做好准备对付自己，于是马上开始行动。他向太后放话，说高拱认为皇帝年幼，打算拥立他人为君主，太后大惊。相比大权在握、态度张狂的高拱，太后更信任善于逢迎的冯保。当下太后便拿定主意，驱逐高拱。

第二天，明神宗突然召见群臣，宣两宫及帝诏。高拱还以为宣诏针对的是冯保，待诏书发出，顿时吓出一身冷汗：

"大学士高拱揽权擅政，威服自专，朝廷诸事不许皇帝主管，我母子日夜惊惧。便令其回原籍居住，不许停留。"

高拱的政治生涯就这样结束了，回到家乡后，他不再关心国事，埋首著书。但和他有隙的大臣却不想放过他，和冯保一起诬他以重罪，幸好被张居正制止，高拱这才捡回条命。经过此事，高拱大病一场，没多久就去世了。

若高拱懂得"不自为大"的道理，谦虚做人，就不会树立如此多的政敌。他自恃大权在手，动辄排挤他人，自以为挤走了不顺眼的人，就可高枕无忧，却没有意识到，一人之下万人之上的权力以及高超的弄权手段，都不能让人真心地归附于他，即使如张居正这般受过他恩惠的人，也会因畏惧他的专横自大，在关键时刻倒向他的政敌一方。

明神宗诏令罢免高拱内阁首职。

## 为人之道

# ◎谦卑者强——曾国藩不邀功◎

在这一篇中，老子提出：道是非常伟大的，但是从不自以为大；道决定万物的生长，但是从不加以干涉；大功告成，道却从不邀功。这便是道能够称之为大的原因。人们不仅要认识道，还要善于学习道的品质。在现实当中，很多人取得一点功劳就自大、自负，甚至不把别人放在眼里，这样的话，只会显得自己更加渺小。

曾国藩和左宗棠均为清朝后期的封疆大吏。曾国藩是晚清大儒，被誉为帝制时代儒家最后一位精神领袖。太平天国运动时期，曾国藩在湖南招募乡勇，训练出一支战斗力强悍的军队，称为"湘军"。在平定太平天国运动的过程中，曾国藩立下赫赫战功，获得清廷的赏识，后来官至两江总督、直隶总督、武英殿大学士，封一等毅勇侯。

而左宗棠年轻时怀才不遇，他曾先后三次参加会试，但是都没有考中。左宗棠科场失意，干脆放弃科举，回乡教书去了。尽管如此，由于他才名远播，一些有眼光的地方大员对他却也十分赏识，都愿意和他结交。两江总督陶澍听说左宗棠的大名，就请他到自己府中，让他教导自己的独子，并给儿子定下娃娃亲，从此和左宗棠结为亲家。后来，左宗棠又来到湖南巡抚张亮基的府中做幕僚。骆秉章继任为湖南巡抚后，继续重用左宗棠，甚至到了言听计从的地步。

在骆府之中，曾国藩第一次见到左宗棠。那是咸丰二年（1852年），正是清军与太平军作战最艰苦的岁月。左宗棠以其经世致用之才，为湖南战事做出不少贡献。有人也曾向曾国藩推荐过左宗棠。曾国藩常年带兵，手底下有很多人才，但是独对左宗棠态度谨慎，迟迟不肯将他招致麾下。这可能是曾国藩有识人之明，一早就知道他们之间性格不合。

但是，曾国藩并没有忘记左宗棠。咸丰四年（1854年），曾国藩打算推荐左宗棠做知府。不过左宗棠嫌知府的官儿太小，拒绝了曾国藩的一番好意。他后来给朋友写信说："……惟督抚握一省之权，殊可展布，此又非一蹴而能得者。以蓝顶尊武侯而夺其纶巾，以花翎尊武侯而褫其羽扇，既不当武侯之意，而令此武侯为世讪笑，进退均无所可。……若真以蓝顶加于纶巾之上者，吾当披发入山，誓不复出矣！"意思是说：像我这样的人，才能足以比拟诸葛孔明，只怕当这个知府会辱没了武侯的名声，现在只拿一个蓝顶子加到我的纶巾之上，还不如到山中隐居，不再出仕了呢。

直到咸丰十年（1860年），曾国藩为形势所逼，终于让左宗棠到自己麾下效力。曾国藩用人有一个原则，那就是"疑人不用，用人不疑"，一旦起用左宗棠就放手让他大干一场。左宗棠也没有辜负曾国藩的信任，在攻打浙江的时候，左宗棠很快攻下了杭州。曾国藩就向朝廷举荐，让他做了浙江巡抚。

左宗棠主掌一省军政大权，而此时太平天国也气数已尽。不久，天京（南京）被攻克了。在这本该举杯同庆的时刻，曾、左二人的交情却走到了尽头。事情起因于洪秀全的幼子洪天贵的下落。天京被攻克以后，曾国藩向朝廷报告说洪幼主已死，而左宗棠却报告说洪幼主没有死，而是逃跑了。两人在朝廷之中打起了笔墨官司。曾国藩曾说，他最恼恨左宗棠影射他撒谎，他一生最看重"诚信"二字，怎么会在皇帝面前撒谎？左宗棠却也不依不饶，说这件事自己有错，但是只占二三分，曾国藩的错则占了七八分，说曾国藩太小心眼了。

不过，曾国藩的涵养要比左宗棠好得多，他绝不会因为私怨而耽误国家大事。左宗棠出兵平定新疆，曾国藩给予大力支持。

曾国藩心胸宽阔，左宗棠则颇为自负，对于这一点，就连左宗棠身边的人也发现了。

有一次，左宗棠问身旁的侍卫道："为什么人们都称'曾左'而不称'左曾'？"

一名侍卫回答说："曾公眼中常有左公，而左公眼中则无曾公。"

侍卫的回答虽然简单，但是点出了左宗棠自傲自负的缺点，左宗棠听后，沉思良久，终于意识到，自己的心胸确实没有曾国藩宽广。

# ◎第三十五章　往而不害◎

【原文】

执大象①，天下往。往而不害，安平泰。乐与饵②，过客止。道之出口，淡乎其无味，视之不足见，听之不足闻，用之不足既③。

【注释】

①大象：即"无象之象"，指"道"。②饵：精美的食物。③既：穷尽，完的意思。

【译文】

掌握"大道"的人，天下就会向他归顺；归顺、投靠他而不互相妨害，于是大家都和平安泰。动听的音乐和美味的食物，能使过路的行人情不自禁地停下脚步。可是对"道"的表述却平淡无味，你想看看它却始终看不见，你想听听它却始终听不到，但是它的作用却无穷无尽，没有限制。

【解析】

这一章讲大道的运用和本体。从运用的角度讲，能够按道的法则行事，就会得到天下人的归顺，没有祸害。从本体的角度讲，大道无形无相，说出来也平淡无奇，但是能用之不竭。本章旨在说明，认识大道是认识世界和改造世界的关键，也是实现人生意义的根本。因此，人们切勿舍本逐末，背离大道，为一时的名利所诱惑。否则，不但不能实现心灵的自由，也会对人生的归宿产生疑惑。

"执大象，天下往。"在本章中，老子提出了"大象"的概念。这里所说的大象，指的是道的法象，它类似于路线图。在老子看来，如果能够掌握大道的大象，就能得到天下人的归附和顺从。在上一章中，老子谈到得道之人从来不以万物的主宰自居，也不高傲自大，但是能得到万民的尊敬和爱戴。得道之人与大道相似，也一样的气象宏大，一样的无欲无求，不计较得失，而不以天下的主宰者自居。他从不干涉其他人的自由，使人们感到非常安全可靠。正是这个原因，万民才会投靠他，归顺他，从而成全了他的美名。

道之出口，淡乎其无味。

"往而不害，安平泰。乐与饵，过客止。"大道无处不在，但是人们却不能看见它、听到它。大道就像一个默默无闻的人，它没有华丽的外表，既不会引诱外物，也不会为外物所引诱。大道有什么样的作用呢？道可以让人们都投向它而不相侵害，使人们生活安定，关系和睦。得道之人与大道同在，他们具有大道的一切特征，人们都心甘情愿地归顺他。但是，这种归顺与世俗意义上的归顺有极大的不同。世俗所说的归顺是由于名利的驱使，指的是人们为了追名逐利和满足自己的需求及欲望，当欲望有了实现的物质前提时，他们就会趋之若鹜。这时，老子举了一个例子，他说人们都有享受美食的欲望，当人们看到美味佳肴的时候，谁又能抵挡得住这种诱惑呢？这里的"乐与饵"，又可以指流行的仁义礼法之治，而"过客"也可以引申为执政者。老子在本章中告诫那些执政的官员们不要耽于声色犬马，应该归附于自然质朴的大道。只有顺应大道，才能实现国家大治和人民安定。

"道之出口，淡乎其无味，视之不足见，听之不足闻，用之不足既。"大道是无声无形的，不会对人们构成诱惑。而我们既看不见它，也摸不着它，所以也就很难执着地追求大道了。尽管人们不需要争夺和占有大道，但是大道却能使我们受用不尽。因此，得道之人从不对人们进行声色诱惑，因为他们深知，声色诱惑不能维持太长时间，一旦诱惑终结了，就会引起人心的不安，到时天下大乱就成必然之势了。所以，得道者以大道修身治国，人们自然会受益无穷。

追求享乐是人生而具有的本性。在物质丰富的社会中，人们很难克制自己的欲望，必然会想方设法满足自己的占有欲。如何才能在现实生活中追求大道呢？这就需要人们有清醒的头脑了。

## 从政之道

# ◎顺道者昌——朱元璋治理灾祸◎

能够依照道的法则行事，就能得到天下人的归顺，而不会遇到祸害，即使遇到灾祸，也能将其降到最低限度。

1368 年，朱元璋推翻了元朝，建立明朝。明朝初年，天下初定，百废待兴，天灾频仍，民生多艰。朱元璋吸取元亡的教训，他宵衣旰食，励精图治，采取与民休息的政策，终于使社会经济恢复过来，人民的生活也趋于安定。

朱元璋在治理天下的时候，也并非一帆风顺。洪武元年（1368 年），京城南京发生大火，全国各地也发生了旱灾和水灾。第二年，又相继发生雹灾、地震等自然灾害。据《明太祖实录》记载，朱元璋在位的三十一年间，水灾、旱灾、蝗灾、雹灾、地震、瘟疫等就有三百余起，几乎无年不灾，无处不灾。

面对频繁的灾难，朱元璋是如何应对的呢？

首先，朱元璋做到了"忧危积心"。朱元璋出身寒微，年少时曾在四方乞讨，深谙民间疾苦。他曾经说过："天下本是一家，百姓更是犹如一个整体，如果百姓衣食没有着落，那就应当考虑扶助他们。当初我在民间，亲眼见到百姓所受的疾苦。鳏寡孤独、饥寒困踬之徒经常会产生不想活下去的想法，恨不得马上就去死。我在乱离之中见到这种情况，心里常常会感到悲伤。"

朱元璋向官员灌输居安思危的观念。

朱元璋鼓励耕垦。

（《明太祖实录》卷九十六）朱元璋统治时期，各种灾害频繁发生，他经常反躬自问："我听说尧、舜、禹、汤、文、武等君主，德行足以匹配天地，仁德足以谐和民心……我的德行浅薄，不能任用贤人，励精图治，辜负了百姓的期望，所以上天对我作了惩戒，降下各种灾祸。我一辈子都要兢兢业业，不能让自己闲暇起来。"（《明太祖实录》卷一百三十二）作为帝王，只有具备了这种忧患意识，才能体恤民众，关心民众疾苦。

同时，明太祖也深刻地认识到，国家的安危治乱，关键在于统治者能否时刻保持谨慎的头脑。面对灾害，朱元璋除了时刻自我反省以外，还反复向官员灌输责任观念，希望他们能居安思危、励精图治。他常告诫臣僚说："水旱之灾，虽然是上天降下来的灾祸，但是做父母官的也要承担责任。君臣要成为一个整体，时刻保持警惕，众位卿家一定要尽心尽力地辅助我治理天下啊！"即使到了晚年，朱元璋仍旧感叹说："我治理天下越久，内心就更加戒惧，唯恐治国之心有所懈怠。懈怠之心一旦产生，那么天下之事都会废弛，百姓的生活就会困苦不堪。"

这些言论充分表明，频繁的天灾不仅加重了朱元璋的"忧危"心理，也强化了他的忧患意识，更坚定了他为国致治的愿望和为民负责的决心。

其次，朱元璋主张"藏富于民"。明朝建立以后，朱元璋以史为鉴，深知国富民穷并非国家长久之道，只有百姓富足，国家才能长治久安。他说："保国之道，在于藏富于民。百姓富足，国家才能长久；百姓贫穷，国家就会败亡。百姓的贫富，关乎国家的生死存亡。"（《明太祖实录》卷一百七十六）又说："大抵百姓足而后国富，百姓逸而后国安，未有民困穷而国独富安者。"洪武年间，朝廷上下提倡屯田，鼓励垦荒，奖励农桑，降低商税，减免赋役，务求富民实效。

明朝以前，很多朝代在救灾济贫问题上，通常采取的是消极应对的方式。朱元璋统治时期，荒政则受到朝廷高度重视。朱元璋曾言："君王扶养万民，就像保护自己的赤子，要经常考虑到他们的饥寒，而且还要为他们提供衣食。"（《明太祖实录》卷一百七十七）明太祖除了为百姓提供衣食，还拨付救灾济贫款项。朱元璋采取的这些措施，不但增强了政府的凝聚力，而且还赢得了民心。

再次，朱元璋又大力整顿吏治。一般来说，天灾背后通常暗藏着人祸，朱元璋也深谙这个道理。他从元亡明兴的历史经验中总结出，要想治理好国家，必须整顿吏治。如果不整顿吏治，官吏就不会体恤民众，就会变得贪财好色，过度纵酒，而导致政事荒废。即使知道百姓有疾苦，也会无动于衷，甚至做出危害民众的行为。所以，在整顿吏治的问题上，朱元璋用尽了各种方法。其中，严惩救灾失职或救灾不力的官吏是明太祖藉以致治的又一重要举措。

过去，因天灾而检讨，多为历朝官样文章，表表"态"、做做"秀"罢了。而朱元璋此举，则是真切务实，意在整顿吏治、培养官员恤民勤政之风。

在朱元璋大力倡导和整顿下，可谓是官场大振、官风大正，不仅吏治得以整肃，各级政府也日趋高效，救灾恤民成为朝廷及各级官员之急务，灾难破坏也就能够降低到最低限度，从而呈现出初步大治的良好局面。

应当说，天灾是无法抗拒的自然之力，无论何人都不能不去面对。但如何使灾害控制在有限程度，就需要政府及其主要官员能得力措施、能施有效政策，方可实现。朱元璋的观念与做法，无疑是可取的，是值得借鉴的。

## 为人之道

# ◎民为邦本——商汤宽以待民终灭夏◎

老子说："执大象，天下往。"掌握大道的人，天下就会向他归顺；反之，违反大道的人，必定被上天所厌弃。商汤灭夏的故事可以很好地说明这个道理。

夏桀是历史上著名的暴君。他不修国政，骄奢淫逸，滥杀无辜，残暴不仁。在其统治时期，多次举兵讨伐周围小国，使原本臣服于夏的诸小国都背离了夏朝。夏桀为了加强对周围诸国的控制，曾举

夏桀征伐有施氏，得到了美女妹喜。

兵讨伐有施氏，有施氏自知抵御不过，为避免灭亡，便选了一名叫妹喜的绝色美女，献给夏桀。夏桀看到这位倾国倾城的美女后，就罢兵而归，终日与妹喜厮守在一起，寸步不离，从此不再理政。为了讨好妹喜，夏桀在国内大征民夫，特意为妹喜修建了一座宫殿，因此宫高大无比，看上去就像要倾倒下来，所以叫"倾宫"，宫中有琼室、瑶殿，象牙嵌的走廊，白玉雕的床榻。夏桀整日和妹喜在宫中寻欢作乐，荒淫到了极点。

夏桀别出心裁，在倾宫的边上挖了一条河，河里全部注满了酒，他把这条河叫作"酒池"，在酒池旁边还垒了一座完全用肉堆积而成的山，称为"肉林"。

夏桀的荒淫无度，让忠臣贤士寒心，老百姓怨声载道。夏桀手下有个叫关龙逄的臣子，听到老百姓的愤怒声音，觉得大事不妙，便向夏桀进谏："天子谦恭而讲究信义，节俭又爱护贤才，天下才能安定，王朝才能稳固。如今陛下奢侈无度，嗜杀成性，弄得百姓都盼望您早些灭亡。陛下已经失去了民心，只有赶快改正过错，才能挽回人心。"然而，夏桀不但不听关龙逄的劝告，还下令将其杀死。夏桀认为自己的统治永远不会灭亡。他说："天上有太阳，正像我有百姓一样，太阳会灭亡吗？太阳灭亡，我才会灭亡。"老百姓恨死他了，咒骂他说："你这个太阳啊，什么时候灭亡？我们愿意与你同归于尽！"夏桀还重用佞臣，排斥忠良。有个名叫赵梁的小人，专门投夏桀之所好，还教其如何享乐，如何勒索、残害百姓，得到了夏桀的

宠信。

天下百姓对夏桀的统治深恶痛绝，没有人再愿意为夏桀这样的荒淫暴君卖命出力，夏统治集团内部也分崩离析，矛盾重重。

正当夏朝日渐衰弱时，在黄河下游，有一个诸侯国渐渐强大起来了，这就是商。商的国王叫汤，汤据说是帝喾后代契的子孙，为商部落首领。汤非常贤良，他以仁义治国，以礼貌待人，百姓都说遇到了一个明君，周围的诸侯也都和他相处和睦。

夏桀耽于美色，终日与妹喜寻欢作乐。

商汤礼贤下士，得到了贤人仲虺和伊尹的辅佐。汤首先治理好内部，鼓励商国的人民从事农耕，饲养牲畜。同时团结与商友善的诸侯、方国。汤经常率领仲虺和伊尹出外巡视四周。

商汤采取"宽以待民"的政治策略，以笼络民心，扩大自己的影响力，遇到哪个方国有灾难，就主动救济，归顺商国的诸侯很快就增加到四十个，商汤的势力也愈来愈大。此外，汤积极网罗人才，收集有关夏桀政权的情报信息，为灭掉夏朝积极作准备。

而桀却越来越骄奢淫逸，统治也越来越腐朽，民心尽失。汤于是决心讨伐夏桀。在讨伐桀之前，伊尹给汤献上一计，叫汤不要向夏进贡，看看桀会作何反应。这一年汤没有像往年一样，向夏进贡大量的物品，桀知道此事后，以为汤要造反，马上派大兵攻打汤，但是却没能得到诸侯的响应。

汤见桀已完全陷于孤立，立即动员自己的所有力量讨伐桀。出兵前，汤举行了誓师大会，并作了一篇《汤誓》，在大会上宣读，汤说："众兵士，我率你们去攻打夏桀，我不是发动叛乱，而是因为夏桀犯下的罪太多了，现在上天命令我去惩罚他啊！"

汤在伊尹的辅助下，先攻灭了夏桀的党羽韦国、顾国，击败了昆吾国，然后直逼夏的重镇鸣条（今山西省安邑县西）。夏桀得到消息，带兵赶到鸣条。两军交战，夏桀登上附近的小山顶观战。忽然天降大雨，夏桀又急忙从山顶奔下避雨。夏军将士原来就不愿为夏桀卖命，此时，

商汤率兵准备讨伐夏桀。

也乘机纷纷逃散。夏桀制止不住，只得仓皇逃入城内。商军在后紧追，夏桀不敢久留，匆忙携带妹喜和珍宝，登上一艘小船，渡江逃到南巢（今安徽省巢县）。后被汤追上俘获。这时，夏桀还不知悔悟，他狠狠地说："真后悔啊，当时没有把汤杀死在夏台监狱里！"汤将夏桀和妹喜放逐在卧牛山，夏桀养尊处优惯了，在这荒僻山乡，无人服侍，自己又不会劳动，不久就活活饿死了。

商汤礼贤下士，招揽人才。

汤在消灭了夏桀，推翻了夏朝统治之后，定都于亳，建立了商王朝。

夏桀倒行逆施，逆天而行，终至身亡国灭，实在咎由自取；而"汤武革命，顺乎天而应乎人"（《易·革·象辞》），桀亡汤兴，道之所在，势固必然。

商汤率军攻灭夏朝。

# ◎ 第三十六章　柔弱刚强 ◎

**【原文】**

　　将欲歙之①，必固张之②；将欲弱之，必固强之；将欲废之，必固举之；将欲取之，必固与之。是谓微明③。柔弱胜刚强。鱼不可脱于渊④，国之利器不可以示人⑤。

**【注释】**

① 歙（xī）：收敛，收缩。② 固：暂且，姑且。此章几个"固"均如此解释。③ 微明：即微妙的道理。明，这里有高明、深远的意思。④ 脱：离开。⑤ 利器：有几种说法：一是指权道，二是指赏罚，三是指圣智仁义巧利。

**【译文】**

　　想要收拢它，必先扩张它；想要削弱它，必先让它强大；想要废除它，必先推举它；想要夺取它，必先给予它。这是一种微妙高明的道理。柔能胜刚。鱼儿不能离开池渊，国家的利器不可以轻易向人展示。

**【解析】**

　　本章主要讲了事物的两重性和矛盾转化辩证关系，揭示了自然界运动变化的规律，同时，老子还以自然界的辩证法比喻社会现象，目的在于引起人们的警觉注意。这种观点贯穿《道德经》全书。任何事物在其发展过程中，都会走到某一个极限，这时，该事物就会朝着相反的方向发展变化。本章旨在借物极必反的道理，教人以柔弱自处，回归大道的本源。

　　大道无言无为，无形无象，但是它却存在于有形的万物之中。世间万物行事时依循自然规律，有生就有死，有好就有坏，所以我们的

将欲翕之，必固张之。

有形世界所制定的法律，就是相对因果律，矛盾的双方相互转化、互为生灭，谁也无法改变。而大道却与这个完全不同。大道本身是没有等级，因此，只要合于大道，万物也就不会有等级了。倘若不合于大道，就一定会有等级，而且还会朝着自己所追求的事物的反面变化发展。

　　"将欲歙之，必固张之；将欲弱之，必固强之"，在本章的前四句之中，老子具体分析了事物的发展情况，这几句话贯穿了老子物极必反的辩证法思想。在以上所讲的歙与张、弱与强、废与举、取与予这四对矛盾的对立统一体中，老子宁可居于柔弱的一面。在对人与物作了深入而普遍的观察研究之后，老子认识到，柔弱的东西里面蕴含着内敛，往往富于韧性，生命力旺盛，发展的余地较大。相反，看起来似乎强大而刚烈的东西，由于它的显扬外露，往往失去发展的前景，因而难以维

持长久。在柔弱与刚强的对立之中，老子断言柔弱的呈现胜于刚强的外表。

我们知道，大道是无言的、无形的、无声的，它无处不在。大道对于我们的控制，我们能够意识到，但是无法感觉到，这正体现了大道的平凡之处。而它不以声色相诱惑，不以名利作引诱，不以武力相威胁，一切都是自然而然的，这使得我们不得不遵循它的原则，投向它的怀抱，得到永久的安详和平静，永远不会受到伤害，这正是大道的伟大之处。大道之所以伟大，是因为它的平凡，而这才是老子所说的大道的根本，也就是无为而无所不为的真谛。如果治理国家的人能够掌握大道的根本，能够效法大道无为而无所不为的做法，那么就无须用各种手段来笼络人心，费尽心机地控制他人了。于是，人们为了能够过上平静而安定的生活，必定会自然而然地投向他，归顺他。

## 为人之道

# ◎柔能胜刚——康熙收服王辅臣◎

张极必歙，盛极必衰，这是自然界变化发展的规律。因此，只有处于柔弱地位，才能战胜刚强。其实，凡是有生命力的事物，都有柔弱的特征。正因为如此，它才有前途，才有发展的潜力。从发展的趋势来看，柔弱的一方终究会战胜强盛的一方。这一道理扩展到政治生活中，统治者想要培养臣子的忠诚之心，不能光靠严厉的手段，很多时候，采用怀柔的手段更能发挥效果。

王辅臣是山西大同人，他早年从事抗清事业，后来投降了阿济格，没入辛者库为奴。顺治帝亲政后，下令由王辅臣监临洪承畴部，后来洪承畴保举王做总兵官。王辅臣深受顺治帝的信任，平西王吴三桂对他极力笼络，让他跟随自己远征缅甸，俘获南明永历帝。康熙即位后，任命王辅臣为陕西提督，让他镇守平凉。

平凉是当时的战略要地，关系到京城的安危，王辅臣去平凉之前，特地拜谒康熙，康熙嘱咐他道："朕很想把你留在京城，这样我们便可以朝夕相见。但是平凉是边陲要地，非得仰赖你才能守得住啊！"康熙又特例让王辅臣在京城过完元宵节，还亲自邀他一起看花灯。

不久，吴三桂在云南起兵谋反，吴曾写信给王辅臣，请他出任总管大将军。此时，王辅臣和大将军张勇正在陕西统领军务，王辅臣没有通知张勇，就让儿子王继贞把吴三桂的招降书呈递给了康熙，康熙看到信件后，知道王辅臣忠心耿耿，因此十分高兴，封王继贞为太仆卿。张勇的军功本来在王辅臣之上，但是自己没有得到皇帝的封赏，心里很不痛快，就此和王辅臣心生嫌隙。就在这时，四川提督郑蛟麟投靠了吴三桂，康熙帝为挽救局势，立即派遣大臣莫洛出京，让他负责管理经略事宜。王辅臣之前和莫洛有过节，而此时莫洛掌握了山西、陕西的兵马，所以就处处掣肘王辅臣。康熙十三年（1674年）十二月，王辅臣追随莫洛向四川进军，与吴三桂叛军作战。这时，吴三桂攻打广元，王辅臣要求增兵，但莫洛没有及时增援，王辅臣愈加不满。恰好此时莫洛率绿营兵至宁羌。王辅臣见莫洛

王辅臣收到吴三桂招降的书信。

清军大胜王辅臣守军。

兵力单薄，便于十二月初四日突袭莫洛，举兵造反，莫洛被乱军杀死。

率部谋反后，王辅臣以位处陕甘要冲的平凉为根据地，北控宁夏，南接巴蜀，东拒清军。随后又攻克庆阳、平凉各州。当时，吴三桂已封王辅臣为平远大将军、陕西东路总管，并助饷银二十万两，还令王屏藩、吴之茂率部北进，援助王辅臣攻取整个陇右。

消息传出后，朝野震惊，康熙立刻召见在京的王继贞。王继贞刚走上大殿，康熙就说道："你父亲造反了！"王继贞一听，大惊失色，吓得差点瘫倒在地，他哆哆嗦嗦地说道："启禀皇上，我一点儿也不清楚啊！"康熙心里明白，王辅臣一反，京师随时都有被攻克的危险，现在再追究王辅臣杀死莫洛的罪责，已经没有什么意义了。他只期望着王辅臣能够回心转意，因此决定采用怀柔的策略，他安抚王继贞说："你不必担心，朕知道你父亲一向忠心耿耿，这次一定是莫洛的错，所以你父亲才不得不造反。你现在火速前往陕西，宣布朕的命令，赦免你父亲的罪责。"

王辅臣接到赦免的诏书后，心里非常感激，内心也颇不平静，他想到康熙对自己恩重如山，于是率领属下向北跪倒，痛哭流涕。

王辅臣复降清军。

但是，王辅臣担心康熙迟早会追究他杀死莫洛的罪责，因此没有接受朝廷的招降。但是他终究念着康熙的恩情，因此一直驻守在平凉，既不南下与已经攻占湖南的吴三桂会合，也不到四川与王屏藩联手。

后来，清军逐渐掌握了战争的主动权，取得了一系列胜利，"三藩之乱"很快就要被平息了。康熙仍想招降王辅臣，于是在康熙十四年（1675 年）七月给王辅臣下了一道招降敕谕。王辅臣心里还有顾虑，因此不敢贸然归降。

康熙十五年（1676 年）二月，图海正式被任命为抚远大将军，康熙亲自在太和殿授他印信。图海号令全军说："仁义之师，先招抚，后攻伐。今奉天威讨叛竖，无虑不克。顾城中生灵数十万，覆巢之下，杀戮必多。当体圣主好生之德，俟其向化。"意思是说：我们是仁义之师，尽管攻无不克，但是又担心生灵涂炭，所以期盼叛军能够归降清朝。五月初，图海攻克虎山墩，逼近平凉。王辅臣处境险恶。五日，图海抵平凉，他坚持执行康熙用恩招抚的策略，围而不攻，围而不战，攻心为上，劝诱其降。在康熙真心的感召下，次日，王辅臣终于宣布投降。

康熙用恩收服王辅臣，不仅解除了其对京师的巨大威胁，而且剪除了吴三桂在陕西的羽翼，使吴三桂失去了一个有力的臂膀，顿时扭转了整个西北战局。

## 处世之道

# ◎韬光养晦——蔡锷的处世哲学◎

这一章里，老子讲为人和做事，要讲究韬光养晦，"不可以示人"，它也成为一个人，甚至一个组织、一个国家在发展过程中所应当执守的法则。

蔡锷（1882—1916 年），湖南宝庆（今邵阳）人，出身贫寒，勤苦好学，曾入长沙时务学堂，师从梁启超、谭嗣同，后赴日本留学。回国之后，蔡锷参加了唐才常领导的反抗清政府的自立军起义，起义失败后再次赴日，进入陆军士官学校学习军事。1904 年学成归国后，先后在湖南、广西、云南等省教练新军，1911 年初调往云南，任新军第十九镇第三十七协协统。同年 10 月 30 日，蔡锷在昆明率领新军响应武昌起义。不久，成立了以蔡锷为都督的云南军政府。

1912 年 1 月 1 日，孙中山在南京就任中华民国临时大总统，但是辛亥革命的胜利果实很快为北洋军头领袁世凯所窃取。2 月 12 日，在袁世凯的逼迫之下，清帝溥仪颁布"退位诏书"，第二天，孙中山辞去中华民国临时大总统的职务，2 月 15 日，袁世凯被参议院选为临时大总统，3 月 10 日，袁世凯在北京就职。

根据《中华民国临时约法》，1913 年 2 月，国会举行了第一次选举，国民党所得议席最多，因此国民党理事长宋教仁当出任内阁总理。早在袁世凯就任中华民国临时大总统之前，为了限制他的权力，《中华民国临时约法》中就已经规定，将国家政体由总统制改为内阁制。这样一来，内阁总理的权力就会在相当大的程度上对总统的权力产生制衡的作用。为了独揽大权，袁世凯不惜秘密派人在上海刺杀了即将北上入京的宋教仁。宋案发生之后，举国哗然，孙中山、黄兴等革命元勋立即对袁世凯进行了严厉的声谴，并且组织了中华革命党，发动了"二次革命"。

在此之前，出于维护国家统一的目的，蔡锷一直是支持袁世凯的。"二次革命"之时，黄兴约请蔡锷一同举兵，可是蔡锷却反对用武力来解决此事。他说道："我国自改革以后，元气大伤，至今疮痍未复，断不可有第二次之破坏。且某国幸灾乐祸，正利用我有内乱，以遂其侵略野心，凡我邦人，正宜戮力同心，以御外侮……克强（即黄兴）、协和（即李烈钧）此举，未免铤而走险，急不能择。"鉴于这种观点，在"二次革命"中蔡锷宣布云南中立。尽管当时以平和的方式难以解决这一问题，但是蔡锷的看法也不能说是没有道理，而且"二次革命"也确实很快就遭受了挫败。

1913 年 10 月 6 日，袁世凯被国会选举为中华民国第一任大总统，随即于北京故宫太和殿就职。在此之后，袁世凯加紧了走向独裁专制的步伐，先后解散了国民党和国会，又废除了《中华民国临时约法》，并于 1914 年 5 月推出了新的《中华民国约法》，将内阁制又改为总统制，赋予了总统最大的权限。他还修改了总统选举法，规定总统任期为十年，任届则没有限制。

袁世凯就任大总统之后，蔡锷便辞去了云南都督的职位，北上进京。关于这件事，蔡锷的老师梁启超在《护国之役回顾谈》中说道："蔡公把都督辞掉回到北京。他辞都督并非有人逼着他辞，云南人苦苦挽留，中央也不放他走，但蔡公意思一来因为怕军人揽政，弄成藩镇割据局面，自己要以身作则来矫正它；二来因为他有一种怀抱，想重新训练一班军官，对付我们理想的敌国；三来也因为在云南两年太劳苦了，身子有点衰弱，要稍为休息休息。"

蔡锷来到北京之后，担任全国经界局督办。他一方面领导着经界局的工作，一方面与蒋方震、阎锡山等人组织了军事研究会，积极研讨军事学术问题，不断地为国家的军事建设献计献策，倾心希望能够建立一支强大的武装力量，从而能够不再受制于人，一雪国耻。但是，袁世凯对蔡锷的这些积极的建议并不热心，而是将主要的精力全部放在了一件事上，那就是为自己谋求皇帝的宝座。

当初，蔡锷之所以支持袁世凯担任中华民国的临时大总统，是因为他觉得袁世凯"宏才伟略，群望所归"，拥有足够的威望和能力来担当起维护共和与振兴国家的大任。然而随着个人政治野心的逐步得逞，袁世凯的伪善面目也逐渐地显现出来。1915 年 5 月 9 日，袁世凯在日本的武力威逼之下，被迫签订了丧权辱国的《二十一条》，表示接受条款中一至四号共十四条的内容。这件事令蔡锷感到极为气愤，也让他对袁世凯不再抱有任何幻想，随着袁世凯复辟帝制活动紧锣密鼓地进行，蔡锷也下决心武力讨袁，"为四万万人争人格"。

为了实现武力讨袁的目的，蔡锷必须回到云南，因为他在北京并不掌有兵权。尽管他离开云南已经两年，但是他的旧部仍在，他在云南依然有着极大的号召力。然而，袁世凯虽然表面上对蔡锷优待有加，实际上却暗中提防着他，袁世凯曾对亲信曹汝霖说蔡锷"有才干，但有阴谋"。因此，袁世凯有意让蔡锷困居于北京，不肯让他擅自离开。特别是在这样的关键时刻，袁世凯对这个举足轻重的要人更是严加监视。蔡锷也看出了袁世凯的心思，所以在京期间，从不过问重大的国事。就在袁世凯的复辟活动甚嚣尘上之时，蔡锷却充耳不闻，反而流连于花街柳巷，与八大胡同中的名妓小凤仙尤为缠绵，颇显沉湎颓唐之意。不过，这全都是做给袁世凯看的，暗地里，蔡锷数次奔赴天津，与老师梁启超商议讨袁之策，初步拟定了以云南为基、武装反袁的战略计划。另一方面，蔡锷与云、贵军方密电交加，共议大计。同时，远在美国的黄兴也传来密函，规劝其逃离虎口，起兵讨袁。

为了更好地迷惑袁世凯，蔡锷自己领衔，联同蒋尊簋、孙武、唐在礼、蒋作宾等十一个将军，共同签名，关于帝制问题发表了自己意见，"主张中国国体宜用君主制"，这是对袁世凯称帝的明确支持。尽管如此，袁世凯仍然放心不下，暗中派人搜查蔡锷的家中物什。蔡锷对此早有预料，此前就已经将电报密码等事关机密的重要物件全都转移到了天津梁启超的卧室之中，因此袁世凯的搜查一无所获。

1915 年 11 月 11 日，蔡锷秘密离京，经天津转赴日本，又取道台湾、香港，绕经越南，最终于 12 月 19 日抵达昆明。对于蔡锷的"不辞而别"，袁世凯深感不安，他对财政总长周学熙说："此人之精悍远在黄兴及国民党之上，即宋教仁或亦非所能匹。"袁世凯虽然感叹不经意间放得蔡锷远走无异于"纵虎出柙"，但是追之不及，也只得好言相恤，怎奈蔡锷的讨袁之心已经万分坚定而不可更移。

当蔡锷回到云南之时，袁世凯已经将国号由"中华民国"易为"中华帝国"，并且改元洪宪，加冕称帝。不久，蔡锷在云南组建护国军，联合四川、广西和湖南等省兴师讨袁，沉重打击了袁世凯的势力。在护国军声威浩大的感召之下，贵州、陕西、四川、湖南等省纷纷宣布独立，这促使袁世凯被迫于 1916 年 3 月 22 日宣布取消帝制。

# 《道德经》的版本

1993年湖北荆门郭店楚墓出土的《老子》竹简。从墓葬形制及器物特征判断,在战国中晚期,距今2000多年,是至今发现的最早的《老子》抄本。分为甲、乙、丙三组,共1741字,内容基本上无重复。

战国·竹简本

西汉·帛书木

汉代·河上公注本

1973年湖南长沙马王堆汉墓出土的帛书《老子》甲、乙本。专家考证认为在西汉初年。甲本由篆书书写,乙本由隶书书写。甲、乙本均分二篇,乙本篇末标出《德》3041字、《道》2426字,合计5467字。两本都不分章次。

《老子河上公章句》分81章,上篇《道经》37章,下篇《德经》44章,每章章次之首冠以"章题"二字。河上公注本的特点是注文简明清晰,重在解释老子意旨,每每以极简单的语言阐说《老子》义理,说理透彻,平铺直了。

王弼注本分81章,无章题名称。王弼是三国曹魏山阳郡人,魏晋玄学的代表人物之一。生于226年,死于249年,只活了24岁,但著述颇丰,著有《周易注》、《周易略例》、《老子注》、《老子指略》、《论语释疑》等数种。

曹魏·王弼注本

# ◎第三十七章 道常无为◎

【原文】

　　道常无为而无不为。侯王若能守之，万物将自化。化而欲作，吾将镇之以无名之朴①。镇之以无名之朴，夫将不欲。不欲以静，天下将自正。

【注释】

①朴："道"的另一个称呼。指道的一个方面。

【译文】

　　"道"永远是顺其自然的，却又好像没有什么事情不是它所作为的。侯王若能遵循道的原则，无为而治，天下万物就会按自身规律正常发展。当它的自生自长产生贪欲时，我就用道的真朴去整治它。用道的真朴来镇服它，就不会再起贪欲之心了。没有贪欲自然会清静无为，天下万物将自然而然走向稳定、安宁。

【解析】

　　这一章是老子《道经》的最后一章，《道经》共三十七章，主要讲述了大道的概念、形状、意义、价值和规律。本章与第三十五章的内容基本相同，中心议题是"无为而无不为"，即老子的朴治主义思想，也是老子思想体系中居于核心地位的命题。老子认为最完美的治世之法是"无为"，即顺着道的法则自然而为。能顺道而行，就会自然走上正轨。

　　在本章中，老子再次强调，治国的根本在于无为，治民的根本在于使民无欲。当老百姓违反天道、犯上作乱时，统治者尽量不要施加刑罚，更不要利用武力进行征讨，而应以淳朴和无欲去教化和感化他们。老子认为，治国者只有遵循大道，无为而治，百姓才会无拘无束，自由自在。在第二十五章中，老子曾提到过"道法自然"，意思是说自然是无为的，所以道也是无为的。什么是无为？就是静、朴、无欲。治国者如果能够遵循道的法则去处理政事，就不会危害百姓，而百姓也不会滋生贪欲，这样他们就会过上自然、平静的生活了。

　　无为的思想在老子《道德经》中多次被阐述、解释。本章第一句说"道常无为而无不为"。如何理解老子的道呢？道与宗教里的神不同。宗教里的神是具有人格的，它有意志，也有欲望；而道则不具有人格，但是它却创造

道常无为而无不为。

了万物，主宰了万物，并顺任自然万物的繁衍、发展、淘汰、新生，所以无为的确切含义应是不妄为、不强为。第二句老子引入人类社会，谈道的法则在人类社会中的运用。由于自然界的"道常无为而无不为"，所以老子要求侯王能守道而行，即在朝政方面，也要按照"无为而无不为"的法则来治理国家，从而导引出"化而欲作，吾将镇之以无名之朴"的结论。这里所说的"镇"，是镇服的意思，而不是用武力手段来镇压。

怎样在人类社会中运用道的法则呢？老子说，治国者只要恪守道的原则，遵循"无为而无不为"的法则，就会达到"天下将自定"的理想社会。大道无为，始终按照自己的轨道运行，可使整个宇宙和谐有序；治国者无为，始终遵循自然法则和社会法则，可使国家大治，百姓安定；自我无为，始终遵守自然之道和人生法则，可使自己健康长寿。在这里，宇宙、社会、人生是"实"、"有"，自然法则、社会法则、人生法则是"虚"、"无"，实与虚、有与无是对立统一的关系。因此，欲治实、有，必先守虚、无。自然法则是永恒不变的，所以无为的目的在于寻求"朴"，也就是合乎自然法则的社会法则和人生法则，治国以法，治身以朴，这样才能够实现"无为而无不为"的境界。

## 从政之道

# ◎以静守道——萧规曹随◎

一切事物都有其自身的发展规律，人们只能顺其自然，不可妄为。如果肆意妄为，违背事物发展的规律，就会适得其反。

汉惠帝二年（前193年）七月，丞相萧何病死。吕后、惠帝遵照汉高祖的遗嘱，将齐国国相曹参召入朝中，让他接替萧何出任丞相。曹参奉诏入朝，吕后、惠帝授予他相印，让他做了丞相。

曹参入主相府后，朝臣们都私下里议论，说萧何、曹参二人，早年一起追随刘邦起兵，又均为沛县人，关系原本十分要好，后来曹参战功卓著，封赏反而没有萧何的多，两人于是有了隔阂。现在曹参做了丞相，一定会对人事作大调整。为此，各级官员都慌张起来，他们担心自己的前程会毁掉。哪知曹参入主相府几日，什么事情都没有做，而且还贴出文告，表示一切政务、用人都依照前任丞相旧章办事。官吏们这才安下心来，像往常那样处理政务。

几个月过后，曹参渐渐对僚属有了大体了解，于是把那些说话雕琢、严酷苛刻、想竭力追求名声的官吏，全部罢免掉。同时，曹参又选拔各郡国中那些年老忠厚、口才迟钝的文官，填补以上的空缺。然后曹参就闭门不出，日夜饮酒，不理政事。卿大

曹参从齐国来到长安担任丞相之职。

夫以下的官吏和宾客见到曹参不处理政事，便纷纷入见曹参，都想找他好好谈一谈。可是等他们一来，曹参就取出醇厚的酒给他们喝，官员们刚想趁机进言，又被曹参灌酒，喝醉以后才离开，始终不能进言。自此以后，曹参的手下也不再询问曹参缘由了，都纷纷仿效起来。相国官邸的后园靠近官员的住处，官员每天饮酒唱歌呼喊，声音传到了很远的地方。曹参明知，却装聋作哑，不加理睬。曹参的随从侍吏厌恶他们，但是又不能得罪他们，

众官员请求曹参处理朝政，却被留在府中痛饮。

只好把曹参请到园中游玩，听见官员酒醉唱歌呼喊，随从侍吏都希望曹参能制止他们，然而曹参非但没有制止，反而取酒设座，跟他们彼此呼应唱和。侍吏见此情景，感到莫名其妙，也不好再问。

　　曹参不但不去禁酒，就是属下犯了小过错，也往往代为遮掩。属吏们感恩戴德，都不敢轻易犯错，所以相府中没有发生什么大事。不过，朝中大臣却对曹参的行为感到不解，有些人还时常把这些情况报告给汉惠帝。此时，惠帝刚刚即位，他听说曹参日夜不停地请人喝酒聊天，好像根本就不把国家大事放在心上，还以为是曹参嫌他太年轻了，有些看不起他，所以有些着急，希望曹参能竭

官员们整日醉酒高歌，曹府侍吏请求曹参予以制止。

尽全力辅佐自己。

曹参的儿子曹窋在朝中担任中大夫，有一天，惠帝对他说道："你休假回家的时候，碰到机会就顺便问问你父亲，你就说：'高祖刚去世不久，现在的皇上又年轻，还没有处理政事的经验，正要丞相尽心尽力辅佐，共同处理国家大事。可是现在您身为丞相，却整天与人纵饮闲聊，一不向皇帝请示报告政务，二不过问朝廷大事，要是长此以往，您怎么能治理好国家和安抚百姓呀？'你问完后，看你父亲如何回答，回来后你告诉我一声。不过你千万不要说是我让你去问

曹参向汉惠帝阐述无为而治的意义。

他的。"曹窋领了惠帝的旨意，回家后找了个机会，一边侍候曹参，一边按照皇帝的旨意跟曹参闲谈，并向曹参规劝了一番。曹参一听到儿子的话，不禁勃然大怒，大骂曹窋道："你小子懂什么朝政，这些事是该你说的还是该你管的呢？你还是赶快回朝侍奉皇上吧！"他一边骂一边拿起板子把儿子狠狠地打了一顿。

曹窋遭到父亲的打骂后，垂头丧气地回到宫中，向汉惠帝大诉委屈，并把挨打的过程一五一十地告诉了惠帝。惠帝听了更加觉得莫名其妙了，不知道曹参为什么发这么大的火。

第二天，早朝散了之后，汉惠帝把曹参留下，责备他道："丞相为什么要责打曹窋呢？他对你说的那些话是我的意思啊，也是我让他去规劝你的。"曹参听了惠帝的话后，立即摘下帽子，跪在地上不断叩头谢罪。汉惠帝赦他无罪，又对他说道："丞相您有什么想法，就直接对我说吧！"曹参于是向惠帝问道："请陛下好好地想想，您跟先帝相比，谁更贤明英武呢？"惠帝回答说："我怎么敢和先帝相提并论呢？"曹参又问："依陛下的看法，我的德才跟萧何相国相比，谁更强一些呢？"汉惠帝笑着说："我看你好像是比不上萧相国。"

曹参接过惠帝的话说道："陛下说得非常正确。既然您的才能比不上先帝，我的德才又不如萧相国，那么先帝与萧相国在统一天下以后，陆续制定了许多明确而又完备的法令，在施行的过程中又都取得了很大成效，难道我们还能制定出超过他们的法令规章来吗？"接下来，曹参又诚恳地对惠帝说道："现在陛下是继承守业，而不是在创业，所以，我们这些做大臣的，就更应当遵守先帝遗愿，谨慎行事，恪守职责。对已经制定并执行过的法令规章，就更不应该任意改动，而只能遵照执行了。我现在这样依照先帝的遗愿办事不是很好吗？"汉惠帝听了曹参的解释后，十分欣慰地说道："我终于明白了，丞相不必再说了！"

曹参当政三年，极力主张清静无为不扰民，遵照萧何制定好的法规治理国家，整个西汉王朝社会稳定，百业兴旺。曹参死后，百姓们编了一首歌谣称颂他："萧何定法律，明白又整齐；曹参接任后，遵守不偏离。施政贵清静，百姓心欢喜。"历史上称这段史实为"萧规曹随"。

"萧规曹随"的典故，很多人都只是肤浅地理解为：前任的办法好，就继承下来，不如前任就当好学生。但是没有认识到，那些可以被"曹随"的"萧规"，其本质上都遵循了事物的规律。因此，天地运行所遵循的规则并不繁难，只不过顺其自然而已。

## 为人之道

### ◎ 万物自化——宋真宗与"咸平之治" ◎

"道"通常是顺其自然的，侯王若能遵循道的原则，无为而治，天下万物就会按自身规律正常发展。宋咸平年间，真宗君臣禀行无为而治、与民休息的治国理念，使整个国家出现了经济繁荣、政权巩固、百姓安居乐业的局面，这与老子所主张的"无为而无不为"的理念相合一契。

宋真宗下诏与民休息。

宋真宗即位后，继续推行太宗晚年以来的无为之治。他先后提拔了李沆、吕蒙正、夏侯峤、杨砺等人担任宰相和执政大臣，并保留了张齐贤、吕端等前朝能臣。这些人忠于职守，真宗与他们上下同心，开创了继唐代"开元盛世"以来的又一个盛世。

宋真宗所采取的措施主要体现在减免赋税、改革财政、劝课农桑、平抑粮价及改革司法等方面。

咸平元年（988年），时任度支判官的毋宾古对大臣王钦若说："各地种田的人，拖欠了大量未缴的田赋，有的已拖了十几年甚至几十年。年积一年，日久天长，老百姓根本没有能力偿还。可是因为账上挂着，基层官员就年年下去催要，并且借机勒索，这都成了一个重大社会问题。"王钦若把这个问题反映给了宋真宗。真宗听后觉得很有道理，立即下令进行改革。

真宗于当年四月十六日下令，凡往年拖欠之田赋一律免除。而因为欠税被抓进监狱的人，也一律释放。并且让各地认真核查落实，最后统计结果，共免除各地赋税一千万贯，共释放在押囚犯三千余人。

咸平四年（1001年），宋真宗亲自审问因拖欠官府钱财而被捕入狱的人，一连审了七天，共释放两千六百余人，免除债务达二百六十万贯，并让有关官吏重新审察拖欠政府钱物的档案，凡有冤屈的就重新处理。后来，真宗又多次下诏要求免除或减免各地赋税，用以赈灾和其他用途。如咸平四年闰月十八日，河北发生饥荒，真宗宣布减免赋役，并发放粮食以赈灾。

另外，真宗还下令减少服徭役的人数，恢复死刑复核制度，释放大批宫女等。

通过施行这些措施，真宗树立起了"仁义天子"的形象。咸平四年（1001年）九月，真宗到朝臣向真宗建议改革赋税制度，以减轻百姓负担。

北郊"观稼"，沿途百姓看到真宗的车驾，竟然自发围上去大呼"万岁"。这让真宗很满意，他对身边的大臣吕蒙正说："假使能选将练兵，战胜辽夏，使边疆百姓也和他们一样，过上安定日子，我就心满意足了。"

财政方面，中央设置三司使，推广"和予买"制度。和予买是当时一些地方官员想出来的办法，就是农民春季资金短缺时，政府先付给农民一定的资金，然后农民在夏秋两季用布和绢来偿还政府。这样农民既可以获得生产所需的资金，政府也可以买到廉价的物品。

劝课农桑。宋真宗本人对农业十分重视。在景德三年（1006 年），下诏要求各级地方长官的官衔上一律加上"劝农使"或者"劝农"等字样，鼓励农民努力务农。又作《景德农田敕》这部农业法规，以此来规范农业生产和各种事项，并在后面很长一段时间内沿用。同时，大量印刷各种农业书籍分发给各级地方官，让他们认识农事，并大力推广高产作物占城稻。

平抑粮价。宋真宗下令在全国推广"常平仓"制度，常平仓起源于战国李悝的平籴法，有储粮备荒和稳定物价的功能。真宗时政府规定：每年夏天由地方政府依照本地人口垫资购粮，以每户一石计，设仓储存，一旦遇到粮食价格上涨就减价卖给平民，达到平抑粮价的效果。另外设有专人管理，出陈入新，防止粮食腐烂。常平仓制度对于灾年帮助平民渡过难关、稳定社会起到重要作用。

司法方面，严令禁止严刑逼供，废除了很多酷刑（如断截手足、钩背烙身等），并在京师成立纠察刑狱司，地方设立提点刑狱司，建立了司法复核制度，允许当事人上诉。

宋真宗通过施行以上措施，北宋社会呈现出政治安定、百姓富足的局面，历史上称这段历史为"咸平之治"。

# 德经

# ◎第三十八章　处实去华◎

## 【原文】

　　上德不德，是以有德；下德不失德，是以无德。上德无为而无以为；下德无为而有以为。上仁为之而无以为；上义为之而有以为。上礼为之而莫之应，则攘臂而扔之①。故失道而后德，失德而后仁，失仁而后义，失义而后礼。夫礼者，忠信之薄，而乱之首。前识者②，道之华，而愚之始③。是以大丈夫处其厚④，不居其薄；处其实，不居其华。故去彼取此。

## 【注释】

①攘（rǎng）：捋起衣袖露出手臂，形容其貌粗鲁。扔：用力拉扯的动作。②前识者：有预见的人。道、德、仁、义、礼都谈到了，这里的前识者即"智"。③华：即"花"，指表面的东西。④大丈夫：不是今天说的有气魄的男子，指的是忠信守道的人，就如"圣人"。

## 【译文】

　　上德的人不表现为形式上的德，因此实际上是有德的。下德的人表现为外在的不离失德，所以实际上没有达到德。上德的人顺应自然无心作为，下德的人顺应自然而有心作为。上仁的人有所作为却出于无意，上义的人有所作为却出于有意。上礼的人有所施为而得不到回应，于是扬着胳膊，强迫别人跟随他去行动。所以，我们从这个道理可以知道，失去了道后才有德，失去德后才有仁，失去仁后才有义，失去义后才是礼。礼这个东西，是忠信不足的产物，是道、德、仁、义变得淡薄时才出现的，当然就是社会动乱的祸首了。所谓先知，不过是道的虚华表面，是愚昧的开始。因此，忠信守道的人立世，为人当敦厚而不轻薄，实在而不虚华。所以应当舍弃轻薄虚华而采取朴实敦厚。

## 【解析】

　　这一章老子提出，人类的精神从道到德、到仁、再到礼，是一个退化的过程。越往下，人为的造作越多，离道越远。大丈夫不应务虚，而应当以返本归源为要务。

　　"上德不德，是以有德；下德不失德，是以无德。"本章是老子《道德经》的第二部分——《德经》的开篇。前面的章节是《道经》部分，《道经》阐释的是天道，也就是自然规律。而《德经》阐释的则是人德，也就是人生的行为准则。在老子看来，"道"的属性表现为"德"，只要是合于道的行为，就是"有德"；只要是不合于道的行为，

上德不德。

就是"失德"。道与德是不可分割的统一整体，但是两者也有区别：德可以分为上德和下德，只有上德才合乎道的精神。德是道在人类社会的具体体现。道指的是客观规律，而德指的是人们把道运

用于人类社会产生的功能。天道和人德一起构成了老子哲学的思想体系。

作为《德经》的开篇，本章首先揭示了上德与下德的区别。在老子看来，得道之人是具有最大德行的人，他们的心里本来就没有上德与下德的概念，所以人们才会认为他们的行为是合乎道德的。换言之，大道与大德都是无言无名的。如果一个人的心里有上德与下德的概念，那么他就会进入到后天的分别之中。一旦具有了分别之心，那么这个人便

上德无为而无以为。

是凡夫俗子了。因此，凡是具有下德的人，他们的心里都会有上德与下德的概念，做任何事情都要拿道德去衡量，生怕自己的行为不合于道德。如此一来，人们所做的事情也就没有真正合于道德的了。

"上德无为而无以为；下德为之而有以为。"老子所说的上德与儒家所说的德政是不是一回事呢？老子认为，儒家的德政不合乎客观规律，不符合现实情况，仅仅是凭着个人的主观意志来推行的，所以不能称为上德，而是下德；而上德则是无为，它合乎自然规律，治国者心中没有功利的观念，不是仅仅凭着主观意志去办事，这样做的结果便是"无为而无不为"，而道的精神便能充分体现于人间。

在本章里，老子把政治分为两个类型和五个层次。两个类型即无为和有为。无为的类型包括道和德；有为的类型包括仁、义、礼。五个层次即道、德、仁、义、礼，其中德（德只是指上德，不是下德）和仁是这五个层次中最高的标准。"失道而后德"说的是失道则沦为下德，那就与上仁相差无几了。"失德而后仁"说的是离开了无为的类型才有了仁。仁属于有为的范畴，而"失仁而后义"、"失义而后礼"说的是在有为的范围内所显示出来的不同层次。统观德、仁、义、礼这几个层次，只有上德属于客观行为，其他都属于主观行为。而下德则包含了仁、义、礼。如果统治者不能明道，总是以自我名利为中心，那么，他所推行的仁、义、礼，目的都在于巩固自己的统治地位。

在老子看来，大千世界中的一切生命都为道所主宰，它们的存在，既无益于大自然，也不能对大自然构成危害。他们自以为丰富多彩的生命，在大自然中却连一丝痕迹都不能留下。因此，一切生命都只有当下的存在意义，而没有原始的或终极的纪念意义。面对这种情况，人们不禁为生命的短暂和自身的渺小而感到叹息。生命是短暂的，人们应当如何度过自己的一生呢？由于人们都具有思想和意识，都能够区分善恶美丑，所以才有了道德标准，当然这种标准也是人为规定的。在老子看来，真正的德（即上德）是不需要形式的，这就为人们提供了足以参考的指标。人们在参透这一思想的同时，也就明白该做什么和不该做什么了，这样才不会辜负自己的一生。

## 为人之道

## ◎ 上德无为——郦食其为争功名而被杀 ◎

在本章中，老子提出了一个为人处事原则，即"处其实，不居其华"。这一原则是老子重实质而轻形式的观念的集中体现。老子认为，得道之人应当舍弃形式上的虚华，追求内容的朴实。这个

观念直到今天，仍有很重要的意义。

公元前 203 年，楚汉之争正处于紧要关头，齐国作为第三方势力，逐渐成为楚、汉双方拉拢的对象。刘邦的谋士郦食其深刻地知道这一点，于是他向刘邦请命，要求到齐国去说服齐王归顺刘邦。这时，刘邦已经下令韩信进攻齐国了，但是郦食其不肯失去这次建功立业的机会，坚持要去齐国劝降。刘邦最终答应了郦食其的请求。

郦食其日夜兼程地来到齐国，然后见到齐王说："您知道天下人心的归向吗？"齐王回答说："我不知道。"郦食其说："如果您知道了天下人心的归向，那么齐国就可以保全下来；否则的话，齐国就不能保全了。"

齐王有些担忧，就向郦食其问道："天下人心究竟归向谁呢？"郦食其从容地回答道："归向汉王。"齐王又问："为什么这么说呢？"郦食其回答说："项王既有背弃盟约的坏名声，又有杀死义帝的不义行为；他从不记挂着别人的功劳，却对别人的过错从来都记着；将士们立了战功得不到奖赏，攻下城池也得不到封爵；只要不是他们项家的人，没有谁能够得到重用；对应当赏赐给有功之人的侯印，项王把它拿在手中反复把玩，不愿意授给别人；攻城所得的财物，他宁可堆积起来，也不愿赏赐给大家。所以全天下的人都背叛他，有才能的人也怨恨他，没有人愿意为他效力。正因为如此，天下的才能之士都投靠了汉王，汉王安坐在营帐里就可以驱使他们。如今汉王已经获得了敖仓的粮食，阻塞了成皋的险要，守住了白马渡口，堵塞了大行要道，扼守住了蜚狐关口，天下诸侯谁要是想最后投降，那么汉王就先将其灭掉。所以，大王您要是赶快投降汉王，那么齐国的社稷还能保全下来；如果不及时投降汉王的话，那么齐国灭亡就要成为现实了。"齐王田广听了郦食其的话，认为他说得很有道理，便答应了下来。

这时，韩信刚刚平定了赵、燕二国，正准备着向东攻打齐国。韩信大军抵达平原渡的时候，韩信接到探马来报，说汉王派了郦食其到了齐国，已经成功说服齐王田广归顺了汉朝。韩信得到消息后，心想郦食其既然已经说服了齐王，那么自己就不必攻打齐国了，而是应该率领军队返回去，帮助汉王攻打楚国。想到这里，韩信便下令在原地扎营，准备择日回朝。

数日后，韩信升帐与属下商议回朝一事，向众人说明了原因，正想下令撤军而还。这个时候，谋士蒯通站了出来，他劝阻韩信道："不可！不可！"韩信不解，忙向他问道："齐王已经归顺了汉王，我现在改道而还，先生为什么说不可以呢？"

蒯通回答说："将军奉了汉王之命讨伐齐国，久经周折，如今才来到齐国边境。现在汉王派了郦食其出使齐国，探子回报说郦生已经说服了齐王，这件事是否属实，尚有疑问。况且汉王还没有颁下明令制止将军的伐齐行动，怎能仅凭探子的一句回报，就仓促下令停止进攻齐国呢？再者说来，郦食其乃是一介儒生，他如果凭着三寸不烂之舌，就能攻下齐国七十余城，而将军率领数万甲兵，转战一年多，才攻下赵国五十余座城池。将军试想一下，您为将多年，反不如一介儒生的功劳，难道不感到羞愧吗？所以，我为将军考虑，您不如趁着齐军没有防备，率领军队长驱直入，扫平齐国。这样的话，平定齐国的功劳才能归于将军啊。"韩信听了蒯通的话，深思了片刻，觉

郦食其游说齐王归顺刘邦。

得他说得很有道理。但又一想，如果发兵攻打齐国，那岂不是害了郦食其？于是当即对蒯通说道："您的话虽有道理，但是我如果这样做了，齐国势必会杀害郦生，这样做不可以啊！"蒯通听后，笑着说道："我知道将军不忍心害死郦食其，但据我所知，郦食其是自荐说齐的，他明知将军正在率军攻打齐国，却还要这样做，这岂不是他先负了将军吗？"韩信听到这里，勃然大怒，立刻站起身来，下令调动人马，过了平原渡，直逼历下。齐军毫无防备，结果被杀得大败。而韩信又乘胜追击，斩杀了齐将田解，生擒了华无伤，继而一路高歌猛进，直至临淄城下。

韩信攻破齐国后，齐王下令烹杀郦食其。

齐王田广本来已经答应郦食其，同意归顺汉王，这时他忽闻汉军杀到，不由得大惊失色，于是急忙将郦食其召来，当面训斥他道："我听信了你的话，本来以为可以避免刀兵之祸，没想到你心怀鬼胎，假装骗我归顺汉王，暗地里却让韩信率领大军攻打齐国，致使齐国沦丧，你当真是罪不可赦啊！"

郦食其也慌张起来，对齐王说道："韩信发兵，那是因为他不知道齐国的实际情况，希望大王立刻派遣一名使臣，一同随我去面见韩信，我一定能让他退兵，撤出齐境的。"齐相田横在旁插言道："到那个时候，你一定会逃之夭夭，我们怎能再受你欺骗呢！"说着，不容郦食其再行辩解，下令将他扔到油鼎之中，烹杀而死。

韩信听到郦食其被杀的消息，心里感到不安，立即下令攻城。数日之后，攻破了临淄城。齐王田广、齐相田横只得弃城出逃，并派出使者向楚王项羽求救。

郦食其本来知道韩信率军伐齐，但是还向刘邦自荐说齐，其意在于争功夺名。功名本是虚华的东西，郦食其追求形式上的功名，最终却为功名所累，为功名而死。

## 处世之道

### ◎虚静朴实——魏晋风流，上乘之德◎

我们知道，在中国历史上，曾经出现过一个思想自由旷达、文化光辉夺目、名士奇人辈出的被称作绝响的时代，那便是魏晋时代，又被称作是魏晋风流。之所以如此，便是因为当时的众多知识分子在思想和行为上所表现出来的豪放不拘、纯朴自然。通过下面的几个人的故事，我们能一窥其貌。

竹林七贤之一的阮籍，颇具才名，但因为看不惯当时的司马氏的统治，天天故意喝得醉醺醺的，以躲避政治。据说他经常独自一个人驾车野游，随意而行，走到哪儿没有路了，便大哭一场返回来。

一次，阮籍的嫂子要回娘家，阮籍前来与她告别。有人讥讽他的行为不合礼数，阮籍却说："礼难道是为我设的吗？"邻居家有个少妇长得颇有姿色，在街上开了个酒馆，是个"卖酒西施"。阮籍经常到她的酒馆里喝酒，醉了，便躺倒在"卖酒西施"的身边。这显然是不大合适的，但是阮籍并不避嫌。"卖酒西施"的丈夫知道了，因为知道阮籍的性子，并不怀疑阮籍和自己妻子有什么。

在魏晋时期，行为狂放自由的绝不仅仅是阮籍一个人，而是一种群体的行为。竹林七贤中嗜酒的刘伶，经常大白天裸体躺在屋子里，有人看到后便讥讽他，他却说："我以天地为栋宇，屋室为裤衣。你们怎么跑到我的裤裆里来了？"据说他嗜酒如命，经常一个人驾着鹿车，抱着一壶酒出门野游，并让一个仆人拿着铲土的工具跟在后面。他对仆人说："我如果死了，就地把我埋了就是。"

不仅知识分子如此，就连魏文帝曹丕都是一个不拘礼的人士。曹丕已经被曹操选为继承人，但还没有称帝时，建安七子之一的王粲死了，身为王粲好友的曹丕亲自为其举行了葬礼。在王粲下葬的时候，该曹丕念悼词，他却出人意料地说道："我们就不来那些虚套了，王粲生前喜欢听驴叫，我们就每人学一次驴叫来送他吧！"于是，葬礼上竟然响起了一片嘹亮的"驴叫之声"。这叫声不仅响彻四野，也响彻千古。

可以看出，整个魏晋时期，人们在思想上很大程度地偏离了汉代所尊奉的儒家正统，行为上也很不符合礼教的要求。但是，我们同时应该看到，魏晋南北朝是中国历史上一个文化灿烂、群星璀璨的历史时期，乃至被后世知识分子推崇为一个不会再重现的历史的绝响。现代人更是赋予其一个充满了向往之情的名字——魏晋风流。这是为什么呢？这些看上去与正统思想和礼数格格不入的东西为何会得到人们的敬仰和艳羡？

这里其实便涉及了老子所说的"上德"、"下德"之辩。魏晋人士的风流虽然不合儒家礼数和正统思想，但是要知道，儒家所说的"德"其实只是一种充满人为痕迹的"下德"，更遑论"德"之下的"仁"、"义"、"礼"了。魏晋人士的思想和行为虽然违反了儒家的"德"和"礼"，却与老子所说的"上德"，乃至与"天道"是暗合的。以阮籍为例，他固然在听到母亲去世的消息后执意将棋下完，在母亲的葬礼上喝酒唱歌，但这并不能说明他对母亲没感情，更不能说明他不孝敬母亲。相反，他为母亲的去世竟然吐出数升血，这种深情和孝敬是一般人比不了的。实际上，现实中还真有那种不孝顺的人，他们打爹骂娘，行为如同禽兽，我们绝不会去推崇这样的人，因为他们连德都丧失殆尽，还谈论什么"下德"和"上德"呢。由此可知，魏晋风流之所以风流，便是其暗合了老子所说的"大道"。

不仅魏晋人士，在现实生活或者文艺作品中，我们经常可以见到一些表面上不符合世俗道德的人物，但我们却觉得他们并不坏。在乡间我们有时会遇到一种憨厚朴实的人，他们看上去有些不大"知礼"，但在大是大非面前，他们却能够出人意料地做出清晰的判断，并有着鲜明的态度，比起那些"知书达理"之人的模棱两可更让人肃然起敬。这其实也是那种不合"小礼"，却暗合大道之人。明代的洪应明在《菜根谭》中认为那些性格浑厚朴拙的人，可以培养子孙的元气，其道理便在这里，因为这样的人是暗合了"道"的。

魏晋人士的作为，对于我们每个人的为人处世都给出了一定启示。在对世事或别人的行为进行判断时，我们也不要一味死板地以通常的眼光，即"下德"去裁量。如果能够从更高的"上德"的角度去考虑问题，也许我们的眼界能够更开阔一些，生命的格局能够更大气一些。另外，涉及我们自己，固然应该遵守社会公德，也就是所谓的"下德"，但是，如果你觉得自己的行为有"上德"作为支撑，那么你不一定要顾及世俗的眼光和标准，不拘常礼，不在乎世俗眼光，打破常规，也未尝不可。我们之所以能够冲破这个社会给我们设立的种种规范，因为老子给我们提供了思想武器，我们可以藐视所谓的德，让心灵直接面对宇宙大道。当我们能够做到这一点，就能摆脱一些惯性的思维，更真切地感受到我们的生命本身，也必将能够开拓出更为独立而精彩的人生。这便是我们从老子的"上德"、"下德"之辩中得到的启发。

# 第三十九章　贱为贵本

【原文】

　　昔之得一者——天得一以清，地得一以宁①，神得一以灵，谷得一以盈，万物得一以生②，侯王得一以为天下正③。其致之也，天无以清，将恐裂；地无以宁，将恐废；神无以灵，将恐歇④；谷无以盈，将恐竭；万物无以生，将恐灭；侯王无以正，将恐蹶⑤。故贵以贱为本，高以下为基。是以侯王自称孤⑥、寡⑦、不穀⑧。此非以贱为本邪？非乎？故至誉无誉。是故不欲琭琭如玉⑨，珞珞如石⑩。

【注释】

①一：这里的几个"一"，指的是"道"。②以：因此。以下几个"以"都作"因此"解。③贞：通"正"，首领。④歇：灭亡的意思。⑤蹶（jué）：跌倒。⑥孤：孤独无助的人。⑦寡：寡居之人。⑧不穀：凶恶不善的人，与孤、寡均是贱称。⑨琭（lù）琭：美而坚的样子，形容玉的华丽。⑩珞珞（luò）：坚硬粗劣的样子，形容石块的坚实。

【译文】

　　从来凡是得到"一"的：天得到一而清晰明亮；地得到一而安宁稳定；神得到一而灵验有效；山谷得到一而充盈有生机；万物得到一而生长发育世世不绝；诸侯和君王得到一而使天下安定。推究其理，假若天不能保持清晰明亮，恐怕会崩裂；如果地不能保持安宁稳定，恐怕就要塌陷；假若神不能保证灵验有效，恐怕就会消失；倘使山谷不能充盈有生机，恐怕就会枯竭；要是万物不能生长繁殖，恐怕就会灭绝；若是诸侯、君王无法保持清明恬静，恐怕就会被推翻。所以，尊贵是以卑贱为根本，高是以低下为基础的。因此，君王自称为"孤"、"寡"、"不穀"，这不正是把低贱当作根本吗？难道不是这样吗？所以最高的荣誉是无须去夸赞称誉的。所以有道的人君不应追求美玉般的尊贵华丽，而应像石头那样朴质坚忍，不张扬。

【解析】

　　这一章讲的是道的应用。"一"就是道的意思。道是天下万物的根本，也是做任何事情，包括治理国家的根本。因此，"致之一"即按道的法则去行事。

　　"昔之得一者——天得一以清，地得一以宁，神得一以灵，谷得一以盈，万物得一以生，侯王得一以为天下正。"在本章中，老子重点强调了一的概念，并反复使用了一。究竟什么是一呢？从狭义上来看，一就是唯一、统一的意思；从广义上来看，一是一个十分抽象的概念，它既指物质的唯一性，也指

万物得一以生。

认识的统一性。老子认为，一是万物的最早起源，世间万物全都是由一慢慢衍生出来的。所以，这个一是万物所共有的一，任何事物都是从一开始的。

在本章中，老子列举天、地、神、谷、万物、王侯，说天与道相合便会变得清明，地与道相合便会变得宁静，神与道相合便会灵验，川谷与道相合便会盈满，王侯与道相合便能使天下大治。老子通过以上所列举的事物，阐明了一是万物存在的基础及万物始祖的道理。

"其致之也，天无以清，将恐裂；地无以宁，将恐废；神无以灵，将恐歇；谷无以盈，将恐竭；万物无以生，将恐灭。"既然一是万物的起源，是万物存在的基础，那么，假如这个世界上没有一，将会是怎样一种情景呢？这段中，老子论述了世界在没有一的情况下将会出现的情形：如果上天不能与道相合，便会崩裂；如果大地不能与道相合，便会废止；如果神灵不能与道相合，便会消失；如果川谷不能与道相合，便会枯竭；如果万物不能与道相合，便会遭到毁灭；如果王侯不能与道相合，天下就会发生动乱。

说到这里，我们不禁要问：一究竟是什么呢？

其实，一并不是一个实物的体，而是一个抽象的理，它看不见，摸不着，无法用语言来描述，而只能为人们所感知。具体来说，一是统一性和规律性，它无形无状、无声无息、无色无味，它存在于万物萌发的开始，是宇宙万物得以生成的根源。

在本章中，老子说"贵以贱为本"，这句话顺承了"昔之得一者"一句，意思是说如果人们想得到这个玄妙而伟大的一，就一定要摒弃私心杂念和分别之心，达到"物我两忘"的境界。何谓"物我两忘"呢？也就是外物与我没有分别，心中也没有美丑、善恶和荣辱的界限。心中没有了这些概念，也就不会产生分别之心；没有了分别之心，也就不会有争夺的想法；没有了争夺的想法，也就不会因为没有达到目的而感到痛苦和烦恼。没有善恶、

贵以贱为本，高以下为基。

荣辱、美丑的概念，没有分别之心，没有争利的念头，没有痛苦和烦恼……这样，人生就达到了无欲无求的境界，这就是个人与大道的和谐统一。

以上所说的，是如何摒弃私心杂念和分别之心。没有了私心杂念，就等于说这个人没有了妄想。只要我们做到了不妄想，也就不可能去妄为了，不妄为也就不会违背道德规范。如果违背道德规范，便是我们经常所说的缺德行为。

我们知道，大道和大德是无处不在、无所不在的，它们无言无为，没有分别，万物都是由它们衍生出来的。它们无所谓追求和索取，所以也就没有执着之心。我们必须要抛弃私心杂念，因为它会制约我们对幸福感的认知。

人生一世，只有短短数十个春秋，如果我们把人生的意义仅仅定位在满足自己的贪欲上面，就会陷入痛苦的境地。那样，我们也许会在欲望的驱使下，做出一些违背道德的事情来。一旦做出这种行为，就会伤害别人，还会使自己的幸福毁于一旦，这种结局必然是痛苦的。所以，人们只有保持心无杂念，才会到达人生的最高境界。

## 从政之道

# ◎贱为贵本——方腊聚众反抗北宋统治◎

"贵以贱为本，高以下为基"，这两句告诉我们，治国者应宁贱毋贵，宁下毋高，只有这样才能维护自己的统治。如果不能做到，必然引起百姓的反抗。北宋末年的方腊起义，就很好地证明了这点。

1101年，北宋皇帝哲宗去世。哲宗没有留下子嗣，死后由他的弟弟赵佶继承帝位，即宋徽宗。徽宗即位后，专好享乐，对朝中的政事没有一点兴趣。徽宗酷爱笔墨、丹青等，但是他生活奢侈，大兴土木，在开封东北角修建万岁山，后来改名为艮岳。艮岳方圆十余里，其中有芙蓉池、慈溪等胜地。里面亭台楼阁、飞禽走兽应有尽有。此外，徽宗还在苏州设立应奉局，专门在东南搜刮奇石，称为"花石纲"，导致民怨沸腾。

徽宗不理朝政，把所有政事都交给以蔡京为首的"六贼"（蔡京、王黼、童贯、梁师成、朱勔、李邦彦）来处理。蔡京等人以恢复新法为名，大兴党禁，排斥异己，很多正直的大臣因此被排斥出朝廷。在徽宗、蔡京等人黑暗、腐朽的统治之下，社会经济遭到严重破坏，国库亏空，朝廷于是增加农民的赋税，老百姓的负担更加沉重了。宋徽宗还以征辽为名，征调农民到边地服徭役。与此同时，许多豪绅和官员兼并土地，农民失去土地后，破家荡产，无法生活，只好铤而走险，反抗黑暗统治。宣和二年（1120年），终于爆发了方腊领导的农民起义。

方腊，又名方十三，歙州（今安徽歙县）人。家境贫苦，性情豪爽，后来到睦州青溪万年乡，在地主方有常家做佣工。方有常在万年乡拥有大量土地，又充当里正，称霸乡里。

方腊所在的两浙地区是北宋经济最为发达的地区。宋朝大量的财赋收入，都来自这里。宋徽宗时，蔡京、童贯、朱勔等在苏杭设置应奉局、造作局，对江南百姓大肆搜刮，运送花石纲，并向民间勒索漆楮竹木等副业产品。1120年，时值浙西大旱，好几个月都不见有雨，禾苗焦黄，秋收无望，而官吏却逼税很紧。方腊身为佣工，更痛感这种剥削压迫之苦，因而对宋王朝的反动统治怀有刻骨仇恨，遂起了反抗之心。十月，方腊在万年乡积极联络四方百姓，准备起义。他们的秘密活动被方有常发觉，后者便派二子方熊向县里告发。十月初九，方腊发现事情泄密，遂在洞源村杀死方有常一家，然后以帮源峒为据点，聚集贫苦百姓，发动起义。

方腊率众起义之后，决心彻底推翻宋朝的统治。他领导义军诛杀贪官污吏，并散尽资财分给沿途百姓，所以深受贫苦百姓的拥护，数日间便聚众十万。

义军规模壮大后，方腊自号圣公，改元永乐，以巾饰为别。义军巩固万年乡后，又攻占帮源一带，继向西北方的青溪县发起进攻。这时，两浙路都监蔡遵、颜坦带领五千精兵前来讨伐方腊。十一月，方腊在息坑歼灭了官军。这是方腊义军取得的第一个大胜仗。

此后，方腊又攻下睦州、歙

宋徽宗命官吏在民间大肆搜刮民脂民膏。

州等地，继而向杭州进发。十二月二十九日，义军占领杭州，义军的人数超过了百万。这时，各地百姓纷纷揭竿而起，响应方腊起义，如浙北有苏州石生和湖州陆行儿起义，浙东有剡县裘日新起义，浙南有仙居吕师囊起义，永嘉有俞道安起义，浙西有婺州霍成富起义，兰溪有灵山朱言、吴邦起义。与此同时，湖州、常州、秀州等地的农民，也都聚集起来，准备攻打州县。各地农民看到义军旗帜，听见鼓声，就立即跑出来迎接。起义军声威大震。

方腊等人发动起义后，宋王朝的经济命脉被切断了。宋徽宗十分震惊，他一面急忙下令撤销苏、杭造作局，停运花石纲；一方面又任命童贯为江、淮、荆、浙等路宣抚使，征调京畿的禁军和陕西六路蕃、汉兵十五万人，南下围剿义军。宣和三年（1121年）正月，童贯分兵两路，向杭州和歙州进发。

在攻占杭州之后，方腊做出了分兵"尽下东南郡县"的决策，他派方七佛率领六万大军进攻秀州（今嘉兴），试图向北夺取金陵，实现"划江而守"的计划。这时，童贯率领的十五万精兵已经赶到了秀州。方七佛久攻秀州不下，只好退回了杭州。

同时，方腊率领义军主力南征，相继占领了婺州、衢州等地。义军别部北上攻克宣州宁国县，进围广德军（今安徽广德）。在这一段时间里，起义军先后攻下六州五十多县，包括今天的浙江省全境，江苏、安徽南部，江西东北部的广大地区。

义军攻打秀州失利后，杭州失去了屏障。不久，童贯率领宋军到了杭州城下，把杭州城围得水泄不通。义军经过一番苦战，因粮尽援绝而被迫退出杭州。杭州失守以后，义军所面临的环境更加恶劣。宋朝的军队一路追击，义军并没有去部署防御，各支队伍之间不能相互支援，力量分散严重。

方腊带领义军退守到帮源峒一带。宋军得到消息后，立刻四处云集过来，对帮源峒实施层层包围。合围数日后，宋军发起总攻，义军奋起抵抗，城中将士有七万余人被杀害。方腊及其妻邵氏、子方毫、丞相方肥等三十余人被俘，解往汴京，最终被残酷杀害了。

方腊被害后，义军各部继续转战浙东各地。童贯派郭仲荀、刘光世、姚平仲等领兵分路镇压。直到宣和四年（1122年）三月，宋朝才彻底平息了方腊领导的农民起义。宋军所到之处，烧杀抢掠，无恶不作，义军和百姓大量被杀害，两浙经济也遭到严重破坏。

方腊起义最终失败了，但是这次起义打下六州五十二县，威震东南地区，从根本上动摇了宋朝

方腊杀掉方有常一家后，率领众人起义。

方腊率义军南征北战，深得百姓拥戴。

的统治，宋朝的军事力量在平息起义的过程中也受到沉重打击。1127 年，北方刚刚兴起的金国突然南下，攻破了宋都汴梁，掳走宋徽宗、宋钦宗及宗室、大臣、妃嫔三千多人，北宋宣告灭亡。尽管北宋亡于金国之手，但是它的灭亡与其统治的腐朽有着很大的关系。所以，为政者应当善待百姓，只有百姓安居乐业，社会才会安定，国家才能长治久安。

## 为人之道

# ◎把握大道——不卑不亢地做人◎

老子所言的"贵以贱为本，高以下为基"落实在生活中，首先便在于时刻保持一种谦卑、朴实的心态，不要因为自己身份的尊贵、财富的富足或者其他优越的东西而产生洋洋得意的心理。试想，如老子所说，世界上最尊贵的莫过于侯王了，连他们尚且不可倨傲，更何况其他人呢？许多得道之士都认识到了这一点，因而以"尊贵"的身份，秉持谦卑的态度。

大作家托尔斯泰闻名遐迩，又出身贵族，却从不摆大作家的架子，而是始终将自己看得很平凡。一次，他在一个火车站等车，因车还没到，他便在月台上溜达。这时，一列客车正要开动，汽笛已经拉响了。忽然，一位贵妇人从列车车窗伸出头来冲他直喊："老头儿！老头儿！快替我到候车室把我的手提包取来，我忘记提过来了。"原来，这位女士见托尔斯泰衣着简朴，还沾了不少尘土，把他当作车站的搬运工了。

托尔斯泰于是急忙跑进候车室将贵妇人的提包拿来并递给她。贵妇人于是感激地说："谢谢啦！"并随手递给托尔斯泰一枚硬币，"这是赏给你的。"托尔斯泰接过硬币，瞧了瞧，装进了口袋。正巧，女士身边有个旅客认出了托尔斯泰，就大声对女士叫道："太太，您知道他是谁吗，他就是列夫·托尔斯泰呀！"

"啊！老天爷呀！"女士惊呼起来，"我这是在干什么事呀！"她对托尔斯泰急切地解释说：

"托尔斯泰先生！托尔斯泰先生！看在上帝的面儿上，请别计较！请把硬币还给我吧，我怎么会给您小费，多不好意思！我这是干出什么事来啦。"

"太太，您干吗这么激动？"托尔斯泰微笑着说，"您又没做什么坏事！这个硬币可不能还给您，这是我挣来的。"汽笛再次长鸣，列车缓缓开动，带走了那位惶惑不安的女士。托尔斯泰微笑着，目送列车远去，又继续他的旅行了。

另一个例子是关于被称作"经营之神"的日本松下电器创始人松下幸之助的。有一次，松下幸之助在一家餐厅请客人吃牛排。待大家用完餐后，松下让秘书去请烹调牛排的主厨过来，并特别强调："不是经理，而是主厨。"秘书注意到，松下的牛排只吃了一半，心想过一会儿的场面可能会比较尴尬。主厨表情紧张地过来了，因为他知道将自己叫过来的是大名鼎鼎的松下先生。"有什么问题吗，先生？"主厨紧张地问。

"对你来说，烹调牛排已不成问题，"松下说，"但是我只能吃一半。原因不在于厨艺，牛排真的很好吃，但我已 80 岁高龄了，胃口大不如从前。"主厨与其他用餐者，面面相觑，不解其意。"我想和他当面谈。因为我担心他看到只吃了一半的牛排被送回厨房，心里会很难受。"原来松下先生是怕主厨怀疑自己的烹调手艺出了问题。这让主厨很感动，在场的客人更佩服松下的人格，并更喜欢与他交朋友，做生意。

实际上，留心的话，会发现那些真正为人们所尊崇的人物之所以受人尊崇，都不是靠自己强势地走到聚光灯下，然后告诉大家自己是多么了不起的，反而都是将自己看得再平常不过，甚至低于常人，结果反而恰恰成就了自己的尊贵。

不过，如果仅仅是做到了谦卑，其实只是对老子所言的"贵以贱为本，高以下为基"理解了一半。事实上，如果从更深层次上理解的话，这句话还有另一层意思，那便是一个真正得道的人不仅仅应该甘卑下，即不应因为自己地位尊贵、处境优越或暂时获得成功而产生自得、自负心理，还应该不因自己的地位卑下、处境贫贱或一时遭受挫折而自感卑下。关于此，美国诗人卡尔·桑德堡的故事可以给我们以启发。

卡尔·桑德堡是《林肯传》的作者，他所著的《林肯传》获得 1940 年普利策历史著作奖。当年，他为了写作《林肯传》，一个人居住在密歇根湖边。每天早上，他准时出去，一边散步，一边构思。有人为了同桑德堡开玩笑，花钱请了一位又高又瘦的演员扮成林肯。他们躲在远处，看着那位演员慢慢地朝桑德堡走去，然后两人交错而过……

那演员回来后，雇用他的人围住他来问："他干了什么？"

"什么也没干，只是看了看我。"演员说。

"什么也没干？"这些人有些不信。

"他鞠了个躬，"演员诚惶诚恐地说，"他说早上好，总统先生。"

如果说前面的两个故事为我们阐释了什么叫"不亢"的话，这个故事形象地为我们展现了什么叫作"不卑"。而实际上，"不卑"和"不亢"是一回事，一个面对地位低于自己便趾高气扬的人，在地位高于自己的人面前，必然是一副低声下气的奴才相；而一个并不认为自己比地位低于自己的人优越的人，则自然会觉得自己与地位高于自己的人是平等的。只有同时做到了"不卑"和"不亢"，才可以说真正符合了老子所说的"道"。而到这个时候，也就无所谓高贵和卑下了，因为尊贵和卑贱在他这里已经被解构了。不过，话虽如此，事实上，不得不承认，真正能做到不卑不亢的人并不多。我们也往往能够发现，具此品质的人往往是那些取得了卓越成就之人。这个事实则恰恰又一次证明了老子的辩证法智慧，具有平凡而朴实的心态的人才是最卓越的人！

在生活中，我们每个人可能都会有感觉，一旦我们陷入自卑或者自负的泥淖中（实际上绝大多数人都或多或少地存在这种情况），那么我们必然不会在精神上产生平静而充实的感觉。这里，我们便知道，其最根本的原因不是别的，乃是我们没有生活在"道"中啊！也许之前你觉得老子之道是那么深奥枯涩，那么现在，"道"是不难理解的，不卑不亢地做人，你便一定程度上把握住了大道。

# 第四十章　有生于无

反者，道之动；弱者，道之用。天下万物生于"有"，有生于"无"。

【译文】

"道"的运动是循环往复的运动变化，它的作用是微妙柔弱的。天下的万物都是生于看得见的有形质，而看得见的有形质却生于看不见的无形质。

【解析】

这一章老子提出了几个重要的结论：一个是"反者，道之动"，任何事物的发展运动都是朝着相反的方向走。一个是"弱者，道之用"，"道之用"就是道发生作用的方式。用弱而不用强，就是因为"反者，道之动"，用弱反而能强，反之，用强则反而变弱。第三点是"万物生于'有'，有生于'无'"。

在这一章中，老子重申了道与德的关系：道不仅是无形的，而且还是无言的、无为的，人们不能真正地认识它，

反者，道之动。

人们所能认识的，仅仅是道的德行而已。所以说，德是道的属性。

老子认为，"反者，道之动"。这句话可以理解为：事物运动变化的规律是循环往复的，而我们周围的事物也都处在永不停息的运动变化之中。蝉皮挂在枝头，而蝉却没了踪影，我们四处寻找，树叶深处传来蝉的鸣叫，原来它的翅膀长硬了躲到密叶深处唱歌去了。然而好景不长，随着夏天的逝去，它的生命也就走到了尽头，第二年的夏天蝉声又起，如此循环往复，永不衰竭。

老子还说，"弱者，道之用"。这句话的意思是说：道在发挥的时候，用的是柔弱的方法，它顺其自然，任由一切事物依照自然规律发展变化，而决不强加干涉，也不强加自己的意志，而是留给万物自由的发展空间。道孕育了万物，却不主宰万物，不把它们据为己有，不使它们受制于自己的力量。如果天下的统治者能够顺应大道，效法大道的做法，以柔弱的手段来治理天下，那么他们必然能够得到民众的拥护和爱戴，使其归顺自己。

由上可知，大道的德行就是循环往复和柔弱顺应。世间的任何事物都是由道而生的，因此自然应该合乎大道的德行，只有这样才能正常生长、发展和运行。一旦违背了道的德行，那就会被大道抛弃，这是因为所有事物都是由大道孕育而生成的，这正好照应了老子《道经》开篇所提到的"有，名万物之母"。

"天下万物生于'有'，有生于'无'。"这里还需要注意一点，那就是大道的孕育状态来源于无的混沌未开的状态，这正好照应了第一章中老子所说的"无，名天地之始"。如此说来，道的德行指的就是无的状态。人处在宇宙之中，就好像沧海中的一粟，显得那么微不足道。而我们乐于夸大

个人存在的价值，这是一种虚妄的表现。人一旦产生妄想，就会违背自然规律而恣意妄为。恣意妄为是一种公然叛逆大道的行为，这种行为在现实生活中十分常见，如污染环境、乱砍滥伐、肆意捕杀，等等。如果人类认为自己是强大的、睿智的，就会犯下妄自尊大的错误，这也是一种不自知的表现，其结果必将是自我毁灭。如何才能避免自我毁灭的结局呢？这就需要人们清醒地评估自己，及时地反省自己，顺应自然之道，明晓生死皆自然的道理。做到这些，才能避免因妄想而导致的自我毁灭。

人的生命就是一次短暂的旅行，从起点出发，最后又复归到起点，这种循环往复是不可逆转的，它不会以人们的主观意志为转移，有生就有死，这是大道的自然规律，任何人都改变不了。既然改变不了生老病死的规律，我们为什么不坦然面对这一切呢？

## 经商之道

# ◎因祸得福——塞翁失马的启示◎

老子所言的"道"之微妙运行，可以说在现实中无时无刻不在影响着我们，现在我们以中国人所重视并经常提及的福、祸的视角来看一下"道"的微妙运作，看是否能从中得到一些启示。事实上，在《道德经》第五十八章中，老子曾专门提及了这一概念："祸兮，福之所倚；福兮，祸之所伏。"而在编著于西汉时期的《淮南子·人间训》中，则有一个"塞翁失马"的故事对这句话进行了更为形象的演绎。

说在靠近长城一带居住的人中，有位性格开朗并擅长推测吉凶的老头。一天，老头的马无缘无故跟着胡人的马跑了，老人的家人都很愁苦，只有老头并没有因此事而不高兴，好像根本没有发生这件事一样。而附近的邻居听说这件事后，都纷纷前来老头的家里安慰。但是，没想到老头却道："说不定这件事是一件好事呢！"大家一听，都很不理解，只是觉得老人可能老糊涂了。没想到的是，过了几天，老头家的马又跑回来了，并且还带回来两匹胡人的品种更为优良的马。老头的家人因此感到很高兴，但老头却并没有因此事而流露出开心的表情，依旧像是什么事也没有发生似的。这次邻居们又听说了，于是前来祝贺老头一家。没想到老头又不阴不阳地说了句："这可能未必是件好事呢！"大家又同样把他当作了老糊涂。没想到过了一些天，老头的话又应验了，他儿子在骑着胡马去放牧时，因为胡马性子刚烈，将他从马上摔了下来，并摔断了大腿，成了一个瘸子。人们听说这件事后，又一起来到老头家里探视并安慰。没想到的是，事情已经坏到这种份上，老头竟然仍然又说道："这件事可能是件好事呢！"这次老头的妻子看着自己的儿子成了残疾，都实在忍不住骂了老头。不过，没想到的是，几年之后，胡人大举侵犯边塞，于是，政府便在边塞征兵，所有的青壮年都被抓去做了壮丁，并因战事不利，十有八九都战死在了沙场。但是，老头的儿子因为腿瘸的缘故，便没有被抓去，因此保住了一命。显然，老头的话又应验了。

总体而言，塞翁失马的故事所能给予我们的启示的核心还是在于要明白在所有事物的表面之下的"道"之存在，许多事情都并非如同表面或者暂时看上去的那个样子，其背后存在一个"道"在暗暗地起着作用。因此我们在看待事物的时候，便要保持一种更为宏阔与长远的目光，不要将目光局限在一个孤立的点上。这样，我们便会更加智慧，看问题看得更透彻。同时，我们要明白，这个"道"乃是一个非常微妙的东西，不是说人力可以掌控的。因此，无论做什么事都要明白，总有你掌控之外的东西的存在，所以在行事的时候，我们便应该保持一种"谋事在人，成事在天"的态度，做自己该做的事，但对结果不要过多强求。

总之，便是保持一种顺其自然的态度，而这，也正是与道的柔弱特性相符合的，如此，其实我们反倒更可能达到自己的目的。

## 为人之道

# ◎祸福相依——郭德成保全性命◎

任何事物都不是绝对的，物极必反，乐极生悲，万事万物都遵循这一规律。福与祸也是事物对立统一的两个方面，当处境安逸的时候，应当居安思危，时时提醒自己，福也许是其中正潜伏着祸事，很多祸事都是因为乐极生悲而引起的。

明初的大臣郭德成，是开国功臣，同时又是皇亲国戚，这本来是件福事，但是由于朱元璋生性多疑，得到天下后又大肆诛杀功臣，这就很容易招惹祸端。本是得罪皇帝的事情，却因为郭德成能及时看到祸端，不为利益所羁绊，这才避免了一场灾祸的发生。

朱元璋封郭德成为骁骑舍人。

郭德成性格豁达，聪明机敏，且嗜酒如命。在元末动乱的年代里，郭德成与兄长郭兴一起追随朱元璋南征北战，立下了不少战功。

朱元璋夺取天下后，原先追随他出生入死的将领纷纷加官晋爵。郭德成仅仅做了骁骑舍人这样的小官，但是他从未向朱元璋提出过升官的要求。

郭德成的妹妹宁妃，当时深得朱元璋的宠幸。朱元璋觉得郭德成的功劳不小，却没能做大官，所以心里有些过意不去，准备提拔郭德成。

一次，朱元璋召见郭德成，说道："你曾立下不少战功，我让你做个大官吧。"郭德成听了后，连忙推辞说："感谢陛下对我的厚爱，但是我头脑不够清醒，整天不问政事，只知道饮酒作乐，一旦做了大官，那不是害了国家又害了自己吗？"朱元璋知道他故意推辞，又让了他几次，但见郭德成态度坚决，就不再坚持了。于是，朱元璋将大量美酒和钱财赏赐给郭德成，还经常邀请郭德成到皇宫里的后花园中饮酒。

一次，朱元璋又邀请郭德成到后花园饮酒，郭德成兴冲冲地赶到后花园。他看到花园内景色优美，闻到桌上美酒香味四溢，于是忍不住酒性大发，连声说道："好酒，好酒！"随即陪着朱元璋饮起酒来。

几杯酒下肚之后，郭德成脸色渐渐变红。但是他仍旧举杯痛饮，喝个不停。时间已经不早了，郭德成喝得烂醉如泥，跌跌跄跄走到朱元璋的面前，他躬下身子，低头向朱元璋辞谢，结结巴巴地说道："多谢皇上赏赐臣下饮酒！"朱元璋见他已经喝醉了，而且衣冠不整，就笑着说道："我看你头发纷乱，语无伦次，真像是一个醉鬼疯汉。"郭德成抓了几下自己的头发，脱口而出："启禀皇上，臣也非常痛恨这乱糟糟的头发，要是剃成光头，那样才好呢。"朱元璋听了这话，满脸涨得通红。朱元璋年少时因为家贫而出家做过和尚，这成了他一生中难以启齿的事情，所以非常痛恨有人揭他的短。他听到郭德成说到"光头"二字，心想：你这小子怎么如此大胆，竟敢侮辱我？他正要发怒，但是转眼又看见郭德成仍然傻乎乎地笑着，便静下心来仔细一想："也许这是郭德成酒后失言，不妨冷静观察一下，以后再治他的罪也不迟。"想到这里，朱元璋虽然心里不痛快，但还是高

227

抬贵手，放郭德成回家去了。

郭德成回到家后，慢慢醒过酒来，他突然想到自己在皇帝面前失了言，所以心里非常恐惧，身上直冒冷汗。郭德成心想，朱元璋最忌讳的就是"光"、"僧"等字眼，但是自己今天竟然这般糊涂，戳了皇上的痛处。

郭德成担心朱元璋因此而除掉自己，但是想了许久也没有什么好办法。郭德成想向朱元璋解释，但是转眼一想不行，那样势必会加重皇上的嫉恨；倘若不解释，自己已然铸成了大错，难道真的因为这件小事而赔上全家人的性命吗？

过了几天，郭德成仍旧像往常一样喝酒纵饮，就好像从来没有发生什么一样。又过了几天，郭德成进寺庙剃了光头，做起和尚来了。朱元璋听说后，就派人暗中监视，发现郭德成整日身披袈裟，诵经念佛。

朱元璋见郭德成做了和尚，心里的怨恨和疑虑全部打消了，他还向郭德成的妹妹宁妃赞叹说："德成真是个奇男子啊，我原本以为他说痛恨自己的头发是开玩笑的话，想不到真是个醉鬼和尚呀。"说完之后，随即大笑起来。

以后，朱元璋大杀功臣，把原先追随自己的许多大将都杀掉了，而郭德成竟能保全了性命，这正与其甘愿抛弃荣华富贵有很大关系。

由老子的这一章我们可以知道，无论做什么事情，都要从小的祸事上看到以后事态发展的趋势，提前避祸，这样才不会招来杀身之祸。明初朱元璋大杀功臣，很多大臣都没能保全自己，而郭德成却做到了，这是因为他明白忍对祸福的道理。郭德成因祸而入庙出家，却因此保住了自己的性命，谁又能说这不是福呢？所以，人们只有懂得祸福相倚的道理，方能从容行事。否则就容易陷入进退维谷的境地，甚至因此而丢掉性命。

为躲避祸患，郭德成舍弃荣华出家为僧。

# "道"与"德"浅析

道生一,一生二,二生三,三生万物。

有物混成,先天地生。寂兮寥兮,独立而不改,周行而不殆,可以为天地母。吾不知其名,强字之曰道,强为之名曰大。

上德不德,是以有德;下德不失德,是以无德。上德无为而无以为;下德无为而有以为……故失道而后德。

"道"代表自然律,是道家世界观的核心。

"德"代表顺应自然律的法则,是道家方法论的核心。

在道家思想中

在道家思想中

金文"道"。

甲骨文"德"。

造字本义

造字本义

当向导,给不知方向的人引路。

看清道路的方向,没有困惑迷误,大道坦然直行。

《说文解字》:道,所行道也。从辵,从首。一达谓之道。

译文:道,人们所走的路。字形采用"辵、首"会义。直达的大路叫作"道"。

《说文解字》:德,升也。从彳,悳声。

译文:德,境界因善行而升华。字形采用"彳"作边旁,悳作声旁。

# ◎ 第四十一章　大器晚成 ◎

**【原文】**

上士闻道，勤而行之；中士闻道，若存若亡①；下士闻道，大笑之——不笑，不足以为道。故建言有之②：明道若昧，进道若退，夷道若纇③。上德若谷，广德若不足，建德若偷④，质真若渝⑤。大白若辱，大方无隅⑥，大器晚成。大音希声⑦，大象无形，道隐无名。夫唯道，善贷且成⑧。

**【注释】**

① 亡：通"无"，没有。② 建言：一说是立言之意，一说是老子所引用的书名，也可能是谚语或歌谣。之：代词，指代下面的话。③ 夷：平坦。纇（lèi）：不平坦，崎岖。④ 建：同"健"。偷：懒惰、懈怠之意。⑤ 渝（yú）：空虚；有假。⑥ 隅：角落。⑦ 希：无、没有。⑧ 唯：只有。

**【译文】**

上士听到道后，必定立即勤奋去实行；中士听到道后，则将信将疑犹豫不定；下士听到道后，则会哈哈大笑。如果不被他们嘲笑，那就不足以成为"道"了。所以古时候立言的人说过这样的话：光明的道看似暗昧；前进的道好似在后退；平坦的道好似凹凸不平；崇高的德好似低下的川谷；广大的德好似有不足之处；刚健的德好似怠惰的样子；质朴纯真又好像浑浊未开；洁白无瑕的东西好似含污纳垢了一般；最方正的东西好似没有棱角；最珍贵的器物总在最后制成；最大的乐声反而听来没有声音；最大的形象反而看不见它的形状；道幽隐无声，无名无状。也只有道，善于给予万物并且辅助万物。

**【解析】**

上一章老子讲了"反者道之动"，论述了道的德行，即循环往复、柔弱顺应。这一章也讲一个"反"字，即道的真正内涵以及发生作用的方式与世俗人们的认识往往相反。

万物是由大道所生的，所以无论何种事物，都应该遵循大道的德行，顺应自然的循环往复，达到无言无为的境界。只有做到这些，我们才能领略到生命的充实和美好，免受来自自然的惩罚。

"上士闻道，勤而行之；中士闻道，若存若亡；下士闻道，大笑之。"这一章老子

上士闻道，勤而行之。

重点告诉人们依道修德的具体方法。春秋时期，士人可以分为三等，即上士、中士、下士。上士指的是高明的贵族阶层；中士指的是平庸的贵族阶层；下士指的是浅薄的贵族阶层。在本章中，老子也把人类分为上士、中士和下士三个等级。但是老子在这里所说的三个等级，跟世俗社会中的等级不同，它是就认识水平上的高低而言的。因此，上士也就是悟道较深的人，中士就是对道半信半疑的人，下士就是对道无知的人。由于每个人对道的领悟程度不同，所以就会产生对道的不同看法：上士听人讲道的德行，能够很快领悟到其中的真谛，并将领悟到的道理应用到实践中去，以引导自己的行为，实现个人与大道的和谐统一。中士听人讲大道的德行，不能完全理解到德行的真谛，而且总是半信半疑，不能把领悟到的真谛应用到实践之中，所以这种人是很难做到真正解脱的。至于下士，他们听人讲道的德行，听完后完全否认大道的存在，还会对得道之人进行嘲讽，更不用说运用大道的真谛去指导实践，引导自己的行为了。

"不笑，不足以为道。"对于下士的无知和嘲讽，老子表现出极度的宽容。老子认为，如果没有受到下士的嘲笑，大道也就不能称之为大道了。

接下来，老子说明了理由："明道若昧，进道若退，夷道若颣。上德若谷，广德若不足，建德若偷，质真若渝。大白若辱，大方无隅，大器晚成。大音希声，大象无形，道隐无名。夫唯道，善贷且成。"光明的道就像暗昧一般；前进的道正如后退一样；平坦的道就像凹凸不平一样；崇高的德就如峡谷一般；广大的德看起来像是不足一样；刚健的德好像怠惰一样；纯真质朴的品格就像浑浊一样；洁白无瑕的事物就像含污纳垢一般；最方正的事物看起来好像没有棱角一样；大型珍贵的器物最后才会完成；最大的声响反而听不到它的声音；最大的形象反而看不到它的形状。这么晦涩难懂的话，谁会理解呢？纵然能理解上面这番话，又有谁能领悟其中的奥妙呢？得道之人毕竟是少数的，而世界上的人多数是不得道的下士，如果不能宽容地对待他们，那么老子修道又是为了什么呢？因此，老子之所以宽容地对待无知的下士，在很大程度上是他悟道和修德的结果。大道可以包容万物，还能成全万物。

在现实生活中，我们难免要和形形色色的人打交道，这些人有的粗俗，有的高雅；有的单调乏味，有的幽默风趣。面对各种各样的人，我们应当如何与他们交往呢？如果自视清高，不与世俗之人交往，一看到他们就冷眼相对，那么自己也将陷入低俗的深渊之中。如果能够做到像莲花那样出淤泥而不染，以自己高洁的品行感化低俗之人，使他们慢慢脱离低俗，这才是难能可贵的。因此，怀有一颗包容之心，便是怀抱着无价之宝，我们也将受益无穷。

## 为人之道

## ◎坚持自我——取得成功的必备品质◎

从对我们现实生活的指导意义讲，"不笑不足以为道"所带给我们最具意义的启示便是——要勇于坚持自我。在现实生活中，这种情景想必是常见的：那便是在我们坚持某个真理的时候，在我们采取某种行动的时候，在我们选择一条道路的时候，或者在我们追求梦想的时候，便会有人投来异样的目光，评头论足乃至冷嘲热讽。现在，老子的"不笑不足以为道"所揭示的道理便提醒我们，这是不可避免的，甚至恰恰证明了你所坚持的东西的超前价值。因此，只要你坚持认为自己的想法是对的，自己的行为是有意义的，那么便要勇敢地坚持自我。而实际上，但凡取得成就的人，无不是在别人的不以为然乃至嘲笑中最终取得成功的。

发明蒸汽机船的富尔顿在制造世界上第一艘蒸汽机船的过程中便遭遇了许多人的嘲讽。

富尔顿出生于美国，他小时候看到人们很吃力地划船，便萌生了这样的想法："如果有办法让船自己行走那该多好啊！"于是，其在整个青年时期一直研究这个问题。21岁时，富尔顿结识了蒸汽机发明家瓦特，并与之成为莫逆之交。正是与瓦特的交往，让富尔顿产生了"能不能用蒸汽机来推动轮船"的想法。但是蒸汽机是需要燃煤的，显然是不可能用于木结构的船只的。于是富尔顿又进一步想：能不能以钢材作为轮船的材料呢？这种想法显然是惊世骇俗的，因为当时的人们难以想象钢材制造的船能够漂浮在水上。实际上，当年富尔顿曾经找到因为打不过英国海军而无法战胜英国的拿破仑皇帝，提议将他的船只改造成砍掉桅杆，并以钢材为船身的蒸汽机船。但军事天才拿破仑却未能免俗地对这种"荒谬"的想法嗤之以鼻，甚至骂富尔顿为骗子，将他赶走了事。为此，有人声称拿破仑如果接受富尔顿的建议，欧洲历史便会重写。

实际上，富尔顿不仅遭到了拿破仑的嘲笑，在美国，他同样遭到了许多人的嘲讽。当他的第一艘以蒸汽机作为动力的轮船试航时，除了船上的几十个乘客外，河两岸挤满了好奇的观众，他们中的许多人都是来看富尔顿的笑话的。人们看着江面上这个巨大的金属怪物，船体上没有桅杆，只有高高的烟囱，还冒出黑烟，没有人认为它真的能够行走，许多人一直在对其大声嘲笑。然而随着蒸汽机的轰鸣声，轮船缓缓离岸，驶向江心。一位观众大声喊叫起来："啊，上帝，那玩意儿真的竟然能动！"最后，经过 32 个小时的逆水航行，轮船完成了从纽约到奥尔巴尼距离为 240 千米的路程，比最好的帆船顺风行驶还要快 16 个小时。而其顺水回航时仅用了 30 个小时，它的平均时速达到 5.6 千米，从此揭开了蒸汽轮船时代的帷幕。不久，富尔顿取得了在哈德逊河上航行的独占权，并开办了船运公司。富尔顿的成功很快引来无数的效法者。在五年以内，美国和欧洲的内陆河流中已经有五十多艘蒸汽轮船投入了营业性航运。

英国作家夏绿蒂·勃朗特从小坚信自己将会是一个伟大的作家。中学时，她将自己的想法告诉了父亲，父亲却说："写作这条路太难走了，你还是安心教书吧。"但这并没有改变她的信念。一次，她给当时的桂冠诗人罗伯特·骚塞寄信，请求她指点自己如何能够尽快实现自己的梦想。没想到得到的回信却是：这个职业对你并不合适。但是这仍旧没有改变夏绿蒂的信念，她仍是大量读书，练笔，最终她写出了《简·爱》这部不朽的名著。

另外，发明电灯的爱迪生、英国著名作家狄更斯、苹果电脑创始人乔布斯等众多成功人士，在前进的道路上其实都经历了挫折、打击乃至嘲讽，但正是其勇于坚持自我的韧劲最终将其导引向了成功。而哲学家叔本华也认为一个极端优秀的人总是不被大众理解的，而只能是通过离他层次较近的人的介绍才能够逐级向下传递，最后为大众所接受。这些观点其实都说明了一个道理，便是一个人不应仅仅因为别人的怀疑或嘲讽而产生动摇，应该勇于坚持自我。

## 处世之道

# ◎道隐无名——王翦装贪赢得秦王的信任◎

王翦是战国末年秦国的名将。他年少时就喜好军事，后来投奔了秦王嬴政。秦王政十一年（前236 年），王翦带兵攻打赵国的阏与，大破赵军，攻下九座城邑。秦王政十八年（前 229 年），王翦率兵攻打赵国，一年多就攻下了赵国，赵王投降，秦为赵为郡。第二年，燕国派荆轲到秦国刺杀秦王失败，事后，秦王派王翦攻打燕国。燕王喜逃到辽东，王翦就平定了燕国都城蓟而返回。不久，秦王派王翦之子王贲攻打楚国，楚兵战败。转过头来又进击魏国，魏王投降，于是平定了魏国。

公元前 226 年，秦王嬴政准备出兵讨伐楚国。在讨伐楚国之前，嬴政想听听几位大将的意见。他第一个找到了李信。李信年轻力壮，曾带着几千名士兵追逐燕太子丹到衍水，最后打败燕军捉到太子丹，秦始皇认为李信贤能勇敢，便问他道："我打算攻打楚国，将军估算调用多少人才够？"

"二十万就足够了。"李信回答道。

秦王又问老将王翦，王翦说："非得六十万人不可。"

听完王翦的话，嬴政认为王翦年老胆怯，于是任命李信为主将，蒙恬为副将，率领二十万大军讨伐楚国。王翦见自己的话不被采用，就顺水推舟，推托有病，回到老家频阳养老了。

第二年，秦军开始攻打楚国。最初，李信和蒙恬均进展顺利，二人分别在平舆和寝邑大败楚军。这时，李信又趁势攻下了鄢、郢，继而向西前进，打算与蒙恬在城父会师。楚军知道了李信的意图，便趁此跟踪李信的军队，三天

王翦在行军途中派使者向秦王请赐黄金、美宅。

三夜不停息，终于击败了李信，李信损失两个军营和七个都尉，惨败而回。

秦王听到这个消息，非常生气，后悔当初没有听王翦的话，迫不得已，他只好亲自乘车奔往频阳，来到王翦的家，见到王翦道歉说："寡人没有听从将军的建议，李信果然使秦军蒙受了耻辱。现在听说楚军一天天向西逼进，将军虽然有病，难道忍心抛弃了我吗？"

王翦回答道："老臣病弱疲乏，昏聩无能，希望大王另选良将。"

秦王知道王翦还在生自己的气，继续表示歉意，并不停地说："好啦，将军您就答应我吧。"

王翦不好再拒绝嬴政，只好答应了他的请求，说道："大王如果非要让我率兵打仗的话，非得拨给我六十万人不可。"

秦王一听王翦同意出山了，就答应他的要求，征集六十万大军，交给王翦指挥。王翦于是率领大军征伐楚国，而秦王为表诚意，亲自到灞上（今陕西西安市东）为他送别。

在出发之前，王翦请求秦王赐给他许多良田、美宅、园林、池苑等。秦王说："将军尽管上路好了，何必担忧家里日子不好过呢？"

王翦说："我跟随大王南征北战，即使有功劳，也得不到封侯。所以趁着大王亲近我的时候，就及时请求大王赐予园林池苑来给子孙后代置办产业。"秦王大笑，不以为然。

当军队到达武关（今陕西商洛西南）时，王翦又连着五次派使者向秦王索要良田美舍。副将蒙恬说："将军多次请求赐予田宅，未免太过分了吧。"

王翦私下偷偷地告诉他说："你不知道我请赏的原因。秦王性情粗暴而多疑，现在调集全国的武士专门委托给我，我不用多多请求赏赐田宅给子孙置办家产来表示效忠秦王的决心，难道反而让秦王平白无故地怀疑我吗？"

王翦通过请赏田宅的方式，终于释去了秦王的怀疑，这样一来，他就可以放开手脚指挥对楚国的战争了。

有句话说："木秀于林，风必摧之。"王翦有智谋，他深知秦王多疑残暴，一旦自己手里掌握了六十万重兵，秦王一定会心存戒备：担心王翦拥兵自重，威胁自己的统治。而秦国的大臣也会忌妒他，定然会在秦王面前诋毁他。所以，王翦便施用"大白若辱"的心理战术，给秦王嬴政制造了这样的假象：王翦以年迈之躯率兵征伐楚国，不过是为了凭着战功获得良田美舍，并没有什么野心。这个心理战术的运用收到了一举两得的效果，它一方面打消了秦王的疑虑，保全了自己；另一方面，他手里掌握了军队的指挥权，便可以大展手脚，取得战争的胜利了。

# ◎第四十二章　或损或益◎

**【原文】**

道生一①，一生二②，二生三③，三生万物。万物负阴而抱阳，冲气以为和④。（人之所恶⑤，唯孤、寡、不穀，而王公以为称。故物或损之而益，或益之而损。人之所教，我亦教之。强梁者不得其死，吾将以为教父。）

**【注释】**

①一：按老子学说，"一"即道。②二：这里指对立统一的"阴"和"阳"。③三：有两种说法：一是指阴阳交合产生的第三者"和气"；二是指阴阳相合所形成的一个均调和谐的状态。④冲气：空虚的气。⑤恶：厌恶。此句及后面数句与文义不合，疑为第三十九章错简，当删。

**【译文】**

道是独一无二的，道本身又赋有阴阳二气，阴阳二气相交而形成一种适匀的状态，天下万物都是在这种状态中产生的。万物都背阴而向阳，并且在阴阳二气的互相激荡中生成新的和谐体。人们最厌恶的就是"孤"、"寡"、"不穀"，但是王公却用来称呼自己。所以世上的事物，如果减损它有时反而会得到增加，如果增加它有时反而会得到减损。别人这样教导我，我也去这样教导别人。自逞强暴的人将不得好死，我将把它当作教人道理的宗旨。

**【解析】**

这一章内容上可以分为两部分：前一部分老子提出了"宇宙生成论"，即"道生一，一生二，二生三，三生万物"。从道家的思想上讲，"一"为虚无之气，"二"为阴阳。一、二合而为"三"，从而生出了"万物"。后一部分讲的是道的起用之法，即用弱、用柔。

"道生一，一生二，二生三，三生万物。"在这一章中，老子阐释了大道的衍生规律，即大道生出了一，一生出了二，二生出了三，三生出了万物。

"万物负阴而抱阳，冲气以为和。"万物始终是处在天地之间的，天为阳而地为阴，老子在这里把阴阳理论和道德结合在一起。道是混沌未开、浑然一体的，而阴和阳是对立统一的。阴阳是对立的，正因如此，我们才可以把阴阳糅合在一起，使之成为一团

道生一，一生二，二生三，三生万物。

"和气"。天气阳而地气阴，万物生于天地之间，必然带有阴阳二气。万物之所以生，是由于阴阳相合而生成的和气所致。正是有了和气，才使万物得以安宁和生生不息。

世间万物都有阴阳之分，各种生物也都有雌雄之别，也就是我们所说的阴阳。雄性具有阳刚之气，雌性则具有阴柔之气，阳刚和阴柔是万物的特征，也是万物得以延续的基础。阳和阴是对立统一的关系，它们既相互独立又不可分割，阴阳中和而生成和气。所以，不管是王侯公卿还是平民百姓，只有为人和气，才算是有道德的人。如果肆意妄为，坏事做尽，就不会得到人们的认可，也就不会拥有人格和尊严了。正因为"和"是人和万物的特性，所以和气的人才合乎大道和大德，才能受到大道的拥护；不和气的人不合乎大道，他们不但不会得到大道的拥护，还会受到自然规律的惩罚。

"人之所恶，唯孤、寡、不毂，而王公以为称。故物或损之而益，或益之而损。"一般来说，人们都喜欢风和日丽的天气，而厌恶风雨交加的天气，这就表现出了趋阳避阴的特征。任何人都不喜欢鳏寡孤独，不希望被人遗弃。然而王侯公卿常常称呼自己为"孤"、"寡"、"不毂"，其实这是自谦的说法，他们本身并没有脱离"和气"，他们越是自谦，越能得到天下万民的拥护和尊敬，也就是损之有益。我们爱说"和气生财"、"家和万事兴"，这里的和就是"和气"。和气的人，从不计较个人得失，也不贪占小便宜，身边的痛苦和烦恼自然也就少了许多。北宋政治家范仲淹曾说："不以物喜，不以己悲。"意思是说不要因为外物的好坏和自己的得失而或喜或悲，这是古人修身的高深境界。所以，不管是不是处在人生的低谷，也不管是不是遇到诸多不如意的事情，我们都不可为一时的得失而或喜或悲，而是要冷静、平稳、和气地面对一切。只有做到这些，才能经得住狂风骤雨的洗礼，最终见到美丽的彩虹。

"人之所教，我亦教之。强梁者不得其死，吾将以为教父。"老子在综合万物的时候提炼出了宇宙的真理，他针对事物各种弊病，开出一条万应妙方，这一"妙方"自然是"和气"，因此他得出结论：强横逞凶的人不得好死。这也成为老子教诲世人的首要教条。

## 从政之道

## ◎负阴抱阳——汉朝平定七国之乱◎

柔弱是生存之道，强横者终究不会有好下场。西汉时期，汉景帝平定吴楚"七国之乱"，而致吴王刘濞身死国灭的故事，就是一个典型的事例。

西汉初年，汉高祖总结秦亡教训时，认为没有分封同姓子弟为王，是秦朝灭亡的一个重要原因。因此，他一面消灭异姓诸侯，一面又陆续分封九个刘氏宗室为王。这九个同姓诸侯占据了全国的大片土地。汉高祖为防止刘姓诸侯被异姓篡夺，还特地杀白马为盟，立誓"非刘氏而王，天下共击之"。

刘邦为巩固统治而大封同姓王。

刘邦死后，西汉经惠帝、吕后、文帝、景帝的治理，社会经济得到恢复和发展，形成了为后世所称道的"文景之治"。但是，诸侯王势力在此期间也迅速膨胀起来。汉朝的许多大臣都主张削弱诸侯王的势力，以维护汉朝的统治。尽管朝廷采取了一些措施，但仍不能有效地遏制诸侯国势力的膨胀。尤其是一些势力强大的诸侯，依然具备与中央抗衡的实力，其中威胁最大的当属吴王刘濞。

汉景帝与群臣商议平叛的计策。

吴王刘濞即位后，充分利用吴地的盐铁之利，在封国内铸钱、煮盐，牟取暴利。文帝时，刘濞的儿子在京师作客，被皇太子误杀，刘濞便心怀怨愤，称疾不朝，还广招各地逃到吴国的罪犯，与朝廷公然对抗。

汉景帝即位后，采纳朝臣晁错的建议，于景帝三年（前154年）下令撤销刘濞的会稽和豫章二郡。刘濞乘机串通楚、赵、胶西、胶东、菑川、济南六国的诸侯王，举兵发动叛乱。刘濞发兵二十万，同时又派人与匈奴、东越、闽越贵族勾结，以"清君侧，诛晁错"的名义，举兵向西，直逼西汉的统治中心关中。叛军顺利进军到河南东部。

周亚夫率军阻断了吴军粮道。

汉景帝非常惶恐，又听了袁盎等人的进言，被迫杀死晁错，企图息事宁人。此外，景帝还颁下一份诏书，承认自己听信晁错谗言，犯下不可饶恕的过错，恳请诸侯原谅他。然而，吴王刘濞见到诏书后，认为景帝畏惧七国的大军，因此根本不把朝廷放在眼里，下令军队继续向西进攻，想要谋朝篡位。

汉景帝听说叛军继续西进，十分震惊，他开始意识到，刘濞这次是当真要颠覆朝廷了，这才下定了镇压叛军的决心。于是，他下令太尉周亚夫统率三十六个将军，去攻击吴、楚两国的军队；曲周侯郦寄攻击赵国的军队；将军栾布攻击齐国的军队；大将军窦婴驻扎在荥阳，监视齐、赵两国的军队。

太尉周亚夫率领大军出蓝田经武关至洛阳，出奇兵断绝了叛军的粮道。当时，天气十分寒冷，叛军士卒粮尽援绝，军心涣散，终于自行崩溃。周亚夫乘胜追击，到达淮阳，他询问门客邓都尉说："这场仗该怎么打呢？"邓都尉回答说："吴军锐气正盛，很难与他争胜。楚兵浮躁，锐气不能保持长久。现在将军不如率军坚守东北方的昌邑，阻塞吴军的粮道。到吴军粮草耗尽的时候，再进攻吴军的疲惫之师。"周亚夫对这个建议非常赞同，于是在昌邑坚守，并派军队去断绝吴军粮道。

这时，吴国的军队到达昌邑，与周亚夫的军队相遇。吴军本欲与周亚夫决战，但是周亚夫明令汉军坚守营垒，不得出城应战，否则杀无赦。吴军的粮草断绝了，士兵饥饿，多次向汉军挑战，却一直没有得到回应。吴军想采用声东击西的战术，夜里奔袭汉军的营垒，惊扰东南方向。周亚夫看穿了吴军的意图，便派人防备西北方向，果然，吴军从西北方向侵入，遇到在那里埋伏的汉军，结果吴军大败，士卒四处溃散。吴王刘濞和他的部下几千人连夜逃走，渡过长江逃到丹阳，得到东越的保护。周亚夫派人用厚利诱惑东越王，东越王遂诱使吴王出去慰劳军队，趁机派人用矛戟刺杀吴王，并把他的首级割下来呈给汉景帝。

吴王刘濞被杀后，汉军很快打败了其余六国的叛军。"七国之乱"终于被平息了。

吴王刘濞一心图谋造反，尽管汉景帝最初时一再忍让，但刘濞等人变本加厉，这是不懂得"柔弱处下"，最终也验证了"强梁者不得其死"的道理。

## 为人之道

# ◎无名不欲——商纣王纵欲而亡国◎

这一章里，老子提出了教诲人的首要教条，即"强梁者不得其死"，这正体现了老子贵柔、守静和无为的观念，以及反对暴政的政治主张。暴君商纣身死国灭的故事，就很好地证明了本章所阐释的道理。

商纣王，名受辛，是商朝的第三十位君主。纣王不但身材高大，力气过人，而且天资聪颖，博闻强识，善于言谈。然而，纣王又十分骄傲自大，好大喜功，他即位以后，就大力整顿兵马，发动了对东夷的战争。战胜东夷后，纣王更加骄横自负，目空一切，所有臣子的谏言他都听不进去，他觉得天下已经安定了，便开始贪图享乐，恣意挥霍。

商朝末年，朝歌附近有一个小属国名叫有苏（今河南武陟县东），有苏国地少人稀，没有能力年年给纣王进贡。纣王便觉得有苏人是故意对抗商朝，就派兵前去征伐。有苏人不敢得罪纣王，便献来美女妲己，这才避免了一场灾祸。妲己不但长得千娇百媚，而且还能歌善舞，很快就把纣王哄得团团转。纣王对她百依百顺，甚至连朝廷大事，臣子的生杀予夺，妲己也都可以做主。

妲己喜欢歌舞，纣王为博得美人的欢心，便下令乐师创作了靡靡之乐、怪诞之舞。妲己喜欢饮酒嬉戏，纣王就在宫中以酒为池，以肉为林，日夜不停地与妲己狂欢滥饮。喝到高兴时，纣王就下令让男男女女赤身露体在肉林酒池中互相追逐嬉闹。

纣为象箸而箕子怖。

纣王不但荒淫无度，还宠幸一批"助纣为虐"的王臣贵族。费仲是有名的佞臣，但是纣王却让他主持朝政。他善于阿谀逢迎，不但想方设法讨纣王欢心，还明目张胆地贪图私利。费仲遭到众臣的攻击，纣王不得不免了他的官位。纣王又选蜚廉来处理朝政，蚩廉庸碌无能，且善于结党，很快又被众臣轰下台来。后来，纣王又任用恶来，恶来经常造谣生事毁坏别人声誉，很多朝臣都被他诬陷致死。

纣王荒淫无度，且怠于政事，这引起了很多正直的王公大臣的不满。纣王身边的奸臣就想出很多残酷的刑罚，帮助纣王陷害这些忠良之士。在这些残酷的刑罚之中，有一种说来令人毛骨悚然，它就是"炮烙之刑"。何为炮烙之刑呢？就是用青铜铸造铜柱，然后中间凿空，

纣王生活奢侈，纵酒无度。

把赤身露体的"犯人"用铁索绑在柱子上，下面烧起大火，将人活活烙死。

诸侯梅伯多次劝谏纣王，不让其对臣民实施酷刑。纣王就杀了梅伯，后来还把他剁成肉酱，分赏给诸侯吃。九侯（封地在今河北临漳）的女儿长得很美丽，纣王把她召入宫中，纳她为妃，但是她不喜欢宫里的淫乱生活，也十分鄙视妲己等人，纣王一怒之下，就把她杀了。九侯知道后，非常愤怒，纣王又把九侯剁成肉酱，分送给诸侯吃。鄂侯见到这种情形，就出面指责纣王，惹恼了纣王，又被杀掉并制成干尸示众。当时，西伯侯姬昌（即周文王）正在商都，他看到几位诸侯无辜被杀，甚为不平，只随便说了一句"这也太过分了"，不料被崇侯虎听到，报告到纣王那里，纣王立即将姬昌拘禁起来，还准备把他杀死。周国的大臣们得知了这个消息，连忙在莘国选了一名有莘氏的美女，又选了一些骏马、宝器及奇玩异物献给纣王。纣王见到有莘氏的美女，欣喜欲狂，他高兴地说："此物（指美女）足以释西伯，况其多乎？"姬昌这才逃过一劫，幸免于难。

纣王荒淫残暴，商朝王族中的忠直之臣非常着急，不断劝纣王改邪归正。但是，纣王不但不听，还对他们进行迫害。箕子是纣王的叔父，他为避免遭受迫害，竟然假装疯狂做了奴隶；微子启是纣王的庶兄，他不愿看到商朝灭亡，就偷偷地逃离了殷都，在乡间隐姓埋名；纣王的叔叔比干刚正不阿，一天，纣王正在宫里作乐，比干上前对纣王进行劝谏，纣王非但不采纳，还冷冷说道："我听说您的心脏有七个孔窍，我今天倒要看看是不是真的！"说完，纣王喝令左右将比干杀死，取出心脏让人观看。

比干惨死后，很多大臣怕自己也招致杀身之祸，纷纷逃离了殷都。这时，太师疵和少师强实在看不下去了，他们知道商朝早晚就要亡了，因此就拿了象征王权的祭器跑到了西岐，投奔了西伯侯姬昌。在当时，没有了祭器就意味着断绝了祭祀，那是非常不吉利的事情。

此时，西部的周族已经具备了灭亡殷商的实力，而纣王却还过着醉生梦死的生活，商王朝早已腐烂不堪，商朝的覆灭只在朝夕之间。

大约在公元前1066年，周武王姬发率领各部族攻打商国。周军一路高歌猛进，于二月甲子日早晨到达了距离殷都朝歌仅七十里的牧野。纣王听说后，匆忙调集大军，开赴牧野，准备与武王决一死战，然而纣王的士兵阵前倒戈，归顺了武王。武王率领大军杀入朝歌，纣王见大势已去，遂登上鹿台，自焚而亡。

商朝前后历经六百年，曾经盛极一时，最终却因纣王的残暴统治而灭亡。所以，作为一国之君，一定不能强横严厉，否则就会遭到天下百姓的反抗，走向灭亡。

# ◎第四十三章　无为之益◎

**【译文】**

天下最柔弱的东西，能腾跃穿行于天下最坚硬的东西中。空虚无形之物，能自由穿透任何没有间隙的地方。我因此懂得了"无为"的益处。这种无言的教化，无为的益处，天下很少有人能够做得到。

**【解析】**

上一章老子讲了万物的和气，这一章紧接着上一章的论述，继续阐述"柔"和"无为"的妙处。

"天下之至柔"，天下的至柔之物是什么呢？答案显而易见，就是水。水为至柔、至顺的事物，我们在前面的章节中已经介绍过水的一些特性，它泰然自若、无欲无求，可以任由我们把它放到不同的器皿之中。水是最柔和的事物，它象征着大道的德行。水也是无欲无求的事

天下之至柔，驰骋天下之至坚。

物，它总是安静地绕开繁华，顺着低注的河谷缓缓前行，默默无闻地顺流而下，滋润田地、山谷。它绝不会在地势险峻或壮观的地方驻足停留，它造福万物却不主宰万物；它绝不居功自傲，而是甘于卑下的地位。

上面所说的，是水至柔的一面，但这还不足以说明水的本质。水的本质是什么呢？老子说："（水的本质就是）驰骋天下之至坚。"在老子看来，尽管水是至柔至顺的东西，但它可以在最为坚硬的东西中驰骋、奔流。虽然水柔弱到了近乎虚无的境界，但是这并不意味着它柔弱可欺。李白有一句诗写得好："抽刀断水水更流。"水是柔顺的，但是当它面对锋利坚硬的刀时，却丝毫也不畏惧，这难道不值得人们敬佩吗？我们知道"水滴石穿"的故事，一滴两滴水的力量是微不足道的，但是时间久了，水滴就可以在坚硬的岩石上穿个孔。石头是坚硬的东西，可以说没有任何的空隙可供侵袭，但是水却能凭着不断地积累侵入石头内部，可见具有柔弱特性的水拥有着多么神奇的力量啊！

从不可知的宇宙洪荒年代开始，水就凭着自己柔顺的特性攻无不克，几乎侵占了所有的领域：

陆地、平原、丘陵、沟壑、沼泽、低谷、深潭。所以，水是万物的生存之源，也是人们赖以生存的源泉：我们尚在母体之内的时候，羊水就为我们提供给养；同时，羊水也保护着我们的身体，以免受外物挤压而造成伤害。因此，可以说水是孕育我们的源泉，没有水我们就无法孕育生长，也就不能存活下来。水的作用是巨大的，但是它却十分谦逊，时刻表现出无为、素朴、默然的柔和状态。

"不言之教，无为之益，天下希及之。"水的柔和，体现的是朴素无为，如果人类能够拥有水一样的特性，那就做到了心静如水，也就不会陷入争名夺利的泥潭中了，自然也就少了许多痛苦和烦恼。水至柔至顺，无为不止，即使受到伤害也会坦然面对。通过这一章，我们应该学习柔水的处世态度，当我们面对伤害时，应该效法水的与世无争，应该宽容地对待一切，而不要睚眦必报。

## 从政之道

# ◎不言无为——残暴冷酷的吴主孙皓◎

老子一向主张守静、无为，反对暴政，并断言：凡是施行暴政的统治者，都不会有好下场。三国时东吴国主孙皓，就因统治残暴而亡国，这可以说是对老子这一思想的最好证明。

264年七月，东吴景帝孙休去世。当时，曹魏刚刚灭掉蜀汉，开始全力对付东吴，而交趾的吕兴又发动叛乱，导致东吴国内人心浮动。按照父死子继的原则，帝位应当由孙休的儿子继承。但是，孙休的儿子年纪尚小，大臣们担心主少国危，于是商定由一位年长的宗室继承王位，来治理国家。众臣经过商议，决定拥立乌程侯孙皓为帝。

孙皓即位不久，即下诏开仓赈灾，抚恤贫困百姓。然后，他下令释放宫女，许配给没有妻子的百姓；他又把皇宫御苑里的飞禽走兽也都放归山林。看到这些，朝中大臣均认为孙皓是个贤明的君主。但是，等到大权在握之后，孙皓开始变得粗暴骄横，沉溺于酒色，朝廷上下的人都非常失望。

大臣濮阳兴和张布都曾支持拥立孙皓为帝，这时他们看到孙皓的荒淫暴虐，就私下里说了几句怨言。有人听到他们的谈话，于是密告给孙皓。不久，孙皓即诛杀了濮阳兴和张布。随后，孙皓为了巩固自己的地位，逼杀了太后朱氏。朱氏死后，孙皓为她治丧，但是治丧不在正殿，却选了苑中一间简陋的小屋。大臣们见到这一情形，知道太后一定是孙皓害死的，心里都很悲痛。孙皓又把故主孙休的四个儿子送到吴国的一座小城，没过多长时间，他便派兵在路上把年纪稍长的两个杀掉了。

坐稳帝位后，孙皓开始打击江东集团中的豪强势力，首先拿来开刀的是

孙皓残暴不仁，滥杀朝臣。

侍中韦昭。韦昭是孙吴的名臣，他还兼任左国史，孙皓想让他给自己父亲作纪，韦昭却说："陛下的父亲文皇没有做皇帝，应当作传，不应当作纪。"孙皓听后，非常生气，孙皓便想找机会除掉韦昭。孙皓听说韦昭不喜欢喝酒，于是想出了一个通过喝酒来除掉韦昭的办法。

不久，孙皓制定了大臣饮酒的政策：皇帝举办酒宴的时候，群臣必须全部参加，如果有不参加的，事后就以欺君之罪处死。群臣参加了宴会，必须喝酒，如果有不喝酒的，就要把他杀掉。同时，喝酒还不能毫无节制，谁喝醉了就杀谁。仅凭这三条，孙皓就可以把自己想杀的人都杀光。所以，大臣们每在赴宴之前，就和家人诀别，因为他们不知道去了以后还能不能再活着回来。

韦昭酒量很小，有一次，孙皓召集群臣饮酒，韦昭不敢不喝，但是只喝了一点就醉了。孙皓抓到了韦昭的小辫子，下令把他关入大牢。韦昭这下害怕了，托人给孙皓献上自己写的悔过书。孙皓看了之后，嫌纸张太旧，看上去有污痕，心里更加生气了。韦昭听说孙皓不满意，就解释说："我写书的时候，担心其中有谬误的地方，所以不停地翻读校勘，不小心把纸张弄脏了。现在我心里十分后悔，我在狱中给您磕头五百次，再自己痛打自己的手，希望您能饶恕我。"孙皓不听他的解释，很快就下令除掉韦昭。

孙皓还随意诛杀那些"不顺眼"的大臣。东吴散骑常侍王蕃，相貌气质不凡，但是他不善于察言观色，不懂得向孙皓谄媚。孙皓对王蕃很不满意，而散骑常侍万或、中书丞陈声看出了孙皓的心意，便乘机在孙皓面前诋毁王蕃。有一次，孙皓大宴群臣，王蕃喝醉了酒，孙皓怀疑他是故意装出来的，就下令派人用车子把他送出去。过了一会儿，孙皓又把他召了进来。这时，王蕃的容貌举止又恢复了正常，行走自如。孙皓见后，勃然大怒，喝令左右侍卫把他押到殿堂之下，把他杀掉了。随后，孙皓又下令左右随从投掷王蕃的头颅，并装成老虎和狼的样子啃咬，把王蕃的头颅咬碎了。

不仅如此，孙皓也嫉妒比自己能力强的人。侍中、中书令张尚，思维敏捷，且擅长辩论，群臣议政的时候常常说出一些独到的见解。孙皓很嫉妒他，对他的怨恨越积越多。有一次，孙皓问张尚："朕喝酒可以与谁相比？"张尚回答说："陛下有百觚的酒量。"相传孔子能饮酒百觚，张尚本来的意思是说孙皓的酒量能与圣人相比，谁知孙皓听了后，冷冷地说道："你明知孔子没有做帝王，居然拿我跟他比！"于是下令把张尚抓了起来。张尚被抓后，自公卿以下的大臣一百多人都到大殿上为张尚求情，孙皓迫于压力，才答应免张尚一死，把他发配到建安去造船。不久，孙皓还是借故把张尚杀了。

为了镇压群臣和百姓，孙皓想出一些残酷的刑罚。这些刑罚说来令人不寒而栗，例如他曾下令把人整个脸都剥下来，或者把人的眼睛给凿出来。孙吴的大臣人人自危，每天都提心吊胆。这种剥人脸皮、凿人眼珠的刑罚臭名远扬，天下人都知道孙皓的手段，后来，孙皓被俘虏到洛阳，有人问他："听说你在东吴喜欢剥人面皮，有没有这回事？"孙皓听后，得意地说道："对君主无礼的人，就应该剥下他的脸皮。"

除了杀人取乐，孙皓也十分荒淫。他派遣黄门遍行州郡挑选美女供他享用，凡是俸禄二千石以上的大臣的女儿，每年都要申报年龄姓名，年纪满十五岁的，就要召入宫中，中意的就选做妃子，看不中的才允许出宫。当时，东吴全国的人口仅有二百多万，而孙皓的宫中女子就有近万人。后来，东吴亡国，这些江南美女又被晋朝皇帝接收，都被掳到洛阳。

孙皓统治残暴腐朽，东吴的国力日趋衰弱。256年，曹魏权臣司马炎篡夺曹魏的大权，建立了晋朝，史称西晋。晋朝建立后，司马氏开始着手准备南下灭吴。到晋太康元年（280年），晋朝水军兵临吴都建业城下，孙皓把双手绑在前面，抬着棺材，到军营门口投降。孙吴就这样灭亡了。

孙吴自孙权建立，本来富庶一方，但是却因孙皓的残暴统治而亡国。所以，身为统治者，不可强横专厉，否则就会跌向灭亡的深渊。

为人之道

## ◎ 柔能骋坚——羊祜的怀柔之道 ◎

水和空气都是日常生活中常见的事物，它们都是天下最柔弱的东西，但是它们却无处不在，无孔不入，具有很强的穿透力和消解力，能够摧毁表面上看起来最强大、最坚固的事物。在某些情况下，强硬未必是好事，柔弱也可以取得很好的效果。

西晋建立以后，晋武帝司马炎打算一举灭掉盘踞在长江中下游的东吴政权。为此，他任命羊祜为都督，让他率兵镇守荆州，治理军事。

羊祜颁布命令，安抚远近地区。

羊祜，字叔子，泰山南城（今山东费县西南）人，博学能文，且清廉刚直，出身于汉魏名门士族之家，而他的母亲蔡氏为汉末名儒蔡邕的女儿，因此羊祜早年在父母的悉心教导下，博览群书，而且写得一手好文章。成年后，羊祜更是以"孝"闻名于世。司马氏掌权后，羊祜因孝名而得到了"以孝治天下"的司马氏集团的赏识。

羊祜到任之后，并没有急于加强军事建设，而是实行了怀柔政策，在当地设立学校，安抚远近的地区，很快就得到了江汉地区百姓的拥护。荆州与东吴隔江相望，羊祜对东吴人开诚布公，说凡是来投降的人，想要离开荆州，去哪里都可以，他绝不会阻拦。吴国的石城守备距离襄阳很近，经常派兵袭扰晋朝的百姓，羊祜为使晋、吴两国的百姓和平相处，就用计使吴国撤去了石城的守备。这样，羊祜就不用派重兵去防备吴军了，于是从荆州分出一半的戍兵开垦了八百多顷田地，大获收益。羊祜刚来荆州的时候，军队存粮很少，仅能支撑不到百日；后来，经过他的治理，竟然积蓄了可供十年用的粮食。晋武帝见羊祜治理荆州很有成效，就下令撤销江北都督，设置南中郎将，然后把他们所属的汉东和江夏的各军都归羊祜统一指挥。

后来，羊祜又在险要地区建造了五座城池，开发了大片肥沃的土地。自此以后，吴国的百姓不断前来归降，而羊祜仍以恩德信义安抚他们。

羊祜与吴军交战多次。每次交战，羊祜总是预先与吴军主将约定好日期才开战，从不食言搞突然袭击。有一次，吴国的将领陈尚、潘景率众来犯，羊祜打败了吴军，杀死了陈尚和潘景，但是他又称扬陈、潘二人的气节，对他们进行了厚葬。羊祜的军队来到吴国的地段，如果因缺少粮食而收割田里的庄稼，事后羊祜一定用绢偿还。他的军队在江沔一带游猎，这一带向来归晋国管辖，如果兵士捕获了吴国人所伤的禽兽，羊祜一定把捕来的禽兽送还给吴国人。于是，吴国人对他既敬佩又仰慕，都尊称他为"羊公"。

羊祜与吴国督护陆抗在荆州地区相互对峙。陆抗是吴郡人，父亲是吴国大将陆逊，陆抗早年在父亲的教导下，饱读儒家经典，以"忠义"闻名当世。当时，陆抗坐镇乐乡，而羊祜则屯兵于襄阳，两军相隔仅百余里。陆抗十分欣赏羊祜的为人，认为即使是乐毅、诸葛亮，也比不上羊祜的德行和度量。所以，两军驻守在边境上，都努力避免冲突，双方甚至还常派使者互访，彼此沟通，增晋国士兵把捕获来的吴人所伤的禽兽送还给吴人。

加信任。陆抗和羊祜也都很讲"信义"。一次，晋国使者来访，陆抗得知羊祜喜欢饮酒，便马上拿出了自己珍藏多年的佳酿，交予使者，让他转赠给羊祜，以表敬意。羊祜得到这坛酒后，立即拔开酒盖，一饮而尽。然后大笑道："这真是一坛好酒啊，刘伶（刘伶生性好饮）要嫉妒我啦。"来而不往非礼也。后来，陆抗生病了，羊祜知道他的病情后，就派人给他送了一服药。陆抗收到药后，吩咐下人把药煎好，准备服下去，一点也不起疑。有人担心羊祜在药中下毒，就劝陆抗不要服用，陆抗却说："羊祜怎么会毒害我呢！"

羊祜在边境地区营造了和平的氛围，陆抗心里明白这是羊祜实行的怀柔策略。所以，他与部下议事的时候，常常告诫他们说："羊祜施行仁政，如果我们不以仁德回应，就会不战自败。因此，我们只要守好边境就可以了，不要主动挑起事端，去追求小利。"吴国的国主却对边境的和平气象大为不满，他屡次派人去责骂陆抗，要求陆抗派兵侵扰晋国边境，破坏晋国的农业生产。对此，陆抗义正词严地对使臣说："一个小镇小乡，尚且不可以不讲信义，何况是一个国家呢？臣之所以这样做，就是要彰显我国的信义，不去无故伤害有德行的羊祜啊！"

羊祜在实行怀柔政策的同时，又修缮甲兵，训练军队，作了充分的军事准备。他上书给晋武帝司马炎说："晋朝平定蜀地已经十三年了，现在吴国的国主孙皓残忍暴虐，吴国的百姓生活艰难，而我们晋朝的力量要比以前强大得多。因此，皇上应当抓住这个时机，平定东吴，统一天下，让全天下的百姓都能生活安宁，丰衣足食。"另外，他还向司马炎提出了一些灭吴的战略战术，这些见解都有独到之处。

278年，羊祜去世。仅仅过了三年，失去民心的吴主孙皓便在晋军势如破竹的攻势下，出城投降，东吴就这样灭亡了。尽管羊祜没有看到这一天，但西晋灭掉东吴，羊祜的贡献是不可磨灭的。

羊祜施之以德，取之以信，对待敌人也以仁德安抚，这就是他用的怀柔策略。用安抚的手段瓦解敌军，以延揽敌方的民心，为最后的胜利铺平道路，这就是柔能克刚的力量所在。

# ◎第四十四章　知足不辱◎

【原文】

　　名与身孰亲？身与货孰多<sup>①</sup>？得与亡孰病<sup>②</sup>？甚爱必大费<sup>③</sup>，多藏必厚亡。故知足不辱，知止不殆，可以长久。

【注释】

①多：重视、尊重。②亡：失去、丢失。③爱：吝惜，舍不得。

【译文】

　　名誉和生命比起来，哪一个更可亲？生命和财货比起来，哪一个更珍贵？得到名誉和丧失生命，哪一个更有害？过分热衷名利就必定要付出更大的代价；过于积敛财富，必定招致更惨重的损失。知道满足就不会受到屈辱，懂得适可而止就不会遇到危险，这样才可以保持长久的安乐。

【解析】

　　本章重点讲两个问题：一是教人珍视生命，不要把名利看得比生命还重。二是教人"知足"、"知止"，一切事物都会向相反方向转化，这是自然的法则。只有知止、知足才能长久。

　　在老子看来，人的最高目标应该是追求健康长寿，而不是追逐名利。这是因为人的精力是有限的，如果殚精竭虑地去追求名利，就会危害自己的生命。追求物质财富和名利本身并没有错，错就错在过分追求而不知满足，也就是欲望无止境，这是一切祸患产生的根源。因此，追求财富和名利要适可而止。

身与货孰多？

　　老子的哲学思想是一个完整的体系，各章节之间不可分割，它们一起构成了一个统一的整体，把其中任何一章孤立起来理解都是不合理的。本章和前面的第十三章就有着紧密的联系，这两章都是为了说明人应该自重自爱的问题，所不同的是第十三章以宠辱荣患与人的生命作比较，而本章则是以名利和财富与人的生命作比较。

　　"名与身孰亲？身与货孰多？得与亡孰病？"在这里，老子向我们提出了几个棘手但又必须面对的问题。把这几个问题回答圆满，并且把答案应用到实践中去，做到身体力行，这确实是有难度的。这时，老子阐发了自己的观点，即人应该珍惜自己的生命，不要过于看重名利和财富。要知足常乐，不可无限制地去追求名利，否则就堕落成贪婪之人了。老子在这里所阐发的"重生贵己"的观点，并不是贪生怕死，而是建立在珍惜自己生命的基础上的"生"，这与"苟且偷生"有着本质的不同。所以，当人们面对名利和财富时，要珍惜自身的价值和尊严，不可自贱自轻。

"甚爱必大费；多藏必厚亡。""甚爱"指的是过度地贪爱虚名和地位，这一行为必然会消耗大量的精力，付出惨重的代价。"多藏"指的是过度追求财物。在现实生活中，有一部分人为了满足自己的私欲，不惜出卖自己的灵魂，他们不仅违背道德规范，甚至还走上了犯罪的道路。得到的财物与失去人格尊严相比，实在是得不偿失。

知足不辱，知止不殆。

"故知足不辱，知止不殆，可以长久。"这句话集中体现了老子的处世观。我们常说物极必反，世界上任何事物都有自己的发展极限，一旦超过这一限度，就会朝着自己的对立面转化。比如，人们常说一句话：真理再向前跨出一小步就是谬误。这话一点也不假，这是经过实践论证而得出的结论。知足就会少一些耻辱，所以说知足是明智的；知道适可而止方能长盛不衰，所以适可而止是有大智慧的表现。

人生在这个世界上，其本身就是很多偶然因素的组合，我们为什么是自己而不是别人？正是因为这个世界上有自己和别人的区别，而我们又害怕别人比我们强，所以才争强好胜，有的人甚至不惜利用卑鄙无耻的手段来争取财富和名利。在这个过程中，这些人出卖的是自己的人格，耗费的是自己的精力，换取的仅仅是一点可怜的虚荣心。以沉重的代价换取蜗角虚名、蝇头微利，这是不值得的。

我们不否认利用聪慧的头脑和勤劳的双手来争取财富和名誉是光荣的，但我们必须把握住一个度，要适可而止。只有这样做了，才能既收获名利，又能保持身体的健康。

## 为人之道

## ◎知足常乐——淡泊名利的爱因斯坦◎

爱因斯坦是世界公认的伟大的物理学家，也是一位卓越的思想家，被推誉为"世界千年十大思想家"之一，其地位仅次于马克思。除在科学与思想领域的巨大成就之外，爱因斯坦还是一个将名利看得非常淡泊的人，他曾这样说："金钱会破坏人的恬淡的心境。"

1938年，爱因斯坦受聘为美国普林斯顿高级研究院教授。在谈及薪金的要求时，爱因斯坦一脸严肃地说："每年一千美元就可以了。"研究院院长弗莱克斯纳新听后，感到十分吃惊，他连忙说道："不行，不行，这与教授的身份太不相称了，而且这也会降低我们研究院的声望啊。"但是爱因斯坦表示这些已经足够了。最后，经过弗莱克斯纳新的苦苦劝说，爱因斯坦才勉强同意了院长所给出的最低年薪，这个数字是一万六千美元，他是爱因斯坦自己所要求年薪的16倍。

1948年5月14日，以色列共和国宣告诞生。1952年11月9日，爱因斯坦的老朋友、以色列首任总统魏茨曼逝世。在此前一天，就有以色列驻美国大使向爱因斯坦转达了以色列总理本·古里安的信件，信中正式提请爱因斯坦为以色列共和国第二任总统的候选人。

当天晚上，一位记者给爱因斯坦打来电话，询问道："听说您被邀请出任以色列共和国的新一任总统，爱因斯坦先生，您会接受吗？"

爱因斯坦对这一提问给予了相当干脆的回答："不会。我当不了总统。"

这位记者连忙劝导说："其实，以色列的总统并没有多少具体的行政事务，他的位置是象征性的。爱因斯坦先生，您是最伟大的犹太人。不，不，您是全世界最伟大的人。由您来担任以色列总统，象征犹太民族的伟大，是再好不过的了。"

可爱因斯坦还是很坚决地说道："不，我的确当不了总统。"

爱因斯坦刚放下电话，电话铃又响了。这次是驻华盛顿的以色列大使打来的。大使说："教授先生，我是奉以色列共和国总理本·古里安的指示，想问一下，如果提名您当总统候选人，您愿意接受吗？"

爱因斯坦平静地回答说："大使先生，关于自然，我了解一点儿；可是关于人，我几乎一点儿也不了解。像我这样的人，怎么能担任总统呢？请您向报界解释一下，给我解解围。"

大使进一步劝说道："教授先生，您不会不知道，已故总统魏茨曼也是教授啊。所以说，您一定能够胜任的。"

爱因斯坦丝毫不为所动，回复道："魏茨曼和我不一样。他能胜任，但我不能。"

听到这里，大使激动地说道："爱因斯坦先生，每一个以色列公民，全世界每一个犹太人，都在期待着您呢！"

对于同胞们的好意，爱因斯坦很是感动，但他想得更多的是如何委婉地拒绝大使和以色列政府，既推辞掉自己的总统提名，而又不让他们感到失望和窘迫。不久之后，爱因斯坦在报上发表声明，正式谢绝了出任以色列总统。他说："当总统可不是一件容易的事。"同时，他还引用了自己刚刚说过的话："方程对我更重要些，因为政治是为当前，而方程却是一种永恒的东西。"

爱因斯坦在其光辉的一生中为世界做出了极大的贡献，但是他却从不在意自己会得到多少。他说："看一个人的价值，应该看他贡献了什么，而不应该看他享有了什么。"可是在我们身边，有太多的人，其看法与爱因斯坦恰恰相反，他们以为自己的价值之高低，取决于自己已经拥有了什么，而全不在乎自己为这个世界奉献了什么。

老子讲："甚爱必大费；多藏必厚亡。"这是告诫人们不可过分积敛财富、热衷名利。我们看一看爱因斯坦高尚伟岸的人格，就会很容易地发现，这位伟大的科学家、思想家，不就是一个甘于平淡、不慕名利的伟大的贤者和智者吗？

## 处世之道

## ◎吝惜名利——和珅贪财终被抄家◎

"名与身孰亲？身与货孰多？得与亡孰病？"在本章中，老子提出一系列反问，以犀利的语言、形象的譬喻、鲜明的对比，揭示了当时社会上争名夺利、贪恋财色的社会现象，告诉我们只有适可而止、知足常乐，才能远离灾祸的道理。

和珅是中国历史上一位权臣，更是一位有名的大贪官。他曾兼任多职，封一等忠襄公，任首席大学士，领班军机大臣，兼管吏部、户部、刑部、理藩院、户部三库，还兼任翰林院掌院学士，领侍卫内大臣、步军统领等要职，管事之广，权势之大，为清朝罕有。而和珅的贪欲之大、敛财之多在历史上也是罕见的。嘉庆四年（1799年），在查抄和珅府时，查出田产八千余顷，房屋两千余间；银号十处，本银六十万两；当铺十处，本银八十万两；金库内赤金五万八千两；银库内银元宝约九百万个。珠宝库、绸缎库、人参库都装得满满的。和珅聚敛的钱财比国库还多，所以民间才有了"和珅跌倒，嘉庆吃饱"的说法。

和珅出生在一个颇有地位的八旗官宦家庭，从小受到了良好的教育。和珅十岁时，进入咸安宫官学。咸安宫官学创于雍正年间，专门负责培养内务府的优秀子弟。乾隆即位以后，又大力选拔八旗官员的俊秀子弟入咸安宫学习。和珅在咸安宫官学学习期间，不但对《四书》、《五经》等古代经典烂熟于心，而且还通晓满语、汉语、蒙语、藏语四种语言。这就为他日后官场的发迹打下了基础。

和珅聪明机灵，博学多才，很快受到乾隆赏识。

乾隆三十四年（1769年），和珅二十岁时，完成了咸安宫官学的所有学业。此时的和珅不但风度翩翩，而且学识渊博，可谓一表人才。这时，刑部尚书英廉看中了和珅，认为这个青年很有前途，所以把自己的孙女嫁给了他。有了英廉这座大靠山，和珅由此开始了自己的仕途生涯。在英廉的帮助下，和珅被挑选为御前侍卫。尽管御前侍卫的官阶不高，但是很容易接近皇帝，一旦得到皇帝的赏识，便会有飞黄腾达的机会。和珅向来聪明伶俐，又有着很大的志向，所以他处处留心，等待着展示自己才能的机会。

有一天，乾隆皇帝要外出，但是由于时间仓促，找不到皇帝专用的仪仗"黄盖"，所以乾隆帝很生气，就问身旁的人道："是谁之过？"用的是《论语》中的一句话。皇帝身边的侍卫们都惊慌失措，不知如何回答。这时和珅却领会到了皇帝的意思，立即大声回答说："典守者不得辞其责。"用的也是《论语》中同一篇的话。乾隆听后，十分高兴，从此之后，乾隆开始注意起身边的这个御前侍卫了，而和珅也早已把乾隆的脾气、心理、好恶摸得一清二楚。所以，每当乾隆单独召见和珅的时候，和珅都能使乾隆非常满意。而和珅也迅速地不断往上爬，先后升为户部右侍郎、军机大臣、总管内务府大臣。

乾隆四十年（1775年），乾隆皇帝授命和珅审理云南总督李侍尧贪污一案。在查办此案的过程中，和珅再一次显示了其精明能干的特点，他不但获取了李侍尧贪污的证据，还通过各种渠道，了解到云、贵两省的吏治腐败情况，于是把这些"成果"全部呈奏给乾隆帝。乾隆帝看到后，心里十分满意，于是下令为和珅加官，晋升其为户部尚书兼议政大臣。

回朝之后，和珅趁着晋升之机，又向乾隆帝面陈了设关、盐务、钱法等方面的问题，并提出了一些解决这些问题的建议。乾隆帝听到和珅的所奏之事，觉得都非常有道理，于是一一准旨奉行，很快又提升其为御前大臣，补镶蓝旗都统。没过多长时间，又升和珅为正白旗都统，领侍卫内大臣。几年之后，乾隆帝又赐和珅的长子名为丰绅殷德，还把自己最宠爱的小女儿——固伦公主许配给和珅的长子，这样一来，和珅就成了皇帝的儿女亲家，一时恩宠备至，无人能及。到乾隆晚年、嘉庆初年的时候，和珅又任首席军机大臣兼管吏、户、刑三部，晋封为一等公爵，成为集军、政、财大权于一身，总揽一切的权臣。

和珅善于逢迎，长于机变，因此能很快飞黄腾达。

和珅的发迹速度相当快，手中也掌握了很多权力，这在清朝历史上是十分罕见的。纵观和珅的发迹过程，我们可以看出其成功的一个重要手段，那就是狡黠与乖巧。和珅极力想皇帝之所想，投皇帝之所好，皇帝自然就视和珅为知音，对他宠爱有加。而和珅也经常拍乾隆的马屁，他曾经非常肉麻地吹捧道："皇上几余吟咏，分章叠韵，精义纷论，立成顷刻，真如万斛泉源，随地涌出。昔人

嘉庆即位后，和珅终被抄家处死。

击钵催诗，夸为神速，何曾有咏十余，韵至十叠者！"意思是说，皇上才思敏捷，出口成章，已经超过前人很多了。和珅的这一番恭维，恰好迎合了乾隆虚荣的心理，让这位皇帝好不开心。而皇帝一开心，就会对他有所封赏。和珅正是利用了这点，才能在仕途中一路扶摇直上。

另外，乾隆帝喜好巡游，曾多次巡游江南，东巡祭祖，朝拜孔庙，和珅每次都能跟随皇帝出行，且形影不离，随侍左右。借此机会，和珅用尽各种方法讨好乾隆。和珅还利用手中的权力，扩建圆明园和避暑山庄，以供乾隆享乐。

对于乾隆平日的生活，和珅更是体贴入微。乾隆晚年的时候，偶感风寒就会咳嗽，所以，每次上早朝，和珅都会当着文武大臣的面，为乾隆皇帝捧着痰盂。乾隆帝对和珅的一片"忠心"很是感动，对他的宠爱更深了，可以说，乾隆帝对和珅的信任和宠爱甚至超过了自己的皇子。

就在和珅不断地攫取权力的过程中，他的贪欲也逐渐地膨胀起来。尽管最后成为一人之下、万人之上的大权臣，但是他并不满足，一味地追求权力和金钱，使得他最终落得个抄家、被处死的下场。这就是他不知道满足的后果。

# ◎第四十五章 大成若缺◎

**【原文】**

大成若缺，其用不弊。大盈若冲，其用不穷。大直若屈，大巧若拙，大辩若讷①，大赢若绌。静胜躁，寒胜热。清静，为天下正②。

**【注释】**

①讷：口才不好。②正：通"政"。

**【译文】**

天下最美好的东西似乎也有欠缺，但它的作用是不会衰竭的。天下最充实的东西好像也很空虚，但它的作用是不会穷尽的。最笔直的东西看起来好像是弯曲的，最灵巧的东西看起来好像是笨拙的，最卓越的辩才好像是不善言辞的，最大的赢利好像是亏本的。清静可以克服扰动，寒冷可以克服炎热。做到清静无为才可以统率天下。

**【解析】**

这一章讲真正的"大"就是合于道，就是自然。因为自然，大反而好像很平常、有所缺陷似的。

"大成若缺，其用不弊。""大成"即伟大而又完美的成就，这里指道所成就、所创造的整个世界。"缺"指的是缺陷，不完美。"弊"意为衰败、衰竭，引申为短暂的、变化的。从内容和行文结构上来看，本章可以说是第四十一章的延续。老子认为，"大成"、"大盈"的人"若缺"或者"若冲"。

什么是"大成若缺"呢？指的

清静，为天下正。

就是一个取得了巨大成就的人要表现得有所欠缺。既然获得了极大成就，为什么还要表现得有所欠缺呢？这是因为，只有让自己保持欠缺，才能保持已有的成就，使发挥出来的作用永不衰退。由此可知，大成若缺的道理与老子上一章所说的"知足不辱，知止不殆"有着极大的相似之处。这里的"有所欠缺"是什么意思呢？指的是做任何事情都要留有余地。为什么做事情要留有余地呢？这是因为留有余地不但可以进退自如，还能保持自己开创的事业不衰退，并使其源源不断地发展下去。

"大盈若冲，其用不穷。"其中的"盈"是充盈、丰满的意思；"冲"则是冲动、冲击的意思，后来引申为溃决之意。这一句和上一句说的是同一个道理，都是在论述物极必反的道理。老子反复强调物极必反，目的在于告诉我们，凡事要把握一个度，要适可而止，不要永无止境地追求圆满无缺的状态，因为这种状态继续发展下去，便会朝着相反的方向转化。所以，只有保持"大成若缺"、"大盈若冲"的状态，才不至于走向极端。

"大直若屈，大巧若拙。""屈"意为弯曲、邪僻。"大巧"指的是最灵巧。在前面的章节里，老子也曾表达过自己关于灵巧与机巧的看法。在老子看来，机巧是邪恶的，它把人类从朴素引向了奢华。机巧是邪恶的，那么拙劣就是好的吗？这确实让人难以理解，机巧表现出笨拙的样子，这难道就不是机巧了吗？那它又是什么呢？如果我们想参悟这个道理，就一定要联系老子"无为"的观点。老子认为，无为并不

大直若屈。

是无所事事。如果把无为比作果皮，那么无不为就是果实的内核。老子在前面的章节论述水的本质，目的就在于劝导人们要像柔水一样与世无争。这个"与世无争"，并不是任人宰割的意思，而是指没人能与之相争。伎巧亦是如此：伎巧表现出拙劣的样子，其实它的本质并没有变，只不过是披了一件外衣，这是保护自己的需要。

"大辩若讷，大赢若绌"的意思与"大巧若拙"相同，说的是生存的技巧和策略，它的主要特点就是掩藏自己高明的面目，不是表现出强硬和锋芒毕露的样子，而是装出一副软弱、低能、愚笨、木讷的样子，并把这个假象展现给人看。这是一种十分睿智的处世策略。老子向来反对张扬，在他看来，如果强壮者、富足者、当权者刻意炫耀自己的权位和财富，那么他的财富和权位将会受到损害，而他也会陷入岌岌可危的境地。

"静胜躁，寒胜热。清静，为天下正。"前一个"静"指的是冷静，后一个"静"意为清静无为，即和谐一致、协调统一的状态。我们常说"心静自然凉"，这里的"静"是安静的意思，"凉"则是心安静下来之后感受到的一种清凉之意。当一个人心烦意乱时，会常常产生烦闷和燥热的感觉，这在很大程度上就是心不静的结果。人有了私欲便有了争夺，有了争夺便会有失败的可能，失败了就会感到痛苦。痛苦是没有尽头的，而人生是短暂的，与其在苦海中漂泊一生，何不自然平静地享受生活呢？

## 从政之道

# ◎大直若屈——宋襄公死守仁义成笑柄◎

最完美的东西好像有所欠缺，但是发挥出的作用不会衰败。春秋时期，宋国将与楚国交战，大司马公孙固主张趁楚国尚未做好准备的时候，主动进攻楚军，但宋襄公却认为这不是"君子"所为，结果为楚军所败。

周襄王九年（前643年），春秋时代第一位霸主齐桓公逝世，齐国因君位的继承问题而发生内乱。次年，宋襄公出兵协助齐孝公取得君位。同时，楚成王借齐国中衰、中原无霸的机会将势力渗入中原地区。宋襄公不顾宋国国力尚弱的现实，希望能以宋国的公爵地位压制各诸侯国，与楚国争夺中原霸主的位置。

周襄王十三年（前639年）春，宋、齐、楚三国君主会盟于齐地，在宋襄公的强烈要求之下，齐、楚两国的君主同意在这一年的秋天召开诸侯大会。同年秋，宋襄公以盟主身份约楚成王以及陈国、蔡国、郑国、许国、曹国等国的君主在盂（今河南省睢县西北）会盟，齐国和鲁国借故没有

楚宋在泓水之间展开一场大战。

赶到。为了取得与会诸侯的支持与信任，宋襄公不顾公子子鱼的反对，轻车简从赴会，结果在会场上遭到楚成王的突袭而被俘。楚成王挟持宋襄公进攻宋国的都城商丘（今河南省商丘市西南），宋军坚守城池，楚军攻了几个月也没能攻下来。不久，在鲁僖公的调停下，楚成王于同年冬释放宋襄公回国。

宋襄公遭受奇耻大辱，心里自然非常不甘心。他一回到宋国，就开始操练军队，试图与楚国一较高低。公元前638年夏，宋襄公不顾公子子鱼和大司马公孙固的反对，联合卫国、许国、滕国三国进攻楚国的附庸郑国。楚成王为援救郑国，遂率军攻宋。宋襄公由郑撤回迎战，双方的军队在泓水相遇。战斗开始的时候，楚军呐喊着要强渡泓水，向宋军冲杀过来。公孙固看到楚军一半渡过河来，一半还在水中，就劝宋襄公下令进攻，打楚军一个措手不及，于是说道："敌众我寡，趁他们没有完全渡河，请下令攻击他们。"宋襄公说："不行。"当楚军已经全部渡河，但尚未摆好阵势的时候，子鱼又请求攻击。宋襄公说："不行。"宋军仍然按兵不动。等楚军摆好了阵势，以排山倒海之势向宋军杀来。宋军被楚军的威风和气势吓坏了，还没等交锋，一个个都掉头逃跑。楚军乘势掩杀，宋军丢盔弃甲，一溃千里，宋襄公在这场战役中也被射中了大腿。

这场战役结束后，宋国人都埋怨宋襄公。宋襄公说："君子不伤害已经受伤的人，不捉拿头发花白的人。古人作战，不在隘口处阻击敌人。我虽然是已经亡国的商朝的后代，但也不会攻击没有摆好阵势的敌人。"子鱼长叹了一声，说道："我们宋国兵微将寡，本来就不是楚国的对手，不应该跟楚国交战。可是大王您却非要与楚国交战，这是您的过错啊！"

听到这里，宋襄公满脸涨得通红，他马上转移话题说："尽管我们打败了，但是我却赢得了'仁义'之名。"

子鱼知道这是宋襄公的狡辩之词，于是毫不留情地说道："主公并不会打仗。强大的敌人，因为地形的狭窄而摆不开阵势，这是上天在帮助我们，这时候对其加以拦截，然后攻击他们，不也是可以的吗？"

看到襄公不言语，子鱼继续说道："即使做了这些，还

子鱼向宋襄公论述用兵之道。

犹恐不能取胜呢。况且今天这些强悍的楚兵，都是我们的敌人；即使是碰到老人，捉住了就把他抓回来，何况只是头发花白的人！对士兵讲明耻辱，教导作战，是为了杀死敌人。敌人受了伤但还没有死，为什么不能再次攻击使其毙命？如果是因为怜悯那些受伤的人而不想再次加以伤害，那还不如开始就不要击伤他。同情年长的敌人，还不如向他们投降。用兵讲求抓住有利的条件和时机，那么即使是在险阻隘口打击敌人，也是应该的；锣鼓响亮是为了振作士气，那么攻击没有摆开阵势的敌人也是可以的。"

宋襄公的优柔寡断、迂腐与脱离实际可谓是失败的最主要原因。他的"仁义"从战争一开始就是不存在的，为了争夺霸权而兴兵讨伐郑国，能算是"仁义之举"吗？泓水之战开始时，又一味以所谓的仁义为名，不断错失时机，战败也就成为必然了。

子鱼对宋襄公的一番话，直指宋襄公的虚荣心理，也说明了"大成若缺，其用不弊"的道理。楚军阵型尚未布好，宋军如果趁机去攻打它，这看似不够仁义，看起来不够完美，但确是战胜敌人的绝佳机会。等楚军准备就绪后，宋军再去攻打它，这看似仁义，却导致己方的失败。

## 处世之道

### ◎大辩若讷——鲁仲连巧谏辛垣衍◎

这一章反映了老子朴素辩证法的观点，也就是透过表象和把握实质，告诫人们应当去伪存真、由表及里。有些事物的表象与它的本质是截然相反的，"大成若缺"，"大盈若冲"，"大直若屈"，"大巧若拙"，"大辩若讷"，"大赢若绌"。那些本质上很完美的东西，常常会给人以欠缺的感觉。最雄辩、口才最好的人，却常常给人以口讷的感觉。

战国后期，赵孝成王在位时，秦军在长平大败赵军，坑杀赵军降卒四十万，秦国乘胜进攻，围困赵国都城邯郸一年之久。为解救赵国之围，魏安釐王派将军晋鄙救援赵国。但是晋鄙畏惧秦军，所以魏军驻扎在荡阴，不敢发起进攻。

魏安釐王又派将军辛垣衍，由小路秘密潜入邯郸，会见平原君，并通过平原君向赵王转达建议，说道："秦国之所以急着围攻赵国，是因为以前秦王和齐王争相称帝，后来秦昭王撤销帝号，是由于齐国撤销帝号的缘故。如今齐国日渐衰弱，只有秦国能称雄于天下。秦国此次出兵不一定是贪图邯郸之地，其真正目的是想要称帝。如果赵国真能派出使者表示拥戴秦昭王为帝，秦国肯定会很高兴，这样就会撤兵而去。"

平原君深深知道，拥护秦王为帝，就意味着投降。他觉得这件事关系重大，正在犹豫不决的时候，侍从向他报告说，有个叫鲁仲连的客人想求见他。鲁仲连是齐国人，此时在赵国游历，正赶上秦军围困赵国，鲁仲连听说魏国想要让赵国拥戴秦王称帝，所以前来求见平原君。平原君听说有客人来见，忙吩咐召见。

鲁仲连见到平原君，直截了当地问道："在下听说，魏王想让赵王尊奉秦王为帝，不知平原君打算怎么办呢？"

平原君回答说："我赵胜怎么还敢谈论这件事情？百万大军挫败在外，如今秦军又深入赵国，围困邯郸而不撤兵。魏王派客籍将军辛垣衍来令赵国拥戴秦王称帝，现在这个人就在邯郸，我怎么还敢谈论这件事情？"

鲁仲连说："以前我一直以为您是天下的贤明公子，今天才知道并不是这样。那魏国的客人辛垣衍在哪里？我请求替您责备他。"

平原君说："那我就把他叫来见先生吧。"

平原君于是说服辛垣衍去见鲁仲连。鲁仲连见到辛垣衍后，没有立即说话。辛垣衍忍不住了，向他问道："我看居住在这个被围之城中的人，都是有求于平原君的。可是先生不像是有求于人，您为什么不愿意离开呢？"

鲁仲连回答说："我听说周朝的隐士鲍焦德行很高，他因为不愿屈从浊世而自杀。一般世人却不了解鲍焦的死因，认为他是为了一己私利，由于心胸狭窄而死的。现在的人只知道为个人利益打算，而不去伸张正义，也不敢反抗那不合理的事情。那秦国，是一个抛弃礼义、崇尚战功的国家，它以权术驾驭其群

魏王派辛垣衍出使赵国，去劝赵王接受秦国帝号。

臣，役使它的百姓。如果让秦国肆无忌惮地称帝，甚至要统治整个天下，那么我鲁仲连宁可到东海跳海自杀，也不能容忍做它的顺民。我之所以要见将军，是想要帮助赵国反抗暴秦啊。"

辛垣衍问："先生将如何帮助赵国呢？"

鲁仲连说："我想要让魏国和燕国帮助赵国，而齐国、楚国本来就在帮助赵国。"

辛垣衍说："至于燕国，我认为会听从您的。至于魏国，我就是魏国派来的，先生怎么能使魏国帮助赵国呢？"

鲁仲连坚定地回答说："那是因为魏国还没有看到秦国称帝的害处；如果让魏国看清秦国称帝的害处，那么它一定会帮助赵国的！"

辛垣衍又问道："秦国称帝有什么害处呢？"

鲁仲连讲述了齐威王与周天子的历史故事，指出天子作威作福的历史教训，然后以邹、鲁两个小国的臣民拒绝称帝的齐王入境的事例，来激励魏国抗秦的决心，接着又说："如果让秦国称帝，那么秦国就会马上更换各诸侯国的大臣。他们将撤换他们认为不像样的人，把职务授予他们认为贤能的人；他们将撤换他们所憎恨的人，把职务授予他们喜欢的人。他们还会把他们的女儿和谗佞的女子都充入诸侯的后宫，这样的女子进入魏王的王宫，魏王还能平安地过日子吗？而将军您又怎么能保持住原先受宠的地位呢？"

辛垣衍听了鲁仲连的这一番话，不禁冒出一身冷汗，于是他站起身来，向鲁仲连拜了两拜，道歉地说道："起初我还以为先生是个平庸之辈，如今我才知道先生确实是天下的高士呀！我请求离开这里，不敢再提及尊秦为帝的事了。"

秦国的将领听说这件事后，将军队撤退了五十里。恰巧这时魏国的公子无忌夺取了晋鄙的兵权，率领军队前来援救赵国，进攻秦军。秦军就撤回去了。

秦军撤走之后，平原君想封赏鲁仲连。鲁仲连再三辞让，始终不肯接受。平原君就设酒宴款待他。当酒正喝到兴头上时，平原君起身上前，用千金向鲁仲连表示感谢。鲁仲连笑着说："天下之士所看重的，是为人排忧解难消除纷乱而不收取任何报酬。如果要收取报酬，那就和商人没有什么区别了，鲁仲连不忍做这样的事。"于是辞别平原君而去，终生没有再来见他。

# ◎ 第四十六章　知足常足 ◎

【原文】

　　天下有道，却走马以粪①；天下无道，戎马生于郊。祸莫大于不知足，咎莫大于欲得②。故知足之足，常足矣。

【注释】

① 走马：战马。原意为善跑的马。粪：通"播"，耕种。② 咎（jiù）：过失，罪过。

【译文】

　　统治者治理天下如果遵循"道"的规律，就可以做到政治清明，民间太平安定，就能把运载的战马还给农夫去耕种。如果治理天下不合乎道，政治不清明，祸乱四起，就连怀孕的母马也要上战场。最大的灾祸莫过于不知满足；最大的罪过莫过于贪得无厌。所以，知道欲望有度，不贪得无厌，才能保持恒久的满足。

【解析】

　　在本章中，老子从大道的立场教人知足敛欲，以防物极必反。

　　"天下有道，却走马以粪；天下无道，戎马生于郊。""有道"即把握、认识到世界的本质并遵此而行。"粪"即给农田里的庄稼施肥。施肥是整个农业活动的一部分，所以这里代指的是整个农业活动。这句话说的是：天下有大道可循，就可以让战马退还到田间去耕田；天下没有大道可循，那么怀孕的母马也要上战场。这句话的言外之意是说，统治者应遵循大道，引导民众从事农业生产，而不要发动战争。春秋后期，各诸侯国为了争利，不断发动战争，而黎民百姓则在乱世之中妻离子散，家破人亡，处境极为悲惨。老子站在民众的立场上，表达了对统治者发动战争的不满。在本章中，老子分析了诸侯发动战争的原因。他认为，战争是统治者为了满足自己的私欲而发动的。所以，要想避免战争，就得让统治者明白一个道理，即战争不但不能使国家强大，反而会削弱自己的统治。只有清醒地认识到这一点，统治者才能摒弃私心杂念，实行无为之治。无为而治是合乎大道的，只有合乎了道，天下才能太平。不实行无为之治，就不能合乎大道，战争频频，天下大乱，这正是老子所深恶痛绝的。

　　"祸莫大于不知足"，这里的"不知足"是人类心灵的最重要特征之一，它会让人产生

天下有道，却走马以粪。

出种种苦恼，同时它也引着人们跨越了人和动物之间的巨大间隔。不知足在人类的进化过程中发挥了重要作用，它带动着人类走出了漫长的原始蛮荒时代，它鼓动着人类逐渐脱离无知无识的愚昧状态。然而，不知足也体现了人类的勃勃野心，正是因为它，人们才会为满足欲望而采取各种手段，其中包括杀人越货、发动战争等。所以，老子把不知足说成是人类最大的祸患，这一观点具有一定的道理，并不是危言耸听。

"咎莫大于欲得"，这里的"咎"即祸咎或过错、过失；"欲得"指的是欲望得到满足。这句话的意思即最大的过失是贪得无厌。由前面可知，可欲与不知足都会引起罪恶、祸患，而"欲得"不但可憎，而且后果还非常严重。纵欲是一种不知收敛的放肆行为，不知足是一种不知内敛的进取行为，而贪得无厌则是人心不知满足的无限扩大。所以，贪婪对于统治者而言，往往会把国家引向无穷的灾难；贪婪对于普通人而言，往往会把自己拖入众叛亲离的境地。

因此，贪婪是一切灾祸的根源。统治者为了满足贪婪的欲望而发动战争，结果人民深受其害；我们普通人为了满足贪婪的私欲，同样也付出了沉重的代价。欲望的外向性，决定了我们对外界事物的贪婪欲求只能是一个无底洞，如果我们深陷其中，所付出的代价将是无法估量的。所以，我们一定要吸取教训，从贪婪中解脱出来。说到这里，怎样才能从贪婪中解脱出来呢？这就需要借助大道的德行了。大道的德行就是无欲无求，只要能够遵循大道，合乎大道的德行，做到无欲无争，就会感受到人生的快乐，而快乐正是知足对我们的最好的奖赏。所以，老子在本章的最后得出结论："知足之足，常足矣。"也就是要人们知足敛欲，只有这样才能保持恒久的满足。

## 从政之道

# ◎罪咎无道——跋扈擅权的长孙无忌◎

人生最大的祸患，往往是因为不知足而引起的；人生最大的过失，也常常是因为自己的贪得无厌而产生的。所以说，知足而止，就会经常感到满足。世人之所以妄生是非，多是因为贪欲不止所致。历史上这样的例子比比皆是，唐朝长孙无忌就是因为过于贪恋权位，所以才落得个不得善终的下场。

长孙无忌，字辅机，河南洛阳人。其家世显赫，他的妹妹为李世民的皇后长孙皇后，

长孙无忌在唐初曾经权倾一时。

而他本人在太宗、高宗二朝为相。特别是高宗永徽年间，长孙无忌以元舅之亲、顾托之重，掌握了唐朝的大权。然而，这位权倾一时的三朝元老，却被武则天指使人诬告谋反，被唐高宗发配黔州，不久又被逼自杀。长孙无忌的结局，应验了吴王李恪在临死前的咒语：长孙无忌窃弄威权，构害良善，宗社有灵，当族灭不赦。

隋朝末年，长孙无忌与李世民为布衣之交。618年，李渊在晋阳起兵后，长孙无忌跟随李世民

南征北战，功勋卓著。唐朝在统一天下的过程中，李世民立下了很大的功劳，而他的身边也云集了一大批谋臣勇将。唐朝统一全国后，李世民想夺皇位，但是又难以开口，随着李世民与太子建成、齐王元吉矛盾的激化，长孙无忌率秦王府的部属"日夜劝李世民诛建成、元吉"。当得知太子决定向李世民动手的消息后，长孙无忌等人又力劝李世民先发制人。经过一番周详计划，李世民于武德九年（626 年）率领属下杀

长孙无忌在李世民争夺皇位的过程中立下了很大功劳。

死了建成、元吉，这就是"玄武门之变"。玄武门之变后不久，唐高祖退位让贤，李世民登基为帝，改元"贞观"。长孙无忌因"谋诛建成、元吉有功"，备受李世民的宠信。

贞观十七年（643 年），太子承乾被告谋反，被废为庶人。根据立嫡不立庶的原则，最有资格被立为太子的，只有长孙皇后所生的儿子魏王李泰和晋王李治了。魏王李泰喜好文学，深得唐太宗的喜爱，而唐太宗也想立他为太子；晋王李治仁慈懦弱，唐太宗不太喜欢他的个性。当时，朝中有很多大臣主张立魏王泰为太子，但是以长孙无忌和褚遂良为代表的部分大臣，则坚持拥立晋王李治。长孙无忌不但是外戚，而且还是当朝宰相，他既是唐太宗最信任的大臣，又是关陇集团的代表人物。而关陇集团之于唐朝，就好像双臂之于身躯。如果因为立储问题而与关陇集团产生矛盾，将会对唐朝的稳定产生极大影响，这就使得唐太宗不得不慎重考虑太子的人选问题。最后，经过反复权衡，唐太宗决定立李治为太子。

当时，长孙无忌坚决主张立李治为太子，并不是因为李治"仁恕"，而是有他自己的考虑。一方面是因为他与魏王李泰素有矛盾，而李泰备受太宗宠爱，已在朝中拥有了自己的党羽，一旦魏王被立为太子，最终继承皇位，那么长孙无忌的地位很有可能被削弱或剥夺。另一方面，晋王李治生性懦弱，如果能拥立他做太子，长孙无忌便可借着拥戴之功操纵李治。

李治被立为太子以后，唐太宗十分怀疑他的能力，曾多次想更换太子。好在长孙无忌在关键时候总能说服太宗，唐太宗对更换太子一事只好作罢了。

贞观二十三年（649 年），唐太宗驾崩，李治登基为帝，是为高宗。高宗即位后，任命长孙无忌为太尉，兼检校中书令。永徽年间（650 — 655 年），唐高宗将政事全权交给长孙无忌、褚遂良来处理，两人尽心尽力，以天下安危自任。不过，长孙无忌在稳定朝政的同时，又极力扩充关陇集团的势力。自高宗即位至武则天被立为皇后的六年间，唐朝共有六任宰相，其中有五个人来自关陇集团。长孙无忌不但极力扩充自己的势力，而且还大力排挤非关陇集团的大臣，所以引起很多大臣的不满，无形中给自己树立了一个反对派。更加严重的是，长孙无忌借房遗爱谋反一案，杀害了当时在朝中名望极高的吴王李恪。此外，他还将与自己不和的江夏王李道宗流放到岭南。为了巩固自己的权势，长孙无忌又广结党羽，然而，他的努力却把自己推向了孤立的境地。

高宗永徽末年，正当长孙无忌势力极度膨胀的时候，在后宫中，却发生了王、武二后的废立之争。高宗的原配为王皇后，她没有生子，而昭仪武氏却备受高宗宠爱，并产下几个儿子。武氏权力欲极强，她想谋夺皇后之位，但用尽各种方法，都没有使性格懦弱的李治废掉王皇后，武氏自然不甘罢休。永徽五年（654 年），武氏趁着王皇后探视其刚生不久的小女儿的时机，亲自杀了女儿，然后把此事嫁祸给王皇后，使王皇后有口难辩。高宗果然中计，从此，高宗与王皇后感情破裂，于

长孙无忌在太子废立的问题上发挥关键作用。

是产生了废后的想法。

这时，长孙无忌心里十分担心，因为高宗要废掉王皇后，这势必动摇他在内廷中的地位，也关系着整个关陇集团的命运，所以他坚决反对废后。

长孙无忌力挺王皇后，反对武氏，而朝廷里一批受他排挤的官员却极力主张册立武氏。高宗难以决断，就向开国元勋司空李勣征求意见，李勣只说了一句："此陛下家事，何必要问外人？"最终，高宗下定决心，于永徽六年（655年）十月，废掉王皇后，册立武氏为后。

武氏被立为皇后，这使得长孙无忌的反对者中又多了一位劲敌。高宗显庆年间（656—661年），武后乘高宗患病之机，逐渐掌握了朝廷大权，这个时候，她不能也不会放过任何对手。经过一段时间的精心准备，对付长孙无忌的计划已经酝酿成熟了。

唐显庆四年（659年）四月，武后指使自己的亲信许敬宗诬陷长孙无忌谋反。尽管最初唐高宗不相信，但是他经不住许敬宗的再三诬告，最后竟然信以为真，他没有召来长孙无忌当面询问一下，就糊里糊涂地将长孙无忌流放到边远的黔州。尽管长孙无忌已被流放，但武后还是不放心，又指使许敬宗等人将长孙无忌身边的才能之士全部铲除掉。同年七月，武后复按反狱之罪，逼长孙无忌自尽，而他的姻亲也大都遭谪徙。

长孙无忌落得这样的下场，是他过分贪恋权势的结果。尽管长孙无忌无心篡位，但是他作为外戚，极力维护和巩固自己的地位，很容易成为众矢之的。以前长孙皇后曾多次劝长孙无忌逊职，但是长孙无忌没能真正理解妹妹的良苦用心和深谋远虑。他出于私利，拥立生性懦弱的李治为太子。当他手握重权的时候，为了消除异己，先是诛杀贤良的吴王李恪，继而又枉害李道宗，制造了不少冤狱。到了最后，自己也遭人暗算。长孙无忌过分贪恋权势，最后也因为权势而不得善终，这个故事从反面说明了老子"知足常足"的可贵。

## 为人之道

# ◎祸起于贪——贪得无厌的吕不韦◎

贪得无厌是导致祸患的重要因素，历史上很多人物都无法冲破名利的羁绊，不知道知足而止的道理，这才以悲惨的结局收场。吕不韦的例子就是一个很好的明证。

吕不韦生于卫国的濮阳，在韩国的阳翟经商。他往返于各地，低价买入商品，然后高价卖出，所以累积起千金的家产。

吕不韦在赵国邯郸做生意的时候，结识了秦国的宗室、在赵国做人质的公子子楚。子楚是秦国太子安国君的儿子，他的母亲名叫夏姬，不受安国君的宠幸。秦国与赵国交战，双方相互交换人质，子楚便以秦国公子的身份，到赵国做了人质。

吕不韦见到子楚，认为他"奇货可居"，便一心想辅佐子楚登上秦王的宝座。于是，吕不韦带着五百金亲自来到秦国，游说太子的宠妾华阳夫人，让其劝太子立子楚为继承人。华阳夫人答应下来，并成功说服了太子。太子和夫人重重地赏赐吕不韦，又请吕不韦做子楚的老师，让他携带礼物去慰问子楚。这样一来，子楚的名声在诸侯之间更加盛大了。

在赵国期间，吕不韦娶了邯郸城中一名擅长跳舞的女子。一次，子楚到吕不韦家中喝酒，见到那名女子，心里十分喜欢，便向吕不韦表示，自己想得到这名女子。吕不韦闻后，非常生气，但仔细一想："我已经为这人破费了不少家财，想钓到奇货，就得不怕舍本儿。"于是把那名姬妾献给子楚。姬妾改嫁给子楚后，在当年的十二月，生下了一个儿子，取名为嬴政。子楚便立这个女子为夫人。

后来，子楚与吕不韦逃回秦国。子楚当上了秦王，以嬴政为太子，嬴政母亲为王后，并任命吕不韦为丞相。公元前247年，子楚去世，太子嬴政继位，尊吕不韦为相国，号称"仲父"。这个时候，嬴政年纪尚小，吕不韦辅孤理政，迅速稳定了秦国政局。

此时，秦国经过几代人的努力，已经成为战国七雄中最强的国家，由秦来完成统一天下的大业，已是大势所趋。吕不韦出任相国后，继续发动对六国的战争。公元前249年，东周君纠集各诸侯国一起讨伐秦国，吕不韦亲自率领秦军击退了诸侯联军，并消灭了东周，也使秦国取得了河南（今河南洛阳）等通往东方的战略要地。

接着，吕不韦一鼓作气，派蒙骜向东讨伐韩国、魏国，向北攻打赵国，这样一来，太行山以西的地区，尽归秦人之手。

公元前244年，吕不韦又派蒙骜攻打韩国，取得十三座城池。次年，又攻下魏国二十城，设置东郡。魏国的都城大梁已处在秦的三面包围之中。公元前241年，韩、魏、赵、卫、楚五国联合攻打秦国，秦国又一次打败了诸侯联军，并趁

吕不韦辅助子楚有功，被封为相国。

吕不韦求见子楚，表示愿意帮他取得秦国嗣君之位。

势把自己的势力扩展到黄河中下游，领土与东方的齐国相接，截断了赵国与韩、魏两国之间的联系，为最后灭掉韩、赵、燕、楚、齐等国打下了坚实的基础。

兼并战争的节节胜利，使吕不韦在秦国的威望越来越高，秦国的军政大权也牢牢地掌握在了吕不韦的手中。

此时此刻，吕不韦可以说是位极人臣了。但是，吕不韦开始骄纵奢侈起来，根本不把朝臣放在眼里，甚至还欺负秦王年幼，偷偷在宫中与太后私通，这就为他日后被迫自杀埋下了隐患。

早在嬴政刚即位的时候，吕不韦便常常跑到宫里，与嬴政的生母（即太后）私通。两人这种关系延续了很长一段时间。随着嬴政越长越大，吕不韦担心事情被发觉，灾祸降临到自己头上，便暗地里找到一个名叫嫪毐的人，让他替代自己与太后私通。吕不韦把嫪毐进献给太后，让嫪毐扮作宦官，去侍奉太后。嫪毐与太后私通后，深得太后宠幸，后来他们还生下两个儿子。与此同时，嫪毐借助太后的力量，渐渐培植了自己的势力。

吕不韦看到嫪毐势力膨胀，心里非常担心，害怕嫪毐取代自己，掌握秦国的大权。就在这时，有人向秦王嬴政告发了嫪毐的事情，嬴政听说后，下令让官吏处理此事。经过调查，嬴政得知嫪毐入宫，与相国吕不韦有很大关系，因此非常生气。不久，嬴政下令灭掉嫪毐三族，杀了太后所生的两个儿子，还把太后迁移到雍地。

没过多长时间，嬴政宣布罢免相国吕不韦的官职，让他回到自己的封地洛阳。这时，尽管吕不韦丢掉了相国的位子，但是仍旧享有荣华富贵，这也可以看出嬴政对他的宽容。但是，吕不韦来到封地后，不懂得柔弱处下，明哲保身，而是广结宾客，家中整日高朋满座，前来拜访、探望的各国使者络绎不绝。

吕不韦在洛阳的活动，很快传到了嬴政的耳中。嬴政刚刚亲政，需要稳定，没想到吕不韦不接受教训，仍旧像治理朝政时那样骄纵，嬴政终于决定对他下手了。公元前235年，嬴政写了一封信，派人送给吕不韦，信中说道："您对秦国有什么功劳呢？秦国封给您河南之地，食邑十万户。您跟秦国有什么亲属关系呢？竟然号称'仲父'。您和您的家属一起迁徙到蜀地吧！"吕不韦看到这封信，无言可辩，他后悔自己的行为，感叹自己命运不济，但一切都无济于事了。不久，吕不韦喝下毒酒自杀。

吕不韦辅佐子楚登基有功，且为秦国统一天下立下很大功劳。但是由于他不懂得知足而止的道理，终于触怒了秦王，这才不得善终。因此，做人一定要懂得知足，不可贪得无厌。

# ◎第四十七章　不为而成◎

【原文】

不出户，知天下；不窥牖①，见天道。其出弥远②，其知弥少。是以圣人不行而知，不见而明，不为而成。

【注释】

① 窥（kuī）：从孔隙看。牖（yǒu）：窗户。② 弥（mí）：更加，越。

【译文】

了解大道的人不出门户一步，就能够推知天下事理；不向窗外望一望，就能够了解大自然运行的规律。向外奔逐得越远的人，懂得的也就越少。所以有道的人不出行也能够推知事理，不用窥望就能够明晓，不去妄加施为就能够有所成就。

【解析】

这一章老子从"无为"的思想出发，提出了自己的"认识论"和"实践论"。从认识上讲，世俗的方法是使见闻广博，老子的方法则是"得其一"，"抱一为天下式"，领悟"道"这个总纲和大原则，不出家门，天下事也差不多清楚了。从实践上讲，是顺道而行，不主观妄作，所以好像什么也没干，就成功了，这就是"无为而成"。

"不出户，知天下；不窥牖，见天道。其出弥远，其知弥少。"

不出户，知天下；不窥牖，见天道。

"户"即门户、家门。"知"意为对世界的本来面目的认识。"天下"即整个现实世界。"天道"即自然的法则，也就是世界发生、发展的规律。老子认为，了解大道的人不必出门，就能够推知天下的事理；眼睛不往窗户外面望，就能够了解大自然的法则。由这句话可以知道，老子并不看重外在的经验，而是十分重视内在的直观体验。他认为，心灵本是洁净透明的，就像一面镜子，自身便具备洞察外界自然、透视现实世界的功能。这里的"知天下"和"见天道"，是在遵循"无为"的前提下获得的主观认识。在前面的章节中，老子一再强调，道的德行是无欲无求，圣人合乎道的德行，这是因为他们做到了不争、无为。圣人知道世间的一切事物都来源于天地自然。大道无为，天道也无为，人道、物道皆是如此。

"其出弥远，其知弥少。""出"即远离家园。这句话的意思是说，越向外奔逐的人，他所知道的也就越少。如何来理解这句话的含义呢？其实，老子是想告诉我们，如果人的心智活动向外奔逐，就会使思绪纷杂、精神散乱，就好像镜子上面蒙上灰尘一样，这便是"其出弥远，其知弥少"。老子认为，外面应该加强对自身的修养，摒弃自己的欲念，清除心灵的蔽障，以开明的智慧、虚静的心境，去观照外物，了解外物运行的规律。

"是以圣人不行而知，不见而明，不为而成。""行"指的是离开家园而远行。"为"即人们刻意努力的认识活动，也就是妄为、有为。老子最后指出：正是出于对生命本质的维护，所以要坚决排斥人们的盲目行动。他认为，行动的跨度越大，所获得的真知就越少。真正的智者不必有大的行动，便能获得正确知识。

## 为人之道

# ◎自省得道——邹忌讽齐王纳谏◎

在本章中，老子主要谈的是哲学上的认识论方面的问题，即通过自身的反省，加强自身的修养，能知道天下万物的变化发展规律。

邹忌是齐国的国相，他身高有八尺有余，容貌潇洒，体形漂亮。有一天早上，他穿戴好衣帽，照着镜子，对他的妻子说："我跟城北的徐公相比谁漂亮？"他的妻子说："您漂亮极了，徐公怎能和您相比呀！"城北的徐公，是齐国的美男子。邹忌不相信自己比他漂亮，就又问他的妾说："我和徐公谁更漂亮？"他的妾说："徐公哪里比得上您呢！"第二天，有位客人从外面来，邹忌跟他坐着交谈，问他道："我和徐公谁更漂亮？"客人说："徐公不如您漂亮啊。"

第二天，徐公来到邹忌家，邹忌端详了许久，自认为不如徐公漂亮；再次照着镜子看自己，更觉得自己差得很远。晚上躺在床上反复思考这件事，并且自言自语地说道："我的妻子之所以赞美我，是因

邹忌对镜自视，认为自己没有徐公漂亮。

为偏爱我；我的小妾之所以赞美我，是因为害怕我；我的客人之所以赞美我，是因为有求于我。"

于是，邹忌上朝去见齐威王，说道："我的确知道自己不如徐公漂亮。可是，我的妻子偏爱我，我的妾怕我，我的客人有求于我，都说我比徐公漂亮。如今齐国领土方圆千里，城池有一百二十座，后妃们和左右近臣没有不偏爱大王的，朝廷上的臣子没有不害怕大王的，全国没有谁不有求于大王的，由此看来，您受的蒙蔽一定是非常厉害的！"

齐威王说："贤卿的话说得很有道理！"于是，齐威王立刻颁布诏令说："从今以后，群臣、官吏和百姓，能够当面指责我的过错的，得头等奖赏；上书劝谏我的，得中等奖赏；能够在公共场所

或朝堂上指出我的过失并让我听到的，得下等奖赏。"

这道诏令刚一公布，许多大臣就争着进谏，王宫门前就像市场一样；几个月后，还有人向齐王进言劝谏；一年以后，有人虽然想进言劝谏，却没有什么可说的了，因为所有的意见都已经献给朝廷了。燕国、赵国、韩国、魏国听说了这一消息后，都纷纷派使节前来朝拜。这就是人们所说的"在朝廷上征服了别的国家"。

邹忌的妻、妾、客人都说邹忌要比徐公漂亮，但是，邹忌照了照镜子，证实自己确实不如徐公漂亮。于是，邹忌通过反省自己的身份和地位，找出了妻、妾、客人这样做的原因。邹忌把这件事告诉齐威王后，齐威王也通过邹忌的话反省自己，明白了兼听则明、偏听则暗的道理，所以决定虚心地听取各方面的意见。

## 处世之道

# ◎ 不见而明——富于先见之明的单襄公 ◎

通晓大道之人，不看重外在的经验，而十分重视内在的直观体验，可以洞察外界的情况及变化趋势。单襄公通过观察各诸侯的情况，能够预测各国的命运，实在是通晓大道之人。

公元前 601 年，周朝大夫单襄公受周定王的委托，前往宋国、楚国等国访问，中间从陈国借道经过。

回到周朝后，单襄公向周定王详细介绍了在陈国看到的一切，并向周天子说道："不出意外的话，陈国将要灭亡了！"

周定王不解地问道："爱卿何出此言？你在陈国都看到了些什么呢？"

单襄公向周定王陈述在陈国的所见所闻。

单襄公回答道："我路经陈国，看到那里杂草丛生，不能行走；田野里的谷物露天堆放，打谷场还没有修整完毕；边境上也没有迎送宾客的官吏；到了国都，又看见陈灵公征调百姓，为寡妇夏姬修建高台，并丢下周天子的代表不接见。这些都是陈国不注重农事的证明啊！"

周定王听完，不以为然地说："难道仅仅凭此，爱卿就敢断言陈国必亡吗？"

单襄公见周定王不相信，便借周朝先王的遗教，给周定王上了一课，他说："雨水稀少的时候，就要修整道路；河流干涸了，就要趁机架设桥梁；草木枯落时，应当预备储藏粮食；霜降之时，就要备好冬衣，以迎接冬天的来临；寒风吹起时，就要修缮城郭房舍。然而，这些适当地从事农业生产的规定，陈国一条也没有遵守，违背了先王的教导，陈灵公荒于农事，必定导致民生凋敝。根据这些观察和经历，因此我敢断言陈国必亡。"

果然，单襄公的预言很快应验了。两年后，即公元前 599 年，与夏姬私通的陈灵公因在谈笑中侮辱夏姬的儿子夏征舒，最终被夏征舒射死。再过一年，楚庄王攻破陈国，几乎将陈国纳为楚国的郡县，后虽复立陈国，但陈国已经名存实亡。

陈灵公荒于政事，并征发民力给寡妇夏姬修建高台。

单襄公的先见之明不止一次。公元前 575 年，楚、晋两国交战，结果楚军大败。晋国取得胜利后，派使者至（名字）向周天子告捷。在朝见周王之前，王叔简公设宴款待使者至，并与他互赠厚礼，谈笑甚欢，并认为至一定能在晋国得到重用。酒宴进行到一半时，至有些微醉，他在周朝大臣邵桓公面前自夸功大，说道："晋国这次之所以能打败楚国，完全是出于我的精心谋划。"

酒宴结束后，邵桓公来到单襄公的府中，并把宴会上的谈话内容告诉了单襄公，他说道："王叔简公在宴会上对至大加称赞，认为他一定能在晋国掌权。因此，王叔简公劝在场的大臣们多赞美至几句，以便今后在晋国能有所照应。"

单襄公听后，叹了一口气，说道："有句话叫'刀架在脖子上'，我想它指的就是至这种人吧。君子从不自吹自擂，这不是为了谦让，而是怕掩盖了别人的长处。大凡人的天性，总喜欢比别人优胜，但不能用无视别人长处的手段。越是要掩盖别人的长处，他压制的下边的人也就反抗得越厉害，所以圣人都知道谦让的道理。现在至位居晋国七卿之下，但是他无时无刻不想超过他们，那就必然会引起那七个人的怨恨，至将借助什么来应付呢？所以我说，刀已经架在至的脖子上了，但是他却还浑然不知呢！"

两年之后，也就是公元前 574 年，鲁成公与晋、齐、宋、卫、曹、邾等国在柯陵会盟。单襄公也来参加这次会盟。在柯陵盟会上，单襄公看到晋厉公一直心不在焉，又看到晋国的大臣总是绕着弯子说话，而至还是像以前那样吹嘘自己，齐国的大臣国佐说话时也毫无顾忌。于是，单襄公对身旁的鲁成公说道："晋国很快就要发生内乱了，国君和至恐怕都要遭殃了。甚至齐国的国佐也会遇上灾祸，因为现在齐国奸人当权，而他却喜欢讲直话，明指他人的过失，这就很容易招人忌恨。在我看来，只有善良正直的人才不会介意别人的随意指责，齐国还有这种人吗？"

鲁成公听后，以为单襄公是随口说的，也就没有在意，孰料单襄公的话很快就应验了。

不久，晋厉公回到晋国，他对至骄纵的作风很不满，于是找了个借口把他杀掉了。第二年，即公元前 573 年，晋国大臣又诛杀晋厉公，葬礼只用了一车四马。同年，齐灵公杀死了直言敢谏的国佐。这样，单襄公的预言不到三年就全部得到应验了。

# ◎第四十八章 为学日益◎

【原文】

　　为学日益①，为道日损②。损之又损，以至于无为。无为而无不为。取天下常以无事③，及其有事，不足以取天下。

【注释】

①益：作"增加"讲。②损：作"减少"讲。③取：这里是"管理"的意思。

【译文】

　　追求学问的人，知识一天比一天增加。追求大"道"的人，欲念一天比一天减少，私妄减少再减少，就达到了无为的境地。如果能够做到无为，即不妄为，就没有什么事情是做不成的了。治理天下的人要以清静无为、不扰让为治国之本，如果经常以繁苛政举骚扰民生，就不配治理国家了。

【解析】

　　此章承接前一章，仍是从认识和实践两方面讲道的起用方法，即"无为"。为学是"日益"，一天天增长；而为道则是"日损"，一天天去掉自己主观的妄念、幻想，而接近于道的自然法则。把自己主观性的东西损到了"无"，就合于道了，合于道后做任何事——包括取天下，都可以成功了，这就是"无为而无不为"。

　　"为学日益，为道日损。损之又损，以至于无为。"在这一句中，老子主要阐述了为学和为道的不同。他指出，为学就是坚持不懈地向外界探索新知，知识是无限的，既没有开始，也没有

为学日益。

结束，所以我们对知识的探索也就永远没有尽头。庄子也说"吾生也有涯，而知也无涯"，意思是指生命是有限的，知识是无限的；要把有限的生命，投入到对无限知识的追求中去。可见，纵然是用尽一生的时间来学习，也不能把世间所有的知识学完。尽管如此，我们还是要"活到老学到老"，这是因为人的一生都在不断地认识宇宙和人类社会，而知识能使人们的认识更接近于真理，所以要坚持不懈地学习知识。不过，知识是无限的，这就好比我们在无边无际的宇宙中航行，永远也不可能到达真理，只有望"理"兴叹了。老子清醒地认识到了这一点，所以他理智地从对外界的追求转向了对内在的追求。

为道则需要我们时刻剔除心中的杂念，保持一颗平常心，这个"平常心"指的就是道。如果人们在修道的过程中不断摒弃心中的杂念，使私欲渐渐消除，最后就能达到无为的境界。前面说过，无为不是真正的无所事事，而是不妄为。不妄为也就是合乎了道的德行，如果做什么事情都能合乎自然规律，那么不妄为就变成了无所不为了。

为道日损。

"无为而无不为。"这一思想贯穿于老子《道德经》的始终，它是老子提出的极富智慧的命题。尽管中国古代有很多学者也提出了"无为"的主张，然而真正把"无为"的思想发挥到极致的只有老子。老子从哲学的高度来论证"无为"的社会意义。从表面上看，"无为"是消极的，是倒退的；但是从本质上来说，无为实际上是在发展变化中避开矛盾的对立面，使其畅通无阻，从而达到无欲无穷的境界。

"取天下常以无事，及其有事，不足以取天下。""取"即认识、掌握。在本章的最后，老子指出：治理国家，要经常保持清静无为的态度。如果整治措施过于繁多，就不足以治理天下了。

## 从政之道

## ◎ 为道日损——汉朝盛世"昭宣中兴" ◎

老子说："为学日益，为道日损。损之又损，以至于无为。无为而无不为。"修道的过程是渐渐减少私欲、返璞归真的过程。统治者只要渐渐去掉多余的欲望，与民休息，并能持之以恒，就能达到无为而治的境界。汉武帝晚年任用酷吏，穷兵黩武，使西汉帝国元气大伤，而昭、宣二帝革除武帝朝的弊政，实行休养生息的安民政策，造成汉武帝晚年的破败景象大为改观。

汉昭帝名叫刘弗陵，他即位之后，针对武帝末年因重用酷吏、穷兵黩武等所造成的国力损耗、农民负担沉重、社会矛盾激化的情况，七次颁布减免田租、算赋、口赋以及其他杂税的诏令，六次颁布照常贷给粮种和食物的诏令，使流亡农民陆续回到故乡。另外规定，凡是郡国遭受地震、水旱灾害，该地当年的租赋、徭役就全部免除。还下诏废除苛捐杂税，与民休息。经过昭帝的一番努力，武帝后期遗留下来的问题基本得到了解决，西汉王朝的衰退趋势逐渐得到扭转。史称"百姓充实，四夷宾服"。

汉昭帝死后，宣帝刘询即位。宣帝励精图治，任用贤能，贤相循吏辈出。他能注意减轻人民负担，恢复和发展农业生产。诸如废除一些苛法，屡次减免田租、算赋，招抚流亡百姓等，在发展农业生产方面继续实行昭帝时的政策。

刘询早年生活在民间，深知吏治好坏对百姓的生存发展与社会的和谐稳定的影响。他说"吏不廉平，则治道衰"。所以，他即位后，亲自过问政事，恢复了汉初丞相既有职位又有实权的体制。此外，他还特别重视地方官吏的选拔和考核，并下大力气整饬吏治。

针对"富者田连阡陌，贫者亡（无）立锥之地"的现象，为制止土地兼并过重的现象，刘询即位后，先后三次诏令把"赀百万者"的豪强徙往平陵、杜陵等地，将其土地或充为公田，或配给无地、少地的贫民。他还把国家苑囿或郡国的公田，借给少地或无地的贫民耕种，使他们尽可能地摆脱地主的控制，重新变为国家的编户。

汉宣帝在位时，举用贤臣，励精图治。

刘询继续奉行昭帝时期的轻徭薄赋政策。他即位不久，就免除了当年租税。后又对遭受旱灾、地震、病疾的地区，免除三年的租赋。公元前 67 年，他下令降低盐价，减轻老百姓的负担。公元前 55 年，他下令减少天下口钱。公元前 52 年，又下令减少全国百姓算赋钱，每算减三十钱。公元前 51 年，又再次诏令免除当年田租。

在刘询的大力倡导下，各级官吏都将劝课农桑、发展生产作为首要政务。刘询还派农官蔡葵为"劝农使"，巡视全国，指导农业生产。

刘询统治后期，国内经济繁荣，农业连年丰收，谷价创造了汉代的最低价。为防止谷贱伤民，刘询特设立了"常平仓"，以国家力量来干预粮食价格。如果粮食丰收，就以不太低的价格买进，等到饥荒时，则以原价售出。

汉宣帝雄才大略，文治武功彪炳千秋。史书对汉宣帝大加赞赏："政教明，法令行，边境安，四夷清，单于款塞，天下殷富，百姓康乐，其治过于太宗（汉文帝）之时……孝宣之治，信赏必罚，文治武功，可谓中兴。"

在汉昭帝、汉宣帝的治理下，一度风雨飘摇的西汉王朝转危为安，汉朝又出现了政治清明、社会和谐、经济繁荣、"吏称其职，民安其业"的景象，史称"昭宣中兴"。

**处世之道**

## ◎以道育人——廉、杜"无为而治"◎

在老子看来，如果以政教礼乐之学教化万民，就会使民众产生巧智，衍生出更多的欲望。而为道的学问，不但可以使人们去除私欲，而且还能让人们返璞归真，最终到达清静无为的境界。老子还认为，治国治民的最佳方法，就是顺应事物的发展规律，根据其本性来引导梳理，像流水那样随物赋形，尽管水是至美之物，但是它能把所有的东西填平，也就是能包容一切、征服一切。

廉范，字叔度，京兆杜陵（今西安东南）人，为战国后期赵国将军廉颇的后人。廉氏家族在汉代是豪门望族，世世代代都驻守边境。廉范曾担任过云中、武威、武都等郡的郡守，且政绩出众，深受当地百姓的拥戴。

东汉章帝建初年间（76—84年），廉范改任蜀郡太守，蜀郡的百姓崇尚辩论，喜欢互相评论好坏，不愿受别人的约束，也不愿改变自己的习俗。廉范常常用纯朴厚实的言语训导他们，不接受别人在他耳边说坏话。

当时成都物产丰盛，人口众多，百姓的居所都靠得很近，城里的居民有晚上工作的习惯。廉范到蜀郡之前，历来的郡守都禁止百姓夜间工作，这是因为夜间工作需要点火照明，这样就很容易失火，一旦失火，就会有大片的房屋被烧，造成重大损失。尽管官府有明文禁令，但是百姓仍旧在夜间偷偷地工作，由于他们不敢公开点火，只能暗中用火照明，所以火灾发生的频率更加频繁了。廉范担任蜀郡郡守后，先是废除原来的法令，允许百姓夜间点火工作，只是严格要求百姓储存水，以便能及时救治火灾。

自从廉范废除了禁令，百姓感到很方便，而成都地区的火灾也明显减少了。百姓为了歌颂廉范，特地为他编了一首歌，这首歌唱道："廉叔度，来何暮？不禁火，民安作。平生无襦今五绔。"意思是说：廉范做蜀郡郡守做得太晚了，他不禁止我们夜间点火，让我们在夜间安心工作，让我们过上了从来没有过的好日子。

廉范在蜀郡做了好几年郡守，后来因故罢官，回到了故乡。廉范一生都在边境做官，他广泛开垦田地，囤积粮食财物，全部接济了宗族和百姓。

廉范治蜀，遵循的是"无为而治"的原则。唐宪宗时期的宰相杜黄裳对无为而治也有过精彩的论述。

唐宪宗即位以后，采取一系列措施，力图中兴唐朝。有一次，宪宗召集群臣一起讨论治国的策略，宰相杜黄裳在平定藩镇叛乱方面作了很大贡献，所以宪宗对他十分器重，很想听他在治国问题上的看法，于是向杜黄裳说道："自古以来，有些帝王为各项政事勤勉地操劳，有些帝王却端身拱手，清静无为，他们各自都有成功或失败的地方，怎样做才是最合适的呢？"

杜黄裳回答道："帝王对上承受着天地与国家赋予的使命，对下担负着安抚百姓、周边民族及邦国的重任，从早到晚，忧心劳苦，当然是不可以贪图清闲和安逸的了。但是，天子和臣子各有职分，国家的法度也有一定的程序。如果能够谨慎地选拔天下的贤才，并且把振兴国家的重任交托给他们，立功便予以奖赏，犯罪便予以惩罚，赏罚分明。这样一来，谁还不肯尽心尽力地为朝廷办事呢？朝廷还有什么目标不能实现呢？"

宪宗听了以后，觉得很有道理，示意杜黄裳继续往下说。

杜黄裳接着说道："贤明的君主在寻找人才的时候非常辛劳，而在任用人才之后却能非常安逸，这就是虞舜清静无为而使天下大治的缘由呀！至于诉讼和交易等细碎烦琐的事情，都应该交给职能部门去办理，而不是由君主来躬亲过问，如果什么事情都要由君主来亲自处理，那么天下的事情是处理不完的。"

看到唐宪宗听得很认真，他又举例说道："以前的时候，秦始皇用衡器称取所阅疏表奏章，每天一定要阅读一定数量的奏章，这不能不称作勤勉；魏明帝亲自到尚书台按验发行文书；隋文帝议事时，侍卫们只好通过相互传递食物来充饥。这几位君主的行为，不仅对当世全无益处，反而遭到后人的讥笑，这就是费力不讨好了。他们的双耳与双眼、身体与心志都很勤劳，而且也很辛苦，但是他们所做的事情，并不合乎事理啊！"

杜黄裳最后又总结说："一般说来，君主最忌的是不能推心置腹，而臣下最忌的则是不能尽心尽力。如果君主对自己的臣子有所怀疑，而臣子对他们的君主不够忠诚，这样一来，上下便不能同心。如果想通过这样的局面来寻求政治修明，这不是很困难吗？"宪宗听后，认为他的话非常正确。

# "无为而治"的治国之道

　　"无为而治"是老子提出并崇尚的一个治国理政方针。无为而治,"治"是目的,"无为"是手段和途径,即通过"无为"的途径去达到"治"的目的。

　　老子的这一观点,曾在很长一段时间引发学术界的争论。主要是因为"无为"这个词表面上给人一种消极、无所作为的错觉。其实,在老子的政治哲学中,"无为而治"是一个含有深刻意义和博大智慧的哲学词汇。

　　当代英国科学技术史家李约瑟仔细研究了老子的思想,他认为老子"无为"的真正含义,是不做违反自然的行为,即不要违反事物的自然本性,使事物完成它们不适合的功能。李约瑟的这个理解,是接近老子的本意的。

李约瑟

　　道家最基本的精神之一,它与"道法自然"的价值取向是基本一致的。

篆文"无为而治"

　　不是无所作为,不是放弃管理,其本质是顺应自然的变化,使事物保持天然的本性,不人为造作,达到无为而无不为。

　　在老子看来,最完美的管理境界,应该像天地生成万物一样自然。天地并没有刻意地去追求什么,但万物却都在天地中茁壮成长,这就是最好的效果,就是最佳的境界。

　　老子认为"我无为,而民自化;我好静,而民自正;我无事,而民自富;我无欲,而民自朴",而且一再强调无为才能无不为,所以无为而治并不是什么都不做,而是要靠万民自我实现无为无不为。

# ◎ 第四十九章　圣无常心 ◎

【原文】

圣人常无心，以百姓心为心。善者，吾善之；不善者，吾亦善之①，德善。信者，吾信之；不信者，吾亦信之，德信。圣人在天下，歙歙焉②，为天下浑其心③，百姓皆注其耳目，圣人皆孩之④。

【注释】

①德：通"得"。下同。②歙（xī）：这里指收敛意欲。③浑其心：使心淳朴，不用机巧。④孩：使动用法，使老百姓回复到婴儿般的状态。

【译文】

有道的人是没有私心的，以百姓的心为自己的心。善良的人，我很好地对待他们；不善良的人，我也很好地对待他们，这样就可以使人人向善了。守信的人，我信任他；不守信的人，我也信任他，这样就可以使人人守信了。有道的人治理天下，会收敛个人的私欲偏见，使天下人的心思归于纯朴，百姓们皆专注于他们的视听，而有道的人使他们都回到婴孩般淳朴自然的状态。

【解析】

这一章讲了圣人"德善"、"德信"的境界。圣人以大道为根本，不因为环境和人情的改变而改变，所以对善和不善、信与不信的人都以一样的善良之心和诚信之心相待。一般人着力分辨善与不善、信与不信这些观念。圣人则打破这些分别，让人回归到淳朴的大道之中，即"为天下浑其心"。

"圣人常无心，以百姓心为心。"这里所说的"常心"是恒心的意思。什么是恒心？就是个人所拥有的一种持久不懈的生命意志力的具体表现。恒心是一种因为知识而引发出来的磅礴欲望，也就是通常所说的进取心或上进心，这种心理随着时代发展而不断渗透到了人生的各个阶段和各个领域之中。

"善者，吾善之；不善者，吾亦善之，德善。信者，吾信之；不信者，吾亦信之，德

圣人无常心，以百姓心为心。

信。"对于善良的人就善待，对于不善良的人也同样善待，这样圣人就得到了善良。对于守信的人就信任，对于不守信的人也同样信任，这样圣人便得到了信誉。圣人作为国家的领导者，如果能够使自己的常心合乎百姓的感情和心理，那么这就是难能可贵的行为；同时，他们如果能够抵制百姓心中的一些不正常感情和心理，那么这就是高人一等的做法。在现实社会中，普遍流行的准则或时尚并不一定是真实的价值判断，这就要求圣人不能追随大众舆论而随波逐流，他应该对所有的事物都有自己的看法和立场。这就是圣人能够获得真正的"善"和"信"的原因。

"圣人在天下，歙歙焉，为天下浑其心"，"歙"是合、收敛的意思；"歙歙"即统治者收敛自己的意志。"浑其心"即使人的心思归于浑朴。这句话的意思是说：有道的圣人在其位，收敛自己的欲望，使天下人的心思归于浑朴。

"百姓皆注其耳目，圣人皆孩之"，由这句话可以知道，如果百姓的心灵受到了净化而且达到了浑一的境界，那么他们也就没有任何理想和追求了，这样他们就可以利用自己的耳朵和眼睛留心圣人的举动了。然而，圣人自然是没有任何举动的，因为他们已经回归到婴儿般的自然淳朴状态之中了。

## 从政之道

# ◎浑厚虚静——隋文帝开创"开皇之治"◎

统治者只有善待百姓，才能得到百姓的拥护，天下才会出现大治的局面。历史上出现的诸多治世，都是统治者注重民本的结果，"开皇之治"便是一例。

581 年，北周外戚杨坚夺取政权，建立隋朝，定都长安，年号开皇，杨坚就是隋文帝。隋文帝在位的二十多年间，不但灭掉了南方的陈国，统一了南北，还通过采取一系列措施，实现社会富庶，人民安乐，开创了一个令后世钦仰的治世局面，后世称隋文帝的统治为"开皇之治"。

隋文帝即位以后，先是以身作则，大力倡导节俭，为朝廷节省了不少开支。宫中的妃嫔不作美饰，一般士人穿衣多用布帛，饰带只用铜铁骨角，而不用金玉。由于皇帝的大力提倡，隋朝初年朝中形成了崇尚节俭的风气。这种躬行节俭的行为，使人民的负担减轻了很多，而且也有利于各项措施的推行。

隋文帝采取的措施，主要可以分为政治、经济、法制等几个方面。

政治方面：在中央，实行五省（尚书、门下、内史、秘书、内侍）六部（吏、礼、兵、刑、户、工）制；在地方，则把州、郡、县三级改为州、县两级。这样一来，不但提高了行政效率，还减少了不少机构，节省了财政开支。

经济方面：隋文帝仿照北

隋文帝设六部。

魏的均田制，实行均田法。均田法规定：成年男子（即丁男）可以分到露田80亩，永业田20亩；成年女子分露田40亩。露田死后归还政府，永业田可以传给子孙。奴婢和平民的占田数相等。此外，官员从一品到九品，可以分到一到五顷数量不等的职分田，以此作为俸禄，等以后不做官了再上交国家。各地的行政机关也有一些土地，收入作为办公的费用支出，叫作公廨田。隋大业七年（587年）前出现的仓库充实、府库

隋文帝勤于政事，早晨起来就开始批改奏折。

山积之繁荣景象，就是推行均田法的成果。均田法的施行，较大幅度地降低了赋税，减轻了农民的负担；均田制本身也使农民得到了土地，而且还有了一定的稳定收入，这些都大大缓和了社会矛盾，巩固了隋朝的统治。

在赋役上，隋文帝废除了一些苛捐杂税，并设置谷仓储藏食粮。灭掉陈国以后，隋文帝为了扭转因长期分裂而导致的民生困苦、国库空虚的局面，自开皇九年（589年）开始，隋文帝即以富国为首要目标，他采取轻徭薄赋的措施，在确保朝廷税收充足的同时，尽量减轻农民的负担，以稳定民生。具体来说，隋朝的赋役分租、调、力役三类。赋役的对象是十八岁到六十岁之间的男丁，每年服劳役的时间从一个月减为二十天，调绢从一匹减为两丈。开皇十年（600年），隋文帝又规定成年男子的力役，从五十岁以后可以交纳布帛代替，称为"庸"。租、调、力役的推行，减轻了农民的负担，促进了农业发展。租庸调制被唐朝所沿袭。

法制方面，定刑名为死、流、徒、杖、笞五种，形成了五刑制。秦朝统一天下后，制定了残酷而严苛的刑律，这也直接造成了秦朝的暴政。自汉朝建立以来，直到魏晋南北朝，尽管对秦律有所改革，但它们都是一脉相承的。隋朝建立以后，杨坚亲自参与、制订和颁布了《开皇律》十二篇，总计五百条。《开皇律》删除了魏晋南北朝以来一些残酷的刑罚，其中规定，民众如遇有冤屈，可以逐级上诉。而在对犯人处置的问题上，《开皇律》则持审慎态度，有效地避免了冤案的发生。这是以前各代所没有的。此外，《开皇律》还把原先的枭首、车裂、孥戮、连坐等残酷刑法予以废除。隋文帝对法制的改革，在中国法制史上具有重要的意义，流传至今最完整的《唐律疏议》，其实就是从《开皇律》中继承发展而来的。

正是由于上述措施的推行，隋朝在文帝统治的二十多年间，政治清明，人口增加，府库充实，外患不生，社会呈现出一片繁荣局面。

隋文帝下诏改革刑律，制定了影响后世的《开皇律》。

# ◎德善之境——世界第一慈善家◎

说起比尔·盖茨的经历，可能许多人都不陌生，其从小便表现出计算机方面的天赋和热情，青年时期考入哈佛大学。1975 年，正就读大学三年级的比尔·盖茨敏锐地感觉到计算机软件时代的到来，于是毅然决然地从哈佛大学退学，和高中同学一起创办了微软公司。十年后，微软公司逐渐成为和 IBM、苹果并驾齐驱的计算机行业的巨人。而比尔·盖茨本人也从 1995 年至 2007 年，连续 13 年在福布斯世界富豪榜上蝉联首位。

正是因为其传奇的成功经历，比尔·盖茨一直是许多人心目中的偶像。但是，令人没想到的是，比尔·盖茨在 2008 年再度成为全世界目光的聚焦点，之前是因为他挣钱，这次则是因为他花钱。并且，如果说之前的目光是一种羡慕的话，这次的目光则是一种敬仰，因为他将所有财产都花在了慈善事业上。2008 年，比尔·盖茨在退休之际，宣布将自己名下的 580 亿美元财富全部捐献给慈善机构比尔·盖茨与梅琳达基金会，并在不久后兑现了这个宣言，由此他便从世界首富变身成了世界第一慈善家。

实际上，早在 2008 年之前，比尔·盖茨已经开始投入到慈善事业中。在之前的七年时间里，他先后投入 300 亿美元（占他资产的一半以上），建立了全球最大的慈善基金：比尔·盖茨与梅琳达基金会。仅 2005 年，盖茨夫妇就捐出 60 亿美元，刷新了人类史上捐款的纪录，与世界卫生组织的年度开销不相上下。这些钱的大部分被用于预防和治疗危害人类的疾病以及援助贫穷地区的教育。并且在他的影响下，巴菲特也宣布将其 85% 的财产——370 亿美元，捐献给盖茨的基金会做慈善事业。到目前为止，比尔·盖茨与梅琳达基金会已经拯救了至少 70 万个生命，已经接近他当初涉足慈善事业时所提出的要拯救 100 万个生命的目标。2007 年 11 月，基金会宣布正式启动与中国政府及多个 NGO 组织合作的艾滋病防治项目，承诺在五年内捐资 5000 万美元，帮助中国防治艾滋病。

实际上，比尔·盖茨之所以能有后来的财富是不容易的，其创业时期所投入的钱都是自己在读书之余挣来的，从来没有向父母伸过手。而在贵为世界首富之后，他在自己的花销方面许多时候简直是十分吝啬。据说一年夏天，三十几位世界顶尖级的企业家在英国举办一次"夏日派对"，比尔·盖茨应邀出席，他身上穿的衣服竟然是他在泰国休假时花了不到十美元买的，还抵不上那些明星们衣服的一次干洗费用。他和妻子梅琳达就餐经常会选择肯德基或是一些咖啡馆，常以汉堡包当午餐。一次，盖茨与梅琳达来到一家墨西哥人开设的食品店，这里被公认是西雅图最实惠的商店，刚一进店门，盖茨就被"50% 优惠"的广告词吸引，在不远处的葡萄干麦片的大盒包装上的确写着这样几个字。盖茨似乎不敢相信这个标价，因为同样的商品在本地的一些商店要比这里的价格高出一倍。盖茨想得知它的真伪，便上前仔细端详。当他确认货真价实时，才付钱买了下来，并告诉梅琳达："看来这里的确如同人们所说的那样，我今天很高兴自己没有多掏腰包。"并且，盖茨夫妇也从来不给子女过多的零用钱，他原本打算只给三个子女每人留下几百万美金，后来，干脆连这点钱也不留了。

比尔·盖茨完全凭借自己的本事挣到了巨额的财富，但正如他自己所说的"我只是这笔财富的看管人，我需要找到最合适的方式来使用它"那样，没有将这笔钱看作自己的，没有将它用在自己的享受上，也没有将它留给自己的子女，而是将它们用在了素不相识的需要帮助的陌生人身上。在他身上，正体现出了老子所说的"德善"和"德信"的境界，从某种意义上讲，比尔·盖茨也正是本章提到的"以百姓心为心"的得道之人。

# 第五十章　出生入死

【原文】

　　出生入死①。生之徒，十有三；死之徒，十有三；人之生，动之于死地②，亦十有三。夫何故？以其生生之厚③。盖闻善摄生者④，陆行不遇兕虎⑤，入军不被甲兵；兕无所投其角，虎无所用其爪，兵无所容其刃。夫何故？以其无死地。

【注释】

①出生入死：从生下来到死。与今天的成语"出生入死"义不同。②动：经常。③生生：求生的意思。④摄（shè）：保养，养生。⑤兕（sì）：犀牛。

【译文】

　　人从生下来一直到死，长寿的有十分之三；短命而亡的有十分之三；生下后本来可以活得长久，但自己走向死路的也占十分之三。这是什么缘故呢？是因为求生太过度了，酒肉餍饱，奉养过厚了。曾听说善于养生的人，在陆地行走遇不到犀牛和猛虎，在战争中不会受到杀伤。犀牛虽凶，却对其无法施用它的角；老虎虽猛，却对其无法利用它的爪；兵刃虽锋利，却对其无法施用它的锋芒利刃。这是什么缘故呢？因为他没有进入死亡的领域。

【解析】

　　这一章讲"摄生"保全生命的道理。生和死是很沉重的话题，很多人不敢直面这一话题，而是采取了回避的态度。生给我们带来欢喜，而死亡给我们带来阴郁。很多人谈"死"色变，但是不管我们如何惧怕死亡，死亡都不会对我们心生怜悯之心，它总有一天会降临到我们头上，这是谁也无法避开的。所以，有出生就会有死亡。既然如此，我们如何才能使生命尽可能长久呢？在老子看来，一个人的嗜欲太重，就会快速地走向灭亡。一个人敛欲守静以心合道，他就能够长寿。

生之徒，十有三。

　　"出生入死。""出"即出现于世上，也就是出生的意思。"人"即入于地下，也就是死亡的意思。

　　"生之徒，十有三；死之徒，十有三"，"生之徒"即长寿的人，"死之徒"即短命的人。这句话揭示的道理是：在所有人中，长寿的人占十分之三；短命的人占十分之三。人之所以短命，是因为贪欲太多，违背了生命的自然性。这是天命，我们无法延长自己的寿命，只能坦然地面对它。所以老子认为，善于养生的人，必定少私寡欲，过着一种清静质朴、纯真自然的生活。任何人为的干预

（如炼丹服药），不但于事无补，还会起到相反的效果。

老子接着解释道："人之生，动之死地，亦十有三。"他认为，在所有人之中，原本可以长寿，但是由于自己的缘故而早亡的占了十分之三。这里所说的"自己的缘故"，指的就是自己因怀有贪欲之心、分别之心和执着之心，而使自己陷入郁郁寡欢、忧心忡忡的状态。人都有思想意识，正是有了思想意识，才使得人摆脱了蒙昧，逐渐变得聪慧起来，从而进入了文明时代。然而，人类变聪明以后，便滋生出了私欲之心和分别之心，这些都是人类痛苦和烦恼的根源。比如对于多数人来说，他们都希望自己过上幸福的生活，希望自己比别人强。但是，现实的情况往往与期盼中的情形是相反的：人家有别墅，自己却没有；人家有姣好的容貌，自己却没有；人家有华丽舒适的衣服，自己却没有……思来想去，总觉得生活对自己不公平。这样一来，郁闷的情绪就挥之不去，时间长了还会损害自己的身体，这对养生是极为不利的。

"盖闻善摄生者，陆行不遇兕虎，入军不被甲兵；兕无所投其角，虎无所用其爪，兵无所容其刃。"行走在道路上，如果遇到伤害人的犀牛和老虎，我们该如何应付呢？在老子看来，犀牛和老虎都是凶猛异常的动物，它们不惧怕人类，更没有分别之心，不会因为我们的怕与不怕而决定自己的行动。对于得道的人来说，即使他们面对的是老虎和犀牛的利爪和尖角，他们也不会受到伤害，因为他们心里没有伤害的概念，就算犀牛和老虎再凶猛，也对他们没有任何意义。即便换成别的野兽或是别的场合，这个道理也是一样的。合乎大道德行的人，即使身在战场，也一定会冲锋陷阵，而不畏惧敌人的刀剑，对死亡没有丝毫的畏惧，一切顺应自然，那么刀剑的锋刃也就失去了它原有的威力。反之，贪生怕死的人身在战场，他一定对死亡充满畏惧，而不敢与敌人近身搏斗，自然会遭到敌人锋利的刀剑的攻击。所以，一个人只要坦然地面对人生道路上的艰难险阻，即使遇到危险也无所畏惧，那么这样才算是没有分别之心，也就真正懂得了养生之道。

"夫何故？以其无死地。"在本章的最后，老子通过一句"以其无死地"，概括说明了善于养生之人不会遭受锋利的刀剑、凶猛的野兽伤害的缘由，即善于养生之人顺应天道，依照客观规律行事，外患便不能靠近他的身体，所以也就不会因外患而死亡了。老子的这一思想是如何产生的呢？这就需要分析一下老子所处的时代的特征了。春秋末年，战火不断，人的生命随时都有覆灭的危险。面对这种情况，老子提出了对生死的看法：战争的胜负是无法预料的，所以不应以你杀我夺的战争来保护自己；奢侈对生命是没有任何益处的，所以不应以奢侈的生活方式来保养生命。老子希望人们能够达到少私寡欲、淳朴自然的境界，所以提出了清静无为，恪守道的原则，合乎道的德行的主张。老子认为，一个人的行为不合乎道的德行，就会害人害己，这是造成寿命变短的人为因素，也是人们应该极力避免的。

人们对死亡存有畏惧，其实这是可以理解的。因为一个人的生命来之不易，具有很大的偶然性，所以应该好好珍惜生命。但人们必须清醒地认识到，珍惜生命并不是要用单纯的怕死来表现，而是应该让生命释放能量，实现价值，以此来表达人们对生命的珍重。

**从政之道**

## ◎善于养生——知足长寿的程昱◎

这一章说人的一生本来会遇到很多危难，但是善于养生的人，能做到少私寡欲，所以往往都可以长寿。三国时期，社会动乱不安，人的生命朝不保夕，想要长寿更是不易。曹操的谋臣程昱，不但在乱世中保全了自己，而且还很长寿。那么，程昱是如何养生的呢？

程昱，原名程立，字仲德，祖籍东郡东阿，也就是今天山东阳谷县东北阿城镇。黄巾起义爆发时，程立曾设计使东阿城得以保存，显示出他多谋善断的本领。东汉献帝初平年间（190—194

程昱守卫徐州有功，深得曹操赏识。

年），兖州刺史刘岱听说程立很有才能，就推荐他做了骑都尉。但是程立却婉言谢绝了。后来，刘岱为黄巾军所杀，曹操接管了兖州，征辟程立为官，程立答应了。乡里的人不明白程立为什么拒绝刘岱而接受曹操，程立笑了一下，说道："我早年曾经做过一个梦，梦中登上了泰山，双手捧着一轮红日。曹操的'曹'，有个'日'字，和梦境是应验的。"其实，程立早已分析了天下的形势，他认为曹操能够成就大业，所以才答应了曹操的请求。

曹操征伐徐州的时候，派程立和荀彧等留守兖州一带。这时，曹操的部将陈宫、张邈背叛曹操，他们与吕布勾结，试图夺取兖州。就在这危急关头，负责留守的程立找到范县县令勒允，劝他顺应时势，不要追随陈宫等人作乱。这样终于粉碎了陈宫、张邈谋取兖州的阴谋，保住了鄄城、范县、东阿三城，从而稳定了曹军的后方，为曹操攻打徐州解除了后顾之忧。

曹操回到兖州后，激动地握住程立的手，说道："如果这次没有你的努力，恐怕我就无家可归了。"荀彧站在一旁，对曹操说了程立早年做梦捧日的故事。曹操听了之后，更是把程立引为知己，高兴地说道："你真不愧是我的心腹谋士啊！"曹操根据程立的梦境所述，将程立的名字"立"上加了个"日"字，这样就更名为程昱了。

程昱很善于掌握时局大势，然后做出正确的判断。当曹操兵败兖州，处于不利形势的情况下，袁绍打算趁机吞并曹操，于是提出了"连和"的主张。程昱猜透了袁绍的险恶用心，因此力劝曹操不可答应，并以齐国田横不屈辱于刘邦的故事，对曹操进行激励。曹操听从了程昱的建议，没有依附袁绍。后来，曹操统一了北方，在庆功时，曹操拊着程昱的背，真诚地说道："当年我遭受兖州之败，如果没有你的谋断，恐怕就没有今天的成功了。"程昱倒是很谦虚，并没有以此邀功，说道："这全都仰赖着主公的英明，我个人是没什么用处的。"曹操听后，对程昱大加赞扬。

后来，曹操征伐马超，命令长子曹丕驻守邺城，由程昱担任留守的军事参谋。程昱留守邺城期间，不但协助曹丕完成了使命，而且还善于处理好曹氏父子之间的关系。曹操和曹丕都对程昱非常满意，还想提拔他，让他做大官。但是程昱却在这个时候急流勇退，在同一宗族的亲人们为程昱举行大规模庆贺酒会时，程昱却这样表示："常言道：'知足不辱'，现在我可以退出政局了。"于是，程昱主动交出兵权，自此闭门不出，颐养天年。

其实，程昱可以说是知世识人，同时他也有自知之明。程昱深知自己性格刚戾，脾气暴躁，很难与人相处好。有人曾经在曹操面前诬告说程昱想造反，但是曹操对此根本不相信，反而对程昱更加优待。尽管如此，聪明的程昱还是选择了明哲保身，急流勇退。

程昱在曹魏安安稳稳地做了很多年的太平文官。曹丕称帝后，还封程昱为安乡侯，在原有的八百户

虽然功勋卓著，但程昱并不邀功，而是选择急流勇退，明哲保身。

封邑的基础上，又为他增加了三百户。不只程昱受到恩宠，就连他的儿子程延和孙子程晓，也都受封为列侯。后来，曹丕甚至还想封程昱为"公"，但是程昱却在这时去世了。曹丕听到程昱去世的消息，十分难过，伤心地流下眼泪，追赠程昱为车骑将军，谥曰"肃侯"。

程昱一生平安无事，活到八十岁寿终正寝。他身为曹操谋士，经常是殚精竭虑，又生逢战乱动荡之际，能够长寿实在是非常难得。这自然与他的达观知足有着很大的关系。

## 为人之道

## ◎超脱生死——身正心正的石苞◎

一个人只要善于养生，就不会遭受伤害。同理，一个人只要身正心正，为人正直，别人就无法陷害你。西晋石苞的故事，就很好地体现了老子的这一思想。

石苞，西晋初期著名将领，深得晋武帝司马炎信任，曾带兵镇守淮南。在淮南期间，石苞勤政爱民，各种事情都处理得非常妥善，深得百姓的拥戴。同时，他还修缮甲兵，训练兵士，提高了晋军的战斗力。

当时，晋朝还没有南下进攻长江以南的东吴，东吴的军事力量虽然大不如前，但仍有一定的威胁，吴主孙皓常常派人伺机袭扰晋朝。因此，对于镇守淮南的石苞来说，他实际上担负着守卫边疆的重任。

晋朝的淮北监军名叫王琛，他知道石苞出身贫寒，所以有些瞧不起他，而这时，他又听到一首童谣说："皇宫的大马变成驴，被大石头压得不能出。"石苞姓石，所以，王琛就怀疑这首童谣里所说的"石头"，指的就是石苞。王琛于是秘密地向晋武帝打了报告，说道："石苞与吴国暗中勾结，想要危害朝廷。"在此之前，有个风水先生也曾对司马炎说："东南方将会有人谋反。"等到王琛把这番话密告上去之后，晋武帝心里不禁担心起来，便真的怀疑石苞想要谋反了。

就在这个时候，荆州刺史胡烈来报，说吴国军队正打算大举进犯晋朝。石苞早就得到了这个消

息,并指挥士兵修筑工事,封锁水路,以防御吴军的进攻。武帝听说石苞修筑防御工事,就更加怀疑他造反了,于是对中军羊祜说:"东吴的军队每次进犯我国,都是东西呼应,两面夹击,从来没有例外过,莫非石苞真的要背叛我吗?"羊祜是个贤臣,他自然不会相信石苞谋反一事,所以就劝武帝打消这一顾虑。巧合的是,石苞的儿子石乔正在朝中担任尚书郎,晋武帝本想召他谈话,但是过了好几天石乔一直没有入朝觐见武帝,这就更加引起了武帝的怀疑,于是,武帝就想派军队去征讨石苞。

没过几天,晋武帝命大臣发布文告说:"石苞对敌人的动向做了错误的判断,不仅修筑工事,还封锁水路,导致百姓怨声载道,应当罢免他的职务。"文告发出后,晋武帝就命令太尉司马望率领大军去讨伐石苞,另外又派一支军队从下邳赶赴寿春,从两面夹攻石苞。

此时,石苞一点都不知道自己引起了皇帝的猜疑,等讨伐他的两路人马来临时,他还不知道发生了什么事情。石苞心想:"我对国家、对朝廷一向忠心耿耿,毫无私心,皇上为什么要派兵前来征伐我呢?这里面一定是有原因的。一个光明磊落、正直无私的人,做任何事情都应当心胸坦荡,无所畏惧。"想到这里,石苞下令属下解除武装,把所有武器都收缴起来,然后步行出城,等候朝廷军队的到来。

司马望率领军队到了淮南,他看到石苞站在城外的亭下等候自己,感到非常诧异,于是立即命人把这个消息报告给武帝。武帝听说这事以后,顿时清醒过来,心想:"我下令讨伐石苞,到底有什么证据呢?倘若石苞真心背叛我,他早已修筑好了守城工事,却又为何不作任何反抗就亲自出城迎接官军呢?再说,如果石苞果真与东吴勾结,为什么不见吴军前来援救他呢?"想到这里,晋武帝的所有猜疑都消除了。于是,晋武帝立即下令,让前去讨伐的军队全部撤回。后来,晋武帝将石苞调回朝中,并对他大加封赏,十分优待他。

石苞以自己的坦荡与正直,打消了武帝的猜疑,也回击了来自外界的诽谤,使自己安然度过了一场灾难。俗话说:"平时不做亏心事,半夜不怕鬼敲门。"石苞的故事告诉我们:当我们面对危难和处在紧要关头的时候,一定不要惊慌失措,要保持头脑清醒,调整好心态,做到坦荡无私、正直光明,这样我们就无所畏惧,别人就算想陷害,也无从下手了。

石苞坦荡正直,对司马氏忠心耿耿。

# ❖◎第五十一章　尊道贵德◎❖

**【原文】**

道生之，德畜之①，物形之②，势成之③。是以万物莫不尊道而贵德④。道之尊，德之贵，夫莫之命而常自然⑤。故道生之，德畜之，长之育之，亭之毒之⑥，养之覆之⑦。（生而不有，为而不恃，长而不宰，是谓"玄德"⑧。）

**【注释】**

①畜：畜养。②物：指万物本身。形：动词，表现。③势：万物生长的自然环境。④莫：没有。贵：崇尚，重视。⑤莫之命而常自然：不加以干涉，而让万物顺任自然。之，代指万物。命，支配，干涉。⑥亭之毒之：有两种解释：一是使万物安定，二是使万物成熟。这里取第二种解释。⑦覆：维护，保护。⑧玄德：深微玄妙的"德"。以上四句错简重出于第十章，应在此章。

**【译文】**

道生成了万物，德养育了万物，万物呈现出各种各样的形态，环境使万物成长起来。因此，万物没有不尊敬道而重视德的。道之所以受到尊敬，德之所以受到重视，就在于它不加干涉而顺其自然。所以，道生成了万物，德养育了万物；使万物生长发育，使万物成熟结果，使万物得到抚养和保护。（它）产生了万物却不据为己有，养育了万物却不自恃其功，导引了万物而不做万物的主宰。这才是极大极深远的"德"啊。

**【解析】**

老子在这一章里将"道"和"德"二者并立起来论述，这在前面的章节中已经有所涉及，这一章我们主要就道德和万物的关系进行解说。

"道生之，德畜之，物形之，势成之。"我们知道，万物之所以能够生长和发展，就是因为他们顺应了客观的自然规律，也就是大道。所以，老子称其为"道生之"。万物由道生出以后，接下来该由谁抚养呢？

道生之，德畜之，物形之，势成之。

这时候出现了德，它刚好能够承担这一职责，老子称其为"德畜之"。道和德共同构成了完整的"道德"体系，万物由道生，由德养，道和德就像是生养我们的父母一样，我们怎么能够不尊敬他们呢？

在前面的章节里，老子已经多次论述了德的性质和作用：所谓德，其原始意思就是得，后来引申指事物在发展过程中应具备的道德品质，它具体表现为人类的行为准则。如果人们的行为合乎道的大德，那么人类就能繁衍生息，否则就会自我毁灭。

"是以万物莫不尊道而贵德。道之尊，德之贵，夫莫之命而常自然。"万物之所以敬畏道和德，并以道和德为尊贵，这并不是出于主宰者的刻意命令和安排，而是他们对自然界的客观规律的遵从和运用，是自然而然的事情。万物顺其自然地诞生，又自然而然地发展，并通过遵循自然规律而生生不息。

"故道生之，德畜之，长之育之，亭之毒之，养之覆之。"这句话是说：道生长万物，德养育万物，使万物生长发展，成熟结果，使其受到抚养、保护。老子认为，在道化生万物的过程中，万物纷纭各异不过是情势使然，它们都源于道而畜于德，而且最终都会积德归道。

"生而不有，为而不恃，长而不宰，是谓'玄德'。"大道生成了万物，但是不把万物据为己有；抚育了万物，但是不自恃有功；引导了万物，但是不强加干涉，不以万物的主宰自居。大道深厚无私，是人类行事的楷模。人们追求礼尚往来，并以此作为我们行动的指南，这其实是不合乎大道的，也是违背自然规律的。大道遵循自然，无欲无求，即便在付出的时候也从没想过要得到回报。大道没有分别之心，所以也就没有付出和回报的分别了。当大道付出了很多却得不到回报的时候，它也不会感到烦恼和怨恨。人类却不同，一旦我们的付出多于回报，或是欲望得不到满足时，我们就会感到烦恼和怨恨，有的人甚至还会做出极端的事情来，这样不但伤害自己，也会伤害别人。

在现实生活中，任何人都无法躲避别人有意或无意的伤害。如果我们因为怨恨曾伤害过我们的一个人而怨恨起整个社会来，就会变得愤世嫉俗，心胸狭窄起来。以充满仇恨的眼睛看社会，势必会影响我们的判断力，在这个世界上，任何人都不是完美的，谁能保证从未伤害过旁人呢？既然我们也曾伤害过别人，又怎能奢望不被别人有意或无意地伤害呢？因此，当我们的付出和回报不能画等号时，就一定要冷静地看待得与失，不要因为得不到足够的回报而心生怨恨。老子在这一章中，阐述了只知付出不求回报的思想，这一处世哲学充满了智慧，对于我们每个人来说都是有益的教导。

## 为人之道

## ◎长而不宰——背信弃义的晋惠公◎

晋献公死后，晋国陷入混乱，正在梁（今陕西韩城南）避难的晋公子夷吾向秦国许诺，说假使秦国可以护送自己回晋国，并帮助自己成为晋国国君，自己就把河西的五座城池割给秦国。然而，在当上国君（即晋惠公）后，他却反悔了，秦国为此非常生气。

晋惠公掌权没几年，晋国就发生了大饥荒，饥荒一直持续了五年，晋国的国力大受影响，国家粮库空虚，百姓民不聊生，四处逃荒。晋惠公无奈，只得再次向秦国求援，希望秦国能帮助自己渡过难关。不过，秦国的国君秦穆公仍然记恨着几年前晋惠公背约的事，他的第一反应是拒绝。秦大夫公孙枝听说后，赶忙找到秦穆公，说："当年是晋侯违背约定，晋国的百姓是无辜的。现在晋国的百姓正在受灾，我们应该援助他们。"秦穆公听了，改变了主意，答应了晋惠公的要求，晋国的百姓对秦国很是感激。

为寻求秦国支持，并取得王位，晋公子夷吾许诺给秦国五座城池。

但秦穆公万万没有想到，第二年秦国也闹起了饥荒，秦国本有用于抵御饥荒的粮食，只是这些粮食早在一年前就作为援助送给了晋国。一时，秦国人心惶惶。秦穆公派人到晋国求援，他自忖屡屡向晋国伸出援手，晋国不会对秦国的困难坐视不管，更何况这一年晋国粮食获得大丰收。

晋国的大臣韩简认为，晋国应当知恩图报，支援秦国，但大夫郤芮、虢射却不仅反对帮助秦国，还唆使晋惠公趁秦国闹大灾时联合梁国一起攻打秦国。晋惠公被后者说动了心，采纳了虢射等人的意见，于是整顿兵马大举攻秦。

晋国的背信弃义大大激怒了秦国，秦国国民上下一心奋勇抗

晋惠公背信弃义发动战争，但最终却落得个战败被俘的下场。

晋。一开始，局势对秦国十分不利。激战中，秦穆公还险些被晋军俘虏，所幸被山野土著救出。秦晋两军在韩原展开大战（今陕西韩城西南），出师不义的晋军被杀得落花流水，晋惠公也被秦人俘虏。他本想趁火打劫捞取利益，却没料到此举会让他陷入"失道寡助"的境地，他不只没能从这场战争中收获好处，还颜面扫地，自身难保。一想到他几次三番违背诺言，秦穆公就愤怒不已，计划将他杀死祭天。若不是遭到了秦穆公的夫人（即晋惠公的姐姐）的阻止，晋惠公恐怕要死无全尸了。

## 处世之道

## ◎为而不恃——恣意妄为的年羹尧◎

老子认为，得道之人应该化育万物而不据为己有，德被苍生而不居功自傲，否则将会自遗其祸。清雍正时期的年羹尧战功赫赫，地位显贵，后来却落得家破人亡的下场，他的事迹可以很好地说明老子所讲的道理。

年羹尧（1679—1726年）是清代康熙、雍正年间人，进士出身，官至四川总督、川陕总督、抚远大将军，还被加封为太保、一等公，烜赫一时。

年羹尧在康熙年间就受到皇帝的重用。康熙四十八年（1709年），年羹尧出任内阁学士，不久升任四川巡抚，成为封疆大吏。这时的年羹尧才刚刚三十岁。后来，雍正皇帝即位，年羹尧功不可没。雍正元年（1723年）五月，雍正发出上谕："若有调遣军兵、动用粮饷之处，着边防办饷大臣及川陕、云南督抚提镇等，俱照年羹尧办理。"这样，年羹尧就总揽了西部一切事务，实际上成为雍正在西陲前线的代理人，权势地位在抚远大将军延信和其他总督之上。雍正还告诫云、贵、川的地方官员，一切要听命于年羹尧。

在有关重要官员的任免和人事安排上，雍正更是频频询问年羹尧的意见，并给予他很大的权

力。在年羹尧管辖的区域内，大小文武官员的任用皆由年羹尧来决断。

雍正跟年羹尧的私交也非常好，并且给予特殊的荣宠。雍正认为有年羹尧这样的封疆大吏是自己的幸运，如果有十来个像年羹尧这样的人的话，国家就不愁治理不好了。平定青海的叛乱后，雍正极为兴奋，把年视为自己的"恩人"，他也知道这样说有失至尊的体统，但还是情不自禁地说了。

雍正还要求世世代代都要牢记年羹尧的丰功伟绩，否则便不是他的子孙臣民："不但朕心倚眷嘉奖，朕世世子孙及天下臣民当共倾心感悦。若稍有负心，便非朕之子孙也；稍有异心，便非我朝臣民也。"

年羹尧身为封疆大吏，立下了赫赫战功。

此时的年羹尧，志得意满，逐渐变得骄纵起来，进而做出了许多超越本分的事情，最终招致雍正的警觉和忌恨。

年羹尧自恃功高，骄横跋扈之风日甚一日。他在官场中趾高气扬，气势凌人：赠送给属下官员

年羹尧自恃功高，逐渐变得专擅骄横。

物件，"令北向叩头谢恩"；发给总督、将军的文书，本属平级公文，却擅称"令谕"，把同级别的官员视为下属；甚至蒙古扎萨克郡王额附阿宝见他，也要行跪拜礼。

对于朝廷派来的御前侍卫，理应优待，但年羹尧把他们留在身边当作"前后导引，执鞭坠镫"的奴仆使用。按照清代的制度，凡上谕到达地方，地方大员必须迎诏，行三跪九叩大礼，跪请圣安，但雍正的恩诏两次到西宁，年羹尧竟"不行宣读晓谕"。

年羹尧还排斥异己，结党营私，清朝官场中形成了一个以他为首，以陕甘、四川官员为骨干，包括其他地区官员的小集团。许多混迹官场的拍马钻营之辈眼见年羹尧权势熏天，都竞相奔走其门。而年羹尧也致力于培植私人势力，每有肥缺美差，必定安插自己的亲信。

面对年羹尧的居功自恃、贪赃枉法，雍正越来越感到不满，也多次警告其要慎重自持，但年羹尧不以为意，反而变本加厉。雍正忍无可忍，终于决心要除掉年羹尧。

雍正对年羹尧的惩处是分步逐次进行的。第一步给年羹尧警告，雍正一改过去嘉奖称赞的语调，警告年羹尧要慎重自持。

第二步是给相关官员打招呼，让他们看清形势，与年羹尧保持距离。这就为公开惩治年羹尧做好了准备。

第三步是把矛头直接指向年羹尧，将其调离西安老巢，接着更换了四川和陕西的官员。雍正先将年羹尧的亲信甘肃巡抚胡期恒革职，然后将四川提督纳泰调回京城，使其不能在任所作乱。接着，解除年羹尧川陕总督之职，命他交出抚远大将军印，调任杭州将军。

最后一步是勒令年羹尧自裁。年羹尧调职后，内外官员更加看清形势，纷纷揭发其罪状。雍正以"俯从群臣所请"为名，尽削年羹尧官职，并于当年九月下令缉捕年羹尧，并押送北京会审。十二月，朝廷议政大臣向雍正提交审判结果，给年羹尧列出九十二款大罪，请求立正典刑。

罪状公布后，雍正说，这九十二款罪行中应服极刑及立斩的就有三十多条，但念及年羹尧功勋卓著，如果对其加以刑诛，恐怕天下人心不服，自己也难免要背上心狠手辣、杀戮功臣的恶名，于是表示开恩，赐其狱中自裁。年羹尧父兄族中任官者全部革职，嫡亲子孙发遣边地充军，家产抄没入官。权倾一时的年羹尧就这样悲惨地结束了自己的一生。

年羹尧被捕下狱，雍正赐其在狱中自尽。

# ◎第五十二章　天下有始◎

## 【原文】

天下有始，以为天下母。既得其母，以知其子①；既知其子，复守其母。没身不殆。塞其兑，闭其门，终身不勤②；开其兑，济其事，终身不救。见小曰"明"，守柔曰"强"。用其光，复归其明，无遗身殃。是为"袭常"③。

## 【注释】

①子：指万物，而前句的"始"、"母"则指"道"。②勤：一说为"瘽"的借用字，疾病之意，这里作"勤劳"讲，有劳扰的意思。③袭：通"习"。

## 【译文】

天下万物都有本始，这个始是天地万物的根源。既然知道了万物的根本，也就认识了万物；既然认识了万物，如果再谨守万物的根本，那么终身也不会发生危险了。堵塞嗜欲的孔窍，关闭欲念的心门，就可以终身没有劳烦扰心的事。打开嗜欲的孔窍，就会增添纷杂的事，使你终身不可救治。能从细微处察见事理的叫作"明"，能够守住柔弱的叫作"强"。运用外在的智慧的光，返照内在的"明"，不会给自己带来灾祸，殃及其身，这就是我们所说的延绵不绝的常"道"。

## 【解析】

这一章讲在立身处世中复归于大道的方法，并阐释了道为天下万物之母的道理。

先来看一下本章的开头："天下有始，以为天下母。既得其母，以知其子；既知其子，复守其母。没身不殆。"老子认为，天下万物都有一个开始，而这个开始就是所谓的道。所以，我们可以把道比作生养万物的母亲，而把万物比作道的孩子。尽管世间任何一种事物都是道的"孩子"，但是它们各有差异，有好坏之分，这就好比同母的兄弟，既有孝敬双亲的，也有违背孝道的，而违背孝道的人必定会遭到谴责。在这里，老子以母子关系来比附道和天地万物的关系，目的在于希望我们要像孝敬父母一般遵循大道的德行，只有这样才是合乎了大道，也只有这样才能"没身不殆"。

我们再分析一下中间部分："塞其兑，闭其门，终身不勤；开其兑，济其事，终身不救。""兑"在《易经》的八卦里作"口"解；我们在这里解释为口耳鼻，泛指与外界相通的器官。关于"勤"字的意义，一般人当作"觏"解，"觏"是"见"的意思。所以这句话可以解释为把自己的感觉器官口耳鼻全

塞其兑，闭其门，终身不勤。

部都关闭起来，把自己的心门也封闭起来，一辈子不见任何人和事物了。老子为什么要说这样的话呢？下面我们就具体分析一下。

在前面的章节中，老子曾提到过"五色"、"五味"和"五音"，并指出它们对人是有危害的，这种危害表现为可以直接导致人们目盲、耳聋、口爽。既然五色、五味、五音会危害人类，那么我们为什么还要极力追求它们呢？在老子看来，这是由人类的本性决定的。人生而具有私欲，有了私欲就要与别人争夺，所以老子才会在《道德经》中多次申明人们应当克制欲望。而老子所说的"塞其兑，闭其门，终身不勤"，并不是让我们像死人那样不睁眼、不呼吸、不听声音，这只是一种夸张的说法，目的在于告诉人们外界所带来的种种危害。因此，人们必须要遵守大道的德行，不要妄想和妄为。老子在这里要人们堵塞五色、五味、五音进入身体的通道，这里的堵塞并非不吃、不看、不听，而是要堵塞诱惑人们灵魂堕落的通道。如果不堵塞满足欲望的通道，人们就会受到惩罚。

"见小曰明，守柔曰强。"这句话的意思是说：从细微处觉察事物之理叫作明，能守持柔弱叫作强。这句话有领起下文的作用。

"用其光，复归其明，无遗身殃，是为'袭常'。"在本章的最后，老子又指引我们去追寻大道。任何人都知道母亲的怀抱是最温暖的，也都希望投入母亲的怀抱，因此老子顺了我们的心愿，为我们指明了方向。

## 经商之道

# ◎天下有始——顶级推销员传授秘诀◎

有一位非常知名的推销大师，其推销业绩总是遥遥领先，屡次创造推销奇迹。同行们感到十分敬佩，同时对他到底是如何推销的都感到十分好奇，都以为他有什么推销的诀窍。他却一直声称自己没有什么诀窍，人们不信，觉得他吝于将经验告诉别人。一天，这位推销大师要退休了，行业协会的人找到他，希望他能在退休前作一次告别演讲，同时暗示他是不是可以说出他的推销秘诀了。推销大师这次爽快地答应了，并明确表示自己会将秘诀公布。消息见报后，人们纷纷前来，甚至有不少人从其他城市专程赶来听他演讲，希望能够得到大师的秘诀。

演讲在城市的一个大礼堂中举行，当天晚上，人们早早地来到了这里，可以说是座无虚席。人们发现，在大礼堂前面的讲台上，树立着一个高高的铁架子，上面有一条粗大的钢索，下面悬挂着一个硕大的铁球。人们都不知道这是干什么用的，也没在意。令人感到意外的是，演讲时间到了，推销大师却没有出现。主持人只好尴尬地表示可能是路上堵车，要人们等一下。但是二十分钟过去了，大师还是没有出现，会场开始有些骚动，有些人离开了。接着又过了十分钟，大师才姗姗来迟，这时人们一下子提起了精神，拿出纸笔，准备将秘诀学到自己手里。

没想到的是，大师到了舞台上之后，既没有就自己迟到做道歉，也没有跟观众打个招呼，只是招呼两个工作人员抬着一个大铁锤，放在自己面前。然后，他对主持人耳语了一番。主持人对观众说道：请两位身体强壮的人，到台上来。好多年轻人站起来，转眼间已有两名动作快的跑到台上。推销大师对上来的年轻人提出了自己的要求，让他们拿起那个铁锤用最大力气去击打那个铁球，直到把它荡起来。其中那个性急的年轻人一听，也不跟另一个同伴客气，直接抢起铁锤击打起来。只听当一声刺耳的巨响，那球纹丝不动。随后，他接连不停地砸起来，但是直到他气喘吁吁，那球都纹丝不动。另一个年轻人也是同样。接下来，两人在下面观众的加油助威声中，轮换着击打了许多次，都没有能够使铁球动起来。两个小伙子和台下的观众都看出来了，这样击打下去是没有用的，球是不会动的。台下的观众不再呐喊，两人也向大师承认自己无法做到，并表示放弃。大师向他们表示感谢后，让他们回到座位。然后，所有的观众都将目光转向大师，觉得他肯定要就此给出一番有关推销的说辞，而他的诀窍就在其中！

同样令人没想到，大师并没有站在话筒前讲话，而是面向观众从怀里掏出一个小锤，然后一言不发地转过身，开始用小锤敲那个大铁球。只见他敲得十分认真，每当"咚"地敲了一下之后，便停顿一下，然后再敲一下。人们对此都感到十分奇怪，觉得他可能是跟大家开玩笑而已，或者要以自己的举动形象化地给大家讲授一个道理。但是，随着时间的推移，人们渐渐发觉——他是认真的，他试图用小锤使这个铁球动起来。起初，观众还饶有兴致地看推销大师在那里敲，显然那是徒劳的举动。但随着时间一分钟一分钟地过去，观众便有些不耐烦了。十分钟之后，礼堂便开始骚动起来，人们在下面窃窃私语。二十分钟过去了，不少人开始毫不隐晦地表达自己的不满，他们大声叫喊，甚至叫骂，有的性急的人干脆离开了。但是，推销大师仿佛根本不知道还有其他人在场一样，专心致志地重复着自己徒劳而乏味的举动。半个小时过后，人们叫喊累了，开始安静下来，百无聊赖地看着这个依旧认真敲球的老推销员，许多人心里想，倒要看看这个故弄玄虚的家伙最后怎么收场。

大师敲到大概四十分钟的时候，突然传出一声女人的尖叫声："球动了！"这是坐在前排的一个女观众发出的，她的声音里充满了惊讶。大礼堂内顿时安静了下来，人们纷纷将目光集中于那个大球。果然，那个大球随着老人的敲击在以极其微小的幅度摆动，不仔细看根本看不出来。但是，逐渐地，随着老人不断的敲击，它摆动得越来越明显。所有人都瞪大了眼睛，聚精会神地看着大球在老人的敲击声中越荡越高，它拉动那个铁架子，"�、咵"作响，巨大的响声强烈地震撼了在场的每一个人。终于，大礼堂内爆发出经久不息的掌声。在掌声中，推销大师转过身来，慢慢地将小锤揣进兜里。

然后，推销大师走到麦克风前开始说话，但他只说了一句话：这就是我推销的秘诀。

显然，推销大师一开始的迟到是一种故意的行为，他想通过这个不礼貌的行动故意考验观众的耐心。而他敲动大铁球的举动所向人们阐述的道理便是，推销的成功，所靠的无非是以足够的耐心面对人们一次次的拒绝。而这个道理显然不怎么高深，想必每一个推销员在工作的第一天便会被上司告知。老人之所以这么费周折地再次演示这个道理，显然是具有更深一层的意蕴，即这个道理虽然人人都知道，但有谁真正将其落实到行动中去呢？对老人迟到的不满，以及当老人敲动大球时的不耐烦，恰恰说明了人们虽然都懂得推销的成功便是耐心等待的道理，但人们显然不能将这个道理落实。正如老子所说，世间万物都有本始，只要谨守这个根本，就能取得成功。推销的根本就在于要有"耐心"，只有将这个人人都明白的道理运用到行动中去，才能实现目标。

## 处世之道

## ◎虚境处下——顺乎自然的刘秉忠◎

老子说，谨守万物的根本，便能实现为道。关闭嗜欲的孔窍，就不会给自己带来灾祸。刘秉忠劝忽必烈行汉法，这是顺应了大道，功成之后不居功自傲，宁静淡泊，这正体现了本章所揭示的道理。

刘秉忠是金末元初人，他天资聪颖，自小好学，每天能记诵百言，读书过目不忘，对经史、天文、地理、律历、卜算、遁甲都有研究。

元朝灭金后，广泛搜罗人才，以收揽北方民心。刘秉忠十七岁时，被任命为邢台节度使府令史，主要负责文字记录和抄写工作。日子久了，刘秉忠渐渐厌恶官场的生活。他自小有远大志向，不甘于当一个小官吏，因此慨然叹道："大丈夫不得志于世上，就该隐居山林。"

于是，刘秉忠毅然辞官，退隐武安山，学全真道。不久，刘秉忠以其出众的才华受到天宁寺虚照禅师的赏识，虚照禅师特意将其召入山中，让其在寺庙中出任书记之职。

尽管刘秉忠隐居山林，但是他的名声还是为世人所知。1242年，蒙古亲王忽必烈因仰慕秉忠的佳名，特地征召其来到和林，忽必烈与刘秉忠交谈一番，知道他博学多闻，就把他留在王府做书记。这样，刘秉忠就成为忽必烈最早的汉人谋士。此后几十年，刘秉忠一直伴随忽必烈左右，为辅佐忽必烈完成统一大业而竭忠尽智。

刘秉忠为元朝的统一立下汗马功劳。在刘秉忠一生中，曾为忽必烈献出不少奇谋妙计，还为忽必烈制定了施政大纲。

蒙哥为汗时，忽必烈奉命总理漠南之地，他率领刘秉忠等一干臣属南下，开府于金莲川。为了帮助忽必烈治理好漠南地区，刘秉忠建议忽必烈应"思周公之故事以行之"，劝其效法周公戡乱的事迹，牢牢抓住建功立业的千载良机。

刘秉忠为元朝的建立做出了很大贡献，因此深得忽必烈信任。

南下期间，刘秉忠曾对忽必烈说："治理国家，应该遵循古代典籍礼制和伦理法度，使之成为指导思想。内部以宰相为大，宰相统领百官，感化万民；而外部以将帅为大，将帅统领三军，安定境域。因此要广揽人才，选择良相贤将，内外相济，这是当前最为迫切的问题。"与此同时，他还建议废除繁苛酷刑，取消鞭背之刑，并严禁私自设立牢狱，使得蒙元的法令更加完善。另外，刘秉忠还爱民如子，他主张减轻徭役和赋税，免除苛捐杂税，为漠南地区经济的发展奠定了基础，也赢得了百姓的拥护。

刘秉忠上述各项措施，为忽必烈推行"汉法"奠定了理论基础。在忽必烈到达漠南地区的第二年，这些建议大部分就得以实施。尤其是在河南唐、邓诸州，陕西凤翔、京兆这些地区，忽必烈兴利除弊，惩治贪官污吏，招抚流民垦田，作为他推行汉法的一次实践。这次实践的成功使忽必烈认识到只有"行中国之道"，方能得"中土之心"的道理，为他以后统一全国做好了准备。

蒙哥死后，忽必烈夺得了蒙古汗位。刘秉忠向忽必烈建议废除"蒙古"国号，建国号为"大元"，并把都城迁到中都（今北京），改称为大都。此外，在官制、军政、司法等方面，忽必烈也依照刘秉忠等人的建议，一一进行了改革，建立了一套完善的中央集权统治。在刘秉忠的精心谋划下，元朝的统治终于走上了与中国历代王朝相衔接的轨道。

至元元年（1264年），忽必烈命刘秉忠还俗，恢复他的姓氏，授光禄大夫、太保、参领中书省事、同知枢密院事。同时，又下诏以翰林学士窦默之女赐予他为妻，并赐其府第，使其成立家室。

此时，刘秉忠已经享尽所有为人臣的荣耀了，可他并不为尘世的名利所牵绊。纵使自己位于一人之下、万人之上，也仍然斋居素食，心如止水。在他简朴的一生中，从未利用手中的权力谋取过私利。

刘秉忠在朝为官三十多年，"参帷幄之密谋，定社稷之大计"，始终以民生为本，以国家利益为先。他见义勇为，积极谋事，却从不居功自傲。有一次，忽必烈赏赐给刘秉忠白金千两，刘秉忠没有收下，并婉言谢绝说："我只不过是一个山野村夫，承蒙皇上的错爱，才得以入朝为官，吃喝用度皆由朝廷供给，这些黄金对我来说是没什么用处的。"忽必烈听罢，对他佩服万分。刘秉忠身居高位，却"轻富贵如浮云，等功名于梦幻"，的确值得后人敬佩。

# "复归婴儿"的养生之道

老子对养生,尤其是养生哲学,提出了很多宝贵的见解,对后世医学、养生学的发展产生了重大的影响。老子的养生之道与治国之道、为人处世之道是一脉相承、一以贯之的,就是自然无为、不争、居下,这也是养生的基本原则。

## 生理学家做过一个实验

将一只装有兔子的笼子放在一个装有猛虎的笼子旁边,让兔子成天看着老虎而惶惶不可终日,结果不多久兔子萎靡不振,缩成一团,消瘦无力。

作为对照研究,另一只兔子则被放养在自然的环境里,结果十分健壮。从这个实验即可看出,精神、情绪对于人的健康长寿是多么重要。

老子养生的基本取向是"复归于婴儿"、"复归于朴"、"复归于无极"、"复归其根",也就是不使自己强壮,因为物壮则老,要像婴儿那样柔弱,才能长寿不老。

"人之生也柔弱,其死也坚强。草木之生也柔脆,其死也枯槁。故坚强者死之徒,柔弱者生之徒。是以兵强则灭,木强则折。强大处下,柔弱处上。"

——《道德经》第七十六章

# ◎第五十三章　行于大道◎

【原文】

使我介然有知①，行于大道，唯施是畏②。大道甚夷③，而人好径④。朝甚除⑤，田甚芜，仓甚虚；服文彩，带利剑，厌饮食⑥，财货有余，是谓盗夸⑦。非道也哉⑧！

【注释】

①介然：微小。②施：即"邪"字。邪行，邪径。③夷：平坦。④径：邪径。⑤除：清洁，整齐。⑥厌：通"餍"字。⑦盗夸：指盗魁。⑧也哉：语气词连用，表示肯定、感叹的语气，可译为"啊"、"呀"。

【译文】

假如我稍微地有了认识，行走在大道之上，唯一担心害怕的就是走上歧途。其实大道十分平坦，可是有的人偏要舍弃大道而寻觅小路。朝廷已经非常败坏，农田也已荒芜，仓库都已空虚，还穿着华丽的衣服，佩带锋利的宝剑，精美的食物早已吃厌，搜刮侵吞了大量的财货，这就是盗魁贼首啊！其所作所为实在是不合天道啊！

【解析】

本章中，老子重点从反面论述了"道"，即从与大道相违背的小径的角度反衬出大道的重要性。老子指出，那些君王放着平坦的大道不走，反而喜欢走邪径。联系老子的政治主张，可以知道，这里的大道，指的便是采用清静无为的方式治理国家，不去颁布过多的政令，不发动无谓的战争，尽量不去骚扰人民。同时，统治者本人也应克制自己的欲望，不给人民增加过多的负

朝甚除，田甚芜，仓甚虚；服文彩，带利剑，厌饮食，财货有余，是谓盗夸。

担。如此，必然会使国家昌盛，人民安居乐业。而所谓的走上邪径，则是指统治者违背治理国家的大道，穿着漂亮的衣服来显示自己的尊贵，佩戴着锋利的宝剑以夸耀自己的强悍，饱餐美味佳肴，占有富余的财货而不去接济他人，像个强盗头子那样。总之，就是不知道体恤人民，一味放纵自己的欲望。走邪路的结果必然是朝政腐败不堪，百姓的田地一片荒芜，国家的仓库空虚。这里，老子的话实际上并未说尽。其隐含的意思便是：既然朝政腐败不堪，百姓的田地荒芜，国家的仓库空虚，那么统治者离灭亡也不远了。显然，这样的例子不胜枚举，事实摆在那里，也无须老子进一步点破了。这里，老子正是通过统治者走在大道和小径上的对比，来论述道的重要性。而实际上，统治者仅仅是老子举出的一个例子罢了。大道和小径的差别，其实具有更为普遍的意义。可以说，不只是治理国家，无论做任何事情都存在一个走大道还是小径的差别；不只是统治者，任何人都面临

着对大道和小径的选择问题。

在《道德经》中，老子反复告诫人们无论做人还是做事都要遵循道，也即要走在平坦的大道上。其具体的表现便是清静无为，克制自己的私欲，贵柔守雌，居下不争，做事顺应事物的本性和规律，不强行妄为。更具体点说，遵循国家法令和世俗道德，不过奢侈的生活，诚实守信，孝亲仁爱，等等。如此，便是走在了大道上。而相反，过分放纵自己的欲望，对财富、名声过分贪婪，恃强凌弱，使用伎巧追逐名利，违背道德，违法犯罪，舍本逐末，等等，则是走在了邪径上。而看一下我们的现实，有几个人真的是走在大道上呢？可以说，几乎所有的人都或多或少地偏离了大道。之所以如此，是因为虽然大道平坦易行，只要默默地走下去便可以到达目的地，但人们却总觉得平淡无奇、不刺激，没有激情，于是偏喜欢刺激、冒险、另辟蹊径，自以为能比别人更快地到达自己的目的地。其具体的表现便是世界上的人都喜欢耍小聪明，凡事投机取巧走捷径。而其结果轻则搬起石头砸自己的脚，重则给自己带来大祸。

正如老子所说，大道是多么平坦啊，为何偏偏要去走那些前途未卜、崎岖不平的小径和邪径呢？仔细想想，老子所说的"假如我稍微有些认识，就会在大道上行走，并且小心谨慎，只怕走上邪道"，并非是他故意夸张，对于看透了道的他来说，这应该是肺腑之言了！

## 从政之道

### ◎背离大道——荒淫残暴的隋炀帝◎

隋炀帝是历史上有名的暴君，在位之时，极尽豪奢荒暴之能事，对内征敛财富，役使人民，筑造宫殿，弄得民不聊生；对外穷兵黩武，三征高句丽，劳民伤财，弄得国库空虚。这样一个昏聩残暴的君主自然得不到人民的爱戴，时至今日，提起杨广，还是骂声四起。

杨广是隋文帝杨坚的次子，十三岁那年被刚履帝位的杨坚封为晋王。他一直觊觎着太子的宝座，为了取悦杨坚和母后独孤氏，他不得不矫情饰行。其母独孤氏生性好妒，对丈夫看管甚严，不允许其碰其他女人。她对儿子也要求甚严，让他们和父亲杨坚一样从一而终。独孤氏还亲自为儿子选妃，太子杨勇对母亲为自己挑选的妃子元氏并不满意，长年不亲近，最后元氏因心脏病突发而死。独孤皇后对这个儿子很失望，经常派人伺察他，还不断在杨坚跟前指责杨勇的过失。杨广得知父皇、母后对太子已生不满之意，便更加矫饰伪装，表面上看去是和正妻萧妃住在一起，而背地里却和宫嫔厮混。杨广的"忠贞不贰"深得独孤后的称赞。

隋炀帝奢侈腐化，荒淫无度。

为掩人耳目，杨广极尽伪装之能事。一次与军队观猎遇上大雨，左右进上雨衣，杨广说："士兵们都在淋雨，为什么我自己一个人要穿雨衣呢？"于是命左右将雨衣拿走，仍冒大雨立马观览，将士们感动不已。总之，为了能登上太子宝座，杨广极力抑制自己荒淫的本性。终于在600年，杨坚废掉了杨勇，立杨广为太子。

四年之后，杨广弑父害兄，顺利当上了皇帝。

大业元年（605年）三月，杨广下诏令杨素与将作大匠宇文恺等人在洛阳旧城之西十八里处，开始营造新都，每月征用工匠两百万人，劳累而死之人不计其数。又大建显仁宫，南接皁涧，北跨洛滨，周围十余里。搜集长江以南、五岭以北的奇花异石，输至洛阳。

隋炀帝被叛将缢死。

在杨广的催促之下，东都洛阳很快就建成了。东都分为宫城、皇城和外郭城三部分。外郭城又称大城，周围七十三里；皇城为文武官衙所在处；宫城东西长五里，南北长七里，周围三十余里，高四十尺。建成以后，将天下富商大贾数万户迁来东都。

同时又兴建西苑，周围二百里。苑内挖人工湖，取名为"积翠池"，池北岸有龙鳞渠，迂回曲折，沿渠建筑十六院，院中树木苍翠，百花争妍。西苑有一湖，湖中堆积蓬莱、方丈、瀛洲三山，高出水面百余尺，上面遍布亭台楼阁。隋炀帝常于月明风清之夜，携宫女数千人游于西苑，彻夜笙歌不辍。

为了更容易从北方乘船到江南游玩及加强对江南的管理，从大业元年起，隋炀帝下令开始修建大运河。运河的主体工程为通济渠、邗沟和永济渠。隋炀帝下令征调河南、淮北诸郡一百多万人开凿通济渠，自洛阳西苑引谷、洛两条河水入黄河，又自板渚（在虎牢之东）引黄河水经荥泽入汴水，自大梁之东引汴水入泗水，直达淮河。他还征发淮南民工十多万人开邗沟，自山阳至于长江，渠宽四十步，两旁皆筑工整平坦的御道，夹种杨柳。大运河南起余杭，北到涿郡，全长两千七百余里，宽十余丈。为方便隋炀帝巡游江南，从沿途修建离宫四十多座。

大业元年（605年）、六年（610年）、十年（614年），隋炀帝三游江南，声势浩大，费用惊人。

每次出游，动辄征用船只数千艘。皇帝乘坐的船叫龙舟，龙舟共四层，高四十五尺，长二百丈。最上一层有正殿、内殿、东西朝堂；中间两层有一百二十余间房，都用金玉装饰，下层供内侍使用。皇后乘坐的船叫作翔螭舟，比龙舟略小，其装饰以及格局与龙舟一模一样。妃嫔乘的船叫浮景，共七艘，三层高，殿中可击水为乐。此外，还有被称为漾彩、朱鸟、苍螭、白虎、玄武、五楼、道场、玄坛等数千艘稍小型的舟船，供诸王、公主、百官、僧、尼、道士以及外藩使臣等人乘坐，并载有百司供奉之物。

这支船队首尾相接二百余里，衣甲夺目，旌旗蔽空，一眼望去五彩锦绣。两岸数十万骑兵夹岸护送，蹄声隆隆。船队所过之处，州县五百里以内都要贡送食物，皆是山珍海味，根本吃不完。再启程，就将那些吃剩的东西就地弃埋，造成大量浪费。

筑宫、修河、造船，数年之间，民脂民膏均被搜刮始尽。由于工程巨大，造成民众大量伤亡。一时间，东至成皋，北至河阳，运尸车不绝于途，令人见之惊怵。

大业六年（610年），在大臣裴矩的鼓动下，杨广打起征伐高句丽国的主意。隋文帝立国之初，曾派遣使者封高句丽王元为辽东公。后高句丽国王恳请封王，文帝批准。但高句丽王野心勃勃，称王的第二年就率靺鞨万余骑侵扰辽西，文帝大怒，命杨谅进军高句丽。高句丽国王极为惶惧，忙遣使谢罪，隋文帝便饶恕其罪过。杨广即位后，曾派使者出使高句丽，高句丽王有失礼数，惹得杨广很不高兴。于是杨广以此为借口下诏讨伐高句丽。他派人督导百姓在东莱海口造战舰，由于昼夜立于水中造船，民工自腰以下都生满蛆，工匠死掉三分之一。又调拨来江淮以南水手一万人，弓箭手三万人，令河南、江南百姓赶造戎车五万乘送至高阳，命江南民夫运米至涿郡。一时间，船舻千里，皆满载兵甲器物，几十万人填溢道路，昼夜运输战具、粮食，死者相枕，天下震动。还没等讨伐高句丽，就已经有邹平王薄、清河窦建德等人发动起义。

从大业八年（612年）到大业十二年（616年），隋炀帝三次征伐高句丽，尽管高句丽王最终遣使请降，但是三次征讨高句丽，每次动员民众数百万人，耗费大量财力物力人力。此时的隋王朝已经是伤痕累累，国运将尽，民间起义不断。

大业十四年（618年）三月三日，将作少监宇文智与虎贲郎将司马德勘、直阁裴虔通等人，推举右屯卫将军宇文化及为首，煽动士兵，于傍晚时杀入宫中。炀帝闻变，慌慌张张换了衣服，逃入西阁。叛军从宫女口中得知炀帝所在，裴虔通、元礼、马文举等将领率兵赶到西阁，只见炀帝和萧皇后正并坐在一起哭泣。

炀帝被持刀的士兵围困在中间，叹息道："我犯了什么罪，竟落得这么个下场？"

马文举说："你不顾国家安危，穷兵黩武，宠幸奸臣，拒纳忠言，天下死于战争、劳役之人无数，百姓苦不堪言，天下大乱，你还说自己没有罪吗？"

炀帝答道："纵使我有负百姓，但你们作为我的大臣，跟着我享尽了荣华富贵，为什么要如此对我？"

叛将说："我们这是替天行道，天下人对你这个昏暴之君都恨之入骨。"说完就上前把隋炀帝从西阁拉出来。叛将中以裴虔通为首，提刀要杀炀帝，炀帝大喊道："天子自有天子的死法。"于是向左右索要早已准备好的毒药。众人不准，说毒酒不如刀锋省事。杨广索性解开自己的巾带准备自缢。众人早已等不及，上前一起将他勒死。事后，萧皇后和宫女将床板拆下做成棺材，草草将他埋葬在后园中。不久，宇文化及将其葬于江都宫西面的吴公台下。唐朝建立后，迁葬于雷塘旁边。

## 为人之道

### ◎唯施是畏——残酷不仁的暴君石虎◎

统治者穷奢极欲，挥霍无度，就会使土地荒芜，百姓难以生存，这样的统治者就会被称为"独夫民贼"，而独夫民贼通常都没有好下场。

南北朝时期是中国历史上的乱世，也是昏君、暴君层出不穷的时期，后赵太祖石虎就是一个有名的昏暴之君。

石虎（295—349年），字季龙，上党武乡（今山西榆社北）人，羯族。十六国时期后赵君主。石虎在位期间，生活奢侈，大兴土木，广建宫室；对百姓横征暴敛，徭役繁重，民不堪命。

石虎生性残暴，在少年时代就表现出来了：常以弹弓打人为乐。十八岁时，由于其武艺超凡且勇猛过人，受到后赵建立者石勒的宠信，被封为征虏将军。其后，石虎娶了将军郭荣的妹妹，但石虎喜欢当时的杂技名角儿郑樱桃，于是把郭氏杀死，娶了郑氏。之后，石虎又娶了崔氏，后来崔氏因受到郑氏的嫉恨而死于石虎手中。

在军中，凡是比石虎武艺强的，石虎就会设法将他杀死，死于其手上的人不计其数。石虎嗜杀成性，每攻下一座城池，不论男女都一律杀死。一次，石虎攻下青州后，下令屠城，最后仅余七百人保全性命。

石虎生活奢侈，且好大喜功。在邺城，石虎修建台观四十多所，又营建长安、洛阳的宫殿，两地服役的征夫计四十多万。为征讨前燕，石虎令司、冀、青、徐、幽、并、雍等州已免除徭役之家五丁取三，四丁取二；为了讨伐南朝，石虎又命黄河以南四州之内的人民准备南下进攻的装备。各州为石虎征战造兵器的就有五十万人，被其征发来的百姓，很多都被石虎残害致死。例如，石虎在邺城北修筑华林园，园长十里，为赶工程，监工督促百姓深夜举烛劳作，时值暴雨，劳作的百姓被淹死万余人；又凿城墙引水入华林园，城墙崩塌，压死一百多人。

除征调劳役、军役之外，石虎又强令百姓五人出车一乘、牛二头、米十五斛、绢十匹，为征战备物，如有违令者，一律格杀勿论。在此高压、残酷统治之下，后赵国道路上到处都是"死者相望"的凄凉景象。

石虎的倒行逆施，使得生产遭到严重破坏，百姓处于水深火热之中，民不堪命，社会矛盾空前激化，统治集团内部也发生了内讧。最早时，太子石宣采纳右仆射张离建议，削减诸侯兵员收归自己统领。这一举动引起诸王的不满，内讧由此揭开序幕。

不久，石虎派太子石宣与石宣弟石韬轮流审阅尚书奏事，审决生杀之事以及任免官吏等事项，不必启奏。司徒申钟劝谏石虎，认为任免官吏、决定刑罚是国家的重大决策，不该委托他人，太子虽为国家储君，也不应干涉此事，否则必然招来灾祸。申钟又以石邃之事谏石虎，认为宠任不道之人，必定会害国害民。对于这一建议，石虎不予置理，仍用石宣、石韬轮流视政。

石宣以为自己是太子，不愿让石韬干政，再加上石韬自建宣光殿，规模宏大，仅梁长就达九丈，石宣见后非常愤怒，认为这是石韬借建殿向他这个太子示威，遂令人杀死工匠，截去大梁。后石韬又将梁加长至十丈，石宣得知，更加气愤，遂决定派人刺杀石韬，并伺机杀掉石虎以夺权。结果阴谋败露，石虎杀死石宣及妻室子弟二十九人，其部下三百人、宦者五十人全部被车裂肢解而死，东宫卫士谪配梁州。

这些人行至雍城（陕西凤翔县南）后，东宫高力护卫都督梁犊率众起义，秦、雍间城戍无不摧陷，起义队伍直入长安，人员增到十万。石虎急派李农率军镇压，但被打败，只得起用羌族姚弋仲和氐族苻洪部才镇压了起义。

激烈的社会矛盾，残酷的宫廷斗争，使石虎只能在惊恐不安中度日。349 年，石虎因忧恐而死，终年五十四岁。

石虎生性残暴，当上皇帝后更是对百姓横征暴敛。

# ◎第五十四章　善抱大道◎

【注释】

①建：栽培的意思，即建立、培养。拔：动摇。②抱：此处意为保护、保卫。③绝：停止。④何以：以何，凭什么，用什么。

【译文】

　　善于建树的人一旦有所建树就不可拔除，善于抱持的人一旦有所抱持就不会脱掉。如果子子孙孙都能遵守"善建"、"善抱"的道理，后代的烟火就不会断绝。把这个道理贯彻付诸自身，他的德就是真实纯正的；把这个道理贯彻付诸一家，他的德就是丰盈有余的；把这个道理贯彻付诸一乡，他的德就会受到尊崇；把这个道理贯彻付诸一国，他的德就会丰盛硕大；把这个道理贯彻付诸天下，他的德就会无限普及。所以以自身的修身之道来观察他人，以自家观察他家，以自乡观察他乡，以自己的国家观察其他的国家，以自己的天下观察别人的天下。我凭借什么知道天下的情况呢？就是用的这种方法。

【解析】

　　在这一章里，老子重点突出了"修"和"观"的意义。修指的是修身，这是一切事业的根本。只有身修好了，才可以把这种德扩展到一家、一乡、一邦，乃至整个天下。观就是观察推测的意思。天下所有事物的道理都是一样的，所以从己身可以推知他身，从己家可以推知他家。

　　"善建者不拔，善抱者不脱，子孙以祭祀不辍。""建"意为国家建立法律之意。"善建者"指的是善于立法的人。"不拔"意为动摇，拔不开脚步，也就是受法之禁锢不得自由的意思，老子提倡自然无为，反对任何对人禁锢的社会形式。"抱"意指聚拢；"善抱者"指的是善于聚拢徒众的人，在老子活动的时代，孔子聚徒讲学，弟子三千，是第一个"善抱者"（即聚徒讲学的人），老子不赞成聚众讲学的做法，所以一生没有收徒。"不脱"意为脱离不开自身，也就是不得自由的意思。我们都知道，儒家十分重视宗族的延续，常说"不孝有三，无后为大"，并把子孙对祖先的祭祀看作重大的事情。老子对儒家的做法不赞同，他提倡自然无为，认为子孙对祖先的祭祀是一种搅扰，也是一种破坏安宁的行为。在本章中，老子批判了以法治国和以"礼乐教化"治国的社会观。在老子看来，这些都是有为之治，都与自然无为的理念格格不入。老子通过批判这两种有为思想，进而提出自然无为的理念，主张用无为的道去修身、齐家、睦邻、治国、平天下。

　　"修之于身，其德乃真；修之于家，其德乃余；修之于乡，其德乃长；修之于邦，其德乃丰；修之于天下，其德乃普。""修"意为修炼，即使德成为个人修身、齐家、睦邻、治国、平天下的自觉规范。"之"即到的意思。"余"意指富余。"长"即久远的意思。"丰"即五谷丰登，上古社会是农业社会，社会经济状况的好与坏，主要看农业的收成。在这句话中，老子主要讲如何用德来修身、齐家、睦邻、治国、平天下。老子在这里描绘了一幅桃花源式的理想社会的图画，在这幅图画中，人与人之间，人与自然之间，关系都是和谐融洽的。所以，老子总结出来一个结论：以自然无为的理念修身，那么每个人都会变得纯真，这就消除了人心的险诈；以自然无为的理念齐家，那么家庭也会变得富裕起来；以自然无为的理念与乡邻相处，那么乡邻之间也能亲密和睦；以自然无为的理念治理国家，那么国家也能兴旺发达起来；以自然无为的理念治理天下，那么天下百姓都会获得自由。

善建者不拔，善抱者不脱。

"故以身观身，以家观家，以乡观乡，以邦观邦，以天下观天下。吾何以知天下之然哉？以此。"在这段话中，老子讲了检验修身、齐家、睦邻、治国、平天下是否合乎自然无为之德的方法。老子认为，以修之身作为检验身的标准，以修之家作为检验家的标准，以修之乡作为检验乡的标准，以修之国作为检验国的标准，以修之天下作为检验天下的标准。这样，统治就会长久，天下就会安定。

## 为人之道

## ◎不拔不脱——厚德载物的邓攸◎

老子说："善建者不拔，善抱者不脱。"一个人道德修养高，就会得到别人的尊敬和爱戴。东晋邓攸的故事就很好地说明这个道理。

邓攸字伯道，平阳襄陵人。邓攸七岁时父亲去世，不久母亲与祖母也相继去世。他守丧九年，以孝著称，为人清静和气、平易简朴，忠贞正直，淡泊寡欲。他从小就成为孤儿，与弟弟居住在一起。后来邓攸被中正评为二品，任吴王文学，后历任太子洗马、东海王司马越参军。司马越很钦佩他的为人，提拔他为东海王世子文学，后转任吏部郎。司马越的弟弟司马腾出任东中郎将，请邓攸任长史。后来他又出任河东太守。

晋怀帝永嘉末年，邓攸为石勒所俘。石勒一向忌恨太守等高级官吏，听说邓攸在营中，便派人骑马去召唤他，打算杀死他。邓攸到达石勒门前时，门吏是邓攸的旧部下。于是邓攸央求他找来纸笔，给石勒写上一封书信。门吏等石勒高兴的时候乘机呈上邓攸的书信。石勒看完信觉得邓攸文采很好，才没有杀死他。石勒的长史张宾先前与邓攸是邻居，很看重邓攸的名望节操，于是向石勒推荐邓攸。石勒把邓攸召到帐下，与他交谈一番，觉得很满意，不久就任命其为参军。石勒每次外出征伐，都带着邓攸，让他留在身边。

石勒曾定下一则规定：夜间禁止点火，违犯者要处死。邓攸的车子与胡人相邻，胡人夜里失火，烧毁车辆。官来调查，胡人就诬陷是邓攸干的。邓攸自知无法与其争辩，就自辩说是因弟媳服药必须把酒温热，这才引起失火。石勒知道后，下令赦免邓攸。后来胡人感激邓攸的恩德，便去石勒那里负荆请罪，以辨明邓攸的冤情。

邓攸本是晋人，不甘心长期待在北方胡人之地，于是趁石勒过泗水时，立即砍坏车辆，以牛马驮妻子、孩子逃跑。不料途中遇到强盗，掠走牛马，邓攸只好担着自己的儿子和侄子邓绥逃跑。粮食很快就吃完了，石勒的追兵也在后面穷追不舍。邓攸估计不能两全，就对自己妻子说："我的弟

295

弟死得早，只有一个儿子，我们不能让他绝后。现在如果我们带着两个小孩子逃命，大家都会死。如今之计只有舍弃我们的孩子了。"妻子听后泣不成声，邓攸安慰她说："不要哭了，我们还年轻，日后还会有孩子的。"妻子哭着同意了。于是把自己儿子扔掉了。他的儿子早晨被扔掉，傍晚时又追上来了。第二天，邓攸只好把儿子绑在树上而去。

渡江以后，晋元帝任命邓攸为太子中庶子。邓攸自己载着米上吴郡赴任，不接受俸禄，只是饮用吴郡的水而已。当时郡中正闹饥荒，邓攸便上表请求朝

邓攸为官清廉，厚德载物，为世人所重。

廷允许开仓赈灾，朝廷迟迟未答复，他就擅自开仓赈济饥民。尚书台派遣散骑常侍桓彝等慰劳饥民，察看地方官员的政绩，见邓攸擅自做主，便弹劾邓攸擅自开仓放谷，但朝廷下诏赦免了邓攸。邓攸在吴郡时，为官清廉，法纪严明，百姓对他十分拥戴。

后来，邓攸声称有病而离职。吴郡中常置备有送迎官员的钱数百万，邓攸离开吴郡时分毫也不接受。百姓数千人牵住邓攸的船进行挽留，使船无法行驶，邓攸只好暂时停住，到半夜时方开船离去。吴郡人唱歌谣说："紞如打五鼓，鸡鸣天欲曙。邓侯拖不留，谢令推不去。"百姓到尚书台乞求再留邓攸一年，未得到允许。

后来邓攸被任命为侍中，一年后又转任吏部尚书。他平时只吃蔬菜，穿旧衣，但经常周济别人。他性格谦顺和气，与人交往不分贵贱，都一视同仁。

邓攸抛弃自己的儿子以后，妻子未再怀孕。过江以后邓攸曾经娶了一个小妾，非常宠爱她。一年多后闲聊时询问她的来历。小妾说自己是中原人，因战乱而避难江东，并说了她父母的姓名。邓攸这才知道这个小妾竟然是自己的外甥女。邓攸一向以道德操守标榜，平时言行没有任何缺陷。听了她的话后，邓攸终生悔恨不已，于是不再纳妾，最终还是没有儿子。时人感念他的仁义，哀怜他没有后代，都说："天道无知，使邓伯道无儿。"

邓攸死后，他的侄子邓绥为他服丧三年。

邓攸一生清廉，厚德载物，为世人所重。名士顾含评论说："邓攸清廉，江南士大夫中第一。"

## 处世之道

# ◎修身正己——有关信念故事两则◎

美国漫画家查尔斯·舒尔茨因为连环漫画《花生》而誉满全球，殊不知，这位漫画家早年经历从未品尝过胜果，而正是依靠根植于内心的坚定信念，才使他最终走向了成功。

舒尔茨在学校读书时，总是被看作全校最差劲的学生，各门功课都是惨不忍睹，尤其物理成绩通常都是零分，因此成了学校有史以来物理成绩最糟糕的学生。甚至在体育上他也落在大部分人的后面，虽然他参加了学校的高尔夫球队，但在赛季唯一一次重要比赛中，他输得干净利落。再谈谈他的交际，在这方面，他拙嘴笨舌，社交场合从来不见他的人影。因此，大家几乎完全忽略了这个人的存在。如果有哪位同学在学校外主动向他问候一声，他会受宠若惊并感动不已。

但舒尔茨却有一个爱好——画漫画，他深信自己拥有不凡的绘画才能，并为自己的作品深感自

豪。但是，除了他本人以外，他的那些涂鸦之作从来没有人看得上眼。上中学时，他向年刊的编辑提交了几幅漫画，但一幅也没被采用。但他并没有灰心，依旧将成为一个职业漫画家作为自己的梦想。

中学毕业那年，舒尔茨向当时的沃尔特·迪士尼公司写了一封自荐信。公司给他出了个题目，让他画些作品寄来看看。舒尔茨受到极大鼓舞，投入大量时间和精力画了几幅作品并寄了过去。但最终迪士尼公司没有录用他。

再后来，感到走投无路的舒尔茨开始将自己的充满失败的人生经历画入漫画，讲述了一个童年灰暗，青年失败，想成为艺术家却屡遭退稿的人物形象——一个名叫查理·布朗的小男孩。这是一个充满失败的人：他的风筝从来就没有飞起来过，他也从来没踢好过一场足球，他的朋友一向叫他"木头脑袋"。结果，这本连环漫画却取得了巨大成功，即是后来风靡世界的《花生》系列漫画。

再看英国作家夏绿蒂·勃朗特的故事。

夏绿蒂·勃朗特出生于英国一个乡村牧师家庭，因家中姊妹较多，经济上十分拮据，也没有机会接受好的教育。但她父亲是剑桥圣约翰学院的毕业生，学识渊博，常常教子女读书看报，还给他们讲故事。这是自母亲去世后她们所能得到的唯一的乐趣，同时也给夏绿蒂以及两个妹妹带来最初的影响，使她们对文学产生了浓厚的兴趣。

因为勃朗特一家一向离群索居，夏绿蒂姐妹自幼性格孤僻，在那个偏僻的村落里，她们姐妹所能找到的唯一慰藉，就是面对荒野任凭想象力驰骋，编写离奇动人的故事。久而久之，夏绿蒂暗暗下定决心，将来一定要成为作家。夏绿蒂 14 岁时，就已写了许多小说、诗歌和剧本，据她后来回忆，她总共写了 11 卷之多，每卷 60 到 100 页。这些习作尽管还很幼稚，但初步锻炼了她的写作技巧和文字掌控能力，可以说为她往后在文坛上崛起做了充分准备。

15 岁时，夏绿蒂进了伍勒小姐办的学校读书，几年后又在这个学校当教师。后来迫于经济原因，她开始当家庭教师，但因不能忍受贵妇人、阔小姐对家庭教师的歧视和刻薄，放弃了这条谋生之路。但这段经历却为《简·爱》提供了极其重要的素材。后来，在热心的姨妈的资助下，夏绿蒂和妹妹一块到了布鲁塞尔的一所法语学校。学校的创办者和执教者埃热先生文学造诣很深，勃朗特姐妹俩在他的教诲下，很快掌握了法语，并阅读了大量法文文学作品，开阔了自己的文学视野。

从布鲁塞尔回国后，为了养家糊口，夏绿蒂便和两个妹妹一起开始筹办学校，但是结果令人失望，广告打出几个月后竟然无一人前来报名。不过，因为夏绿蒂的梦想在文学方面，至于如何养家糊口，她并不是很在意。之后她依旧当起了家庭教师，期间，她从未停止写作。但是 20 岁时，她遭受到了一次不小的打击，她将自己写的几首诗寄给了当时著名的英国桂冠诗人骚塞，希望得到他的指点和认同，没想到骚塞竟认为文学不是妇女的事业，而且认为夏绿蒂没有特殊的才能。夏绿蒂这次遭受的打击不小，但她没有认输。

1845 年秋天，夏绿蒂偶然读了妹妹艾米莉写的一些诗，于是，她们经过商量，将三个人的一些诗合订在一起，自费出版了一本诗集。尽管她们的诗写得很美，却没有人注意，出版后只卖掉了两本。

尽管诗集没有什么销路，但是夏绿蒂姐妹的创作热情受到了激励，她们又开始埋头写小说。这时，已经 30 岁的夏绿蒂花了将近一年时间，写成长篇小说《教师》；妹妹艾米莉和安妮则分别写了长篇小说《呼啸山庄》和《艾格尼斯·格雷》。她们将三部小说一起寄给了出版商。没想到，出版商接受了《呼啸山庄》和《艾格尼斯·格雷》，却拒绝了夏绿蒂的《教师》。

夏绿蒂这次真的遭受到沉重打击。但她没有气馁，接着便写出了另一部长篇小说《简·爱》。寄给出版商后，出版商大喜过望，马上付诸印刷。小说一面世，便受到了热烈追捧，大街小巷里都在谈论这部小说，夏绿蒂一举成名，实现了她的作家梦。

这两则故事可说都是关于信念的，正是将信念默默根植在了内心深处，查尔斯·舒尔茨和夏绿蒂·勃朗特的信念既没有被生活的压力所挤掉，也没有因失败的打击而脱落，并最终激励他们走向成功。

# ◎第五十五章　物壮则老◎

**【原文】**

含德之厚，比于赤子。毒虫不螫，猛兽不据①，攫鸟不搏②。骨弱筋柔而握固，未知牝牡之合而脧作③，精之至也。终日号而不嗄④，和之至也。知和曰常，知常曰明。益生曰祥⑤，心使气曰强。物壮则老，谓之不道，不道早已。

**【注释】**

①据：兽爪取物之意。②攫（jué）：用爪抓取。③脧（zuī）：婴孩的生殖器。④嗄（shà）：嗓音嘶哑。⑤祥：本为吉祥，但古代亦可指妖祥。这里指灾祸、不吉的意思。

**【译文】**

含"德"深厚的人，就好像天真无邪的婴儿。毒虫遇见不刺他，猛兽碰到不伤害他，巨鸟看见不搏击他。他的筋骨还很软弱柔嫩，但握成拳头却很牢固。他虽然不懂男女交合，但他的生殖器却常常勃起，因为他的精气充足。他即使终日号哭，而嗓子并不因此嘶哑，因为他的元气醇厚。认识醇和的道理叫作"常"，认识常叫作"明"。纵欲贪生就会引起灾祸，欲念主使精气就叫作逞强。事物过于壮盛就会走向衰老，这就叫违反了"道"的法则，不遵守常道就会很快消亡。

**【解析】**

本章重点说的是人的最佳状态。人的最佳状态，即一个人把无为大道修炼到最高程度后，所能达到的最高境界，也就是进入到"无我"的赤子状态。本章中，老子以极其夸张的手法把得道之人比喻成了赤子，这是因为赤子无我、无为、无欲，不会伤害任何事物，因此也不会招致来自外物的伤害。

"含德之厚，比于赤子。"刚刚诞生的婴儿无知无欲，对他所生活的这个世界还不了解。实际上，初生的婴儿连自己是谁都不知道，他除了满足本能的需求之外，根本不知道自己需要什么，所

含德之厚，比于赤子。

以他没有贪念，也没有欲望。在前面的章节中，老子曾说真正的富有就是无欲无求，这样说来，婴儿的状态可算是最富有的状态了。

要想达到婴儿的状态，也并不是一件容易的事。一般说来，成人是难以到达这个状态的，只有修炼得道的人才能像婴儿那样无欲无求，心无杂念。

"毒虫不螫，猛兽不据，攫鸟不搏。""毒虫"指蜂、蝎、毒蛇之类的生物。"螫"意为毒虫用尾端刺人。"据"指兽类用足爪抓物。"攫鸟"即用脚爪取物如鹰隼一类的鸟；"攫"字的用法与"毒虫"的"毒"的用法一样，都是形容凶恶的物类。"搏"指的是鹰隼用爪和翅击物。老子认为，对

于得道之人来说，即便是毒虫、猛兽和恶鸟也不能伤害他。

"骨弱筋柔而握固"，婴儿虽然无欲无求，但他不是软弱的，不会任人欺凌。我们仔细观察婴儿的行为，他的小手虽然很柔软，但是非常有劲，攥东西的时候手握得十分牢固，很难将其分开。

"未知牝牡之合而朘作，精之至也"，"牝牡之合"指的是男女的交合。"精"即精华，这里指生命活力。

"终日号而不嗄，和之至也。"接下来，老子就婴儿的生理特征进行了描述。他说，成人多讲几句话就会口干舌燥、声音沙哑，而婴儿即便是高声长嚎也不会口干舌燥、声音沙哑。这是什么缘故呢？在老子看来，这主要是因为婴儿的生命力十分强大。初生的婴儿之所以生命力强大，就是因为他还处于无为的状态之中。这种状态虽然看起来不够强大，却是生命力顽强的标志，是身体里的中和之气充足的象征，因此，老子称这种状态为理想的生存状态。这种理想的生存状态并不是任何人都能拥有的，只有潜心修炼大道，使自己的行为合乎大道，才能到达最佳的生存状态。

不过，人们不可能永远停留在赤子的状态之中，人总是要不断成长的，这是无法改变的客观规律。我们一天天长大，繁衍生息，走向衰老，最终还要面对死亡；我们踏入社会，与各色人等打交道，所以，无欲无求的赤子状态是难以保持的。

尽管我们渴望纯真，但是为了生存，我们不得不抛弃自然无为的生存方式。每个人都不是完美的，任何人的身上都有缺点，如果我们不能纠正自己的缺点，不克制自己的欲望，就会变得骄纵、暴躁起来，而唯独缺少了与生俱来的和气。

"知和曰常，知常曰明。益生曰祥，心使气曰强。""和"指阴阳调和。人的身体，阴阳调和才能健康，阴盛则生寒疾，阳盛则生热疾。"常"即人类天性的自然规律。"益生"即纵欲贪生。

"物壮则老，谓之不道，不道早已。"在本章的最后，老子说道："事物过分强壮便会走向衰老，这叫作违反了道的法则，不遵守常道就会很快消亡。"这句话揭示的其实是一种客观规律，我们知道，任何事物发展到极致都会朝着相反的方向转化，这就是人们常说的"物极必反"。如何理解老子的这句话呢？事物发展到强壮阶段，由于它不能遵守赤子的和气之道，所以会渐渐走向衰亡。在老子看来，人类的例子便是最有力的证据：人在赤子阶段，什么都不知道，所以也就无欲无求，正因为婴儿无欲无求，不会伤害到任何事物，所以也就不会遭到任何事物的伤害，从而处于绝对的安全之中。但是，随着年龄的不断增长，人们逐渐有了自己的思想和意识，于是产生了私欲，开始变得贪婪起来。如果不对此加以节制，就会变得多疑和患得患失，于是各种恶劣的情绪也就随之而来了。这时，痛苦和烦恼使人丧失了生活的勇气，这样必然会导致人们过早地衰亡了。

本章中蕴含的"物极必反"的理论，说的是任何事物的发展都有一个限度，一旦超过了这个限度，就会朝着它相反的方向转化，事物强壮到极点就必然会走向衰亡。所以，我们做任何事情，都要掌握一个度，要适可而止，不然就会走向反面。

**为人之道**

## ◎任性使气——屠岸贾骄纵而亡身◎

在这一章里，老子用婴儿的生理现象打比方，说明纯真无争的强大。事物盛极则衰，人也是如此，不明白这个道理，必然导致早亡，骄昂跋扈、极具攻击力的行事风格完全可以将一个位高权重的人引入死路，还会给他人带来莫大的灾难。春秋时晋国权臣赵盾与屠岸贾的故事就说明了这个道理。

屠岸贾是晋国人，出身于贵族之家，祖父屠岸夷和父亲屠岸击都在晋惠公当政时担任大夫。其中，他的祖父屠岸夷不仅曾帮助晋惠公登临君位，还在晋国与秦国的战争中，立下大功。晋惠公感念他的贡献，追封他为上大夫，并令他的儿子屠岸击世袭大夫官职。屠岸贾也因此受益。

　　赵盾也是晋国人，和屠岸贾一样出身贵族之家，其父亲赵衰是晋文公的重臣，赵衰死后，赵盾不仅承袭父亲的执政大夫之位，还被晋襄公任命为中军元帅，集军政大权于一身，其权焰之炽烈，无人能比。

　　晋襄公临终前，由于担心儿子晋灵公年纪尚小，不足以担当大事，便要赵盾帮助其处理朝政。然而，赵盾一开始并不支持晋灵公即位，君臣不睦的祸根早早种下。因此，相对于强势能干的赵盾，晋灵公更宠幸善于逢迎的屠岸贾。而随着时间的推移，晋灵公对屠岸贾愈发依赖，对赵盾则日益不满。晋灵公的母亲曾想借助朝中的反赵势力削弱赵盾，却没有成功。赵盾对付政敌心狠手辣，不少反对他的老臣都被杀害。

　　屠岸贾深知晋灵公对赵盾的怨懑，也把赵盾当成眼中钉，不断激化晋灵公和赵盾的矛盾，终于让晋灵公萌生了铲除赵盾之心。不久，晋灵公和屠岸贾密谋派刺客刺杀赵盾，却没想，刺客竟被赵盾深深折服，宁可自刎身死也不取赵盾的性命。之后，晋灵公又借宴会之名邀请赵盾，打算在宴席上将赵盾杀死，然而奉命暗杀赵盾的人曾经接受过赵盾的恩惠，放了赵盾一马。

　　大难不死的赵盾得知晋灵公对自己动了杀心，便尝试出逃，在路上遇到了侄子赵穿。赵穿弄清了事情的前因后果气愤难当，决心反击。他安顿好赵盾后返回晋国国都，借口向晋灵公请罪，博得了晋灵公的信任。随后他又巧妙地支走了屠岸贾，杀死了晋灵公。

　　晋灵公死后，晋人将晋成公扶上国君之位，赵盾得以再次执掌国家大权，其子赵朔还迎娶了晋成公的女儿庄姬。

　　从表面上看，赵氏家族已经走出了晋灵公的阴霾，晋成公对赵家十分信赖。然而，好景不长，没过多久，赵盾病死，晋成公也死在了讨伐陈国的途中。继位的晋景公像晋灵公一样昏聩荒淫，这就给屠岸贾提供了东山再起的契机。屠岸贾迅速坐大，被任命为司寇，掌管刑狱。而借职位之便，屠岸贾翻起了旧账，以追查晋灵公之死的名义，将矛头对准赵盾的后人，赵家登时遭到灭顶之灾，包括赵朔在内的赵氏老小全部被杀。

屠岸贾是晋国人，出身于贵族之家。

所幸赵朔的妻子是晋成公的女儿，赵朔遇害时，她已怀有身孕，侥幸逃到了宫里。据《史记·赵世家》记载，在赵朔的家臣公孙杵臼及程婴等人的帮助下，赵朔的遗腹子赵武得以保全。

十五年后，晋景公得了重病，找人占卜，占卜的结果显示"大业因断了后代的香火而作祟"。大臣韩厥借机向晋景公说："大业的后代在晋国断了香火的不就是说赵氏吗？"治病心切的晋景公忙打听赵氏后人的下落，韩厥这才将赵朔之子尚在人间的事告诉给他。晋景公大喜，召赵武入宫，还将他介绍给手下大臣。大臣们见国君对赵家的态度变了，顺势将赵家被屠的责任都推到了屠岸贾身上。

一度不可一世的屠岸贾就这样失了势，他的好日子到头了。晋国的将军们和赵武一起攻打了他的家族，灭掉了他一家。屠、赵两家的恩怨这才告一段落。纵观屠岸贾

赵武与韩厥等人打败了屠岸贾。

和赵盾的一生，他们都曾权倾朝野，风光无限，都曾不遗余力排除异己，但又都因过于张扬凶狠而招致灾祸，他们都没有因大权在握、手段过人而保全家人。老子的"物壮则老"就是在提醒人们，有时候眼睛看到的强大并非真正的强大，逞强傲物必然遭殃，人要有意识地让自己像婴儿那般纯真柔和，才有可能拥有真正强大的内在，从而有能力避开灾祸，逢凶化吉。

## 处世之道

## ◎以和为贵——"将相和"的故事◎

和，指的是心无所争，没有欲念。老子强调"和"，把和看作生命的永恒，并提出了"和为贵"的思想。春秋战国时期，赵国的廉颇和蔺相如就向人们展示了一出和为贵的故事——将相和。

廉颇是战国中后期赵国的名将，他有勇有谋，多次打败齐国和秦国的军队，因此名声威震天下，诸侯不敢轻易招惹赵国。

有一次，赵惠文王得到了一块楚和氏璧，秦昭王听说后，想得到这件宝物，便派使者到赵国，说愿意用十五座城池交换和氏璧。赵王担心秦王使诈，迟迟不敢作决定，这时，蔺相如主动请缨，说自己愿带和氏璧去秦国，并能使其完完整整地回到赵国。

果然，蔺相如到了秦国，秦王并没有诚意拿城池交换和氏璧。蔺相如拿着和氏璧，后退几步倚着柱子站立，怒发冲冠，威胁秦王交出城池，不然自己将抱着璧一起撞向宫殿里的柱子。秦王无奈，只好假意答应条件，并承诺在斋戒五日后接受和氏璧。蔺相如住到秦国的宾馆，暗中派人把和氏璧送回赵国。秦王知道后，觉得杀掉蔺相如也无济于事，就让蔺相如回到赵国。

赵王见蔺相如"完璧归赵"，而且还安然脱身，心里非常高兴，便任命蔺相如为上大夫。

数年后，秦王约赵王在渑池会盟。在渑池，秦王与赵王饮酒畅叙一番。喝到一半的时候，秦王见赵王有些醉意，便狡猾地说道："寡人私下里听说赵王喜好音乐，请为我演奏一下瑟吧。"赵王怕

惹秦王不高兴，便为秦王弹瑟。秦王很得意，吩咐旁边的史官把赵王为秦王奏瑟的事情记录下来。

赵王受了屈辱，闷闷不乐，蔺相如见此情形，笑着对秦王说道："赵王私底下听说秦王擅长演奏秦地乐曲，请秦王敲打瓦缶，以相互娱乐。"秦王一听，勃然大怒，坚决不肯答应。蔺相如走上前去，把瓦缶放到秦王面前，躬下身子请求秦王演奏。秦王昂着头，秦国群臣更是不屑地望着蔺相如，这时，蔺相如站直身子，威风凛凛地说道："如果您不答应，那么，在五步之内，我将把我脖颈里的鲜血溅到您的身上！"秦王的侍卫大惊，抽出刀来准备杀掉相如，相如睁大眼睛，大声呵斥，侍卫们都溃散下来。秦王迫于无奈，终于答应为赵王敲击瓦缶。相如这才退下去，回过头召唤赵国史官过来，然后对他说道："你现在记下来：'某年某月某日，秦王为赵王敲击瓦缶。'"

渑池之会上，蔺相如请秦王为赵王击缶。

在这次渑池之会上，尽管秦国君臣想尽各种办法侮辱赵王，但因为蔺相如的缘故，都没有得逞。而此时廉颇又率领大军埋伏在附近，所以秦国并不敢轻举妄动。不久，赵王和蔺相如平平安安地回到了赵国。

经历"完璧归赵"和"渑池之会"这两件事，蔺相如甘冒生命危险保全赵国的尊严，使赵国没有陷入被动的局面，功劳很大。赵王很感激他，便任命他为上卿，地位在廉颇之上。廉颇心有不甘，愤愤地说道："我身为赵国的大将，有攻城野战、保疆卫土的功劳，而蔺相如仅仅以口舌之功，地位居于我的上面；况且蔺相如向来是个卑贱之人，我很羞愧，无法容忍位居他之下。"扬言说："倘若我见到蔺相如，一定当众侮辱他。"对于这些话，蔺相如即便听到了，也当没有听到一样，几次驾车出门，远远地看见廉颇，就早早地躲开了。这样时间一久，连蔺相如的门客都觉得他太窝囊，忍受不了。有一次蔺相如出门，老远看见廉颇，蔺相如把车子调转方向躲避。宾客争相对他说："臣之所以离开亲人侍奉您，只是仰慕您罢了。现在您与廉颇地位平等，廉颇口出恶言而您却畏惧他躲避着，害怕极了，况且普通人尚且感到羞愧，更何况将相呢！臣等不肖，请让我们离开吧。"

蔺相如听了宾客的话，不慌不忙地问道："你们看廉将军比起秦王来哪一个厉害？"宾客说："廉将军不如秦王。"蔺相如说："秦王那么有威严，我都能在朝堂上呵斥他，侮辱他的群臣，相如虽然愚笨无能，难道会畏惧廉将军吗？不过我想着，强大的秦国之所以不敢出兵攻打赵国，只是因为赵国有我们二人啊。现在两虎相争，势必不会共存。我之所以这么做，是以国家之事为先，不计较个人的私仇啊。"

这些话很快就传到了廉颇的耳朵里，他听后恍然大悟，既感动又惭愧。廉颇是个正直坦诚的人，一旦悔悟，就要真诚地改过。为了表示自己的诚意，他就按照古人最隆重的仪式，光着脊梁，背着荆杖，表示任由责打，到蔺相如门上"负荆请罪"。他跪在蔺相如的门前，说道："我是个见识短浅而又气量狭小的人，没想到您能宽恕我，请您责打我吧！"蔺相如也很感动，亲自把他扶起来。于是两人和好，成为同生死共患难的朋友。

# ◎第五十六章　知者不言◎

**【原文】**

知者不言，言者不知。（塞其兑，闭其门，）① ［挫其锐，解其纷，和其光，同其尘，］② 是谓"玄同"。故不可得而亲，不可得而疏；不可得而利，不可得而害；不可得而贵，不可得而贱。故为天下贵。

**【注释】**

① 已见于第五十二章，此处错简重出，当删。② 以上四句错简重出于第四章，当移于此处。

**【译文】**

真正有智慧的人是不向人民施加政令的，施加政令的人不是真正有智慧的人。堵塞嗜欲的孔窍，关闭欲念的心门；永远也不显露锋芒，解除俗事的纷扰，收敛他们的光耀，混同他们的尘世，这就是玄妙齐同的境界。达到"玄同"境界的人就不分亲，不分疏；不分利，不分害；不分贵，不分贱。所以为天下人所尊重。

**【解析】**

本章讲的是修德的方法，重点突出了"玄同"这两个字，即把握住道的中心思想，不参与世俗的争辩、分别及竞争。

"知者不言，言者不知。"在这一章中，老子向我们展示了一个真正的智者形象。怎样才算是真正的智者呢？在老子看来，真正的智者决不会夸夸其谈以显示自己的高明和睿智，他们会时刻保持缄默，永远站在低处仰视他人、

知者不言，言者不知。

俯瞰自己，表现出谦逊而随和的特征。老子说，真正高明和睿智的人，是不随意夸夸其谈、口无遮拦的，只有那些毫无知识和头脑简单的人才会试图通过侃侃而谈来显示自己的聪明才智。然而，他们不会想到，这种夸夸其谈恰恰表明了自己的无知和愚笨，所以老子对这种人进行了严厉的批判。老子站在现实的环境之中，不但批判当时的统治者，还警示世人，告诫他们应谦逊随和，不要夸夸其谈。

"塞其兑，闭其门，［挫其锐，解其纷，和其光，同其尘，］是谓'玄同'。"在前面的章节中，我们曾经说过，老子不仅是世人最好的警醒者，也是大家最好的引路人。这是因为，老子在提出一个问题之后，决不会躲到远处不理不睬，而是想方设法为我们提供最可行的方案。在这一章里，对于我们经常所犯的夸夸其谈的错误，老子又给出了最可行的建议，也就是要塞住嗜欲的孔窍，关闭嗜欲的门户，锉掉锋芒，消解纠纷，含敛光耀，浊同尘世。在前面的章节中，老子曾反复强调做人要委曲、柔弱、和气、恍惚、无为的道理，换句话说，也就是做人不要锋芒毕露，锋芒毕露只会带来危害，所以老子才主张"挫其锐"，这样就避免了伤人和自伤，不但保全了自己，还保全了别人。

在现实之中，我们一定会有这样的疑惑：当我们因为一件事情而感到纠结的时候，心里就像有了一团乱麻，无论怎样也解不开。内心烦乱使得我们坐立难安，让我们感到惶惑甚至痛不欲生。既

303

然如此，为何不彻底解除心里的烦乱，让自己快乐地度过短暂的一生呢？因此，老子告诉了我们"解其纷"的方法，这样我们就了无牵绊了，整个人都变得轻松自在起来了。做人要平和，不可过分炫耀，这是我们每个人都知道的做人准则。然而，究竟有多少人可以依照这一准则行事呢？在现实生活中，我们为了显示自己的存在，彰扬自己的聪明才智，往往会逢人便自夸一番。其实，真正高明和睿智的人，又怎么会口无遮拦地高谈阔论呢？真正的智者，就像深沉的大海一样深不可测；他们看似普通，他们随大流而绝不追求个性。在当今社会里，有些人为了彰显个性或是推销自己，故意把自己包装得怪模怪样，让人看了忍俊不禁，不知是丑还是美。为什么会出现这样的现象呢？原因就在于人的欲望正在不断地膨胀，而我们又难以克制自己的欲望，这也是人的本性使然，老子在这里勉励我们要堵塞自己嗜欲的孔窍，关闭嗜欲的门径，也就是"塞其兑，闭其门"。

"故不可得而亲，不可得而疏；不可得而利，不可得而害；不可得而贵，不可得而贱。故为天下贵。""贵"是动词，贵重的意思。在本章的最后，老子指出，达到"玄同"境界的人，已经超脱亲疏、利害、贵贱的世俗范围，所以为天下人所尊重。

尽管我们与老子生活在不同的时代，但是有一点是相同的，即人都是有欲望的，而且人们都难以克制自己的私欲。在本章中，老子站在时代的起点上高瞻远瞩，客观地分析了人的本性，这对我们来说依然具有很重要的意义。例如，有人认为，在这个物欲横流的时代里，如果只是一味地聚敛光芒，而不能及时地把自己的才华展现出来，就会为时代所掩埋。所以，他们逢人便大肆宣扬自己，夸赞自己的能力和才华。其实，这是没有必要的，有句话说"是金子总会发光"，只要你有才华，在哪里都会显现出来，大可不必费尽心思地夸夸其谈。前面我们也曾说过言语具有局限性，言语不能穷尽我们真实的想法，所以老子得出了一个结论：真正有知识和智慧的人不会高谈阔论，只有那些没有知识和智慧的人才会夸夸其谈。

## 为人之道

## ◎ 柔弱处下——不自我标榜的卢梭 ◎

卢梭是法国18世纪的著名思想家、哲学家，在当时及后世都享有极高的荣誉。在其晚年的著作《忏悔录》中，卢梭完全以一种真诚、客观的角度对自我进行了犀利的剖析，其中多有对自己一生中龌龊、阴暗的心理和行为进行的毫不隐瞒的揭露。在人类历史上，写自传对自己进行自我剖析的人并不少，这样做的大思想家就有好几个，比如古罗马大哲学家奥古斯丁、法国作家蒙田都有类似的行为，但是这些人在对待自身不光彩的地方的时候，都没有像卢梭这样坦白。因此，《忏悔录》被认为是世界上最值得尊崇的自传。

在《忏悔录》中，卢梭曾经批评了过去写自传的人"总是要把自己乔装打扮一番，名为自述，实为自赞，把自己写成他所希望的那样，而不是他实际上的那样"。他进一步以16世纪的大散文家蒙田为例，认为他在剖析自我的散文集《随感集》中，虽然也讲了自己的缺点，却把它们写得相当可爱。表面上是一种自责，实际上则有些自赞的性质。对此，卢梭针锋相对地提出了一个颇具哲理性的警句："没有可憎的缺点的人是没有的。"同时他还指出，其实认识到这一点并不难，但是要公开承认自己的"有可憎的缺点"，特别是把这种"可憎的缺点"披露出来，却需要极大的勇气。正是在这样的认知基础上，卢梭在《忏悔录》一开始就这样宣布："我现在要做一项既无先例、将来也不会有人仿效的艰巨工作。我要把一个人的真实面目赤裸裸地揭露在世人面前。"

而卢梭也的确如他所宣称的那样，对自己不光彩的一面毫不隐瞒，他大胆地把自己不能见人的隐私甚至是下流的行径，公之于众。他坦白自己说过谎，行过骗，调戏过妇女，偷过东西，甚至有偷窃的习惯。不仅如此，他还具体地讲述了自己有过的卑劣行径。比如，曾经有一次，他偷了一条贵重的绣带后，因为担心遭到惩罚而将这件事转嫁到自己喜欢的一个女仆玛丽头上，造成了她的名誉受到污蔑；还有一次，他在朋友勒·麦特尔需要他帮助的关键时刻，却抛弃了他；另有一次，他为了混一口饭吃就背叛了自己的新教信仰，改奉了天主教。

不仅坦白自己的卑劣行径，甚至对于内心深处的一些醒龊想法，卢梭也并没有避开，而是直接将其袒露出来。比如在谈到自己偷东西的事情时，他就坦言，他偷东西时经常挨打，刚开始时还感到屈辱，但是被打多了以后，便"渐渐对挨打也就不在乎了"，甚至"觉得这是抵消偷窃罪行的一种方式，我倒有了继续偷窃的权利了……我心里想，既然按小偷来治我，那就等于认可我做小偷"。另外，卢梭还袒露自己对于钱财的态度，他坦白承认自己一方面对金钱极端鄙视，而同时又对金钱极端吝啬，害怕囊空如洗的感觉。对此，他还借助具体的事情对自己的金钱观进行了剖析，他眼见庇护自己的华伦夫人挥霍浪费、有破产的危险，他就想偷偷摸摸建立起自己的"小金库"，但一看无济于事，就改变做法，"好像一只从屠宰场出来的狗，既然保不住那块肉，就不如叼走我自己的那一份"。

总之，诸如此类，卢梭在《忏悔录》中正是如此地对自己进行了无情的剖析，没有丝毫的文过饰非的地方。可以说，《忏悔录》的坦率和真诚达到了令人想象不到的程度，这最终使它成了文学史上的一部奇书。在这里，作者的自我形象呈现出了惊人的真实。在他身上，既有崇高优美，也有卑劣丑恶；既有坚强和力量，也有软弱和怯懦；既有朴实真诚，也有弄虚作假；既有精神和道德的美，也有某种市井无赖的习气。这里，卢梭展露了一个活生生的复杂的个人，为整个人类社会提供了非常宝贵的，用卢梭自己的话来说，"关于人的研究——这门学问无疑尚有待于创建——第一份参考材料"。尤其难能可贵的是，卢梭当初在写这本书时，并非是身处功成名就的安闲之中，而是正遭遇着无数的谴责。在卢梭晚年，他写了《爱弥儿》这本为后世所尊崇的伟大的教育学著作，虽然受到不少人的追捧，但是他的思想触动了当时的封建统治者和教会利益，因此被宗教界人士称作是"疯子"、"野蛮人"。同时，他也遭到了当局的迫害，不得不离开法国，开始他的流浪生涯。他先是逃到瑞士，瑞士当局也下令烧他的书。他又逃到普鲁士的属地莫蒂亚，教会发表文告宣布他是上帝的敌人。他没法继续待下去，又流亡到圣彼得群岛。在逃亡途中，他又遭遇了更严重的打击，1765 年出现了一本题名为《公民们的感情》的小册子，对卢梭的个人生活和人品进行了攻击。令人痛心的是，这一攻击并不是来自敌人的营垒，而显然是友军之所为。在这种眼见自己已经被抹得漆黑、将要成为一个千古罪人的情况下，卢梭迫切感到有为自己辩护的必要，于是他开始了这本书的创作。但是，在这样一个自己遭到严重污蔑的背景下，卢梭并没有为了争取人们的同情而刻意美化自己，而是采取了一种近乎冷酷的态度对自己进行剖析。与其说他是在辩护，不如说他是在对自己进行揭露。

显然，卢梭在《忏悔录》中所采取的态度，便达到了老子所说的"玄同"境界，不大肆夸耀自己的才华，不刻意张扬自己的高尚，甚至还公开揭露自己的缺点。但是恰恰因为这种态度，反而使他显示出了常人所没有的高尚，得到了人们的无限敬仰。法国思想家伏尔泰甚至称卢梭是"18 世纪人类的良心"。这也给我们以启示，一个人要获得别人的认可，靠的并不是自我的刻意表现，而是真诚与自然。

处世之道

## ◎谨言慎行——杨修之死◎

恃才傲物违背道的规律，必将招致灾祸，杨修的事迹很能说明这一问题。

杨修是曹操的行军主簿，其为人聪明机变，能预知曹操心事。曹操曾经造了一座花园，花园竣工后工匠们请曹操过来检阅工程质量。曹操审查之后不置褒贬，只是在花园的门上写了一个"活"

字。众人都不了解曹操的用意，杨修见到后告诉他们说："'门'字内添'活'乃'阔'字，赶紧将门改宽点吧，丞相是嫌园门太窄了。"工匠们听了杨修的指点之后，就对园门进行修整，待园门改造好后又请曹操来检阅。曹操看到新建好的园门后连连称赞，夸奖工匠们能体察他的心意，工匠们说这是得到了杨修的指点。曹操听后表面上对杨修交口称赞，心里却对杨修能猜度他人心事的本领十分忌讳。

曹操视察刚修好的园子，在门上写了个"活"字。

曹操很喜爱三子曹植，常想把他立为世子。曹植非常喜欢杨修，与杨修过从甚密。杨修知道曹操要考曹植时政军务，便写了答教十条给曹植，以备曹操考阅。一日曹操果然考验曹植时政军务，曹植对答如流，见解精辟，曹操非常满意。后来曹丕买通曹植的下人将答教十条偷了出来送给曹操。曹操知道是杨修和曹植要手段蒙骗他后，大怒道："杨修匹夫，欺人太甚！"遂起了杀害杨修的念头。但杨修却毫无警觉之心，依然我行我素、恃才放旷。

杨修暗示夏侯惇撤兵，谁知却给自己引来杀身之祸。

后来，曹操和刘备为争夺汉中之地展开了大战，曹操在这场战争中屡屡失利，以致兵无战心、将无斗志。曹操本想撤出汉中，但又怕就这么一走了之会遭到刘备的嘲笑。正在为战事伤脑筋之际，厨子送了一碗鸡汤进来，曹操见碗中有根鸡肋骨，心中若有所思。此时恰巧夏侯惇进来询问当夜军中的口令，曹操随口念出"鸡肋"。夏侯惇不懂得"鸡肋"的含义，就去请教杨修，杨修告诉夏侯惇说："主公要撤兵了，我等应该急速收拾行装，免得临行时慌里慌张。"夏侯惇忙向杨修询问缘由。杨修说："鸡肋食之无肉，弃之有味。主公用鸡肋比作汉中，如今战则不胜，不如早退。"夏侯惇于是传令各营兵士作好退兵准备。后来曹操巡视军营时发现士兵都在收拾行装，就很生气地问是谁下的撤兵命令，士兵说是夏侯将军下的命令。曹操于是把夏侯惇找来质问他为什么假传军令，夏侯惇说这是杨修告诉他丞相要撤兵的。曹操想起杨修平日里恃才放旷，屡次使他难堪，如今又僭越他假传军令，很是恼火。最后以蛊惑军心的罪名杀了杨修。

# "见素抱朴"的人生至境

没有染色的生丝。

现，呈现，推出。

篆文"见素抱朴"

未经加工的原木。

**整句意思**：现其本真，守其纯朴。谓不为外物所牵。

"见素抱朴"是超凡脱俗的生命情操，光华内敛，一切都来自天成，没有后天人工的刻意造作。老子主张"绝仁弃义"，不以圣人为标榜，同时也不以修行为口号，只要老老实实、规规矩矩做人，那便是真修道。

有福不可享尽，有势不可使尽。

曾国藩是中国最有影响的人物之一，他为人处世堪称难得。曾国藩有个外号叫"一品宰相"。因为他每饭只食菜一品，就是一碗饭、一碗菜，从不奢侈。不论权位多高，一生皆然。

曾国藩平时都是粗布衣服，补丁摞补丁，寒酸素朴，与平民一般。曾国藩考中进士时做了一件天青缎马褂，平常舍不得穿，过年过节或有庆祝活动时才拿出来穿一穿。直到他死时，这件衣服还跟新衣服一样。

花未全开月未圆。

# ◎ 第五十七章　以正治国 ◎

**【注释】**

[1]然：这样，如此。[2]滋：更加。下同。昏：乱的意思。[3]伎巧：技巧，即智巧。[4]奇物：邪事，奇事。[5]彰：明白，清楚。

**【译文】**

以清静无为的正道来治理国家，以奇巧诡秘的方法来用兵，以不扰害人民来治理天下。我怎么知道是这样的呢？根据在这里：天下的法禁多了，百姓就越贫困；民众的锐利武器多了，国家就越混乱；人们的心智和机巧多了，邪风怪事就越容易发生；法律越是森严，触犯法律的人便越多。所以有道的人说："我若'无为'，百姓就会自我化育；我好静，百姓自然就会走上正道；我若无事，百姓自然富足；我无欲望，百姓自然就变得淳朴。"

**【解析】**

在前面的章节里，老子曾经多次提到过无为而治的思想。本章的主旨仍是"无为而治"。老子认为，统治者如果能够无为、好静、无事、无欲，那么人民就会因为受到盛德的感化，自然而然地走上正道，既生活富裕又淳朴善良。

本章以"以正治国"开头，"正"指的是清正无为，这也是老子的治国方略。老子曾做过周朝的"守藏室之官"，这个官职虽然不大，但是有机会接近最高统治者。所以，老子通过对统治者认真观察，对他们的德行作了深刻

天下多忌讳，而民弥贫。

剖析，提出了以正道来治理国家的建议，这一建议在今天看来仍然具有借鉴意义。"正"在中国传统文化中有着独特的意义。中国人崇尚浩然正气，并认为正气具有无穷无尽的力量，所以才有"邪不胜正"的说法。而中国古代帝王中也有很多人以"正大光明"作为自己的道德准则，很多官员也把"正大光明"作为自己的为官之道，这里的"正"也就是正气和清正无为的意思。然而，老子所处的时代，其社会状况距离正大光明还很遥远，百姓正遭受着统治者的压迫，正在饱受战乱之苦。

老子针对这一现实，呼吁统治者以正治国，这也喊出了当时人民的心声。

再来看"以奇用兵"的思想。老子的《道德经》虽然不是一部兵书，但是其中却包含着一些作战用兵的思想，这在前面的章节中已经有所涉及。老子向来反对战争，但是战争是不可避免的，它不会因为一个人的好恶而不发生了。针对这种现实，老子设计出了"以奇用兵"的计谋，为弱者和正义的统治者提供借鉴。如何理解老子"以奇用兵"的思想呢？老子认为，用兵就应该采用非常规的战术，要用

我无欲，而民自朴。

奇法、奇谋、奇计去迷惑对方，从而达到出奇制胜的效果。老子先论述"以正治国"的道理，紧接着又阐释"以奇用兵"的内涵，这看起来有些突兀，其实并不是随意而发，而是老子针对治国的"正"提出来的，用兵要"奇"，从政要"正"，他告诫统治者应以"奇"和"正"来治理天下。

由上可知，"以正治国"和"以奇用兵"的思想，是老子站在民众的立场上对当时的统治者提出来的。春秋时代，兼并战争此起彼伏，社会秩序异常混乱，而人民也处在极度危险的环境之中，于是他们拿起武器来保护自己。然而，一旦每个人都拥有了武器，他们就不再感到安全了。人民不安全就会陷入恐慌，这种心理正是导致天下大乱的重要原因。所以，天下之所以不安定，其实是与统治者密切相关的。但是，当时的统治者为了安定天下，震慑人民，大都主张施行严刑峻法，老子对此很不赞同，甚至还公开反对这种滥用国家机器的行为。在他看来，严酷的刑罚不但无法安定人心、稳定社会，还会起到反作用。所以，他主张无为而治的治国方略，强调感化的力量。

"以此：天下多忌讳，而民弥贫；人多利器，国家滋昏；人多伎巧，奇物滋起；法令滋彰，盗贼多有。"在这段话中，老子罗列出一系列社会现象，这是他对国计民生的具体思考，其中也包含着老子对社会现状的忧虑之情。老子认为，人民的本性是善良的，除非万不得已，他们绝不会惹是生非。人民之所以发动暴乱，主要是因为统治者做出了暴虐的行为。而统治者越贪婪，天下的禁忌就会越多；天下的禁忌越多，民众的生活就会越贫困；民众生活贫困，就容易惹是生非，天下就会发生逆乱；民众逆乱，国家就会陷入混乱的状态；国家混乱，民众的伎巧心智就会越来越多，邪风怪事也就更加盛行了；邪风怪事盛行，法令条文就会越来越森严，盗贼也就更加猖獗。

"故圣人云：'我无为，而民自化；我好静，而民自正；我无事，而民自富；我无欲，而民自朴。'"在这几句话中，老子引用得道明君的话来重申自己的观点。在他看来，得道明君之所以能够治理好天下，就是因为他们"无为"、"好静"、"无事"、"无欲"（"无为"即不妄为；"好静"即怀柔、宁静；"无事"即无所事事，亦作无为解；"无欲"即没有私心杂念）。所以，只要统治者以无欲、无为来治理天下，就能实现国泰民安。

## 从政之道

### ◎ 偏离正道——重用酷吏的汉武帝 ◎

老子认为，"法令滋彰"是违背无为的做法，其后果必然是"盗贼多有"，这就指出了有为的弊端。在中国历史上，凡是法令越严苛的时代，国家就越混乱，社会上的盗贼也越多，汉武帝重用酷

吏而使国家混乱的事迹，就很好地证明了这点。

汉武帝刘彻在位时期，社会繁荣，国力强盛。但是，随着社会升平日久，官场的腐败现象越来越严重。汉武帝为惩治腐败，开始任用一批酷吏，大施严刑峻法，为治残暴。然而，任用酷吏，不但没有纠正官场的腐败现象，反而使社会秩序越来越混乱了。

重用张汤，是汉武帝酷吏政治形成的标志。张汤长期担任长安吏，因为他对周阳侯有恩，所以被

汉武帝在位时重用酷吏。

推荐做了丞相史，后来又升为御史。元光五年（前130年），汉武帝委派张汤审理陈皇后巫蛊案。张汤初试锋芒，诛杀涉案人员三百余人，深得武帝的赏识，事后迁为太中大夫。元朔三年（前126年），武帝又升他做了廷尉。张汤善于逢迎，他一遇到可疑的案子，就向武帝奏明。只要是武帝认为正确的，他就按照武帝的意思办事，并由廷尉公布定为成文的法规，以颂扬武帝的英明睿智。如果奏事遭受谴责，张汤就随机应变，认错谢罪，依照武帝的心思，一定要举出贤能的佐理官员和办事属官。张汤主管太尉衙门期间，培养出一批善用权术的酷吏，有名的如王温舒、减宣、尹齐、杜周等。

酷吏嗜杀成性，以杀人行威而治。王温舒年少时就曾杀人埋尸。后来，王温舒因诛杀盗贼的功劳，被提拔为广平都尉。在广平任职期间，王温舒逮捕郡中豪绅，连坐千余家，他上书汉武帝，请求将这些人轻者处死，重者灭族。汉武帝同意了，王温舒遂大肆捕杀，流血十余里。监狱里的犯人多得整个冬天也杀不完（汉朝执行死刑定在冬季），王温舒急得顿足叹道："冬季能延长一个月，我才能把罪犯全部杀光啊！"然而，这个杀人魔头却深得武帝的赏识，很快又被提拔为河内太守。

汉武帝重用酷吏的做法，引起了许多朝臣的不满，汲黯就是其中的一个。他曾多次当着汉武帝的面指责张汤，而且经常在朝廷上与张汤争论不休。丞相公孙弘褒扬张汤，但是大儒董仲舒指责公孙弘助纣为虐。这样，朝廷上渐渐形成了一支反对酷吏的力量。

汉武帝自然不能容忍臣子挑战自己的权威。在武帝的授意下，公孙弘先后把董仲舒、汲黯排挤出朝廷。自此之后，天下之事都由张汤裁决，而张汤培养出来的酷吏纷纷出任要职，布满三辅、诸郡国，酷吏政治迅速在全国推广开来。

酷吏当政，虽然可以收一时之效，使社会出现短暂的"道不拾遗"局面，但是也严重破坏了社会秩序。司马迁《酷吏列传》中说道，自王温舒以严酷手段治政之后，郡守、都尉、诸侯等大都效法王温舒，结果吏民越来越轻视法令，盗贼越来越多了。

由于酷吏肆意屠戮，天下百姓不堪朝廷与地方豪强的压迫，纷纷起来反抗，举行暴动。这些农民武装，多的有数千人，少的也有数百人，他们自举旗号，攻城略地，释放囚犯，抢走官府府库中的兵器，诛杀当地官吏，社会出现大的动乱。对于百姓的暴动，汉武帝不惜派出重兵四处围剿，还委派钦差大臣出任监军，负责处死那些剿杀暴民不力的官吏和将领。同时，武帝又制定"沉命法"，规定凡是未能及时发现暴民，或是镇压暴民不力的，一律都要处死。此后，官军对百姓进行疯狂的屠杀，一时间尸横遍野，血流成河，成千上万的无辜百姓惨死于官军的屠刀之下。

汉武帝以酷吏大兴诏狱，肆意诛杀，公卿大臣担心遭受灭顶之灾，只得庸庸碌碌，保位为上，不敢对皇帝的意见有任何异议。从此之后，西汉的统治逐渐走下坡路了。

# ◎以奇用兵——李靖大败萧铣◎

本章中，老子提出了用兵的一个原则，即"以奇用兵"。古往今来的很多军事家，无不贯彻了老子的这一原则。

李靖是隋末唐初的名将，他出身于官宦世家，是隋朝大将韩擒虎的外甥。他的祖父李崇义曾任殷州刺史，获封永康公；父亲李诠出仕隋朝，做官做到了赵郡太守。生于这样一个家庭，李靖从小耳濡目染，既能文又能武，且有大志向，他曾对父亲说："大丈夫要是能在恰当的时候遇到明主，一定要立功报国，干一番大事业，以谋取荣华富贵。"有一次，他与舅父韩擒虎谈论兵事，舅父对这个外甥的用兵之才很是称赏，抚摩着他的头说："可以与我讨论孙、吴之术的人，只有你呀。"

李靖在隋朝历任长安县功曹、殿内直长、驾部员外郎。官职虽然卑微，他的才名却流传于隋朝公卿之间，隋朝大军事家、左仆射杨素曾抚着坐床说："此人（李靖）不可能一直身居低位！"

隋朝大业末年，李靖任马邑郡（治今山西朔县东）丞。这时，反隋暴政的农民起义不断，以河北窦建德、河南翟让、李密、江淮杜伏威、辅公祏等领导的三支义军为主力，严重威胁着隋朝的统治。而身为隋朝太原留守的李渊也在暗地里招兵买马，寻找机会。李渊的举动被李靖察觉，于是李靖打算前往江都，告发此事。但刚刚到了京城长安时，关中就已经陷入混乱，因道路阻塞而没能成行。不久，李渊在太原起兵，迅速攻占了长安，俘获了李靖。李靖为自己壮志未伸而感愤不已，临刑前大声疾呼道："公发兵起义，本来是为天下除暴安良，不是为了谋篡皇位，能以一己之私怨斩杀壮士吗！"李渊、李世民父子十分赞赏他的才识和胆气，因而赦免了他。不久，李靖被李世民召入幕府担任三卫之职。

唐武德元年（618年）五月，李渊建唐称帝，李世民被封为秦王。为了平定割据势力，李靖一路跟随秦王，屡建军功。

李靖追随李世民南征北战，立下赫赫战功。

武德四年（621年），正当唐军对王世充开战时，盘踞在江陵的后梁萧铣政权派水军沿长江而上，企图攻取唐朝峡州、巴、蜀等地，被峡州刺史许绍击退，于是萧铣率军退守至安蜀城及荆门城。为了消灭萧铣这一割据势力，唐高祖李渊派赵王李孝恭进行征讨，身为长史的李靖亦随军出征，总管军事。那时正值秋季汛期，江水泛滥，波涛汹涌。众将领见状，都主张先停兵，等洪水退去后再进攻。但李靖摇摇头

李靖大败萧铣。

说："用兵贵在神速，我们才刚刚调集兵力，萧铣还不知道，因而全无防备，我们不如趁机杀他个措手不及。到时候，即便他们知道我们来了，也只能仓皇应战，萧铣必为我们所擒获。"

果然如李靖所言，萧铣见江水大涨，且三峡路险，认为唐军必定不会进军，于是放松了警惕，撤除了防备。哪想李孝恭听从了李靖的意见，率领两千多艘战船沿长江东流而下，一举攻下萧铣的荆门、宜都二镇，十月就抵达夷陵城（湖北宜昌）下。萧铣听说唐军已经大军压境，十分惊慌，即刻征兵，但所征的军士都在长江、五岭以南，路途非常遥远，一时难以调集过来，于是只能依靠现有的残余军队应战。

与此同时，萧铣的得力干将林士弘正率领数万精兵驻扎在清江。李孝恭大兵一到，就命令向林士弘的部队大举发动进攻，李靖急忙劝他说："林士弘可不比旁人，此人英勇善战，是萧铣手下一员骁将，不可小觑。现在敌军刚刚失去荆门，急欲夺回失地，如果现在攻打林士弘，他们必将奋力反击，拼死抵抗，取胜实在不易。对我们来说，最好的办法是先驻扎在清水南岸，以逸待劳，等敌军士气低落后，再趁机发起攻击，从而一举打败敌军。"李孝恭听后不以为然，一意孤行，指挥部队攻打林士弘。结果正如李靖所说，李军被林军打得落花流水，损失惨重，李孝恭这才为当初没有听李靖的话而懊悔不已。

萧铣军队取得胜利后，便四处劫掠，不肯放过任何东西。萧铣的军队登时陷入一片混乱，李靖见状，趁机挥兵攻击，大败敌军，并乘胜直奔江陵城，进入江陵外城缴获了敌军大量船舰，但李靖命士兵将这些船舰全部都随意放在长江中。唐军的士兵们疑惑了，有人问："这些都是我们的战利品呀，应当充分为我们所用，为什么将它们都丢弃呢？"李靖笑了笑，答道："萧铣领地众广，南到五岭以南，东到洞庭湖。我军如果趁机深入敌人腹地，城池久攻不下，敌人的救兵从四面八方包抄而来，夹攻我们，到时候进也不是，退也不成，有了这么多的船舰又有什么用呢？不如就放弃这些船舰，让它们沿江顺流而下，敌人的援军看到必然认为江陵城已被攻陷，就不敢轻易进攻了，而是会派探子前来侦察。这一去一回至少是十天半个月，我军取胜的机会就更大了。"

果然，萧铣的援兵看到从上游漂流下来的船舰，迟疑不决，不敢贸然行动。

紧跟着，李孝恭命李靖率五千轻骑兵为先锋，乘胜直抵江陵城。林士弘大败后，萧铣在江南大力征兵，但唐军进军神速，以迅雷不及掩耳之势深入到敌军腹地，萧铣准备不充分，只得仓皇应战，而江南的救兵也没有赶到。李靖率领前锋到达后，李孝恭就率大军紧跟其后，萧军腹背受敌，困在江陵城中，进退不能，城中粮食很快便吃光了，萧铣无奈之下，只得开城投降。

萧铣投降的消息很快传到京师，唐高祖听后十分高兴，诏封李靖为上柱国、永康县公，李靖少时的宏愿终于获得实现。

# ◎第五十八章　福祸相倚◎

其政闷闷①，其民淳淳②；其政察察③，其民缺缺④。祸兮，福之所倚；福兮，祸之所伏。孰知其极？其无正也⑤。正复为奇，善复为妖。人之迷，其日固久。是以圣人方而不割⑥，廉而不刿⑦，直而不肆，光而不耀⑧。

【注释】

①闷闷：昏昏昧昧，含有宽厚的意思。②淳淳：忠厚，淳朴。③察察：严酷。④缺缺：狡黠。⑤正：正面，与"奇"对应。⑥割：生硬，不自然。⑦廉：棱角。刿（guì）：划伤。⑧耀（yào）：过分明亮。

【译文】

治理天下以宽大为怀，百姓就会忠厚淳朴；治理天下过于严酷，百姓就会狡诈。灾祸啊，幸福就倚傍在它里面；幸福啊，灾祸就暗藏在其中。这种得失祸福循环，谁能知道它们的究竟？它们并没有一个确定的标准。正忽然转变为邪，善忽然转变为恶。世人看不透这个道理，迷惑的时间已经太久了。因此，有道的人处事方正而不显得生硬，虽有棱角也不会伤人，直率而不放肆，明亮而不耀眼。

【解析】

这一章先是说明"无为而治"的好处：国家政治宽大浑朴，民风自然就会淳厚。然后又讲祸福、正奇、善恶的概念。在老子看来，祸福、正奇及善恶并不是绝对不变的，一旦时空条件发生改变，那么它们往往也会朝着相反的方向转化。因此，做任何事情都要适可而止。

这一章顺承上一章，讲述有道明君治理国家的方式——无为而治。老子说："其政闷闷，其民淳淳。"其中，"闷闷"的意思是宽厚、仁大；"淳淳"的意思是自然淳朴。这句话告诉我们，如果统治者能够施行无为而治的治国方略，那么人民就会摒弃私念而不妄为，回归到自然淳朴的状态之中。内心自然淳朴，人们就不会惹是生非，这样国家也就太平安定了。与此相反，如果统治者施行苛刻的政令，人民不但不会摒弃私念，还会为了满足私欲而相互争夺，当他们的承受能力达到极限的时候，必然会发生逆乱。反抗的过程其实是心智的

其政闷闷，其民淳淳；其政察察，其民缺缺。

较量，如果人民的心智不足以应付统治者，那么他们就会陷入绝境。

在本章中，老子还提出了一个很重要的哲学命题："祸兮，福之所倚；福兮，祸之所伏。"这句话旨在告诉我们一个道理，即灾难和幸福是相依相随的，谁也不能脱离对方而独立存在。通过这句话我们知道，任何幸福的背后都潜伏着灾祸，但是灾祸并不是永远存在的，灾祸的反面就是幸福。我们都知道"塞翁失马，焉知非福"的典故，它讲的是一个老者失马复得，人们纷纷前来道贺，但是他并不认为这是好事。后来他的儿子从马背上摔下来，人们纷纷前来安慰，但是他也不认为这是坏事，所以并不感到悲伤。几天之后，官府前来征兵，他的儿子因摔伤而没有被征走，从而保住性命。这则故事很好地诠释了老子的观点。由此可见，福和祸没有绝对的界限，为祸福而快乐或悲伤都是不明智的。所以，对于灾难和幸福，我们要学会坦然地面对，要做到"不以物喜，不以己悲"，这才是人生的大境界。

老子所处的时代，战乱频繁发生，人民在战乱之中苟且活命，时刻都在担心灾祸的降临。老子把人民的不幸归结为社会的变迁。古时，百姓生活安定，天下大治。后来，人们产生了私有观念，社会出现等级差别，便开始遭受压迫。正是这种压迫开发了人们的心智，他们开始利用自己的聪明才智制造出各式各样的新奇器物。在上一章里，老子就否定了这些新奇器物。老子认为，这些古怪的事物滋长了人们的邪风，人们的思想也变得古怪起来。行为方式是由思想决定的，所以，在古怪思想的支配下，就会做出偏离大道、与大自然脱节的事情来，如对森林的乱砍滥伐，对动物的肆意捕杀，以及污染环境，等等。做出这种狂妄的行为，其结果就是生活的环境变得越来越差，最终危害了人们自己。再联系老子所处的时代，人们的私欲极度膨胀，不但热衷于名利的争夺，还直接占有他人的财物。人们占有的财物也时时面临着被人夺走的危险，所以这就决定了人们不会获得真正的幸福，而对福和祸的测定也变得麻木和没有指向了。

## ◎看淡名利——与世无争方能避免灾祸◎

汤普森急救中心是位于英国伦敦的一家著名的医院，但其名声却不仅止于伦敦，世界上许多地方的人们都知道这家医院。之所以如此，并非是因为该家医院的医生医术高明，而是因为该医院大楼墙壁上的一句话——你的身躯很庞大，但你的生命需要的仅仅是一颗心脏。这句话说的是美国好莱坞影星利奥·罗斯顿。1936年，他在英国演出时因患心肌衰竭被送进了这家医院。医院安排最优秀的医生，并使用了当时最先进的药物和医疗器械，但最终仍然没有能挽救罗斯顿的生命，一颗艺术明星陨落了。他的疾病起于肥胖，据说他最胖时一度达到70多千克，腰围达到将近1米。他在临终时喃喃自语地说的就是这句话。当时在场的医院院长、胸外科专家哈登听到后深受震撼，为了警示后人，他们将这句话刻在了医院的大楼上。

到底有多少人受到了这句话的影响不得而知，至少有一个人看到这句话后完全改变了自己的人生轨迹，这就是美国石油大亨默尔。默尔住进这家医院已经是利奥·罗斯顿逝世四十年后了。他因为为生意过度操劳而同样患了心脏类的疾病。刚住进去时，为了避免遍布美洲的数十家公司在自己生病期间出现意外，默尔在病房里安置了五部电话机和两部传真机，除了必需的治疗时间外，他依旧不肯放下手头的工作。

但是，一次偶然的机会，默尔从护士那里听到了有关利奥·罗斯顿在这家医院死去的故事，也知道了利奥·罗斯顿临终时所说的那句话。令医生和护士感到惊讶的是，第二天，默尔便撤销了自己病房里的通信设备，并开始积极配合医生的治疗。结果，他的心脏手术十分成功。一个月后，默尔出院。默尔出院后，突然将自己价值几十亿的公司全部卖掉，所得金钱全部捐给了社会慈善和卫生事业。然后，他在苏格兰乡下买了一栋别墅，自己在那里定居了下来。

1998 年，八十高龄的默尔在参加了汤普森医院百年庆典时，有记者问他：当初为什么要卖掉自己的公司？他神才采飞扬地指着刻在大楼上的那句话说：是利奥·罗斯顿提醒了我。默尔在乡下别墅中曾经写了一本自传，其中有句话是这样的：巨富和肥胖并没有什么两样，不过都是获得超过自己需要的东西罢了。这句话后来也成为名言，跟利奥·罗斯顿的那句话同样闻名遐迩。

再看下面这则故事。在医学上麻醉剂发明之前，西方医学对手术过程中的疼痛问题一直无法解决，因此许多时候都只能眼睁睁看着病人死去。18 世纪末，化学家戴维走进实验室后，突然闻到了一股带有甜味的气体，不一会，奇迹发生了：折磨了他一整夜的牙痛竟然消失了，为此他感到十分惊讶。当他走出实验室后不久，牙痛又向他袭来。他又重返实验室，发现牙痛又一次消失了。经过检查，他找到了其中的奥秘，原来，一只盛有一氧化二氮的容器密封不严，以致该气体物质逸散到空气中了。这时他联想到另一件事，当时有位物理学家前来拜访，不小心将实验室桌上一个盛有一氧化二氮的玻璃瓶碰倒在地，摔了个粉碎。他俩连忙收拾玻璃碎片，谁知道玻璃碎片还未收拾干净，两人突然相对大笑起来，并笑个不停，直至离开实验室，方才止住了笑。戴维把一氧化二氮称之为"笑气"，因他不懂医学，故未将此发现公布于世。

到了后来，一位美国化学家对"笑气"进行了一番研究，发现这种气体对人体有一种催眠功能。于是，其到处做巡回表演，试图以此赚点钱。在一次表演中，他的表演激起了一个名叫威尔斯的牙科医生的联想：既然可以催眠，是不是可以用作一种拔牙时的麻醉剂。于是，威尔斯对此进行了实验，并取得了成功。1945 年 1 月，威尔斯来到美国波士顿麻省总医院，向人们公开演示为病人在麻醉下进行无痛拔牙的手术。当时，病人因为吸入"笑气"的分量不足，在拔牙过程中疼痛哇哇大叫。在场的人哄堂大笑起来，可怜的威尔斯也被当作骗子被赶出了医院，并搁下了进一步的研究。

但是，威尔斯的助手莫顿对麻醉拔牙术深信不疑，只是觉得一氧化二氮可能不是最有效的药物而已。于是他另辟蹊径，寻找一种新的有效的麻醉药。他就此向波士顿牙医杰克逊请教。杰克逊向他讲述一个奇特现象："有一天，我不慎吸入一些氯气，当时就觉得嗓子发痒，咳嗽不止。为了解毒，我吸了几口乙醚，症状随即消失，不一会人就睡熟了……"莫顿对乙醚进行了深入研究，并经多种动物试验及自身试验，他最终证实乙醚有强烈的抑制中枢神经的作用，可以用来作为拔牙手术中的麻醉剂。于是在 1846 年 9 月，他让自愿接受能缓解拔牙之痛的任何疗法的一位重症牙痛病人弗罗斯特吸入乙醚，随后拔出他的病牙，病人事后声称没有感到丝毫疼痛。接下来，莫顿便在许多医生和公众的众目睽睽之下，让病人吉尔伯特·阿博特吸入乙醚，然后外科博士瓦伦给病人做了开颈取瘤的手术，并取得圆满成功。从此，麻醉药物发明宣告成功，人类走入了手术无痛的年代。再以后，麻醉术进入崭新时代，其他的麻醉药物及麻醉技术不断涌现。

19 世纪 50 年代，美国国会为表彰手术麻醉给人们带来的福音，拨出 10 万美金，奖励"无痛外科的发明者"。在当时，10 万美金乃是一笔巨款。但是，对于究竟该把奖发给谁，国会并未指名道姓。令人始料不及的是，这直接导致了一场令人不忍卒读的闹剧的产生。牙医杰克逊、莫顿以及威尔斯均提出自己应获此奖。并且，令人遗憾的是，三个人为了突出自己的贡献，无不对另外两人进行指责、攻击。结果，不仅三个人谁都没有获得这个奖，并且，杰克逊住进了精神病院，威尔斯患精神病自杀死亡，莫顿患因情绪波动太大患了脑溢血，再也不能正常工作。此事以闹剧开始，以悲剧结束。

老子说：祸福、善恶不是绝对不变的，只要条件改变了，就会朝着相反的方向转化。

在第一则故事中，默尔因为领悟了人生真谛而毅然将自己从繁杂忙碌的对金钱的追逐中抽身出来，开始过上简单快乐的生活，从而获得了幸福，摆脱了劳累与痛苦。而在第二则故事中，三个本来都是具有可贵的探索精神的科学家、知识分子，最终却因为名利而使自己置身于一场是非之中，最后不仅名利尽失，鸡飞蛋打，连正常的生活乃至生命也失去了，这正是福事变成了祸事。这两个故事，向我们揭示了简单快乐的人生态度的重要性，告诉我们做任何事情都要适可而止。

# ◎光而不耀——蓝玉骄纵而惹祸上身◎

祸与福是一对矛盾，二者可以相互转化，因此老子说："祸兮，福之所倚；福兮，祸之所伏。"明初大将蓝玉的事迹，就很好地说明了这一点。

蓝玉，定远（今属安徽）人，姐夫为明初的开国功臣常遇春。元至正年间，各地掀起了反抗元朝统治的农民起义。这时，朱元璋率领的红巾军转战至淮西各地，蓝玉知道常遇春在朱元璋的军中，就前来投奔，先在常遇春帐下担任管军镇抚之职。由于他作战勇猛，屡立战功，逐渐升为千户和指挥使，不久又擢任为都督佥事。

明朝建立后，蓝玉继续率领军队南征北战，先后在四川、蒙古、西蕃等地立下大功。洪武十二年（1379年），蓝玉还朝，封永昌侯，赐世券，食禄两千五百石。

真正令蓝玉名扬天下的，是他远征云南的功勋。明朝初年，元朝的残余势力仍旧占据着边远地区，尤其是云南的梁王把匝剌瓦尔密，实力雄厚，割据一方。洪武十四年（1381年）秋，朱元璋任命傅友德为征南将军，蓝玉为左副将军，沐英为右副将军，率领步兵和骑兵共三十万人，一路南下，远征云南。梁王听说明军来犯，急忙下令司徒平章达里麻率领十万大军，驻守曲靖，抵御明军。明军到了曲靖，正好遇上大雾，看不到对面的人。明军冒雾疾进，一直抵达白石江畔。白石江临近曲靖，两者相距不过数里。这时，达里麻刚刚得知明军来袭，急忙率领一万精兵，濒江截阻。蓝玉等人冒死冲破元军的防线，达里麻大败。明军很快攻入曲靖城。

此后，蓝玉乘势率军攻打临安诸路，元朝的右丞实卜引军迎战。这时，傅友德率领大军赶到，实卜仓皇逃走。蓝玉又率领十万明军左驰右突，平定东川、乌蒙、芒部等蛮部。至此，云南地区皆被明军攻占了。平定云南后，朱元璋论功行赏，蓝玉的功劳最大，朱元璋为他增加俸禄五百石，其女亦被封为蜀王妃。更重要的是，蓝玉从此受到明太祖朱元璋的赏识。

很快，蓝玉又获得了表现的机会。洪武二十年（1387年），朱元璋拜蓝玉为征虏左副将军，追随大将冯胜征讨元朝的太尉纳哈出。纳哈出不敌明军，遂假装投降，想趁机偷袭明军。冯胜险些

蓝玉自恃功高，骄纵不知收敛，最终引来杀身之祸。

中计，多亏蓝玉识破纳哈出的阴谋，这才消灭了纳哈出。事后，冯胜被撤职查办，蓝玉则"总管军事"，拜为大将军。一年之后，蓝玉又奉命征讨元朝的皇室脱古思。脱古思居居漠北，他以为明军劳师北上，军疲粮缺，其时又遇上大风，所以没把明军放在眼里，也没有做好戒备。蓝玉伺机率领十五万大军，抄近道日夜兼程奔袭敌营，元军大败，脱古思及大臣数十人仓皇北逃。蓝玉穷追不舍，俘获元朝宗室、妃嫔、王公、平章以下官员三千多人，并缴获大量宝玺、符救、金牌、金银、印章及牲畜。

蓝玉胜利的消息传到京师。明太祖大悦，遣使劳军，谕中把蓝玉比为卫青、李靖，蓝玉班师回朝后，朱元璋晋升他为凉国公。后来，蓝玉又平息施南、建忠、都匀、散毛等地的叛乱，督修四川城邑，整顿边防，备受朱元璋的宠信。

蓝玉战功卓越，才能出众，多次受到明太祖的嘉奖和赏赐，但是这也助长了其专横跋扈的作风。恰在这时，朱元璋对蓝玉的态度也出现了大的变化。

当太子朱标还活着的时候，蓝玉与朱标关系要好。有一次，蓝玉从北方远征归来，他见到朱标后，对朱标说道："我观察燕王（朱棣）很久了，他的举动行止，与皇帝没什么两样。我又听别人说，燕王有天子之气，希望殿下对他多多提防！"朱标却回答说："燕王对我十分恭敬，绝对没有你说的这回事。"蓝玉见太子不相信，便继续向他解释说："我承蒙殿下的优待，所以才向您密陈利害，但愿我所说的话不要应验了。"朱标听后，没再说什么。不过，这番话后来却让燕王朱棣得知了。洪武二十五年（1392年）四月，太子朱标病死。燕王入朝上奏朱元璋说："现在朝中的许多公侯纵情恣肆，不遵纪守法，将来恐怕会成为朝廷的心腹大患，希望皇上能够妥善处置他们。"其实，燕王在这里主要指向蓝玉等将领，并暗示朱元璋趁早抑制将领的权力，否则以后就很难抑制他们了。此时，朱元璋已经对蓝玉桀骜不驯的作风有所不满。但是，在这年九月册立朱允炆为皇太孙时，朱元璋仍然命蓝玉兼太子太傅，以示隆宠。

不过，蓝玉没有料到荣华富贵背后的凶险。他仍旧倚仗自己的军功和皇帝的宠爱而肆意妄为。例如，蓝玉曾纵容家奴侵占东昌（今山东聊城）民田。当御史对其家奴的不法行为进行质问时，蓝玉却用鞭子把御史驱逐出府。还有一次，蓝玉北上攻打元朝时，抢掠了不少金银珠宝，在班师回朝的时候星夜兼程，想秘密地储藏起来。一天夜里，蓝玉来到喜峰关城下，此时城门已关，他要求守城关吏开门，关吏限于制度，没有及时开门，他就毁关而入。后来，有人在朱元璋面前告发蓝玉，说他私占元朝皇帝的妃子，导致这名妃子因为羞愧而上吊自杀。蓝玉的所作所为，越来越令朱元璋不满了，朱元璋曾多次责备蓝玉，甚至降他的职。但是，蓝玉仍旧不知收敛，擅自决定军中将校的升降。

洪武二十六年（1393年）二月，锦衣卫的一名指挥使告发蓝玉谋反。经审讯，这名指挥使说蓝玉曾串通景川侯曹震、鹤庆侯张翼、舳舻侯朱寿、东伯何荣、吏部尚书詹徽、户部侍郎傅友文等人，准备在朱元璋出宫耕种田地的时候起兵造反。朱元璋知道后，勃然大怒，立即下令逮捕蓝玉等人，凡连坐的都称为"蓝党"，朱元璋于是诛杀蓝玉等人，并株连蔓引，竟牵连到宰相胡惟庸。蓝玉一案，自公侯伯以至文武官员，被诛杀的人不下两万人。

事后，朱元璋还亲自写下诏书，通告天下，把蓝玉谋反的事迹编入《逆臣录》。在诏书中，朱元璋说道："蓝贼为乱，谋泄，族诛者万五千人。自今胡党、蓝党概赦不问。"诛杀两万名"蓝党"后，朱元璋似乎还觉得自己已经足够宽容了。经过这次的"蓝玉案"，明初的开国功臣差不多都被杀光了。

对于蓝玉之死，明末清初的史家谈迁说："蓝凉公非反也。虎将粗暴，不善为容，彼犹沾沾一太师，何有他望！……富贵骄溢，动结疑网，积疑不解，衅成钟室。"谈迁这句话的意思是说，蓝玉只不过是一个脾气粗暴的将领，他骄傲自满，且不善于讨好皇帝，所以才引起了皇帝的猜疑，终于招致杀身之祸。

其实，蓝玉之死正体现了老子"祸福相倚"的道理。蓝玉立有大功，但骄横自恃，一点也不懂得保护自己，这才使自己落得个不得善终的结局。

# ◎第五十九章　长生久视◎

【原文】

　　治人事天，莫若啬①。夫唯啬，是谓早服②；早服，谓之重积德；重积德，则无不克③；无不克，则莫知其极；莫知其极，可以有国；有国之母④，可以长久。是谓深根固柢⑤、长生久视之道⑥。

【注释】

①啬（sè）：这里是收藏其神形而不用，以归无为之意。②早服：早准备。③克：胜任。④母：这里指"道"，譬喻保国的根本之道。⑤柢（dǐ）：树木的根。⑥视：生活。

【译文】

　　治理百姓、养护身心，没有比爱惜精力更为重要的了。爱惜精力，万事才能早做准备；早做准备，就是厚积其德；厚积其德就没有不能胜任的事；没有不能胜任的事就无法估计他的力量；无法估计力量，他就可以担当好治理国家的重任。有了治理国家的原则和道理，国家就可以长治久安。这就是根深蒂固、长生久视的道理。

【解析】

　　本章重点讲的是"治人事天"的原则，并提出了实现这一原则的具体方法，即"啬"，也就是收敛、退藏，保持虚境。老子认为，只要能够做到啬，就能抓住治人事天的根本。

　　我们先来看看"治人事天，莫若啬"一句。"治人"指的是治理人民，"事天"指的是保养精气、养护身心。老子思想的核心是"无为"、"不争"和"无欲无求"，为了帮助人们克制私欲，老子提出了啬的观念。什么是啬呢？啬原本是爱的意思，既可引申为爱惜、保养，也可引申为节俭。因此，这句话所揭示的道理就是：治理民众、养护身心，没有比注重节俭、爱惜精神更为重要的了。

　　然后，我们再来看看"夫唯啬，是谓早服"一句。这里的"早服"，意为及早服从、及早从事。整句话告诉我们一个道理：统治者只有懂得节俭，才能真正做到施惠于人，才能服从自然之道。如果不懂得节俭，就算是提早作过打算，也会很快地消耗殆尽。因此，节俭是顺应自然之道的行为。在这里，老子告诫统治者要节省民财、爱惜民力，只有这样才算做到了无为而治。

　　紧接着，老子又提出"早服，谓之重积德"。其中，"德"指的是君主的德行。君主的德行主要体现在领导治理国家的实践中，治理国家的关键在于保证人民衣食无忧，这是国家长治久安的重要基础。俗话说"民以食为天"，百姓只有丰衣足食了，才会安下心来，才不会惹是生非，发生逆乱。储藏好粮食，除了关系到民心的安定，还牵涉到战争的成败。有句话这样说："兵马未到，粮草先行。"由此可见，粮食在战争中占有十分重要的地位。对于统治者来说，要懂得积蓄粮食的重要性，因为民生问题是稳定国家的基础。作为君主，应该具有高瞻远瞩的视野和预见各种事情的能力，并能由此制定出相应的对策，而粮食是否充足就是检验一个君主德行的重要指标。

　　"重积德，则无不克；无不克，则莫知其极"，这两句话指出了积累德行所能达到的境界。其中，"无不克"指的是无所不胜，能战胜一切。只有做到物资充足、人民安定、社会和谐、领导者高瞻远瞩，这个国家才能战无不胜。实际上，"无不克"是广义上的，它并非专指战争，还指各种困难和挫折。一个人能够做到无不克，他必然是高深莫测的，人们也就无法揣测他的思想深度了。

什么是"有国之母"？"母"喻指生育万物的大道，也可喻指事物的根本，"有国之母"可以理解为"有了国家作为立身的根本"，这是就统治者而言的。紧接着，老子很自然地推出了"可以长久"的结论。

对于统治者来说，节俭具有重大的意义。而对于个人来说，节俭同样意义重大。节俭是中华民族的传统美德，一个人如果做到以节俭为美，那么他必定能和大道大德同步，必然会成为一个寡欲恬淡之人。

## 从政之道

# ◎节俭是宝——厉行节俭的朱元璋◎

"啬"即积蓄力量，也可以引申为节俭。历史上很多有作为的统治者，都把节俭视为修身、治国的良方，明朝开国皇帝朱元璋就是这样的一位君主。

明太祖朱元璋，是一位崇尚节俭的帝王。朱元璋贫民出身，自小就深深体会到了农民生活的艰辛，所以他当了皇帝后，仍然过着非常节俭的生活。

朱元璋还在做吴王的时候，有一次，方国珍派人送给他一个饰满金玉的马鞍，朱元璋见了后，对来使说："现在天下还没平定，所需要的是大批的人才，所急用的是粮食布帛，金银宝贝是没有用处的。"坚决不肯收下。元朝的降将张相昶暗中派人上书朱元璋，劝他及时行乐，朱元璋看后把书信一把火烧掉了，并且愤怒地说道："这个人是想当赵高呀！"陈友谅有一张镂金床，做工极为考究，江西行省得到之后，特意把这张床送给朱元璋，朱元璋却说："这同孟昶的七宝溺壶有什么不同呢？"于是下令将其毁掉。

明朝建立后，朱元璋定都南京，并决定在南京营建宫室。负责工程的官员把设计好的图样呈递给朱元璋，朱元璋看了之后，当即把雕琢考究的部分全部去掉了。营建宫室的工程开工后，他令人在墙壁上画了许多富于教育意义的历史故事作为装饰，让自己时刻保持戒惧之心。有个官员想用好看的石头铺设宫殿地面，结果被朱元璋痛批了一顿。

朱元璋日常所用的车舆器具等物，按照规定应当用金饰的，他却下令以铜代替。内廷的官员听说了，就对朱元璋说道："陛下不必如此节俭，这用不了多少金子。"朱元璋回答说："朕富有四海，怎么会吝惜这点黄金呢？但是，既然我提倡俭约了，如果不身体力行，怎么能令天下人信服呢？况且奢侈，往往都是从小事开始的。"朱元璋睡觉的御床，与一般富户人家的睡床没什么两样，每天早膳，也仅仅吃蔬菜而已。

明太祖朱元璋经常告诫臣下为官要清廉节俭。

朱元璋不喜欢饮酒，他效法周公，多次发布限制酿酒的命令。他不慕奢华的生活，命令太监在皇宫墙边种植蔬菜，不要建造亭台楼阁。为了让子孙们不忘创业的艰辛，朱元璋命人把自己的创业事迹画下来，挂在宫殿之上，并告诫子孙们说："富贵的生活过得久了，就容易滋生骄傲自满的情绪，就很容易忘记创业的艰难，后世子孙长在深宫，只看到富贵，习惯了奢侈，不知道我创业的艰难，现在你们要朝夕看一看我的经历，不要忘记我的艰难啊。"他还命令太监织造麻鞋、竹签自用，规定皇子们如要外出，近的一律步行，远的也只能骑马走十分之七的路程，剩下的十分之三路程必须自己步行。他说道："皇族们朴素节俭，大明江山才能长久，后世子孙，必须谨遵此法。"有一次，朱元璋率领众皇子外出，朱元璋特意派他们到农民家中一家家地察看，看他们家里的日常饮食和用品情况。回到宫中后，他语重心长地对皇子们说："你们都看到了吧？农民们身不离田地，手不离犁锄，一年到头不停地耕作，从来没有休息过。但是，他们住的不过是茅草屋，穿的不过是粗布衣，吃的不过是粗茶淡饭。而国家的财政税收全部由他们负担！我之所以对你们说这些，是想让你们要时刻想到农民生活的艰辛，要尽可能地使百姓免于灾祸。如果不顾一切，只知道横征暴敛，那么老百姓就没有活路了！"

朱元璋不但身体力行，还经常要求大臣们也要注意节俭，告诫他们不要骄奢淫逸。对那些廉洁奉公、节俭朴素的官吏，朱元璋就大加奖赏，以资鼓励。大将徐达曾立下很大的功劳，但是从不恃功自傲，一直住在一座破旧的宅子里。朱元璋了解到这一情况，就给他盖了座新宅院，并在院门前立下牌坊以示表彰。而对那些生活奢侈的官吏，朱元璋就对他们严加惩罚。有一次，一个散骑舍人穿了一件十分华丽的衣服在宫中行走，朱元璋看到了，就对他说道："这件衣服得花费多少钱呢？"散骑舍人回答说："五百贯。"朱元璋说："五百贯钱，这些钱够一个数口之家的农户一年的生活开销了，而你却拿来做了一件衣服，这简直太奢侈了。"说完，立即下令让他把衣服脱下来，不许再穿。又有一次，朱元璋看见两个宦官穿着新靴故意在雨中行走后顿时大怒，斥责他们说："一双靴

朱元璋严惩腐败，诛杀贪官。

子虽然值不了几个钱，但也都是百姓辛辛苦苦做成的，从种棉到成靴要花费不少心血，而你们却这样不爱惜它！"说完下令对那两名宦官处以杖刑。朱元璋节俭治国，而且身体力行，为全国臣民做了榜样，明初形成了一种节俭尚廉的好风尚。

## 为人之道

# ◎戒奢以俭——李存勖因逸豫而亡身◎

老子向来注重节俭，并将其列为"三宝"之一。节俭是一种美德，而对于统治者来说，节俭尤为重要。历史上的很多统治者，他们安逸久了，就忘记了往昔的贫贱生活，就淡化了忧患意识，堕入富贵的温柔乡之中，不能自拔，最终落得悲惨的下场，五代时后唐庄宗李存勖便是一例。

李存勖，沙陀人，本姓朱邪氏，父亲是唐末河东节度使李克用。唐亡后，李存勖经过多年的南征北战，北却契丹，南击朱梁，东灭燕国，逐渐成为一股强大的

李存勖称帝后沉湎于玩乐，悠游于伶人宦官之中，甚至亲自上妆演戏。

势力。923年四月，李存勖在魏州（河北大名府）称帝，国号"唐"，史称后唐，他就是后唐庄宗。同年十二月，灭后梁，统一了北方地区。

李存勖早年颇有进取心。李克用死前曾把三支箭交给李存勖，嘱咐他说："梁国是我的仇家。燕国，是我帮着建立的；契丹，同我曾约为兄弟。可是它们都背叛了我而归附梁国。没能灭掉这三个国家，是我这一辈子最大的恨事！现在给你三支箭，你千万不要忘记我未了的心愿啊！"李存勖接过这三支箭，并把它们保存在宗庙里。其后每逢出征作战，就派手下的官员用一猪一羊去宗庙祭告，并请出那些箭，用锦囊装了，让人背着，走在队伍的前面。等到胜利归来后，再把箭放回原处。终于，他活捉了燕王父子，杀死了梁国君臣，建立了后唐，算是完成了父亲的心愿。

但是，李存勖登上皇帝宝座后，便失去了早年的进取心，开始追求起奢华的生活来，对于大臣的劝谏，也听不进去了。

后唐庄宗同光三年（925年），天下大旱，从这年春天开始，就没有下一滴雨，到了夏季，气候炎热干燥，人们难以忍受。一直到六月十一日，天上才降下雨滴。但是紧接着便是霖雨不止，洪涝严重，大水不但淹没了庄稼，还毁灭了百姓的家园，很多人都流离失所，四处逃亡，大路上到处都是病饿而死的人的尸体。

在这种暑湿炎热的天气下，皇帝和大臣也不能忍受。庄宗李存勖为了避暑，想在宫中找一处凉爽的地方，但是找了好几个地方，他都感到不满意。这时，一名宦官向他建议说："老奴亲眼看到长安城在全盛的时期，大明、兴庆这两座宫殿，亭台楼阁非常多，至少有一百座，都是雕梁画栋，高得遮云蔽日，所以宫里自然就凉快了。而现在，皇上您连个避暑的地方都没有，宫殿的规模，还没有当时公卿私宅大呢！"

李存勖听了，很不服气地说："朕现在拥有整个天下，难道还不能建造一座高楼吗？"他马上

李存勖为享乐而兴建宫室。

下令让宫苑使王允平筹划建造高楼。这时，那名宦官说道："枢密使郭崇韬一直闷闷不乐，经常因为经费不足、财政困难而一筹莫展，陛下虽然下定决心兴建宫室，但恐怕是做不到的。"李存勖听完之后，不以为然地说："我营造宫室，用的是自己宫库里的钱，跟国家的财政无关，郭卿是不会阻拦我的！"

这名宦官口中的"郭崇韬"是什么人呢？

郭崇韬，字安时，代州（今山西代县）人，为人干练，且遇事机警，以清廉著称，深得庄宗李存勖的器重。庄宗称帝后，被任命为中门副使，参与朝中的机要事务。郭崇韬是后唐的开国功臣，功勋卓著，位高权重，李存勖的心里对他也存几分忌惮。尽管李存勖嘴里说建造宫室一事自己能够做主，但是他还是担心郭崇韬不同意，所以稍后亲自去找郭崇韬，对他说道："今年酷热难忍，我从前在黄河边上和后梁军队作战，帐篷所在，地势低凹，又非常潮湿。但是我们还是身披铠甲，跨上战马，亲自冲锋陷阵，抵挡流箭飞石，即便如此，都没有感到很热，竟像乘凉一般，现在安然居于深宫，却难以忍受暑热，这是什么缘故呢？"

庄宗在这里不直接说自己的意图，而是希望郭崇韬代他说出建造宫殿的话来。郭崇韬心里十分明白，却假装糊涂，说道："陛下当初在黄河岸边的时候，后梁未平，强敌就在眼前，您废寝忘食，一心一意只想复仇雪耻，所以不管是酷暑还是严寒，都不放在心上。现在天下已经平定，四海之内，都已归顺陛下，所以现在纵然有华丽的亭台、舒适的楼阁，仍然觉得心情特别烦闷。到了夏季，虽然高楼有百尺，宫殿有九重，也难以忘掉酷暑。以前的时候，皇上考虑的是如何平定天下，而现下总是先考虑自身是否舒适。处境不同，心里想的事情自然就不一样了。希望陛下时常记着当初创业时的艰难，常如当初征战一样，这样的话，酷热的暑气自然就变得凉爽了。"李存勖听罢，一句话也说不出来了。

事后，李存勖还是下令修建高楼，郭崇韬知道以后，多次劝谏，但李存勖根本不听，生活更加奢侈了。仅仅过了一年，李存勖就因为生活逸豫而身死国灭。

# ❧◎第六十章 治国烹鲜◎❧

治大国，若烹小鲜①。以道莅天下②，其鬼不神③。非其鬼不神，其神不伤人；非其神不伤人，圣人亦不伤人。夫两不相伤，故德交归焉。

【注释】

①小鲜：小鱼。②莅（lì）：临。这里是治理的意思。③神：灵验，起作用。

【译文】

治理一个很大的国家，要像烹煎很小的鱼那样，不能时常翻动导致破碎。运用"道"的原则去治理天下，那些鬼怪就起不了作用了；不仅鬼怪起不了作用，神祇也不伤害人；不仅神祇不伤害人，圣人也不侵越人。这样，鬼神和有道的人都不伤害人，所以人们就能彼此相安无事了。

【解析】

这一章主要讲"道治"的境界。天地间有阴阳二气，掌管阳气的称为"神"，掌管阴气的则称为"鬼"，圣人依照道的法则来治理天下，使阴阳交融成一团和气，所以鬼神就不能发挥作用了；不但鬼神不能发挥作用了，就连治世的圣人也好像无所作为似的，一切事情的成功都是自然而然的，这便是道治的境界。

在上一章中，老子论述了节俭的意义。尽管老子没有直接表达治国必须秉承自然无为的观点，但是自然无为是节俭

治大国，若烹小鲜。

的前提，实际上还是强调自然无为的思想。这一章老子依旧强调自然无为，如"以道莅天下"一句，表达的就是以自然无为来治理天下。自然无为的思想贯穿《道德经》的始终，一个人不管是修身、齐家，还是治国、平天下，都要遵循无为的法则，只有这样才能得道。

"治大国，若烹小鲜。"这里的"小鲜"即小鱼。小鱼骨弱肉薄，所以，当人们烹煎小鱼的时候，最忌讳的就是不断翻折，这样势必会将小鱼煎碎。可见，烹煎小鱼也决非一件易事。其实，治理国家和烹煎小鱼一样，如果统治者恣意妄为，那样必然会导致国家混乱。在这里，老子以烹煎小鱼来喻指治理国家，旨在强调无为而治的重要性。统治者只有做到安静无为，才能使国家大治。否则，就会带来灾祸。统治者如果想使国家安定，就必须小心谨慎，在处理政事的时候不要强加自己的主观意志，而是要坚定不移地贯彻无为而治的原则，这样才会起到富国强兵的效果。如果凭着自

己的主观意志去治理国家，老百姓就会无所适从，国家也会动乱不止。这句话以极其形象的语言概括了老子的治国谋略。

"以道莅天下，其鬼不神。非其鬼不神，其神不伤人；非其神不伤人，圣人亦不伤人。夫两不相伤，故德交归焉。"鬼神信仰由来已久，究竟鬼神是否真的存在呢？在古人看来，它们的确是存在的。而按照现代社会的科学理论，鬼神自然是子虚乌有的，它们不过是人们心中畏惧、胆怯、妄虚的产物。我们暂且先不讨论鬼神是否存在的问题，就老子的观点来看，如果一个时代呈现出阳气鼓荡的特征，或是一个人的身上充满了活力和朝气，那么我们便难以发现鬼神的踪影；如果一个时代呈现出阴气凄迷的特征，或是一个人的身上充满了颓废之气，那么鬼神就会莅临。

老子的鬼神观颇富有现代精神。老子认为，道是正气伸张的表现，它不但能压倒一切邪气，还能使充满邪气的鬼神没有立足之地，甚至使其丧失奇异怪诞的功能。所以，在大道面前，鬼神也就不敢胡作非为了。

说到这里，鬼怪到底是什么？其实，鬼怪只存在于我们的思想意识之中，它并非客观的存在。按照老子的道的思想来推衍，鬼怪就是自然界不和谐的产物，自然界因内部不和谐而产生了"鬼怪"，这是自然而然的事情。

鬼怪虽然是人们虚构出来的，但有一点我们不得不承认，人类为满足自己的欲望而奋斗的时候，在很大程度上也创造出自己的杀手。这里所说的"杀手"，意义跟鬼怪差不多，但并不单纯指我们头脑中出现的青面獠牙的怪物，而是扩展到了科技领域，比如人类因为战争问题而发明的原子弹、氢弹，都算得上是欲望生出的鬼怪。这些鬼怪的杀伤力是巨大的，人类利用聪明才智创造出的鬼怪，正在威胁着正常的生活。对此，老子在两千多年前就公开反对智慧，极力提倡无知、无欲。

老子从人类的本性出发来考察欲望，这在今天依然具有重要的意义。遵循自然大道，竭力克制自己的欲望，这就合乎了道德的标准。遵循了道德，鬼怪也就失去了威力，无法伤害人类了。人类无忧无虑，在自然界中自由自在，与天地和谐相处，一切都是自自然然、和和美美的了。

## 从政之道

### ◎服道积德——秦朝丢仁义而失民心◎

治理国家要像煎小鱼一样，须谨慎小心，不要经常扰动，滥用权力，扰乱人民。历史上很多帝王不懂得这个道理，不留给百姓休养生息的机会，结果导致了国家的衰亡。

公元前221年，秦始皇统一中国。秦朝统一后，人心思定，人民渴望能过上安定和睦的生活，但是，秦始皇却继续派大将蒙恬开疆拓土，甚至把自己的长子扶苏也派去戍边。他为了加强中央集权和进行思想控制，规定全国臣民对于朝廷的政策，只可遵从，不可妄议，不然就要受到惩罚。更严

秦始皇不惜民力，广修宫室。

重的是，秦始皇还不惜民力，修筑长城，广修宫殿，导致百姓妻离子散，家破人亡。

秦朝对百姓剥削最重的是徭役和兵役。秦始皇灭六国期间，开始着手建设大的工程，他每灭一

国，就将该国的宫殿建筑在咸阳附近仿造一遍，然后把掳掠来的各国美女关在这些宫殿之中，宫女总人数竟有一万余人。为了营建这些宫殿，秦始皇规定，成年男子每年要服徭役一个月，这极大加重了农民的负担。灭掉六国后，秦始皇继续开疆拓土，他下令全国的成年男子一生要在本郡服兵役一年，到京城或边疆戍守一年。

统一天下之后，秦始皇开始在渭河南岸修建阿房宫（亦名朝宫，阿房为其前殿名），每年动用民工七十多万人。朝宫可以容纳十万人，在里面运送酒菜要用车和马才行，仅一个前殿，东西竟长达 693 米，南北宽 116 米，台基高达 11.65 米，上面可以坐上万人。

骊山墓从嬴政登基起即开始修建，前后历时三十余年，每年用工七十万人。现在留存的墓从外围看周长 2000 米，高达 55 米。内部装修极其奢华，以铜铸顶，以水银为河流湖海，并且满布机关。仅看秦始皇陵的兵马俑，就可看出当年修建这座陵墓的百姓负担之重。并且，建造陵墓的工匠在陵墓造成之后全部被活埋。

秦朝征发大量民夫修筑长城。

另外，为了防御北方的匈奴，秦在灭亡六国之后，即开始北筑长城，每年征发民夫四十余万。在当时的生产力情况下，征调众多的百姓去从事非生产性劳动，造成的结果只能是尸横遍野。相传秦始皇时，劳役繁重，青年男女范喜良、孟姜女新婚三天，新郎就被迫出发修筑长城，不久因饥寒劳累而死，尸骨被埋在长城墙下。孟姜女身背寒衣，历尽艰辛，万里寻夫来到长城边，得到的却是丈夫死去的噩耗。她于城下痛哭，三日三夜不止，城墙为之崩裂，露出范喜良尸骸，孟姜女于绝望之中投海而死。

无休止的徭役背后，老百姓还要负担沉重的赋税。秦朝的赋税是前朝的二十倍，人民要把全年收获的三分之二上交给朝廷。这么重的赋税，导致男子耕田而填不饱肚子，女子纺织而没有衣服穿，人民只能穿"牛马之衣"，吃"犬彘（猪）之食"了。

秦朝的暴政引起了人们的反抗，为了镇压人民，维持秦朝的统治，秦始皇制定了一套严酷的刑法：一人犯死罪，亲族都要被处死，这称为"族诛"；一家犯法，邻里都要受牵连，这叫作"连坐"。再加上地方酷吏任意对百姓施以刑罚，人民的生活就更加痛苦不堪了。

秦始皇死后，儿子胡亥继承皇位，继续推行暴政。公元前 209 年，戍守渔阳的戍卒在陈胜、吴广的率领下发动起义，由此揭开了秦末农民起义的序幕。三年后，秦朝即在农民起义的打击下灭亡了。

# ◎以道治国——子产振兴邦国◎

春秋时期，子产担任郑国宰相。在掌管郑国权柄之后，看到郑国内忧外患的政治局面，子产采取了一系列改革措施，并顶住反对派的力量，最终将郑国治理得井井有条。

郑国乃是一个小国，当时处于晋国、楚国、齐国等大国的威胁之下，子产认为当务之急应该是增强国力，提高军队战斗力。为实现富国强兵的想法，子产采取了一系列社会改革。他一执政，便下令划清土地疆界，挖好沟渠，承认土地私有，并在私田上按田亩收税，这就限制了旧贵族，使他们不能再任意掠夺兼并土地，也鼓励了农民的劳动积极性。同时，子产还规定，农民有战功的，可以做甲士，担任小官吏，这样就打破了甲士身份的限制。子产优待农民的政策明显触动了旧贵族势力的利益，遭到他们的强烈反对。事实上，子产的前任子驷就是因为整顿田地疆界，占用了一些贵族的土地，而被这些贵族作乱杀死。子产知道这种情况，但他并没有被吓倒，仍旧坚定不移地推行他的政策。

为了提高军队战斗力，必须增加军费，因此，子产加大了税收额度。结果，一时之间，民怨四起，郑国百姓对他恨得咬牙切齿，甚至还有人要密谋加害他。如此一来，他遭到了来自上层贵族和下层百姓的双重仇视，原来和他站在一起的士大夫也站出来反对他。甚至连子产的家人也都劝子产改变主张。

但是，面对来自四面八方的压力和处处存在的危险，子产不为所动，他对自己的朋友解释说："我不会因为别人的反对而改变我坚信的正确主张，只要我是对的，我并不在乎为此牺牲自己的名声乃至性命。现在郑国百姓之所以反对我，是因为我的政策没有收到立竿见影的效果，过一段时间之后，他们看到了效果，自然不再恨我了。如果我现在因为阻力而半途而废，我以后的所有政策都

子产主张兴办教育，在全国各地办理称作"乡校"的学校。

会因为阻力而无法实施。"

过了几年，鼓励农业的政策收到了效果，人民的生活水平得到显著提高，国库充盈，军队也逐渐强大起来，足以抵御外国的军事侵略。看到这种情况，郑国的官员和百姓都转而支持子产。

在春秋时期，统治者崇尚"法不可知，则威不可测"的法治观念，国家虽然制定了法律，但是并不让老百姓知道，以在内心里威慑百姓不敢犯罪。并且，因为对于

子产振兴邦国。

法律的解释只有官员和贵族说了算，所以他们经常凭自己的意愿任意处置百姓。面对这种状况，子产下令铸了个金属宝鼎，把原来刻在竹简上的郑国刑法一条一条地铸在鼎上。他让人把鼎安置在王宫门口，让老百姓学习了解法律，进而做到心里有数。这就是春秋时期著名的"刑鼎"。刑鼎铸成后，遭到郑国贵族的强烈反对，他们认为刑法一公布，百姓心中就有了底，就用不着再怕贵族和官吏了。这样不分尊卑，还怎么治理百姓呢？子产却不为所动，坚持认为这样才有利于人民遵守法度。子产的这个措施得到了郑国百姓的普遍欢迎，因为对法律心里有数，知道了自己行为应该止步的边界，郑国的犯罪之人大大减少。

除此之外，子产还有一个为后人称道的举措，便是在全国各地办理称作"乡校"的学校，教授郑国百姓一些文化知识。不过，人们一旦有了固定的聚集地点，又学了点知识，便开始评论国家各项制度和政策，同时还对君王和官员的行为评头论足。这样一段时间后，许多贵族和官员觉得如此下去，必然会对统治者造成威胁，因此强烈要求关掉乡校。子产却在朝廷上辩论道："为什么毁掉乡校？人们早晚干完活儿来到这里聚一下，议论一下施政措施的好坏。他们喜欢的，我们就推行；他们讨厌的，我们就改正。这对于我们制定政策具有很好的指导和监督作用，为什么要毁掉它呢？我听说尽力做好事以减少怨恨，没听说过倚权仗势来防止怨恨。难道很快制止这些议论不容易吗？然而那样做就像堵塞河流一样：河水大决口造成的损害，伤害的人必然很多，我是挽救不了的；不如开个小口导流，不如我们听取这些议论后把它当作治病的良药。"

最终，在子产的极力坚持下，乡校保存了下来，郑国人的文化水平得到了提高，人们更知书达理了。同时，子产经常派人收集人们的言论，对他们抱怨的政令加以取缔或修改，对于他们欢迎的政令则继续推广，人们的抱怨也逐渐减少了，郑国上下达到了空前的安定和团结。

子产治理郑国的二十几年间，郑国内政修明，国家安定，人民幸福，外交上也不再吃大国的亏。因此，孔子也对子产大加赞赏，称他是一个了不起的君子。可以看出，子产之所以能够将郑国治理得安定强盛，是因为他正是用了"治大国，若烹小鲜"的方式来治理郑国的。我们知道，他所推行的政令，无不遭遇了极大的压力，如果他因为碍于压力，便放弃自己的改革措施，今天承认土地私有，明天又收回政令；今天允许有功的农民担任官吏，明天又取消了这个规定，恐怕郑国便会像一条被不断翻动的小鱼那样支离破碎了。而他正是明白这一点，于是顶住重重压力，使得自己的措施得以始终如一地实施，直到显示出了效果而被大家接受，他才能够取得成功。

# 老子的方法论

图难于其易,为大于其细;天下难事,必作于易;天下大事,必作于细。

——老子

这是老子的方法论。老子指出了解决问题的方法和规律。

任何事物都有一个由易到难、由小到大、由少到多的发展过程,要为事于其细,真正有大智慧的人会在事物处于毫末之时就察觉和解决它们,防患于然。

## 少了一枚铁钉,毁了一个王朝

1485年,英王理查三世与亨利伯爵在波斯沃斯展开决战。此役将决定王位新的得主。

战前马夫为国王备马掌钉。但铁片已用尽,铁匠请求去找。马夫不耐烦地催促道:"国王要打头阵,等不及了!"铁匠只好将一根铁条截为四份加工成马掌。

当钉完第三个马掌时,铁匠发现钉子不够了,请求去找钉子。马夫道:"上帝,我已经听见军号了,我等不及了。"铁匠说:"缺少一根钉,也会不牢固的。""那就将就吧,不然,国王会降罪于我的。"结果,国王战马的第四个马掌就少了颗钉子。

战斗开始,国王率军冲锋陷阵。战斗中意外发生,他的坐骑因突然掉了一只马掌而失蹄,国王栽倒在地,惊恐的战马脱缰而去。国王的不幸使士兵士气大衰,纷纷调头逃窜,溃不成军。伯爵的军队围住了国王。国王长叹:"上帝,我的国家就毁在了这匹马上!"

战后,民间传出一首歌谣:少了一枚铁钉,掉了一只马掌。掉了一只马掌,失去一匹战马。失去一匹战马,败了一场战役。败了一场战役,毁了一个王朝。

# ◎第六十一章　各得其所◎

【原文】

大邦者下流①，天下之牝②，天下之交也③。牝常以静胜牡④，以静为下。故大邦以下小邦，则取小邦；小邦以下大邦，则取大邦。故或下以取，或下而取。大邦不过欲兼畜人⑤，小邦不过欲入事人⑥，夫两者各得所欲。大者宜为下。

【注释】

① 下流：众水汇集处。意卑下。② 牝（pìn）：雌性。③ 交：总汇。④ 牡（mǔ）：雄性。⑤ 兼畜人：把人聚在一起加以养护。⑥ 入事人：求于人之意。

【译文】

治理一个很大的国家，要像江海那样安于处在卑下的地方，居于天下雌柔的位置，使天下百川河流交汇于这里。雌柔能以安静宁定战胜雄强，就在于它既能以静制动又安于居下。所以，大国如能对小国谦虚卑下，则必然能取得小国的信任依附；小国若能对大国谦虚卑下，则也能取得大国的信任支持。所以，不管是大国用谦虚卑下取得小国的信任，还是小国用谦虚卑下取得大国的信任，大国无非是想兼并小国，小国无非是有求于大国。这样大国小国都可以达到各自的愿望。特别是大国，更应该谦虚卑下。

【解析】

这一章中，老子提出了作为一个大国在对待别的小国时应持有的态度，即处静、处下，内在的道理即前面所说的"弱者道之用"。

春秋末期，诸侯国的兼并战争日益激烈，大国试图称霸天下，小国力图保全自己，人民的处境则苦不堪言。面对战争带来的灾难，老子痛心疾首，忍无可忍，终于发出了"大邦者下流"的感慨。这里所说的"下流"，指的不是卑贱、无耻，而是江河的流向。我们知道，水都是向低处流的，海之所以能够包纳百川，就是因为它甘居下位，

大邦者下流，天下之牝，天下之交也。

无所不包，所以才成就了自己的"大"。它的作为是合乎道德的，所以它能长久而广博。在老子看来，大国如果能像大海那样谦和，甘居卑下的位置，那么国家就能太平，人民就能安定。

"牝常以静胜牡"，这里老子以雌性可以战胜雄性的道理来论证"大邦者下流"的观点。大国之所以大，一方面是客观的原因，即地理位置的优越。春秋时代，大国一般都处在中原文明的边缘地带，这里地势低洼，水草丰美，有利于人民居住和发展农耕。另一方面是因为统治者治国有方，他

们清楚大国和小国的关系，而老子对此也作了论述，他说："故大邦以下小邦，则取小邦；小邦以下大邦，则取大邦。"意思是说：大国对小国谦下，就可使小国归附自己；小国对大国谦下，就可取得大国的支持。因此，大国和小国的关系用海纳百川来形容那是再适合不过了。海是谦和的，是宽容的，是深沉的，是卑下的……正是因为它具有这些特性，所以百川才会归附它，投奔它；正是因为这些特征，才成就了它的博大、宽厚和永不干涸。

"故或下以取，或下而取。大邦不过欲兼畜人，小邦不过欲入事人，"在老子所处的年代，大国和小国并存的割据时代行将落幕。西周时期的几百个诸侯国，到了这个时候只剩下几十个，许多小国在大国的威逼下已经沦为附庸。这些小国尽管保存下来，但是处境更加艰难，它们不但要向大国纳贡，还要分担大国重大工程项目的劳役。而大国不但在态度上轻视小国，还奴役小国的人民，使他们的处境痛苦不堪。针对这种社会现状，老子渴望能够唤醒大国的宽厚和仁慈，试图通过自己的力量改变社会现状。

柔弱可以战胜刚强，但是现实的情形与老子的观点背道而驰，我们能不能就此否定和排斥老子的观点呢？其实，现实中柔弱没能战胜强硬的现象只是一时的弱势表现，从总体上来说，柔弱是可以战胜刚强的。看似强大的事物却不能长久地存在，而看似渺小的事物却有着顽强的生命力。以自然界里的现象为例：庞大的恐龙曾统治着整个自然界，而到最后竟被弱小的猴子种属取而代之；老鹰是一种凶悍的肉食鸟类，而野兔是一种草食动物，当老鹰如箭一般扑向野兔的时候，野兔弹出后腿，重重地踢中老鹰的肚子，一连几下，踢得老鹰扑棱着翅膀，一头栽倒在地上……

"夫两者各得所欲。大者宜为下。"国家谦和、卑下才能够长久，人类也是如此。人类如果不能做到谦和、卑下，就会引火上身，导致毁灭。所以，我们作为人类的个体，就应该从自我做起，对待周围的人要谦恭、柔和、甘居下位；对待周围的物应该友善、包容，使自己的行为合乎自然的大道，这样才能"两者各得其所欲"，也只有这样我们才不愧为万物之灵，才算真正拥有聪明才智。

**从政之道**

## ◎大国宜下——子产周旋于大国之间◎

在这一章里，老子提出国与国之间要相互谦让，相互容忍。尤其是大国要谦让无争，有爱护小国之心。我们可以把它看作是中国最早的有关处理外交关系的原则。春秋时郑国大臣子产谋求在大国之间生存，倡导国与国之间谦让的事迹，就是老子这一思想在外交和政治领域的集中体现。

郑国是春秋初期分封的诸侯国。春秋初期，郑庄公在位的时候，郑国一度十分强大。但是，随着齐、楚、晋等国的崛起，郑国的实力不断削弱，还成为晋国的附庸。后来，郑国大夫子产主持国政，他为了保全郑国，不断在强国面前维护郑国的尊严，谋求与大国交往时的平等地位。

子产出身于郑国公室，他的父亲子国是郑穆公之子。子产执政的时候，郑国君弱臣强，大族争利，而晋、楚两

子产为了保全郑国，不断在强国面前维护郑国的尊严，谋求与大国交往时的平等地位。

子产周旋于大国之间。

大强国又把郑国夹在中间，可谓是内忧外患，形势非常严峻。

这时，晋国大夫范宣子把持晋国的朝政，他强迫诸侯增加朝贡时的贡品。郑国是小国，无法承受这一负担，子产便寄书给子西要他转告范宣子，他说："您在晋国执政，四周的诸侯没有听说您的美德，却听说您增加了要缴纳的贡品，我对这种情况感到很迷惑。我听说掌管国家政事的君子，不担心自己纳入的财礼不丰厚，而担心没有好的名声。当诸侯们进献的财礼都集聚到晋国公室的时候，诸侯就会有二心了。如果这些财礼被您私自占有，那么晋国的内部就会不团结。诸侯怀有二心，晋国就要受到损害；晋国内部不团结，您的家族就要受到损害。为何这样贪恋财物呢？"

接着，子产又说道："美好的名声，是传播美德的车子；美好的德行，是国家的根基。有了根基才不至于败亡，不应当致力于此吗？有了好的德行就会快乐，这样的快乐才能长久。《诗经》上说：'快乐啊君子，他们是国家的基础。'这是因为君子有美德吧！'天帝在你的上面，不要让你的心志不纯正。'这是告诉人们要有好的名声！用宽厚的态度来发扬美德，那么好的名声就会载着美德四处传播，因此远方的人来归附，近处的人得到安宁。是要让人们对您说'您确实养活了我'，还是让人们对您说'您榨取我们来养活自己'呢？大象因为有象牙导致丧命，这是因为象牙值钱的缘故呀！"

范宣子读到子产的信，心悦诚服地下令"轻币"，减轻了各国的贡赋。

为了维护郑国的尊严，子产不但与大国据理力争，而且敢于痛击它们的无礼行为。周襄公三十一年（前542年），子产陪郑简公访问晋国，晋平公以遭鲁丧为由迟迟不肯会见。子产知道这是晋人故意无礼怠慢，遂下令破坏郑国使馆的墙壁，让车马停进去。晋国知道了，便派士文伯来责问。士文伯责备子产说："敝国由于政事和刑罚没有搞好，到处是盗贼，无奈诸侯们屈驾来问候寡君，因此命令官吏修缮宾客的馆舍，加高它的大门，加厚它的围墙，使宾客使者不必为安全担心。现在您拆毁了围墙，虽然您的随从能够自行戒备，但别国的宾客怎么办呢？由于敝国是诸侯的盟主，才修缮馆舍围墙，以接待宾客，如果把它们都拆了，我们用什么来满足宾客的要求呢？我们国君派我前来请教。"

子产听了士文伯的话，借势进行了一番义正词严的辩驳，他说："敝国国土狭小，处在大国的中间，大国向我们索取贡物也没有一定的时间，所以我们不敢安居，只有悉数搜寻敝国的财物，用它来参加朝会。碰上贵国国君没有空闲，因而不得见，又没有得到命令，不知道朝见的日期。我们不敢贸然前去进献财物，又不敢把它们露天存放。如果进献，这些东西就是贵国君王府库中的财物，但是不经过陈列贡品的进献仪式，我们是不敢进献的。如果把礼物放在露天里，又怕天气干湿无常而腐烂生虫，从而加重敝国的罪过。我听说文公从前做盟主的时候，宫室低矮狭小，没有宫观和台榭，却把接待诸侯的馆舍修得十分高大，如同今日贵国国君的寝宫一样。仓库和马厩都得到修缮，司空按时平整道路，泥瓦匠按时粉刷馆舍房间。诸侯宾客到来，甸人点起庭院中照明的火烛，仆人检查巡视客舍是否还有问题，车马有专门的存放地，宾客的随从也都有人代替，管理车辆的官员给车轴加油。

"打扫房间的，饲养牲口的，各自照看自己分内的事，朝中的官员们拿出自己的东西来招待宾客。文公从不让宾客们耽误时间，可也没有简省礼仪，忧宾客之忧，乐宾客之乐，出了事就亲自前去查看，指教宾客们不懂的地方，体恤宾客们的不足之处。宾客到来就好像回到了家里一样，非但没有灾害，不怕有人抢劫偷盗，而且也不用担心干燥潮湿。现在铜鞮宫方圆数里，却让诸侯宾客住在奴仆住的房子里，大门容纳不了车辆进出，又不能翻墙而入。盗贼公然横行，对于天灾瘟疫又没有任何防治措施，宾客进见没有一定的时间，接见命令也不知何时发布。如果不拆毁围墙，就没有地方存放礼物，罪过就要加重。斗胆请教您，您对我们有什么指示？虽说贵国国君遇上鲁国的丧事，可这也是敝国的忧伤啊。如果能让我们献上财礼，我们会把围墙修好了再走，这是贵国国君的恩惠，我们哪敢害怕辛劳？"

好一番铁齿铜牙，子产通过古今对比，一方面把晋国今不如昔的现状直指出来，让晋人不敢自大；一方面指责了晋人的无礼。赵文子听到这番话之后，不得不承认："我实在亏于德行，用奴仆居住的房舍来招待诸侯，这是我们的罪过啊。"

于是，赵文子派士文伯前去道歉，承认自己不通达事理。晋平公接见了郑简公，提高了礼仪的规格，宴会和礼品也格外丰厚，然后让郑简公回国。晋国接着就修筑了接待诸侯的宾馆。

在与大国的交往中，面对大国的刁难，子产据理力争，从而使郑国赢得了大国的尊重，这正体现了老子本章所要表达的思想。

郑国人民歌颂子产的功绩。

# ◎各得其所——"尊王攘夷"的晋文公◎

这一章里，老子提出了协调大国与小国关系的基本原则：大国要谦让无争，小国要尊重大国。无非是使大国吞并小国，小国获得大国保护。春秋时期晋文公"尊王攘夷"取得霸主之位，就是一个很好的例子。

晋文公，名重耳，他在晋国做公子时，因为遭到献公夫人骊姬的谗害，被迫流亡国外。最初，重耳来到卫、曹、郑等小国，这几个国家的君主对重耳无礼，不肯收留他。后来重耳到了楚国，楚成王十分优待他，重耳对他非常感激。不久，重耳回晋国为君，临走之前，他向楚国承诺：假如有一天晋、楚开战，晋国一定退避三舍，以此来报答楚国的恩情。其实楚国所以帮助重耳，主要是出于利益考虑，希望重耳当上晋国国君后，能唯楚国马首是瞻。重耳心里自然明白，而他之所以许下诺言，也不过是为谋求楚国军事和政治上的支持罢了。

骊姬向晋献公进谗言陷害重耳。

重耳回到晋国做了国君，即晋文公。晋文公才即位的时候，晋国的实力尚不强大，但是晋文公却有着称霸的雄心。此时周王室发生内乱，正好给晋文公提供了机会。于是，晋文公打出"尊王攘夷"的旗号，会合诸侯，一起出兵帮助周襄王平定内乱，并护送其回到洛邑。周襄王为表感谢，特意把南阳的温、原等地赏赐给晋国，这样，晋国在诸侯中的威望大大提高了。

这时，楚、宋泓水之战刚刚结束，宋国被楚国打得大败。楚国趁此将势力深入到北方地区：陈、蔡等国先后与楚国结成同盟；郑、许、曹、卫、鲁等国也渐渐倒向楚国一方。但是，楚国并不以此为满足，它还想威慑秦、晋、齐等强国，为此，楚成王纠集了大批军队，准备与中原诸侯一决雌雄。

晋文公自然不能容忍楚国的压迫。周襄王二十年（前632年），晋文公率领晋国军队，大举进攻楚国的盟友卫国和曹国。卫国、曹国不敌，被迫依附于晋国。楚将子玉得到消息，非常生气，立即率军讨伐晋军。晋、楚这两个大国正面交锋，正要展开一场大的激战，这时，晋文公却忽然下令，命令全军向后倒退九十里地，到达卫国的城濮，这就信守了当初与楚国定下的约定。

说到这里，我们不禁要想，晋文公"退避三舍"仅仅是为了信守诺言吗？其实，这是他采取的很高明的策略：楚军披坚执锐上阵，斗志昂扬，晋军不适合主动迎击，应当主动后退，这样既可以回避敌军的锋芒，使其斗志松懈，晋军又可以选择有利地形，以逸待劳。

撤到城濮后，晋文公开始整饬军队，修筑阵地。同时，他又任命狐偃为上军主将，负责右翼攻击；任命栾枝为下军主将，负责左翼攻击；任命先轸为中军主将，负责指挥晋军主力，并协调左右两翼。这就是兵分三路攻击楚军的策略。

城濮之战晋文公要求军队退避三舍。

　　楚成王得知晋军在城濮驻扎了下来，担心子玉劳师奔袭，所以就率领楚军主力与子玉会合，一起赶赴城濮，并在城濮布下阵势：以子上为右军主将，负责指挥陈国和蔡国的军队；以子西为左军主将，负责指挥申国和息国的军队；以子玉为中军主将，负责指挥楚军的主力。

　　晋、楚两国的大军在城濮对垒，展开了一场激烈的厮杀，这场大战便是有名的"城濮之战"。

　　城濮之战中，晋军看到了楚国的弱点，集中兵力攻打楚军的左右两翼，致使楚军的两路大军全面崩溃。

　　与此同时，狐偃指挥的晋军右翼假装退却，负责指挥楚军左翼的子西果然中计，下达了主动追击的命令，使自己的侧翼暴露给了晋军主力。这时，先轸指挥的中军乘势杀向楚军左翼，就在双方杀得难解难分的时候，狐偃回师夹击楚军的左翼。尽管狐偃已经年老，但还是勇不可敌，在千军万马之中纵横驰骋，楚军兵将被杀得抱头鼠窜。

　　楚军的左右两翼均遭挫败，中军主将子玉仍旧负隅顽抗。楚成王为了避免主力被歼，遂下令子玉率军撤退。子玉无奈，只好率领中军撤退了。晋军则乘胜追击数十里地，又消灭了很多敌人。

　　城濮之战后，楚军北进受阻，中原诸侯渐渐不听楚国号令，改而亲附晋国了。不久，晋文公将战俘和战利品献给周室，以求封赏。周天子无奈，只得派大夫王子虎封晋文公为侯伯（诸侯首领）。晋文公再三辞谢，最后"勉强"接受这一封号。周室为此还特意写了一篇《晋文侯命》，以表彰晋文公的功绩。

　　在成就霸业的同时，晋文公开始报复流亡期间对其无礼的诸侯。晋文公五年（前632年），晋伐卫，取胜后，将其地分给宋国。同年，伐曹，俘获了曹共公。两年后，晋国与秦国联合，大举讨伐郑国，强迫郑国答应向晋国进贡，这才撤兵而还。

　　晋文公在位仅仅九年，但是在短时间内却能成就霸业，兼并小国，抑制强楚，要挟周室，其成就胜过了齐桓公。

　　在这则故事中，晋、楚两国最开始相互尊重，这是为了夺得霸权的需要，因此后来不可避免地发生了战争。而曹、卫等国曾对晋文公无礼，这违背了老子"小邦以下大邦"的原则，因此必然得不到大国的保护，从而招致了亡国之祸。

# ◎第六十二章　万物之奥◎

【原文】

　　道者，万物之奥①。善人之宝，不善人之所保。美言可以市尊②，美行可以加人③。人之不善，何弃之有④？故立天子，置三公⑤，虽有拱璧以先驷马⑥，不如坐进此道。古之所以贵此道者何？不曰：求以得，有罪以免邪？故为天下贵。

【注释】

①奥：藏，含有庇荫的意思。②市尊：换取尊位。③加人：高过他人，亦有凌驾别人之上的意思。④何弃之有：即"有何弃之"，有什么可抛弃的。老子认为恶人可以转变，世上不应有被抛弃之人。⑤三公：古代最高的官职。⑥拱璧：极为珍贵的大玉。

【译文】

　　道是荫庇万物之所。善良的人把它当成宝贝珍惜它，不善的人也处处保住它。美好动听的言辞可以换来别人对你的尊重，良好高尚的品行可以见重于人。那些不善的人，怎能把道抛弃呢？所以在天子即位、设置三公的时候，虽然有拱璧在先、驷马在后的献礼仪式，还不如把这个清静无为的道进献给他们。自古以来如此重视道是什么原因呢？不正是由于有求于它的就可以得到满足，犯了罪过的也可得到它的宽恕吗？就因为这个，天下人才如此珍视道。

【解析】

　　这一章讲"道"的宝贵和修道所应坚守的原则。人不论善与不善，居高位还是居下位，在道上进步一分，就有一分的益处。对于天子和三公来说，道比宝马、璧玉更有意义。

　　讲道的宝贵，老子再次提及道的属性和功用："道者，万物之奥。善人之宝，不善人之所保。"意思是说：道是万物的主宰，是善人的法宝，不善的人也用之保全自己。老子认为，道是天地万物的本原，是贮藏万物的庇护之所，它时时刻刻都在保佑着天地万物；道是世界物质中未被感知的存在，它对万物一视同仁，它评价万物，却不把万物的过去行为作为评价标准，而是把它现在和将来的行为作为评价标准。所以，不管一个人是好是坏，只要他能够体

立天子，置三公。虽有拱璧以先驷马，不如坐进此道。

悟道的内涵并能掌握道的理念精髓，道都会极力保护他的安全。

为什么说"道"是宝贵的呢？这是因为道不仅是善者的宝物，它同时也在保佑着不善之人。不善者之所以还能称之为"人"，就是因为道还在保佑着他。这里必须强调一点，我们这里所说的善和不善，并不是善良和不善良的意思，而是得道和未得道的意思。既然美好的言论可以博取别人的尊敬，美好的行为可以博取别人的重视，那么怎么可以抛弃不善之人呢？

"美言可以市尊，美行可以加人。人之不善，何弃之有？故立天子，置三公，"这是讲道的平等待人，当然，这里的"平等对待"也不是毫无原则的。当一个人的行为合乎大道的德行时，大道就会奖赏他。当一个人的行为不合乎大道的德行时，大道就会惩罚他。道对人的奖惩体现在道为人们设立了天子和三公，也就是说，天子和三公代表道去管理天下的百姓，去惩恶扬善。"三公"指的是古时地位仅次于帝王的三位官员，周代多指太师、太傅、太保。对这段话的理解，历来多有不同的看法，有人认为"立天子，置三公"是说人有美言尊行可成为天子、三公；也有人认为"人之不善，何弃之有"指的是对于不善之人，也没有理由去抛弃他们。

"虽有拱璧以先驷马，不如坐进此道。""拱璧"指的是两手捧着璧玉。"驷马"指的是四匹马拉的车。前面有人拱璧导引，自己则在后面乘四匹马拉的车，这是春秋之际帝王出行的仪仗。"坐进"意为静坐以领悟。这段话再次重申了道的宝贵，并明确指出：修道要有正确的目的。在老子看来，即便得到了帝王之位，也不如静坐悟道。所以，他以帝王之尊的仪象来与得道相比，目的在于让人了解道的宝贵。

接下来，老子又通过阐明古人对道的宝贵看法，来说明修道的正确目的是什么。"古之所以贵此道者何？不曰：求以得，有罪以免邪？故为天下贵。""有罪以免"意为悟道后按道行事可以免除以往的罪过。古人为什么认为道是贵重的？不就是因为按道行事即使有罪也可以免除吗？所以，道为天下所贵是不难理解的。

老子的这一思想在今天还有很大的借鉴意义。人类生活在地球上，拥有聪慧的头脑和灵活的四肢，这是我们成为高贵的人的前提条件。高贵的人具备谦和的道德品质，对周围的人不分好坏一视同仁，但是我们很难做到这一点。与此相反，我们常常会因某人曾有过劣迹而鄙弃他。大道不同，它对任何人都是仁慈的，对不善之人也同样加以保护。我们应该学习大道，并做到和大道同步，对世间之物一视同仁。

## 从政之道

# ◎ 有罪以免——伊尹放太甲 ◎

有道是"人非圣贤，孰能无过"，人的一辈子，不可能不犯错误，只要认识到自己的错误，并领悟知错就改的道理，便能补救自己的过失。对于身边的人，则要懂得善待和宽容，留给犯错误的人一个改过的机会，老子本章所讲的内容，说的便是这一道理。

商朝的开国君主是汤，他以贤臣伊尹辅佐自己，灭掉了夏朝。商朝统一黄河流域后，伊尹又帮助商汤制定各种典章制度，规定官吏一定要勤勤恳恳地工作，要忠于王室，不得怀有二心，否则就要受到严厉的惩罚。另外，伊尹又制定了十多条法规，人们犯了罪会受到惩处，甚至会被罚做奴隶。因此，商朝初期的官吏一般都循规蹈矩，不敢胡作非为，政治上比较清明，经济也较为繁荣。

商汤死后，商朝的第二代、第三代君主，也受到过伊尹的辅佐。伊尹帮助他们兴利除弊，努力管理国家。据古书上记载，汤的嫡长孙太甲在位时，曾有过伊尹放逐并督促其改过自新的事情。

商朝的君位继承法是兄死弟及，没有弟弟的，才传位给自己的儿子。商汤没有弟弟，按理说君位应当由长子太丁继承，但是太丁死得很早，就由太丁的弟弟外丙继承。外丙做了三年君主便去世了，他的弟弟仲壬继承了国君之位。仲壬也只做了四年君主就死了。这时，由开国元老伊尹做主，让太甲继承了王位。太甲是太丁的儿子，商汤的嫡长孙。

太甲做了君主后，伊尹一连写了三篇文章供太甲阅读，教他怎样做一名好的君主。这三篇文章中，有一篇的题目叫《肆命》，重点讲如何分清是非的道理，对于什么样的事情不应当做，什么样的事情应当做，伊尹在里面都讲得清清楚楚。还有一篇文章的题目叫《祖后》，讲的是商汤时候的法律制度，教育太甲一定要依照祖先定的规矩行事，不得背弃祖训，为所欲为。

太甲刚即位时，能够按照伊尹的教导行事，并小心谨慎地遵守祖宗留下的规矩。到了第三年，他开始变得骄傲自满起来，认为天下所有的事情都应当由他说了算，否则自己便枉为一国之君了。

太甲恣意妄为，不听伊尹的规劝，破坏了祖宗留下来的各项

太甲即位后不听劝谏，恣意妄为。

太甲悔过自新，伊尹将政权交还给他。

规章制度。他甚至还效法夏桀，以残酷的手段来对待老百姓，百姓们怨声载道，敢怒不敢言。

对于太甲的所作所为，伊尹自然不能容忍。他先是一再劝谏，希望太甲能够及时反省自己的行为，注意遵守祖先的制度。但是太甲根本听不进去。伊尹见这位年轻的君王屡教不改，于是把他赶下台，把他放逐到商汤的坟墓所在地桐宫（今河南偃师）。在太甲被放逐期间，伊尹见朝中无主，便亲自执政，管理起国家来。

太甲被放逐到了桐宫，与祖父商汤的坟墓朝夕相伴。尽管商汤是商朝的开国君主，但是他的坟墓却与普通人的坟墓没什么两样，墓地上只有一座低矮的宫室，供一年一度的祭祖之用。

守墓的老人听说太甲是因为违犯祖宗的制度才被放逐到这里来的，就把当年商汤创业以及制定国家制度的事情讲述给太甲听，并教育太甲应当以自己的祖父为榜样，做个有道明君。

听了祖父商汤的伟大功绩，太甲感到既神往又羞愧，于是下定决心改正错误。他以祖父做榜样，尽自己的能力帮助老弱孤寡，做事情也变得循规蹈矩，不敢违反祖制和朝廷法律。

太甲在桐宫住了三年，伊尹时刻关注着太甲在桐宫的一举一动。他知道太甲悔过自新，感到十分高兴，于是亲自率领文武大臣把太甲接回都城亳城，严肃而庄重地把政权交还给他。太甲以前事为师，谨慎地依照商汤时传下来的章法做事，听从身边贤臣的建议，把商朝治理得越来越好了。至此，商朝进入了一个稳定发展的时期。

# ◎弃恶从善——周处留名青史◎

老子说，道荫蔽万物，对善人来说它是珍宝，而对不善的人它也加以庇护，从不放弃。人的一生不可能不犯错，而对于犯了错误的人来说，应当知错就改。晋代的周处原来就是乡中的一大公害，后来改过自新，成了当世有名的忠臣良将。

周处，字子隐，出生于义兴阳羡。父亲叫周鲂，曾经在吴国担任鄱阳太守，但在他幼小的时候，父亲就不幸去世了。周处从小就失去了父教，十分顽劣。周处长得身强力壮，不到二十岁，就臂力过人，他喜爱骑马射箭，常常背着弓四处打猎，在田野间骑马疾行，践踏坏不少庄稼。他生性剽悍，不拘小节，横行于乡间，成为地方一大祸患，乡里人都十分厌恶他，看到他便躲得远远的。周处自己也知道乡里人不喜欢他，立志要改过自新。

一天，周处走在大路上，发现路上的人都愁眉苦脸，于是他问道："今年风调雨顺，粮食大丰收，你们为什么一个个都闷闷不乐呢？"

乡亲们叹息道："乡中三害没有除掉，我们怎么会感到快乐呢？"

周处不明白了，问他们："乡里三害是什么呢？"

乡亲们回答道："第一害是南山上的白额猛兽，它长得凶猛无比，喜欢随意伤人，害得我们都不敢上山砍柴打猎；第二害是长桥下的蛟龙，不管是人是畜，只要经过长桥，就会被它卷进水里吃掉；第三害嘛……"

说到第三害，乡亲们都沉默了，犹豫着要不要说出来。周处急了，忙问道："你们倒是说呀，第三害又是什么？"

"第三害就是你了。"乡亲们鼓起勇气说了出来，周处听后一怔，他虽知道乡人不喜欢他，但没想到竟反感到这个程度。

周处说："如果这些是祸患，我去为你们将它们除掉。"

乡亲们说："你要是将它们都除掉，就是我们整个乡的大幸。"

第二天，周处带好武器，骑上马入山射杀猛兽，经过一番激烈的搏斗，终于杀死了白额猛兽。回到家经过一天休整，他又拿着磨得十分锋利的剑潜入水中擒杀蛟龙。蛟龙在水中不易对付，它时而沉入水底，时而浮出水面，不断往前游走，周处挥舞着利剑，尾随它而去。那打斗场面十分激烈，蛟龙已被周处砍得遍体鳞伤，而周处胳膊上、背上也被它的利爪抓出了几道深深的口子，河水都已经被血染红。一直打斗了三天三夜，仍旧没有分出胜负。

乡亲们见周处没有回来便以为周处和蛟龙都死了。想到地方上三害都已经除掉，乡亲们无不拍手称快。他们大摆筵

周处向乡亲们询问何为乡里三害。

席，欢庆三害俱除。周处斩杀了蛟龙，拖着伤痕累累的身子浮出了水面，看到乡人的欢庆场景，心中十分难过，他终于知道乡亲们有多恨他了，这使他更加坚定了痛改前非、改过自新的决心。

周处听说吴中大将陆逊的孙子陆机、陆云很有才学，于是决定去吴县拜他们二位为师。来到吴县，碰上陆机不在，只见到陆云，于是他将自己早年顽劣不堪及后来浪子回头擒杀猛兽蛟龙的事情都告诉了陆云，并向他表明自己悔过自新的决

周处入山杀猛虎。

心和决意拜他为师的愿望。但周处又担心自己年龄大了，陆云不肯收自己为徒。

然而陆云居然答应了，他劝周处说："古人认为，'浪子回头'是十分可贵的，你还是很有前途的，你应当担心的是自己没有志向，有了志向，又怎么会害怕名声不远扬呢？"周处听了觉得很有道理，于是便发奋学习，不时用古人的话来砥砺自己。同时，他还十分注重加强自身的修养，一改之前的顽劣习气，修得一身才学。

仅用一年，周处就名声大噪，州府官员都争相举荐他出来做官。后来，他出仕吴国，担任东观左丞。到了孙皓统治末期，又任都督。

280年，吴国灭亡，吴国臣子纷纷到晋朝为官，周处也在其中，出任雍州新平（今陕西彬县）太守。任职期间，因为治理有方，原来那些棘手的边疆问题都得到了解决，外族纷纷归附，这使得周处美名远播。之后，周处又被调去任梁州广汉（今四川射洪）太守，他勤于公务，清廉正直，处理了不少多年未解的诉讼案件。后来他因母亲年迈而辞官归乡，不久又因其有贤名而再度被征为楚内史，还没有到任，又被征召入京担任散骑常侍。周处接到任命后，先到楚国赴任，取得安抚教化等政绩，才入朝做散骑常侍，他的这种行为，深为时人所推崇。

周处为人十分耿直，刚正不阿，任御史中丞时，也不畏惧权贵的势力。梁王司马肜也遭到过他的举报，两人从此结下梁子。每次提到周处，司马肜便恨得咬牙切齿。

296年，西北少数民族氐羌发动叛乱，首领齐万年称帝。十一月，晋朝任命司马肜为征西大将军、总领关中诸军事；周处为建威将军，隶属安西将军夏侯骏。周处之所以被推上了最前线，是因为他正直的品性得罪了不少朝臣。伏波将军孙秀知道这些人的险恶用心，便好意劝周处道："你家中有老母在堂，可以以此为借口，推掉这个差事。"周处听了，正色道："自古忠孝就难以两全。"

周处知道自己身处险境，必定被司马肜陷害，于是抱着必死决心西征。

297年正月，齐万年率军七万驻扎在梁山（位于今陕西乾县），司马肜、夏侯骏逼周处仅以五千兵力发动攻击。周处抗议道："我军没有后援，贸然进攻必然招致失败，而且也给国家带来耻辱。"司马肜不听，逼迫周处前进，与齐万年军战于六陌（位于今陕西乾县），士兵连饭都没吃就被推上战场，也没有后援。周处知道必败无疑，遂奋勇杀敌，终于弦绝矢尽。而友军振威将军卢播、雍州刺史解系都不带兵救援，旁人劝周处撤退，他却按着剑说："这是我效忠死节、以身殉国之日！"最终英勇战死。

周处勇于改过，且为人忠孝，由一个地方恶霸变成了一代忠臣，给后人树立了好榜样。

# ◎第六十三章　为大于细◎

**【原文】**

　　为无为，事无事，味无味。大小多少。（以怨报德。）① 图难于其易②，为大于其细；天下难事，必作于易；天下大事，必作于细。是以圣人终不为大，故能成其大。夫轻诺必寡信，多易必多难。是以圣人犹难之，故终无难矣。

**【注释】**

①此句在第七十九章，这里错简重出，与上下文义无关，当删。②图：计划。

**【译文】**

　　以"无为"的态度去有所作为，以不搅扰的方法去处理事物，以恬淡无味当作有味。大生于小，多起于少。处理问题要从容易的地方入手，实现远大要从细微的地方入手。凡是天下的难事，一定从容易的地方做起；凡是天下的大事，必定从细微的部分做起。因此，有道的人始终不自以为伟大，所以才能做成大事。那些轻易许诺的人，很少有能够兑现的，必然会失去信用。把事情看得太容易的人，势必会遭受很多困难。因此，有道的人遇到事情总是把它看得很难，所以反而没有困难了。

**【解析】**

　　这一章进一步阐释"无为而无不为"的思想。世间的所有事情都是从小到大，从易到难，从细到巨发展起来的。圣人明白这一道理，因此在事情刚刚出现或者还处在萌芽状态的时候就把它化解掉了。所以，我们看圣人表面上做的都是小事、细事、易事，甚至什么也没有做，最后的结果却是成就了大事、难事。

　　"为无为，事无事，味无味。"这句话有人解释为"以无为为为，以无事为事，以无味为味"。这种解释没有把自然无为理解为一种自我修养的思想境界，而是作为一种单纯的行动指导思想来看的。如果这样理解的话，老子就是提倡什么事都不必去做了，这就扭曲了老子无为的真正内涵，因为在老子看来，人活在世界上就一定要做事，否则，就无法生存。在老子《道德经》里，无为的思想贯穿始终。由于每一章节的侧重点不同，所以无为常常涌现出新意来。这里所说的"无为"的含

为无为，事无事。

意，意思是说在做任何事情的时候，都不要强加自己的主观意志，更不要试图用主观意志去改变事

物的客观属性。当然，老子并不是让我们什么都不做，而是要顺其自然。由此可知，老子所谓的无为实际是一种自我修养的思想境界，也就是一种抛弃主观而顺从客观的思想境界。这种思想要求我们在实践中做到大事化小，小事化了，多事变少，少事变无。做到这些，就能实现人与自然以及人与人之间的和谐。

"为无为，事无事，味无味"是修道的真实境界，要想理解这句话，就要先理解手段与目的的关系：手段是完成目的的中间环节，目的一旦实现，手段也就不再有用了。对于人类来说，手段不是绝对的，只有目的才是绝对的。所以，老子在这里所表达的是手段的有限性和相对性，只有人类所要达到的目的才是极端重要的。

"大小多少。（以怨报德。）图难于其易，为大于其细；"老子的哲学是一种调和的哲学，它反对任何形式的对抗与斗争。但是，这并不意味着老子就否认了矛盾的存在。在他看来，这个世界充满了矛盾与斗争，而我们应该把这种矛盾和斗争从激烈的对抗状态拉回到相对平和的状态。为此，老子提出了建议，即"图难于其易，为大于其细"。这里的"难"指的是力所不及的目标或是难于办成功的事情；"大"指的是伟大的工作或事业。老子在这句话中所要表达的意思是：我们应当在矛盾和斗争仍处于萌芽状态的时候就予以消除，并通过谨慎行事避免新的矛盾与斗争的产生。

"天下难事，必作于易；天下大事，必作于细。是以圣人终不为大，故能成其大。夫轻诺必寡信，多易必多难。"这里的"诺"意为夸夸其谈，吹牛皮，说大话。"寡信"是说真实可信的成分很少，很难兑现。在老子看来，大生于小，多起于少，困难的事情要从易处着手。因此，求道的时候要从细微入手。天下的难事，必从容易做起；天下的大事，必从细微入手，所以有道的人从来不自以为大，因此能成就大事。轻易地允诺是不足信的。把事情看得太容易了，一定会遭受到更多的困难。所以，有道的人遇见事情总是把它看得很艰难，最后反而没困难了。

## 为人之道

## ◎图大于细——愚公移山◎

世间的一切事物，都是从小到大，由易到难，逐步积累而成的。因此，当我们面对困难的时候，必须从容易开始；做大事时，应从小事做起。愚公移山的故事，说的便是这一道理。如果不屑于做小的事情，这样的人，也绝不可能做成大事。愚公移山看似愚蠢，但是一点一点积累也会使大山移动。

据《列子》记载，夸父死了之后，他的后代建立了一个国家，名叫博父国。这个博父国的北山，住着一个老头，名叫愚公，是夸父族的后代。那个时候，愚公的家门口

太行、王屋两座大山阻隔了人们去种田的道路。

有两座大山，即太行山和王屋山。太行、王屋二山高耸入云，一眼看不到顶，山形巍峨，怪石嶙峋。愚公家里人口较多，均以种田为生，但是这两座大山阻隔着去种田的路，每次外出耕种，总要绕上一段很远的路，实在太辛苦了。于是愚公把全家人都召集起来，一起商量对策。

智叟认为愚公不自量力，在一旁嘲笑他。

全家人到齐后，愚公率先发言，说道："这两座大山实在太欺人了，它们挡在我们的家门口，进进出出都是件麻烦事儿。家里的人每天种田已经够劳累了，可恨这两座山还要阻断进出的路！我仔细想了想，干脆我们把这两座山移走吧。"

子孙们听了愚公的话，觉得很有道理，都随声附和，表示赞同。但是，愚公的妻子却不赞成，她叹了一口气，说道："你的头发和胡子都已经白了，你这把年纪，恐怕连魁那么大一点的土坡都搬不动了，怎么能搬得动太行和王屋这两座大山呢？更何况你准备把挖出来的泥土和石头放在何处呢？"

愚公的子孙们听了，齐声说道："那就由我们把它搬到渤海边上，然后倒入海里吧！"

愚公听完，心里很欣慰，他高兴地说道："困难并不可怕，只要我们全家齐心协力，就一定能把这两座大山搬走。"愚公的妻子见大家这么齐心，便打消了心里的疑虑，也就不再说什么了。

第二天，愚公全家开始进行这项艰巨的搬山工程。愚公对全家的劳力作了合理分工，他叫身体比较弱的挖土，叫身体条件稍微好些的去搬运石头，叫身体非常强壮的挑着那些石头和泥土前往渤海，然后再把石头和泥土扔到海中。

愚公的邻居京城氏的遗孀有一个儿子，这时刚到换牙齿的年龄，他看到愚公一家干得那么起劲儿，也高高兴兴地跑过来帮忙。

从太行山、王屋山到渤海有几千里的路程，愚公一家挑着泥土和石头去渤海，来回走要花掉大半年的时间。

这时，河曲有一个名叫智叟的人，他看见愚公一家想把太行、王屋二山搬走，认为他们不自量力，摇着头叹息，并在一旁嘲笑道："愚公啊，我听说你带着一家老小掀土搬石，想把太行、王屋这两座山搬掉，你真是异想天开啊。仔细想想，你已经风烛残年了，何必这么辛辛苦苦地劳作呢？你还真想把这两座大山移走啊？"

愚公放下手里的锄头，对他说道："我说智叟啊，你也是七八十岁的老人了，可是你的见识怎么反而不如寡妇和小孩子呢？"

智叟一听，不明白什么意思，于是问道："为什么这么说？"

愚公坚定地回答说："难道你不知道，我死了，但我还有儿子；我的儿子死了，后面还有我的孙子；我的孙子死了，再往后还有我孙子的儿子……这样一来，子子孙孙无穷无尽。我们家每一代人都会挖走这里的一些石头和泥土，我们的人会不断增加，可是这两座山却不会增高了，如此下去，这山一定会被我的后人移走的。"

智叟听了愚公的话，无言以对，只好灰溜溜地离开了。愚公又埋头继续掀土搬石去了。

愚公和智叟的对话被山神听到了，山神心里非常不安，他害怕一旦愚公真的一直这么干下去，总有一天这太行、王屋二山都会变成碎石和泥土，然后被填到渤海里。因此，他急忙把这件事报告给天帝。天帝听后，被愚公执着的精神感动了，于是派了夸娥氏的两个儿子，帮助愚公把两座大山背走了，一座搬到了朔东，一座移到了雍南。自此之后，太行和王屋两座大山就分开了。

通过愚公移山的故事，我们可以了解，当我们遭遇困难时，应当坚持不懈，先从容易的地方做起，只要积累到一定程度，就能解决困难，这正体现了老子"天下难事必作于易"的观点。

## 处世之道

# ◎ 图难于易——司马错分析天下大势 ◎

面对困难时，必须从容易的事情做起，做大事也要从小的事情做起。战国时期，秦国伐蜀而终得天下的故事，说的就是这一道理。

战国中期，秦孝公任用商鞅主持变法，秦国的国力逐渐增强，开始不断兼并土地，有统一天下的志向。秦惠王九年（前316年），巴、蜀两国相互攻击，这个时候，秦国正打算攻打韩国，但是秦惠王又对蜀地垂涎三尺，所以一时举棋不定，不知道应该进攻哪里才好。于是，惠王召集群臣，一起商议伐蜀还是讨韩。

群臣聚到一起后，大臣司马错与张仪激烈地辩论起来。司马错主张攻打蜀国，张仪却主张先攻打韩国。秦惠王想听听双方的理由，于是说道："请让我听听你们的见解吧。"

张仪气势逼人，他率先说道："秦要一统天下，就应当先亲近魏国，友善楚国，然后出兵三川，堵住辕、缑氏的出口，挡住屯留的山道，再让魏国出兵切断南阳的通路，让楚国逼近南郑，秦国军队则攻打新城和宜阳，兵临二周的郊外，声讨二周君主的罪行，然后再侵袭楚国和魏国的领土。周朝自知局势难以挽救，必然会交出九鼎宝器。秦国据有了九鼎，掌握了地图和户籍，挟天子

司马错劝秦王伐蜀。

以号令天下，天下就没有敢不听命的，这才是成就王业的办法。而现今的蜀国，只是一个西部的偏僻小国，是戎、狄的首领。如果我们去打它，调动全国的军民而不足以成就威名，即使得到了那里的土地，也算不上是什么利益，我听说：'争名者聚于朝堂之上，争利者聚于集市之中。'现在三川和周王室就是当今天下的集市和朝堂，大王不去那里争夺，反而要到戎狄之地去争夺，这离成就王业未免太远了吧。"

秦惠王听了张仪的话，面带喜悦之色，不禁为之心动，他刚想称赞张仪的这一番高论，这时司马错却开口说道："大王还是先听一下老臣的理由再作决定吧。"

惠王一听司马错要陈述理由，连忙从刚才的兴奋情绪里走出来，心平气和地说道："那么就请爱卿说一下你的理由！"

司马错双手一拱，缓缓地说道："老臣听说，想要使国家富强，就必须扩大疆土；想要使自己的军队强大，就必须使百姓富裕；想要成就帝王的大业，就必须广布恩德。如果这三个条件都齐备了，那么帝王大业就会随之而实现。如今君王疆土狭小而人民贫穷，况且您还没有对自己的臣民广施恩德，这怎么能成就大业呢？因此，我希望大王从易处着手。蜀国确实只是个西部的偏僻小国，是戎、狄的首领，并且有像夏桀、殷纣一样的昏暴之君，以秦国的强大力量去攻打它，就像用豺狼去追逐群羊一样。取得了蜀国的土地，就足以扩大秦国的疆土；获得了蜀国的财富，就足以使人民富裕，使我们的军事力量增强。这样一来，我们不必付出很大的代价，就可以占有巴蜀地区了。"

惠王听到这里，不住点头。张仪看了司马错一眼，心里有些不甘心，便想再劝惠王，然而司马错老谋深算，他继续劝谏惠王道："大王讨伐蜀国，不只有上面所说的好处，其他的好处也有很多呢。"

惠王听说有更多的利益可图，心里更加高兴了，于是说道："爱卿接着往下说，我愿意听听你的高论！"

司马错说道："这个好处便是：秦国夺取了一个国家，而天下却并不认为这是残暴；秦国虽然尽得了蜀国的财富，而诸侯却并不认为这是贪婪。这样做，秦国是仅凭一次行动而名利两收，而且还能赢得制止暴乱的美名。"

说到这里，司马错又把矛头指向张仪："假使现在去攻打韩国，挟持天子，不但不一定能从中得到利益，反倒落了个不义的名声。而且去攻打天下人都不愿意进攻的地方，是很危险的。我请求向您陈明其中的缘故：周王室，现在还是天下的宗室；韩国，是周王室的友邦。周王室要是知道自己将要失去九鼎，韩国要是知道自己将要失去三川，那么周、韩两国必然戮力同心，共同谋划，借助齐、赵的力量，向楚、魏寻求解决办法，他们要是把九鼎送给楚国，把土地送给魏国，您也没办法阻止他们。这就是我所说的危险。这样的话，还真不如攻打蜀国那样万无一失。"

秦惠王听了司马错的一番见解，表示非常赞同，便说道："说得不错，我听你的。"于是决定发兵攻打蜀国。

同年秋，秦惠王下令司马错与张仪、都尉墨等率军从石牛道伐蜀，与蜀国的军队大战于葭萌（今四川广元昭化镇），蜀侯败逃至武阴（今彭山东）。这年冬天，秦国灭掉蜀国。继而又灭掉巴国、苴国。

巴、蜀平定之后，秦国的国土更加广阔了，国力也更加强大。经过多年筹备，秦昭王十六年（前291年），秦昭王任命司马错担任客卿，命其攻打魏国，取得轵地（今河南济源南）；继而攻韩，取得邓地（今孟州市西）。两年以后，司马错与白起等又攻取魏国六十一座城邑。秦昭王二十七年（前280年），秦国率领陇西兵及巴蜀兵十万人，从蜀地沿江而下，攻占楚国的黔中（今湖南西部及贵州东北部），楚国被迫向秦国割让汉北及上庸地（今湖北西北部）。

秦国夺得蜀地，而后积蓄力量，慢慢吞食六国土地，这正体现了"天下难事必作于易"的道理。终于，在公元前221年，秦王嬴政灭掉最后一个敌人齐国，统一了天下。

# ◎第六十四章　慎终如始◎

**【原文】**

其安易持①，其未兆易谋②；其脆易泮③，其微易散。为之于未有，治之于未乱。合抱之木，生于毫末；九层之台，起于累土；千里之行，始于足下。（为者败之，执者失之。是以圣人无为，故无败；无执，故无失。）④民之从事，常于几成而败之。慎终如始，则无败事。（是以圣人欲不欲，不贵难得之货；学不学，复众人之所过。以辅万物之自然，而不敢为。）⑤

**【注释】**

①持：保持。②兆：苗头，征兆。③泮：分散，破碎。④以上数句，均见于第三十九章，此处错简重出，当删。⑤以上数句，与上文不合，疑为错简，当删。

**【译文】**

当局面安定时容易把持，当事情还未露先兆时容易谋划。当事物脆弱时容易分开，当事物细微时容易消散。做事情要在它尚未发生之前就处理妥当，处理事情要在祸乱没有产生以前就早做准备。合抱的大树，生长于细小的根芽；九层的高台，筑起于每一堆泥土；千里的远行，是从脚下举步开始走出来的。主观妄为的将会招致失败，强行把持的一定会失去。因此有道的人无所作为所以也不会招致失败，无所执着所以也不会遭受损失。人们做事情，总是在快要成功时遭受失败，所以当事情快要完成的时候，也要像开始时那样慎重，就没有办不成的事。因此，有道的人追求别人所不追求的，不稀罕难以得到的财货，学习别人所不学习的，补救众人经常犯的过错。以辅助万物按其自身规律自然发展而不会妄加干预。

**【解析】**

本章重点提出了物理与人理相结合的理论，这一理论不但蕴含着丰富的哲理，还包含着富有实际意义的行动技巧和生活智慧，这些后来都成为中国人修身行事的标准。

"其安易持，其未兆易谋；其脆易泮，其微易散。"在本章中，老子先是阐发了透过事物现象抓住事物本质的道理。这个道理在今天看来，并没有什么特别高深之处，但是在两千五百年前，它却是振聋发聩之语。

接着，老子运用三个排比句："合抱之木，生于毫末；九层之台，起于累土；千里之行，始于足下。"由此我们联想到了荀子《劝学篇》中的这几句话："积土成山，风雨兴焉；积水成渊，蛟龙生焉。""不积跬步，无以至千里；不积小流，无以成江海。"可见，老子和荀子在思想观点上有某些相通之处，或者说，荀子承继了老子的某些观

学不学，复众人之所过，以辅万物之自然而不敢为。

点。不过，荀子接下来说："锲而不舍，金石可镂。"他提出了积极进取的主张；而老子则主张无为、无执，这实际上是让人们依照自然规律办事，树立必胜的信心和凭借坚强的毅力，耐心地一点一滴去完成，稍有松懈，就会造成前功尽弃、功亏一篑的结局。

事实上，宇宙间所有看上去属于偶然的和突发性的事变，都必然经过了一个复杂、隐晦、潜移默化的演化阶段，只不过人们往往注意不到罢了。人类注意不到事物的潜移默化，而许多动物却比人类具有更加敏锐的洞察力，暴风雨来临之前的晴天白日下，老鼠、蚂蚁、青蛙、飞鸟们都会预感到暴风雨的即将到来而纷纷未雨绸缪。按照生物界的常理，人类自然也应该具有未雨绸缪的能力，但事实上，在近代科学工具产生之前，人类确实已经丧失了这种能力。至于为什么会丧失，或许是人类脱离大自然的时间过久、隔离过大，或许是人类过于注重了对人类世界的关爱而故意疏远了大自然，或许是人类有意地回避了那些无可逃避的灾难。

老子的提示对于人类具有深刻的启发意义，他告诉人们：所有强大的、不可战胜的事物都有它的萌发时期，萌发时期的事物正处于柔弱阶段，如果人们善于把握事物的这种规律，就能够防患于未然。他指出："为之于未有，治之于未乱。"正是对能瞻前而不能顾后的人的提醒。

老子洞察了万物对生命的坚守，从来都不是通过变换表面形式来故弄玄虚，而是真诚地顺从自然，感到人类的许多行为确实是脱离自然界太远了。

而且，人类这样犹如急行军一般的前进，对生命质量的提高会有真实帮助吗？老子不认为人生应该如此度过。老子在此强调了一切灾难和祸患都因有所作为和心理偏执而起，他说："是以圣人无为，故无败；无执，故无失。民之从事，常于几成而败之。慎终如始，则无败事。"

不试图有所作为，自然很少有失败；个人行为不偏执，自然很少有失误。老子认为，一般老百姓做事情，因为不懂无为的道理，亦不能把一件事情从始至终以一种极其慎重的态度来进行，他们虽然永远在忙碌着，却总在事情眼看着即将成功的时候失败了。

## 从政之道

### ◎慎终如始——张咏治理益州◎

这一章里，老子提出了未雨绸缪、防微杜渐、防患未然的思想，其对后人的为人处世有着重要的意义。北宋张咏治蜀的事迹，就是一个典型的例子。

张咏是北宋时期的名臣。字复之，自号乖崖，濮州鄄城（今属山东）人。太平兴国间进士。累擢枢密直学士，真宗时官至礼部尚书，诗文俱佳。

张咏性格刚强，治才强干，为官期间做出了很多政绩，他曾两度出知益州。巴蜀自古就难以治理，张咏在益州任上，治理从严，对宋初蜀中的归化、稳定起了重要作用。

宋太宗淳化年间（990－994年），四川地方官吏残酷剥削百姓，贫民纷纷起来反抗，终于发生了一场大规模的农民暴动。发起这次暴动的首领名叫王小波，他率领贫民诛杀了彭山县知县齐元

张咏雷厉风行治蜀。

振。齐元振担任彭山知县的时候，大肆搜刮民财，激起了当地民众的强烈不满。因此，齐元振被杀之后，百姓将他肚子剖了开来，然后把铜钱塞进肚子里，以此来讽刺他嗜财如命。后来，王小波为官兵所杀，众人共推李顺为首领，攻掠州县，声势大盛。宋太宗连忙派太监王继恩统率大军，击破李顺，攻克成都。

王小波、李顺虽然被平，但太监王继恩统军无方，扰乱民间，四川局势一直未能稳定下来。于是，宋太宗决定派张咏出任益州知州，去治理巴蜀。

张咏来到益州后，王继恩把俘虏来的乱党交给张咏处置，然而张咏却把这些乱党尽数释放了。王继恩非常生气，责问张咏为什么这么做。张咏回答说："前些时候，李顺胁迫百姓，聚众造反，今日张咏和大人您把造反的贼寇变为安顺良民，又有什么不可以呢？"

王继恩的部下士卒不遵纪守法，掠夺民财，百姓怨声载道。张咏知道后，就派人把扰乱治安的官兵捉了起来，也不向王继恩打个招呼，就直接把这些士兵绑了起来，然后投入井中淹死。

王继恩看到张咏雷厉风行，也不敢向他责问了，而是装作不知。蜀地的官兵知道张咏手段厉害，就不敢造次了，也比以前规矩多了。

王小波起义。

张咏凡事都要经过仔细调查，然后做出决策。

太宗深知这次四川百姓造反，都是因为地方官吏逼迫所致，于是下"罪己诏"布告天下，公开承认自己的过失。诏书中说道："朕委任不当，致使四川地方的官吏为非作歹，残害百姓，这才引起了祸乱。这实在是我'失德'啊，从今往后，我要引以为戒！"

张咏明白官逼民反的道理，治蜀的时候处处为百姓着想，所以四川很快就太平无事了。

张咏在益州做了几年官，后来又做了杭州知州，恰好正逢饥荒，百姓有很多人靠贩卖私盐度日，官兵捕获了数百人，张咏随便教训了几句，便都释放了。部属们不理解张咏的做法，便对张咏说道："私盐贩子不加重罚，恐怕难以禁止。"张咏道："钱塘十万家，饥者十之八九，若不贩盐求生，一旦作乱为盗，就成大患了。待秋收之后，百姓有了粮食，再以旧法禁贩私盐。"张咏治理杭州，亦采用治蜀时的经验，不但使当地安定下来，还消除了匪祸的隐患，真正做到了"防患于未然"。

张咏为官期间，并不采取高压政策，而是体恤民情，安抚百姓，这就使当地人民安定下来，积极从事农业生产，无形中消除了"盗患"，这正体现了老子"慎终如始"的道理。

## 处世之道

# ◎ 未雨绸缪——诸葛亮与"隆中对" ◎

"为之于未有，治之于未乱"，做事要从小事情做起，不要只顾眼前，忽略长远，唯有未雨绸缪方能成就大业。三国时期杰出的政治家诸葛亮就是这样一个擅长谋略的人，他总是先谋而后动，作战布局有长远规划，其著名的"隆中对"就为刘备定下三分天下的大计。

东汉末年，社会矛盾激化，巨鹿人张角领导了黄巾军起义。此后，各地豪强以镇压黄巾军为名，各自募兵，扩充自己的势力。为了争夺地盘，这些豪强相互争斗，开始上演一场大规模的军阀混战。在这场混战之中，汉室宗亲刘备渐渐崭露头角。他先是招揽能征善战的关羽、张飞，继而又依附于势力强大的袁绍、曹操。离开曹操以后，刘备又"三顾茅庐"，得到名士诸葛亮的辅佐，终于成就了一番大业。

诸葛亮是琅琊人，他自幼丧父，与弟弟诸葛均一起跟随叔父诸葛玄来到隆中。诸葛亮在隆中期间，平日喜欢读《梁父吟》，又常以管仲、乐毅自居，当时的人对他都不屑一顾，只有好友徐庶、崔州平等人了解他的才能。后来，诸葛亮与当时的襄阳名士司马徽、庞德公、黄承彦等人结交。

刘备担任豫州牧期间，为扩充自己的势力，开始广泛搜罗人才。他听贤士徐庶说，隐居南阳的诸葛亮是个旷世奇才，于是带着关羽、张飞一起前去拜访。

但是，刘备三人去了两次，都没有见到诸葛亮。刘备不甘心，又带了关羽、张飞二人，第三次

诸葛亮为刘备分析天下形势。

去拜访他。

　　这一次，正好诸葛亮在家，刘备见到他后，向他拱手作揖，态度谦和。而诸葛亮也为刘备的真诚所感动，终于答应为刘备献计献策。

　　刘备向诸葛亮请教成就大业的策略诸葛亮沉思片刻，建议刘备夺取荆州和益州，但刘备以驻守二地的刘表、刘璋是汉室宗亲，自己不忍心吞并他们为由，婉拒了诸葛亮的计策。

　　这时，诸葛亮取出一张地图，然后铺到桌子上，他指着地图说："荆州北边据有汉水、沔水，享有南海的全部资源，往东可以联结吴、会二郡，往西可以

刘备谦虚求教，诸葛亮为他的真诚所感动，终于答应为刘备献计献策。

通达巴、蜀二郡；这是个可以用兵的地方，但是刘表却不能好好据守住它。这大概是老天用来帮助将军您的，将军您是否有意思把它夺取下来呢？益州地势险阻，拥有千里肥沃的田野，是个富庶的好地方，汉高祖就是凭借这里而完成帝王的事业。当地刺史刘璋个性懦弱，不明事理，黄巾军的首领张鲁横行北方。这地区百姓众多，国家富有，刘璋却不知道好好地抚恤安慰百姓。当地有智慧才能的人，很想能遇到贤明的君王。将军您既是汉朝王室的后代，守信重义，名扬天下，又能够广泛地接纳各地方的英雄好汉，希望得到贤人好像口渴者急得想喝水一般。如果您能够同时拥有荆州、益州，保住这块险隘之地，往西联络各个戎族，往南安抚夷、越等族，对外和孙权交结和好，对内修好政治；天下局势一旦有了变化，就命令一位大将军，率领荆州的军队开向南阳、洛阳（中原），将军您自己带领军队从秦川出发，天下百姓谁不是拿着碗饭，提着壶浆，热烈地欢迎将军您的王者之师呢？果真如此，那么您的霸业就可以完成，而汉朝也可以复兴了。"

　　刘备听了后，说："先生说得真是太好了！我以前只知打仗，却没有一个全盘策略，以致半世漂泊，事业无成，希望先生这次能出山襄助，共创大业。"

　　诸葛亮先是推辞，但刘备态度坚决，终于答应下来，说道："既然将军如此真诚，孔明愿意效犬马之劳。"

　　刘备自得到诸葛亮的辅佐，就确定了联吴抗曹的策略。后来，刘备与孙权结成同盟，共拒曹操，取得了赤壁之战的胜利，从此天下形成了三足鼎立的局面。

　　221年，刘备在成都称帝，以诸葛亮为丞相，定国号为汉，史称蜀汉。

　　章武三年（223年）二月，刘备病重，召诸葛亮到永安，并向其托付后事，刘备对诸葛亮说："君才十倍曹丕，必能安国，终定大事。若嗣子可辅，辅之；如其不才，君可自取。"意思是说：丞相的才能是曹丕的十倍，必定能够安顿国家，终可成就大事。如果嗣子（刘禅）可以辅助，便辅助他；如果他没有才干，你可以自行取度。诸葛亮感激地落下眼泪，说道："臣敢不竭股肱之力，效忠贞之节，继之以死乎！"不久，刘备逝世，刘禅继位，封诸葛亮为武乡侯，开设官府办公。后来，诸葛亮再领益州牧，朝中的大小事务，刘禅都仰赖诸葛亮，一切均由他来定夺。

　　这则故事中，诸葛亮那一番精辟的论说即后人称颂不绝的"隆中对"，其时诸葛亮尚在山中，就已经预测到三分天下的局面，全是因为他掌握了全局，从客观形势出发，因此才能预测未来。

# 老子的逆向思维浅析

　　老子辩证思维的一大特征是逆向思维。什么叫逆向思维？通俗说，逆向思维就是我们常说的"多从相反的方向思考"。人们常说思路决定出路，那么什么能使我们获得好思路呢？科学研究和实践证明，逆向思维更能帮助我们获得成功。

　　大道废，有仁义；智慧出，有大伪；六亲不和，有孝慈；国家昏乱，有忠臣。

　　反者道之动，弱者道之用。

　　祸兮，福之所倚；福兮，祸之所伏。

　　信言不美，美言不信。善者不辩，辩者不善。知者不博，博者不知。

　　是以兵强则灭，木强则折。强大处下，柔弱处上。

　　老子是一个善于洞察世事的高人，他总能从事情的表象看出问题的实质，从结果看出原因，这个本质和原因往往就隐藏在表象和结果的反面。

　　思维定式，是指人的思维活动按照生活经验的积累而形成了一定的思维规律或模式。它一方面会给人的思维活动提供方便，另一方面会阻碍人的求异思维。而逆向思维则能让思维向着对立的方向发展，从问题的反面深入探索，以走出思维定式的误区，得出全新的思维方法，最终达到推陈出新、出奇制胜的效果。

　　运用逆向思维，有利于改变人们直线式的认知模式，能迅速激发思维热情，从而大大提高思维能力。

# ◎第六十五章　善为道者◎

古之善为道者，非以明民，将以愚之。民之难治，以其多智。故以智治国，国之贼①；不以智治国，国之福。知此两者，亦稽式②。常知稽式，是谓"玄德"。"玄德"深矣，远矣，与物反矣，然后乃至大顺。

【注释】

①贼：祸害。②稽式：模式、法则的意思。

【译文】

古代善于遵行"道"的人，不是教导人民知晓智巧伪诈，而是教导人民淳厚朴实。人民之所以难于治理，乃是因为他们使用太多的智巧心机。所以用智巧心机去治理国家，就必然会危害国家，成为国家的灾祸；不用智巧心机治理国家，才是国家的幸福。了解这两种治国方式的差别就是一个法则，经常了解这个法则，就叫作"玄德"。玄德深不可测，远不可及，和万物一起复归到道的真朴，然后才能极大地顺乎自然。

【解析】

本章中，老子提出了以道治国而不以智治国的主张。人的智能就像是一把双刃剑，如果没有道德的基础而用智，那么就会成为天下的大祸患。

"古之善为道者，非以明民，将以愚之。"在老子看来，民众之所以难治，就是因为统治者治理不善造成的，那么统治者应该怎样安抚民众呢？老子指出，应该"将以愚之"，这里的"愚"是淳朴厚道的意思。一旦民心淳朴了，民众就不会惹是生非，胡作非为了，这样天下也就自然太平了。在一般人看来，能够在自己所生存的自然和社会环境中谋取利益并实现个人价值，那么这

古之善为道者，非以明民，将以愚之。

个人就是聪明之人。否则，就是愚蠢的人。老子的看法则完全相反。他认为，如果一个人仅仅从自己的利益出发，把人生意义仅仅定位为谋取私人利益和实现个人价值上，那么这就相当于把自己与整个世界对立起来了，势必会引起自己与整个世界的对抗与冲突，这种不自量力的做法是愚不可及的。那么，怎样才算是聪明的人呢？聪明之人能够意识到任何人都是世界所生、世界所长，而世界又是人类生存的源泉，所以他们就会把自己同整个人类和整个世界融为一体，积极投身到人类社会和自然世界的各项事业中去，服从整个人类社会和自然世界的意志。在老子看来，整个世界就是道德的产物，所以只有胸怀世界的人，才是合乎世界本质和道的本质的人。也只有这样的人才是真正

充实、富有、自由和幸福的人。

"民之难治，以其多智"，这里的"治"，意为和谐、统一。老子认为，民众之间是很难实现和谐统一的，他们相互对立、相互冲突。"智"指的是以追逐个人利益为出发点的"智慧"。这种智慧与一般意义上的"智慧"不同，它导致人们相互冲突，相互斗争，人们运用这种智慧获得的实际利益与团结协作所获得的实际利益相比，实在是微不足道的。

"故以智治国，国之贼；不以智治国，国之福。"这里的"贼"指的

不以智治国，国之福。

是致使天下大乱的祸患或灾难，这种祸患和灾难不是别的，就是人们把人类社会变成了一个猎场，而人们对于社会的态度和行径也就跟强盗的态度和行径无异了。

"知此两者，亦稽式。常知稽式，是谓'玄德'。'玄德'深矣，远矣，与物反矣，然后乃至大顺。""玄德"是什么呢？不就是前文"含德之厚，比于赤子"之"德"吗？不就是"修之于身，其德乃真"之"德"吗？不就是"道生之，德畜之"之"德"吗？这个"德"是深且远的"道"之"德"，因为道是世界的根本，而整个世界的存在，实际上就是道德的存在。"玄德深矣，远矣"中的"深"意为不断深入，"远"意为不断扩展。"与物反矣"中的"反"就是回归到存在的本源之中，这个本源即世界或宇宙。这句话可以理解为：玄德与具象的物不同，德是无形无象的，需要透过物的运动才能显现出来，必须透过物象去审视品味。一旦落于具象，就不再是德了。

通过对老子这一章的解读，我们可以透悟人生的一个规律：做事情的时候，只有遵循大道，做到敦厚朴实，才能实现自己的人生价值。老子在本章中说，如果拥有了心智，人心就会变得伪诈起来，而国家也就难以治理了。我们可以把这个道理推延到个人：如果我们心智过多，不但会感到劳累、困顿，还会导致自己和周围人的关系逐渐恶化。试想一下：如果每个人都狡诈、善变和满怀心机，都想着如何满足自己的欲望，那么整个社会就会变得虚伪、狡诈和面目可憎，这样的话，我们生活在这个社会里，还有什么乐趣呢？

任何人都不愿意生活在一个伪诈的环境里，也没有人愿意和虚伪的人打交道。如果我们想摆脱虚伪的环境，避免与虚伪之人交往，那就必须从自身做起，无论环境变得怎么样，我们都要保持心灵的自然纯真状态，在待人接物的时候都要秉承自然淳朴的特性。只有这样，我们才能真正地返璞归真，悠然自得，享受人生的欢乐。

## 从政之道

## ◎民风淳厚——苏轼整治密州◎

这一章里，老子提出"愚"的思想，想使百姓回到"淳朴"状态。北宋大文豪苏轼治理密州的事迹，就集中体现了老子的这一思想。

北宋神宗熙宁七年（1074年），苏轼出任密州太守。密州处在山东东部，地方荒僻，而且又多灾害，百姓为求生存，不得不落草为寇，四处偷盗。在苏轼之前，密州的几任太守都曾试图改

变这一局面，但是均成效不大。

苏轼才来密州的时候，就遇上了很大的难题。其时，当地发生了严重的蝗灾和旱灾，不但粮食歉收，财用匮乏，而且盗贼四起，百姓苦不堪言。再加上王安石施政不当，赋税沉重，密州呈现一派衰败景象。在这种"岁凶民贫"的景况下，苏轼决定亲躬救灾，励精图治，救密州百姓于水火之中。

北宋神宗熙宁七年（1074年），苏轼出任密州太守。

苏轼上任不久，即驱车去乡间视察灾情，他看到沿途的百姓捕捉田地里的蝗虫，便下车向他们了解情况。这时，走过来几名小吏，他们看到新任太守来到这里，连忙向苏轼说道："这小小的蝗灾，何必劳烦大人亲临呢？"有人甚至还无耻地编造谎言道："蝗虫可以'为民除草'，没有什么可怕的！"听到这糊涂透顶的话，苏轼当然非常愤怒，于是他斥责在场的官吏道："蝗灾不是灾祸，那还有什么是灾祸呢？"他更进一步说道："面对蝗灾，你们坐视不理，于心何忍啊？"说完，他亲自下田灭蝗，在场的百姓深受鼓舞。

回到府衙，苏轼立即写了一份奏议上报朝廷，请求神宗免除密州百姓的秋税。同时，他还鼓励百姓下田灭蝗除卵，取得了明显的效果。经过一年多的努力，密州的灾情基本得到控制，百姓的负担有所减轻，社会秩序也明显好转起来。

密州盗患严重，百姓不堪其苦。为了从根本上解除盗患，苏轼向朝廷上奏了一篇《论河北京东盗贼状》，指出治盗必须与治事、治吏相结合，除掉盗贼产生的根源，才能真正消除密州的盗患。神宗看到苏轼的奏折后，对此非常赞同，并勒令地方军吏，协助苏轼治理密州的盗患。

苏轼根据盗贼的出没规律，很快制定出一套捕捉盗贼的方案。他先是命衙吏乔装成百姓，调查盗贼的聚集场所，然后派兵将他们一网打尽。捉住一部分盗贼后，苏轼亲自详加审问，凡是能够主动认错，且没有犯下大罪的，就劝其改邪归正，并帮助他重建家业。这样，那些因贫困而落草的盗贼纷纷投降官府，并主动向官府提供线索，抓住了不少"凶残之党"。对于罪大恶极的盗贼，苏轼则杀一儆百，以树立威严。

苏轼治盗的时候，表现出了机敏、智慧的一面。据《宋史》记载，苏轼知密州时，密州出现了一帮盗贼，四处劫掠，百姓深受其害。为此，安抚司派了数千"悍卒"前来剿匪，苏轼诗中有说"磨刀入谷追穷寇"的，指的就是这件事。但是，没想到这些朝廷派来的"悍卒"，竟然比密州的盗贼更加残暴，他们甚至用禁物设赃，诬陷无辜百姓，借机到百姓家中劫掠。百姓平日受够了盗贼的欺负，这时又遭官兵的压榨，愤怒不已，纷纷起来反抗，结果杀了不少官兵。官兵见状，惊慌失措，纷纷畏罪潜逃，沿途又大肆烧杀一番，与盗贼无异。百姓都云集到州衙门口，向苏轼申诉这件事。苏轼却说道："这件事情一定不是真的。"那些作乱的官兵听到苏轼的这句话，顿时失去警惕之心，并不急着逃跑。苏轼趁机派人把这些散兵召集起来，迫使他们伏法认罪，苏轼便依法把他们处斩了。苏轼的这一举措，深得民心，得到了百姓的拥护。

在捕捉盗贼的同时，苏轼渐渐认识到，王安石主持的"新法"弊害颇大，这也是促成"盗患"

严重的重要原因。王安石的新法规定，官府应根据田地中青苗的数量征税，但是密州旱情严重，多数青苗都没长成熟，根本没有收获庄稼。但是当地官吏仍旧依照新法行事，很多农民被逼无奈，只好做了盗贼。苏轼了解到这一情况，主张应该根据实际情况，降低赋税，甚至减免赋税。再如，王安石主张在产盐地区设置盐官，向盐户低价收盐，再将盐税加入卖

密州经过苏轼的治理，不但盗患消除，而且百姓富足，社会安定，民风淳朴。

价，出售给商人。密州是北宋重要的产盐地，官府压低盐价，密州的盐商破产者甚多，他们就与盗贼勾结，劫掠过往客商财物，苏轼于是上书元老重臣文彦博，揭发了新法的种种弊端。没过多久，朝廷知道新法害民，便下令纠正弊政。

经过一段时间的治理，密州的盗贼逐渐减少了，贼患也渐渐消除了。

苏轼在密州任内，还经常对贫苦百姓伸出援手，纠正当地不合风化的行为，如救活弃婴的故事，早已成为千古美谈。有一次，苏轼与通判刘庭式一起沿着城墙根挖野菜，这时，两人在一丛枸杞旁边发现了一个弃婴。苏轼见了后，小心地把弃婴抱起来，然后抱回府衙抚养。苏轼深知百姓生活贫困，养不起刚出生的婴儿，因此才在野外发现弃婴。于是，他立即下令州府的官员，到野外去寻找看看还有没有弃婴。没过几天，州府中就收养了近四十名弃婴。苏轼把弃婴分配到各家抚养，官府按月分发抚养费。这样，在两年的时间里，苏轼竟救活了数十名弃婴。后来，苏轼被贬黄州的时候，听说当时湖北、湖南一带有"溺婴"的恶俗，许多婴儿刚生下来就被扔到盆中溺死了。苏轼于是把抚养弃婴的经验传授给鄂州太守朱寿昌，并建议他依法禁止溺婴的行为，并在黄州动员当地百姓捐钱捐米救助婴儿。

经过两年的治理，密州不但盗患消除，而且百姓富足，社会安定，民风淳朴。苏轼在密州任内表现出的美德，不但令当地百姓感激，也让后人敬佩不已。

苏轼治理密州，努力治理灾荒和匪患，教导民众淳厚朴实，这正是"善为道者"的典范。

## 处世之道

## ◎智多背道——武则天用酷吏治国◎

善于治国的君主，施行仁政，教导人民淳厚朴实，而不是使人民智巧伪诈。用智巧治国必将危害国家。唐朝武则天在位时，大兴诬告之风，任用地痞、流氓、无赖为刑官，朝廷中出现了一批残忍严酷的官吏。

索元礼是唐朝有名的酷吏，他因治狱严苛而屡屡升官，一直做到了推事的职位。索元礼制作了一种叫"换笼头"的刑具，在审讯犯人时使用。犯人如果不招供，就给他套上换笼头。换笼头这种

刑具能夹得人头骨开裂，让人见了毛骨悚然。此外，索元礼还设计了其他刑具，如"凤晒翅"、"猕猴钻火"等。凤晒翅是用橡子锁住犯人的手足，然后扭转橡子，直到骨头破碎。猕猴钻火就是把一根橡木绑在囚犯的手脚上，然后推着橡木转圈，直到把囚犯的骨头磨碎。由此可见索元礼的手段是相当凶残的。

瀛州刺史独孤庄手段也十分残酷暴虐。一天，他抓到一个窃贼，窃贼已经招供。独孤庄又喊道："把我制造的刑具拿出来。"这个刑具是一个铁钩，有一丈多长，十分尖利，用绳索挂在树上。独孤庄对窃贼说道："你没有听说过'好汉钩下死'吧。"下令手下用铁钩把盗贼的面颊钩上，再派一个壮丁拉拽钩上的绳索，把盗贼的面颊从钩子上钩了下来。

在武则天朝的众多酷吏之中，尤以周兴和来俊臣最为有名。周兴十分凶狠，几乎无所不为，时人称他为"牛头阿婆"。百姓对他十分怨恨，百官对他也是敢怒不敢言。有人曾在他家门前题了这样一首诗："被造之人，问皆称枉。斩决之后，咸悉无言。"以此揭露其手段的凶残和严酷。

那么周兴到底严酷到什么程度呢？周兴任刑部侍郎时，为了逼供，他发明了"定百脉"、"喘不得"等骇人听闻的酷刑，使囚犯一看到这些刑具就吓得直冒冷汗，还没有用刑就认罪。他常常任意给别人编织一个罪名，以酷刑逼供，或直接在狱中将犯人摧残致死。许多正直大臣每次入朝前，总要叮嘱家人一句："不知还能不能再相见。"足见周兴诬狱之猖獗。

左史江融为官有才干，周兴十分嫉妒，于是诬陷江融与徐敬业勾结，将其抓了起来，并把他折磨致死。广州都督冯元常屡立战功，但武则天很厌恶他，周兴猜透武则天的心意，便乘机诬陷，冯元常被下狱处死。垂拱四年（688年），太子通事舍人郝象乾遭到家奴诬告，被朝廷抓了起来，周兴是主审人，将他判罪，下令诛灭其九族。周兴与宰相魏玄同有私怨，想要陷害他，苦于一直找不到机会，后来终于想到一条妙计。永昌元年（689年）闰九月，周兴在武则天面前诬蔑魏玄同，说他曾经说过"太后老了，需要立太子"的话。武则天听了十分生气，当即赐死魏玄同。同年十月，周兴等又诬告右武卫大将军黑齿常之（百济人）与右鹰扬将军赵怀节等人谋反，黑齿常之与赵怀节等人下狱后，忍受不了酷刑，被迫自杀。

周兴滥杀无辜，据统计，他直接迫害死的人达到了几千人之多。周兴的残酷行径引起了天下人的愤恨。天授年间，有人告发周兴谋反，这封密告信是直接交给武则天的，周兴并不知情。由于周兴害人太多，武则天也渐渐对他产生不满，于是她下令来俊臣逮捕和审讯周兴。来俊臣知道周兴不易对付，于是想了一个计策。他邀请周兴喝酒，两人对坐闲谈，来俊臣说："现在监狱里许多囚

武则天任用酷吏。

犯都不肯招供，怎么办？"周兴轻松一笑，说道："这还不简单，你准备一个大酒瓮，将犯人装入瓮中，然后四周用木炭烘烤，你看他招不招！"来俊臣听了，拍手叫绝，于是叫人抬来一个大酒瓮，四周架上木炭。他慢条斯理地对周兴说："有人告你谋反，圣上要我来审讯你，请进去尝尝滋味吧！"周兴一时惊吓得目瞪口呆，等回过神来，只好乖乖地按照来俊臣的意思招供了，这就是成语"请君入瓮"的由来。

酷吏周兴多少还读过几本书，懂得一点法律，而来俊臣完全就是一个法盲、地痞。他早年因犯下了盗窃罪而被关在和州的监狱里，为了减刑，他在狱中上书揭发琅琊王李冲谋反，却被和州刺使东平王李续以诬告罪处以鞭刑一百。没想到，后来东平王李续也被武则天杀了，来俊臣便乘机上书，说自己曾在狱中揭发琅琊王谋反的事，却遭到李续的压制。特别关注谋反案的武则天对来俊臣很是欣赏，觉得他对自己很有用处，于是提拔来俊臣做官，后来让他做侍御使，专门负责刑狱之事。

来俊臣善于揣摩武则天的心思，他知道武则天对李唐皇族和朝中诤臣很是忌惮，于是专门设计诬陷这些人谋反。为此他发明了罗织罪名的方法，还与其爪牙朱南山、万国俊、共同编写了一本《罗织经》。所谓"罗织"就是捏造罪名、陷害无辜之人的意思。来俊臣在全国各地都安插了自己的爪牙，这些人从不同的地方同时告发某大臣谋反，武则天便将遭到诬告的大臣抓起来，关进大牢，交由来俊臣审讯。来俊臣的手段极其残忍，他不论案情轻重，在审讯时先往犯人的鼻子里灌醋。不给囚犯东西吃，囚犯饥饿难耐，不得不撕嚼身上的破旧棉絮充饥。来俊臣又制造了各种残忍的刑具，每次审讯前，先将这些可怕的刑具一一向犯人展示，囚犯们吓得纷纷认罪。

来俊臣身为武则天的刑官、法官，却一天都没有停止过干违法乱政的事情。有一次，来俊臣抢了别人的老婆，在府中大摆宴席庆贺。他的党羽卫遂忠特来道贺，却被门卫挡在门外，卫遂忠破口大骂，来俊臣命人将卫遂忠绑在大院内，折腾了许久才把他放走。卫遂忠因此怀恨在心。后来，来俊臣打算诬告皇嗣李旦和庐陵王李显与南北禁军谋反，卫遂忠得知了他的阴谋，便向武则天揭发了这件事。武则天知道后，十分生气，遂下诏将来俊臣斩首。来俊臣被杀后，天下人无不拍手称快。

酷吏断狱，犯人多是屈打成招。

请君入瓮。

# 第六十六章　不争之争

【原文】

　　江海之所以能为百谷王者，以其善下之，故能为百谷王。是以圣人欲上民①，必以言下之；欲先民②，必以身后之。是以圣人处上而民不重③，处前而民不害④，是以天下乐推而不厌⑤。以其不争，故天下莫能与之争。

【注释】

① 上民：把自己摆在百姓之上，也就是统治人民的意思。② 先民：把自己摆在人民的前面，也就是统治人民的意思。③ 重：不堪重负的意思。④ 害；妨害。⑤ 厌：不喜欢。

【译文】

　　江海所以能够成为百川河流所汇往的地方，是因为它居于百川之下，所以才能成为千百河谷的统帅。因此"圣人"要领导人民，必须心口一致地对人民表示谦下；要成为人民的表率，必须把自己的利益放在他们的后面。所以，有道的人虽然地位居于人民之上，而人民并不感到负担沉重。居于人民之前，而人民并不感到受害。天下的人民都乐意推戴而不厌弃。因为他不与人相争，所以天下就没有人能和他相争。

【解析】

　　这一章讲"善下"和"不争"的好处。圣人之所以"善下"和"不争"，并不是为了得到它的好处，而是顺着道的法则自然无为。如果刻意为之，就会沦落为虚伪和权谋。

　　"江海之所以能为百谷王者，以其善下之，故能为百谷王。"在中国的哲学里，"王"是一个概念，它指的是天、地、人的统一及相互贯通和彼此契合，也指人与人、人与世界所达到的最和谐的状态。此外，王还反映了古人对治国者的最高要求，所以作为最高统治者的王，也就是能够以整个天、地、人为出发点并能使之达到和谐统一的人。这样的人也被称为拥有天德、地德和人德的人。就本章而言，这里的王只是比喻性的，它可以解释为"集大成者"。这句话是本章的开篇，在这里，老子以"江海成为百川之王"的物理现象来引出"善下"的观点。江海之所以能纳百川，是因为江海位于百川之下，所以百川自然而然地就归属于它了，从而成就了江海的浩瀚，成了百川之王。

　　"是以圣人欲上民，必以

圣人欲上民，必以言下之；欲先民，必以身后之。

言下之；欲先民，必以身后之。""言"指的是愿望或意志的表达。"身"指的是行为，它所代表的是目的的实现和利益的获取。在这里，老子以统治者与江海进行类比，说圣贤之所以能够安抚万民，主要是因为圣贤没有私欲，从不计较个人的得失，对待民众的时候，就像江海对待百川一样谦和卑下，所以他才得到民众的尊敬和拥护。联系老子所处的时代背景：春秋晚期，国家制度已经日趋完善，统治者的地位亦已完全巩固。而人民无法享有政治权利，甚至连最基本

江海之所以能为百谷王者，以其善下之，故能为百谷王。

的人身安全都得不到保障。统治者与人民之间地位相差悬殊，不要说身为最高领导者的王了，即便是普通官员也不会以卑下的言辞和谦虚的姿态对待人民。老子关注民众的苦难，也经常针对社会现状提出一些设想。他希望远古时代的帝王们能够重新出现，或者是当世的统治者能够主动效法古代的圣贤。

"是以圣人处上而民不重，处前而民不害，是以天下乐推而不厌。以其不争，故天下莫能与之争。"这里的"推"意为推举、选举。推和举在中国古代的典籍中经常出现，它体现了后人对于三皇五帝治世的向往，而老子在这里提出"天下乐推"，比之尧、舜、禹时代的禅让制，更能突出人民的价值。在这里，老子为我们设计了一幅蓝图：统治者虽然高高在上，但百姓却感觉不到压迫；统治者虽然领导民众，但民众却并不感到伤害。老子提倡统治者应保持谦卑，他的这一态度是真诚的。他认为，如果统治者让人民没有感到压迫的感觉，那么他不但可以赢得国民的拥戴，还会获得天下人的推举。能够实现这些，天下就没有什么力量可以与他抗衡了。

## 从政之道

## ◎圣人之治——爱民如子的唐太宗◎

统治者要谦下退让，不能压迫百姓，骑在人民头上作威作福。作为统治者，只有亲近民众，了解民情，体察民间的疾苦，为百姓分忧解难，才能受到百姓的爱戴，得到百姓的拥护。老子的民本思想，为历朝历代所推崇，是国家繁荣稳定的法宝。唐太宗李世民，正是因为爱民如子，体恤民情，才深受后人的尊崇。

隋朝末年，隋炀帝奢侈腐化，残暴无道，天下百姓纷纷起来反抗，终于导致隋朝的灭亡。唐朝建立之后，鉴于隋亡的历史教训，统治者一直比较注重爱护百姓。唐太宗李世民即位后，经常说一句话："君者舟也，庶人者水也，水则载舟，水则覆舟。"意思是说百姓既能拥护朝廷，也能颠覆朝廷，所以要十分重视百姓的力量。

贞观初年（627年），益州大都督窦轨上奏朝廷，说居住在山林里的獠人造反，请求朝廷派兵讨伐。唐太宗听了以后，不以为然地说道："獠人居住在山林之中，并以山林为险阻，他们就像老鼠一

样，时不时地跑出来盗窃，这已经成为他们的习俗了。身为地方官员，如果能够以恩惠和信任来安抚他们，他们自然就会归顺朝廷，哪里还用得着派兵讨伐呢！如果朝廷的官员把老百姓当作渔猎的对象，那么朝廷就会被认为是禽兽，还怎么谈得上'为民父母'呢？"太宗终究没有答应窦轨的用兵请求。

唐太宗经常与大臣讨论百姓与治国的关系。唐太宗曾对侍从大臣说过："为君之道，必须先存百姓，如果损害百姓以奉养其身，就像割下大腿上的肉来填饱肚子一样，虽

唐太宗即位后虚心纳谏，吸收隋亡的历史教训。

然肚子饱了，但是自己却因失血过多而死了。因此，如果想安定天下，必须先修养身心。"在这里，唐太宗强调，先存百姓是为君的第一要务，若不顾百姓死活而先使自己安逸，国家可能很富裕，君王有金山，官员有银库，但是供养官僚的百姓却已经不堪忍受了。

正是因为唐太宗心里有着"存百姓"的理念，所以他在位期间极力安抚百姓。唐太宗认为，天下历经战乱之后，应该让百姓休养生息。唐太宗说："治国与养病一样。病人感觉到病情好转时，就要好好地保养，如果不能保养好，就会殒命。治国也是同样的道理。现在天下刚刚安定，君臣应当兢兢业业，谨慎行事，如果骄奢淫逸，国家就一定会败亡。"为此，唐太宗一再向群臣表示要实行轻徭薄赋、劝课农桑等措施，以实现清静抚民的方针。

贞观初年（627年），山东发生大旱，唐太宗下令免去该地全年租赋。不久，关内也发生大旱，蝗虫四起。唐太宗进入园子看粮食的损失情况，看到有蝗虫在禾苗上面，就捉了几只蝗虫，然后念念有词道："百姓把粮食当作身家性命，而你却吃了它，这是害了百姓。百姓有罪，那些罪过全部在我身上，你如果真有灵的话，你就吃我的心吧，不要再降罪给百姓了。"太宗就要把蝗虫吞下去，周围的人忙劝道："皇上不要吃啊，恐怕吃了要生病的！"太宗说道："我正希望它把带给百姓的灾难转移给我一个人，为什么要逃避疾病呢？"说完马上就把蝗虫吞到肚里去了。

面对灾害，老百姓经常卖儿女买粮吃，唐太宗命令国库拿钱，将这些孩子赎回，把他们还给各自的父母。

唐太宗不但在灾年减免赋税，即使在平常年份，他也十分注意轻徭薄赋。有些官吏喜欢聚敛邀功，唐太宗说："税纳逾数，皆系枉法。"对于超额完成税收的官吏，唐太宗不但不奖励他们，而且要施予惩罚。他还下令停建池台楼阁，释放宫人。对于必须建设的工程，唐太宗也不允许滥用民力，所以唐初所有工程的工期，一般都比较宽松。此外，唐太宗还裁并州县，精简吏员，完善府兵制，节约了财政开支，从而减轻了农民的负担。

唐太宗经常与大臣讨论百姓与治国的关系。

正是由于唐太宗体察民情，轻徭薄赋，使百姓得到了实惠，所以

百姓的生产积极性大大提高了，生产状况也迅速得到好转。到贞观后期，社会经济已得到了恢复和发展，唐朝的统治也得到了巩固。

**经商之道**

# ◎不争而胜——商战的秘诀◎

我们知道，在商业领域，竞争是谁也躲不开的事，商业的成功，实际上就是竞争的胜利。不过，真正高明的竞争，并非是死盯着对手，而恰恰是埋头做自己的事情，似乎压根没有竞争对手存在着。这正是老子所言的"以其不争，故天下莫能与之争"的境界。这里，我们来看两个利用这种理念取得胜利的商业案例。

一个案例是著名的日用消费品企业宝洁公司。宝洁公司始创于1837年，总部位于美国俄亥俄州辛辛那提，目前是世界上最大的日用消费品公司之一。宝洁公司全球雇员近十万，在全球八十多个国家设有工厂及分公司，所经营的品牌的产品畅销一百六十多个国家和地区，其每年在全球的销售额高达几百亿美元。曾在《财富》杂志评选出的全球500家最大工业和服务业企业中，排名第86位。毋庸置疑，这是一个十分优秀的企业。我们也知道，在日用消费品这种技术门槛不高的领域，竞争是相当激烈的。而宝洁能够获得目前的市场地位，显然不可能绕过这种激烈的竞争。不过，与众不同的是，宝洁所进行的竞争，乃是通过一种"不争"的方式来实现的。

我们知道，在现代商业竞争中，许多企业为了能够更好地把握市场，赢得先机，往往会将目光紧盯着竞争对手，不遗余力地调查对方的战略动态，细微的价格变动，营销策略等等，以做到知己知彼，百战不殆。但是，宝洁公司却采用了完全不一样的策略，即他们所自称的"当对手关注我们的时候，我们在关注消费者"。正是这种不盯住竞争对手的言行而专注于用户的需求的企业理念，使得宝洁做到了"不争而善胜"。

宝洁公司里有这样一个信念，就是世界上每一个买宝洁产品的女性都是他们的老板。而了解他们的老板的需求和消费体验，被视为宝洁公司的重中之重。宝洁的研发中心为更加深入地了解消费者的需求，在开发产品的同时，他们对顾客也进行了广泛的接触。他们全面地观察顾客的态度与行为，生理和精神上的需求——头发的种类、渴望的方式、顾客们的生活方式。这些深度研究为他们细分市场提供了依据，从而有针对性的生产一系列产品——如潘婷、飘柔等，这些产品都有特定的市场定位。

在2000年，宝洁公司曾花费将近两千万美元，对七十万个女性顾客进行了长期的跟踪调查。按照不同的年龄、种族和生活方式的不同，他们把这些消费者进行归类。其目的是想知道她们如何交流彼此的美容经验，并了解她们在美容产业里得到了些什么——还有更重要的是——还缺什么。以此作为产品开发的参照，一句话，宝洁公司专注于女性真正需求。

此外，宝洁公司还对消费者购物时的购物环境和购物体验感兴趣。比如他们通过调查发现，面对令人眼花缭乱的日用品，有64%的消费者在柜台前没有耐心挑选对她合适的护肤品。由此，宝洁公司判断，需要使购买的过程更简单、清楚及打动人心。宝洁公司与零售商进行了沟通协调，想出种种办法使消费者的挑选过程更有针对性，能更快地找到自己想要的产品。于是，在一些商店里，宝洁提供了互联网服务，顾客能够直接与专家交流，从而选择合适的美容产品。他们还通过为零售商设置先进的头发、皮肤及颜色设计分析仪器，为他们的顾客进行特别需求的研究。

除了了解消费者的需求和消费体验，宝洁公司将精力用在产品研发和品牌维护上。我们知道，所谓品牌，本质上便是一个承诺，它的基础在于联系。当品牌强大，顾客会与它建立感觉和经验的联系。当顾客正在购买、使用、感受宝洁产品时，宝洁的品牌总能在顾客所能看到、听到、触摸到或闻到的地方出现。品牌推广活动在顾客身边打转，消费者便能充分地感受到特定产品给她的效用，并且相信它是可靠的、愉快的。当宝洁做到这一切时，消费者就会把它作为自己的品牌，给予信任、购买，成为她生活中的一部分。正是通过这种对于产品的研发和服务方面的孜孜不倦的努力，宝洁的品牌赢得了女性消费者的信任。宝洁以其"不争"，赢得了竞争的全面胜利。

另外还有一个例子是海尔集团。我们知道，一种商品一旦走到普及化的阶段，个别短视的生产商为了获得市场占有率，往往会降价销售。其他生产商即使不愿意，为了不被挤出市场，也不得不调整自己的产品价格，甚至将价格调得更低。如此一来，恶性循环，往往会出现价格战。中国的洗衣机市场便出现过这种情况，当时，各厂家彼此紧盯着对手们的价格，一旦有风吹草动，便立刻也做出相应的调整。但是，就在价格战杀得血流成河的时候，海尔却不为所动，没有凑这个热闹。在原有产品价格不变的同时，海尔组织研发部门潜心开发了"小小神童"洗衣机、"双动力"高端洗衣机等一系列产品。这些产品以更加便捷的功能赢得了消费者的青睐，虽然价格比其他的洗衣机要贵一些，但消费者依旧愿意多掏这份钱。这些产品迅速获得了很高的市场占有率，"小小神童"洗衣机市场占有率在某些地区甚至高达98%以上，海尔双动力高端洗衣机，在一些地区的市场占有率则达到60%。"小小神童"洗衣机不仅稳稳地占有市场，并且也没有被其他企业仿造。因为海尔公司用26项专利将生产这款产品的技术方案完整地保护了起来。并且，海尔还将仿生学运用到了"双动力"上，使双动力高端洗衣机的市场销量呈直线上升的趋势。应该说，"小小神童"洗衣机和海尔双动力高端洗衣机在市场上的成功是海尔长期埋头于创新和保护知识产权工作的必然结果。

后来，海尔的这种不与人争一时的短长，只埋头做自己事情的策略也用在了其他产品上，比较典型的便是海尔彩电。我们知道，在2000年及接下来的几年，彩电经历了一场场血腥的价格大战，中国几乎所有的知名彩电企业或出于主动或出于被动都参加了价格战。但是，海尔集团没有因此而乱了方寸，它认为伴随着国内中低端彩电产品的技术趋同和价格竞争的愈演愈烈，家电微利时代的来临，竞争逐步向中高端市场转移。基于此，高品位彩电将成为升级换代的主流产品。因此，海尔始终将开发高端产品，树立良好品牌形象作为自己的着力点，同时，主打出口牌。就在国内的价格战打得如火如荼的时候，海尔彩电出口产品型号多达六十多种，遍布世界各地。在欧洲，海尔彩电已经获得了相当高的声誉；在美洲，海尔彩电取得了质量免检的资格；在中东，海尔彩电推出了个性化的设计；在亚太地区，海尔彩电实现了当地化设计、当地化生产、当地化销售。2001年，海尔在中东地区推出了"护眼神"海尔宝德龙彩电、高清晰网络E体化海尔美高美彩电，以及海尔彩电拉幕式系列、全景系列、高清晰度系列等数十个规格品种的新产品，引起国外各大家电经销商和消费者的瞩目。如此，海尔彩电凭借出口市场获得了生机。

在埋头产品创新的同时，海尔集团在产品的售后服务上也做到了独步海内。关于海尔人真诚地为客户服务的故事很多，下面这个故事便是其中一例。据新闻报道，一位女士想把家中用了五年的海尔热水器清洗一下，就拨通了海尔服务电话。仅仅五分钟后，海尔服务中心就派人来到该女士家。很快热水器修好了，服务人员又细心检查连接电路，发现电路有问题，于是马上又修好了电路。其实，在服务条款上，电路并不在服务范围之内，但海尔服务人员说："今天既然我们海尔来了，在能力范围内，就一定让您用上安全的热水器。"可以看出，海尔集团的那句"海尔，真诚到永远"的承诺并非仅仅是句广告词。

正是因为埋头于产品的研发和对服务承诺的兑现，海尔集团成长为世界白色家电第一品牌，品牌价值达到了812亿元，并在2010年获美国《商业周刊》评出的"全球最具创新力企业50强"。海尔的成功秘诀在于，不和人争一时之短长，只埋头做好自己该做的事情。

宝洁和海尔的成功所给出的商业启示便是，在激烈的市场竞争中，要想取得胜利，需要做的并非是紧盯着对手的一举一动，而是埋下头来做好自己的事情。这是老子的"以其不争，故天下莫能与之争"的智慧在商业领域的应用。

# ◎第六十七章　持保三宝◎

**【原文】**

（天下皆谓我："道大，似不肖。"夫唯大，故似不肖。若肖，久矣其细也夫！）①我有三宝，持而保之：一曰慈，二曰俭，三曰不敢为天下先。慈故能勇；俭故能广；不敢为天下先，故能成器长。今舍慈且勇，舍俭且广，舍后且先，死矣！夫慈，以战则胜，以守则固。天将救之，以慈卫之。

**【注释】**

① 肖：相似的意思。以上数句，与下文不合，应为第三十四章错简，可移至"故能成其大"之后。

**【译文】**

天下人都对我说："道"太广大了，大到不像任何具体的东西。也正因为它的大，所以才不像任何具体的东西。如果它像一种具体的事物的话，那么它就趋于细小而不是道了。我有三种宝贝，是应当永远持有珍重的：第一是慈爱，第二是俭啬，第三就是不敢居于天下人的前面。有了慈爱，所以能勇武；有了俭啬，所以能宽广；不敢居于天下人之先，所以能成为万物的首长。现在丢弃了慈爱而追求勇武；丢弃了俭啬而追求宽广；舍弃退让而追求争先，结果是走向死亡。慈爱，用来征战就能够胜利，用来守卫就会坚固。天将救助谁，就会用慈爱来保护它。

**【解析】**

这一章包含两层内容：第一层讲道的伟大；第二层讲道的原则的妙用。后者是本章阐述的重点，它指的便是"三宝"——"慈"、"俭"、"不敢为天下先"。这三个原则是从大道中推衍出来的，顺之则昌，逆之则亡。

"天下皆谓我：'道大，似不肖。'夫唯大，故似不肖。若肖，久矣其细也夫！"这里的"大"意为崇高、伟大、普遍、绝对。这句话是老子就大道的伟大而做出的描述。大道是无形的，这正是大道的伟大之处。但是它有原则，那么道的原则是什么呢？下面一句给了详细的答案。

"我有三宝，持而保之：一曰慈，二曰俭，三曰不敢为天下先。"这句中有个"先"字，"先"一般只作序列概念，但这里作

我有三宝，持而保之：一曰慈，二曰俭，三曰不敢为天下先。

慈故能勇；俭故能广；不敢为天下先，故能成器长。

价值概念，它与"上"、"重"、"多"、"大"一样，具有把某个对象的价值和重要性看得高于一切的意思。"不敢为天下先"可以理解为绝不把个人的价值置于整个人类的价值之上。换句话说，也就是绝不把自己的利益看得高于一切。这句话讲的就是道的三大原则，即老子所说的三宝：一是仁慈，也就是仁爱之心和同情之心；二是俭朴，也就是节俭、不奢侈；三是不敢为天下先，也就是不露锋芒、谦和卑下。"三宝"与老子无为的思想是一脉相承的，它是无为思想的具体表现。

"慈，故能勇；俭，故能广；不敢为天下先，故能成器长。"本句中的"勇"指的是明智而又刚强果断。善良仁慈之人能够感受到自己与人类社会和自然世界是融为一体的，这时他们的心中会激荡起一种神圣的使命感，而心中的一切烦恼、忧愁、焦虑、畏惧都会随之烟消云散，只留有一种神圣而又明彻一切的感觉，在这种感觉影响之下，人们无所畏惧，而且感觉到道德就在自己的心灵之中，而自己就是永恒的道德的主体，这就是老子所说的"勇"。相反，如果一个人不善良、不仁慈，就会感觉到有很多人在监视、识破和谴责他们——其实，最先开始监视、识破并谴责他们的不是别人，正是他们自己。在这种状态的支配之下，他们不得不在善与恶、高尚与卑贱之间摇摆不定，并表现出畏畏缩缩的样子。当他们在这样的境况中寻求安然脱身的途径时，他们就会孤注一掷，从而走向邪恶，无法自拔。可见，一个人只有保持仁慈之心和善良之心，他才会有无所畏惧的勇气，这就是通常所说的"仁者无敌"。"俭"指节俭，节俭也有个限度，那就是要满足个人的生理需要。高于这个限度，或是低于这个限度，都属于不健康、不自然和不道德的生活方式。人们通常所说的"无私"、"无欲"也要合乎这个限度。"长"与"间"是相对的，如"间苗长苗"指的就是把不好的、不必要的和多余的幼苗拔除，而把好的、有用的幼苗留下。本章中的"长"字指为人们所接纳和喜欢。这句话该怎么理解呢？老子认为，正是因为仁慈，所以才能做到英勇无畏；正是因为节俭，所以国家才能长治久安，人民才能安宁、富足；正是因为谦和退让，所以人类才能成为万物之长。我们可以从老子的思想推理得出一个结论：如果人类舍本逐末，就会走上绝路，这也就是下句话所要阐述的问题。

"今舍慈且勇，舍俭且广，舍后且先，死矣！"本句中的"慈"是作为勇敢无畏的根本和基础的仁慈。"俭"是作为心胸博大的根本和基础的节俭。"后"指的是把自己的利益置于他人的利益之后。

最后，老子得出"夫慈，以战则胜，以守则固。天将救之，以慈卫之"的结论。这里我们不免要疑惑了：对敌作战的时候，怀有仁慈之心怎么能够取胜呢？如果我们从老子的无为思想出发，就不难理解此句中所包含的真意了。其实，老子所说的"慈"也可以理解为无为，无为而无不为，用在战争中自然能取胜。"守"和"卫"都指的是自立的意思。由此可知，只有做到"慈"，我们才能于社会中安身立命。

## 从政之道

# ○谨防妄为——唐敬宗引火自焚○

节俭、仁慈、不敢为天下先，这是圣人持有的"三宝"。作为统治者，一定要保持节俭的作风，如果生活奢侈，必然会滋生骄奢淫逸的作风，那就很容易引火上身。

唐敬宗，名叫李湛，唐穆宗的长子，初封为鄂王，后徙封为景王。长庆二年（822年），被立为太子，两年后以太子身份监国。824年，穆宗病逝，李湛继位为帝。

敬宗登基为帝后，最初还例行上早朝。到了第二个月，就开始纵情享乐，毫无节制，甚至在大殿上击球、大摆宴筵。即位后三个月，大臣们为了上早朝，天不亮就要起床，然后匆匆忙忙地赶到朝堂。可是皇帝却迟迟不来，时间久了，上了年纪的大臣站得腰酸背疼，有的甚至还昏倒在地上。对于这一有违祖制的行为，谏议大夫李渤实在看不下去了，就去找敬宗来上朝。在众臣的催促之下，皇帝这才走上了大殿。退朝以后，左拾遗刘栖楚又力谏皇帝要勤于政事，不要贪玩。为了使敬宗痛改前非，刘栖楚头叩龙墀，鲜血不停地往下流。敬宗看到这一情形，十分感动，赶忙起身劝慰刘栖楚。不过，敬宗并没有因为大臣的死谏而悔过，后来甚至还变本加厉，发展到一个月仅上两三次早朝了。这时，就连在地方任职的李德裕也向皇帝进献了《丹扆箴》六首，希望以此说服皇帝处理政事，敬宗看到李德裕的劝谏诗，命令翰林学士韦处厚起草了一道诏书，对李德裕的忠君爱国的精神提出了表扬，但是他仍旧纵情逸乐，荒废政事。

敬宗对打马球十分着迷。打马球的时候，敬宗喜欢让禁军将士、三宫内人都要参与其中。宝历二年（826年）六月，敬宗在宫中举行了一次体育盛会。比赛的项目很多，主要有马球、摔跤、杂戏等。由于参加比赛的人很多，敬宗就命令左右神策军士卒，还有宫人、教坊、内园分成若干组比

唐敬宗沉湎于游乐，无人能够劝阻。

赛。由于敬宗的兴致很高，这次比赛一直到夜里二更时分才停止。

敬宗也经常到鱼藻宫观参加龙舟竞渡。有一天，他突然向盐铁使下诏，命令其修造二十艘竞渡船艇，还要求把木材运到京师，让其在京城修造。敬宗下了诏书以后，大臣们估算了一下，造船的费用占当年国家转运经费的一半，于是，谏议大夫张仲方等人极力劝阻敬宗减少花销，敬宗这才答应船艇的数量减去一半。

敬宗在宫中肆意嬉戏，曾经引发了一系列突发事件。

敬宗还喜欢打猎，他白天不能尽兴，就在半夜里玩追捕狐狸的游戏，宫里人称之为"打夜狐"。他专门豢养了一批力士，让他们昼夜不离自己左右。为了求得力士，敬宗不但要求各地官员主动进献，而且亲自出资招募，每招募一个人就动辄几万贯。敬宗在跟力士们玩耍的时候，如果他们有人恃恩不逊，敬宗就会把他配流、籍没；不少宦官犯了小错，敬宗就轻则辱骂，重则鞭笞，致使他们心怀怨愤。宫中的宦官许遂振、李少端、鱼弘志等人，还因为在"打夜狐"的时候配合不好而被削职。

敬宗在宫中肆意嬉戏，曾经引发了一系列突发事件。敬宗刚刚即位的时候，有个名叫徐忠信的平民百姓闯进了浴堂门，惊扰了正在那里玩击球游戏的敬宗，引起了一场虚惊。几个月后，染坊役夫张韶与卜者苏玄明联合数百名染工杀进了右银台门，当时敬宗正在清思殿打马球，他听到外面传来多人的厮杀声，不禁恐慌起来，于是仓皇逃到左神策军中避难。不久，官军攻进了清思殿，当时张韶等人已经进入了清思殿，并登上御榻在上面进食，官军冲上去将张韶等人杀死。此外，还发生过官员季文德等近一千四百人谋反的事件，最终敬宗下令将涉案的人员全部处死。这几起事件是如何发生的呢？原来，敬宗喜欢大兴土木，自从即位以来，各级官员和匠役之人怨声载道，染坊役夫张韶作乱之事，就是对敬宗的当头棒喝。这些事情发生以后，许多大臣认为，皇帝一味沉湎于游乐，才给了那些不法之徒以可乘之机。但是，敬宗依旧听不进劝告，还是尽情玩乐。

宝历元年（825年）十一月，敬宗突然向大臣们提议去骊山游幸，大臣们听说之后，都极力劝阻，但是敬宗仍坚持要去。这时，大臣张权舆进谏敬宗说："从周幽王以来游幸骊山的帝王，从来没有一个有好下场的，秦始皇葬在那里，国家很快就灭亡了；本朝的玄宗皇帝在骊山修行宫，不久就发生了安禄山的叛乱；先帝（穆宗）去了一趟骊山，回来就驾崩了。"敬宗听了张权舆的这番话，不但没有打消游幸骊山的念头，反而对此有了更大的兴致，他问道："骊山果真有这么凶恶吗？越是这样，我越是应当去体验一下，以验证你的话是真是假。"结果，敬宗不顾大臣的反对，毅然决定前往，他还对身边的人说："那些向朕叩头的人所说的话，也不一定都可信啊！"由此可见，敬宗根本不把大臣的意见当回事。这件事情发生后不久，大诗人杜牧曾写下一篇《阿房宫赋》，他借秦亡的教训告诫敬宗，不要像秦那样"不暇自哀"，否则就会"亦使后人复哀后人"了。

敬宗这种肆无忌惮的游乐，很快使自己走上了穷途末路。宝历二年（826年）十二月初八的晚上，敬宗又一次出宫"打夜狐"，等到回宫之后，他又与宦官刘克明、田务澄、许文端以及击球军将苏佐明、王嘉宪、石从宽等二十八人饮酒。敬宗喝到酒酣之时，大殿上的灯烛忽然熄灭了，刘克明与苏佐明等人趁机将其杀死，敬宗死时年仅十八岁。

为人之道

# ◎俭而能广——崇尚节俭的晏婴◎

节俭是中华民族的传统美德，也是老子思想的精髓。老子把节俭作为"三宝"之一，并要人们永久保持。老子所说的三宝，即节俭、慈爱和谦虚，三者并不是割裂的。一个真正慈爱的人，也必定是一个节俭和谦逊的人。老子的三宝，对后世有着重要的意义。翻开中国历史，我们可以找出很多俭朴谦逊的人物，晏婴可以说是其中最有代表性的人物之一。

晏婴，字平仲，春秋时齐国人，后人尊称他为晏子。晏婴是齐国贵族，长期居于要职，在国内外享有很高的声望。他在个人生活方面，一向以清廉俭朴著称，受到后人的高度赞扬。孔子也曾称赞说："晏平仲真善于同别人交往呀！人们同他相处越久，他就对别人越加尊敬。"司马迁在《史记》中更是充满感情地说道："如果晏子活到今天，我就算为他执鞭驾车，也会感到很高兴的！"

周灵王十六年（前556年），晏婴的父亲、齐国大夫晏弱去世。按照齐国当时的礼法规定，卿大夫死了之后，要举行隆重的丧礼。这丧礼到底如何隆重呢？且不说小殓（为死者穿衣）、大殓（再次为死者穿衣并以尸入棺）、代哭（死者家属轮流哭丧守灵）、迁柩朝祖（将棺柩迁入祖庙停殡）这套繁文缛节，单就送葬规模来看，就已经让人瞠目结舌了：送葬的时候，需要安排成百上千的人在前面和左右两侧牵引柩车。为了使送葬队伍顺利完成任务，出殡前常常需要重新拓宽道路，甚至不惜拆除路旁的一些重要建筑。为了矫正这一繁缛仪式，警醒世人，年轻的晏婴不顾贵族官员的反对，勇敢地对丧仪进行了一番改革。按照丧礼的规定，为晏弱送葬时应当派遣装载随葬牲体的送葬车五辆，而晏婴只安排了一辆；灵柩下葬后，主持丧礼的人还要请参加丧礼的宾客们聚会吃饭，并举行烦琐的拜宾、送宾等仪式，晏婴却在葬礼结束后即刻返回家中，让送葬的宾客自行回家。对于晏婴这种违背礼法的行为，不但时人感到不解，就连后来的一些学者也觉得疑惑。有一次，孔子的弟子曾参和有若坐在一起谈论晏婴的为人，曾参称赞晏子知礼，有若却说："晏子为父亲办理丧事的时候，仪法草率，慢待宾客，这怎么能算知礼呢？"曾参反驳说："你哪里知道晏子的良苦用心啊！当国家混乱无道的时候，一个君子是耻于礼仪完备的。国家奢侈成风，君子就应当大力提倡节俭，简化丧仪正是晏子的高明之处啊。"现在来看，曾参的这一见解是非常正确的。

晏婴所处的时代，正好是齐国政局最为混乱的一段时期。此时，齐国王室势力渐趋衰弱，而卿大夫的势力逐渐增强。在当时的齐国卿大夫之中，势力最强的，除了原有的大族国氏、高氏外，又兴起了一些新的卿族，如崔氏、庆氏、陈氏。这些新老势力相互争斗，一些卿

晏婴的父亲去世，晏子简化丧仪以行节俭。

大夫一夜之间掌握了齐国大权，但是还没有站稳脚跟，就为其他的卿大夫所取代。贵族们不修德政而导致灭亡的事实，也让晏婴清醒地认识到了聚敛无度的害处。所以，他在继承大夫的位子之后，始终保持着俭朴廉洁的品质。

晏婴执政时期，挫败了崔、庆二族的叛乱。为了表彰晏婴的功绩，齐景公打算把邶殿（今山东昌邑西北）附近的六十座小邑赏赐给晏婴。晏婴却没有接受这一赏赐。王室贵族子尾对此非常不解，就向晏婴问道："天下之人，没有不追求富贵的，你为什么不接受赐邑呢？"晏婴回答说："人们追求财富，必须掌握个限度，不可追求欲望的满足。庆氏的封邑满足了他的欲望，但是他很快就灭亡了。我现在的俸禄不够多，如果加上邶殿六十邑，也许会非常富足，但是，真要这样的话，我就要大难临头了，只怕连现在拥有的小邑也保不住了。我不接受邶殿之邑，并不是天生讨厌富贵，而是为了巩固现有的家

晏婴劝齐景公体恤百姓。

晏婴为相期间，齐国的政治、外交都得到很大的改善。

业。况且按照礼制的规定，每个人占有的财富必须符合制度，就像布幅要有一定的宽度一样。为富不仁，见利忘义，贪婪纵欲，只会把自己引向绝路。我怎么能做这样危害国家和自己的事情呢？"子尾听后，不禁连连称赞。

周景王元年（前544年），吴国公子季札访问齐国，与晏婴一见如故，两人也都相互倾慕。季札在齐国期间，预感到齐国将会发生大的动荡，因此建议晏婴交出自己的封邑，以免引火上身。晏婴听到这个建议后，觉得很有道理，就立即向齐景公提出了"纳邑与政"的请求，把自己所辖的封邑以及管理封邑的职权全部交了出来。自此以后，晏婴的生活更加简朴了。在晏氏的府中，"食不重肉，妾不衣帛"。朝见齐王时，晏婴总是穿着一身洗旧的朝服。在贵族极力追逐利禄的时候，晏婴却一直过着清贫淡泊的生活。

齐景公对晏婴的清贫生活心有不忍，就想找机会为他改善生活条件。有一次，齐景公对晏婴说道："你现在居住在闹市附近，周围吵嚷嘈杂，尘土飞扬，而且地势低洼，潮湿狭窄，这怎么能够居住呢？我为你换座宽敞明亮的房子吧！"

晏婴辞谢说："我们晏家在这所房屋里已经住了好几代了，我的功业没有祖先那么大，却能承受祖先的恩惠，住上这样的房屋，这已经非常奢侈了。况且这里邻近闹市，买东西时非常方便，怎

晏婴的节俭生活令齐景公惊叹。

么敢劳烦大王为我更换房屋呢？"

没过多久，晏婴前往晋国，与晋君商讨两国通婚的事情。这时，齐景公趁着晏婴不在，就强令晏家周围的居民迁居到别的地方，并把周围的住宅都拆毁了，另外为晏婴建造了一座豪华的新居。晏婴回到齐国后，看到在自家的位置上出现了一座豪宅，心里非常痛心。他立即进了王宫，见到齐景公，向他拜谢一番，然后毫不犹豫地派人拆毁新居，修复周围的住宅，又请那些流散各地的邻居们返回故里，他向众人解释说："大家在这里居住多年，彼此关系和谐，这是神明安排我们有这段缘分呀，神明的意旨怎么能够违背呢？君子不做违背礼义的事情，百姓不做不祥的事情，这是古代的遗制，我怎敢违背古训呢？"

晏婴一生经历过齐灵公、齐庄公、齐景公三世，从崔、庆家族垮台后，晏婴的政治地位越来越高，成为齐景公最得力的辅臣。到齐景公后期，晏婴已是年迈的老臣，但嘉言懿行愈发传播四方，在列国间享有崇高的威望，但他从不以德高望重而自傲。

晏婴不但自己保持节俭，还时常劝谏统治者勤俭节约，体恤百姓。公元前522年，齐景公患了疟疾，一年之内未能痊愈。景公认为是主管祭祀、祷告的祝史用心不诚所致，遂决定增加祭品。晏婴听说后，就对景公说道："一个贤明的君主，应当处理好国事和家事，然后祝史言辞诚信，不愧对神灵，这样国家才会有福祉。而昏庸的君主，则会沉迷声色，放纵私欲，摧残民力，聚敛不止，这样，如果祝史如实把一切告知鬼神，国君就会遭到惩罚；如果隐恶称善，那就是欺骗神灵，鬼神迟早会知道，这样国家就永无宁日了。现在官府垄断山林湖泽之利，还在境内设下重重关卡，关吏肆意盘剥行人；而贵族们大兴土木，强占百姓财产；国家政令无常，横征暴敛；宫中妻妾，恃宠跋扈，在市上巧取豪夺。百姓痛苦不堪，无不说国君的坏话。因此，不管祝史怎么向神明祈祷，那都是无济于事的。因此，您还是赶紧积善修德吧！"齐景公听后，心里有所醒悟，便下旨取消山泽之禁和关税，减轻百姓的负担。

晏婴痛斥奢侈浪费，不但本人厉行节俭，还不遗余力地倡导和推行节俭，这些对后世都有着深远的影响。

# ◎第六十八章　不争之德◎

**【原文】**

善为士者①，不武；善战者，不怒；善胜敌者，不与②；善用人者，为之下。是谓不争之德，是谓用人之力，是谓配天，古之极也③。

**【注释】**

① 士：武士，古代的武士也叫"士"。这里指将帅。② 不与：不与之争。③ 极：标准、道理。

**【译文】**

善于带兵打仗的将帅，不崇尚勇武；善于打仗作战的人，不会轻易被激怒；善于胜敌的人，不与敌人正面冲突；善于用人的人，对人总是表示谦下。这叫作不与人争的"德"，这叫作运用别人的能力，这叫作符合自然的道理，是古代德的准则。

**【解析】**

这一章讲"不争之德"和"用人之力"。遵循道的法则，是最有效益，也是最完美的行事方式，所以称之为"善"。

"善为士者，不武；善战者，不怒；善胜敌者，不与；善用人者，为之下。"这里的"不武"即不奉行黩武的政策，但是为了协调"不武"正反两个方面的含义，我们可以这样理解：对于永久的世界和平，不抱有幻想，甚至连别国针对自己国家的战争阴谋也不作任何准备。"武"这个字所涉及的主题是国际关系。"不怒"指不像一个刚刚被人征服且沦为奴隶的人所表现的那样束手无策，以至于暴跳如雷，怒气冲天。这句话可以这样理解：善于做士的人是不轻易诉诸武力的，善于打仗的人是不轻易被激怒的，善于克敌制胜的人是不会争一时之高低的，善于用人的人一定是谦和的。在这里，老子并不是不允许国家动武，而是反对人们在外敌面前只知道暴跳如雷、怒气冲天。我们知道，老子反对心智、谋略，但他更加反对武力、暴力以及一切强大有力的表现，这在很多地方都有体现（例如，他曾说"不以兵强天下"，"夫兵者，不祥之器"等）。但老子的柔弱并不是软弱，老子的不争并不是屈从，他本人充满了智慧和谋略，在军事学方面有着独到的见解和高深的韬略。在他看来，当世进行的兼并战争，根本不讲什么策略，只经过极为短暂的相互冲撞，便已经分出胜负了。

善为士者不武，善战者不怒。

善用人者为之下。

"是谓不争之德，是谓用人之力，是谓配天，古之极也。""不争之德"指的是捍卫和平、反对战争的道德和勇气；"用人之力"指的是把人民团结起来的力量。老子认为，在战争之中，只有保持头脑清醒、态度冷静，才能制订出周密合理的计划；有了周密合理的计划，才能避免不必要的损失，最终才能取得好结果。善于打仗的人，并不需要寸土必争，也不会争一时一地之得失，而是要争取最后的胜利。所以，只有在指挥战事的时候持着不争的态度，才能够掌控全局、操纵战机、进退自如，并能赢得战争的胜利。善于用人的人应该持有谦和卑下的态度，这样才能延揽人才。善于用人的人，一般都拥有较高的地位，掌握着较大的权力，既然他们拥有用人的权力，为什么还要表现得谦和卑下呢？在老子看来，谦下是取得人民支持的最佳方式。如果一名领导者不能独立完成所有工作，他们就得依靠众人的力量，如何把众人的力量凝聚在一起呢？这就需要选择一种适当的方式。如果他们采取极端严厉的态度来确立自己的威信和权威，那样不仅不能凝聚人心，反而会危害自身。如果采取谦下的态度，那样才会令众人信服。

## 经商之道

### ◎贵在不争——善于放权的领导们◎

善于用人的人，一定是对态度谦和，不与人争，一切顺其自然。这在商业或行政管理领域表现得十分突出。

二战结束后，曾经任欧洲盟军总司令的艾森豪威尔出任了哥伦比亚大学的校长。经他同意之后，副校长开始安排有关部门作工作汇报。考虑到系主任一级的人员太多，于是就只安排了各学院的院长及相关学科的联合部主任，然后告诉他们按照编号顺序来，每天两三位，每位汇报半小时。

这样的日子持续了一周，也就是在听了十几位院长的工作汇报之后，艾森豪威尔感到厌烦了，于是他把副校长叫了来，问他还有多少人要汇报，副校长回答说一共63位。听到这个数字，艾森豪威尔当时就惊呼道："天哪，怎么这么多！原来我做盟军总司令，领导人类有史以来最庞大的一支军队时，需要接见的也只有三位直接指挥的将军，至于他们的手下，我从来不用过问，也不用接见。怎么做个大学校长倒要接见60多位首长呢。你要知道，他们谈的我大部分都不懂，可是又不得不装成耐心地听下去，这简直就是在浪费彼此的时间嘛。算了吧，把你订的那张日程表取消吧，我不想继续下去了。"一番话弄得副校长哭笑不得，但是他又不得不照办。但是出乎他意料的是，如此一位"粗线条"的校长，数年中竟然把哥伦比亚大学管理得井井有条，有口皆碑。

1951 年，丹麦航空公司、挪威航空公司和瑞典航空运输公司联合组成了斯堪的纳维亚航空公司。公司成立的初期，由于市场竞争相当激烈，加上公司经营方面的一些问题，效益很不理想。在这种不利的背景下，简·卡尔岑出任斯堪的纳维亚航空公司的总经理。

卡尔岑上任后，针对影响效益的主要方面提出了明确的改进目标，那就是在最大程度上消除航班不准时的现象，从而取得顾客的信任。然而，目标是明确的，抵达目标的路径却不是那么容易理出头绪来的。正在卡尔岑为此焦虑和踌躇的时候，一个专案组主动找上门来，声称可以令公司的航班准点率达到全欧洲最佳的水平，但是，这需要花费六个月的时间，并且还需要 150 万美元的资金。卡尔岑听后，感到非常高兴，于是立即对这个专案组的负责人说："那就赶快开始行动吧。"而该负责人听了，很是吃惊，因为卡尔岑针对他的提议，一点儿也没有多予过问，对他显示出了十足的信任。但是，该有的过程还是要有的，于是，他对卡尔岑说："我已把专案组的人员都带来了，现在就当面向您汇报一下我们具体的策划方案。"不过，卡尔岑却轻轻地说："汇报就不必了，你们只管放心地去做就是了，我会给你们提供全力的支持。"

大约四个半月之后，那位专案组的负责人给卡尔岑打来了电话，兴奋地告诉他：斯堪的纳维亚航空公司在准点飞行方面的表现，上个月已经达到了欧洲第一的水平。这相当于提前了四分之一的时间完成了任务，而且经费也仅支出 100 万美元，比原计划节省三分之一。

放下电话后，卡尔岑颇有感触地说："如果当初是我去找他，目标和方案都由我来提出，我可以给他提供二百万的美金，但是一定要按照我说的办法去做，恐怕六个月之后他给我打电话的时候会说：'我们已经遵照你的指示做了，虽然已经取得了一些进展，但是最终的目标还没有实现，我们还需要大约三个月的时间，而且还需要 100 万美元的经费……'幸运的是，这一切并没有发生。"

在这一事件中，作为公司总经理的卡尔岑只是定下了一个目标，而至于目标如何来具体地实现，则完全交给了专案组来处理，令他们在工作的过程中享有充分的自主权，在任务执行当中决不进行插手和过问，显示出完全的信任，事情的结果是，计划进展十分顺利，结果远远好于此前的预期。这就是老子所讲的"无为而治"，"是谓不争之德，是谓用人之力"。

当前，斯堪的纳维亚航空公司的经营范围已经拓展到大约 50 个国家，成为世界航空公司的领头企业之一。而该公司发展进程中的起步阶段，正是在卡尔岑"无为而治"的领导之下迅速腾飞的。

## 处世之道

# ◎ 不武不怒——田单大破燕军 ◎

"善战者，不怒；善胜敌者，不与；善用人者，为之下。"在这一章里，老子说善于打仗的人不轻易被激怒，善于克敌制胜的人不争一时之高低，这就是战场上的"不争"。老子的不争，其实是一种高深的谋略，这一谋略不逞一时之强，但是能赢得最后的胜利。中国历史上有很多战例，都能说明这一道理。田单复国的故事，就是一个典型的例子。

战国后期，燕国派大将乐毅率领诸侯联军讨伐齐国，一举攻下齐国七十多座城池，只剩下莒城和即墨两座城池还在抵抗，齐国濒临灭亡。就在这危急存亡的时刻，齐国出现了一名智勇双全的将领，他救齐国于危难之间，不仅挫败了燕国，还使齐国再次成为七雄之一，这位将军就是田单。

田单是齐国田氏血缘关系较远的宗族。齐湣王的时候，田单担任临淄管理市政的小吏，但是不受重用。后来，燕国派乐毅讨伐齐国，齐湣王逃走，不久退守到莒城。燕国军队长驱直入攻伐齐国，城池被攻破，齐国百姓互相争路逃亡，因为车子的车轴撞坏了，所以被燕军俘虏。只有田单的同族因为用铁箍包住了车轴，所以能够逃脱，向东退守到即墨。这个时候，燕国已经攻占了齐国所有的城池，只有莒城和即墨还没有被攻下。燕军听说齐湣王身在莒城，就调集军队攻打。大臣淖齿便在莒城杀死了齐湣王，依托城池坚守，抵御燕军，燕军攻打了几年也没能攻下。燕国调集军队围攻即墨。即墨大夫出城与燕军交战，战败而死。即墨城中的军民争相推举田单，说："安平之战，田单一族依靠铁箍包住车轴才得以脱险，足见他善于用兵。"因此大家都拥立田单为将军，希望他在即墨抵御燕国军队。

田单奉命接管齐军以抵抗燕军。

尽管被委以重任，但是田单深知要击败乐毅绝不是一件容易的事情，因为燕军除了自己的国土之外，还包括齐国的七十多座城池，而齐国现在就只剩下莒城和即墨这两个地方了，双方的实力对比过于悬殊，如果贸然硬拼，齐军不但不能打败燕国，反而会使仅剩的两座城池落入燕国之手。因此，在时机尚未成熟的情况下，田单决定按兵不动，静观其变。

不久，机会终于来临了，向来宠信乐毅的燕昭王去世了，而新立的燕惠王与乐毅素有间隙。这对齐国来说，实在是一个天大的好消息。田单认为这是除掉乐毅的大好机会，便派人潜入燕国，到处散播谣言说："齐王已经死了，仅仅有两座城池没有攻克。乐毅害怕被诛杀而不敢回来，乐毅以伐齐为名，实际是想联合南面的齐国，在齐国称王。齐人还没有归顺，所以暂且延缓攻打即墨，等待时机成熟就称王。齐国所害怕的，唯恐其他将领来率领燕军，那么即墨城就必定被攻破了。"燕惠王早就对乐毅有所怀疑，这时又听了谣言，更是信以为真，于是派骑劫接替乐毅。乐毅此时正在齐国，他知道如果自己回到燕国，一定没有什么好下场，所以逃亡到赵国。

乐毅去了赵国，燕军的士卒向来拥戴乐毅，因此均感到愤懑不已。这时，燕惠王派去的将军骑劫来到军中，准备整饬军队，进攻即墨城里的齐军。

田单见燕军准备攻城，于是下令城中军民供出食物，以祭祀祖先。天上的飞鸟望见城里供奉着食物，都飞过来争着吃。燕军看到了，觉得非常奇怪，不知道齐军为什么这么做。

没过多久，田单又在城里扬言说："齐军的弟兄们，天上的神仙下来帮助我们对付敌军啦！再过一会儿，一定有神人降到咱们城中了，到时我便拜他为师！"有个兵卒听着好奇，便随口说道："我可以做您的老师吗？"说完就返回阵列当中。田单连忙起身，把那名士卒从阵列里请出，让他面向东而坐，还拜那名士卒为师。那个士卒非常惊愕，慌张地说道："我不过是随口说说，我其实什么都不会做呀。"田单微微一笑，偷偷地对他说道："你不要多说话，我自有安排。"说完就跪下拜他为师了。

其实，田单这样做，主要是为了提高齐军的士气，他故意假托神仙之名，以树立自己的威信，并使齐军将士心中充满必胜的信念。因此，田单每次指挥军队，发号施令的时候，都说是神仙的天上的飞鸟望见城里供奉着食物，都飞过来争着吃。

主意。

　　田单在即墨城里装神弄鬼，搞得燕军的将士都摸不到头脑，一时竟不敢轻举妄动，暂缓攻城的行动。田单见自己的计谋有了效果，又接着派间谍去城外散播谣言说："即墨城里的齐军，最害怕的就是燕军把俘虏来的齐国士卒割去鼻子，置到军队的前列，到时燕军攻打即墨，就一定会攻克了。"这些话传到燕将骑劫的耳中，他下令燕军将士照此施行，把俘虏来的齐军士兵的鼻子割掉了，并把它们扔在阵列的前方。城内的齐国军民见到齐国的降兵被割掉了鼻子，都很愤怒，因此更加坚定了守城的信念，都担心被燕军抓去。

　　田单接下来再施反间计，故意透露给燕军说："齐国人最担心的就是燕国人把城外的祖坟挖了，侮辱齐国的先人。"燕军听说之后，把齐人的坟墓全部挖掘了，还把尸体焚烧掉。即墨城里的军民从城上把这一切看得清清楚楚，人人悲愤不已，都请求出城与燕军决一死战。

　　田单看到齐军士气高涨，觉得时机快要成熟了，于是亲自拿着夹板铲锹与兵士们一起修缮防御工事，把自己的妻妾都编在行伍之中，并将库存的酒食全部拿出来犒劳军士。同时，

燕国派大将乐毅率领诸侯联军讨伐齐国。

373

田单还命装备精良的兵士埋伏起来，让老弱妇孺都到城上去防御。

　　田单假装派使者与燕军谈判，燕军将士以为齐军胆怯了，都高呼万岁。田单又集中民间的黄金，一共筹得千镒，让即墨城里的富豪把黄金献给燕军，然后向燕军请求说："即墨就要投降燕国了，但愿你们入城之后，不要抢掠我们的妻妾，能让我们平平安安地生活。"燕国的将士非常得意，满口答应，从此放松了警惕。

　　田单表面上打算投降燕军，暗中却想好办法，准备与燕军一战。他把城中一千多头牛集中起来，给它们披上大红色丝帛制成的被服，在上面画上五彩缤纷的蛟龙图样，在犄角之上绑着锋利的刀子，把渍满油脂的芦苇捆绑到牛尾上，然后点燃它的末端。又在城墙上凿开几个洞，在夜里把牛赶出来，又派壮士五千人在后面跟随。牛的尾巴被点燃了，愤怒地冲向燕军的军营。燕军在夜里惊慌失措，还没来得及反应，就因为碰到牛身上的刀刃而死伤无数。这时，跟在火牛后面的五千壮士悄悄地杀来，即墨城中的军民擂鼓助阵，老幼妇孺敲打铜器，声响震动天地。燕军听到鼓声，以为齐军人数众多，吓得抱头鼠窜。齐军趁乱杀死了燕军主将骑劫。燕军主将一死，军心大乱，士卒四处溃逃，齐军追击溃败的燕军，所到的城邑都背叛燕军而归顺齐国。田单的军队一路追击，一直追到黄河岸边，原先的齐国七十多座城池都收复回来了。

　　田单以"火牛阵"大破燕军后，亲自到莒城迎接齐襄王，护送襄王回到临淄。齐襄王对田单大加赏赐，封他为安平君。

　　田单在复国的过程中，先是实施反间计，离间燕国君臣的关系，继而坚守城池，不为燕军的挑衅行为所激怒，不与敌人交锋厮杀。最后他找准时机，一举大败燕军，这正体现了老子所说的"不争之德"。

齐军火牛阵大破燕军。

# 《道德经》对后世的影响

　　《道德经》被后人尊奉为治国、齐家、修身、为学的宝典。它的影响是多方面的，包括政治、文化、科学、宗教等方面。据统计，先秦以来，研老注老著作超过三千余种，具有代表性的不少于一千种，从侧面说明了《道德经》的巨大影响。

## 老子对学术思想方面的影响

### 先秦诸子

庄子 申不害 韩非子

### 魏晋玄学

老子 庄子 周易

### 佛学

　　先秦诸子受老子思想影响最深的是庄子,《庄子》全书贯穿着老子思想。其次是申不害、韩非。《老庄申韩列传》说:"申子之学,本于黄老,而主刑名。"又说:"韩非喜名法术之学,而其归本于黄老。"

　　道家学说,汉武帝以后有所衰落,到魏晋南北朝时再次复兴,其前后三百多年,形成了讨论哲理的风气,题材则是"三玄"——《老子》、《庄子》和《周易》。

　　佛学传入中国,始于汉明帝永平十年(67年),但经过魏晋时期以道家思想为解说的津梁,以老庄比附佛经,于是才开始兴盛,至于隋唐而极盛一时。

## 老子思想对政治方面的影响

　　汉惠帝、汉文帝、汉景帝三朝,实行黄老之术,国力渐渐恢复,政治安定,社会经济得到显著发展,历来被视为封建社会的盛世,史称"文景之治"。

　　汉武帝罢黜百家独尊儒术以后,道家在政治方面由明入暗,易主为辅,与儒家思想配合,形成了两千年来儒表道里的政治。

汉惠帝刘盈　　汉文帝刘恒　　汉景帝刘启

# ◎第六十九章　哀者胜矣◎

**【原文】**

　　用兵有言："吾不敢为主①，而为客②；不敢进寸，而退尺。"是谓行无行③，攘无臂④；扔无敌⑤；执无兵。祸莫大于轻敌，轻敌几丧吾宝⑥。故抗兵相若，哀者胜矣。

**【注释】**

①主：打仗时的主动攻势。②客：打仗时的被动防守。③行无行：前一个"行"，读 xíng，行动；后一个"行"读 háng，行列。④攘（rǎng）：捋起。⑤扔：对抗的意思。⑥宝：命脉之意。

**【译文】**

　　用兵的人曾经这样说："我不敢主动进犯，而采取守势；不敢前进一步，而宁可后退一尺。"这就是说，虽然有阵势，却像没有阵势可摆一样；虽然要奋臂，却像没有臂膀可举一样；虽然面临敌人，却像没有敌人可打一样；虽然有兵器，却像没有兵器可持握一样。祸患再没有比轻敌更大的了，轻敌几乎丧失了我的"三宝"。所以，当两军实力相当的时候，怀有慈悲怜悯之心的一方能获得胜利。

**【解析】**

　　这一章紧接上文对用兵之道作了深入细致的剖析，讲用柔、用弱的原则在军事上的运用。"反者道之动"，用柔用弱不是真柔真弱，而是处在柔、弱的位置，顺着道的自然趋势以柔克刚，以弱胜强。

　　"用兵有言：'吾不敢为主，而为客；不敢进寸，而退尺。'"这里的"不敢"意为不至于怀有鲁莽或罪恶的图谋。一般意义上的"不敢"，多指没有胆量，没有勇气，其中略含贬义。

抗兵相若，哀者胜矣。

这里需要注意一点，本章由"不敢"所构成的是一种虚拟语气，它所表达的是一种鲁莽或罪恶的图谋，而这种虚拟语气在本章中是贯彻始终的。"寸"是极短的长度单位，"尺"比寸稍长，老子用尺和寸来说明不要轻易挑起战争的道理。老子是反对战争的，他主张在战争中，不要轻举冒进，而应该以退为进。这是老子的无为思想在军事中的具体运用。

　　老子认为，主动出击去侵略别人，其本身在道德上就输给了别人。这是因为主动进攻对方，对方就会为正义而战。这时，对方的民众就会因为敌方的侵略行径而感到愤慨，其保家卫国的积极性就会提高，这对进攻一方是极为不利的。相反，如果守而不攻，留给对方主动出击的机会，己方的民众就会愤然还击，并能一鼓作气战胜敌人。主动进犯别人微不足道的一寸土地，就会有遭到对方还击的可能，这是因为人们都以遭受侵犯为耻辱，所以我们应该避免侵犯别人的行为；主动后退一尺，就会表现出谦和与宽容的美德，纵然仅有微不足道的一尺土地遭到了侵犯，也能凭此感化对方，使对方主动退避。我们一再强调，老子是反对战争的，老子知道，战争会给民众带来无穷无尽的灾难和痛苦，但是仅仅凭借自己一个人的力量是难以避免战争的。既然不能改变当时的形势，他就阐发自己的战争观，即"以退为进"，以此来争取正义战争的胜利。

"是谓行无行，攘无臂；扔无敌；执无兵。""行"指的是采取行动，"行无行"指的是虽然行动了却好像没有采取行动一样。"攘无臂"指的是虽然举起手臂却好像没有举起手臂一样。"扔无敌"意为虽然面对敌人却好像没有敌人存在一样。"执无兵"意为虽然手里拿着兵器却好像没有兵器一样。怎样才能做到"扔无敌"呢？就是要诱使敌人不知不觉地走入我们为之设计好的圈套之中。说到这里，或许我们会产生这样的疑惑：明明有的东西怎么说好像没有呢？其实，这也正体现了老子无为思想所能达到的最高境界——一切有却似无，看似无为却有为。

"祸莫大于轻敌，轻敌几丧吾宝。"这里的"轻敌"意为目中无人，小看敌人的能力。"宝"意为各种克敌制胜的重要条件。老子认为，无为不是不作为，不是骄傲轻敌而不作应战的准备。如果骄傲轻敌，一定会招致失败，这是千古不变的真理。任何骄傲自大和轻视他人的行为，都是不合乎道德标准的，必然会受到惩罚。

"故抗兵相若，哀者胜矣。"这里的"哀"不是悲哀，而是心怀仁慈的意思。"哀者"即对各种不幸和悲哀的后果都做过周密思考，并为此作好充分准备的军队。这个"各种不幸和悲哀的后果"，即"行无行，攘无臂；扔无敌；执无兵。"老子最后以"哀者胜矣"作结，点明了自己的主旨，即以柔克刚、以弱胜强。老子曾经说过，仁慈是道的三宝之首，仁慈也就是无为，如果在战争中运用无为的思想，那么进攻的时候就会取得胜利，防守的时候也可以稳固城池。这一观点与"哀者胜矣"一致。在老子看来，人们在进行战争的时候，一定要怀着一颗仁慈之心，只有这样才能在战争中不滥杀无辜，这种态度既是对生命的尊重，也是对自己的尊重。

## 从政之道

### ◎哀者必胜——孙膑大破魏国◎

作战时，不要一味逞强，必要时要以退为进，变被动为主动。要实现消灭敌人的目的，关键在于给敌人制造假象，起到蒙蔽敌人的效果。战国时期的齐魏马陵之战，就是对这一思想的集中体现。

孙膑，本名孙伯灵，战国时期齐国鄄地人。孙膑是孙武的后代，自小喜欢兵法。孙膑曾与庞涓一道学习兵法，后来庞涓在魏国做了将军，他知道自己才能比不上孙膑，就暗地里派人对孙膑用膑刑，还在他脸上刺字，然后把他囚禁起来。

不久，齐国的使者出使魏国，

孙膑、庞涓师从鬼谷子。

齐国采用孙膑建议围魏救赵。

孙膑疏通狱卒，让狱卒请齐国使者来到狱中。见到齐国使者后，孙膑向其说明遭遇，请求齐国使者救他出去。齐国使者可怜他，就偷偷地把他载在车上，然后回到齐国。

来到齐国后，孙膑结识了齐国的将军田忌，田忌对他十分赏识，用上宾的礼节对待他。

后来，田忌与齐国的王族赛马，孙膑向田忌建议说："以您的下等马对他们的上等马，以您的上等马对他们的中等马，以您的中等马对他们的下等马。"结果田忌三局胜了两局。田忌很佩服孙膑，就将其推荐给齐威王。齐威王向孙膑询问兵法，并尊其为军师。

后来，魏国攻打赵国，赵国形势危急，向齐国求救。齐威王采纳孙膑的建议，不直接去援救赵国，而是去攻击大梁。魏军得到消息后，急忙回师，撤到桂陵的时候，遇到齐国的伏兵，魏军被打得大败，这就是"围魏救赵"的故事。

尽管魏国在桂陵之战中遭到失败，但是并没有因此而一蹶不振，魏国仍旧是战国中期的一流强国。十三年后（即公元前341年），魏国任命庞涓为主将，发兵进攻韩国。韩国势弱，急忙遣使奉书向齐国求救。齐威王得到消息后，立即召集大臣商议援救韩国的事情。大臣邹忌认为魏国势力强大，上次能战胜它纯属侥幸，因此极力反对出兵。而大将田忌则主张发兵救韩。齐威王左右为难，只好去征求孙膑的意见，孙膑分析了一下当前的形势，然后对齐威王说道："大王要想成就大业，使诸侯臣服于齐国，就不能不救助韩国。但是魏国势力强大，齐国不可直接对抗它，应当找准时机，一举打败魏国，并使它以后不能再振作。"齐威王听了孙膑的建议，定下计谋：先是向韩国表示必定出兵相救，促使韩国竭力抗魏。不过，齐国并不急着出兵，而是等到韩国面临亡国危险的时候，再发兵救援，从而使"尊名"、"重利"皆可实现。

韩国得到齐国答应救援的允诺，人心振奋，竭尽全力抵抗魏军的进攻。但是，由于与魏国实力悬殊太大，结果仍然是五战皆败，只好再次向齐国告急。齐威王抓住魏、韩皆疲的时机，任命田忌为主将，田婴为副将，孙膑为军师，率领齐军直趋大梁。

魏国见齐国援救韩国，自然非常恼怒。于是，魏国决定放过韩国，而是把主要兵力指向齐军。魏惠王等攻韩的魏军撤回后，即任命太子申为上将军，庞涓为副将军，率领十万大军，气势汹汹地扑向齐军，企图同齐军一决雌雄。

这时，齐军已经进入到魏国境内，魏军尾随而来，这场大战已是不可避免了。这场仗该怎么打，孙膑早就胸有成竹了。他针对魏兵强悍善战，素来蔑视齐军的实际情况，正确判断魏军一定会骄傲轻敌，急于求战，轻兵冒进。根据这一分析，孙膑认为应当巧妙利用魏军的轻敌心理，用假象误导敌人，诱其深入，然后再出其不意地攻击魏军。于是，他向田忌建议道："那魏国的士兵向来强悍勇猛，瞧不起齐国人，齐国士兵被认作是胆小怕事。善于用兵的人就要利用这样的形势，使它朝自己有利的方向发展。兵书上说：用急行军追赶一百里去争利的，前锋主将就有遭受挫折的危险；用急行军追赶五十里去争利的，部队只有一半能够赶到。"

孙膑的想法得到了主将田忌的完全赞同。于是，田忌在认真研究战场地形条件之后，定下了减灶诱敌、设伏聚歼的作战方针。

计划制定完毕后，田忌命令齐军进入魏境后筑十万人煮饭用的灶，第二天筑五万人煮饭用的灶，第三天筑三万人煮饭用的灶，制造了在魏军追击下，齐军士卒大批逃亡的假象。

庞涓行军三天，看到齐军的锅灶逐渐减少，心里非常高兴，他对属下将士说道："我本来知道齐国军队胆小，进入我国才只三天，逃跑的士兵已经超过半数了。"于是丢下他的步兵，只和他的轻装精锐部队，把两天的路程并作一天走，拼命追赶齐军。

孙膑估计庞涓的行程，知道魏军晚上当到达马陵。马陵道路狭窄，两旁多是险要地带，可以在那里埋伏军队，就削去一棵大树的外皮，使它露出白木，在上面写着："庞涓死在这棵树下！"又派齐军中的射箭能手一万人，埋伏在山路两旁，约定说："夜里看见火光亮起，就一齐放箭。"

庞涓果然夜里来到马陵，他看到那棵削了皮的大树下面写着字，就叫人取火来照这树上的字。还没读完白木上所写的字，齐国伏兵就万箭齐发。魏军大乱，彼此失去联系。庞涓知道自己一点办法也没有了，失败已成定局，就割颈自杀。齐军因此乘胜进军，彻底打垮魏军，俘虏魏国太子申回国。孙膑因为这次胜利，名扬天下。

马陵之战是中国历史上一场典型的示假隐真、诱敌深入、设伏聚歼的成功战例。齐军之所以取得战役的胜利，除了把握救韩时机得当，将帅之间密切合作，正确预测战场和作战时间以外，善于"示形"、巧设埋伏乃是关键性的因素。孙膑通过"减灶"，给魏军兵制造假象，使他们以为齐军不堪一击，产生轻敌和骄傲心理。老子说："祸莫大于轻敌，轻敌几丧吾宝。"魏军之所以战败，就是犯下了"轻敌"的错误。

马陵之战前孙膑派人在道旁树上写下："庞涓死此树下。"

# ◎ 第七十章 被褐怀玉 ◎

吾言甚易知，甚易行。天下莫能知，莫能行。言有宗，事有君。夫唯无知，是以不我知[1]。知我者希[2]，则我者贵[3]。是以圣人被褐而怀玉[4]。

【注释】

[1] 不我知：宾语前置，就是"不知我"。[2] 希：同"稀"，少。[3] 则：法则，此处活用为动词，效法。[4] 被褐而怀玉：穿着粗衣而内怀美玉。褐，粗布衣服；被，通"披"。

【译文】

我的话很容易懂，很容易实行。可是天下却没有人懂得我的话，没有人照着去实行。说话是有宗旨的，做事是有根据的。可正是由于人们不理解这个道理，所以不了解我。懂得我的人很少，能取法于我的人就更难得了。所以有道的人总是外表披着粗布衣服，而怀里却揣着美玉。

【解析】

在这一章中，老子对世人的"颠倒"发出了一番感慨。大道本来是容易理解和遵行的，但是世人却偏偏不去理解，不去遵行，为此老子抒发了自己的抑郁和苦闷。老子于此处阐述的道理和提出的方法，都是"正言若反"，这与世俗的认识和做法是截然相反的。

"吾言甚易知，甚易行。天下莫能知，莫能行。"在老子所处的时代，他的道或许是"甚易知"和"甚易行"的，但是

吾言甚易知，甚易行。天下莫能知，莫能行。

由于人们利欲熏心，被欲望遮住了眼睛，所以世人除了努力满足自己的欲望之外，别无他求。而老子的无为思想，强调的是排斥欲望和妄为，这和当时的世风格格不入。在人们看来，老子的无为没有实在意义，其架构于虚无缥缈之上，过于抽象和玄远，根本无法理解；而在老子看来，自己的思想是易于理解的。自己的思想不被理解，老子的内心自然是苦闷的。

"言有宗，事有君。夫唯无知，是以不我知。""君"意为根本、本质。"夫唯无知"一句是针对"言有宗，事有君"而言的。"不我知"就是否定吾知，不把我的理论当作知识。"不我知"不等于"不知我"，它的意思是说：如果一个人只关注具体事物，而不去探寻、发现这些事物之所以这样存在的原因，那么他也就不会把"我"在这个方面所做的研究当作知识了。

"知我者希，则我贵者。是以圣人被褐而怀玉。"这句是本章的结尾，老子在这里谈到了圣人（得道者）的真实情态，他用了极其简洁的语言来概括圣人的外貌，也就是"被褐而怀玉"。圣人有

什么样的外部特征呢？他们穿着粗布衣服，与常人无异，但是在平凡的外表之下，却掩盖了圣人的一颗冰清玉洁之心，老子称之为"怀玉"。玉是珍贵的器物，也常常用来喻指美好的品质，而这里就是用玉来比喻圣人的纯洁的内心和不与世俗合污的高洁品质。

从老子的思想中可以得到启示：真正的美丽是心灵的美丽，而绝非仅指外表的华美。我们所处的时代和老子所处的时代相去甚远，但人们满足自己的欲望的要求是相同的，老子主张克服自身的欲望，以达到内心的完美，这一思想在我们身处的时代同样适用，而且有着十分重要的意义。

## 为人之道

# ◎知我者希——世人皆醉我独醒◎

作为才能之士，最痛苦的莫过于不被统治者赏识，或是自己的美好理想不为世人所接受。战国时期楚国著名诗人屈原，是典型的"披褐怀玉"之士，尽管他的理想无法实现，但是仍以高洁的品质和高尚的人格留名于后世。

屈原，名平，出身于楚国贵族，生于秭归三闾乡。屈原生活的时代，正是中国即将实现大一统的前夕，"横则秦帝，纵则楚王"。屈原因出身贵族，胸怀大志，且擅长应酬交际和谈判、奏对的辞令，所以深受楚怀王的信任，曾任左徒、三闾大夫等职，

屈原擅长应酬交际和谈判、奏对的辞令，所以深受楚怀王的信任。

朝廷内的一切政策、文告，皆出于屈原之手。

为实现振兴楚国的大业，屈原对内积极辅佐怀王励精图治，对外坚决主张联齐抗秦，使楚国一度呈现出国富兵强、威震诸侯的局面。但是，由于自身性格耿直，再加上朝中奸佞的诋毁，屈原在楚怀王心中的地位逐渐降低。有一次，楚怀王让屈原制订法令，屈原写好了草稿，还没有最后定稿呈上。上官大夫想将其据为己有，屈原自然不肯给他。上官大夫就向楚怀王进谗言说："大王让屈原制订法令，无人不知，每颁布一项法令，屈原就夸耀自己的功劳，说是除了他谁也写不出来呢。"怀王听后，非常生气，就和屈原疏远了。

后来，屈原被免去左徒之职，改任三闾大夫，掌管王族昭、屈、景三姓事务，负责宗庙祭祀和贵族子弟的教育。

屈原遭贬黜后，秦惠王派张仪到楚国游说楚怀王，以商於六百里的土地相诱，劝其与齐国断交。楚怀王中计，果然答应与齐国断交，然而秦国却违背诺言，不肯交出商於之地。怀王大怒，决定讨伐秦国，却被对方打得大败。

败给秦军后，楚怀王稍有醒悟，后悔当初不用屈原的计策，于是再次起用屈原，让他出使齐国，重修楚齐之盟。秦国两次大败楚军之后，也担心齐、楚两国复交，因此主动提出把汉中一半的土地还给楚国。

楚怀王痛恨张仪，表示只想得到张仪，以解心头之恨。张仪遂主动请缨，请求秦王派自己到楚国。张仪一到楚国，就用丰厚的礼物送给楚国权臣靳尚，继而施逞诡辩欺骗怀王的爱妾郑袖。怀王

听了郑袖等人的花言巧语，又把张仪给放了，还答应和秦国结为姻亲。这个时候，屈原还在齐国商议复交之事，等他返回楚国后，他向怀王进谏说："大王为什么不杀掉张仪呀？"怀王后悔，派人追赶张仪，但是已经来不及了。

楚怀王二十四年（前305年），楚怀王又一次背叛齐国，派使者去秦国迎亲。第二年，怀王还与秦王会于黄棘（今河南新野县东北），接受了秦国退还的上庸之地（今湖北竹山

楚怀王一行刚进入武关，秦国的伏兵就把回去的路截断了，并劫持了他们。

县）。当时，屈原对此竭力反对，但是楚怀王根本就不听他的忠言，还把屈原赶出郢都，把他流放到了汉北地区（今安康一带及汉水上游地区）。

公元前299年，秦国再次攻打楚国，接连攻下了楚国的八座城池。楚怀王担心秦军继续进攻，便派使者出使秦国，请求议和。秦昭王趁此机会，便"邀请"怀王在武关（今陕西商县东）相会。此时，屈原已从汉北的流放地回到郢都，他担心怀王中秦国的圈套，就力劝怀王不要赴会，说道："秦国是虎狼一样凶暴的国家，是不能信任的，大王还是不要去了。"怀王的小儿子子兰收了秦国的贿赂，竭力怂恿怀王前去，他说道："大王一定要去啊，为什么要断绝秦王的欢心呢！"楚怀王终于去了秦国。

怀王刚进入武关，秦国的伏兵就把回去的路截断了，并把怀王劫往咸阳，要挟他割让巫郡和黔中郡。楚怀王大怒，不肯答应，被拘留在秦国，一直到去世。

楚怀王去秦国而不返，楚国的大臣便从齐国迎回太子横，拥立他为楚王，即顷襄王。顷襄王即位后，不肯向秦割让土地，秦国又发兵攻打楚国，楚军大败，丧失了十多座城池。

公元前293年，秦国派大将白起攻打韩国，取得了重大胜利，斩杀韩军将士二十四万人。秦王取得大胜，非常得意，于是写信给楚王说："楚国背叛秦国，秦国准备率领诸侯讨伐楚国，以决胜负。希望您整顿士卒，双方能够痛痛快快地打一仗。"顷襄王非常担忧，就谋划再与秦国讲和。屈原听说后，生怕顷襄王再中了秦国的诡计，重蹈怀王的覆辙，于是写下一首诗，暗示顷襄王不要与秦国议和。同时，他又指出，怀王最后死在秦国，就是因为不辨忠奸，这是提醒顷襄王不要听信谗言。令尹子兰看到这首诗后，知道屈原这是在暗指他，便指使奸臣靳尚到顷襄王面前日夜不停地进谗言，中伤屈原。顷襄王和怀王一样糊涂透顶，他听信了靳尚的谗言，下令流放屈原到南方的荒僻地区。这次流放，屈原先从郢都（湖北江陵县）出发，一路向东南顺江而下，经过夏首（湖北沙市东南），遥望龙门（郢都的东门），经由洞庭湖进入长江，然后又离开了夏浦（湖北汉口），最后到达陵阳（今安徽青阳县南）。

屈原到了陵阳之后，日日寝食难安。他心里明白，楚国现在为子兰、靳尚、郑袖等奸佞之徒所把持，日后必定会有灾难，于是心里想道："我怎能为了逃避灾难，离开出生的地方，而来到这荒僻的地方呢？"屈原考虑了好几天，觉得楚国朝野一片黑暗，所以决定出国去走一遭儿。在外漂泊了几日，来到楚国的边境上，他又踌躇起来，觉得自己应该留在楚国，与祖国生死与共。

屈原回到陵阳，在那里住了九年。楚顷襄王二十一年（前278年），秦国大将白起率领大军进攻楚国，占领楚国的都城郢都。这一消息很快传到了陵阳。屈原听到后，感到自己的政治理想破灭了，对前途也感到绝望，虽有心报国，却无力回天。

这一日，屈原来到汨罗江畔，披头散发缓步吟诗于泽边。他面容憔悴，形状枯槁。一位渔翁看见了，向他问道："您不就是三闾大夫吗？怎么落得这般地步？"

屈原看了他一眼，回答道："世人都是混浊的，唯独我是干净的；众人都是昏醉的，唯独我是清醒的，所以遭到放逐。"

渔翁接着说道："圣明的人不固执地对待事物而能与世推移。既然世人都是污浊的，何不也随其流而推其波呢？既然大家都已经昏醉了，何不也跟着吃糟喝酒呢？为什么怀抱着手握着美玉般的德操，而自己讨个被放逐呢？"

屈原坚定地回答说："我听说过，刚洗了头的人一定要弹弹帽子，才洗了澡的人一定要抖抖衣服，人们又有谁肯让自己清白之身，去受外物的污垢呢！宁可投身常流的江水，而葬身于江鱼腹中了，又怎么能让洁白的身躯去接受世俗的昏暗呢？"后来，屈原抱起一块石头，纵身投入江里自尽了。

屈原死后，人们为他建庙筑坟，长久地敬仰他、怀念他。他死在农历五月初五日，人们把这一天当作一个节日，即端午节。

屈原一生有"美政"的理想，而且他时常以"香草美人"喻指自己，表达自己不同流合污的高贵品质。然而，正是这样一位"披褐怀玉"的才能之士，不见于君主，不容于国家，最终不得不脱离俗世。

## 处世之道

# ◎安贫乐道——颜回践行大道◎

颜回（前521－前481年），春秋末鲁国（今山东曲阜）人，字子渊，一作颜渊，孔门"七十二贤"之一。颜回十三岁拜师学艺，用了五六年的时间就基本完成了全部学业。二十岁娶宋戴氏为妻，生下一个儿子，取名为颜歆。其后，颜回跟随孔子周游列国十四年。回归鲁国以后，颜回专注于讲学，同时还作为孔子的助手，整理古代典籍，为中国文化的传承做出了很大的贡献。

作为孔子最得意的弟子之一，颜回在弘扬儒家学说的过程中，一直是殚精竭虑，倾注了全部心血，再加上他一直过着清贫的生活，导致了他的身体状况越来越差。公元前481年，颜回在鲁国去世。孔子在听到颜回去世的消息之后，伤心地说道："噫！天丧予！天丧予！"颜回家境贫寒，他的父亲颜路为了埋葬儿子，不得不四处筹钱，并在颜回弟子及同门师兄弟的帮助下，才顺利完成了葬礼。

颜回一生生活凄苦，然而能坚持不懈地跟随孔子追求"大道"。孔子曾说："颜回的身上体现了君子所应具备的四种德行：实行德义时坚定，接受劝谏时柔顺，得到官禄时戒惧，修养自身时谨慎。"孔子还说"回之信，贤于某"，称颜回在诚信上已经超过自己了。

颜回的理想是用礼乐教化人民，让人民安定生活。

颜回也有远大的政治抱负及理想信念。有一次，孔子与弟子们在农山谈论各自的志向。在谈论中，子路表示希望能施展自己的勇武，而子贡则希望能够驰骋自己的辩才。当孔子问到颜回的时候，颜回回答说："我希望能够遇到圣明的君主，辅佐他，施行五教，用礼乐教化人民，让人民安定，不用加固城墙，不用越过护城河，把剑、戟等兵器铸成农具来

颜回随孔子在陈、蔡断粮七天。

使用，在平原和湖泽上放养成群的牛马，家家没有离别相思之苦，千年没有战争的忧患。这样一来，子路就没有地方施展他的勇气，子贡也就没有地方施展他的辩才了。"从这段话可以看出，颜回的政治理想是实现德教风行、君臣同心、上下协调、家给人足。难怪孔子听后会连连称赞颜回有"多么美好的德行啊"。

鲁定公十三年（前497年），孔子"堕三都"的计划失败，他认识到在鲁国推行自己的政治主张已不可能了，便带领弟子离开鲁国，开始周游列国。孔子一行先来到卫国，不久又从卫国进入陈国。这时，颜回已到了而立之年，按照周礼的规定，如果一个人到了而立之年，就可以独立讲学或从事其他社会工作了。然而，颜回并没有这样做，他放弃了出仕做官的机会，坚定地跟随孔子一起宣传政治主张。在周游列国途中，孔子一行遇到了很多危险，如陈蔡绝粮、匡地遭困等，而颜回遇难不移其志，对孔子理想的真实理解使孔子宽慰不已。

颜回随孔子在陈、蔡断粮七天，子贡见大伙都饿得坐不起来了，于是突破重围，用自己身上的财物，到外面换了少许的米回来。子贡回来以后，颜回和子路找了一口大锅，在一间破屋子里，开始为大家煮稀粥。这时，正好有灰尘掉进饭锅之中，颜回便取出来自己吃了。恰在此时，子贡从井边经过，一扭头，正好看到颜回拿了一小勺的粥往嘴里送。子贡认为颜回在"偷"吃东西，他十分生气，但没有上前质问颜回，而是走到了孔子的房间。子贡见到夫子，向他行过礼，接着问道："仁人廉士也改变自己的节操吗？"孔子说："如果在穷困的时候，就改变了气节，那怎么还能算是仁人廉士呢？"子贡接着说道："像颜回这样的人，应该不会改变气节呢？"孔子坚定地回答道："当然不会。"子贡便把看到颜回偷吃粥的事情告诉了孔子。孔子听后，并没有很惊讶，说道："我相信颜回是仁人已经不止一天了，你虽然这样说，但我还是不能因为这件事就怀疑他，这里边必定有缘故。你等等，我去问问他有没有这回事。"于是，孔子把颜回找来，对他说："我前几天梦到了自己的祖先，想必是要护佑我们吧？你把做好的饭拿进来，我准备先祭祀祖先。"颜回一听，连忙对孔子说："这粥已经不可以用来祭祀先祖了。"孔子问："为什么呢？"颜回解释道："刚才在煮粥的时候，从屋顶上掉下来一块灰尘，不小心落到了粥里。留在锅里不干净，丢掉又太可惜，所以我就用勺子舀起来吃了。吃过的粥再来祭祀先祖，是对先祖不恭敬啊。"孔子说："原来如此，如果换成是我，我也一样会吃了它的。"颜回退出了之后，孔子回头对着几位在场的弟子们说："我相信颜回不是从今天才开始的。"从今往后，大家更加信赖颜回了。

颜回生活清贫，面对困境而不移志节，追求大道而不慕富贵，的确是老子所推崇的"被褐怀玉"之士。

# ❧◎第七十一章　知不知矣◎❧

知不知①，尚矣；不知知②，病也。圣人不病，以其病病。夫唯病病③，是以不病。

【注释】

① 知不知：有两种解释：一是知道却不自以为知道，一是知道自己还有所不知道。② 不知知：不知而自以为知。③ 病病：把这种毛病当作毛病。

【译文】

知道自己还有所不知道，这是最好的。不知道却自以为知道，这就是很糟糕的。有道的人没有缺点，因为他把缺点当作缺点。正因为他把缺点当作缺点对待，所以他就没有缺点了。

【解析】

老子在这一章谈到了人性的弱点之一——不懂装懂，认为这是一种病态。其表现是刚愎自用。在前边的章节里，老子曾提出过"自知者明"的观点，这一观点告诉我们，能够认识自己才算高明。所以，我们只有真正做到自知了，才不会固执己见、自以为是。

老子说："知不知，尚矣；不知知，病也。"这句话中，"知不知"意为知道自己不知道，知道自己无知。"不知知"意为自己不知道却以为自己知道，把无知当有知。这句话意思是说：知道自己的无知是高明的，而本来不知却以为是知就是弊病了。老子在这里表达的思想，很容易让我们想起希腊哲学家苏格拉底的一句话：最聪明、最有知识的人是承认自己无知的人。而孔子也曾说过："知之为知之，不知为不知，是知也。"这句话是说知道自己有某方面的知识和知道自己没有某方面的知识，两者都是知识。不论是苏格拉底，还是孔子，他们都强调人要有自知之明。

老子在对"不自知"的人作了一番剖析之后，又将圣人的"不病"摆在了世人的面前，并以此进行对照，结果不说自明了。圣人怎样呢？下面一句话给了我们答案。

"圣人不病，以其病病。夫唯病病，是以不病。""病病"，前一个"病"字为动词，是痛恨、嫉恨的意思；后一个"病"字为名词，本指疾病，这里指的是那种自己无知还自以为有知的愚不可及、无可救药之人。老子为什么说圣人没有毛病呢？在老子看来，圣人本身不是没有缺点和不足，而是圣人能承认自己的缺点和不足，并努力加以改正，时间久了，他也就没有什么毛病

知不知，尚矣；不知知，病也。

了。这也就是老子所说的"不病"了。这里的不病应该理解为心理上、思想上不为外物所蒙蔽。换句话说，也就是能够洞察一切。所以，圣人贵在有自知之明，能及时纠正自己的缺点，而不是自以为是、刚愎自用，所以圣人的品德日臻完善，逐渐成为众人学习的楷模。

世界上任何人都不可能孤立生存，都一定会与他人、社会及自然界发生联系。我们每个人都是整个世界中的一分子。作为整体中的个体，我们怎样才能与他人和睦相处呢？我们首先要做的，就是必须克服自以为是的弱点。

圣人不病，以其病病。夫唯病病，是以不病。

如果一个人不把自己定位好，制定出不适合自己的目标，而他仍要为实现这个目标而努力奋斗，并且自以为自己意志坚定，那么这样导致的后果恐怕比没有目标更加可怕。刚愎自用、没有自知之明带给人的不是成功的幸福，而是失败的痛苦，这种盲目心理能让人付出惨重的代价。例如，我们为了追求事业或者爱情的成功，常常无所顾忌地奋勇向前，这本来是好事，但是一旦走错了路，又听不进别人的良言，那么带来的后果将是可怕的。

刚愎之人常常是狂妄之徒，狂妄的人常常在无意中伤害他人的自尊心，而自己也常常因为这种无意而受伤。有一些人，并不一定没有才华，他不能施展才华的原因就是太狂妄。没有多少人乐意信赖一个言过其实的人，更没有多少人乐意帮助一个出言不逊的人。

刚愎之人，多是无礼之人；无礼之人，多是孤立之人；孤立之人，多是最终失败之人。大凡具有大将风度之人，多具有谦逊的品德；而刚愎之人，骨子里总是透着一股小家子气。最糟糕的当算是既刚愎又无能的人，刚愎使他什么都敢干，无能使他把所有的事情都搞得一团糟。有时刚愎者尽管心中已感觉到自己错了，但仍坚持自己的看法和做法，而这一点最让周围的人受不了。固执是刚愎者的一个手段，用来获得想要的东西，别人越反对，他就越非要不可。这种固执让别人讨厌。长此以往，他就会发现别人都躲着自己。

一个骄傲自满的人必定是一个刚愎自用的人。面对一个狂妄而骄横的人，我们无须与之理论，时间自会证明他的实际价值，事实自会惩罚他的无知可笑。

无论做人还是做事，我们都要坚持"虚心使人进步，骄傲使人落后"的原则。

要明白世上万事万物都处在不断地发展变化之中，只有根据事物的发展变化，及时调整自己的计划策略，才能处处掌握主动权，使自己立于不败之地。

而刚愎者则恰恰相反，他们最大的缺点就是自以为是，认为自己的判断是完美无缺的，因而常常表现得骄横跋扈、一意孤行。他们往往高估自己而低估对手，这样就容易被表面的假象所蒙蔽，导致判断失误，遭遇失败。

# ◎圣人不病——知错能改的唐太宗◎

一个人有自知之明，这很难得，如果能认识到自己的缺点，并能把缺点当成缺点来看待，那么这尤其显得可贵。唐太宗李世民，就是这样一位善于认识缺点，并能及时改正缺点的人。

唐太宗李世民是唐朝第二位皇帝，他早年追随父亲李渊起兵反隋，后来又在群雄争霸中统一天下，为唐朝的建立立下汗马功劳。登基为帝后，他虚心纳谏，以仁政治理天下，施行休养生息政策，社会呈现出国泰民安的局

唐太宗曾在盛怒之下草率处斩了张蕴古。

面，历史上称李世民的统治为"贞观之治"。

李世民之所以能够开创"贞观之治"的局面，除了他有卓越的政治才能以外，还有一个重要原因，那就是他能够正确地认识自己，能够看到自己的缺点，并能及时改正错误。

贞观五年（631年），有一个名叫李好德的人，因为胡乱说了些针砭时弊的言辞而被抓了起来。唐太宗得知以后，下令彻查此案。当时，负责审理这个案件的是大理寺，大理寺的主管官员名叫张蕴古。经过审理这个案件，张蕴古最后得出了一个结论：李好德神经不正常。这件案子证据确凿，没有什么疑问了。于是，张蕴古依据当时法律，宣判李好德无罪释放。就在这时，有一官员站了出来，他指出这个案子的疑点：张蕴古的老家在相州，而疑犯李好德的兄长恰好是相州的父母官。所以，这名官员认为张蕴古是在包庇李好德，替李好德开脱罪名。

李世民听到这名官员的禀告，非常愤怒，因为他最痛恨的就是臣下结党营私，于是问都不问，直接下令将张蕴古处斩。尽管事后李世民对自己的草率行为感到后悔，但这件事还是造成了恶劣的后果，那就是它直接影响了一段时期内法官判案的态度。自从张蕴古案发生以后，当时的司法官吏为了避免步张蕴古的后尘，都尽量不减轻对犯人的量刑和处罚。在他们看来，只要量刑适当，给予犯人应有处罚，那么自己就可以高枕无忧；而一旦替疑犯洗脱罪名，就有受牵连的危险。

过了一段时间，唐太宗发现了这一问题，于是把大理寺卿刘德威召来，向他询问道："为什么近来执行法律时比较严厉呢？"刘德威回答说："责任在皇上啊。君主喜欢刑法宽松，那么刑法就会宽松；君主喜欢刑法严峻，那么刑法就会严峻。依照法律的规定，犯人有罪而主审官吏没有给予相应的处罚，那么主审官吏也要处以该刑名减三等的处罚；犯人有罪而主审官吏减轻对他的处罚，那么法官也要被处以该刑名减五等的处罚。司法官吏只要不给犯人定罪，那么他就不会受到惩罚，而减免刑罚的搞不好自己也要获罪了。所以，现在的司法官吏为求自保，遇到较轻的案件就很难给犯人减免处罚，因此法官们都争着审判严重的案件。这就是执法官怕自己受牵连啊。"

李世民听罢，意识到自己所犯的过错，因此下令尚德缓刑，贞观朝的刑狱案件也越来越少了。

还有一则故事：贞观二十年（646年），有人控告刑部尚书张亮谋反，说张亮豢养义子五百人，还和几个江湖术士交往，打算伺机谋反。张亮是"凌烟阁二十四功臣"之一，历任御史大夫、金紫光禄大夫，贞观十一年（637年）改封勋国公。李世民听说这件事情以后，自然十分重视，于是

立即展开调查，经过有关官吏的调查，张亮谋反的证据不足。但是李世民却不这样认为，他觉得张亮豢养义子，并与江湖术士交往，一定包藏祸心。因此，他在朝廷上与文武百官讨论这件事，大家都一致认为张亮谋反属实，应该处斩。只有李道裕一人坚持认为张亮谋反的证据不充分，不能轻率地处斩有功之臣。李世民最终还是处斩了张亮，并让长孙无忌和房玄龄到狱中和张亮诀别。一年之后，朝中出现了刑部侍郎的空缺，李世民让宰相提名，宰相拟了几个人选，但李世民

朝廷一致认为张亮谋反属实，只有李道裕一人坚持认为张亮谋反的证据不充分。

都不满意。这时，他突然想起了李道裕，李道裕当年说张亮的案子证据不确凿，分析得准确得体，当时自己没有听从他的建议，这时感觉非常后悔，因此主动向诸位大臣承认自己的过错，并表示以后再也不敢轻率地处斩大臣了。

　　贞观二十三年（649 年），唐太宗李世民去世。临终之前，李世民曾撰写《帝范》十二篇，以此来警醒太子李治。"帝范"指的不是他成功的典范，而是他的过失和错误。他曾对太子说："你应当再寻求古代贤明的帝王作为自己的老师，不要效法我。取法乎上，仅得其中；取法乎中，不免为下。我即位以来，不足的地方有很多，不但享用锦绣珠玉，还不停地修筑亭台宫室，犬马鹰隼无论多远都网罗过来，行游于四方，使各地供给烦劳，老百姓不堪其苦，这些都是我的大过错。你千万不要认为这是对的而去效法它啊！"

　　李世民并不是不犯错误的圣人，他不能避免犯错误，对于正直之士，他也无法做到"未尝黜责

唐太宗从谏如流，知错能改，终成千古明君。

一人"，但他毕竟不同于一般的帝王，他的过人之处，在于能够反省自己的错误，承认自己的过失，并对自己犯过的错误予以纠正。李世民不掩盖或抹杀自己的过失，并能公开表示悔意，这也是李世民能够名留青史的一个重要原因。

## 为人之道

## ◎盲目自信——纸上谈兵的赵括◎

圣人有自知之明，不会不懂装懂。而盲目自信或自以为是的人，常常把不知道当作知道。战国时的赵括，自小熟读兵书，对兵法倒背如流。时间久了，他自以为攻无不克，但是他并没有实战经验。后来，赵括请愿去攻打秦国，终于落得个兵败身亡的下场。

赵括，战国时期赵国人，大将军赵奢之子，赵奢英勇善战，曾为赵国立下很多战功。赵括从小就喜欢研读兵法，立志长大之后成为像父亲一样的将军。赵括熟读兵书，每次探讨行军打仗问题的时候，他总是口若悬河，以为没有人能比得上他。赵括有时还与父亲赵奢探讨战略战术的问题，赵奢想出些难题为难一下他，好使他虚下心来，但是这也难不倒赵括，赵括就更加骄傲了，认为打仗是很简单的事情。

赵括纸上谈兵。

很多人听说赵括精通兵法，就纷纷前来找他讨教。

正所谓知子莫若父。在赵奢眼里，赵括只能谈谈兵法，并不能真正领兵打仗，他对赵括的骄傲自满感到生气。赵奢的妻子非常困惑，不知道赵奢为何不欣赏儿子，就向赵奢问道："赵括熟读兵书，又有很多人亲自上门向他讨教，但是即便这样也没有人能说得过他。他才能如此出众，但是你总是不满意，这是为什么呢？"

赵奢回答说："行军打仗，那是事关生死的大事情，但是赵括却把它不当回事儿。要是赵王不任用他做将军还好，一旦让他做了将军，那么他在战场上一定会吃大亏，甚至丢掉性命。"妻子听罢，觉得赵奢说得有道理，就回答说："如果以后赵王让他做大将军，我一定恳请赵王不要这么做。"

赵括成年之后，名气更大了。这时，赵奢已经去世了，赵王想任命赵括为大将军，但是由于赵括没有实战经验，而且大将军廉颇威望甚高，所以赵王就把这件事暂时搁置下来。

公元前 260 年，秦国派左庶长王龁攻打赵国。赵国派廉颇率军迎击秦军。廉颇固守营垒等待秦军，秦军多次挑战，廉颇都坚守不出。赵王多次指责廉颇。秦国丞相范雎又派人携带千金到赵国实施反间计，大肆宣扬说："秦国所忧虑的，只是畏惧马服君赵奢的儿子赵括担任将领而已，廉颇容易对付，他马上就要投降秦军了。"赵王早就对廉颇有所不满了，军队战败多次，而廉颇却坚守营垒不敢出战，再加上赵王听到谗言，就决定派赵括代替廉颇迎击秦军。

赵括的母亲听到这个消息，马上进宫求见赵王，并恳请赵王说："您一定不要拜赵括为大将军啊。"赵王感到很疑惑，就问她道："这是为什么呢？赵括是大将军赵奢的儿子，正所谓'虎父无犬子'，他的父亲尚且那么能打仗，他一定也不会差劲儿的。而且，赵括年少的时候就显露出过人的军事才华，又跟随他父亲征战多年，怎么不能胜任将军呢？"

赵括的母亲回答说："早年我跟随赵奢的时候，赵奢身为大将军，身边靠他奉养的人有几十个，和他要好的人也有几百人，大王您赏赐给他的东西他都分给手下的军官和士兵。每当不打仗的时候，他便邀请朋友在家谈天、讨论政事。而他一旦接受了军职，就没有工夫处理家里的事情，（家里的事情）都是由我一人承担。现在，赵括刚刚被您任命为大将军，他便摆出一副狂傲的架势，神态倨傲地坐在帅位之上接见自己的属下，他的兵将没有一

长平之战中赵括最终被秦军射杀。

个敢抬头望他的。而大王赏赐给他的金银珠宝，他都藏在家里，不分给将士们。不但如此，他一旦看上好的田宅，就会毫不犹豫地买下来。他对待自己的属下也非常严苛，如果属下犯了小错，赵括就要用军法来惩罚他们。大王您看，他哪里像他的父亲啊？您还是别让他当大将军了。"

赵王听了赵母的话，有点不以为然，便对他说道："您就不必操心了，我自有主张。"赵括的母亲知道无法劝服赵王，只好无奈地说道："既然如此，那么将来如果赵括因战败而获罪，我是否可以避免被诛杀的命运呢？"赵王回答说："当然可以了。"于是任命赵括为大将军，让他率兵攻打秦军。

秦国得知赵奢的儿子担任将领，就暗地里让武安君白起任上将军，让王齕担任尉官副将。赵括一到，就发兵进攻秦军。秦军假装战败而逃，同时安排两支队攻击赵括。赵军乘胜追击，一直追到秦军营垒。秦军营垒防守坚固，不能攻入，而秦军的一支突袭部队已经切断了赵军的后路，另一支军队切入赵军的营垒之间，把赵军的营垒一分为二，就连运粮通道也被堵住了。这时，秦军派出轻装精兵攻击赵括，赵括吃了败仗，便下令构筑壁垒坚守，等待援军的到来。秦王听说赵国运粮通道已绝断，就亲自到达河内，赐给百姓爵位一级，征调年纪在十五岁以上的青壮年赶赴长平战场，拦截赵国的救兵。

这时，赵国士兵已经断粮四十六天了，军内士兵暗中相互残杀，以人肉充饥。赵括下令属下攻击秦军营垒，打算突围而逃。他把赵军分编成四队，轮番进攻了四五次，依旧不能冲出去。无奈之下，赵括亲自上阵，与秦军厮杀起来。秦军看到赵国主将，纷纷向赵括射箭，结果赵括被射杀了。赵军见主将被杀，斗志全无，于是全部向白起投降。白起佯装答应，等赵军的四十万兵卒放下了武器，便下令将他们集体坑杀。

赵括自以为是，不但自己身首异处，还连累赵军四十万将士被坑杀。赵括的事迹，充分体现出了"不知"所带来的危害。

# ◎第七十二章　自知自爱◎

**【注释】**

①狎（xiá）：同"狭"。②厌（yà）："压"的意思。③厌：同上。④厌（yàn）：作"厌恶"解。⑤见（xiàn）：同"现"，表现。

**【译文】**

当人民不畏惧统治者的威压时，那么可怕的祸乱就要到来了。不要逼迫人民使人民不得安居，不要压榨人民使人民无以生计。只有不压迫人民，人民才不厌恶统治者。因此，有道的人不但有自知之明，而且也不自我表现，有自爱之心也不自显高贵。所以要舍弃后者而保持前者。

**【解析】**

这一章的要点是"自知不自见，自爱不自贵"两句。人要了解、珍视自己的生命，但不要夸耀自己或自以为自己高贵。

老子说"民不畏威，则大威至。"第一个"威"意为统治者的权威、高压政策；第二个"威"指的是统治者面临的威胁。老子认为，如果民众不再畏惧统治者的权威，那么统治者也就大难临头了。为什么这么说呢？这是因为统治者是民众的榜样，倘若统治者骄奢淫逸，行为不检点，一定会诱使民众滋生各种欲望，而民众也必然会用尽各种手段去追逐私利，以满足自己的欲望。这样一来，民

民不畏威，则大威至。

众不惧怕统治者的权威也就成了很自然的事了，其结果必然会导致统治者的地位受到威胁，这是统治者最不愿看到的事情。

"无狎其所居，无厌其所生。""狎"意为任意地、肆无忌惮地侵犯、扰乱以至于使人感到不安、窘迫和恐惧。"生"指的是生长的国度。在这句中，针对统治者地位受到威胁的情况，老子向统治者提出了最严厉的警告，警告统治者要好自为之，不可再作威作福。老子认为，民以"生"为本，如果他们连最起码的生计都难以维持，那么还惧怕什么苛政和威严呢？所以，一旦人民饥不择食、居无定所，他们就会惹是生非，发生逆乱，这样一来，社会动荡也就成为必然了。

"夫唯不厌，是以不厌。"这两句话与前面的两句话相联系，显然省略了一个过渡性的逻辑环节，它的完整形式应该是："故厌其所生，以其被厌；夫唯不厌，是以不厌。"

"是以圣人自知不自见，自爱不自贵。故去彼取此。""自知"与自欺的意义相对立，它是一种绝对的知的状态。一个人如果作了恶，他可以欺骗别人，但是无法蒙骗自己。所以，这里的"知"，

含有"良知"的意蕴。当人们想方设法为自己的恶行寻找合理依据的时候，这实际上就是企图使自己的良知认同所做的恶行，然而这是绝对办不到的，因为人们所能办到的只不过是泯灭自己的良知罢了。所以，自知就是对自己良心和良知的认同。"自见"指的是只以个人的利益为出发点的见解和观念，这事实上就是心中只有自己而没有他人、没有世界。"自爱"是自知的结果，是对自己天生的良心、良知的认同和热爱。如果一个人只爱自己而不爱他人，那么他就不是真正的自爱者。只有做到爱己及人，这才是真正的自爱。"自贵"说的是只认为自己有价值，而否定他人和世界的价值。在老子看来，圣人都有自知之明，他们不仅爱自己，也爱百姓。如果统治者因位居高位而炫耀自己，抬高自己，那么他就会骄奢淫逸、恣意妄为，堕落成为压迫民众的暴君。

## 从政之道

# ◎ 不以自贵——仁、宣二帝的太平治世 ◎

圣人一定不会逼迫百姓，也一定不会阻塞百姓的谋生之路，这样，他便是自爱的人，也不会因为高贵的尊位来炫耀自己。明朝时的两位皇帝，仁宗和宣宗，他们不以尊贵的地位凌驾于臣民之上，对下采取谦和、怜悯的态度，在中国历史上留下了美名。

明朝建立之后，历经洪武、建文、永乐三朝，社会经济得到恢复和发展。明成祖朱棣死后，其子朱高炽即位，即明仁宗。仁宗在位期间，实行宽松治国和息兵养民的政策，他一面平反洪武、永乐两朝的冤案，一面大修基础设施，与民同利。仁宗之

明代仁宗、宣宗二帝在位期间，吏治清明、社会稳定，后世称为"仁宣之治"。

后，继任者宣宗又实行重农政策，赈荒惩贪，多有建树。仁宗、宣宗二帝在位期间，成为明朝历史上少有的吏治清明、经济繁荣、社会稳定的时期，后世把这段时期称为"仁宣之治"。

明仁宗朱高炽是成祖朱棣的长子，洪武二十八年（1395年）就被册立为燕世子，成为朱棣的合法继承人。明太祖在位时，对朱高炽就十分欣赏。有一次，朱元璋让朱高炽与秦王、晋王、周王的三位世子分别检阅卫士，朱高炽最后一个向朱元璋复命。朱元璋问他为什么回来得这么晚。朱高炽回答道："早晨天气寒冷，我让军士们吃完早饭，身子暖和过来再检阅，所以回来晚了。"朱元璋听后，十分欣赏这位皇孙的仁爱之心。朱元璋又问他道："尧的时候发生过大水灾，汤的时候发生过大旱灾，老百姓依靠什么存活下来呢？"朱高炽回答道："老百姓所依靠的是贤明的君主，因此做君主的要施行恤民的政策。"经过几次考察，朱元璋对这个孙子越来越喜欢了，认为他有平治天下的才能。

朱高炽即位后，曾经对臣下说："以前一些做皇帝的都妄自尊大，不喜欢听忠直的话，而下面那些做臣子的，投其所好，阿谀奉承，结果把国家治理坏了，自己也丢掉了江山。朕和你们都应当谨慎行事啊！"朱高炽一直没有忘记自己所说的这番话。有一次，大理寺少卿弋谦上奏言事的

候，言辞激烈，甚至还批评皇帝的政策。这时，一些阿谀奉承的官员纷纷指责弋谦，只有华盖殿大学士杨士奇向朱高炽进言："有圣明的皇上，才有正直的大臣。希望皇上能够宽容地对待像弋谦这样的人。"朱高炽听了后，虽然没有责罚弋谦，脸色却不大好看，说话的语气也很严厉。杨士奇进一步向他指出："弋谦触怒了皇上，朝中的大臣看到皇上对他的态度，心里都会认为您不喜欢讲直话的人。"朱高炽猛然醒悟过来，说道："这确实是我的过错啊，那些奉承我的人，迎合我的心意，实际上是让我错上加错啊！"这件事过后，朱高炽一个多月都没听到朝臣的直言，于是他对杨士奇说道："麻烦你去对大臣们说一下，替我转达一下纳谏求言的心情。"杨士奇回答道："如果仅凭我的一句话，还不足以取信于诸臣，还是请皇上亲自降一道诏书说明这个意思吧！"于是，朱高炽下了一道诏书，进行自我批评，从此，朝廷中逐渐形成了直言不讳的好风气。

明仁宗朱高炽做了一年皇帝就去世了。其后，他的儿子朱瞻基继承了皇位，即明宣宗。宣宗即位之初，首先平定了叔父朱高煦的叛乱，使自己的统治稳定下来。

天下安定之后，明宣宗重用贤臣，施行与民休息的政策。有一次，明宣宗外出返京，沿途看到几个农民正在耕田，于是他亲自来到田间与农民交谈，然后接过他们手中的犁把，只推了三下，浑身便大汗淋漓了。他感慨地对随从大臣说道："朕只推了三下犁，就觉得很累。老百姓一年下来都不停地劳作，他们的辛苦可想而知了！"回朝之后，宣宗便下诏宣布减免百姓赋税，减轻农民的负担。

宣宗继位之后，就开始着手修建明仁宗的陵墓献陵，宣宗谨遵仁宗朱高炽的遗嘱，力主俭朴，注意节约，只花了三个月的工夫就完成了陵墓的工程。朱瞻基带了这个头，以后几代明朝皇帝的陵墓都修建得较为俭朴，直到明朝第十一任皇帝朱厚熜的时候，才坏了这个规矩，为自己修建了奢华的陵墓。

明宣宗朱瞻基曾说过几句名言。一句是"省事不如省官"。有一次，浙江巡抚上书宣宗，请求他在杭嘉湖地区增设一名专管粮政的布政使司官员。朱瞻基觉得地方官吏已经冗员，没有必要再增设官员；况且，增设官员势必会增加赋税，加重老百姓的负担，所以驳回了这名巡抚的请求。

还有一句是"安民为福"，这句话是在批评一名工部尚书时说的。有一次，工部尚书为了讨好皇帝，就上书建议修建山西圆果寺的佛塔，好为国家求福。朱瞻基当面批评了他，对他说道："老百姓安定就是国家的福祉，何必借修佛塔来'求福'呢？"

明宣宗不但体恤民情，还奖励那些勤政爱民的地方官吏。河南有一名知县，正好赶上当地发生灾荒，百姓食不果腹。这名知县为了救济百姓，在未经请示的情况下，就将驿站里的上千石公粮发放给灾民，百姓对他感恩戴德。有些官员知道后，就上书弹劾这名知县，但是明宣宗却对他大肆表扬，说道："倘若拘守手续，层层申报，那么老百姓早就饿死了。"

明宣宗还继承了仁宗乐于接受朝臣直言的作风。他要求大学士杨溥尽力辅佐自己，并让他时常指出自己的过错。杨溥非常感激，不住地叩首说道："臣绝不敢忘记报答皇上的恩情。"宣宗回答说："杨公能直接指出我的过错，让我及时改正，这就是对我最好的报答呀！"

明仁宗和明宣宗虽然是最高统治者，但是他们不仅自爱，还懂得体恤下臣和百姓，正是由于他们的开明作风，才有了被史家称赞的"仁宣之治"。

**为人之道**

## ◎ 自贵之祸——李自成骄奢致败 ◎

李自成，明万历三十四年（1606年）出生于陕西米脂，二十四岁时参加农民起义，后来成为闯王高迎祥部下的闯将，以勇猛和识略兼备而著称。在进行反抗明朝的武装斗争过程中，虽然也曾遭受过多次严重的失败，但是对于每一次失败，李自成都成功地做到了东山再起，从而使自己的事业得以延续和壮大。

崇祯十七年，即公元1644年，李自成率军攻克北京，崇祯皇帝自尽，明朝宣告灭亡。崇祯皇帝虽然已经在煤山自缢身亡，但是明朝的残余势力立即在南京拥立福王朱由崧即皇帝位，年号弘光，史称南明。如果弘光政权得以兴起，将意味着明王朝的恢复。虽说相比李自成的大顺军来说，南明的军事力量很薄弱，但是他们时刻都在准备着反扑，李自成如果想坐稳江山，就必须对残明势力给予彻底的剿灭。然而对于刚刚成立的大顺政权来讲，最大的危险不是日薄西山的前明残部，而是山海关外正在崛起之中的大清国。

明万历四十四年（1616年），建州女真首领努尔哈赤在赫图阿拉（今辽宁新宾）建国称号，国号大金，史称后金。1636年，皇太极改国号为大清。后金在成立之后的二十多年间，一直不停地对外扩张，努尔哈赤与皇太极的政治目标远非仅仅统一女真一部即可，而是觊觎关内，欲像曾经的蒙古族统治者一样，让大清成为中国新一代的中央王朝。因此，明清之间在山海关内外进行了长达近三十年的激烈争战，虽然当时明朝没有亡于清军之手，但是为了抵御强大的清军，明朝国力消耗巨大。再加上明军大批精锐之师被牵制在防清前线上，这无疑为起义军的胜利进军创造了非常优越的条件。然而，在明朝未亡之时，明政府是起义军和清军的共同打击对象，而一旦明政府垮台，代之而起的大顺政权也就与清政府形成了针锋相对、互不两立之势。非常遗憾的是，起义军的高层领导者对这一严峻的局势完全置之不理，在他们看来，清军远在千里之外，更有坚固的山海关为之御守，根本对自身构不成威胁。事实上，这是一种完全错误的估计。在此之前，清军就曾经几度围困北京，明朝险些因此而颠覆，这说明，清军的威胁并非远在天边，而是近在眼前。更为重要的是，当时的山海关并未掌控在大顺军的手中，而是由明朝将领吴三桂控制着。大明皇帝已经不在，吴三桂在政治上也就失去了归属，而孤军难持，他必须找到一个依托才可以立足，因此，摆在他面前的有两种选择，或者归降大顺，或者投靠大清。显然，吴三桂依附于哪一方，对于哪一方就有着极大的利处。但是，就是在这个关键的问题上，李自成及其部下处理得极为糟糕，这直接导致了大顺军的迅速溃败。

李自成虽然一方面也曾遣人招降吴三桂，但是另一方面他却没有好好照看吴三桂留在北京的家人。结果，吴三桂的父亲遭受拘押，并且被施以严酷的拷掠，同时，吴三桂的爱妾陈圆圆被李自成的手下大将刘宗敏纳为己有。闻知这样的消息，吴三桂岂能不怒火中烧，他立即率军向大顺军掩杀而来。在初战失利之后，吴三桂就投靠了清军，引领清军入关进攻闯军。后来诗人吴伟业曾以此感叹："恸哭六军俱缟素，冲冠一怒为红颜。"

吴三桂的降清，使得大顺政权连一时的安歇也得不到。不过，李自成的错误不仅仅限于对待吴三桂的问题上，而是体现于方方面面。李自成甫一占据北京，就住进了富丽堂皇的明朝宫殿，只顾得享乐，将军政大事都弃置不理，甚至下属们都不能够轻易地见到他了。最高统帅的放纵享受，使部下以为自己已经到了极乐世界。以牛金星为首的文臣一方面忙着为李自成筹备登基大典，另一方面也积极地自顾享受，用郭沫若先生的话来形容就是："太平宰相的风度俨然矣。"以刘宗敏为首的武将则忙着到处搜刮钱财，盘剥勒索，并且遍施酷刑，滥杀无辜。这引起了京城百姓的极大恐慌。

在元首和高级官僚的带领下，整个大顺军迅速地腐化堕落，几乎完全沉迷于酒色之中，从而军心涣散。而就在大顺军战斗力减弱的同时，他们所要面对的却是比明军更为强大的清军。在骁悍的清军迅然入关之时，李自成率领着一批已经懈怠了的军队去迎战，结果在山海关大败。不久，李自成撤离北京，逃往西安，他的军队很快被清军消灭了。

李自成和大顺军之所以失败，主要是因为被胜利冲昏了头脑，并且还不是一般的发昏，而是头脑昏沉到了令人吃惊的地步。李自成进京之后的表现，与之前英勇善战、能谋善断起义军首领形象相比可以说是判若两人。在中国历史上，像李自成这种因为初期的胜利而骄傲自满终致覆败的情形，还有很多例子，其前唐末黄巢大齐政权的失败，其后洪秀全太平天国的覆灭，即如此类。

# 名家对老子及《道德经》的评价

"鸟，吾知其能飞；鱼，吾知其能游；兽，吾知其能走。走者可以为网，游者可以为纶，飞者可以为矰，至于龙，吾不能知，其乘风云而上天。吾今日见老子，其犹龙邪！"

孔子

尼采

"老子思想的集大成——《道德经》，像一个永不枯竭的井泉，满载宝藏，放下汲桶，唾手可得。"

宋太宗

"伯阳五千言，读之甚有益，治身治国，并在其中。"

"关尹、老聃乎，古之博大真人哉！"

庄子

"老子之书，上之可以明道，中之可以治身，推之可以治人。"

魏源

胡适

"老子是中国哲学的鼻祖，是中国哲学史上第一位真正的哲学家。"

"不读《道德经》一书，不知中国文化，不知人生真谛。"

鲁迅

"我觉得任何一个翻阅《道德经》的人最初一定会大笑，然后笑他自己竟然会这样笑，最后会觉得很需要这种学说。至少，这会是大多数人初读老子的反应，我自己就是如此。"

林语堂

顺治帝

"老子道贯天人，德超品汇，著书五千余言，明清静无为之旨。然其切于身心，明于伦物，世固鲜能知之也。"

# ◎第七十三章　天网恢恢◎

**【原文】**

勇于敢则杀，勇于不敢则活。此两者，或利或害[1]。天之所恶[2]，孰知其故？是以圣人犹难之。天之道，不争而善胜，不言而善应，不召而自来，繟然而善谋[3]。天网恢恢[4]，疏而不失。

**【注释】**

①或：这句中的两个"或"都是"有的"的意思。②恶：不喜欢。③繟（chǎn）：缓慢的意思。④恢恢：广大的样子。

**【译文】**

勇于坚强就会遭到杀害，勇于柔弱就能保全性命。这两种行为一个得利，一个受害。天道所厌恶的，谁知道是什么缘故呢？有道的人也难以解说明白。自然的规律是，不斗争而善于取胜，不说话而善于应承，不召唤而自动到来，宽缓从容而善于安排筹划。自然的范围宽广无边，虽然稀疏但并不会有一点漏失。

**【解析】**

本章中，老子以一个"勇"字开篇，前半部分讲天道的生杀、利害、好恶十分微妙，甚至连圣人都不能完全理解其奥妙。后半部分讲道发生作用时完全是自然的，不用人为的造作，自然能够得到完美的结果。

"勇于敢则杀，勇于不敢则活。"在这里，"敢"的意义可以延伸为自身招致灾祸的鲁莽不智的行为。鲁莽是一种性格缺陷，这种行为往往会侵害他人，并从而导致他人对自己的报复，极有可能会被杀甚至株连九族，其后果是不堪设想的。所以老子所说的"勇于敢则杀"并非夸张之辞。整句话的大意是勇敢到什么都敢做的时候，就会招致杀身之祸；勇敢到有所顾忌的时候，就能保全自己的性命。怎么理解这句话所蕴含的道理呢？在老子看来，真正的勇敢应当是敢为而又有所不敢为，而不是恣意妄为，什么事情都敢做。

老子又说："此两者，或利或害。天之所恶，孰知其故？""勇于敢"和"勇于不敢"这两种行为同样是勇，但是因为它们的程度不同，所以导致的结果也就有很大差异了。老子一向主张自然无为，这是他思想体系的核心，前面的章节中老子一再为我们阐释了无为的内涵，这一章老子再一次提起，并提升到了生死存亡的高度。同时，老子也反对恃强凌弱和肆意妄为。我们知道，自然之道是不可违逆的，如果违背了自然规律，就一定会受到惩罚。"勇于敢"是恣意妄为，它违逆了自然之道，所以做出这种行为的人会遭受惩

勇于敢则杀。

罚。与此相反，"勇于不敢"是顺应自然之道的行为，所以做出这种行为的人可以保全性命。老子把生死和勇放到同一高度来论述，可见把握好"勇"的度对人们来说是十分重要的。

"天之道，不争而善胜，不言而善应，不召而自来，繟然而善谋。"自然的法则，是不交战而善于胜利，不发言而善于回应，不召唤而自动到来，宽缓从容却善于谋划。也就是说，自然无欲无求却赢得了万物的归顺和爱戴。我们人类之所以要"争"，是因为有私欲，一旦有了私欲，人们就会为满足自己的私欲而与他人、与自然争夺。人在满足欲望的过程中，显示出了自己所谓的"勇敢"。这种勇敢其实是违逆天道的，其结果必然是失败的。这段话的言外之意是说，由于善有善报、恶有恶报是人类生活的不变定律，这样就可以促使我们弃恶从善，人们就会自然而然地回归到大道中去，大道的德行就是这样实现的。

最后老子以"天网恢恢，疏而不失"作结，不但警示人们不可"勇于敢"，还省略了一个不言自明的结论：顺道者昌，逆道者亡。

### 经商之道

## ◎ 水滴石穿——俞敏洪与"新东方" ◎

本章中，老子指出，有道的人宽缓从容且善于安排筹划。一个人要想成功，就得从一点一滴做起，并能为自己的人生历程做好规划。

2006 年 9 月 7 日，新东方教育科技（集团）公司在美国纽约证券交易所成功上市，根据新东方首日收盘价与成交量来计算，持有公司 31.18% 股权的俞敏洪所拥有的资产将高达 2.30 亿美元，这意味着俞敏洪成了中国最富有的教师，同时，他也跻身于中国百名富豪之列，是当代中国最为成功的企业家之一，而他所开创的新东方学校，则为中国的民办教育打开了一片新的天地。那么，在如此巨大之成功的背后，俞敏洪到底有着哪些足以令人称举之处呢？

1962 年 10 月，俞敏洪出生于江苏省江阴市夏港镇葫桥村，1980 年，在经过三次高考之后，他终于如愿以偿，成功地考入北京大学西语系学习英语。在读期间，俞敏洪因病休学一年，因此读完大学用了五年的时间。1985 年，俞敏洪留校任教。1991 年，俞敏洪从北大辞职，进入了民办教育领域。经过一段时间的摸索之后，1993 年 11 月，俞敏洪创办了自己的产业，那就是北京市新东方学校。

新东方最初开办之时，只有几十个学生，然而在十几年后的今天，它已经发展成为一家以外语培训和基础教育为核心，拥有短期语言培训系统、基础教育系统、职业教育系统、教育研发系统、出国咨询系统、文化产业系统、科技产业系统等多个发展平台，集教育培训、教育研发、图书杂志音像出版、出国留学服务、职业教育、在线教育、教育软件研发等多领域于一体的大型综合性教育科技集团。截至 2008 年底，新东方已在全国 39 个城市设立了 41 所学校、400 多个学习中心和 6 家子公司，累计培训学员近 700 万人次。据说，当今在美国、加拿大的任何一所著名高校里，来自中国的留学生，70% 都是从新东方走出来的。

谈及成功的秘诀，俞敏洪讲述了这样一件事：小时候，作为木工的父亲每次帮别人建完房子后，都会把别人废弃不要的碎砖乱瓦捡回来，有时候在路上走，看见路边有砖头或石块，他也会捡起来放在篮子里带回家。久而久之，院子里多出了一个乱七八糟的砖头碎瓦堆。俞敏洪当时搞不清这一堆东西的用处，直到有一天，他见到父亲用那堆乱砖碎瓦左拼右凑，一间四四方方的小房子居然拔地而起，干净漂亮地和院子形成了一个和谐的整体。父亲把本来养在露天、到处乱跑的猪和羊赶进小房子，再把院子打扫干净，自己的家里就有了让全村人都感到羡慕的院子和猪舍。

俞敏洪说："等到长大以后，才逐渐发现父亲做的这件事给我带来的深刻影响。从一块砖头到一堆砖头，最后变成一间小房子，我父亲向我阐释了做成一件事情的全部奥秘。一块砖没有什么用，一堆砖也没有什么用，如果你心中没有一个造房子的梦想，拥有天下所有的砖头也是一堆废物；但如果只有造房子的梦想，而没有砖头，梦想也没法实现。当时我家穷得几乎连吃饭都成问题，自然没有钱去买砖，但我父亲没有放弃，日复一日捡砖头碎瓦，终于有一天有了足够的砖头来造心中的房子。"

由此，这件事情凝集成一种强大的精神一直都在鼓舞着俞敏洪，使得他每当要去做一件重要事情的时候都会问自己这样两个问题：第一个问题是做这件事情的目标是什么，因为盲目地做事情就像捡了一堆砖头而不知道干什么一样，会浪费自己的生命；第二个问题是需要多少努力才能够把这件事情做成，也就是需要捡多少砖头才能把房子造好，之后，就是要有足够的耐心去坚韧地执行，因为砖头不是一天就能捡够的。

俞敏洪在回忆自己的成功经历时娓娓而谈，说至少有三件事证明了这个秘诀的好处："第一件是我的高考，目标明确：要上大学，第一、第二年我都没考上，我的砖头没有捡够，第三年我继续拼命捡砖头，终于进了北大；第二件是我背单词，目标明确：成为中国最好的英语词汇老师之一，于是我开始一个一个单词背，在背过的单词不断遗忘的痛苦中，我父亲捡砖头的形象总能浮现在我眼前，最后我终于背下了两三万个单词，成了一名不错的词汇老师；第三件事是我做新东方，目标明确：要做成中国最好的英语培训机构之一，然后我就开始给学生上课，平均每天给学生上6到10个小时的课，很多老师倒下了或放弃了，我没有放弃，十几年如一日。每上一次课我就感觉多捡了一块砖头，梦想着把新东方这栋房子建起来。到今天为止我还在努力着，并已经看到了新东方这座房子能够建好的希望。"

这就是俞敏洪成功的秘诀，当然，要想做好一份事业，仅仅有这样的秘诀是远远不够的，但是，它至少向我们说明了这样一个问题，那就是成功不是什么神秘的事情，而是有规律可循的，在成事的诸多规律当中，树立明确的目标和付出持之以恒的努力，是其中最为根本的两条。有一则大家非常熟悉的成语叫作"水滴石穿"，水的力量那么微弱，而石头又那么坚硬，可是柔弱无比的水却最终会将异常坚硬的石头穿透，水凭借的是什么？就是两点：目标明确和坚持不懈。而用俞敏洪的话来说也就是：第一，心中要有一栋房子，第二，去捡足够的砖头。

俞敏洪还曾以蜗牛和雄鹰作为比喻来讲述自己成功的经验。据说，能够到达金字塔顶端的只有两种动物，一种是雄鹰，它可以一飞冲天，靠自己的天赋和翅膀飞到塔顶。而另外一种也能到达金字塔的顶端的动物是什么呢？——蜗牛。蜗牛也能抵达金字塔的顶端？这乍听起来实在是一件匪夷所思的事情，然而，在金字塔顶端，人们确实找到了蜗牛的痕迹。当蜗牛爬到金字塔顶端的时候，它眼中所看到的世界，它收获的成就，跟雄鹰是一模一样的。俞敏洪这样说道："蜗牛肯定能爬上去，这可能要一个月、两个月，甚至一年、两年，而且蜗牛绝对不会一帆风顺地爬上去，一定会掉下来、再爬，掉下来、再爬。"他指出："雄鹰和蜗牛的区别，也就是天才和奋斗者的区别，蜗牛的成功虽然迟来，但是，蜗牛比雄鹰更为富有，因为它的坎坷经历就是一大笔财富。"俞敏洪还非常诙谐地说道："蜗牛可以写回忆录，鼓励一代又一代的蜗牛。"也许，在俞敏洪的心里，自己就是这样一只历尽坎坷而最终成功地抵达了金字塔顶端的渺小的蜗牛。这样来比喻，并不是因为俞敏洪平凡无奇，而是世间的成功者，原本就是属于雄鹰者稀少，而属于蜗牛者众多。雄鹰的成功，只代表着极少数天才的不可效仿的成功；而蜗牛的成功，才昭示着普天下芸芸众生的切实希望。

俞敏洪还曾经对人生的成长进行过这样一种精彩的阐释，他说："人的生活方式有两种，第一种方式是像草一样活着，你尽管活着，每年还在成长，但是你毕竟是一棵草，你吸收雨露阳光，但是长不大。人们可以踩过你，但是人们不会因为你的痛苦，而产生痛苦；人们不会因为你被踩了，而来怜悯你，因为人们本身就没有看到你。所以我们每一个人，都应该像树一样地成长，即使我们现在什么都不是，但是只要你有树的种子，即使你被踩到泥土中间，你依然能够吸收泥土的养分，自己成长起来。"

类似的，关于如何来成就自己的人生，俞敏洪说了这样一番话："每一条河流都有自己不同的生命曲线，但是每一条河流都有自己的梦想——那就是奔向大海。我们的生命，有的时候会是泥沙。你可能慢慢地就会像泥沙一样，沉淀下去了。一旦你沉淀下去了，也许你不用再为了前进而努力了，但是你却永远见不到阳光了。所以我建议大家，不管你现在的生命是怎么样的，一定要有水的精神——像水一样不断地积蓄自己的力量，不断地冲破障碍。当你发现时机不到的时候，把自己的厚度给积累起来，当有一天时机来临的时候，你就能够奔腾入海，成就自己的生命。"

俞敏洪在创业的过程中，首先明确自己的目标，然后再以"捡砖头"的道理，给自己作出规划，这正体现了"绰然而善谋"的观点。

## 为人之道

# ◎妄为者死——大行无道的董卓◎

老子向来反对妄为，认为勇于妄为的人，一定不得善终。东汉末年的董卓，在窃取朝廷大权后，肆意妄为，无恶不作，最终死在自己养子的手中，这一故事就很好地证明了老子的这一观点。

董卓，字仲颖，陇西临洮（今甘肃省岷县）人。生性勇猛而有谋断，从驻守边塞的地方官吏升迁为羽林郎，累迁西域戊己校尉、并州刺史、河东太守。

中平六年（189年），汉灵帝死，十四岁的皇子刘辩继位，史称少帝。这时，少帝的生母何氏临朝听政。大将军、外戚何进，太傅袁隗（袁绍的叔父）担任录尚书事，这是百官中最高的职位，两人一起处理朝政。

灵帝原先有一个亲信宦官，名叫蹇硕，他早就和代表外戚势力的何进结下深怨。蹇硕一直想杀掉何进，改立刘协为帝。何进听说后，就抢先下手捕杀了蹇硕。事后，为彻底清除宦官的势力，何进又与虎贲中郎将袁绍密议，私召凉州刺史董卓入京，合谋诛杀宦官。但是，这件事却被宦官张让得知，于是在宫中诱杀何进。其后，袁绍、曹操带兵入宫，杀尽宦官，控制朝廷。

这时，董卓率军来到洛阳。进入洛阳后，董卓肆意乱来，成了当时的一大祸害。董卓看到洛阳城中贵族府第连绵，家家殷实，金帛财产无数，便放纵属下实行所谓的"收牢"运动。这些士兵到处杀人放火，奸淫妇女，劫掠物资，把整个洛阳城弄得鸡犬不宁，百姓怨声载道。

初入洛阳时，董卓只有三千兵马，在接收了何进等人的所属部众之后，实力开始壮大，董卓拥兵自重，就更加显得不可一世了。

董卓入了皇宫，少帝吓得惊慌失措，董卓则威风凛凛，大摇大摆地去参见少帝，少帝因受惊吓，一句

董卓进朝逞淫威。

董卓掌权恣意妄为。

话都不敢说。倒是站立一旁的陈留王刘协处乱不惊，董卓大为欢喜，认为刘协要比少帝强得多，就想罢黜刘辩，拥立刘协为帝。

董卓操纵了少帝，挟天子以令诸侯，开始干预朝廷政事。董卓深知军事力量对于自己的重要性，于是下令心腹吕布杀掉执金吾，接收洛阳城的防卫部队。从此，董卓具备了左右朝政的军事基础，为他野心的进一步膨胀增加了筹码。

有了强大的军事后盾，董卓就更加有恃无恐、为所欲为了。首先，他逼迫朝廷解除司空刘弘的权力，然后自己取而代之。接着，为了进一步控制朝廷，董卓召集文武百官，商议废除少帝改立刘协为帝。文武官员慑于董卓的淫威，不敢对此有所异议。只有尚书卢植当面反对，董卓大怒，立即下令士兵将他推出斩首，幸亏侍中蔡邕力劝，卢植才免于一死。之后，董卓废掉少帝，另立陈留王刘协，即汉献帝。不久，少帝及何太后被毒杀。

汉献帝即位后，升董卓为太尉，不久董卓又自封郿侯，跃居三公之首，掌宰相权。为了更加有效地控制皇帝，董卓不顾众臣反对，胁迫献帝把都城由洛阳迁到长安。迁都长安时，董卓担心官员和百姓逃回故都洛阳，董卓遂将整个洛阳城以及附近二百里内的宫殿、宗庙、府库等大批建筑物全部焚毁。昔日兴盛繁华的洛阳城，瞬间变成一片废墟，凄凉惨景令人顿首痛惜。为了掠夺财富，董卓还派吕布洗劫皇家陵墓和公卿坟冢，尽收珍宝。洛阳城在董卓肆意破坏之下，已是千疮百孔，满目疮痍。曹操对此悲愤不已，写下一首《薤露行》，予以讥讽："贼臣持国柄，杀主灭宇京。荡覆帝基业，宗庙以燔丧。播越西迁移，号泣而且行。瞻彼洛城郭，微子为哀伤。"

董卓还无视礼制和皇威，在自己的封地修筑了与长安城墙规模相当的坞堡，高厚达七丈，并命名为"万岁坞"，规定任何官员经过他的封地时，必须下马，还要恭恭敬敬地向他行大礼。

董卓在玩弄权术的同时，还暗中培养爪牙，排挤一切敌对势力和集团。董卓通过安置耳目，基本上控制了从中央到地方的权力，只要是有官员反对他，他便毫不留情地予以铲除。

卫尉张温曾担任太尉，他对董卓飞扬跋扈、野蛮残忍的行为十分不满。董卓也一直把张温看作眼中钉。为了清除张温这个心腹大患，董卓在朝中散布谣言，诬陷张温与袁术勾结，对抗朝廷。不久，董卓以"莫须有"的罪名将张温鞭笞而死。

在董卓的淫威之下，朝中的许多忠义之臣，不是被逼迫出逃，就是被铲除消灭。同时，他还经常下令手下士兵四处劫掠，残害百姓。汉献帝初平元年（190 年）二月，董卓手下的羌兵在阳城抢劫正在乡社集会的百姓，董卓的士兵杀死了乡社中的全部男子，并把他们的头颅割下来，血淋淋地并排在车辕上。此外，董卓的士兵还趁机掳走大批妇女和财物。回到洛阳后，董卓下令将头颅全部焚烧掉，然后把妇女和财物赏赐给士兵，却对外宣称是战胜敌人所得。

还有一次，董卓邀请朝中的大小官员参加宴会。宴会上，董卓招呼众人尽兴饮酒。酒过三巡，董卓突然站起身来，对在场的官员说道："为了给大家助酒兴，我特意安排了一个节目，现在就请大家欣赏！"说完，他击了一下手掌，董卓的兵卒把诱降俘虏来的几百名敌对者押到会场正中央，先命令士卒把这些人的舌头剪掉，然后又斩断他们的手脚，挖掉他们的双眼。面对这一残忍的场景，许多宾客都吓得把碗筷抖落在地。董卓却装作什么事都没发生的样子，仍然狂饮自如，脸上还露出得意的神色。

董卓的倒行逆施激起了有志之士的反对，人人都欲杀之而后快。初平元年（190 年），后将军袁术联合各地诸侯，组成讨伐董卓的联盟。尽管这次讨伐董卓的活动最终失败了，但是忠直之士一直与董卓进行不屈斗争。初平三年（192 年），司徒王允以"美人计"离间董卓与养子吕布的关系，最终，吕布诛杀了董卓。

董卓纵兵烧杀抢掠民众。

# ◎第七十四章　民不畏死◎

**【原文】**

民不畏死，奈何以死惧之？若使民常畏死，而为奇者①，吾得执而杀之，孰敢？常有司杀者杀②。夫代司杀者杀，是谓代大匠斫③。夫代大匠斫者，希有不伤其手矣。

**【注释】**

① 为奇：是指做出邪恶的行为。② 司杀者：指天道而言。③ 斫（zhuó）：用斧子砍木头。

**【译文】**

人民不怕死，为什么还要用死去恐吓他们呢？倘若人民真的惧怕死亡，对于那些为非作歹的人，我们就可以把他捉来杀掉，那么还有谁敢为非作歹呢？经常有专管杀人的人去执行杀人的任务。代替行戮者去杀人，就如同代替高明的木匠去砍木头。那代替高明的木匠砍木头的人，很少有不砍伤自己手指头的。

**【解析】**

老子反对用重刑，尤其反对以滥杀的方式来维持统治。生杀的大权是属于天地的，只有能够体察天地之道的"大匠"才可以使用，一般人滥用"杀"的大权，就会使自己受到惩罚。

"民不畏死，奈何以死惧之？"人民惧于反抗而听任不义与暴政的存在，这种状态是非自然的，这是因为人生来就具有反抗暴政的道德勇气。不管统治者采取怎样的手段来镇压人民，他们的道德勇气总会自然而然地表现出来，而且是斩不尽、杀不绝的。所以，一旦人民不再畏惧死亡，那么国家的严刑峻法也就无法发挥作用了，或者说它不再有威慑力了。如此一来，那些作奸犯科之徒就更加肆无忌惮了，而国家势必更加混乱，统治者也将面临被颠覆的危险。

对于我们每个人来说，生命都是有意义的，但是在老子所处的那个年代，社会动荡不安，统治者昏庸无道，他们不但对人民施行苛政，而且视人民的生命如草芥，为了满足自己的欲望，不惜伤害人民的性命。人民处在水深火热之中，生命朝不保夕。在人民看来，生是痛苦的，死倒是一种最好的解脱，所以他们也就不惧怕死亡了。对于不惧怕死的人来说，以死相威胁还有什么意义呢？所以，老子才提出了"民不畏死，奈何以死惧之"的质问。"以死惧之"的目的在于使人民惧于反抗。老子在这里说民

夫代司杀者杀，是谓代大匠斫。

众不畏惧死亡，实际是在告诫统治者不要用死亡来威吓人民，这其中夹杂了老子的愤懑情绪，这也充分体现了他对人民的仁爱和怜悯。

"若使民常畏死，而为奇者，吾得执而杀之，孰敢？"其中，"民"与"奇"相联系，指的是安分守己的人。"为奇者"指不畏死的邪恶之徒。在本句中，老子紧接上文的"民不畏死"，提出了相反的假设：如果人民畏惧死亡，那么统治者就可以依法惩处作奸犯科之人，以后谁还敢肆意妄为呢？老子一向提倡仁慈，反对战争，更不提倡杀人，但是他在这里主张杀一儆百，这看起来有些自相矛盾，实际上老子主张要杀的是胡作非为、作奸犯科的不法之徒，而不是普通的民众。只有惩罚邪恶之徒，才能使国家安定，人民生活幸福。

因此，统治者只有以人民的利益为重，使人民丰衣足食、居有定所，那样人民也就自然会珍惜自己的生命，不会再去冒险和为非作歹了。人民安分守己，天下就会太平，统治者的地位也会稳固下来。圣贤懂得去珍惜生命，从不滥施刑罚，向人民宣传道德法律制度的教化，使其在畏惧死亡的同时明白法律的威严，只有这样才能使天下大治。

"常有司杀者杀。夫代司杀者杀，是谓代大匠斫。夫代大匠斫者，希有不伤其手矣。"就整句话而言，这是老子针对国家秩序混乱的情况而向统治者提出的忠告。在老子看来，为官者应各司其职，不要做任何越俎代庖的行为，否则就会危害国家，还会伤及自己。

## 从政之道

## ◎杀一儆百——张敞治理盗患◎

在这一章里，老子批判统治者施行苛政，滥用酷刑，杀戮百姓的政策。不过，老子也提出，如果人民畏惧死亡，那么统治者就可以杀一儆百，依法惩处作奸犯科之徒，以后他们就不敢肆意妄为了。只有惩罚邪恶之徒，才能使国家安定，人民生活幸福。

古时，盗窃犯案者屡禁不止，猖獗成风。魏国的大臣李悝认为，王者之政最大的敌人就是盗贼，因此，治理盗贼在各个朝代都显得尤其重要。而治理盗贼的公共事务，也经常成为地方官吏一份非常棘手的工作。西汉时的张敞，就因为治盗有方，成为后世官吏学习的典范。

一提到张敞，人们总想到"张敞画眉"的典故。但是，很多人并不知道，张敞之所以扬名后世，主要与他为官的政绩有关。

张敞，字子高，西汉河东平阳（今山西临汾西南）人。祖父张孺为上谷太守，徙居茂陵（今陕西省兴平市一带）。父亲张福事汉武帝，官至光禄大夫。张敞事宣帝时，徙居杜陵（今陕西西安市东南）。

最初的时候，张敞仅仅担任乡有秩（乡官）一类的小官，后来补为太守卒史。由于他为官清廉，又先后补为甘泉仓长、太仆丞，颇为当时的太仆杜延年所器重。昌邑王刘贺在位时，大行无道，作奸犯

张敞不畏权贵治理豪强盗贼。

科。张敞听说后，大胆上书汉宣帝，陈述刘贺犯下的罪行。谏后十多天，刘贺即遭废黜。张敞因此而得到宣帝的赏识，被擢为豫州刺史。后来他多次上书言事，宣帝知道他忠心耿耿，就擢升他为太中大夫。

张敞为官守正不阿，得罪了当时秉政的大将军霍光，因而受到排斥，迁为山阳太守。做山阳太守期间，张敞勤政爱民，山阳郡太平安定，百姓生活富足。然而，与山阳郡临近的胶东国、渤海国，此时却盗贼四起，百姓苦不堪言。张敞了解到这一情况后，就向皇帝上书，要求把他调到渤海郡或者胶东国。

汉宣帝把张敞征调入朝，拜为胶东相。

张敞在奏章中说："臣听说胶东、渤海等郡好几年都粮食歉收，盗贼趁机四起，围攻官府，释放囚徒，劫掠列侯，抢占民财。当地官吏虽然尽心治理，但这一情况仍旧没能改变。臣张敞愿意到胶东、渤海等地，大力治理盗贼，抚恤老幼病残。希望皇上能够成全。"

汉宣帝读到这篇奏章，非常感动，就把张敞征调入朝，拜为胶东相，并且赏赐给张敞黄金三十斤，以表彰他的忠君爱民之德。

不久，张敞被征调入朝，汉宣帝向他询问治理胶东、渤海等郡的良策。张敞向宣帝建议，治理盗贼横行的地区，必须要赏罚严明，对于捕盗有功的官吏，应该破格提拔，和京城附近的三辅地区享受同样的待遇。汉宣帝认为他说得很有道理，就答应了他的请求。

张敞到了胶东后，开始大肆抓捕盗贼。其实，张敞捕盗的方法也非常简单，他明确标出赏格，悬赏有名的强盗头目。而且，他还设计使强盗自相残杀，只要能斩杀强盗头目，拿着头目的首级来官府自首，不仅可以免去自己的罪，还会受到官府的奖励。官吏们捕盗有功，张敞一律把他们的功劳上报给朝廷，破格提拔他们为县令，先后提拔了几十人。

这样，没过多长时间，胶东国一带的贼患就基本上消除了，百姓们又过上了安宁的生活。但是，好日子没过多久，胶东国的贵族又开始骄奢起来，特别是胶东王太后，尽管她是一介女流，却非常喜欢打猎，经常带着人马四处活动，使附近百姓不能安心务农。张敞听说以后，就上书劝谏太后。张敞很有学问，在奏章中引经据典，侃侃而谈，教导太后应当以身作则。太后知道张敞的厉害，见到奏章后，就再也不敢出来打猎了。

张敞在胶东治理盗贼的事迹很快被传开了，这使他名声大震。这时，汉朝都城长安的秩序很乱，偷盗事件时有发生，负责管理长安地区的京兆尹一职几度换人，都不称职。宣帝想到张敞在胶东的政绩，就把他征调进京，向他询问治禁之策，张敞向宣帝提出了一些建议。宣帝听了后，就下旨任命张敞为京兆尹。

汉朝时的京兆尹相当难做。京兆是京畿地区，人员最为复杂，既有大量的皇室宗亲，又有很多豪强富户以及地痞流氓。要想做好这个官，既要办案得力，还必须学会保护自己。在张敞之前，西汉最著名的京兆尹是赵广汉，他在任时深得百姓爱戴，最后竟也得罪了皇帝，被判腰斩。赵广汉之后，又换了几任京兆尹，但是没有做得很长久的。就连当时最著名的颍川太守黄霸，在京兆尹的位子上也只待了几个月，就因"不称职"的罪名遭到罢免了。

张敞到任后，先召见长安城中的父老，调查强盗头目的踪迹。父老们对张敞说，长安城里的强盗头目，实际上都是一些外表忠厚的富家长者，他们就居住在城内，进进出出，都有童仆在身旁侍奉，与普通的富户无异。

张敞得到了强盗头目的名单，然后把这些人召到府衙之中，责备他们为非作歹的行径。然后，张敞饶恕了他们的罪行，要求他们戴罪立功，协助自己抓捕普通的强盗小偷。这些强盗头目，

汉宣帝赦免了张敞，拜他为冀州刺史，让他治理盗贼。

一旦过上了富足的生活，就对富贵恋恋不舍，现在落到了官府的手中，本来还以为会被关押起来。这时，一听张敞不打算追究他们过去的罪行，个个喜出望外，也就不管什么义气了，都争先恐后地供出了手下的弟兄。他们还主动给张敞出主意说："如果提供名单，公开抓捕，小偷们就会逃跑了。不如让我们自己想办法吧。"张敞同意了，还任命这几个强盗头目担任小吏。

强盗头目回到了自己家里，摆设酒宴，然后请手下的小头目们前来庆贺。那些小头目们一看"大哥"做了捕贼的小吏，还以为有了保护伞，个个欣喜若狂，大肆痛饮一番。喝醉了之后，大头目悄悄地在小头目的衣服上划下红色的记号，好等张敞的官差前来捉拿。

张敞的属下早就把守在巷道的出入口。强盗们散席之后，都纷纷离开。官差们看到衣服上记有红色记号的，就把他们抓起来。这样，张敞一天就抓捕了几百名强盗。张敞把这些强盗都关进监狱，对他们严格审问，得知有些强盗居然犯案一百次以上，张敞都依律判刑。很快，长安一带的偷盗案件就慢慢减少了。

张敞在京兆尹的官位上做了九年，后来因擅自刑杀属下一名犯罪的官吏而被免官。

过了一段时间，京兆一带的盗贼又开始横行，冀州一带也有大盗，汉宣帝这时想起了赋闲在家的张敞，就派使者去征召张敞还京。使者到时，全家惊惶失措，还以为皇帝要杀掉张敞，张敞心里却很坦然，笑着说道："陛下如果想治我的罪，派个郡吏来就可以了。现在派使者来，这是要重用我呢！"

随后，张敞随使者进京，向皇帝上书认罪，宣帝赦免了他的罪，拜他为冀州刺史，让他治理盗贼。张敞到达冀州后，境内的广川王宫接连发生盗窃案，但是当地官吏却怎么也捉不到盗贼。为了侦破此案，张敞偷偷地派密探侦察盗贼的居住之所，并杀掉了贼首。张敞又根据侦察所得的情况，了解到广川王的内弟及同族宗室刘调等人都与盗贼有联系，王宫实际上成了盗贼的庇护所。于是，他亲自带领州衙的官吏，出动数百辆车，包围了广川王宫，并直接指挥差役，将刘调等人从宫中搜了出来，当即斩首示众，将首级悬挂于王宫门外。张敞在冀州一年多，冀州的贼患基本消除了。

张敞为官数十年，尽管他执法严厉，但是知道适可而止，刚柔兼济。他与河南太守、酷吏严延年素有旧交，他对严延年滥用刑法、动辄杀人的做法很不赞同，还写信劝告他慎用刑罚，不可滥杀无辜。

张敞治盗的事迹在《汉书》中有着详细的记载，而张敞也成为古代地方官治盗的典范。后来仿效张敞的人也很多，而且屡有创新。

# ◎以死慑民——红巾军推翻元朝◎

　　这一章里，老子告诫统治者不要施行苛政、滥施酷刑以及杀戮百姓。惩罚和杀戮是违背自然之道的，一旦百姓受困于暴政，就不会畏惧死亡，而走上反抗统治者的道路。元末红巾军起义，就是因为百姓不能忍受统治者的残酷压迫而发生的。

　　元朝末年，蒙古贵族残酷地掠夺和奴役各族百姓。他们不但疯狂地兼并土地，还把兼并来的良田变为牧场。农民失去了土地，逐渐沦为奴婢。此外，元朝的统治者还对百姓横征暴敛，并增加苛捐杂税的名目，赋税比元朝初年增加了二十倍。

　　元朝统治者不但残酷压榨百姓，而且挥霍无度，奢侈腐化。元顺帝即位后，即下令到民间搜罗美女和财宝。朝廷财政入不敷出，元顺帝就责令滥发货币，导致通货膨胀现象非常严重。再加上当时黄河连年失修，多次决口，河水四处泛滥，出现了"饿死已满路，生者与鬼邻"的悲惨局面。百姓处于水深火热之中，心中开始燃起反抗的烈火，民间四处流传着"一日三遍打，不反待如何"的歌谣。

　　元顺帝至正四年（1344年）五月，黄河大范围决堤，沿河各州郡先遇水灾，又遭旱灾、瘟疫的袭扰，四处都是饿死和得疫病而死的百姓的尸体。黄河决堤后，又冲毁了山东盐场，严重影响朝廷的国库收入。至正十一年（1351年）四月，元顺帝任命贾鲁为工部尚书、总治河防使，负责治理黄河。贾鲁上任后，立即强征沿岸百姓十五万人，开凿二百八十里新河道，引黄河水向东汇合淮河水入海。在整治河道时，监督挖河的官吏乘机克扣河工的"食钱"。河工平时忍冻挨饿，此时又受官吏的勒索，心中都十分气愤。

　　朝廷大力整治河道，北方白莲教首领韩山童及其教友刘福通等决定抓住这一时机，举行大规模的农民起义。他们一面宣传"弥勒下生"、"明王出世"，一面又散布民谣"石人一只眼，挑动黄河天下反"，并偷偷地凿了一个

红巾军起义。

独眼石人，然后将其埋到即将挖掘的黄陵岗附近河道之中。独眼石人被挖出以后，河工们都十分惊讶，这一消息很快就传开了，大河南北反抗的烈火也顿时燃起。

至正十一年（1351 年）五月初，韩山童、刘福通在颍州颍上聚众三千人，杀黑牛白马，誓告天地，准备发动起义。在誓师大会上，刘福通宣称韩山童为宋徽宗八世孙，当为中国主，并称自己是南宋名将刘光世的后代，所以来辅佐韩山童推翻元朝的暴政。接着，韩山童发布文告，打出了"虎贲三千，直抵幽燕之地；龙飞九五，重开大宋之天"的战旗，表示要推翻元朝，光复宋朝江山。

然而，韩、刘聚众起义之事不慎泄露，官府迅速组织军队前来围剿，韩山童在与官军作战时牺牲。其妻杨氏、子韩林儿逃到武安（今江苏徐州）。刘福通率众突围后，又组织当地群众，一举攻克颍州（今安徽阜阳）。因起义军头裹红巾，所以称为"红巾军"。红巾军占领颍州后，元朝派了枢密院同知赫厮、秃赤前去镇压，结果被红巾军打败。接着，红巾军又乘胜攻占亳州（今安徽亳县）、项城（今河南项城南）、朱皋（今河南固始北）等地。这时，起义军的人数已经有十多万人了。

起义军所到之处，开仓散米，赈济贫民，深得百姓的拥护。群众纷纷加入红巾军，队伍迅速扩大到几十万人。在红巾军的影响下，全国各州县的农民纷起响应，又出现了几支农民起义军，其中影响较大的有蕲水（今湖北浠水）徐寿辉部、萧县（今安徽萧县西北）芝麻李部、南阳布王三部、荆樊孟海马部、濠州（今安徽凤阳东）郭子兴部等。

为了推翻元朝的统治，起义军提出以"明"斗"暗"（"明"指起义军；"暗"指元朝）的口号，鼓励群众主动反抗元朝的统治。

至正十五年（1355 年）二月，刘福通将韩林儿迎至亳州，立韩林儿为"小明王"，国号"大宋"，年号"龙凤"，建立了政权。刘福通任枢密院平章，不久，升任丞相。

至正十七年（1357 年），红巾军兵分三路进行北伐。东路军以毛贵为主将，经山东、河北进攻大都；中路军以关先生（即关铎）、破头潘（即潘诚）为主将，进攻山西、河北一带，经大同直捣元上都（今内蒙古多伦西北），放火烧毁"富夸塞北"的蒙古皇宫，继续转战辽东各地；西路军以大刀敖、白不信为主将，负责率军直趋关中，攻下兴元（今陕西南郑县）、凤翔（今陕西凤翔县），转战四川、甘肃、宁夏各地。红巾军一路高歌猛进，出现了"官府四散躲，红（巾）军府上坐"的大好局面。

在三路大军北伐的同时，刘福通于至正十八年（1358 年）五月率部攻克了汴梁，并把汴梁定为宋政权的都城。这时，红巾军的势力已经"东逾齐鲁，西出函秦，南过闽广，北抵幽燕"，抗元形势一片大好。

各地农民起义风起云涌，元朝统治者如热锅里的蚂蚁，惊慌失措，不断派遣官军前去镇压，但是均大败而还。为了维持自己的统治，元朝统治者紧急调集回军、汉军，协助蒙古军向红巾军发起反扑。

尽管红巾军取得了很大胜利，但是由于兵力分散，再加上三路大军流动作战，没有建立巩固的根据地，这就导致了很多刚占领的地区得而复失。这时，元将察罕和孛罗率领的两支元军，又对三路北伐的大军进行合围，红巾军在接下来的几场战役中连遭挫败，北伐的有利形势被迅速逆转。察罕和孛罗乘势逼近宋政权的都城汴梁。至正十九年（1159 年）八月，汴梁城破，刘福通保护韩林儿突出重围，逃到安丰。四年后，刘福通被杀，中原地区的红巾军失败了。

刘福通的红巾军失败以后，南方朱元璋起义军的势力却获得了迅速发展。

朱元璋贫民出身，少时因家贫做了和尚。元末农民起义爆发后，朱元璋投奔了郭子兴领导的红巾军，很快凭战功升为郭部的左副元帅，后来又被小明王的宋政权任命为江南行省左丞相。郭子兴死后，朱元璋掌握了红巾军的领导权。1368 年正月，朱元璋在南京称帝，建元洪武，国号大明。不久，朱元璋下令大将徐达、常遇春出师北伐，直捣元王朝的统治中心，元顺帝仓皇北逃。这样，盛极一时的元王朝，在农民起义的冲击下灭亡了。

# ◎第七十五章　民之轻死◎

民之饥，以其上食税之多①，是以饥。民之难治，以其上之有为，是以难治。民之轻死，以其上求生之厚②，是以轻死。夫唯无以生为者，是贤于贵生。

【注释】

① 上：指统治者。② 求生：这里指生活享受。

【译文】

人民之所以会遭受饥饿，是因为统治者榨取吞食赋税过多，因此才遭受饥饿。人民之所以难以统治，是因为统治者政令繁苛、强作妄为，所以人民才难于统治。人民之所以会轻生冒死去触犯法律，是因为统治者为了奉养自己，把民脂民膏都搜刮净了，所以人民才轻生冒死。只有那些不去追求生活享受的人，才比奉养奢厚的人更胜一等。

【解析】

这一章老子用具体的例子说明"无为而治"的好处和重要性。"无为"是一个大原则、大方法，具体运用上，则包括了不搞苛捐杂税、不搞烦琐的法令、收敛自己的欲望等一系列内容。我们知道，统治者和民众是一对矛盾体。如果统治者以人民的利益为重，那么人民就会生活富足，国家就会太平安定，统治者的地位也就会稳固。与此相反，如果统治者不以人民利益为重，只追求自身的安逸，不顾人民的

无以生为者，是贤于贵生。

死活，那么人民就会不惜一切地反抗统治者的压迫。统治者为了稳固自己的统治，便会采用武力手段镇压人民，国家就会慢慢走向衰亡了。

"民之饥，以其上食税之多，是以饥。"在这句话中，老子直截了当地揭示了人民忍饥挨饿的原因：统治者征收赋税过多，人民被压榨得透不过气来，故而出现饥荒。人民忍饥挨饿，日子过得苦不堪言，因此他们起来反抗也就成了很自然的事了。

"民之难治，以其上之有为，是以难治。"其中，这里的"治"是一个政治概念，它指的是人人各得其所、各遂其愿、相互合作、和睦相处、没有矛盾的和谐状态。如何理解"难治"呢？对于统

治者而言，它指的是社会难于和谐、有序；对于人民而言，它指的是生活难以维持。人民的生活难以维持，就会流离失所，铤而走险，走上反抗的道路。面对人民的反抗，统治者会想尽各种方法来应对，这也就是老子所说的"以其上之有为"，这里的"有为"指的就是统治者肆意妄为，社会就很难达到和谐的状态了。人民生活不安定，这主要是因为统治者的妄为和蛮横所致。一旦人民难以治理，国家就会秩序混乱，统治者的地位也就受到威胁了。老子在这里以简明易懂的语言对"民之难治"的情况作了细致入微的剖析，并为统治者敲响了警钟。

"民之轻死，以其上求生之厚，是以轻死。""轻死"指的是不畏死亡，也就是根本不把死亡当回事。从消极的意义上说，轻视生死就是一种铤而走险的行为，这种行为对于整个社会和整个世界，都是悲剧性的，破坏性的。从积极的意义上说，轻视死亡就是一种与邪恶势力斗争的行为。"求生"指的是维持生命的活动。"求生之厚"有两层意思：一是把满足生活的需要或维持自己生命的存在这件事看得很重；一

民之饥，以其上食税之多。

民之难治，以其上之有为。

是为满足个人生活的需要或维持自己生命的存在付出了太多的财力。生命对于每个人而言，都是极其宝贵的。如果一个人对死亡不再重视了，那么他就不再惧怕死亡了，这个道理在上一章节已经论述过了。在这里，老子对"民之轻死"的原因做了进一步的分析，他说统治者过于注重自身的安逸和享受，必然会占有和利用大量的物质财富，那样人民就会缺衣少食，连基本的温饱都无法满足了。面对这种不公正的现象，人民实在不堪忍受，所以才不惜冒着生命危险去铤而走险。

"夫唯无以生为者，是贤于贵生。"其中，"无以生为"是对"求生之厚"和"有为"的否定，老子正是通过这种否定来说明一个贤明的统治者所应具备的品质和应有的作为。这句是本章的结尾句，老子在这里点出了统治者应坚持的人生态度：只有不厚养自己的生命而又有所作为的人，才比珍惜自己生命的人更胜一筹。

从政之道

## ◎民皆轻死——隋末农民起义◎

　　自古以来，一直就有"勿与困兽斗"的说法。当人民被逼迫到无路可走的境地时，就会像被围困的野兽一样，不畏惧死亡而进行反抗。

　　隋朝末年，隋炀帝杨广统治残暴，骄奢荒淫，连年大兴土木，不断对外用兵。繁重的徭役、兵役，使得田地荒芜，民不聊生，社会矛盾迅速激化起来。

　　大业五年（609年），长白山（今山东章丘东北）有"狂寇"数万。六年（610年），北方的雁门（今山西代县）和

隋炀帝杨广统治残暴，骄奢荒淫，连年大兴土木。

东都洛阳，先后爆发了农民暴动。这些暴动虽然很快就被镇压了，但是成了隋末农民起义的先声。

　　大业七年（611年），隋炀帝下令在全国征兵百万，准备东征高句丽。同时，他又强征黄河南北一带的百姓负责转运粮草和军械。在征伐高句丽的过程中，车牛往者不返，士卒死亡过半，耕稼失时，田地大多都荒废了，这给北方的百姓带来了巨大灾祸。同年，邹平（今山东邹平北）百姓王薄在长白山聚众起义，自称"知世郎"，作《毋向辽东浪死歌》反对隋炀帝东征高句丽，发动民众反抗隋朝暴政。此后，广大农民为逃避征役，纷纷加入到王薄起义军中。随后，平原（今山东陵县）刘霸道、漳南（今河北故城东）孙安祖和窦建德、渤海（今河北阳信西南）高士达、韦城（今河南滑县东南）翟让、章丘（今山东章丘西北）杜伏威等相继起兵反隋。这一年，起义军主要活动于今天的山东、河北、河南之间，聚保山林川泽，参加者主要是逃避征役的贫苦农民。

　　大业九年（613年），隋炀帝第二次对高句丽用兵，贵族杨素之子礼部尚书杨玄感，趁着隋炀帝东征高句丽、国内兵力空虚的机会，联合一批贵族子弟于黎阳（今河南浚县北）起兵，进逼东都。炀帝与杨玄感之间的厮杀，极大削弱了隋朝的统治力量，义军势力乘机不断壮大。到大业十年（614年），隋炀帝第三次征伐高句丽的时候，义军已分布各处，道路隔绝，官军已经无法按期集中了。

　　从大业十一年（615年）开始，隋炀帝停止对高句丽用兵，开始把大部分军队用于镇压农民起义军。隋炀帝还命令在郡县城郭、驿站、村庄的周围修筑城堡，强迫农民居住在城堡里，使其断绝与外界尤其是义军的联系。同时，隋朝统治者对起义军和普通百姓进行了疯狂的大屠杀。隋将樊子盖镇压起义军时，把汾水以北的村庄全部烧光，并将俘虏来的起义军全部杀掉。另一名隋将王世充镇压江南刘元进起义军时，把诱降来的起义军三万人全部屠杀了。

　　隋朝统治者的暴行，激起更多的农民起来反抗，到大业十二年（616年），全国起义军的数量不下百余支，人数也达到百万。起义军攻陷了许多郡县，消灭大量官军。隋炀帝急忙征调杨义臣镇压河北起义军，自己则亲自率领禁军到达江都，镇压南下江淮的起义军。在抗击隋军主力的过程中，起义军损失惨重。为了团结各支力量，推翻隋朝统治，义军开始由分散走向集中，逐步形成了瓦岗军、河北夏军和江淮吴军三支主力。

李密说服周边起义军聚集到瓦岗军周围。

瓦岗军的创始人是翟让。大业十二年（616年），曾参与杨玄感反隋的贵族李密也加入到瓦岗军中。他说服附近小股起义军聚集到瓦岗军周围。瓦岗军攻破了要塞金堤关，攻下了荥阳（今河南郑州）诸县。隋炀帝得到消息，立即任命张须陀为荥阳通守，令其率兵两万前去镇压。李密说服翟让还击。翟让率兵列阵以待，李密则率领骁勇常何等人在荥阳大海寺北设下埋伏，在那里大败隋军，斩杀了张须陀。这是瓦岗军在河南境内取得的第一个大胜仗，为义军在中原地区的发展奠定了基础。大业十三年（617年）二月，瓦岗军占领兴洛（后改洛口）仓，开仓赈济饥民，受到广大农民的拥护。留守东都的越王侗急忙下令隋将刘长恭和裴仁基等人分兵两路，准备在兴洛仓合击瓦岗军。瓦岗军得到消息后，先是击溃了刘长恭所率的两万五千步骑，不久又招降了裴仁基。这时，翟让推李密为瓦岗军首领，号魏公。赵魏以南（今河北中部及南部）、江淮以北的各路起义军皆并入瓦岗军。瓦岗军迅速发展到数十万人，几乎控制了河南全境。不久，瓦岗军成为河北、山东各路起义军的盟主。四月，瓦岗军围攻东都，将二十余万隋军困于孤城之中。

在河北地区，大业十二年（616年），张金称、高士达率领的义军先后被官军镇压。另一名义军首领窦建德收合两部余众，义军的势力得到恢复，很快发展到十余万人。窦建德率领所属义军，基本上消灭了隋朝在河北的武装力量。窦建德兵锋所至，隋朝官吏"稍以城降之"。次年正月，窦建德在乐寿县（今河北献县）郊建立政权，自称长乐王，署置百官，改元丁丑。

在江淮一带，七月，隋炀帝到达江都（今江苏扬州）时，李子通占据海陵（今江苏泰州），左才相占领淮北，杜伏威屯聚六合，从三面威胁江都。隋炀帝大惊，急令宿卫精兵八千进行围剿，双方互有胜负。次年正月，又遣宿卫精兵征讨江淮一带实力最强的杜伏威部义军。杜伏威以逸待劳，在江淮大败隋军，又乘胜攻破高邮（今江苏高邮北），占领历阳（今安徽和县），很快控制了淮南各县，江淮间其余反隋武装多来归附。

大业十三年（617年）六月，瓦岗军在东都外围消灭隋军主力，东都告急。七月，隋炀帝抽调"江淮劲卒"和"燕地精兵"奔赴东都，涿郡留守薛世雄率领燕地精兵三万南下进攻瓦岗军，当行至河间（今属河北）时，薛世雄下令在七里井驻扎下来，准备会合河间诸县先行镇压窦建德部义军。窦建德获得消息，立即率领大军从各城中撤出，向南转移，然后乘薛世雄毫无防备之机，选出敢死之士两百八十人夜袭隋军。三万隋军猝不及防，很快就溃散了。薛世雄只带着数十骑逃回涿郡。此后，窦建德控制了河北的大部分地区。

同年八月，瓦岗军攻下黎阳仓，开仓赈济饥民。隋炀帝遂命江都通守王世充率领洛阳附近诸郡兵与东都留守兵十余万人讨伐瓦岗军。王世充在洛水两岸布置军队，与瓦岗军展开激战。双方交锋数次，王世充都战败了，有些隋将也投降了李密。这时，洛阳城内缺粮，城中的军民饿死了很多。而河北、山东、河南及江淮流域也均被起义军占领，隋朝的统治土崩瓦解，隋炀帝直接控制的区域也越来越小了。这样的形势，对瓦岗军是非常有利的。在这个关键时刻，瓦岗军内部却产生了矛盾，翟让等人建议只留少许军队围困洛阳，而李密则极力主张在洛阳城下与隋军主力长期鏖战，最终众人听了李密的命令，瓦岗军的主力被钳制在洛阳一带。

在各地义军反隋的同时，朔方（今内蒙古白城子）梁师都、马邑（今山西朔县）刘武周、金城（今甘肃兰州）薛举等地主官僚也纷纷起兵，割据一方。大业十三年（617年）五月，隋朝的太原留守李渊也从晋阳起兵，七月，李渊趁隋军与瓦岗军大战的机会，进入关中。十一月，攻克长安。

大业十四年（618年）三月，宇文化及等人在江都发动兵变，杀死隋炀帝，隋朝宣告灭亡。五月，李渊在长安即皇帝位，国号大唐。这时，留守东都的隋越王侗也在洛阳即皇帝位，改元皇泰，史称皇泰主。

隋炀帝死后，李密率领瓦岗军大破宇文化及的军队，但瓦岗军的实力也受到很大损失。盘踞在东都洛阳的王世充趁此机会，于九月偷袭并打败了瓦岗军。不久，瓦岗军归顺李渊。后来，李渊又消灭王世充、刘武周、窦建德、杜伏威等人，逐渐统一了全国。

## 处世之道

### ◎有为难治——李自成推翻明朝◎

生逢乱世，统治者逼得百姓无路可走，百姓不畏惧死亡，便起来进行反抗，明末农民起义，就是在这样的情况下发生的。

明朝末年，政治腐败，统治者不断加重对人民的剥削，加上连年的灾荒，人民处在水深火热之中。为了支持对后金的战争，崇祯帝又大幅增加赋税，取名为"三饷"，即辽饷、剿饷和练饷。三饷的征收，使百姓的境遇更加悲惨，一时间"黄埃赤地，

明崇祯朝饥民遍野。

乡乡几断人烟，白骨青燐，夜夜常闻鬼哭"。在这种形势下，陕北饥民王二率先举事，他率领数百饥民杀死知县张斗耀，由此揭开了明末农民战争的序幕。

明末农民起义为何率先在陕西发生呢？这主要与自然灾害有关。明朝末年，陕西连年发生了严重的旱灾和蝗灾。当地老百姓为了填饱肚子，先是争着采食山中的蓬草，蓬草吃光了，就剥树皮

吃，树皮吃光了，就挖掘山中的石块来填肚子，石块不能消化，最后也就腹胀而死了。当时，只要有人单独出城，便会离奇失踪。过上片刻，有人看到城外的饥民用人的骨头当木柴烧，烹煮人肉，这才知道失踪的人都被饥民杀死吃掉了。在这种人吃人的环境里，很多人为了不致饿死或是被吃掉，纷纷集结起来做了强盗，后来人数越来越多，他们杀官吏，分粮食，渐渐形成了有组织的反抗朝廷的武装。

崇祯三年（1630 年）以后，农民起义的声势壮大起

李自成提出均田免赋的口号后逐渐得到民众的拥护。

来，渐成燎原之势，也形成了几支势力强大的义军，其中以李自成率领的义军最为出名。

李自成，原名鸿基，世居陕西米脂，童年时给地主牧羊，曾为银川驿卒。崇祯二年（1629 年）参加起义，后成为闯王高迎祥部下的闯将，勇猛有识略。高迎祥死后，李自成继任为首领，称"闯王"。在之后十多年的时间里，李自成转战南北，一路势如破竹。最初，李自成攻城略地，每遇顽抗，都要大肆屠戮，对方坚守一两天，城破以后就要杀掉城中三成以上的百姓；对方坚守五六天，城破以后就要毁平城墙，甚至还屠杀城里的所有百姓。此外，李自成在攻破一座城池后，往往弃之不顾，然后继续向前进攻。在围攻开封城的时候，李自成曾三次攻城而不能破，最后他挖开黄河大堤，淹死军民数十万人。后来，李自成的队伍进入河南杞县，举人李岩、牛金星，算命先生宋献策等人做了他的谋士，他们都建议义军不要滥杀无辜，李自成接纳了他们的意见，这才逐渐得到民众的拥护。同时，李岩还提出了"均田免赋"的口号，并散布"迎闯王，不纳粮"的歌谣，使李自成的势力迅速壮大，军队发展到百万之众，成为义军中的主力军。

面对势如破竹的义军，崇祯帝用了两种传统的方法来应对：一是讨伐，一是招降。然而，朝廷派到前线讨伐义军的官兵，多数不愿白白送死，便在沿途大肆奸淫烧杀。例如，山西总兵张应昌平叛时所杀的，一半以上是逃难的乡民，他用这些乡民的人头冒功领赏。民间有一首歌谣："盗贼（饥民）好像梳子，军官好像篦子，士兵好像剃刀。"

面对起义军的攻势，崇祯束手无策。崇祯十六年（1643 年），李自成在襄阳称新顺王。同年，在河南汝州（今临汝）大败陕西总督孙传庭，接着乘胜攻占西安。次年正月，建立大顺政权，年号永昌。不久攻入北京，明朝灭亡。

刚刚攻入北京时，李自成的大顺军尚能严守纪律，店铺营业如常。但是几天之后，大顺军开始拷掠明官，四处抄家，城中人心惶惶。李自成的部将刘宗敏甚至还掳走了明朝降将吴三桂的侍妾陈圆圆，这直接导致了吴三桂的反叛。后来，满清入关，联合吴三桂在山海关夹击大顺军，李自成仓皇退出北京，率军退守河南、陕西。最终，李自成在湖北通城县九宫山战死。

李自成死后，他的部下继续转战南北，十多年后才被清廷彻底消灭。尽管明末农民起义以失败告终，但是它给新统治者以强烈震撼。清朝统一全国后，开始实行休养生息的政策，百姓的生活逐渐安定下来。

# 第七十六章　柔弱处上

【原文】

　　人之生也柔弱，其死也坚强；草木之生也柔脆，其死也枯槁。故坚强者死之徒①，柔弱者生之徒。是以兵强则灭，木强则折。强大处下②，柔弱处上③。

【注释】

①徒：一类的人。②下：劣势。③上：优势。

【译文】

　　当人活着的时候，他的身体十分柔软灵活，可是他死后的身体就会变得枯槁僵硬。万物草木生长的时候形质是柔软脆弱的，死了之后就变得干枯残败了。所以坚强的东西属于死亡的一类，柔弱的东西属于生长的一类。因此用兵逞强就会招致失败，树木强大就会招致砍伐摧折。因此凡是坚强的往往处于劣势，相反，柔弱的往往能处于优势。

【解析】

　　这一章老子以人和植物的生死状态来说明柔弱胜刚强的道理。任何事物强大了都会走向灭亡，这是自然法则。所以有道处柔弱而无道处刚强。

　　"人之生也柔弱，其死也坚强；草木之生也柔脆，其死也枯槁。"人活着的时候，面色红润，身体柔弱灵活，行动自如。人死了以后，身体就变得坚固僵硬了。死亡是任何人也无法摆脱的命运，有生就有死，这是自然规律，谁也不能免于死亡。接下来，老子从人的生死又谈到了植物的生死状态，万

人之生也柔弱，其死也坚强。

物草木有生命的时候形质是柔软脆弱的，死了就变得干枯残败了。不管是人还是花草树木，活着的时候是柔弱的，而死后就变得僵硬起来。

　　"故坚强者死之徒，柔弱者生之徒。"这句话所要表达的意思是：坚强的东西属于死亡的一类，柔弱的东西属于有生命的一类。

　　"是以兵强则灭，木强则折。强大处下，柔弱处上。"一支强暴不义的军队必然灭亡，一棵僵硬枯槁的树木必被折断，因此，强大位于下位，柔弱居于上位。

　　这一章老子以人和植物的生死状态来说明"柔弱胜刚强"的道理。任何事物强大了都会走向灭亡，这是自然法则。所以有道处柔弱而无道处刚强。

## 从政之道

# ◎兵强不胜——苏代劝秦王善待魏国◎

这一章里，老子通过人生时弱、死时硬，树木生时柔、死时枯的譬喻，说明柔弱具有强大的力量，想要强大就一定要保持柔下的道理。"兵强则灭，木强则折"，人生之计，当强则强，当柔则柔，刚柔并济才是至理。

战国时期，秦国想凭着自己的强大力量使魏国屈服，甚至还想派人去魏国担任相国。于是，秦国想召见魏相信安君，向他说明派人到魏国的事情。信安君知道秦国不怀好意，因此不想去秦国，但是又不能直接拒绝秦国，所以让苏秦的族弟苏代去游说秦王。

苏代见到秦王，说道："我听说，忠诚的人不一定都是智者，而智者也不一定都是忠诚的人。现在，我希望在大王面前陈述自己的愚见，我担心大王觉得我所说的话不够忠诚，以致我犯下死罪，希望大王慎重考虑。

"现在，大王想派人去魏国出任相国，以取代信安君来增进秦、魏的外交关系，我担心这样做反而会令魏国对秦、魏两国的关系更加疑惑，您这样做本来是想堵住魏、赵两国的交往，结果反而会增强两国的力量。魏王非常信任亲近信安君，把他当作智能之士，特意加以重用，魏王畏惧尊敬秦国也是十分明显的。如果大王派人到魏国去而得不到魏王的重用，那么大王派人去魏国就没有什么意义了；如果魏王任用了大王所派去的人，那么魏王必须舍弃自己信任的人，而任用自己所畏惧和讨厌的人，这就会使魏王心中极为不快。让一国之君处于不安的心态，强迫万乘大国的相国做他不愿做的事情，用这种办法来搞好两个国家之间关系，这肯定是难以长久的。所以，我担心魏国对秦、魏两国的关系会更加疑惑。况且一旦信安君放弃万乘大国的相国不做，那么赵国的谋臣一定会说：'既然魏国的信安君被迫放弃了相位，那么秦国必然要让他所宠信的人在赵国掌权的。这样一来，赵国虽然还是赵国，而我们这些大臣却不会受到重用了。尽管赵国没有灭亡，但是我们这些人却很危险了。'赵国全国上下必然下决心与秦国拼死作战，必然会坚决御敌。所以，我担心这样做反而会使赵国更加强大啊。

"大王如果打算增进秦、魏两国之间的关系，还想让赵国小心谨慎地尊奉秦国，那就不如让魏国继续重用信安君，让他长期享有相国的尊名。如果魏国信安君尊奉大王，就可以使魏国长期安定，还能使自己名声显赫；如果信安君不尊奉大王，魏国就危险，信安君权力就削弱了。既然如此，信安君对上为其主尽忠，对下也可以为自己好好打算，所以他一定会尽心尽力地侍奉大王。赵国的大臣们也一定会说：'魏国的名分和地位不比我高，土地的物产也不比我多。但是由于信安君侍奉秦国，秦国对他十分友好，所以魏国就能够太平无事，信安君自己也能够长期保有尊位。如果我国与秦国对抗，赵国的军队就会成为众矢之的，赵国也会处于削弱危险的境地，这不是安全的计策。对外结怨于秦，对内又滋生祸患，使自己身处死亡之地，这不是万全之策。'这样的话，他们就会对以前所做的事情感到伤心，就会因不能与秦国联合而感到忧虑，后悔自己犯下的错误行为。为了得到国家的安宁和个人的好处，各诸侯国一定会割让更多的土地，诚心诚意地侍奉大王。这样，大王不用举手之劳，便可以取得赵国割地这样的好处，这是连尧、舜想得到而得不到的大利啊！对废黜信安君与任用信安君，其利害得失，我希望大王好好考虑一下。"

秦王听了苏代的话，放弃了派人到魏国出任相国的想法。

刚柔之道，在于适时、适事、适人，倘若不考虑实际情况，一味用强，往往会事倍功半。苏代在劝说秦王的时候，认为如果以强硬的方法去对付魏国，只会让魏国感受到屈辱，反而会使魏国对抗秦国，甚至会引起连锁反应，使其他的诸侯国也一致对抗秦国。所以，苏代提倡秦王实行怀柔政策，让魏国心甘情愿地侍奉秦国。

# ○柔弱处上——佯狂避世的阮籍○

人生之计，当强则强，当柔则柔，刚柔并济才是至理。三国末年的阮籍，便是一位"柔弱处上"的名士。

魏晋南北朝时期，曾经出现过两个文人团体——"建安七子"与"竹林七贤"。这两个团体活动的年代相距不远，但是由于时代政治与风尚的不同，它们呈现出迥然相异的特征：建安文人有着激昂慷慨的进取精神，竹林七贤则表现出了倜傥不羁、任性使气的疏狂情态。在竹林七贤之中，最能体现这种"疏狂情态"的，首推诗人阮籍。

阮籍，字嗣宗，陈留尉氏（今河南省尉氏城里）人。生于建安十五年（210年），为建安七子之一的阮瑀的儿子。据史书记载，阮籍容貌瑰杰，志气宏放，而且嗜酒成性，善于弹琴。阮籍年轻时颇为得意，是一个踌躇满志的英俊人物，而他又特别喜欢研读老庄的著作，所以形成了"傲然独得，任性不羁"的性格。表现在行动上，他经常闭门读书，数月足不出户；有时外出游览山水，又经日忘归。他这种奇特的行为不易为常人所理解，所以"时人多谓之痴"。

阮籍二十多岁的时候，把家迁到了洛阳，与嵇康、山涛、向秀、阮咸、王戎、刘伶相与友善，他们经常到嵇康寓居的山阳竹林之中聚会畅饮，倾心接谈，所以外人称他们为"竹林七贤"。居住洛阳期间，阮籍有时还前往苏门山拜访隐者孙登，两人一起论道，相对长啸，阮籍在这里度过了一段逍遥适意的时光。

然而，好景不长。司马氏掌控了曹魏的政权之后，极力延揽天下的才士，以为自己所用。阮籍名重当世，自然也成了司马氏争取的对象。他想继续无拘无束地游山玩水，已是不可能了。司马懿做太傅时，任命阮籍为从事中郎。后来，司马师、司马昭兄弟相继任命阮籍为关内侯和散骑常侍。

阮籍迫于淫威而做官，又不愿趋炎附势讨好司马氏，就只有对他们采取敷衍的态度了。一次，司马

阮籍游山玩水佯狂避世。

氏听到禀报，说有个人把自己的母亲杀了。这时，阮籍正坐在一旁，他听到这个消息之后，不由得惊叹一声，接着说道："杀父亲也就罢了，怎么能杀母亲呢？"在座的人听到阮籍的言论，十分惊恐，都以为阮籍公开发表与"孝道"相抵牾的言论，心想阮籍这下可惹下大祸了。司马昭也乘机追问阮籍，问他所说的是什么意思。阮籍自知失言，惊出一身冷汗，这时他脑子一转，从容地对司马昭说道："禽兽知母而不知父。杀父，禽兽之类也；杀母，禽兽之不若。"这番随机应变的回答，不仅使他脱离了危险，而且还使众人佩服得五体投地。然而，这个事件也给阮籍敲响了警钟，以后他"言语至慎"，再也不敢任意说话了。司马昭再与他接谈，他总是"发言玄远，口不臧否人物"，这

样司马昭想杀他也无隙可乘了。

《晋书》本传中说："籍本有济世志，属魏晋之际，天下多故，名士少有全者。籍由是不与世事，遂酣饮为常。"这句话的意思是说，阮籍身处魏晋之际，为保全自己的性命，所以不得不酣饮佯狂。因此，酣饮、醉酒不仅是一种嗜好，更是阮籍麻醉自己、保全自己的方法。有一次，司马昭打算为儿子司马炎求娶阮籍之女，阮籍当然不愿意，但是他又不敢直接拒绝，于是沉醉六十日不醒，司马昭也无计可施，只好作罢。司马昭的亲信钟会，多

"竹林七贤"相交游，为世人所称道。

次找阮籍谈论当朝的时事，想借机设下圈套陷害阮籍，阮籍对此也用醉酒的办法应付，钟会终究也没有办法陷害阮籍了。

司马氏集团倡导"名教"，标榜"孝道"，在阮籍看来，这完全是用以自利的手段，实在是亵渎了礼教。尽管如此，他也没有办法改变一切，于是"激而变成不谈礼教，不信礼教，甚至于反对礼教"（鲁迅语）。其实，阮籍并不是反对礼教，而是反对司马氏借助礼教的名义欺世盗名。从本心上来说，阮籍对礼教的态度要比司马氏真诚得多。据载，阮籍的母亲去世时，他正和人下棋，听到母亲去世的消息，他就像什么事情都没有发生一样，继续坐着弈棋，对弈完毕，阮籍悲恸难抑，吐血数升。居丧期间，阮籍仍旧饮酒食肉，等到临葬之时，他又高声悲号，吐血数升，"毁瘠骨立，殆至灭性"。这时，中书令裴楷前来吊唁，阮籍披散头发，两腿张开坐在地下，睁着醉醺醺的眼睛直视裴楷，也不回礼答谢。裴楷吊唁完毕后，转身就离开了。有人问裴楷道："凡是去吊丧的，主人放声痛哭，客人才开始行礼。阮籍自己都不哭，你哭什么呢？"裴楷说："阮籍是方外高人，所以不在乎俗礼。我是俗世中人，所以要礼节周全才可以啊。"当时的人对此大发感叹，都说裴、阮二人堪为知己。阮籍又善为青白眼。"青眼"表示赞许、喜悦；"白眼"则表示厌恶和蔑视。阮籍一旦见到拘泥礼节的俗人，就翻出白眼相对。嵇喜来吊唁，阮籍便翻出白眼，嵇喜十分难堪，只好跑回家去。嵇喜的弟弟嵇康听说了这件事，便买了美酒，带上琴去拜访阮籍，阮籍见到琴、酒，喜出望外，立刻收起白眼，表示欢迎。至今常用的"青睐"、"垂青"等词，便是从此处而来的。

阮籍"居丧无礼"，之后又在司马昭举行的宴会上纵酒放诞，这就引起了礼俗之士的强烈不满。在酒筵上，这些礼俗之士纷纷向阮籍兴师问罪，并要求司马昭以"不孝"、"败俗"之罪判处阮籍流放，以正礼俗教化。阮籍对此毫不在意，仍旧不停地饮酒，神色自若。最终，司马昭也没有治阮籍的罪。阮籍借酒装痴装傻，然而他对险恶的现实却有着敏锐的观察力，常常把自己的所想所感寄寓到诗文之中。阮籍还通过《大人先生传》、《达庄论》、《通易论》诸文和《洪生资制度》、《咏怀》（六十七）等诗篇，由衷地赞赏老庄哲学的无为与逍遥。

阮籍和竹林名士们蔑视礼教、谈玄论道，在当时的社会背景下，无疑具有追求个性自由的现实意义，这与司马氏的礼教治国正好相对，为司马氏所不容。为了剪除异己，司马氏借"不孝"罪名，把"刚肠疾恶"、"非汤武而薄周孔"的嵇康杀了。面对司马氏的淫威，"竹林七贤"中的其他人，有的变节，有的妥协。尽管阮籍始终不愿与司马氏合作，但他毕竟无力对抗强权，只好敷衍了事。后来，司马昭集团上演了一场晋王加"九锡"的劝进丑剧，在这场丑剧之中，阮籍躲又躲不开，只好违心地代为醉草《劝进笺》。其后几年，阮籍一直郁郁寡欢，最终在景元四年（263年）病死于家中，终年五十四岁。

# 为什么要学习《道德经》

思路决定方法，方法决定成败

一般说来，有什么样的世界观，就有什么样的方法论，世界观和方法论是一致的。

当人形成了一定世界观之后，就会按照这些观点去解释一切现象，处理各种问题。从而世界观也就成为指导人们观察、思考和解决各种问题的基本原则。

人都有自己的世界观，但哲学作为世界观的理论体系，要通过自觉的学习和训练才能掌握。

人们对于生活在其中的整个世界以及人与世界关系的根本观点、根本看法。

**哲学的实质** 理论化、系统化了的世界观。

使人聪明、启发智慧的学问。

在汉语中，"哲"是聪明的意思。

希腊文中，"哲"是爱智慧意思。

**按字义解释**

《道德经》是中国历史上第一部真正意义上的哲学巨著。老子开创的道家学派与孔子开创的儒家学派，儒道互补，唐宋以后，大多是"内用黄老，外示儒术"，成了中国传统文化中的两大支柱。

《易经》是中国传统思想文化中自然哲学与人文实践的理论根源，被誉为"大道之源"，是古代帝王之学，政治家、军事家、商家的必修之术。

《论语》影响了中国历史两千多年，是中国文化的代表性著作。宋赵普有"半部《论语》治天下"之说，足见它在历史上的崇高地位。

易经

道德经

论语

对中国人影响深远的三部思想巨著

# ◎ 第七十七章 功成不处 ◎

【原文】

　　天之道，其犹张弓与？高者抑之，下者举之；有余者损之，不足者补之。天之道，损有余而补不足。人之道则不然，损不足以奉有余。孰能有余以奉天下？唯有道者。（是以圣人为而不恃，功成而不处①。其不欲见贤②。）

【注释】

①处：有"占有"的意思。②见（xiàn）：通"现"，表现。以上几句与文义不符，疑为错简，当删。

【译文】

　　自然的规律，不是很像张弓射箭吗？弦位高了就把它压低一些，低了就把它举高一些，弓弦拉得过满了就把它放松一些，拉得不足了就把它拉满一些。所以自然的规律是减少有余的补给不足的。可是社会的法则却不是这样，要剥夺不足的用来奉养有余的人。那么，谁能够把有余的拿来补给天下的不足呢？只有有道的人才可以做到。因此，有道的人有所作为而不自恃功高，有所成就而不居功自傲，他不愿表现出自己的贤能。

【解析】

　　这一章讲天道的法则是损有余而补不足，这和人类社会的情形恰好相反。圣人成功后不居其功，正是效法天道的法则，用自己的有余补天下的不足。

　　"天之道，其犹张弓与？高者抑之，下者举之；有余者损之，不足者补之。"在这句中，"损"与"抑"指的是节制的意思。"不足"与"下"可以理解为"因弱小而一无所有"。事实上，这里的抑、举、损、补，它们作为动词，都指的是为整体的和谐而作的一种协调工作。另外，这里的高、下、有余、不足都是一种不和谐的状态。在这几句中，老子以天之道与人之道作比较，突出天之道的博大和人之道的渺小，从而得出人之道要效仿天之道的结论。在阐述天之道的时候，老子把天之道比喻成张开的弓箭，人们张开弓箭目的是为了射捕猎物，所以箭头的方向要随着猎物位置的移动而改变，高了压低它，低了抬高它；有余的就减少，不足的加以补足。因此，天之道就是减少有余而补充不足的。

　　"天之道，损有余而补不足。人之道则不然，损不足以奉有余。"阐述完天之道以后，老子又很自然地引出了人之道。什么是人之道呢？就是人类统治者所奉

天之道，其犹张弓与？高者抑之，下者举之。

行的社会法则。人之道与天之道截然相反，人之道是"损不足以奉有余"。在老子看来，人之道是造成天下贫富不均和权利不平等的根源。而天之道则是为了追求平等，所以它能长久，能够使人心安宁，防止动乱的发生。

"孰能有余以奉天下？唯有道者。""有道者"即得道者，指的是认识世界道德本质，自觉充当道德主体并能遵循道德行事的人。在这一句中，老子自问自答，进一步说明了有道之人的行为特征：有道之人会把自己多余的衣物、粮食和财物拿出来奉献给贫穷的人，以达到社会均等的目标，从而实现社会的安定。

"是以圣人为而不恃，功成而不处。其不欲见贤。""为"指的是圣人统治人类社会的活动，这种活动与道统治世界的活动相一致，目的也是为了协调人与人的活动并使之保持和谐统一，所以它是超越个人意志的活动。"不欲见贤"意为不追求、不贪图他人更为优越的生活条件或生活待遇。换句话说，也就是与人民同甘共苦。在本章的末尾，老子以圣人的所作所为得出了一个结论：圣人有所作为而不自恃功高，会把自己多余的部分分给不足的人，绝不炫耀，绝不居功自傲，而是始终保持谦和、恭敬、卑下的德行。

## 从政之道

# ○圣人不恃——周公辅政不贪功○

圣人不自恃有功，不显示自己的贤德，因此圣人都能"损有余而补不足"。周公辅政的事迹，就是"功成不处"的典型事例。

周公旦，姓姬，名旦，亦称叔旦。西周时期的政治家、军事家、思想家、教育家，被尊为"元圣"。周文王的第四子，周武王的同母弟。因采邑在周，所以称为周公。

文王在世时，周公旦非常孝顺，且忠厚仁爱。武王即位后，周公旦尽心辅佐兄长，致力于灭商的大业。武王十一年（约前

周武王患病，周公旦为武王向周代祖先祈祷延寿。

1046 年），武王率军讨伐商纣，到达牧野，周公辅佐武王，在牧野誓师。攻入商都后，周公拿着大斧，召公拿着小斧，在左右两旁夹辅武王，并以牲畜的鲜血祭祀土神，把纣王的罪行报告给上天。

灭商归来，周公与武王谈起在洛水与伊水之间的平原地带建都的事情，以便控制东部地区。由于日夜操劳，武王身染重病，周公虔诚地向太王、王季、文王祈祷。他说："你们的长孙姬发，积劳成疾。如果你们三位对上天有保护子孙的责任，那就请以我姬旦的生命代替姬发吧。旦灵巧而且有能力，还多才多艺，能侍奉鬼神。而姬发却没有我那么多才多艺，不能侍奉鬼神。但是他受命于上帝，坐拥天下，能让你们的子孙平平安安地生活于世上，天下的百姓没有不敬畏他的，不要坠毁上天赐予他的宝贵生命，我们的先王也将永远地依托于他。"

这段祷告词，今天看来觉得有些好笑，可是对三千多年前相信天命鬼神的周人来说，那是十分真诚无私的。周公代武王问卜祷告，这是一种鞠躬尽瘁、死而后已的表现，也表现了周公舍身

为人的精神，更重要的是，他是为周王室的长久不衰而考虑的，充分表现出贤相本色。周公祈祷完毕后，武王的病情虽然有所好转，但是过了一段时间还是去世了。武王在临终之前，曾想把王位传给德才兼备的周公，并且说这事不需要占卜，可以当面决定。周公泣不成声，无论如何都不肯接受。

武王死后，太子诵继位，是为成王。当时，成王不过是个十多岁的孩子。而当时的情况是，国家初立，尚未稳固，朝廷内外形势复杂，年幼的成

周成王迎接周公回朝。

王根本难以处理政事。形势迫切需要一位既有才干又有威望的人才来应对这种局面，这个责任便落到了周公的肩上。于是，周公执政称王，发挥了王的作用。

周公代成王摄政，主持国事。管叔和其他的兄弟在国中散布谣言说："周公将会对成王不利。"这些谣言闹得镐京沸沸扬扬，召公奭听了后，也对周公怀疑起来。成王年小不懂事，更不知道是真是假。周公为了安定民心，使周王室团结，便对姜尚和召公奭说："我之所以不加避讳而行摄政之职，那是因为害怕天下背叛周朝，无法告慰我们的先王太王、王季和文王。三王为天下已经忧劳很久了，现在才取得成功。武王早死，成王年少，为了成就周朝未来的大业，我才这样做的。"姜尚、召公奭听后，明白了他的苦衷，于是支持他辅佐成王。

与此同时，周公又派自己的儿子伯禽代他受封于鲁国。周公告诫伯禽说："我是文王的儿子，武王的弟弟，成王的叔叔，我的身份已经不算卑贱了。然而我洗一次头就要抓三次头发，吃一顿饭就要三次吐出食物，匆忙地起身招待士人，就怕失去天下的贤能之士。你到鲁国，千万不要以国君的身份骄纵轻视他人。"

不久，殷纣王的儿子武庚勾结管叔、蔡叔举行叛乱。周公在安定了内部之后，毅然调动大军，亲自率领大军东征。

周公费了三年的工夫，终于平定了武庚的叛乱，把带头叛乱的武庚杀了。管叔一看武庚失败，觉得没有面目见周公和成王，便上吊自杀。周公平定了叛乱，把霍叔革了职，对蔡叔办了一个充军的罪。至此，周朝彻底降伏了殷商的遗民，又封康叔于卫国，封微子于宋国，以延续殷商的祭祀。周公又安抚东边的淮夷地区，两年之后，诸侯都臣服于周朝了。

周公东征的过程中，一大批商朝的贵族成了俘虏。因为他们反抗周朝，所以周人称他们为"顽民"。周公觉得让殷商遗民留在原来的地方不大安全；同时，他又觉得镐京在西边，要控制东部的广大中原地区很不方便，所以决定在东面新建一座都城，叫作洛邑（今河南洛阳市），把殷朝的顽民都迁到那里，并派兵监视他们。

打那以后，周朝就有了两座都城。西部是镐京，又叫宗周；东部是洛邑，又叫成周。

周公辅助成王执政了七年，总算使周王朝稳定下来，他还制定了周朝一套典章制度。到周成王满二十岁的时候，周公把政权交给成王。

周公还政后，成王担心周公继续擅权，这时，又有人进言污蔑周公，周公无奈，只好离开京城，去了楚国。有一次，成王来到内府，发现里面有一篇策书，感到好奇，便打开看里面的内容。原来，当初成王年少的时候，生了一场大病，周公为求成王平安，便剪断自己的指甲，使之沉入河

中，向鬼神祈祷说："帝王年少不懂事，违犯神命的是我周公旦。"祷告完毕后把策书收藏到内府之中，结果成王的病很快就好了。成王此时看到周公为他祈祷的策书，感动得哭泣，又感到惭愧，于是亲自迎接周公回朝。

周公回朝后，在丰京养老，三年后得了重病，临终之前，他对成王说道："我死之后一定葬在成周，向上天示意我永远臣服于成王。"周公死后，成王没有按照周公的遗嘱安葬，最终把他葬在周文王的墓地旁。成王说道："这表示我不敢以周公为臣呀！"

纵观周公一生，他辅佐武王灭商，代替武王问卜祷告，平定三监之乱，营建丰京等，可谓功勋卓著。但是周公尽职尽责，毫无怨言，且不恃功自傲，的确是后世学习的楷模。

## 为人之道

# ◎余补不足——不居功自傲的丙吉◎

"是以圣人为而不恃，功成而不处。其不欲见贤。"这是本章中老子提出的有道之人应具有的品格，也就是不自恃有功，不显示自己的贤德，只有这样，圣人才能做到减少有余的，来补给天下的不足。西汉时的丙吉，就是一个尽职尽责，不求回报，不言功劳的有道之人。

丙吉，字少卿，鲁国（今山东）人。他自幼学习律令，曾任鲁国狱吏，因有功绩，被提拔到朝中任廷尉右监，后来调到长安任狱吏。汉宣帝年间，又任命他为御史大夫、丞相等职。丙吉做丞相很讲分寸，将大事小事处理得恰到好处。

汉武帝末年，朝中发生了"巫蛊之祸"，祸及卫皇后及太子刘据。汉武帝在盛怒之下，命令官吏深究太子刘据全家及其党羽。后来，太子被杀，全家也被抄斩，长安城中有几万人受到株连。因为这个案子十分复杂，涉及的人很多，且都身份显赫，而丙吉原先就担任过廷尉右监，所以就被调到长安来审理此案。

当时，皇曾孙刘病已刚刚出生几个月，他也因太子刘据的案子，受牵连而被关押到狱中。丙吉奉旨治巫蛊狱，他心里明白，太子是冤枉的，因此怜悯刘病已无辜系狱，还特意选出谨慎忠厚的女子，帮忙保护养育皇曾孙，而丙吉每日也来到狱中探望几次。倘若没有丙吉的关怀爱护，刘病已或许在很小的时候就死在狱中了。

公元前87年，汉武帝生了一场大病，有一个会看天象的人上奏武帝说："我看到长安监狱的上空有天子贵人之气。"武帝听到之后，立即下令将监狱里的囚犯统统杀掉，并派郭穰连夜到监狱宣布命令。丙吉得知后，立即下令关闭监狱门，不准郭穰进去搜查，还对郭穰说："监狱里面确实有一个无辜而又可怜的皇曾孙，平白无故地杀死普通的人都不可以，何况这个孩子是皇帝的亲曾孙呢！"说完，丙吉就坐在监狱门口，一直守到天亮，没有让郭穰进去。郭穰进不了监狱，便回去向汉武帝报告此事，并弹劾丙吉妨碍公务。汉武帝听了禀报，知道皇曾孙还活着，不忍心杀他，于是对郭穰说道："这大概就是天命吧！"随即下令赦免监狱里的所有死囚。这些死囚被赦免后，对丙吉感恩戴德。丙吉不畏惧皇帝的威严，甘冒风险，赢得了众人的称赞。

丙吉为官很讲分寸，将大事小事处理得恰到好处。

丙吉知道不能把刘病已长期留在长安狱中，就想让官府收养这个孩子。他请京兆尹（长安的最高长官）出面来办此事。但是，京兆尹担心武帝怪罪下来，所以不敢收养刘病已。丙吉左右为难，不知道该如何把这个孩子送出去。无奈之下，丙吉只好亲自来照顾刘病已。后来，丙吉听说刘病已的外婆家还有人，就驾车将其送到外婆家，请他们代为抚养。

不久，汉武帝去世，刘弗陵即位，他就是汉昭帝。汉昭帝即位后，大将军霍光辅政。丙吉任

汉武帝曾下诏诛杀长安监狱中的无辜囚犯，最终因为丙吉的坚持而放弃。

大将军长史（高级佐官），他因治政有方而受到霍光的器重，被提拔为光禄大夫给事中（皇帝身边的大臣）。汉昭帝二十一岁时就去世了，由于昭帝没有儿子，所以帝位没有了继承人。丙吉从朝廷大局出发，向霍光推荐立皇曾孙刘病已为太子，以继承皇帝的位子。他对霍光说："皇曾孙刘病已寄养在民间多年，现在已经十八九岁了。他通晓经学儒术及治国之道，平日做事谨慎，举止谦和，是继承皇位的绝佳人选。"霍光接受了他的建议，于是上书皇太后，请求立刘病已为皇帝。皇太后答应了。霍光又派丙吉亲自去接回刘病已，让他继承帝位，即汉宣帝。汉宣帝即位后，封丙吉为关内侯。

丙吉不但对宣帝有救命之恩，而且有养育之德。现在宣帝做了皇帝，若是一般人，肯定会日夜不停地在皇帝面前夸耀自己的功德，并向皇帝伸手要官要权，甚至胡作非为了。但是丙吉向来忠厚，从不在外人面前夸耀自己对皇帝的恩德。

而汉宣帝根本就不知道，丙吉对自己曾有过如此大的恩德，朝中的官员自然也不知晓，丙吉仍旧对过去的事只字不提，毫无怨言地处理国事。

地节三年（前67年），汉宣帝册立皇太子，任命丙吉为太子太傅（太子的老师）。丙吉尽职尽责地教导太子，受到宣帝的赏识。不久提升他为御史大夫。后来，霍光去世，霍氏家族趁机阴谋夺权，汉宣帝很快铲除了霍氏势力，开始亲掌朝政，并任命丙吉为尚书（掌管皇帝的文书奏章），直接辅佐自己处理朝政。

就在这时，一个名叫则的婢女说她曾经照顾过宣帝，并向宣帝透露了丙吉保护养育他的事情。汉宣帝诏令官员调查这件事，丙吉无奈，只好向宣帝说出了实情。汉宣帝看到丙吉的奏表，这才知道丙吉是自己的恩人。于是，汉宣帝立即召见丙吉，向他跪倒磕头，感谢他的养育之恩，并下令封他为博阳侯，升任丞相之职。

临到受封的时候，丙吉正好病重，不能起床。汉宣帝就让人把封印佩戴在丙吉身上。宣帝之所以这么做，主要是担心丙吉病死，一定要在他生前对其加封，以示对他的荣宠。但是，丙吉仍旧像以前那样谦恭礼让，一再辞谢。等他病好以后，又正式上书辞谢宣帝对他的赏赐，他谦虚地说："我不能无功受禄。"汉宣帝十分感动，说道："我对你进行封赏，是因为你对朝廷确实立下了很大的功劳，而不是为了虚名。但是，你现在上书辞谢我给你的赏赐，如果我答应了，那么我就是一个知恩不报的人。现在天下无事，需要打理的事情不是很多，你尽管安心养病便可以了，无须过多操劳。"就这样，丙吉才不得不接受了皇帝的赏赐，从此，更加为朝廷尽忠尽职了。

丙吉对皇帝有活命之恩、养育之德，但是他却尽职尽责，不求回报，确实值得后人学习。

# ◎第七十八章　柔之胜刚◎

## 【原文】

天下莫柔弱于水，而攻坚强者莫之能胜，以其无以易之。弱之胜强，柔之胜刚，天下莫不知，莫能行。是以圣人云："受国之垢[①]，是谓社稷主；受国不祥[②]，是为天下王。"正言若反。

## 【注释】

①垢（gòu）：外辱。②祥：吉利的。

## 【译文】

天下最柔软的莫过于水了，但攻坚克强却没有什么东西能胜过水的，因而水是没有事物可以代替得了的。弱小的能战胜强大的，柔软的可以战胜刚强的，天下没有人不知道这个道理，但就是没有人能这样做。所以有道的人说：能够承担国家的屈辱，才称得上是国家的君主；能为国家承受祸患的人，才配做天下的君王。正面的话好像是在反说一样。

## 【解析】

这一章的内容分为两部分：前半部分讲柔弱胜刚强的道理。后半部分说如果一个人能够承担国家的污垢和不祥，那么他就会成为国家的主宰。

"天下莫柔弱于水，而攻坚强者莫之能胜，以其无以易之。"在前面的章节里，老子曾经介绍过水的特性，如柔弱、顺畅、坚韧，还有顺势而为、甘居下位等。在老子看来，天下的事物没有比水更柔弱的了，然而它却是最坚强的，所以没有事物可以代替它。为什么说"莫之能胜"呢？这是因为老子所处的时代，有很多自然现象，人们都无法对其做出科学的解释，所以常常用神化的力量进行曲解。例如，当洪水气势汹汹地袭扰人类的时候，我们就称洪水为"猛兽"，并认为这是上天在惩罚我们。

"弱之胜强，柔之胜刚，天下莫不知，莫能行。"在这里，老子说天下人都懂得了柔能胜刚的道理，却很难像水那样以弱胜强。究其原因，主要是因为人们从小就被灌输一种争先、争强的思想。在这种思想的支配下，人们变得争强好胜起来。然而，真正的强者是不争的，如果一味地争强好胜，就不会像水那样甘居下位、温顺坚韧，那么也就不算是真正的强者了。

"是以圣人云：'受国之垢，是谓社稷主；受国不祥，是为天下王。'""受"意为主动接受，自觉承担。"垢"这里指的是外国的侵略。在这里，老子引用圣人的话来说明君主应具备的品德，即能够承

弱之胜强，柔之胜刚，天下莫不知，莫能行。

受国家的耻辱和灾难。所以，只有做到不以自己的荣辱为荣辱，为了国家不惜忍辱负重，这样才配称为一国之君。例如，春秋末年勾践灭吴的故事，就很好地说明了这一点。

在本章的末尾，老子以"正言若反"作结，这句话如何理解呢？老子在此说"正言若反"，与原文并不是割裂的，而是承接了上文所说的水的柔弱和刚强。在老子看来，人们所说的、所认定的东西，其结果恰好与事实相反，人们不能认识大智大慧，把大智大慧视作愚蠢，结果自己处在愚昧之中还自认聪明，以至于聪明反被聪明误。所以，这句话是老子对整部《道德经》中那些相反相成的言论的高度概括。

## 从政之道

# ◎ 弱能胜强——刘秀以柔道得天下 ◎

水是柔弱的，但是它能攻克坚硬无比的石块，也能侵蚀强硬之物。同时，水又是卑下的，因此，在这一章里，老子希望统治者能像水一样，甘愿处于卑下柔弱的位置，对国家和百姓实行柔道，也就是无为而治。

在中国历史上，有许多以柔道处世、以柔道治国的成功事例，这些事例早就证明了柔道比刚道更富有优势。东汉光武帝刘秀，从始至终贯彻柔道的原则，他不仅在为人处世上

刘秀避敌主力，率部袭击昆阳，最终取得昆阳大捷。

以柔为主，在政治、军事诸方面也都体现出这种精神，他把老子的柔道发挥到了一个很高的境界。

刘秀二十八岁时，与兄长一起聚众起义，反抗王莽的统治，并加入到绿林军当中。王莽得知后，特命大司空王邑、大司徒王寻前去围剿。面对强大的敌人，刘秀决定避敌主力，放弃阳关，率领部属退到了昆阳，取得昆阳大捷。

昆阳之战后，刘秀、刘縯兄弟的威名日盛，这就引起了绿林军中一群义军将领的嫉妒，他们向汉朝宗室、更始帝刘玄进谗言，说倘若刘縯不除，终究会成为大患。刘玄听后，果然杀死了刘縯。

当时，刘秀正在父城，他听到兄长被杀的消息，十分伤心，痛哭了一场，然后立即动身前往宛城。他见了刘玄，没有责问刘玄，只讲自己犯下的"过失"。刘玄想试探刘秀是否出于真心，于是谈起了昆阳之战的胜利，并说刘秀立下了大功。刘秀心里明白刘玄的意图，一点也不自夸自傲，而是把功劳归于诸将，刘玄心里非常满意。回到住处，刘秀逢人便主动示好，绝口不提哥哥被杀之事。他不穿孝服，如往常一样吃饭，与平时并无两样，毫无异常。刘玄见到这种情况，反觉得自己有些对不住刘秀，从此更加信任他，并任命他为破虏大将军，还封他为武信侯。其实，刘秀一直忍着兄长被杀之痛，数年以后，他想起这件事，还经常流泪叹息。但是，他心里很明白，自己当时还没有能力与平林、新市两股起义军抗衡，所以只好隐忍不发。这样，刘秀既保全了自己，使自己免受灾祸，同时又在起义军中赢得了同情和信赖，为他日后创建大业创造了一定条件。

刘玄进入洛阳之后，打算派
遣一位亲近且有能力的僚属去安抚
河北一带，刘秀知道这是一个发展
自己势力的机会，就托人在刘玄面
前推荐自己。刘玄同意了刘秀的请
求，便任命他为大司马，并命他立
即动身前往河北。刘秀来到河北
后，每到一个地方，一定要接见当
地官吏，废除王莽时期的苛政，恢
复汉朝的制度，并释放狱中在押的
囚犯，慰问饥民。刘秀的所作所
为，均顺应了民心，所以官民都很
喜悦。

刘秀待人处事以宽厚为怀，注重延揽人才，很快壮大了自己的力量。

刘秀刚到河北的时候，兵少将
寡，地方上的官吏很轻视他，没有人听从他的命令。但刘秀能够广募人才，收揽了如邓禹、冯异、
寇恂、姚期、耿纯等一批贤能之士，他利用这些贤能之士招兵买马，很快壮大了自己的力量。刘秀
又联合信都、上谷、渔阳等地的官僚集团，取得他们的支持，这样在河北站稳了脚跟。刘秀在经营
河北期间，以德服人，民心都归向了他，统治也较为稳定。

刘秀之所以施行"怀柔"政策，是因为他懂得"柔能制刚，弱能制强"的道理。即使在治军
的时候，他也以宽柔的"德政"去收揽军心，很少像其他人那样，以刑杀立威。这一点在收编铜马
义军时表现得最为突出。当时，刘秀招降了铜马义军，并封这支义军的主帅为列侯，但是刘秀的部
将担心义军不听指挥，认为他们不是真心实意地归顺刘秀。而铜马义军的将士心里也十分不安，他
们害怕得不到汉军的信任而被杀害。在这种情况下，刘秀为安抚军心，就下令汉军各自归营，自己
一个人骑马来到铜马军营，帮助他们一起操练军队。铜马义军的将士看到这种情况，纷纷议论说：
"肖王（刘秀）如此推心置腹地相信我们，我们怎能不为他效命呢？"待到操练完毕，刘秀才把义
军的将士分配到各军营之中。铜马义军对刘秀的做法十分感激，都亲切地称他为"铜马帝"。

公元25年，刘秀势力已经十分强大，又有同窗好友自关中捧赤伏符前来求见，建议刘秀称帝，
以兴复汉室，并说刘秀称帝是"上天之命"。刘秀先是推辞一番，汉军诸将认为这是众望所归，所
以一再请求刘秀称帝。终于，刘秀答应了众人的请求，正式称帝，定年号为建武。称帝之后，刘秀
开始进行统一全国的战争，而他的主要敌人是推翻新莽的义军。此时，刘秀仍旧贯彻以柔道平天下
的思想，这对他迅速消灭敌对势力，最终一统天下起到了非常关键的作用。

**处世之道**

## ○示弱于敌——康熙智擒鳌拜○

在老子看来，人要像水一样，甘愿处于卑下柔弱的位置，只有这样才能战胜坚强之物。康熙智
擒鳌拜的故事，就足以证明这点。

康熙帝是清朝前期杰出的君主，他在位六十一年，其文治和武功为清朝的兴盛奠定了基础。后
来，人们把他和雍正、乾隆的统治合起来称为"康乾盛世"。

康熙帝即位的时候，年纪刚刚八岁。顺治帝临终之前，曾留下遗诏命令四位辅政大臣帮助年幼
的康熙处理国家大事。这四位大臣分别是索尼、苏克萨哈、遏必隆、鳌拜，其中最有权势的就是鳌

拜。

鳌拜，姓瓜尔佳氏，满洲镶黄旗人。鳌拜的伯父费英东早年追随清太祖努尔哈赤南征北战，是清朝的开国功臣之一；二哥卓布泰为清初著名的将领。鳌拜本人亦战功赫赫，获封二等公、议政大臣、侍卫内在，号称"满洲第一勇士"。康熙帝即位以后，鳌拜虽然在四大辅臣中地位最低，但是由于索尼年老多病，遏必隆生性懦弱，苏克萨哈因曾是摄政王多尔衮旧属，为其他辅政大臣所恶，所以鳌拜最终得以擅权。

鳌拜独揽大权以后，仗着自己手握重兵，就独断专横，甚至违逆康熙的旨意，康熙皇帝决心设计除掉鳌拜。康熙清醒地意识到，如果现在公开跟鳌拜翻脸，无疑是以卵击石，吃亏的肯定是自己。最好的办法莫过于外松内紧，他尽管内心十分恼火，表面上却比往日更加谦恭。康熙帝以娱乐为名，在贵族子弟中挑选出一批少年入宫担任侍卫。这些少年个个都长得矫健强壮，康熙帝把他们留在身边，天天练习摔跤，其他的事情一概不理。康熙一连几天都不处理政事，这让鳌拜有些摸不着头脑。为了弄明白康熙这几天在宫里做了些什么，鳌拜决定到宫中去探个究竟。

这天，鳌拜见康熙早朝后匆匆离开朝堂，于是派自己的眼线四处打探皇帝的踪迹。得到消息后，鳌拜便直奔康熙跟侍卫们一起"玩耍"的布库房。来到门前，鳌拜也不让太监们通报一声，自己不动声色地走了进去。这时，他看到康熙正满头大汗地跟一群少年厮打在一起。鳌拜不知道这位少年皇帝搞什么名堂，他见康熙并没有注意自己，但是也不能就这么离开，总要说点什么才好，于是向康熙说道："皇上，臣鳌拜有事要奏。"

其实康熙早就知道鳌拜进来了，但是一直装作没看见，这时他听到鳌拜开口讲话了，便故作惊诧地说道："鳌中堂，有什么事儿明天早朝再说好了。你看看我的这几个布库，身手还可以吧？"康熙说话的时候心不在焉，好像鳌拜的到来打扰了自己的玩耍，有些闷闷不乐的样子。鳌拜见状，多少有些不满，于是向皇帝说道："陛下的这些布库自然出手不凡，不过也只好耍一耍罢了。"鳌拜这样说，一来表示自己的不满，二来这些布库少年也确实入不了"满洲第一勇士"的法眼。康熙听罢，装作少不更事的样子，对鳌拜说道："这么说，鳌中堂是瞧不上这些布库了？让他们来陪鳌中堂玩玩如何？"鳌拜一向对自己的武功颇为自负，这时听到康熙言语相激，便想跟这些少年们比试一下技艺，同时还可以趁机威慑一下这位少年皇帝。想到这里，鳌拜脱掉朝服，以一对十与康熙手下的布库厮打在一起。这些少年哪里是鳌拜的敌手？一会儿工夫，少年们就一个接一个地被鳌拜打倒在地了。康熙见鳌拜如此勇武，心中既敬佩又畏惧，便对鳌拜说道："鳌中堂英勇神武，不愧为满洲的第一勇士，有鳌中堂尽心辅佐，朕还有什么好担心的呢？"鳌拜见康熙不停地"奉承"自己，自然有些志得意满，不一会儿就告退出去了。自从入宫试探了少年皇帝之后，鳌拜心中不免暗喜，在他看来，康熙毕竟是个孩子，既贪玩又胸无大志，所以更加肆无忌惮了。不过，鳌拜还是不太放心，于是又想出一个计谋来试探康熙。在接下来的几天里，鳌拜一直没有上早朝。他是想躺在家里装病，让人时时观察康熙的反应。

鳌拜一连几天不上朝，康熙心里自然明白他的意图。为了麻痹鳌拜，康熙装作焦急万分的样子，第一天没见到鳌拜，就几次派人到鳌拜府中询问其病情。第二天没来，就有些坐立难安了。

鳌拜独揽大权。

到了第三天，康熙索性连摔跤都不玩了，亲自到鳌拜府中来慰问。鳌拜听说康熙亲自来探视自己，心里有说不出的得意。康熙来到鳌拜的府邸后，鳌拜也还照旧躺在床上，没有起身迎接康熙。"鳌中堂，身体好些了吗？这几天不见鳌中堂上朝，朕的主心骨都没了。"此时，康熙也不管鳌拜脸上有什么样的表情，进来就径直走到鳌拜的床前，然后拉着他的手询问病情。鳌拜虽然心里得意，但还是不敢表露喜色，而是装作羞愧不已的样子说道："陛下，臣罪该万死，不能为皇上分忧，已经是惶恐万分了。今天又劳烦皇上亲自前来探视，臣真不知道如何是好了。"他一边说，一边作势要挣扎着坐起身来。康熙见状，连忙扶他躺下。就在这一瞬间，鳌拜别在腰间的短刀露了出来。这一下非同小可，屋子里的气氛一下子变得紧张起来。康熙的侍卫们手扶兵刃，担心鳌拜造反弑主。然而，这时鳌拜却一动也不动，他眼睛紧紧盯着康熙，看看这位少年皇帝会做出什么反应。康熙不动声色，他看了一眼身边剑拔弩张的侍卫，镇静地对他们说道："咱们是在马背上得来的天下，刀不离身是我们的习惯。鳌中堂身为我们满洲第一勇士，自然也是刀不离身。如此多怪，真是大可不必。"此话一出，屋子里的紧张气氛立刻变得和缓起来。康熙在不经意间化解了一场灾难，足见他的沉着与冷静。过了一会儿，他带着侍从离开鳌拜的府邸。鳌拜见康熙对他如此敬重和信任，心里就更加放心了，自此以后便不再担心康熙了。鳌拜心想，既然皇帝喜欢玩布库的游戏，那就随他玩好了，他玩得越投入，就对自己越有利，因为这样的话自己就可以名正言顺地独揽朝政了。

康熙利用鳌拜的麻痹大意，为自己赢得了时间和空间。他一方面在鳌拜面前继续装出毕恭毕敬的样子，一方面抓紧时间来训练自己挑选的布库。自从上次试探过鳌拜的身手，康熙就意识到，必须要强化训练，才能合众人之力对付鳌拜。到了这个时候，那些原来只是玩布库的少年都已经被训练成了武功高强的死士。康熙帝眼看时机已经成熟，便毅然决定出击扳倒鳌拜。

康熙八年（1669年）五月的一天，康熙单独宣召鳌拜进宫。鳌拜接到诏书就进宫了，心里没有丝毫的戒备，然而，他万万没有想到，自己的厄运即将来临。他刚跨进宫门，脚步还没有站稳，只见从宫门两边涌出一群少年，一齐朝他扑过来，还没等他反应过来，布库房的少年们就把他按倒在地了。就这样，权势熏天的鳌拜被擒住了。康熙智擒鳌拜，不仅仅是单纯的"擒"，康熙故意给鳌拜制造了一种假象，让鳌拜误以为康熙只不过是个玩世不恭、胸无大志的皇帝。鳌拜独揽朝政已久，但是康熙却巧妙避免了与鳌拜的正面对抗，用假象来迷惑鳌拜，使其麻痹大意；暗地里又精心训

康熙智擒鳌拜。

练了一批武功非凡的死士。同时，康熙帝还在鳌拜面前示弱，假装自己没有能力处理朝政，让鳌拜觉得皇帝离不开他。这样便大大降低了鳌拜对康熙的戒心。这个时候，康熙只需要看准时机，就可以轻而易举地制服鳌拜了。

# 第七十九章  报怨以德

【原文】

和大怨，必有余怨，[ 以怨报德，]① 安可以为善？是以圣人执左契②，而不责于人。有德司契③，无德司彻④。天道无亲，常与善人。

【注释】

① 疑为第六十三章错简，当移于此。② 左契：债权人所持的契约。古代以竹木简为契约，分左右两片，债权人执左片，故称左契。③ 司契：古代贵族所用的管账人。④ 彻：是周代田税法，指十一税。

【译文】

很大的仇怨虽经调解，总还是留有余怨，怎么说得上是最好的解决办法呢？因此，有道的人保存借据的存根，但并不以此强迫别人偿还债务。有德的人就像持有借据的人那样宽容不索取，没有德的人就像掌管税收的人那样苛刻刁诈。自然规律对任何人都没有偏爱，不分亲疏，而常常伴随有德行的善人。

【解析】

这一章老子依然就统治者与百姓之间的矛盾而展开论述。老子说道德是万事万物的根本，人们能够做到重道敬德，事情自然就会做好。如果人们不重道敬德，那么即使费尽心力，也不能把事情做完美。天道无所偏爱，但却自然归向有道的人。

"和大怨，必有余怨，[ 以怨报德，] 安可以为善？""大怨"意为深刻重大的冤仇，即人与人之间结下的深仇大恨。"余怨"指的是难以消除的以至于长年累月沉积于心底的怨恨。"大怨"是如何出现的呢？在前面章节中，我们已经分析过老子所处的那个时代的特征，当时，统治者好大喜功，他们为了满足私欲，不惜穷兵黩武，发动大规模的兼并战争，致使人民流离失所。他们甚至还向人民收取大量的赋税，使人民深受其苦，不堪重负。这样，统治者与人民之间的矛盾不断激化，人民怨声四起。为了稳定民心，统治者就想通过和解的方式消除"大怨"，这就是所说的"和大怨"。"和大怨"的结果会怎样呢？老子认为，"和大怨，必有余怨"，为什么会"有余怨"呢？这是因为统治者与人民之间的矛盾已经到了不可调和的地步，要想使"余怨"彻底消除，统治者就得摒除自己的私念，克制自己的欲望，从对个人利益的追求中解脱出

和大怨，必有余怨。

来。如果统治者继续为了满足自己的欲望而损害人民的利益，那么不管他们怎样努力，都不可能消除人民心中的"余怨"。

"是以圣人执左契，而不责于人。有德司契，无德司彻。"契"指的是债券的左半部分，为债权人所有，它是债权人向债务人索债的凭证。"有德"即有德的人，他们是道德的主体，是自觉遵循道德并能从善如流的人。"彻"指的是古代的一种租税，在这里引申为连本带利一次性地清偿债务。如果债务人无力清偿债务，那么就剥夺其人身自由，并没收其所有财产。在这句话中，老子再次以圣人的行为作为参照，指出了"有德"和"无德"的区别，老子说"有德"的统治者按照契约的合同收取租税，而"无德"的统治者则根据田亩的数量任意地收取地租。

"天道无亲，常与善人。"其中，"善人"指的是道德的主体，他与道同在，与道创造的整个世界同在，所以整个世界都是他的支撑和依靠，只有这种人才是真正强大的人。在这句话中，老子指出，天道对于任何事物来说，都是无亲无疏的，但是它喜欢和善良的人站在一起。换句话说，天道鄙视无德的人，而那些苛刻的统治者必然会受到天道的责罚，这就为无德的统治者敲响了警钟。

## 从政之道

# ◎不责于人——宋就以恩德抱怨◎

俗话说："冤家宜解不宜结。"许多人从亲身经历中体会到一个道理，那就是多一个朋友多一条出路，少一个仇人少一堵墙。以德报怨，化解心中的怨恨，使之化为友爱，这是通往成功的必经之路。老子向来提倡报怨以德，以宽大的胸怀包容错误，消除心里的怨愤之情，这便是最高的为善之德。

别人对己施加危害，自己却用善德予以回应，这样，不但消除了怨恨，还间接感

宋就以德报怨。

化了仇家。先秦时的宋就便因为宽容待人，赢得了对方尊敬。

春秋战国时，魏国有一位大夫，名叫宋就。宋就曾经做过一个边境县的县令，这个县和楚国相邻。在魏国和楚国的边界处，居住着两国的边民，他们都在附近种瓜。

这一年春天，两国的边民又都种下了瓜种。但是由于天气干旱，瓜苗长得很慢。魏国的百姓担心这样下去会影响收成，所以每天晚上挑水到地里浇瓜。连续浇灌了几天，魏国边地瓜地里的瓜苗长势明显好起来了，比楚国边民种的瓜苗要高不少。

楚国县令因为魏国的瓜苗长得比自己的好，便责骂楚国百姓。楚国边民妒忌魏国边民瓜种长得好，于是夜晚偷偷潜到魏国村民的瓜地里去踩瓜秧。这样一来，魏国瓜田里的瓜苗都死了。

魏国的边民知道后，就去找县令宋就，请求他带着魏国百姓去踩楚国瓜田里的瓜秧作为报复。宋就听后，说道："唉！这怎么可以呢？结下了仇怨，是惹祸的根苗呀。人家使坏你也跟着使坏，我们的心胸怎能如此狭小啊！我看，你们最好不要去踩他们的瓜地了。"

村民们早就气愤到极点，因此根本听不进去，纷纷嚷道："难道我们还惧怕楚人不成吗？为什么让他们欺负我们呀？"宋就摇摇头，耐心地说道："如果你们一定要去报复，顶多可以排解心中的怨恨，可是，以后怎么办呢？楚人见瓜田被破坏，自然也不会善罢甘休，如此下去，双方互相破坏，谁都不会得到好处。"村民们皱紧眉头，问道："那我们该怎么办呢？"宋就回答说："我教给你们一个办法，一定要每晚都派人过去，在夜里偷偷地浇灌楚国的瓜田，不要让他们知道。结果怎样，你们自己会看到的。"

村民们听罢，只好依照宋就的意思去做，每天夜间偷偷地去浇灌楚地的瓜田。楚国边民早晨去瓜田巡视，发现瓜田里都已经浇过水了，而且瓜也一天比一天长得好了。楚人觉得奇怪，不知道是谁做的。于是在夜里偷偷观察，才知道是魏国百姓所为。楚国的村民都惭愧得无地自容。

楚国县令听说了这件事，心里很高兴，就详细地把此事报告给楚王。楚王听后，对魏人的做法感到敬佩，也对楚人的行为感到惭愧，于是把主管官吏找来，说道："调查一下那些到人家瓜田里捣乱的人，他们是不是还有其他罪过？这是魏国人在暗中责备我们呀。"说完，楚王派人拿着丰厚的礼物，向宋就表示歉意，并请求与魏王结交，这样，魏、楚两国的关系比以前好了许多，这自然主要得益于宋就以德报怨的善举。

## 为人之道

# ◎善有善报——贵族与农民的故事◎

在 20 世纪的苏格兰北部，住着一户贫穷的农民。一天，这家男主人外出时，看到一个小男孩不慎掉入沼泽之中。虽然十分危险，但这个善良的农民还是奋不顾身地将这个小孩救了出来。

几天之后，一辆高档马车停在了农民家门口，车里走下来一位衣着华丽、气度不凡的贵族，前来拜访这位农民。原来他是那个被救的小男孩的父亲。他带来了许多值钱的礼物，并对这位农民表示感激之情。但这位农民表示不能接受礼物，因为他觉得救人是他应该做的，不值得报答。这时，那位贵族看到农民有一个和自己孩子差不多大小的儿子，便说道："既然这样，我有个建议，你救了我儿子的命，我也要为你儿子做一件事，我要让他接受英国最好的教育。"农民答应了。于是，农民的儿子跟随贵族去了伦敦。

贵族果然将农民的儿子送到英国最好的学校读书，从小学到中学，再到大学，最后，这个农家子弟在英国最好的医学院圣玛丽医学院毕业。由于学习十分努力，他在读大学期间便拿到了几乎所有的奖学金，毕业后成了一名成功的医生。

后来发生的是一件偶然事件，使医生取得了巨大的声誉。

一次，医生在自己的实验室里发现了一个没有清洗干净的葡萄球菌培养皿里有些脏东西，细心的他叫住了打算去清洗干净的助手。经过研究发现，这种青色霉菌对葡萄状球菌、白喉菌、肺炎菌、链状球菌、炭疽菌等有一种强大的杀灭作用。1929 年 6 月，他撰写论文对这个发现进行了论述，称那种杀菌物质为青霉素。这是当时人类所发现的最强有力的杀菌物质，后来被制成药品。这种药品在日后救治了无数人的性命。而这个农民的儿子就是青霉素的发现者亚历山大·弗莱明，他凭借自己的发现在全世界得了 25 个名誉学位、15 个城市的荣誉市民称号以及其他 140 项荣誉，并且，在 1945 年，他和澳洲病理学家弗洛里、德国化学家钱恩分享了诺贝尔生理学及医学奖。

另外，更令人惊叹的是，在许多年之后，贵族的儿子得了肺炎，一病不起，眼看就有性命之虞。这时，亚历山大·弗莱明所发明的青霉素则救了他的性命。接下来二战爆发，这个贵族的儿子投入到抵抗法西斯的正义战争中去，领导英国人民获得了最后的胜利。不仅如此，他还在 1953 年通过写二战的回忆录而获得了诺贝尔文学奖。这个贵族的儿子，就是大名鼎鼎的英国首相温斯顿·丘吉尔。

# 第八十章 小国寡民

## 【原文】

小国寡民。使有什伯之器而不用①，使民重死而不远徙②。虽有舟舆③，无所乘之；虽有甲兵，无所陈之。使民复结绳而用之④。甘其食，美其服，安其居，乐其俗。邻国相望，鸡犬之声相闻，民至老死，不相往来。

## 【注释】

①什：十。伯：百。②徙（xǐ）：迁移。③舆（yú）：车子。④结绳：远古时原始人没有文字，在绳上打结来帮助记忆。

## 【译文】

使国家变小，使人民稀少。即使有各种各样的器具也并不使用，使人民重视死亡而不向远方迁徙。虽然有船只车辆，却没有必要去乘坐；虽然有武器装备，却没有机会去布阵打仗。使人民再回复到远古结绳记事的自然状态中去。使人民有香甜美味的饮食，漂亮华丽的衣服，安适稳定的住所，欢乐的风俗。国与国之间互相望得见，鸡犬的叫声都可以听得见，但人民从生到死，彼此也不互相往来。

## 【解析】

这一章老子提出了自己的"理想国"模式——小国寡民。在老子的"理想国"中，没有战争，人民安居乐业，不用智能，自得其乐。老子认为，理想的国家不宜过大，人口也不宜过多。

"小国寡民。使有什伯之器而不用，使民重死而不远徙。虽有舟舆，无所乘之；虽有甲兵，无所陈之。使民复结绳而用之。"其中，"小国寡民"指的是满足于地域有限和人口不多的现状，而不试图通过武力来建立一个地域广大、人口众多的国家。"什佰"为古代士卒部曲的名称。什，

邻国相望，鸡犬之声相闻，民至老死不相往来。

十人，是由十个人组成的军事单位，相当于现代军队编制中的"班"；佰，百人，是由一百个人组成的军事单位，相当于现代军队编制里两个"排"的规模。"重死"即不轻死，也就是不拿着生命作赌注去冒险。人们只有做到珍惜自己的生命，才不会任意伤害他人的性命。

从前面的诸多章节中，我们可以了解到老子所处的那个时代的特征：战乱、压迫、贫瘠、饥饿、荒淫、贪婪……面对这样一个时代，老子为我们设计出了一个"理想国"的模式：国家规模很小，就像一个安静的村落；国中的百姓很少，但是人人富足，生活安定，各种器具应有尽有，但是人们都不去使用这些器具；统治者清心寡欲，从不把自己的意志强加到人民的身上，也不干涉人民的生活，使人民重视自己的生命。此外，国中的人不向远方迁徙，他们虽然有船和车等交通工具，但是从不乘坐，而是徒步行走在路上；天下相安无事，即使拥有实力雄厚的甲兵，也没有用武之

地。使人民回复到使用结绳记事的远古的自然状态中去。结绳记事的时代是什么样的呢？那个时代没有战争，人们自由自在，和睦相处，都过着自然、纯朴的生活。这种单纯质朴的社会让每个人都心驰神往。即便在两千多年后的今天，我们依然能感觉到老子的"小国寡民"的美好。那么，小国寡民能不能实现呢？其实，这种社会曾在人类历史上存在过相当长的一段时期，只不过那时的社会发展水平还比较低，远远没有老子所说的那么富足罢了。

"甘其食，美其服，安其居，乐其俗。""俗"指的是全部现实的生活方式，它是人们的社会政治、道德、法律、经济、社会、文化、生活的总和。在这里，老子以一连串的排比来描绘他心目中理想社会的场景：在这个社会里，有甘甜美味的食物可供食用，有华美舒适的衣服可供穿戴，有安适的住所可供居住，有令人愉悦的风俗可供享受。在一般人看来，这些都是些极其简单的生活需要，而老子曾说过，真正的富足就是知道满足，所以这种简单生活需求可以使人类生命的价值得以提高和升华。

"邻国相望，鸡犬之声相闻，民至老死，不相往来。"这是本章的末尾，在这里，老子通过描绘"小国"里的人们的生活和交际情况，道出了老子的处世观和生活态度。老子认为，相邻国家的百姓之间要"老死不相往来"。不过，这种态度也不是没有目的的，我们都知道，老子向来反对"多智"，他认为人民心智伎巧过多就会导致祸乱，所以他不主张人们往来。

## 从政之道

### ◎安居乐俗——保境安民的李昪◎

"小国寡民"是老子的理想国模式。在这个国度里，地域不广，人口不多，但是人人富足，统治者清心寡欲，不轻易发动战争，也不干涉百姓的生活。五代十国时期，李昪治下的南唐，就是对小国寡民的真实写照。

李昪本是南吴主徐温的义子。顺义七年（927年），徐温去世，李昪掌握了南吴政权的大小事务。十年之后，李昪篡夺南吴大权，即皇帝位，国号大唐，史称南唐。

登上帝位后，李昪施行仁政，爱护百姓，积极为百姓谋福利。为了稳固自己的统治，实现国富民安，李昪制定了一项基本国策，即保境安民。在他看来，南唐的力量与中原政权的实力相差悬殊，不宜与之正面交锋，因此其与周边国家和睦相处，万不得已时才抵御外敌的攻击。

李昪在位初期，江淮地区连年丰收，南唐积累了大量财富。这时，群臣都建议他乘着北方混乱之机，迅速出兵北伐，光复原来唐朝的领土，李昪却说道："我自幼在军旅中长大，经常看到战乱给人民带来巨大灾难。现在能使百姓富足、安定，我已经心满意足了，还要奢求什么呢？"

在南唐的周边国家中，吴越民丰物埠，统治者很昏庸，然而李昪一直与之和平相处。有一年，吴越国发生了大火灾，宫室和府库都被烧了，兵器铠甲也

李昪治理南唐，采取保境安民的政策，与周边国家和睦相处。

已经全部被烧毁。这时，大臣们又建议李昪"趁火打劫"，一举灭掉吴越。可是，李昪非但不答应，反而派人到吴越去慰问，还送去大量物救济资。这样，两国之间的关系比以前更好了。

对于李昪不用兵的行为，很多大臣都表示了不满，尤其是冯延巳，他甚至还当着李昪的面讽刺道："田舍翁怎么能成大事呢！"李昪听到后，却也不生气，仍旧坚持自己的主张，一心一意地实行保境安民的政策。因为没有战争的巨大消耗与需求，百姓也得到好处，一是生活安定，二是赋税较轻。

在创造了良好外部环境的同时，李昪也在处理内政方面多有建树。李昪勤于政事，尽量减轻百姓赋税。他还派使者到各地去调查记录各户农田的肥瘠情况，然后分出等级纳税，百姓们对这一举措十分称赞。自此之后，江淮一带调兵和征收赋役时，就以土地的肥瘠为标准，这就避免官吏从中剥削，大大减轻了百姓的负担。

李昪治理南唐，之所以采取保境安民的政策，除了担心战争给百姓带来灾难外，还得益于他对当时形势的准确分析。当时，朝臣宋齐丘和冯延巳都建议李昪消灭弱小的吴越和闽国，李昪就对他们说道："吴越的钱氏父子总是奉事中原政权，发兵攻打，只怕会招来中原的军队，到时我们很难占到便宜；闽国地势险要，土地贫瘠，即使发兵攻打取得胜利，恐怕也得花上半年以上的工夫，这势必导致劳民伤财，而且当地人好作乱不好治理，因此不宜攻取。总之，正如孟子说的那样：燕人攻打齐国，惊扰了四周的邻国；即便仅仅得到尺寸之地，也会为天下人所唾弃。我不想落这么个结果。"

正是由于李昪实行了保境安民的政策，加上他治理有方，所以南唐才成为五代十国时期经济和文化最为发达的地方。李昪作为一国之君，对江淮一带经济的发展做出了重要贡献。

## 处世之道

## ◎甘食美服——陶渊明笔下的"桃花源"◎

"小国寡民"是老子的政治理想，它要求上到统治者，下到黎民百姓，都要做到清静无为，这实在是难以实现的。不过，在历代文人的笔下，倒出现过一些小国寡民式的理想场景。东晋诗人陶渊明，就通过一篇《桃花源记》，描绘了一幅美丽和谐的生活图景。

《桃花源记》的故事，讲了东晋太元年间，武陵郡有个以打鱼为生的人。有一天，他沿着溪水划船，忘记了路的远近。走到一片陌生的水域，忽然遇到一片桃花林，生长在溪流的两岸。桃林有数百步宽，其中没有其他树，花朵鲜艳，青草美丽，坠落的花瓣繁错杂交。渔人感到很惊奇，继续往前走，想看林子尽头是什么。结果他发现林子尽头是溪流的源头，源头旁边是一座小山，山上有一个小洞，隐约能够从洞中看到一些光亮。渔人于是离开船，从洞口进去。洞内开始比较狭窄，一个人只能勉强通过，而越往前走则越开阔。走着走着，突然前面一片光亮，呈现出了一大片开阔地，这里土地平坦宽阔，房屋整整齐齐，有肥沃的田地、幽美的池塘、茂密的桑竹。田间小路也交错相通，村落间可以互相听到鸡鸣狗叫之声。接着，他也看到了一些人，这些人来来往往地在田间耕种劳作，男女的穿着打扮，和桃花源外的世人差不多，而老人和小孩，都逍遥快乐。

桃花源里的人见到渔人，就大吃一惊，问渔人从哪里来。渔人回答了他的问题后，便有人邀请渔人到自己家里去，摆酒杀鸡做饭来款待他。村中的人听说有这样一个人，全都来凑热闹，并和渔人交谈。渐渐地，渔人便了解了这里的情况。原来这些人的祖先在秦朝时，为了躲避战乱，带领自己的妻子儿女及乡邻们来到这与世隔绝的地方，再也没有出去，就此和外面的人断绝了来往。桃花源里的人还好奇地问渔人现在外面是什么朝代，他们竟然不知道汉朝的存在，更不必说魏和晋了。渔人把自己所知道的事一一详细地告诉了他们，村中的人都惊叹惋惜。其余的人又各自把渔人请到自己的家中，都拿出酒食来款待他。渔人待了几天以后，告辞离去了。渔人离开时，一路上作了标记，但回头试图根据路标重新找到桃花源时，却再也找不到了。

# 第八十一章　为而不争

【原文】

信言不美，美言不信。善者不辩①，辩者不善。知者不博，博者不知。圣人不积②，既以为人，己愈有；既以与人，己愈多。天之道，利而不害；圣人之道，为而不争。

【注释】

①辩：有口才，会申辩。②积：积蓄，贮存着。

【译文】

真实的话不漂亮，漂亮的话不真实。行为善良的人不善于用言语自辩，爱用言语自辩的人不一定善良。有真知灼见的人知识不一定广博，知识广博的人不一定有真知灼见。有道的人什么也不保留，他愈帮助别人，自己反而更加富有，他越是把自己的一切给予他人，自己就越加丰富。自然的规律是让万事万物都得到好处而不伤害它们，有道的人的法则是施惠于众人而不与人争夺。

【解析】

这一章的内容可以分为两部分：前半部分讲"言"和"知"。老子认为，真诚的言论听起来并不美，也不够雄辩。真正有智慧的人不一定知识广博，但是他们一定能抓住大道的根本。后半部分讲天的法则是"利而不害"。圣人效法天道，只做对他人有利的事情，而不做与人争利的事情。

"信言不美，美言不信。善者不辩，辩者不善。"这里的"美"并不是一般意义上的好和善，而是指华而不实。所以，"美言"指的就是花哨漂亮、夸大其词、以取悦于人并骗取他人的信任为目的的言语。真正善良的人，绝不会与人争论是非，他们虽然在行为上表现得木讷，但是脑子却十分清醒。他们看起来十分愚钝，既不善于评论别人，也不善于为自己争辩，但是他们的心灵却清澈如水。老子认为，不善于用花

信言不美，美言不信。善者不辩，辩者不善。

言巧语来争辩的人才是完美的，其本质也是善良的。尽管我们常说"言多必失"，但是言语有着不可替代的作用，这一点谁也不能否认。然而，在老子看来，言语的负面作用比正面作用要大得多。老子之所以这样说，绝不是要我们不说话，而只是想突出"善辩"的弊端。

对于获得知识的博与专，老子有他自己的见解，他说"知者不博，博者不知"。老子在这里强调的是对道的把握（真知）和多闻（广博）的辩证关系，他认为，多闻并不能真正地明白道，而明白道的人也不一定依靠博闻来获得真知灼见。

"圣人不积，既以为人，己愈有；既以与人，己愈多。""无积"指的是没有必要为自己打算。

"为人"与"为己"相对,以他人为目的,为了整个人类的普遍幸福与自由,而这正是道德的至高境界。"与人"和"与己"相对,指的是参与整个人类社会的活动,从事以实现整个人类的利益为目的的活动。这句话意思是说,尽量帮助别人,自己反而更富有;尽量给予别人,自己反而更丰富。给予了别人却换来了自己内心的充实,自己难道不是变得更富有和充足了吗?

"天之道,利而不害;圣人之道,为而不争。"这是全章的总结,也是整部《道德经》的总结。在老子看来,人类就像是浩瀚大海里的游鱼一样,成群结队,但是每一个个体又有差异。在这个浩瀚的世界里,我们每个人都要成长、衰老和消亡,也都无一例外地喜欢生而厌恶死,这是因为生是幸福的,人生在世,既可以抬头观望天上的星星,又可以低头俯看草叶上的露珠。世界上的美丽事物是天地赠予我们的礼物,这些事物可以让我们尽情地享受着它们的美好而不要求回报,更不用说去伤害我们了。圣人也是如此,他们只默默地奉献而不要求我们的回报,没有欲望,也不妄为。圣人表面上看起来与常人无异,其实他们的境界是高深而幽远的,常人又怎么能与他们相比呢?

## 从政之道

# ◎美言不信——"口蜜腹剑"的李林甫◎

这一章里老子指出:诚信之言不华美,华美之言不诚信;善良之人不巧辩,而巧辩之人亦不善良。因此,老子希望人们回归到没有伪诈、智巧与争斗的状态中去。唐朝时的奸相李林甫,是一个善言、善辩的人,唐玄宗正是重用了此人,才使得朝政日益腐败,盛极一时的唐朝亦开始走下坡路了。

唐玄宗李隆基是一位有作为的君主。他即位之后,重用贤臣,勤政爱民,开创了令后世钦羡的"开元盛世"。然而,唐玄宗做了二十多年的太平天子,身上那股积极进取的精神渐渐消失。在他看来,现

唐玄宗朝初期能任用贤相,开创了"开元盛世"。

在天下已经安定了,朝臣们尽心尽力地处理政事,自己何必劳神苦思为国事操心呢?于是,他开始过上安逸享乐的生活。

对于这一变化,宰相张九龄看在眼里,急在心里,他时常劝谏玄宗,希望其不要怠于政事。唐玄宗最初还听几句劝告,但是到了后来,他对张九龄的话也听不进去了。

这时,朝廷中出了一个大奸臣,名叫李林甫。李林甫是唐朝宗室,小字哥奴。善音律,会机变,能钻营。这个人不学无术,但是很会阿谀奉承。为了了解宫中情况,李林甫经常和宫内的宦官、妃子勾结,向他们打探消息。唐玄宗在宫里说些什么,他都能打探得一清二楚。李林甫根据打探来的信息,仔细揣摩玄宗的心思。等到唐玄宗找他商量事情的时候,他总能对答如流,并顺着玄宗的意思说出来。唐玄宗见李林甫机灵聪明,觉得他是个干才,于是开始重用他。

唐玄宗想提拔李林甫为宰相,便找来张九龄一起商量。张九龄坚决反对,他直截了当地说道:

"宰相的地位，关系到国家的安危。如果皇上任命林甫为相，只怕国家就要遭殃了。"这话传到李林甫耳中，李林甫对张九龄恨之入骨，便想找个机会除掉他。

朔方（治所在今宁夏灵武）将领牛仙客目不识丁，但是在理财方面很有天赋。唐玄宗想提拔牛仙客，张九龄没有答应，玄宗非常生气。李林甫听说后，就向玄宗进谗言说："像牛仙客这样的人才适合做宰相；张九龄就是一个书呆子，不识大体。"

事后，玄宗又找来张九龄，希望他能改变初衷。张九龄坚持己见，态度坚决，玄宗更加生气了，并厉声说道："难道什么事情都要让你来决定么！"

唐玄宗越来越觉得张九龄"不识大体"，再加上李林甫在旁煽风点火，终于罢了张九龄的相位，并提拔李林甫当了宰相。

自从李林甫当上宰相，玄宗就深居于宫帏之中，贪恋声色，恣意享乐。朝中的大臣很少有机会见到玄宗，更谈不上与玄宗商议国家大事了。不论大事、小事，玄宗都一律交给李林甫去办理。李林甫虽然不通晓辞赋文章，但是处事精明干练，每次都能令玄宗觉得满意。

李林甫为人阴险狡诈，当上宰相后，便想方设法使玄宗与百官隔绝，不许众臣在皇帝面前提建议。有一次，李林甫召集起谏官，对他们说道："当今皇上圣明，做臣子的只要顺着皇上的心意办事就行了，大家没必要向皇上提意见。诸位难道没看到立仗马（一种在皇宫前作仪仗用的马）吗？它们吃的饲料相当于三品官的待遇，但是哪一匹马要是随便叫了一声，就会立刻被拉出去，以后不再有用了，到时它后悔也来不及了。"

有一个谏官不听李林甫的话，仍旧写了一份奏折上呈给玄宗。第二天，这名谏官就被降职到地方做了县令。众人得知后，心想这一定是李林甫在背后捣鬼，因此谁也不敢说话了。

李林甫知道自己在朝中的名声不好，朝臣对他也多有不满，于是他极力排斥大臣中能力比他强的。他要排挤一个人，表面上不动声色，常常以笑脸相迎，却在背地里暗箭伤人。

有一次，唐玄宗在勤政楼上眺望，这时，兵部侍郎卢绚正好骑马从楼下经过。唐玄宗看到卢绚很有风度，就随口称赞他几句。第二天，李林甫就把卢绚降职为华州刺史。卢绚到任不久，李林甫又在玄宗面前诬说卢绚身体不好，不能胜任这一职务，又一次降了他的职。

有一个官员名叫严挺之，被李林甫排挤在外地当刺史。后来，唐玄宗想起他，就向李林甫询问道："严挺之还在吗？这个人很有才能，还可以重用呢。"

李林甫回答说："陛下既然想重用他，我就去打听一下。"

退了朝，李林甫连忙把严挺之的弟弟找来，对他说道："你哥哥不是很想回京城见皇上吗？我倒有一个办法：只要叫你哥哥上一道奏章，就说他患了重病，请求回京城来看病，到时我可以在皇上面前求情。"严挺之的弟弟就照李林甫的话做了。严挺之接到弟弟的来信，果然上了一道奏章，请求回京城看病。李林甫便把奏章呈递给玄宗，说道："真是太可惜了，严挺之现在得了重病，不能处理朝廷大事了。"玄宗惋惜地叹了口气，这件事只好作罢了。

李适之刚被任命为宰相的时候，行事疏忽而不慎密，李林甫为了独揽大权，就借机设下圈套陷害他。一次，李林甫对李适之说："华山下面有金矿，把它开采出来，可以给国家增加财富。但是皇上并不知道这件事。"李适之听后，立即向玄宗奏禀此事。玄宗听后，向李林甫征询意见。李林甫说道："我很久以前就知道华山底下有金矿。但是华山是皇上的龙脉所在，不可以开采，所以我才不敢向您提起。"玄宗从此对李适之十分轻视，并对他说道："从今以后，凡是向我奏请的事情，必须事先与宰相商议一下，不要太轻佻随便了。"从此，李适之的手脚被束缚住了，再也不能单独向玄宗奏事了。

像严挺之、李适之这样上当受骗的还真不少。尽管李林甫装扮得这么巧妙，但是他的阴谋诡计还是被人们识破了。人们说李林甫这个人是"嘴上像蜜甜，肚里藏着剑"（成语"口蜜腹剑"就是这样来的）。

李林甫一生结下了许多冤仇。到他晚年的时候，李林甫担心有仇人向他报复。因此，每次出行都广置车舆仆夫，派许多宫中卫士将百步之内的人群驱散开，并在两旁警戒。他的府第用砖砌屋，用木板做围墙，派许多家将仆夫日夜警卫，就像将要有大敌来临一样。以前的时候，宰相出行过街，身旁不过有三五个侍从随行而已，士人百姓也无须在道两旁躲避。而设置骑从上百人在左右护卫，让公卿以下的人都得躲藏退避，这是从李林甫开始的。

李林甫当了十九年宰相，朝中的正直大臣大都遭到贬斥，一批批钻营拍马的小人都获得了重用。就在这个时期，唐朝逐渐由盛转衰，"开元之治"的繁荣景象不见了。755年，终于爆发了"安史之乱"，唐朝由此陷入了纷乱、割据的局面之中，一直延续到灭亡。

## 为人之道

# ◎利而不害——介之推功成却不慕荣华◎

有道之人，常常施惠于人而不与人争夺，所以能得到世人的推崇。介之推就是这样的一个人。

介之推是春秋时代晋国名臣，又名介子推。介之推一生不慕虚名，不计报酬，他作为晋文公的忠厚臣僚，留下了很多为民间广泛传颂的故事，有名的如"割股奉君"、"功不言禄"、"功成身退"等故事。

春秋时期，晋国的骊姬很受晋献公的宠爱，她想立自己生的儿子奚齐为太子，因此贿赂晋献公身边的近臣梁五和关东璧五。梁五和关东璧五收到了骊姬的财物，便在晋献公面前说："曲沃是君王的宗邑，应当派能力强的人去那里治理，我看太子申生非常贤明，他是最佳的人选。"晋献公听从了他们的建议，便派申生到曲沃去了。有一次，申生到曲沃去祭祀，带来祭品献给晋献公，晋献公刚好外出打猎去了，骊姬便趁机在祭祀的酒肉中下了毒。晋献公打猎归来，洒酒祭祀，地上的土都聚到了一起；他又把祭祀的肉喂给狗吃，狗咬了几口，也死掉了。晋献公大惊，慌忙向身旁的人询问这是怎么回事。骊姬哭着说："这都是太子申生的阴谋呀！"晋献公一听，恨得咬牙切齿，便下令把申生抓起来。申生得到消息，闻讯逃回曲沃，他知道骊姬不会就此罢休，不久就上吊自尽了。骊姬见太子死了，又陷害公子重耳和夷吾，说他们也参与了谋害晋献公的行动，二人听到风声，连忙逃回自己的封地。晋献公听了骊姬的谎言，便派人去捉拿重耳，重耳只好逃走。

晋公子重耳一向胸怀大志，他身旁有许多贤能之士，介之推此时便跟随着重耳。为了躲避骊姬的祸乱，重耳与赵衰、介之推、先轸等一批亲信离开晋国，逃往狄国。在去往狄国的路上，重耳连续好几天都没有吃一粒米，饿得实在走不动了，这时，他们正好来到一户农家，便向这家主人讨饭吃。主人一看重耳等人衣着华丽，知道是落魄的王孙贵族，便拿出一只碗，在地上盛了一碗土，然后递给

晋文公重耳流亡期间，介之推曾割下腿肉煮汤给重耳充饥。

重耳。重耳见状，勃然大怒，举起鞭子想抽打这个人。赵衰立即制止重耳，婉转地劝道："公子快点把这只碗收下来吧，得到土地就意味着将来能得到整个国家呀！"重耳听后，觉得很有道理，转怒为喜，又打起精神出发了。重耳等人勉强又前行了几十里，实在是饿得走不动了，倒在一棵大树下。这时，介之推一瘸一拐地走到重耳的身边，捧了碗肉汤献给重耳。重耳闻到肉香味儿，立刻有了精气神儿，一下子坐了起来，他接过介之推的碗，一口气把肉汤喝净了。喝完之后，重耳这才想起来问道："我们身处困境，连野菜都吃没了，你怎么还能端来肉汤给我吃呀？"介之推回答说："我刚才捉了几只麻雀，您吃的是麻雀肉。"事后，重耳看到介之推走路很慢，裤子上还有血迹，心里觉得奇怪，就问介之推是怎么回事。介子推这才告诉了重耳真相。原来，介之推见重耳一路上饥饿难耐、气息奄奄，便毅然挥刀从自己大腿上割下一块肉，熬成汤给重耳充饥。重耳听后非常感动，并许诺说回国后一定重赏介之推。

介之推追随重耳流亡国外，而在这个时候，远在故国的父母亲人身陷囹圄，夷吾正以他们的性命相逼，勒令介之推等人限期归国。不过，介之推始终对重耳忠心耿耿，不离不弃，也由此坚定了重耳归国的信念。

重耳在外漂泊了十九年，在秦国的帮助下，终于结束了流亡生活。公元前636年，重耳回到晋国，做了晋国的君主，他就是历史上有名的晋文公。

俗话说"一人得道，鸡犬升天"。晋文公即位后，封赏当年追随自己的从臣，甚至马夫，然而，对他有救命之恩的介之推却不在封赏的名单上。

有人听说介之推没有得到封赏，就愤愤不平地对介之推说道："想当年，你对重耳有割股救命的恩德，但是重耳成为国君后，你却不能得到封赏，这实在是太不公平了。你为什么不向重耳讨赏呢？"介之推听了，说道："重耳是个贤明的君主，只要他能治理好晋国，那就是晋国老百姓的福气，我仅仅做了一点小事，得不到封赏又有什么关系呢？"

此后，介之推一声不吭，他参加过晋文公即位的朝贺仪式后，便回家耕地，并侍奉自己的老母亲去了。介之推一家生活清贫，也不与旧友来往。

回到家后，介之推的母亲问儿子道："你为什么不去请求赏赐呢？如果就这样在家里慢慢老死，岂不是很不值得吗？"介之推对母亲说道："明知错误而去效仿，罪过就重了。况且我已经决定不做官，不能再吃他的俸禄了。"母亲又对介之推说："纵然不想得到赏赐，那也要让国君知道一下这件事呀！"介之推答道："言语，是用来表白的。自身将要隐退，哪里还用得着表白？这样做就是想要求得显达了。"介之推的母亲听到这里，欣慰地说道："看来我和你父亲没有白白教育你啊，我和你一起隐居吧。"

后来，有人将介之推的事告诉晋文公，晋文公这才恍然大悟，深感自己有愧于介之推，就忙派使者去征召介之推，要给他封官加爵。

不久，使者回报说，介之推已经同老母隐居于绵山，晋文公懊悔自己当初的疏漏，就亲自率人前往绵山寻访。

可是莽莽群山、林深树茂，哪里有介之推的踪影？晋文公一连寻访多日而不得，大臣中就有人建议说："听说介之推是个孝子，如果举火焚山，他为保住母亲的性命，一定会背负母亲出山的。"晋文公一听，觉得这是个好主意，于是从两面举火烧林，希望能将介之推逼出山来。谁知一连过了三天，始终不见介之推出山，等火熄灭后入山寻找，只见介之推母子相抱，已死在一株烧枯的大柳树下。

这下，晋文公就更懊悔了，他大哭一场，将介之推母子葬在绵山，立祠祭祀，并将绵山改名为介山，以纪念这位淡泊名利的名士。

第二年，在介之推的忌日之前，晋文公即下令全国禁火，冷食一个月，以纪念介之推死于大火，表达自己的哀思与歉疚之情。

# 怎样学习《道德经》

什么人适合学道家

历来学者认为，有三种人适合学道家。

年纪很大、经历过各种人生考验的人。

他们学习道家，一学就会，因为有生命经验作为对照。

失意的人，有很高的才华，但怀才不遇。

失意之人常处于逆境，长久下来也可得到许多体会。

特别聪明的人，知道人生在世，有机会就要学习道家。

学道家就像寒天饮冰水，点滴在心头。人生短暂，愈早觉悟愈好。

《道德经》文涩意深，学习起来很不容易，加之历来人们对《道德经》的看法不同，学习方法也就各不相同。

明确为什么学

有人将《道德经》当作安邦治国的方略
有人将《道德经》当作讲辩证法的哲学
有人将《道德经》当作修身养性的方法
有人将《道德经》当作道教的经典

学习《道德经》前要先明确为什么要学、从什么角度去学，这个前提定下来，再研究具体如何学习的问题。

## 怎样学习《道德经》

· 选择权威读本，认真通读。
· 细读，晓其义，明其理。
· 横向比较，几个版本对比研究。
· 了解老子其人其事其时代，有助于理解其文。
· 不咬文嚼字，读懂原文、理解其意是主要的。

不读《道德经》一书，不知中国文化，不知人生真谛。

——鲁迅